AUTODESK

INVENTOR PROFESSIONAL
2019

Master Book

송정식 지음

Vol. 1
Fundamental

Preface

　이 책은 주변 분들의 많은 관심과 지원이 없었다면 출간하기가 어려웠을 것이라고 사료됩니다. 먼저 ED&C 조주경 대표님과 Autodesk 사업부 동료들에게 특별한 감사를 드립니다. 그리고 주말에도 책을 집필하는 저에게 큰 불평을 하지 않고 이해를 해준 나의 아내와 쌍둥이 남매한테 고마움을 전합니다. Autodesk사의 3차원 설계 CAD인 Inventor &Inventor Professional 프로그램은 친숙한 Autodesk사의 2D 범용 설계 툴인 AutoCAD 소프트웨어 프로그래밍 아키텍처가 아닌 야심적인 3D 파라메트릭 모델링 툴로 1999년에 처음 탄생되었지만, 완전한 3D 설계 기능을 갖춘 전문적 3D CAD로 성장할 수 있게 별도의 아키텍처를 토대로 개발을 해오고 있습니다. 거의 20년 가까이 발전해 온 Autodesk Inventor & Inventor Professional은 향상된 모델링 기법, DWG 만큼 쉽고 정밀한 도면, 빠르고 직관적인 조립품 및 사실적인 시각화 도구 등을 확장하여 설계자에게 매우 유용한 기능들을 지속적으로 업데이트와 개발을 통해 가장 이른 시간에 발전을 이루고 있는 3차원 설계 소프트웨어입니다.

　이 책의 기준이 되는 Autodesk Inventor & Inventor Professional 2019 버전은 Autodesk사에서 새로운 도구를 추가할 때와 마찬가지로 기존 도구 및 기능을 개선하는데 많은 시간과 노력을 기울여서 개선하였습니다. 이 책은 Autodesk Inventor 2019 및 Autodesk Inventor Professional 2019 전반적인 내용에 대한 설명과 연습 문제를 기반으로 학습할 수 있도록 작성하였습니다. 특히, 이 책에서는 그동안 다루기가 어렵거나 잘 사용하지 않은 모델링 도구의 특성, Professional의 모듈에 대한 설명 및 파라메트릭설계 기법의 원리에 대해 보다 더 자세한 정보를 제공하고자 하였습니다.

　보통 일부 독자들은 책을 선택하는데 있어서 쉽게 따라서 할 수 있는 예제가 많은 책을 선호하지만, 또 다른 독자들은 주로 단계별 자습서처럼 활용할 수 있는 내용과 설명, 그리고 샘플 예제가 담긴 책을 선호합니다. 이에 필자는 이 두 유형의 독자 분들을 위해서, 많은 참고 자료 및 이론들에서 얻은 지식을 혼합하여 이 책의 내용을 구성하고자 하였습니다.

　"이 책을 필요로 하고 읽어 보아야 할 사람들은 누구일까?"라는 질문을 스스로 해보고, 내린 결론은 Autodesk Inventor를 사용해 오시거나, 앞으로 사용하고자 하시는 분들.즉, 초급 사용자부터 중, 고급 사용자들까지 다양한 Autodesk Inventor 사용자들을 염두에 두고 책을 쓰게 되었습니다.

- 1st 전통적인 2D AutoCAD 설계에서 Autodesk Inventor 2019로 옮겨가는 초보자, Autodesk Inventor 기 사용자, AutoCAD 사용 경험이 있는 독자는 기본 설계 및 엔지니어링 개념을 이해하고 환경 설정 및 기존 유지를 원하는 사용자를 대상으로 합니다.
- 2nd 회사 내의 Autodesk Inventor 초기 구현 과정에서 독학을 하거나 정식 Autodesk Inventor 교육을 받고 Autodesk Inventor의 특정 모듈에 대한 추가 정보를 찾고 있는 중급 Autodesk Inventor 사용자를 대상으로 합니다.

Preface

- 3rd 일상적으로 사용되는 Autodesk Inventor의 솔리드 모델링 도구는 마스터했지만, 설계 작업 중에 활용하지 못하는 프로그램의 다양한 부분을 정복하고자하는 고급 Autodesk Inventor 사용자 및 현재 회사 내에서 본인만의 경쟁력을 갖추거나 자신의 기술적 가치를 인정받고자 하는 고급 사용자를 대상으로 합니다.

필자는 이 전에 아래와 같이 Autodesk Inventor에 관한 두 권의 책을 집필하여 출간하였습니다.

 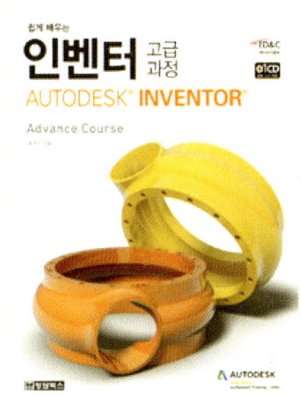

이 때 미비했던 부분을 이번 책에서 보완하고자 노력하였습니다. 그래서 저는 이 책을 보시는 여러분들이 이 책에서 언급한 모든 내용들을 자세하게 읽어 주시길 바랍니다.

이 책에서 기술적인 오류를 발견했다고 생각되면, js.song@ednc.com으로 이 메일을 보내주셔서 귀하의 의견을 전해 주시면 감사하겠습니다. 독자 분들의 피드백은 저에게 있어서 매우 중요한 것입니다.

감사합니다.

Contents

Chapter 01 — Autodesk Inventor & Inventor Professional 2019 시작하기

01 매개변수를 활용하는 설계 방식에 대해 이해하기 ····· 10
02 Inventor 그래픽 인터페이스 이해하기 ····· 14
03 중요한 용어 및 정의 ····· 31
04 Autodesk Inventor & Inventor Professional 2019의 단축키 ····· 36
05 프로젝트 ····· 54
06 샘플 열기 ····· 57
07 홈 ····· 58
08 팀 웹 ····· 59
09 튜토리얼 갤러리 ····· 61
10 학습 경로 ····· 62
11 새로워진 사항 ····· 63

Chapter 02 — 2D 스케치 작성을 위한 활용 기술

01 스케치 환경 ····· 66
02 새로 만들기 시작하기 ····· 68
03 스케치 작성 도구 학습하기 ····· 80
04 뷰 제어 표시 및 탐색 도구 이해하기 ····· 117

Chapter 03 — 2D 스케치에 치수와 구속 조건 추가하기

01 기하학적 구속 조건을 스케치에 추가하기 ····· 124
02 스케치 요소에 적용된 구속 조건 보이게 하기 ····· 133
03 스케치를 작성하는 동안 구속 조건에 대해 제어하기 ····· 134
04 스케치에 치수 추가하기 ····· 139
05 완전히 구속된 스케치의 개념 이해하기 ····· 152
06 스케치된 요소 측정 ····· 153

Chapter 04   2D 스케치 수정하기와 패턴 유형 배우기

01 스케치 요소 편집하기 ·· 156
02 스케치 요소 패턴 유형 배우기 ·· 177
03 스케치에 이미지 및 문서 삽입 ·· 192

Chapter 05   매개변수를 활용한 3D 형상 모델링

01 부울(Boolean)연산을 통한 솔리드 모델링 ·· 198
02 이진 트리(Binary Tree) ··· 199
03 위치 지정 설계 ··· 200
04 기본체(원시) 모델링 ··· 203
05 돌출 ·· 210
06 회전 ·· 223
07 다른 스케치 평면 작업을 위한 작업 피쳐 정의하기 ························· 230
08 작업 피쳐 ··· 233
09 작업 평면 생성하기 ··· 233
10 작업 축 생성하기 ··· 243
11 작업 점 생성하기 ··· 247
12 기타 돌출 옵션 ··· 254
13 구멍 만들기 ··· 265
14 모깎기 만들기 ··· 278
15 모따기 만들기 ··· 297
16 미러 활용하기 ··· 305
17 직사각형 패턴 만들기 ··· 310
18 원형 패턴 만들기 ··· 315
19 스케치 연계 패턴 활용하기 ··· 320
20 리브 만들기 ··· 322
21 두껍게 하기/ 간격 띄우기 활용하기 ·· 327
22 엠보싱 만들기 ··· 334
23 전사 활용하기 ··· 339
24 스윕 활용하기 ··· 341
25 로프트 활용하기 ··· 352

Contents

- 26 코일 생성하기 ······ 365
- 27 스레드 생성하기 ······ 372
- 28 쉘 생성하기 ······ 377
- 29 제도(면 기울기) 활용하기 ······ 382
- 30 분할 활용하기 ······ 386
- 31 자르기 활용하기 ······ 391
- 32 곡면 연장 활용하기 ······ 394
- 33 면 삭제 활용하기 ······ 397
- 34 면 대체 활용하기 ······ 399
- 35 경계 패치 활용하기 ······ 401
- 36 스티치 활용하기 ······ 406
- 37 조각 활용하기 ······ 409
- 38 굽힘 활용하기 ······ 411

Chapter 06 3D 모델에 기반한 치수(MBD)

- 01 기하학적 치수 및 공차 ······ 416
- 02 GD & T (기하 공차) ······ 417
- 03 공차 피쳐 ······ 421
- 04 치수 주석 ······ 422
- 05 구멍/ 스레드 주 ······ 423
- 06 표면 텍스처 ······ 424
- 07 지시선 텍스트 ······ 426
- 08 일반 주 ······ 427
- 09 일반 프로파일 주석 ······ 427
- 10 데이텀 참조 프레임 ······ 429
- 11 Tolerance Advisor ······ 429
- 12 MBD 연습문제 ······ 442
- 13 3D PDF로 내보내기 ······ 458
- 14 DWF로 내보내기 ······ 459
- 15 CAD 형식으로 내보내기 ······ 460

Chapter 07 다양한 스케치와 3D 형상 편집 기능 활용하기

01 3D 모델링을 완성한 후 스케치와 3D 피쳐에 대한 다양하게 편집하는 방법 ········ 462
02 편집 기능의 개념 ········ 462
03 모델의 피쳐 편집하기 ········ 465
04 편집된 피쳐 업데이트하기 ········ 466
05 3D 그립을 사용하여 동적으로 피쳐 편집하기 ········ 467
06 피쳐 안에 있는 스케치 편집하기 ········ 469
07 동적으로 이동 및 회전 기능 ········ 470
08 3D 공간에서 자유롭게 피쳐 이동하기 ········ 473
09 선택한 피쳐 회전하기 ········ 473
10 스케치 평면의 재정의 ········ 474
11 피쳐 억제 및 해제 ········ 475
12 직접 도구를 사용하여 기능 편집 ········ 476
13 삭제 ········ 484
14 피쳐 복사 및 붙여 넣기 ········ 485
15 EOP(End of Part: 부품의 끝)로 조작하는 피쳐 ········ 489
16 스케치에 자동 치수 추가하기 ········ 490
17 스케치 환경에서 스케치 요소를 형상 투영하기 ········ 491
18 형상 투영 (모서리 또는 면 투영) ········ 492
19 절단 모서리 투영 ········ 492
20 3D 스케치에 투영 ········ 493
21 DWG 형상 투영 ········ 494

Chapter 08 판금 설계

01 판금 설계 소개 ········ 496
02 판금 부품 이해 ········ 501
03 판금 표준 설정 및 사용자 템플릿 만들기 ········ 501
04 판금 기능 이해하기 ········ 507

Contents

Chapter 09 일반 조립품 모델링

- 01 조립품 설계 작업 흐름 542
- 02 조립품 관계 543
- 03 조립품 모델링 543
- 04 구속 조건을 사용하여 부품 조립하기 549
- 05 구속 조건 드라이브 관계 570
- 06 조립 도구를 이용한 부품간의 조립 572
- 07 조립품에서 접합 구속 조건 적용 574
- 08 관계를 표시하고 숨기기 584
- 09 자유 이동 (개별 구성 요소 이동하기) 586
- 10 자유 회전 (3D 공간에서의 개별 구성 요소 회전) 587
- 11 자유도 587
- 12 접촉 분석 활성화 588
- 13 유연성 593
- 14 가변 593
- 15 패턴 598
- 16 미러 603
- 17 복사 605
- 18 BOM 관리 607
- 19 조립품 재사용 및 구성 616

Chapter 10 용접 조립품 모델링

- 01 용접 구조물 설계 628
- 02 Autodesk Inventor Professional 2019의 주요 용접 유형 629
- 03 조립품에 용접 추가하기 631
- 04 모깎기 용접 생성하기 633
- 05 그루브 용접 만들기 639
- 06 표면 용접 생성하기 642
- 07 비드 보고서 644
- 08 용접 계산기 645
- 09 기계 가공 작업 수행 645
- 10 모델링 준비 및 기계 가공 648

Chapter 01

Autodesk Inventor & Inventor Professional 2019 시작하기

이 장에서는 매개변수(Parameter)를 활용하는 3D 설계의 개념과 Autodesk Inventor & Inventor Professional 2019의 일반적인 모델링 도구들과 매우 쉽고 편리하게 구성되어 있는 사용자 인터페이스에 대한 내용을 주로 설명할 것입니다.

주로 Autodesk Inventor & Inventor Professional 2019에서 매개변수(Parameter)를 활용하는 모델링 과정, 스케치와 3D 형상을 이용하여 모델링을 진행하는 작업 흐름, 일반적인 모델링 도구 및 사용자 편의성에 맞추어진 사용자 인터페이스 요소 등을 활용하여 개념 아이디어를 실제 설계로 적용하는 과정에 대해 기본적인 구성에 대해 알아보고 학습하는 시작 단계라고 보시면 됩니다.

- 매개변수를 활용하는 설계 방식에 대해 이해하기
- Inventor 그래픽 인터페이스 이해하기
- Inventor 파일 유형 작업하기
- Autodesk Inventor에서 새 부품 파일을 여는 방법을 이해하기
- 스케치 환경에서 사용되는 다양한 용어를 이해하기
- 다양한 단축키의 사용법을 이해하기
- 단축키 사용자화 지정하기
- 프로젝트 검색 경로의 작동 방식 이해하기
- 라이브러리 및 컨텐츠 센터 경로 설정하기
- 프로젝트 파일 생성 및 구성하기
- 샘플 열기, 내 홈, 튜토리얼 갤러리, 팀 웹, 학습 경로, 새로워진 사항 등에 대해 알아보기

01 매개변수를 활용하는 설계 방식에 대해 이해하기

Autodesk Inventor & Inventor Professional 2019는 매개변수(Parameter)를 가장 손쉽게 활용하는 3D 모델링 소프트웨어입니다. 3D 모델을 만드는 데 있어서 설계자의 작업 능력이 매우 중요하지만 매개변수(Parameter)를 활용하는 3D 설계의 기본 사항을 이해하는 것이 더 중요하다고 생각합니다.

매개변수(Parameter)는 여러 개의 독립적인 변수를 사용한 공식(방정식)에 의하여 정의되는 직선이나 곡선 또는 표면 등의 그래픽 데이터를 처리하는 것으로, 사용자가 작성한 3D 모델을 구성하고 제어하기 위해 사용하는 값을 의미합니다. 예를 들어 부품의 프로파일을 정의하는 기본 스케치를 작성하여 설계를 시작하는 것이 가장 기본적 방법이라고 할 수 있습니다. 기본적인 2D 스케치에서는 길이와 너비를 제어하기 위해 매개변수(Parameter)를 이용하여 일반적인 치수를 작성합니다.

치수 매개변수(Parameter)를 사용하면 정확한 입력 값을 기준으로 스케치를 생성하고 제어 할 수

있습니다.

기본 스케치 만들기

잘 만들어진 부품은 아주 단순하고 쉽게 구성된 스케치에서 시작됩니다. 일반적으로 3D 모델은 치수 및 기하학적 스케치 구속 조건이 부여된 기본 2D 스케치에서 시작하여 일반적인 크기와 모양을 제어하게 됩니다. 이러한 치수 및 구속 조건은 스케치를 업데이트하거나 편집하기 위해 변경할 매개변수 또는 위치 입력 점이라고 합니다.

예를 들어 〈그림 1-1〉은 설계중인 부품의 기본 스케치를 보여줍니다.

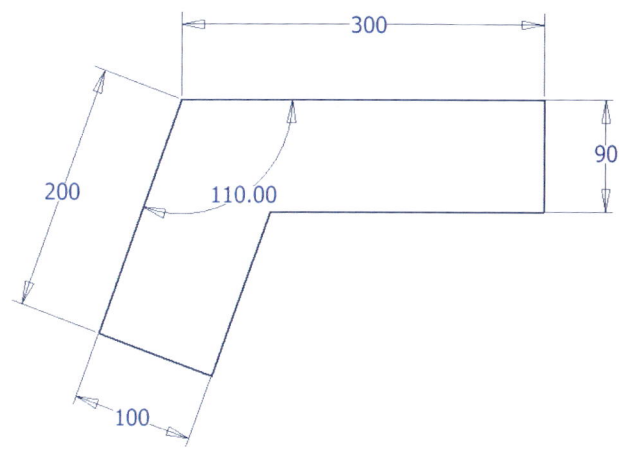

〈그림 1-1〉 매개변수 모델 생성하기

〈그림 1-1〉은 선으로 이어진 스케치 형상에 존재하는 4개의 선형 치수와 1개의 각도 치수를 가지는 5개의 치수 구속조건을 가지고 길이와 너비를 정의하고 있습니다. 이 치수들을 매개변수라 하는데 부품의 설계 또는 수정 중에 언제든지 이러한 치수들 중 하나를 변경하면 스케치가 업데이트되어 설계 변경 사항에 맞게 스케치 형상을 조정할 수 있습니다.

※ 스케치로 작업할 때 중요한 부분은 완전하게 구속된 스케치의 개념입니다.

완전 구속이란 간단한 실수 또는 의도하지 않은 스케치 편집의 결과로 조작 할 수 없거나 조작하기 힘든 무결점 스케치를 얻기 위해서 필요한 모든 스케치 치수 및 스케치 형상 구속 조건이 생성하고자 하는 스케치에 적용되었음을 의미하는 것입니다.

예를 들어, 직사각형 스케치를 정의하기 위해서는 길이와 너비를 정의하는 두 개의 치수가 적용될 것입니다. 그러나 2D 스케치 구속 조건을 사용하여 치수 중 하나가 변경되면 직각을 유지하고 서로 평행하게 되도록 선을 구속해야 하는 기하학적 스케치 형상 구속 조건이 필요하다는 사실을 알아야 합니다.

스케치에 대한 구속 조건이 완전하게 부여되지 않으면 직사각형을 길게 만들고자 하는 치수 편집이 원하는 긴 직사각형 모양 대신 사다리꼴 또는 평행 사변형으로 변경될 수도 있습니다.

스케치를 완전하게 제한함으로써 스케치를 업데이트하는 방법을 사용할 수 있는 Autodesk Inventor & Inventor Professional 2019는 자동으로 많은 스케치 구속 조건을 적용하고 스케치가 완전히 제한되는 스케치 작성 개념을 이해할 수 있게 해주는 기능을 제공하고 있는 완벽한 3D 설계 도구입니다.

자세한 내용은 제 03장 "2D 스케치에 치수와 구속 조건 추가하기"에서 다루도록 하겠습니다.

기준 형상 만들기

2D 스케치에서 매개변수(Parameter)를 추가 할 뿐만 아니라 부품들의 3D 특성을 제어하기 위해 매개변수(Parameter)를 추가할 수 있습니다. 이 작업은 기본 스케치 프로파일 형상에서 높이 값을 주기 위해 돌출과 같은 3D 형상을 생성할 때에 사용되는 것입니다. 높이 치수는 매개변수(Parameter)이기도 하지만 필요할 때마다 부품 모델을 조정하기 위해 언제든지 업데이트 할 수 있습니다. 예를 들어 〈그림 1-2〉는 〈그림 1-1〉의 스케치에서 돌출 명령어를 사용하여 높이 값을 부여한 후의 형상을 보여주는 것입니다.

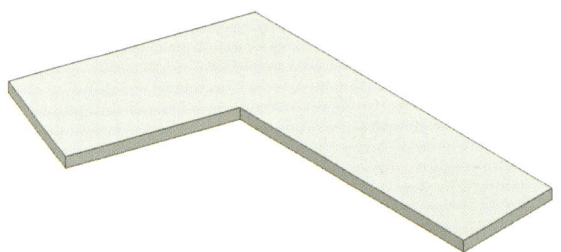

〈그림 1-2〉 기본 스케치에서 만들어진 기본 부품 모델

형상 추가하기

3D 모델링 부품 형상의 면에 더 많은 스케치를 추가 할 수 있으며, 이렇게 새 스케치를 사용하여 다른 3D 형상을 추가하여 설계의 형태와 기능을 정의할 수 있습니다. 그런 다음 부품 모델은 구멍, 모깎기 및 모따기와 같은 더 많은 3D 형상으로 구성하여 완전한 형상을 가진 3D 부품 모델로 완성시킬 수 있는 것입니다. 이렇게 추가된 3D 형상은 사용자가 정의한 더 많은 매개변수(Parameter)에 의해 제어됩니다. 만약 모델의 형상 변경이 필요한 경우에는 스케치 매개변수(Parameter) 및 형상 매개변수(Parameter)를 수정하여 업데이트하면 3D 부품 모델이 업데이트가 되는 것입니다.

이러한 매개변수(Parameter) 설계 방식은 아주 견고하고 지능적으로 3D 부품 모델을 신속하게 만들 수 있게 해주고 빠르게 업데이트할 수 있도록 해주는 것입니다.

예를 들어 〈그림 1-3〉은 기본 3D 형상에 두 번째 형상을 추가하여 부품 설계를 완벽하게 실현하는 일반적인 작업 과정을 보여주는 것입니다.

이 예제는 단순한 피벗 링크 부품을 3D로 모델링을 하는 작업 과정입니다.

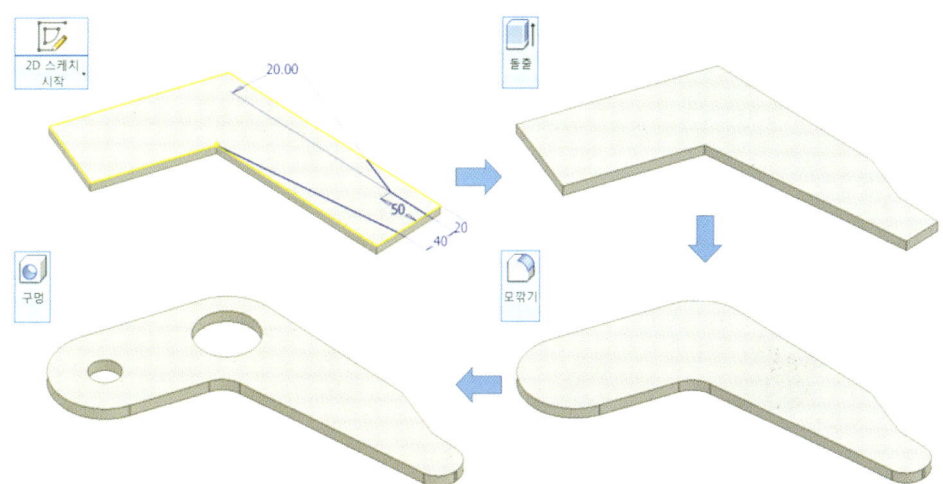

〈그림 1-3〉 형상 피쳐를 추가하여 완성하는 부품 모델링 과정

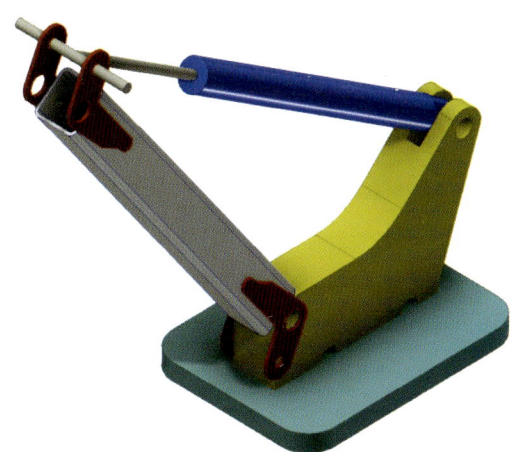

〈그림 1-4〉 부품 모델링을 배치하여 완성한 조립품 모델링

02 Inventor 그래픽 인터페이스 이해하기

Autodesk Inventor & Inventor Professional 2019를 처음 시작하면 〈그림 1-5〉와 같이 Inventor Professional 프로그램이 실행되는 초기 화면이 나타납니다.

〈그림 1-5〉 Autodesk Inventor & Inventor Professional 2019 초기 실행 화면

Autodesk Inventor & Inventor Professional 2019가 구동되는데 필요한 모든 파일을 로드 한 다음에 〈그림 1-6〉과 같이 초기 실행 화면 환경이 표시되면서 Autodesk Inventor & Inventor Professional 2019의 시스템 자체를 사용할 수 있게 프로그램이 준비된다는 것을 확인하실 수 있습니다.

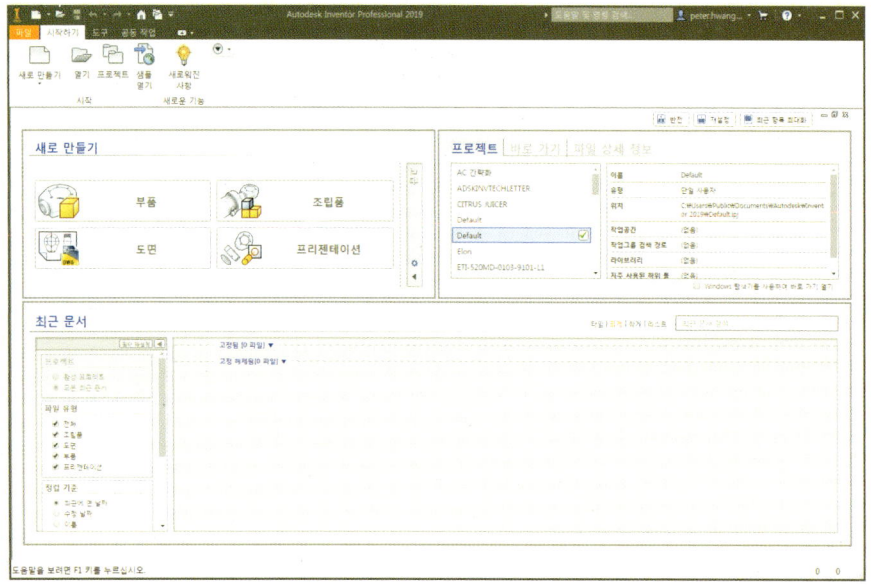

〈그림 1-6〉 Autodesk Inventor & Inventor Professional 2019 초기 실행 화면

Autodesk Inventor & Inventor Professional 2019의 초기 사용자 환경이 〈그림 1-7〉과 같이 기본적으로 내 홈 표시로 나타나게 됩니다.

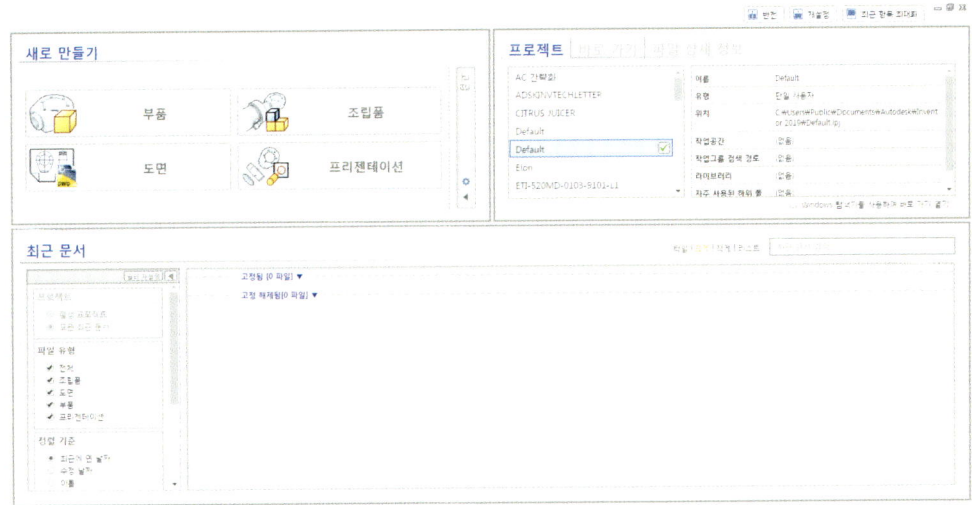

〈그림 1-7〉 Autodesk Inventor & Inventor Professional 2019 내 홈 표시

여기서 사용 가능한 도구를 사용하여 Autodesk Inventor & Inventor Professional 2019와 관련된 최근 개선 사항 및 정보를 확인해 보고, 새 파일을 시작하고, 기존 파일을 열고, 프로젝트를 설정하는 등의 작업을 손쉽게 수행 할 수 있습니다.

새로 만들기

〈기본〉: 부품(Standard.ipt), 조립품(Standard.iam), 도면(Standard.dwg), 프리젠테이션(Standard.ipn) 으로 구성된 템플릿을 선택하여 사본을 작성할 수 있습니다.

〈고급〉: 기본으로 제공되는 템플릿 파일 외에 English, ko-KR 및 Metric 기준의 표준 템플릿을 선택 하여 사본을 작성할 수 있습니다. 또한 Mold Design 폴더의 템플릿을 활용하실 수도 있습니다.
Ko-KR 폴더 안에는 English, Metric, Mold Design 및 기본 표준 템플릿이 따로 포함되어 있습니다.

한글 버전에서는 기본 표준 템플릿은 mm 단위(Metric)가 사용되고 있습니다.

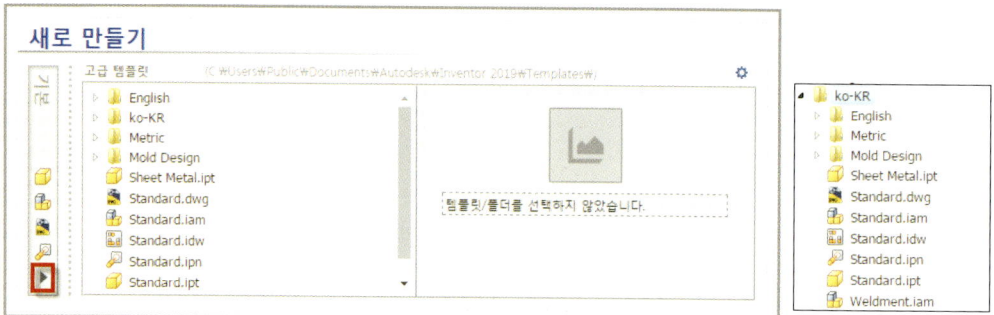

<기본 템플릿 구성>

⚙: 한글 버전의 Autodesk Inventor & Inventor Professional 2019에서는 기본 템플릿이 아래와 같습니다. 만약 여기서 템플릿 측정 단위와 도면 표준을 변경하시려면 마우스로 라디오 버튼을 클릭하여 선택하신 다음 확인 버튼을 클릭하시면 됩니다.

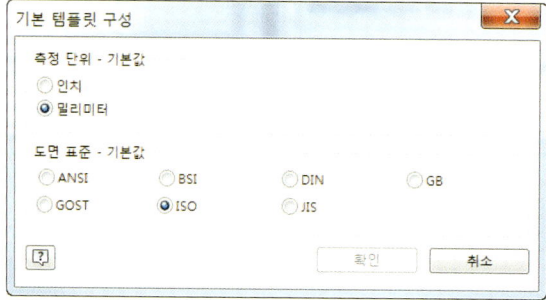

프로젝트

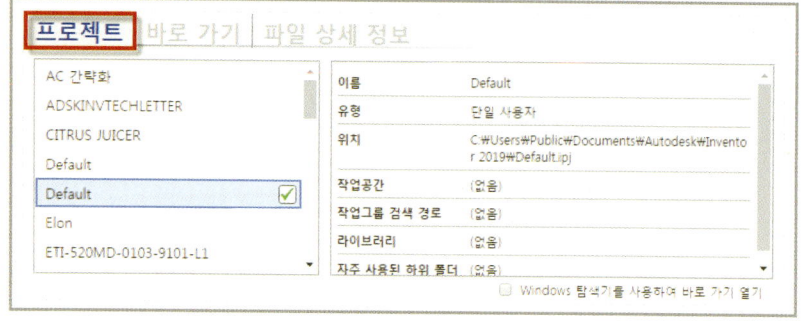

윈도우 탐색기를 이용하여 바로 가기를 열려면 이 부분을 체크하시면 됩니다.

바로 가기

자주 액세스하는 폴더, 파일 및 웹 사이트에 대한 사용자 바로 가기 기능입니다.

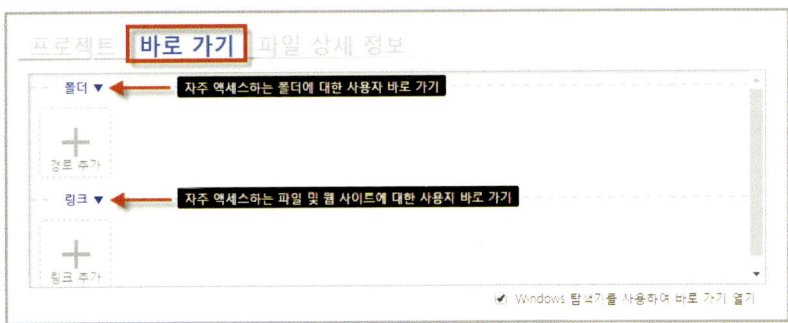

파일 상세 정보

최근 열어본 파일을 선택하여 그 파일의 상세 정보 보기 기능입니다.

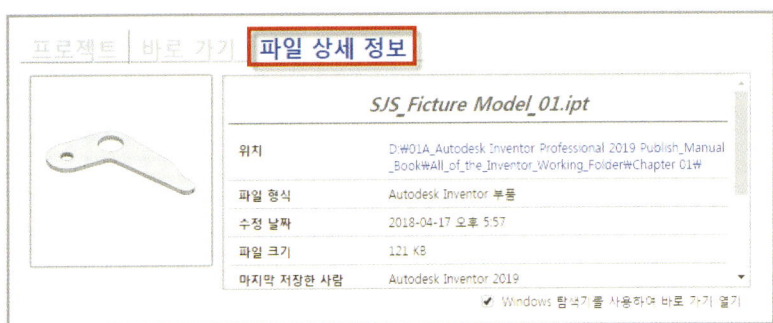

시작하기 패널

향상된 기능 및 관련 정보를 보려면 리본 메뉴의 시작하기 탭에서 사용 가능한 기능을 선택하면 됩니다.

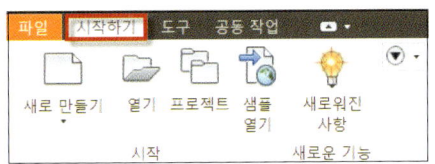

사용할 수 있는 리본 메뉴 및 각 탭과 패널 도구에 대해서는 이 장의 뒷부분에서 자세히 배우게 될 것입니다. 새 파일을 시작하려면 리본 메뉴의 시작하기 탭에 있는 시작 패널에서 새로 만들기 도구를 선택합니다.

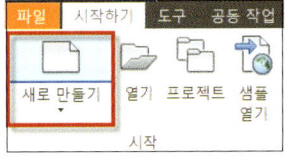

새 파일 작성 대화 상자가 <그림 1-8>과 같이 표시될 것입니다. 이 대화 상자는 Autodesk Inventor & Inventor Professional 2019 의 새 파일을 시작하는 데 사용됩니다. 새 파일 만들기 대화 상자에서 기본 값으로 보이는 것은 미터법(Metric)입니다. 이는 한국어 버전을 설치하면 기본적으로 미터법 기준으로 제품이 설치되기 때문입니다. 기본으로 보여지는 화면에서 Standard.ipt 템플릿을 두 번 클릭하여 기본 미터법(mm) 템플릿을 엽니다.

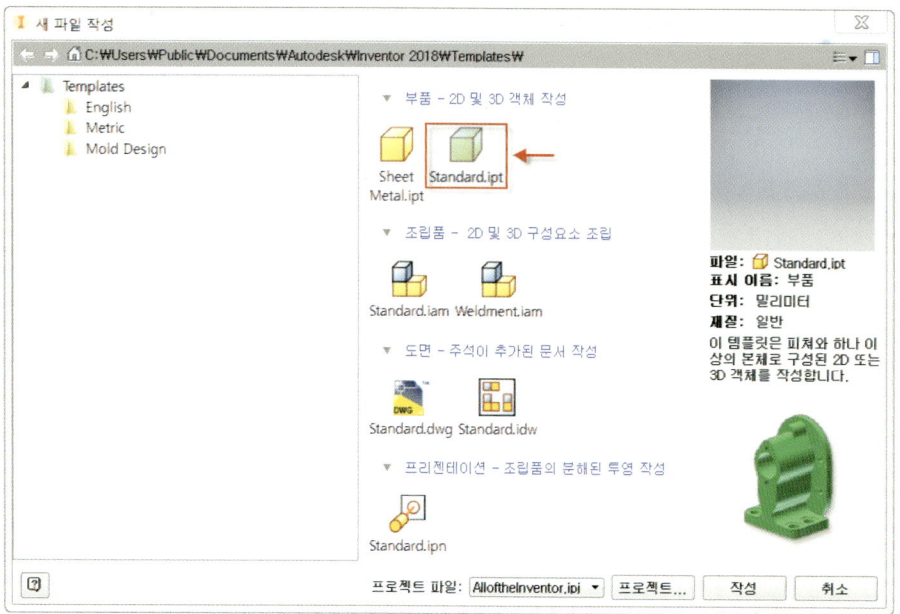

<그림 1-8> 새로 만들기 대화상자

결과적으로 부품1.ipt라는 기본 이름을 가진 새 부품 파일이 열리게 될 것입니다. <그림 1-8> 참조. 이렇게 새로 열린 부품 파일 모드에서 부품 모델링 작업을 시작할 수 있습니다. 그림에는 환경의 다양한 구성 요소도 표시됩니다.

또는 새 부품 파일을 시작하려면 Autodesk Inventor & Inventor Professional 2019의 초기 환경에 있는 내 홈 표시의 새로 만들기 영역에서 새 부품 버튼을 선택할 수도 있습니다. <그림 1-9> 참조.

<그림 1-9> 새로 만들기 대화상자

이 버튼을 선택할 때, 부품 파일은 기본 템플릿에서 호출되는 것입니다. 〈그림 1-6〉에서 Autodesk Inventor & Inventor Professional 2019의 실행 초기 화면은 사용자가 매우 친숙하게 3D 모델링 환경에 접근할 수 있도록 해준다는 것을 의미하고 있습니다.

Autodesk Inventor & Inventor Professional 2019에서 제공하고 있는 각각의 고유 모드들인 부품 영역, 조립품 영역, 프리젠테이션 영역, 도면 영역에서 마우스 오른쪽 버튼을 클릭하면 다양하게 사용할 수 있는 바로 가기 메뉴가 나타나는데, 이러한 메뉴 유형 및 옵션은 메뉴에 접근하려는 위치 또는 사용자의 설정에 따라 다르게 설정할 수 있습니다.

다양한 유형의 바로 가기 메뉴들은 각 장에서 사용될 때 자세하게 설명을 할 것입니다.

〈그림 1-10〉은 Autodesk Inventor & Inventor Professional 2019의 화면 구성도입니다.

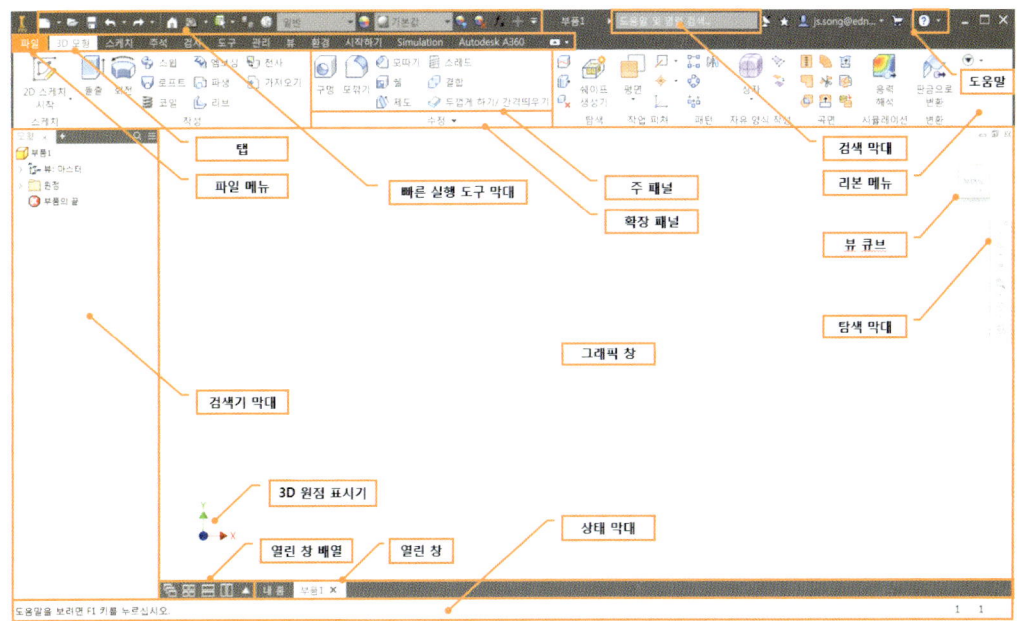

〈그림 1-10〉 Autodesk Inventor & Inventor Professional 2019 화면 구성도

신속 접근 도구 막대(QAT : Quick Access Tool Bar)

이 도구 모음은 Autodesk Inventor & Inventor Professional 2019의 모든 설계 환경에 공통적으로 적용되는 도구 막대입니다. 그러나 Autodesk Inventor & Inventor Professional 2019를 처음 시작하면 처음에는 이러한 옵션 중 일부를 사용할 수 없습니다. 〈그림 1-11〉과 같이 신속 접근 도구 막대의 오른쪽에 있는 아래쪽 화살표를 사용하여 추가해야 합니다.

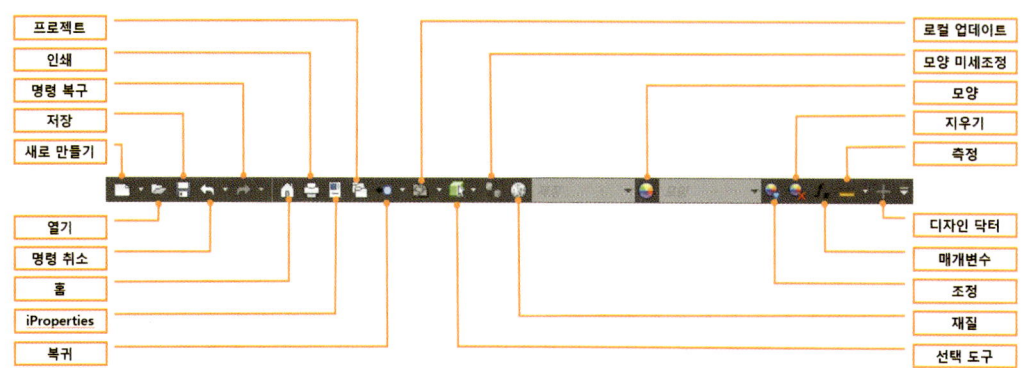

〈그림 1-11〉 신속 접근 도구 막대

만약에 여러 명령을 이 신속 접근 도구 막대에 포함해야 하는 경우에는 리본 메뉴 아래에 신속 접근 도구막대(QAT)를 고정할 수 있습니다. 리본 아래에 신속 접근 도구막대를 고정시키려면 신속 접근 도구막대의 플라이 아웃 ▼을 선택하고 마우스 오른쪽 버튼을 클릭하여 리본 아래에 신속 접근 도구 막대 표시를 선택합니다.

　　　　　리본 아래에 신속 접근 도구막대 표시

반대의 경우에는 아래와 같이 리본 위에 신속 접근 도구막대 표시를 선택하면 됩니다.

　　　　　리본 위에 신속 접근 도구막대 표시

명령어 사이에 구분 기호를 표시하려면 명령어에 마우스를 올려놓고 오른쪽 버튼을 클릭하여 구분 기호 추가를 선택하면 됩니다. 반대로 제거하려면 구분 기호 위에 마우스 커서를 올려놓고 신속 접근 도구 막대에서 제거를 선택하면 됩니다.

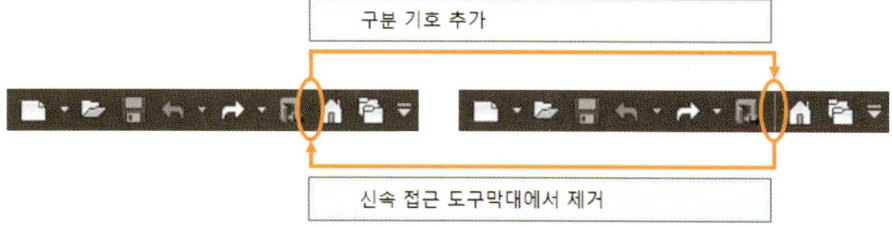

- **새로 만들기**

  새 파일을 시작하려면 리본의 시작하기 탭에 있는 시작 패널에서 새로 만들기 도구를 선택합니다.

- **열기**

  기존 파일을 열기 위해서 열기 도구를 선택합니다.

- **저장**

  새로 만들 파일이나 수정된 파일을 저장하기 위해 선택하는 도구입니다.

- **명령 취소**
  작업 도중 이 전 작업으로 돌아가기 위해서 선택하는 도구입니다.
- **명령 복구**
  이 전 작업에서 다시 현재 작업으로 돌아오기 위해서 선택하는 도구입니다.
- **홈**
  내 홈을 보기 위해서 선택하는 도구입니다.
- **인쇄**
  만들 파일을 출력하기 위해 선택하는 도구입니다.
- **iProperties**
  파일에 메타 정보 특성 값을 넣기 위해 선택하는 도구입니다.
- **프로젝트**
  프로젝트 파일을 설정하기 위해 선택하는 도구입니다.
- **복귀**
  이 도구는 스케치 환경에서 활성화되며 스케치 환경을 종료하는데 사용됩니다. 일단 스케치 그리기를 완료하면 이 도구를 선택하여 3D 모형 부품 설계 모드로 변경됩니다. 부품 모듈에서 필요한 도구를 사용하여 스케치를 형상으로 전환 할 수 있습니다.

Note

빠른 실행 도구 막대에서 복귀 도구를 사용할 수 없는 경우에는 다음과 같이 추가해서 사용하면 됩니다. 빠른 실행 도구 막대 오른쪽에 있는 아래쪽 화살표를 선택하면 접속 도구 막대에 플라이 아웃이 표시됩니다. 그러면 플라이 아웃에서 복귀 명령어 옵션을 선택하면 됩니다.

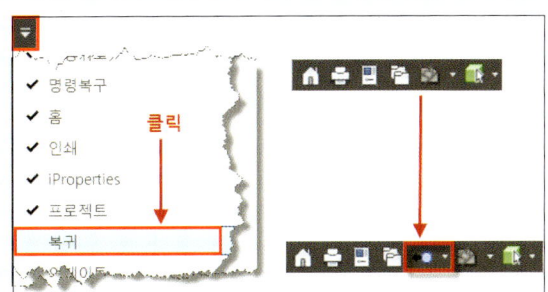

- **업데이트/ 로컬 업데이트**
  이 도구는 수정 후 디자인을 업데이트하기 위해 선택됩니다.
- **선택 도구**
  선택 도구는 선택 우선 순위를 설정하는 데 사용됩니다. 활성 선택 도구 오른쪽에 있는 아래쪽 화살표를 선택하면 선택 드롭-다운 목록이 표시됩니다. 〈그림 1-12〉 참조.

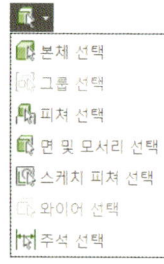

〈그림 1-12〉 선택 도구

본체 선택 도구는 본체의 선택 우선 순위를 설정하기 위해 선택됩니다. 이 도구를 선택한 경우 모델에서 개별 본체를 선택할 수 있습니다. 피쳐 선택 우선 순위로 선택하면 모델링을 구성한 피쳐를 선택할 수 있습니다. 면 및 모서리를 우선 순위로 선택하려면 면 및 모서리 선택 도구를 선택하면 됩니다. 스케치된 피쳐로 우선 순위를 설정하려면 스케치 피쳐 선택 도구를 선택하면 됩니다. 주석 선택을 우선 순위로 선택하려면 주석 선택 도구를 선택하면 됩니다.

※ 그룹 선택 및 와이어 선택 도구는 여러 그룹 및 와이어를 사용할 수 있는 해당 환경에서 활성화 됩니다.

- **모양 미세 조정**

  자동 미세 조정이 비활성화된 경우 현재 그래픽 창의 면 및 본체의 거친 면을 좀 더 부드러운 모양으로 대체할 수 있습니다. 이 기능은 급행(Express)모드와 자동 미세조정이 활성화된 경우에는 사용할 수 없습니다. 〈그림 1-13〉참조.

〈그림 1-13〉 모양 미세 조정

- **재질**

  재질을 선택한 다음 도구 또는 상황에 맞는 메뉴 명령을 사용하여 해당 재질을 객체에 지정할 수 있는 재질 검색기입니다. 이 드롭-다운 목록의 옵션을 사용하여 선택한 피쳐 또는 구성 요소에 다양한 유형의 재질을 적용 할 수 있습니다.

- **모양**

  모양을 선택한 다음 도구 또는 상황에 맞는 메뉴 명령을 사용하여 해당 모양을 면, 피쳐 또는 객체에 지정할 수 있는 모양 검색기입니다.

- **모양 드롭-다운**

  이 드롭-다운 목록을 사용하여 선택한 피쳐 또는 구성 요소에 다양한 유형의 색상이나 스타일을 적용하여 모양을 개선 할 수 있습니다. 부품, 조립품을 쉽게 식별 할 수 있습니다.

- **조정**

  모양을 수정하고 모양 텍스처 맵을 조작할 수 있는 캔버스 내 도구를 표시하는 조정 기능입니다.

- **지우기**

  선택 필터를 사용하여 선택한 면, 피쳐 및 객체의 모양 재지정을 지우는 기능입니다.

- 매개변수

  치수 및 기타 측정값인 매개변수를 보고 편집하는 대화 상자를 표시해 줍니다.

- 측정

  위치, 길이, 각도, 루프, 영역, 거리, 반지름 및 지름을 측정하는 기능입니다.

- 디자인 닥터

  문제가 있는 관계를 진단하고 오류가 발생한 구성요소 및 관계를 식별해주는 기능입니다.

리본 탭

Autodesk Inventor & Inventor Professional 2019의 설계 과정은 리본 뉴의 탭에서 패널로 구성되어 있는 명령어를 호출하여 수행됩니다. 리본 메뉴는 신속 접근 도구 막대 아래에 있는 긴 막대입니다. 필요에 따라 리본 메뉴의 모양을 변경할 수 있습니다. 그렇게 하려면 마우스 오른쪽 버튼을 클릭하면 됩니다. 그러면 바로 가기 메뉴가 표시될 것입니다. 이 바로 가기 메뉴에서 리본 모양을 선택하여 계단식을 호출하면 됩니다.

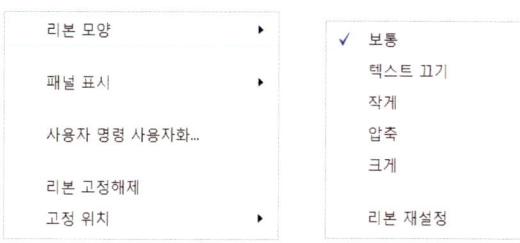

그런 다음 계단식 메뉴에서 필요한 옵션을 선택합니다. Autodesk Inventor & Inventor Professional 2019는 다양한 설계 환경에서 작업할 수 있는 다양한 탭을 제공합니다. 즉, 부품, 조립품, 도면, 판금 및 프레젠테이션 환경에서 보여지는 리본 탭의 모양은 모두 다릅니다. 탭에서 사용할 수 있는 기본 도구 외에도 탭에 명령어 도구를 추가하여 사용자화하여 사용할 수도 있습니다.

이렇게 하려면 리본 메뉴의 도구 탭에 있는 옵션 패널에서 사용자화 버튼을 선택합니다.

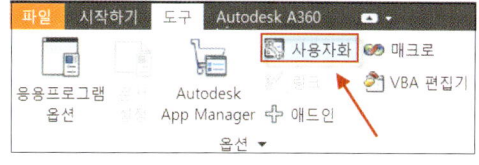

또는 리본 메뉴에서 마우스 오른쪽 버튼을 클릭하여 사용자 명령 사용자화를 선택합니다.

그러면 사용자 정의 대화 상자가 표시됩니다. 대화 상자의 리본 탭이 선택되어 있는지 확인합니다.

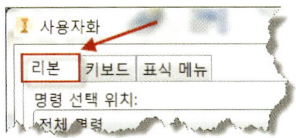

그런 다음 명령 선택 드롭-다운 목록에서 전체 명령 옵션을 선택합니다.

모든 명령/ 도구 목록이 대화 상자의 왼쪽에 표시될 것입니다.

그런 다음 목록에서 추가 할 필수 도구를 선택한 다음 선택 탭에서 사용자 정의 패널을 드롭-다운 목록에 추가하려면 선택한 도구를 추가할 필수 탭을 선택합니다.

다음으로, 이중 화살표로 표시되는 추가 버튼을 선택한 다음 적용 버튼을 선택하여 도구를 추가하면 됩니다.

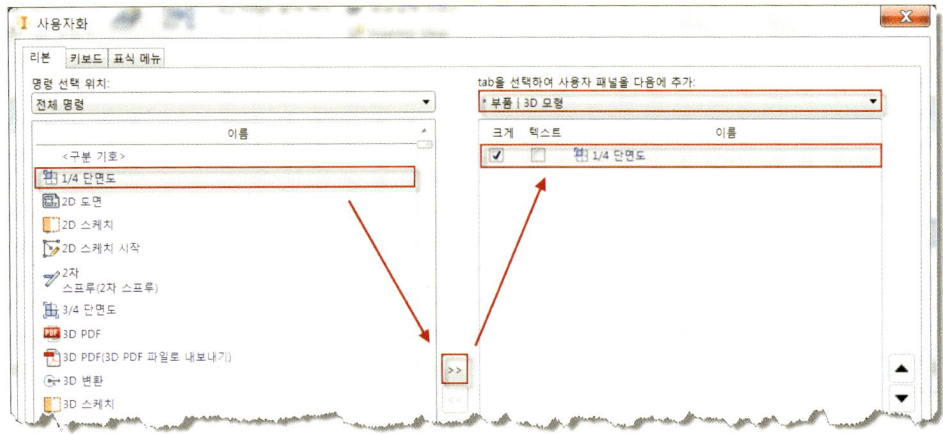

이와 같은 방법으로 리본의 필수 탭에 여러 도구를 추가 할 수 있습니다. 작업이 끝나면 확인 단추를 닫아 대화 상자를 종료합니다.

> **Tip**
>
> Autodesk Inventor & Inventor Professional 2019에서는 상태 표시 줄에 메시지와 프롬프트가 표시됩니다. 이 상태 표시 줄은 Autodesk Inventor & Inventor Professional 2019 창의 왼쪽 하단에 있습니다.

스케치 탭

이것은 리본에서 가장 중요한 탭 중 하나입니다. 부품의 스케치를 작성하는 모든 도구는 이 탭에서 사용할 수 있습니다. 탭의 대부분의 도구는 스케치 환경을 호출 할 때 사용할 수 있습니다. 스케치 탭은 그림 2-7에 나와 있습니다.

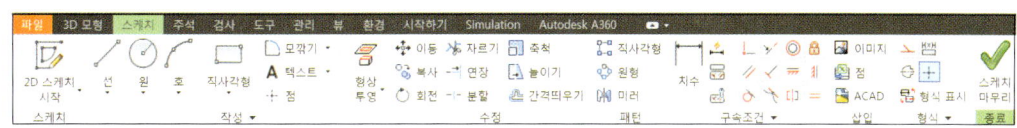

〈그림 1-14〉 스케치 탭

◆ Inventor 정확한 입력 도구

Autodesk Inventor & Inventor Professional 2019에는 Inventor 정확한 입력 도구 모음을 제공하여 스케치 항목의 좌표에 정확한 값을 입력할 수 있게 합니다. 이 도구 모음은 도면 및 조립품 모듈에서도 사용할 수 있습니다. Inventor 정확한 입력 도구 모음이 〈그림 1-13〉에 나와 있습니다. 이 도구 모음은 기본적으로 사용할 수 없습니다. 이 도구 모음에 대한 자세한 내용은 "제 02장 2D 스케치 작성을 위한 활용 기술"에서 설명할 것입니다.

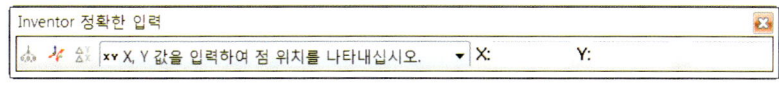

〈그림 1-15〉 Inventor 정확한 입력

3D 모형 탭

이것은 부품 모듈에서 제공되는 두 번째로 중요한 탭입니다. 스케치가 완료되면 모델링 명령을 사용하여 스케치를 3D 피쳐로 변환해야 합니다. 이 탭은 스케치를 피쳐로 변환하는 데 사용할 수 있는 모든 모델링 도구를 제공합니다. 3D 모형 탭의 도구가 〈그림 1-14〉에 나와 있습니다.

〈그림 1-16〉 3D 모형 탭

3D 모형 탭의 스케치 (Sketch) 패널에 있는 2D 스케치 시작 (Start 2D Sketch) 버튼은 스케치 환경을 호출하여 2D 스케치를 그리는 데 사용됩니다. 대부분의 설계에서 첫 번째 기능은 스케치된 프로파일 작성입니다. 스케치를 완료하려면 리본 메뉴의 스케치 탭에 있는 종료 패널에서 스케치 완료 버튼을 선택하거나 마우스 오른쪽 버튼을 클릭하여 2D 스케치 마침을 선택하면 됩니다.

판금 탭

이 탭은 판금 부품을 작성하는 데 사용되는 도구를 제공합니다. 이 도구 모음은 판금 부품 환경에서 작업하고 있는 경우에만 사용할 수 있습니다. 리본 메뉴의 3D 모형 탭에 있는 변환 패널에서 판금 부품으로 변환 도구를 선택하여 표준 부품 모델링 환경에서 판금 부품 환경으로 전환할 수 있습니다. 변환 패널을 3D 모형 탭에서 사용할 수 없는 경우에 추가하려면 사용자화해야 합니다. 이 책의 뒷부분에서 사용자 정의에 대해 자세히 설명할 것입니다. 판금 탭의 도구가 〈그림 1-15〉에 나와 있습니다.

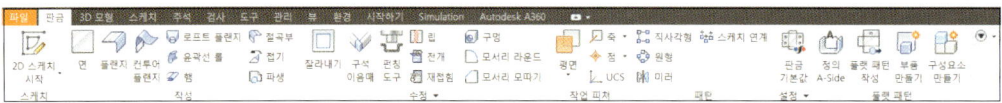

〈그림 1-17〉 판금 탭

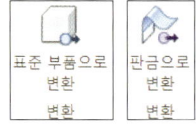

조립 탭

이 탭은 새 파일 만들기 대화 상자에서 조립품 템플릿 (확장명은 .iam)을 열 때만 사용할 수 있습니다. 이 탭은 구성 요소를 조립하는 데 필요한 모든 도구를 제공합니다. 조립 탭의 도구가 〈그림 1-16〉에 나와 있습니다.

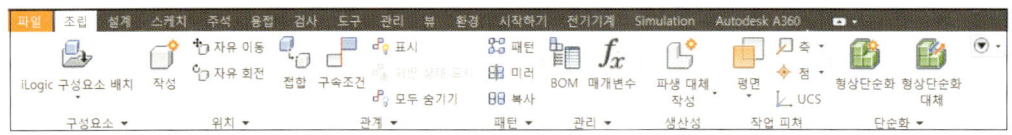

〈그림 1-18〉 조립 탭

뷰 배치 탭

이 탭은 구성 요소의 다른 보기를 만드는 데 사용되는 도구를 제공합니다. 이 탭은 사용자가 도면 제도 환경에 있는 경우에만 사용할 수 있습니다. 작업 영역보기 탭의 도구가 〈그림 1-17〉에 나와 있습니다.

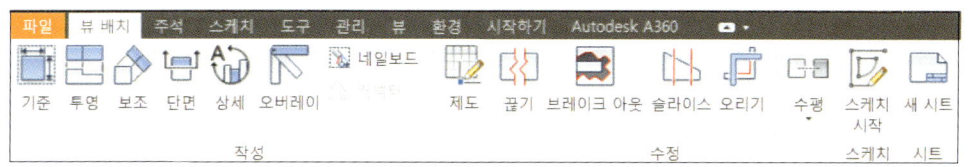

〈그림 1-19〉 뷰 배치 탭

2도면 주석 탭

이 탭은 도면에 배치된 도면 뷰에 치수 및 공차 등을 사용하여 표현하는 도구들을 제공합니다. 이 탭은 사용자가 도면 제도 환경에 있는 경우에만 사용할 수 있습니다. 작업 영역 보기 탭의 도구가 〈그림 1-18〉에 나와 있습니다.

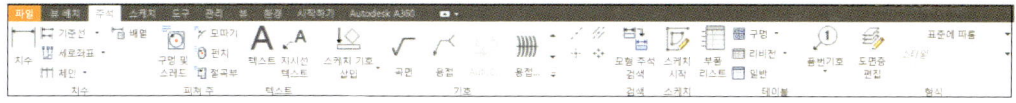

〈그림 1-20〉 도면 주석 탭

프레젠테이션 탭

이 탭은 조립품 구성 요소의 분해 뷰를 만드는 데 사용되는 도구들을 제공합니다. 이 탭은 새 파일 만들기 대화 상자에서 프레젠테이션 템플릿(.ipn 확장자)을 열어서 작업할 때만 사용할 수 있습니다. 프레젠테이션 탭의 도구는 〈그림 1-19〉에 나와 있습니다.

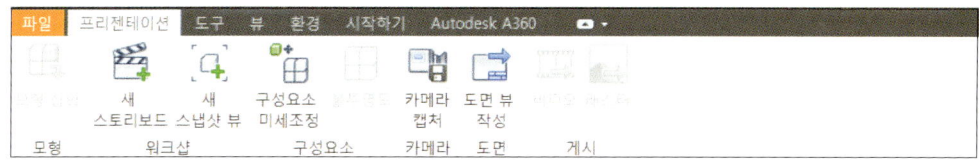

〈그림 1-21〉 프레젠테이션 탭

도구 탭

이 탭에는 주로 환경 설정을 지정하고 Autodesk Inventor & Inventor Professional 2019의 인터페이스를 사용자 정의하는 데 사용되는 도구가 포함되어 있습니다. 이 탭은 거의 모든 환경에서 사용할 수 있습니다. 도구 탭의 도구는 〈그림 1-20〉에 나와 있습니다.

〈그림 1-22〉 도구 탭

관리 탭

이 탭에는 스타일에 관해 정의하고 관리할 수 있는 도구들이 주된 기능으로 구성되어 있고, 각각의 환경에서 특정한 다른 도구에 관련한 패널들이 제공되고 있습니다. 관리 탭의 도구는 〈그림 1-21-I, II, III〉에 나와 있습니다.

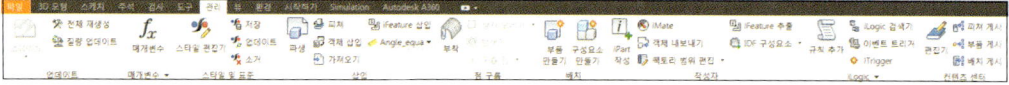

〈그림 1-22-I〉 관리 탭(부품 모드)

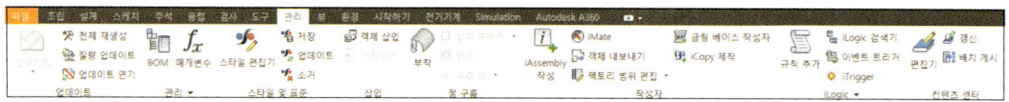

〈그림 1-22-II〉 관리 탭(조립품 모드)

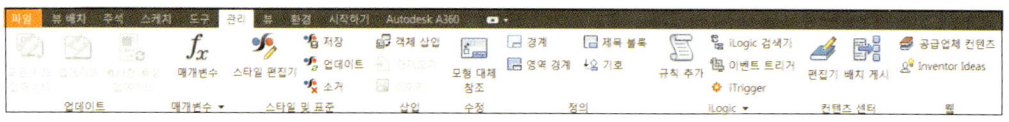

〈그림 1-22-III〉 관리 탭(도면 모드)

뷰 탭

이 탭의 도구를 사용하여 객체 및 보기 윈도우의 가시성, 방향, 모양 및 표시 여부를 제어 할 수 있습니다. 이 탭은 거의 모든 환경에서 사용할 수 있습니다. 각 모드 별 뷰 탭의 도구는 〈그림 1-22-I, II, III, IV〉에 나와 있습니다.

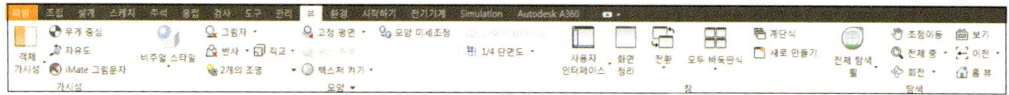

〈그림 1-23-I〉 뷰 탭(부품 모드)

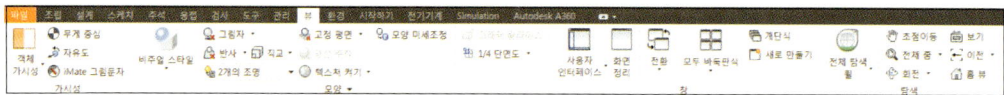

〈그림 1-23-II〉 뷰 탭(조립품 모드)

〈그림 1-23-III〉 뷰 탭(도면 모드)

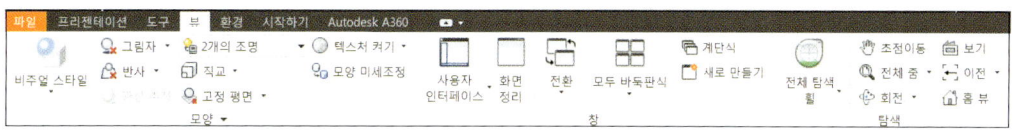

〈그림 1-23-Ⅳ〉 뷰 탭(프리젠테이션 모드)

환경 탭

이 탭의 도구에는 Autodesk Inventor & Inventor Professional 2019의 응력해석, 동적 시뮬레이션, 프레임해석 및 라우팅 시스템에 관련된 모듈이 포함되어 있습니다. 각 모드 별 환경 탭의 도구는 아래 〈그림 1-23-Ⅰ, Ⅱ, Ⅲ〉같이 다르게 구성되어 나와 있습니다.

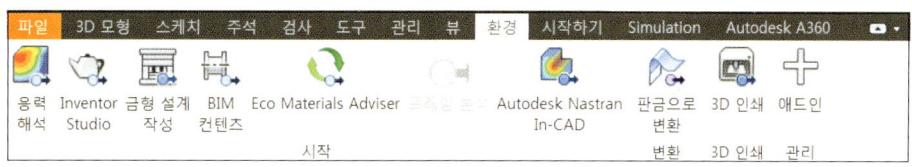

〈그림 1-24-Ⅰ〉 환경 탭(부품 모드)

〈그림 1-24-Ⅱ〉 환경 탭(조립품 모드)

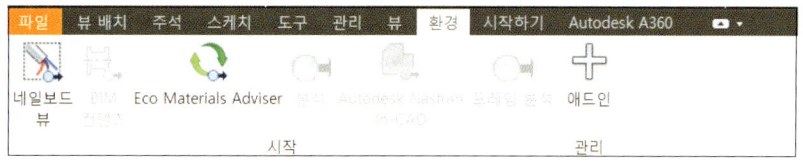

〈그림 1-24-Ⅲ〉 환경 탭(도면 모드)

탐색(네비게이션) 막대

탐색 막대 영역은 그래픽 영역의 오른쪽에 있으며 모델을 탐색하는 데 사용되는 도구가 포함되어 있어서 설계 프로세스를 보다 쉽고 빠르게 진행할 수 있습니다. 탐색 막대는 그래픽 윈도우에서 구성 요소의 보기 및 방향을 제어하는데도 도움이 됩니다. 탐색 표시 줄은 〈그림 1-25〉와 같습니다.

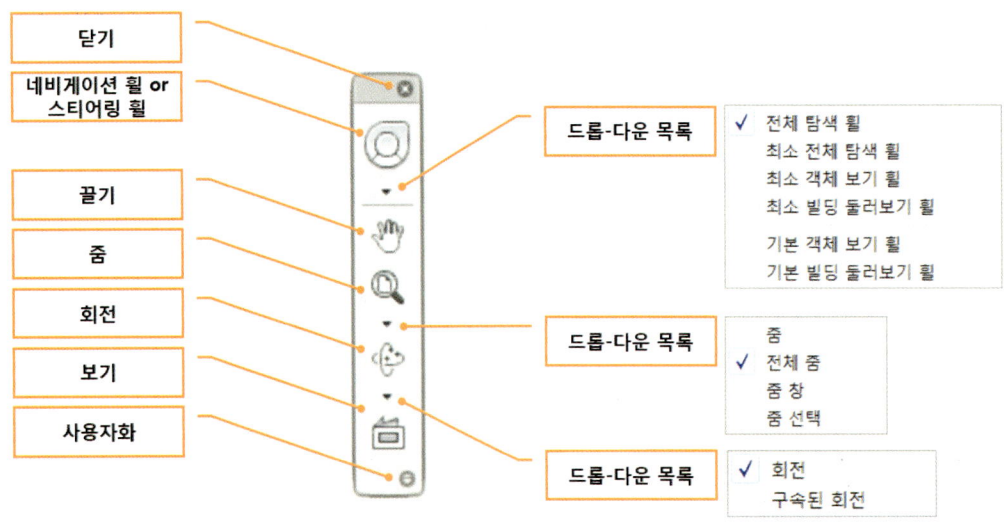

〈그림 1-25〉 탐색 막대

검색기 막대

검색기 막대는 도면 창의 왼쪽에 있는 리본 메뉴 아래에서 사용할 수 있습니다. 설계 프로세스 진행 중에 수행된 모든 작업을 순서로 표시합니다. 이러한 모든 작업은 트리 보기 형식으로 표시됩니다. 검색기 막대를 드래그하여 도킹을 해제할 수 있습니다. 검색기 막대의 내용은 Autodesk Inventor & Inventor Professional 2019의 여러 환경에 따라 다릅니다. 예를 들어, 부품 모듈에는 부품 작성에 사용되는 다양한 조작 도구들이 표시됩니다. 마찬가지로 조립품 모듈에서 조립품을 구성하는 데 사용된 제약 조건과 함께 모든 구성 요소를 표시합니다.

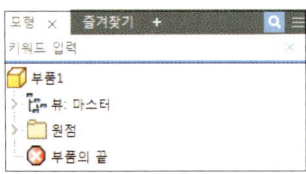

치수 단위

Autodesk Inventor & Inventor Professional 2019에서는 문서 설정 대화 상자를 사용하여 언제든지 단위를 설정할 수 있습니다. 도구 탭의 옵션 패널에서 문서 설정 도구를 선택하여 이 대화 상자를 호출할 수 있습니다. 이 대화 상자를 호출한 후에 나타나는 대화 상자에서 단위 탭을 선택합니다. 단위와 관련된 다양한 영역이 표시됩니다. 단위 영역의 옵션은 단위를 설정하는데 사용됩니다. 선형 치수에 맞게 단위를 설정하려면 길이 드롭-다운 목록에서 필요한 단위를 선택합니다. 마찬가지로 각도 치수 단위를 설정하려면 각도 드롭-다운 목록에서 필요한 단위를 선택하면 됩니다. 그런 다음 확인 버튼을 선택하여 지정된 설정을 적용하고 대화 상자를 닫습니다. 대화 상자를 닫지 않고 지정된 설정을 적용하려면 적용 버튼을 클릭합니다. 적용 버튼을 선택하면 확인 버튼이 닫기로 바뀝니다. 이제 닫기 버튼을 클릭하여 대화 상자를 닫을 수 있습니다.

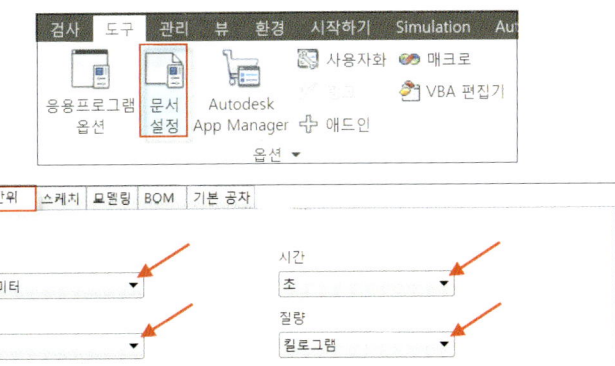

03 중요한 용어 및 정의

Autodesk Inventor & Inventor Professional 2019에 대해 자세히 알기 전에 이 책에서 널리 사용되는 다음의 용어들을 이해하는 것이 매우 중요합니다.

피쳐 기반 모델링

피쳐는 개별적으로 수정할 수 있는 가장 작은 단위의 3D 형상 만들기 블록으로 정의할 수 있습니다. Autodesk Inventor & Inventor Professional 2019에서는 여러 개의 3D 형상 만들기 블록들을 통합하여 솔리드 모델을 생성하는 것입니다. 따라서 Autodesk Inventor & Inventor Professional 2019의 형상 모델들은 여러 가지 개별 기능들의 조합입니다. 이러한 기능들에 대해 모델의 적합성에 맞게 기능이 적용되었는지에 대해 올바르게 이해할 필요가 있습니다.

※ 결과적으로, 가장 중요한 점은 설계 과정에서 필요할 때마다 설계자가 수정할 수 있어야 하는 것입니다.

매개 변수(Parametric) 모델링

Autodesk Inventor & Inventor Professional 2019 소프트웨어의 파라메트릭 특성은 표준 특성 또는 매개 변수를 사용하여 형상의 모양 및 크기를 정의하는 방법입니다. 이 속성의 주요 기능은 원래 크기나 모양을 고려하지 않고 선택한 기하 형상(지오메트리)을 새로운 크기 또는 모양으로 유도하는 것입니다. 예를 들어 처음 45도 각도로 그려진 20mm 선은 50mm 선으로 변경되어 늘어날 수 있으며 방향은 90 °로 변경 될 수도 있습니다. 이 속성을 사용하면 상대적 치수로 스케치를 그리고 나서 이 솔리드 모델링 도구를 사용하여 필요한 실제 값으로 구동 할 수 있으므로 설계 프로세스를 매우 쉽게 이해하고 구성할 수 있습니다.

※ **Parametric:** 여러 개의 독립적 변수를 사용한 공식에 의하여 정의되는 직선이나 곡선 또는 표면 등의 그래픽 데이터를 처리하는 것으로서 컴퓨터 지원 설계(CAD) 시스템에 쓰이는 기법의 하나입니다. 이와 반대되는 개념은 **Variation** 기법입니다.

양방향 연관성

앞에서 설명한 것처럼 이 솔리드 모델링 도구는 3D 솔리드 모델을 생성하는 것에 대한 기능을 제한하지 않습니다. 또한 매우 효과적인 조립품 모델링, 도면 제도 및 프리젠테이션 작업을 가능하게 합니다. Autodesk Inventor & Inventor Professional 2019의 모든 환경 간에는 양방향 연관성이 있습니다. 이 연관된 링크는 어떤 환경에서든 모델에 수정이 가해지면 자동으로 다른 환경에도 수정된 것이 반영될 수 있게 해줍니다.

가변

이것은 솔리드 모델링 도구의 설계 과정에 포함 된 매우 효과적인 특성입니다. 어떤 설계에서도 다양한 모양과 크기의 작은 변화와 함께 다양한 장소에서 사용할 수 있는 많은 구성 요소가 있습니다. 이 특성을 사용하면 부품 또는 피쳐를 해당 환경에 바로 적용 할 수 있습니다. 또한 가변 부품이 다른 부품에 구속되는 즉시 모양과 크기가 변경되도록 적용할 수 있습니다. 따라서 설계에서 유사한 부품을 작성하는 데 필요한 시간과 노력을 크게 줄일 수 있습니다.

디자인 닥터

디자인 닥터는 Autodesk Inventor & Inventor Professional 2019 소프트웨어에서 사용되는 설계 프로세스에서 가장 중요한 부분 중 하나입니다. 전체 설계 프로세스에 오류가 없는지 확인하는 데 매우 효과적인 도구라고 할 수 있습니다. 디자인 닥터의 주 목적은 설계의 모든 문제점을 인식하도록 하는 것입니다.

디자인 닥터는 다음의 세가지 단계에서 작동합니다.

- **모델에서 모델 및 오류 선택**
  이 단계에서 디자인 닥터는 스케치, 부품, 조립품 등을 선택하고 그 안에 있는 오류를 결정합니다.
- **오류 검사**
  이 단계에서는 선택한 설계의 오류를 검사합니다. 각각의 오류는 개별적으로 검사됩니다.

- **오류 해결 방법 제공**

  이것은 디자인 닥터의 작업의 마지막 단계입니다. 일단 각각의 오류를 개별적으로 검사하면 해결 방안을 제시합니다. 설계에서 오류를 제거하는 데 사용할 수 있는 방법 목록을 제공합니다.

  기존 문제에 대한 디자인 닥터 오류 메시지가 표시되지 않도록 억제하려면 확인란을 선택합니다. 확인란의 선택을 취소하면 주의를 요하는 파일의 문제가 있는 경우 디자인 닥터 오류 메시지가 표시됩니다.

구속 조건

선택한 설계에서 더 정확하거나 다른 설계와 관련하여 위치를 정의하기 위해 수행되는 논리적 작업입니다. Autodesk Inventor & Inventor Professional 2019에는 4가지 유형의 구속 조건이 있습니다. 다음은 이러한 모든 유형에 대한 설명입니다.

- **기하학적 구속 조건**

  이러한 논리 연산은 기본 스케치 요소에서 수행되어 동일선상, 동심, 직각 등과 같은 표준 특성과 관련됩니다.

  Autodesk Inventor & Inventor Professional 2019에는 작성 시에 이러한 형상 구속 조건을 스케치 항목에 자동으로 적용합니다. 스케치 요소에 이러한 제한 조건을 적용하기 위해 추가 명령을 사용할 필요는 없습니다. 그러나 이러한 기하학적 구속 조건을 스케치 요소에 수동으로 적용 할 수도 있습니다. 기하학적 구속 조건에는 다음과 같이 12 가지 유형이 있습니다.

  - **직각 구속 조건**

    이 구속 조건은 선택한 선분을 다른 선분과 직각으로 만드는 데 사용됩니다.

  - **평행 구속 조건**

    이 구속 조건은 선택한 선분을 서로 평행하게 만드는 데 사용됩니다.

  - **일치 구속 조건**

    이 구속 조건은 두 점 또는 점과 직선, 점과 곡선을 일치시키는 데 사용됩니다.

  - **동심 구속 조건**

이 구속 조건은 두 개의 선택된 곡선이 동일한 중심점을 공유하도록 합니다. 동심 원형으로 만들 수 있는 곡선은 호, 원 또는 타원입니다.

- **동일선상 구속 조건**

  이 구속 조건은 선택된 두 선분 또는 타원 축을 같은 선 상에 배치하도록 합니다.

- **수평 구속 조건**

  이 구속 조건은 선택한 선분을 강제로 수평으로 만듭니다.

- **수직 구속 조건**

  이 구속 조건은 선택한 선분을 강제로 수직으로 만듭니다.

- **접선 구속 조건**

  이 구속 조건은 선택한 선분 또는 곡선을 다른 곡선에 접하게 하는 데 사용됩니다.

- **동일 구속 조건**

  이 구속 조건은 선택한 선분의 길이를 동일하게 만듭니다. 또한 두 개의 커브가 반경이 동일해지도록 만들 수 있습니다.

- **부드러운 구속 조건**

  이 구속 조건은 연결 지점에서 선이 스플라인에 접하도록 스플라인과 다른 요소 사이에 부드러운 구속 조건을 추가합니다.

- **고정 구속 조건**

  이 구속 조건은 현재 스케치의 좌표계를 기준으로 선택한 점 또는 곡선을 특정 위치에 고정시켜 줍니다.

- **대칭 구속 조건**

  이 구속 조건은 선택한 스케치된 요소를 중심선 일 수도 있고 아닐 수도 있는 스케치된 선분에 대해 대칭이 되게 합니다.

- **조립품 구속 조건**

  조립 구속 조건은 구성 요소들을 서로 구속하여 조립품을 만드는 데 사용되는 논리적 연산입니다. 이러한 구속은 구성 요소의 자유도(DOF)를 줄이기 위해 적용됩니다. 이러한 조립 구속 조건에는 5 가지 유형이 있습니다.

  - **메이트**

    메이트 구속 조건은 여러 구성 요소의 선택된 면을 동일 평면 상에 만드는 데 사용됩니다. 모델을 같은 방향 또는 반대 방향으로 배치 할 수 있습니다. 선택한 면 사이의 간격 띄우기 거리를 지정할 수도 있습니다.

  - **각도**

    각도 구속 조건은 서로 다른 구성 요소의 선택한 면을 서로 일정 각도로 배치하는 데 사용됩니다.

  - **접선**

    접선 구속 조건은 구성 요소의 선택된 면을 다른 구성 요소의 원통형, 원형 또는 원뿔형 면에 접하는 데 사용됩니다.

- 삽입

  삽입 구속 조건은 두 개의 다른 원형 구성 요소가 중심 축의 방향을 공유하도록 합니다. 또한 원형 구성 요소의 선택된 면을 동일 평면 상에 있게 합니다.

  - 대칭

  대칭 구속 조건은 두 개의 선택된 구성 요소를 대칭 평면에 대해 서로 대칭으로 만들어 두 구성 요소가 평면에서 등거리를 유지하도록 합니다.

- **동작 구속 조건**

  동작 구속 조건은 조립 구속 조건을 사용하여 조립된 구성 요소에 대해 수행되는 논리적 작업입니다. 이러한 동작 구속 조건에는 2가지 유형이 있습니다.

  - 회전

  회전 구속 조건은 조립품의 한 구성 요소를 다른 구성 요소와 관련하여 회전하는 데 사용됩니다.

  - 회전-변환

  회전-변환 조건은 두 번째 구성 요소의 변환과 관련하여 첫 번째 구성 요소를 회전하는 데 사용됩니다.

- **변이 구속 조건**

  변이 구속 조건은 조립된 구성 요소에도 적용되며 원통형 구성 요소를 선택한 경우 선택한 원통형 구성 요소의 면이 다른 구성 요소의 선택한 면과 계속 접촉하도록 합니다.

- **구속 조건 세트**

  이 구속 조건은 사용자 좌표계(UCS)로 두 구성 요소를 함께 구속하는 데 사용됩니다.

- **조립 접합**

  조립 접합은 구성 요소를 결합하여 조립품을 만드는 데 사용되는 논리적 연산입니다. 이 접합부는 연결된 구성 요소 사이 또는 조립품에서 동작을 허용합니다. 이러한 접합 구속 조건에는 7가지 유형이 있습니다.

  - 자동 접합

  자동 접합은 조립품의 연결 구성 요소 사이에 가장 적합한 유형의 접합을 자동으로 적용하는 데 사용됩니다. 자동으로 적용할 접합의 유형은 선택한 기하 형상에 따라 달라집니다.

  - 강체 접합

  강체 접합은 모든 자유도(DOF)를 구성 요소에서 제거합니다. 결과적으로 견고한 접합을 적용한 후의 구성 요소는 어떤 방향으로도 움직일 수 없습니다. 강체 접합은 두 부분을 고정식으로 고정하는 데 사용됩니다. 선택한 부분 사이의 모든 자유도(DOF)가 제거되고 모션이 방향에 적용될 때 단일 구성 요소의 역할을 합니다

  - 회전 접합

  회전 접합은 원통형 구성 요소의 축을 따라 구성 요소의 회전 동작을 허용합니다.

- 슬라이더 접합

슬라이더 접합을 사용하면 지정된 경로를 따라 구성 요소를 이동할 수 있습니다. 구성 요소가 결합되어 한 방향으로만 변환됩니다. 슬라이더 접합에서 하나의 변환 자유도만 지정할 수 있습니다. 슬라이더 접합은 선형 방향으로 모션을 시뮬레이션을 하는데 사용됩니다.

- 원통형 접합

원통형 접합을 사용하면 구성 요소가 원통형 구성 요소의 축을 따라 이동하고 축을 중심으로 회전 할 수 있습니다. 원통형 접합에서 하나의 평행 이동 자유도 및 하나의 회전 자유도(DOF)를 지정할 수 있습니다.

- 평면형 접합

평면 접합은 두 구성 요소의 평면을 연결하는 데 사용됩니다. 구성 요소는 2개의 평행 이동 및 1개의 회전 자유도로 평면에서 슬라이드 또는 회전 할 수 있습니다.

- 볼 접합

볼 접합은 두 구성 요소가 서로 접촉하고 동시에 가동 구성 요소가 임의의 방향으로 자유롭게 회전 할 수 있도록 두 구성 요소 사이의 접합을 만드는 데 사용됩니다. 두 구성 요소 사이에 볼 접합을 만들려면 각 구성 요소에서 한 점을 지정해야 합니다.

이렇게 만들어진 관절은 3개의 정의되지 않은 회전 자유도(DOF)를 생성하고 공통점에서 다른 3개의 자유도(DOF)를 제한합니다.

Autodesk Inventor & Inventor Professional 2019의 단축키

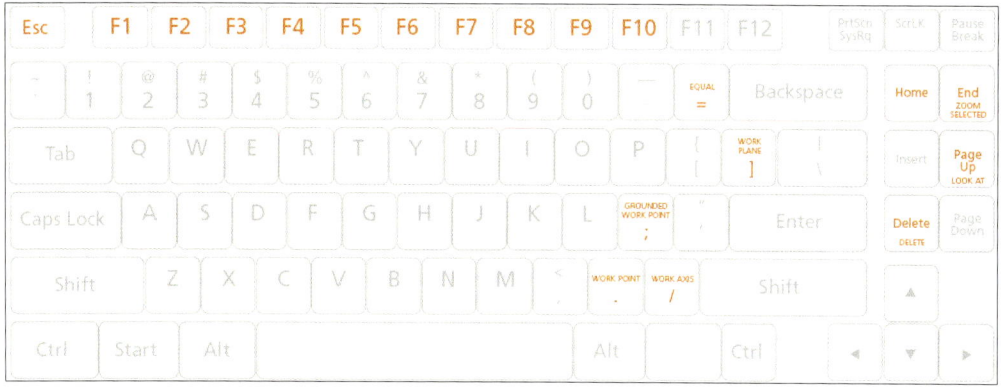

기능 키(Function Key)

- **F1** (도움말) 인벤터 관련 전체적인 도움말 사이트 열기 키
- **F2** (끌기) 누른 상태에서 객체 끌기 기능 키
- **F3** (줌 선택) 누른 상태에서 선택한 객체 줌하는 기능 키
- **F4** (회전) 누른 상태에서 객체를 회전시키는 기능 키
- **F5** (이전 뷰) 이전에 보여주었던 뷰로 전환하는 기능 키
- **F6** (삭제) 모형이나 도면으로부터 선택된 아이템을 제거하는 키
- **F7** (슬라이스 그래픽스) 스케치 상태에서 스케치 평면 기준으로 단면을 보이게 하는 기능 키
- **F8** (구속조건 전체 보이기) 스케치 상태의 형상 구속조건을 전부 보이게 하는 기능 키
- **F9** (구속조건 전체 숨기기) 스케치 상태의 형상 구속조건을 전부 숨기게 하는 기능 키
- **F10** (스케치 가시성) 스케치 가시성을 켜는 기능 키
- **=** (동등) 곡선의 반지름이나 길이를 같게 구속하는 키
- **;** (고정 작업 점) 고정 작업 점 생성 및 3D 이동/회전 도구를 활성화시키는 키
- **/** (작업 축) 새로운 작업 축을 생성하는 키
- **]** (작업 평면) 새로운 작업 평면을 생성하는 키
- **.** (작업 점) 새로운 작업 점을 생성하는 키
- **Delete** (삭제) 모형이나 도면으로부터 선택된 아이템을 제거하는 키
- **End** (줌 선택) 특별하게 선택된 아이템상에서 줌하는 키
- **Esc** (취소) 활성화 되어있는 도구를 닫는 키
- **Home** (줌 전체) 그래픽 창안에서 모든 객체들을 줌 전체를 통해 확장하는 키
- **Page Up** (보기) 선택된 요소를 정면으로 보게하는 키

◆ 다중 문자 명령 키보드 단축 키 명령어

▌일반(General)

키	명령 이름	유형	범주
Ctrl+C	복사	바로 가기	관리
Ctrl+N	새로 만들기	바로 가기	관리
Ctrl+O	열기	바로 가기	관리
Ctrl+P	인쇄	바로 가기	관리
Ctrl+S	저장	바로 가기	관리
Ctrl+V	붙여넣기	바로 가기	관리
Ctrl+X	잘라내기	바로 가기	관리
Ctrl+Y	명령복구	바로 가기	관리
Ctrl+Z	명령취소	바로 가기	관리
QUIT	종료	별명	관리

▌부품(Part)

키	명령 이름	유형	범주
Alt+R	관계	바로 가기	부품
E	양식 편집	별명	부품
S	부드럽게 전환	별명	부품
T	투명 전환	별명	부품

▌스케치된 형상(Sketched Features)

키	명령 이름	유형	범주
BP	굽힘	별명	스케치된 피쳐
E	돌출	별명	스케치된 피쳐
H	구멍	별명	스케치된 피쳐
LO	로프트	별명	스케치된 피쳐
R	회전	별명	스케치된 피쳐
SW	스윕	별명	스케치된 피쳐

▌배치된 형상(Placed Features)

키	명령 이름	유형	범주
1	직선보간 표면	별명	배치된 피쳐
CH	모따기	별명	배치된 피쳐
Ctrl+Shift+O	원형 패턴	바로 가기	배치된 피쳐
DE	직접 편집	별명	배치된 피쳐
EF	필렛	별명	배치된 피쳐
F	모깎기	별명	배치된 피쳐
GW	그루브 용접	별명	배치된 피쳐
MI	미러	별명	배치된 피쳐

chapter 01 Autodesk Inventor & Inventor Professional 2019 시작하기

키		명령 이름	유형	범주
Q		iMate 작성	별명	배치된 피쳐
RP		직사각형 패턴	별명	배치된 피쳐
S		새 스케치	별명	배치된 피쳐
S3		새 스케치	별명	배치된 피쳐
SH		쉘	별명	배치된 피쳐
TH		스레드	별명	배치된 피쳐
W		모깎기 용접	별명	배치된 피쳐
WS		용접 기호	별명	배치된 피쳐

▌판금(Sheet Metal)

키	명령 이름	유형	범주
BE	절곡부	별명	판금
CC	모서리 모따기	별명	판금
CF	컨투어 플랜지	별명	판금
CR	모서리 라운드	별명	판금
CS	구석 이음매	별명	판금
FA	면	별명	판금
FO	접기	별명	판금
HEM	햄	별명	판금
PT	펀칭 도구	별명	판금
ST	판금 기본값	별명	판금

▌스케치(Sketch)

키	명령 이름	유형	범주
=	동일	바로 가기	스케치
A	중심점 호	별명	스케치
A3	3점 호	별명	스케치
AD	자동 치수기입	별명	스케치
BE	절곡부	별명	스케치
CE	중심점 원	별명	스케치
CH	모따기	별명	스케치
CP	원형 패턴	별명	스케치
Ctrl+D	동적 치수	바로 가기	스케치
Ctrl+I	추정 구속조건 전환	바로 가기	스케치
Ctrl+R	직교 모드 전환	바로 가기	스케치
Ctrl+Shift+P	객체 스냅	바로 가기	스케치
EL	타원	별명	스케치
EX	연장	별명	스케치
F7	그래픽 슬라이스	바로 가기	스케치
FI	모깎기	별명	스케치
H	스케치 영역 채우기/해치	별명	스케치
I	교차점 스냅	별명	스케치
I	수직	별명	스케치
L	선	별명	스케치
MI	미러	별명	스케치
MO	이동	별명	스케치

키		명령 이름	유형	범주
O		간격띄우기	별명	스케치
PO		점, 중심점	별명	스케치
POL		폴리곤	별명	스케치
REC		2점 직사각형	별명	스케치
REC3		3점 직사각형	별명	스케치
RO		회전	별명	스케치
RP		직사각형 패턴	별명	스케치
SP		스플라인	별명	스케치
T		텍스트	별명	스케치
TC		접하는 원	별명	스케치
X		자르기	별명	스케치

도구(Tools)

키	명령 이름	유형	범주
Alt+A	검색기 창 뒤로 전환	바로 가기	도구
Alt+F11	Visual Basic Editor	바로 가기	도구
Alt+F8	매크로	바로 가기	도구
Alt+S	검색기 창 앞으로 전환	바로 가기	도구
LA	도면층 편집	별명	도구
M	측정	별명	도구
OP	응용프로그램 옵션	별명	도구
SE	스타일 편집	별명	도구

뷰(View)

키	명령 이름	유형	범주
Alt+]	사용자 작업 평면	바로 가기	뷰
Ctrl+-	맨 위	바로 가기	뷰
Ctrl+.	원점	바로 가기	뷰
Ctrl+/	원점 축	바로 가기	뷰
Ctrl+0	화면 정리 전환	바로 가기	뷰
Ctrl+1	스케치 불투명도 전환	바로 가기	뷰
Ctrl+=	상위(복귀, 완료)	바로 가기	뷰
Ctrl+]	원점 평면	바로 가기	뷰
Ctrl+A	기타 선택...	바로 가기	뷰
Ctrl+B	검색기에서 찾기	바로 가기	뷰
Ctrl+Enter	복귀	바로 가기	뷰
Ctrl+Shift+E	자유도	바로 가기	뷰
Ctrl+Shift+Q	iMate 그림문자	바로 가기	뷰
Ctrl+W	SteeringWheels	바로 가기	뷰
End	줌 선택	바로 가기	뷰
F10	2D 스케치	바로 가기	뷰
F5	이전 뷰	바로 가기	뷰
F6	홈 뷰	바로 가기	뷰
Home	전체 줌	바로 가기	뷰
ORBIT	자유 회전	별명	뷰
Page Up	보기	바로 가기	뷰

chapter 01 Autodesk Inventor & Inventor Professional 2019 시작하기

키	명령 이름		유형	범주
PAN		초점이동	별명	뷰
Shift+F5		다음	바로 가기	뷰
VC		ViewCube	별명	뷰
WS		용접물 기호	별명	뷰
Z		줌 창	별명	뷰

■ 작업 피쳐(Work Features)

키	명령 이름		유형	범주
.		작업점	바로 가기	작업 피쳐
/		작업축	바로 가기	작업 피쳐
;		고정 작업점	바로 가기	작업 피쳐
]		작업 평면	바로 가기	작업 피쳐

■ 애드인(Add In)

키	명령 이름		유형	범주
GC		새 쉐이프 생성기 학습 작성	별명	애드인

■ 주석(Annotation)

키	명령 이름		유형	범주
B		품번기호	별명	주석
BA		자동 품번기호	별명	주석
CAT		용접 모양	별명	주석
CB		중심선 이등분	별명	주석
CL		중심선	별명	주석
CM		중심 표식	별명	주석
DI		데이텀 식별자 기호	별명	주석
EF		필렛	별명	주석
F		형상 공차	별명	주석
FI		피쳐 식별자 기호	별명	주석
HTF		구멍 테이블 - 선택한 피쳐	별명	주석
HTS		구멍 테이블 - 선택	별명	주석
HTV		구멍 테이블 - 뷰	별명	주석
LE		지시선 텍스트	별명	주석
PL		부품 리스트	별명	주석
RT		리비전 태그	별명	주석
RTB		리비전 테이블	별명	주석
ST		표면 텍스처 기호	별명	주석
SY		기호	별명	주석
T		텍스트	별명	주석
TB		테이블	별명	주석
WS		용접 기호	별명	주석

▍조립품(Assembly)

키	명령 이름	유형	범주
Alt+P	프리젠테이션 작성	바로 가기	조립품
Alt+T	투명도	바로 가기	조립품
Alt+V	가시성	바로 가기	조립품
C	구속조건	별명	조립품
CO	구성요소 복사	별명	조립품
Ctrl+H	구성요소 대체	바로 가기	조립품
G	구성요소 회전	별명	조립품
IA	간섭분석	별명	조립품
MI	구성요소 미러	별명	조립품
N	구성요소 작성	별명	조립품
P	구성요소 배치	별명	조립품
PC	패턴 구성요소	별명	조립품
RA	전체 대체	별명	조립품
Shift+Tab	승격	바로 가기	조립품
Tab	강등	바로 가기	조립품
V	구성요소 이동	별명	조립품

▍프리젠테이션(Presentation)

키	명령 이름	유형	범주
T	구성요소 미세조정	별명	프리젠테이션

▍케이블과 하네스(Cable & Harness)

키	명령 이름	유형	범주
AR	자동 루트	별명	케이블 및 하네스
BR	절곡부 반지름 확인	별명	케이블 및 하네스
BS	절단 스케치	별명	케이블 및 하네스
CA	커넥터 제작	별명	케이블 및 하네스
CC	케이블 작성	별명	케이블 및 하네스
CF	접기 작성	별명	케이블 및 하네스
CR	리본 케이블 작성	별명	케이블 및 하네스
CS	세그먼트 작성	별명	케이블 및 하네스
CV	커넥터 뷰 배치	별명	케이블 및 하네스
CW	와이어 작성	별명	케이블 및 하네스
E	편집	별명	케이블 및 하네스
EH	하네스 데이터 내보내기	별명	케이블 및 하네스
F	팬 인	별명	케이블 및 하네스
FO	팬 아웃	별명	케이블 및 하네스
HA	하네스 작성...	별명	케이블 및 하네스
HD	하네스 치수	별명	케이블 및 하네스
HP	하네스 특성	별명	케이블 및 하네스
IH	하네스 데이터 가져오기	별명	케이블 및 하네스
L	케이블 및 하네스 라이브러리	별명	케이블 및 하네스

키		명령 이름	유형	범주
NB		네일보드	별명	케이블 및 하네스
P		피벗	별명	케이블 및 하네스
P		핀 배치	별명	케이블 및 하네스
PD		특성 화면표시	별명	케이블 및 하네스
PG		핀 그룹 배치	별명	케이블 및 하네스
RG		보고서	별명	케이블 및 하네스
RH		하네스 데이터 검토	별명	케이블 및 하네스
RT		라우팅	별명	케이블 및 하네스
RW		와이어 핀 다시 연결	별명	케이블 및 하네스
SP		스플라이스 작성	별명	케이블 및 하네스
TB		테이블	별명	케이블 및 하네스
U		언라우팅	별명	케이블 및 하네스
V		가상 부품 지정	별명	케이블 및 하네스

▌튜브와 파이프(Tube & Pipe)

키		명령 이름	유형	범주
AT		튜브 및 파이프 제작	별명	튜브 및 파이프
CF		부속품 연결	별명	튜브 및 파이프
DR		파생 루트	별명	튜브 및 파이프
ES		기준 스케치 편집	별명	튜브 및 파이프
HL		호스 길이	별명	튜브 및 파이프
IG		형상 포함	별명	튜브 및 파이프
IN		노드 삽입	별명	튜브 및 파이프
IO		ISOGEN 출력	별명	튜브 및 파이프
MN		노드 이동	별명	튜브 및 파이프
MS		세그먼트 이동	별명	튜브 및 파이프
NR		새 루트	별명	튜브 및 파이프
PF		부속품 배치	별명	튜브 및 파이프
PR		루트 배치	별명	튜브 및 파이프
PR		파이프 런 작성...	별명	튜브 및 파이프
RT		루트	별명	튜브 및 파이프
ST		튜브 및 파이프 스타일	별명	튜브 및 파이프
WT		고정 작업점	별명	튜브 및 파이프

▌치수(Dimension)

키		명령 이름	유형	범주
BD		기준선 치수	별명	치수
BN		절곡부 주	별명	치수
CN		모따기 주	별명	치수
D		일반 치수	별명	치수
HN		구멍 / 스레드 주	별명	치수
O		세로좌표 치수 세트	별명	치수
OD		세로좌표 치수	별명	치수
PN		펀치 주	별명	치수

▌도면 관리자(Drawing Manager)

키	명령 이름	유형	범주
Alt+C	도면 뷰 작성	바로 가기	도면 관리자
AV	보조 뷰	별명	도면 관리자
BO	브레이크 아웃	별명	도면 관리자
BRV	끊기	별명	도면 관리자
BV	기준 뷰	별명	도면 관리자
CR	오리기	별명	도면 관리자
Ctrl+Shift+N	새 시트	바로 가기	도면 관리자
DV	상세 뷰	별명	도면 관리자
PV	투영된 뷰	별명	도면 관리자
RD	치수 검색	별명	도면 관리자
SV	단면도	별명	도면 관리자

▌응력 해석(Stress Analysis)

키	명령 이름	유형	범주
A	애니메이트	별명	분석
AC	자동 접촉	별명	분석
BC	경계 조건	별명	분석
BE	베어링 하중	별명	분석
BO	본체 하중	별명	분석
CC	색상 막대	별명	분석
CF	고정 구속조건	별명	분석
CP	수렴 플롯	별명	분석
CP	핀 구속조건	별명	분석
CS	무마찰 구속조건	별명	분석
CT	윤곽선 음영처리	별명	분석
FO	힘 하중	별명	분석
GE	쉐이프 생성	별명	분석
GR	중력 하중	별명	분석
GS	쉐이프 생성기 설정	별명	분석
MAT	재질 지정	별명	분석
MAX	최대 결과	별명	분석
MC	수동 접촉	별명	분석
MIN	최소 결과	별명	분석
ML	로컬 메쉬 컨트롤	별명	분석
MO	모멘트 하중	별명	분석
MS	메쉬 설정	별명	분석
MV	메쉬 뷰	별명	분석
N	학습 작성	별명	분석
NP	음영처리 없음	별명	분석
P	프로브	별명	분석
PL	프로브 레이블	별명	분석
PR	압력 하중	별명	분석
PS	쉐이프 승격	별명	분석
R	보고서	별명	분석
RF	원격 힘 하중	별명	분석

키		명령 이름	유형	범주
S		시뮬레이트	별명	분석
SC		결과 변위 축척	별명	분석
SET		응력 해석 설정	별명	분석
SM		부드러운 음영처리	별명	분석
SS		동일 축척	별명	분석
T		파라메트릭 테이블	별명	분석

▌프레임 해석(Frame Analysis)

키		명령 이름	유형	범주
A		애니메이트	별명	프레임 분석
AM		축방향 모멘트	별명	프레임 분석
B		프로브	별명	프레임 분석
BC		경계 조건	별명	프레임 분석
BD		빔 상세 정보	별명	프레임 분석
BM		굽힘 모멘트	별명	프레임 분석
C		시뮬레이션 작성	별명	프레임 분석
CB		색상 막대	별명	프레임 분석
CL		연속 하중	별명	프레임 분석
D		다이어그램	별명	프레임 분석
EX		내보내기	별명	프레임 분석
F		힘	별명	프레임 분석
FL		부동 핀 구속조건	별명	프레임 분석
LB		빔 레이블	별명	프레임 분석
LN		노드 레이블	별명	프레임 분석
LP		프로브 레이블	별명	프레임 분석
LS		로컬 시스템	별명	프레임 분석
LV		하중 값	별명	프레임 분석
MA		빔 재질	별명	프레임 분석
MO		모멘트	별명	프레임 분석
N		음영처리 없음	별명	프레임 분석
P		빔 특성	별명	프레임 분석
PN		핀 구속조건	별명	프레임 분석
R		보고서	별명	프레임 분석
RE		릴리즈	별명	프레임 분석
RL		강체 링크	별명	프레임 분석
S		시뮬레이트	별명	프레임 분석
X		고정 구속조건	별명	프레임 분석

▌동적 시뮬레이션(Dynamic Simulation)

키		명령 이름	유형	범주
AVI		영화 게시	별명	다이나믹 시뮬레이션
CC		조립품 구속조건 변환	별명	다이나믹 시뮬레이션
CSA		Studio에 게시	별명	다이나믹 시뮬레이션
DM		동적 동작	별명	다이나믹 시뮬레이션
F		힘	별명	다이나믹 시뮬레이션
FEA		FEA로 내보내기	별명	다이나믹 시뮬레이션

키		명령 이름	유형	범주
J		접합 삽입	별명	다이나믹 시뮬레이션
MS		매커니즘 상태 및 중복	별명	다이나믹 시뮬레이션
OG		출력 그래퍼	별명	다이나믹 시뮬레이션
RF		참조 프레임	별명	다이나믹 시뮬레이션
SET		다이나믹 시뮬레이션 설정	별명	다이나믹 시뮬레이션
TO		토크	별명	다이나믹 시뮬레이션
TR		추적	별명	다이나믹 시뮬레이션
UF		알 수 없는 힘	별명	다이나믹 시뮬레이션

▌금형 설계(Mold Design)

키		명령 이름	유형	범주
2D		2D 도면	별명	금형 설계 명령
AM		결과 애니메이트	별명	금형 설계 명령
AO		방향조정	별명	금형 설계 명령
AP		위치조정	별명	금형 설계 명령
AR		자동 러너스케치	별명	금형 설계 명령
BL		금형부울	별명	금형 설계 명령
BR		경계 유출 표면	별명	금형 설계 명령
CC		냉각 채널검사	별명	금형 설계 명령
CC		코어 및 중공배치	별명	금형 설계 명령
CD		코어/중공	별명	금형 설계 명령
CH		냉각채널	별명	금형 설계 명령
CH		힐 작성	별명	금형 설계 명령
CI		삽입물 작성	별명	금형 설계 명령
CM		코어 및 중공결합	별명	금형 설계 명령
CP		코어 핀 배치	별명	금형 설계 명령
CS		냉각구성요소	별명	금형 설계 명령
CW		콜드 웰	별명	금형 설계 명령
DW		가공물 설정정의	별명	금형 설계 명령
EJ		이젝터	별명	금형 설계 명령
EM		금형 가능한 부품 편집	별명	금형 설계 명령
EP		내보내기	별명	금형 설계 명령
ER		결과 검사	별명	금형 설계 명령
ER		유출 표면 돌출	별명	금형 설계 명령
ES		기존 표면 사용	별명	금형 설계 명령
ET		유출 표면 연장	별명	금형 설계 명령
F		코어/중공 마침	별명	금형 설계 명령
GC		코어 및 중공생성	별명	금형 설계 명령
GP		게이트위치	별명	금형 설계 명령
GT		게이트	별명	금형 설계 명령
JM		작업 관리자	별명	금형 설계 명령
LA		리프터	별명	금형 설계 명령
LR		위치링	별명	금형 설계 명령
MB		금형 베이스	별명	금형 설계 명령
MF		금형 채우기분석	별명	금형 설계 명령
MP		부품 프로세스설정	별명	금형 설계 명령
MS		수동 스케치	별명	금형 설계 명령
PF		부품 채우기분석	별명	금형 설계 명령

키	명령 이름	유형	범주
PH	평면형 패치 작성	별명	금형 설계 명령
PI	삽입물 배치	별명	금형 설계 명령
PP	소성 부분	별명	금형 설계 명령
PR	플롯 특성 설정	별명	금형 설계 명령
PS	금형 프로세스설정	별명	금형 설계 명령
PS	패치표면 작성	별명	금형 설계 명령
PT	패턴	별명	금형 설계 명령
RN	러너	별명	금형 설계 명령
RR	유출 표면 사출	별명	금형 설계 명령
RS	유출 표면작성	별명	금형 설계 명령
SA	슬라이더	별명	금형 설계 명령
SB	스프루부싱	별명	금형 설계 명령
SK	금형수축	별명	금형 설계 명령
SK	부품수축	별명	금형 설계 명령
SL	잠금 세트	별명	금형 설계 명령
SM	재질 선택	별명	금형 설계 명령
SP	2차스프루	별명	금형 설계 명령
UM	사용자 금형 베이스	별명	금형 설계 명령
WP	가공물포켓	별명	금형 설계 명령

▌금형 설계 부품(Mold Design Part)

키	명령 이름	유형	범주
NM	금형 설계작성	별명	금형 설계 부품 명령

▌금형 설계 스케치(Mold Design Sketch)

키	명령 이름	유형	범주
BC	브리지곡선	별명	금형 설계 스케치 명령

▌금형 설계 조립품(Mold Design Assembly)

키	명령 이름	유형	범주
AU	금형 베이스작성자	별명	금형 설계 조립품 명령

단축 키(바로 가기 키) 사용자 정의

바로 가기 키의 설정을 사용자 정의 할 수 있습니다. 그렇게 하려면 리본 메뉴의 도구 탭에 있는 옵션 패널에서 사용자화 도구를 선택하면 사용자 정의 대화 상자가 표시됩니다. 그런 다음 키보드 탭을 선택합니다. 그림 1-25와 같이 사용 가능한 모든 명령 목록이 표시됩니다. 다음은 키보드 탭에 해당하는 옵션에 대해 설명합니다.

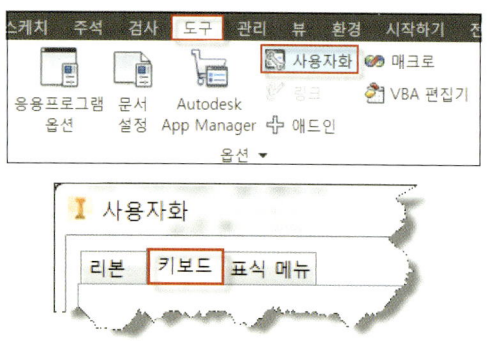

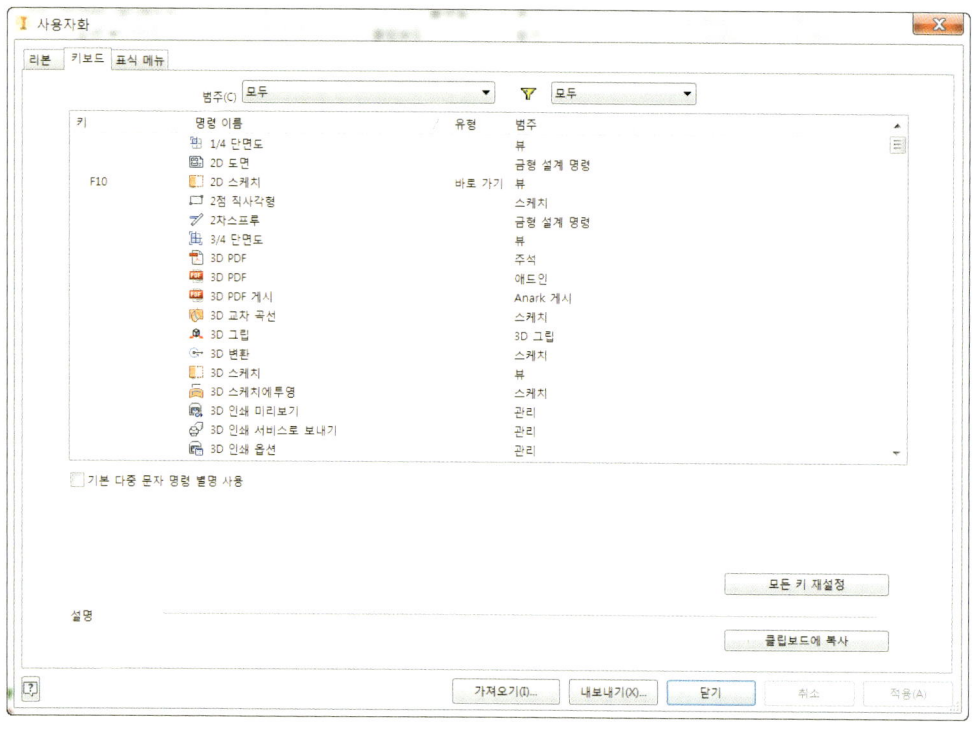

〈그림 1-26〉 키보드 탭의 다양한 명령을 표시하는 사용자 정의 대화 상자

- **범주**

이 드롭-다운 목록에서 필요한 명령 범주를 선택합니다. 선택한 범주와 관련된 명령이 목록 상자에 나열됩니다.

- **필터**

이 드롭-다운 목록에서 표시된 명령을 더 짧게 나열 할 수 있습니다. 모두 옵션을 선택하면 선택한 범주와 관련된 모든 명령이 표시됩니다. 할당된 옵션을 선택하면 단축키가 지정된 명령이 표시됩니다. 마찬가지로 할당되지 않은 옵션을 선택하면 단축키가 지정되지 않은 명령이 표시됩니다.

- **목록 상자**

목록 상자에는 키, 명령 이름, 유형 및 범주라는 네 개의 열이 있습니다. 키 열에는 명령에 할당된 단축키가 표시됩니다. 명령 이름, 유형 및 카테고리가 명령 이름, 유형 및 범주 열에 각각 나열됩니다. 단축키를 도구에 지정하려면 명령과 관련된 키 열을 클릭하면 편집 상자가 표시됩니다. 이 편집 상자에서 할당 할 단축키를 입력합니다. 실징을 적용히려면 이 입력 란의 오른쪽에 있는 눈금을 클릭하거나 눈금 옆에 있는 십자 표시를 클릭합니다.

- **모든 키 재설정**
Reset All Keys 버튼은 모든 사용자 정의 단축키를 제거하고 기본 단축키를 복원하는 데 사용됩니다.

- **클립 보드에 복사**
키보드 탭의 내용을 복사하여 다른 문서에 붙여 넣으려면 이 단추를 선택합니다.

- **가져오기**
.xml 형식의 사용자 지정 설정을 복원하려면 이 단추를 선택합니다. 파일을 가져 오기 전에 모든 Autodesk Inventor & Inventor Professional 2019 파일을 닫아야 합니다.

- **내보내기**
사용자 지정 설정을 .xml 형식으로 저장하려면 이 단추를 선택합니다. 이 버튼을 선택하기 전에 모든 Autodesk Inventor & Inventor Professional 2019 의 파일이 닫혀 있는지 확인해서 닫아야 합니다.

- **닫기**
이 단추를 선택하여 사용자 지정 대화 상자를 닫습니다.

뷰 큐브(View Cube)

이 아이콘은 그래픽 창의 오른쪽 위 모서리에 있습니다. 모델의 뷰 방향을 설정하는 데 사용됩니다. 그림 1-26은 뷰 큐브를 마우스로 조작하는 방법을 보여줍니다.

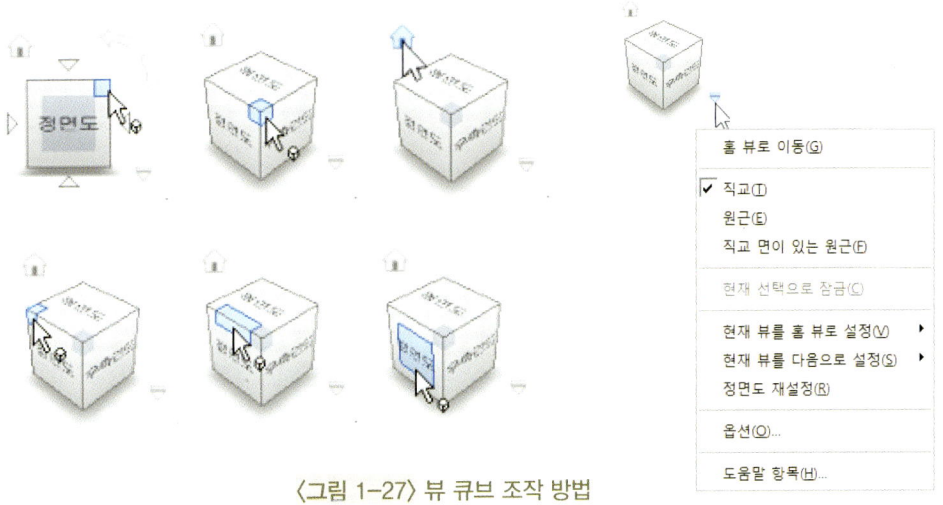

〈그림 1-27〉 뷰 큐브 조작 방법

마킹 메뉴(Marking Menu)

마킹 메뉴는 여러 환경에서 Autodesk Inventor & Inventor Professional 2019 소프트웨어에서 일반적으로 사용되는 도구 및 옵션으로 구성된 메뉴 유형입니다. 마킹 메뉴는 일반적으로 마우스 오른쪽 버튼 클릭 상황에 맞는 메뉴를 대체합니다. 마킹 메뉴는 다양한 환경의 여러 도구로 구성됩니다. 예를 들어, 스케치 환경에서 마킹 메뉴는 선 만들기, 두 점 사각형, 완료 [ESC], 다듬기, 일반 치수 등과 같이 일반적으로 사용되는 도구로 구성됩니다. 모델링 환경에서는 돌출, 모깎기, 구멍, 새 스케치 등과 같은 도구와 옵션으로 구성됩니다. 마킹 메뉴에서 마킹 모드와 메뉴 모드의 두 가지 모드를 사용하여 도구를 호출 할 수 있습니다. 메뉴 모드를 사용하여 마킹 메뉴를 호출하려면 그래픽 창에서 아무 곳이나 마우스 오른쪽 버튼을 클릭합니다. 마우스 커서를 둘러싼 모든 메뉴 항목이 표시됩니다. 마킹 메뉴를 호출 한 후 원하는 도구 또는 옵션을 선택할 수 있습니다. 이렇게 하려면 커서를 원하는 도구 쪽으로 이동시킵니다. 공구가 마커 레이와 함께 강조 표시됩니다. 그런 다음 강조 표시된 도구를 선택하여 호출하면 됩니다. 다른 모드 인 마킹 모드는 제스처 동작이라고도 합니다. 그것은 흔적을 표시하고 원하는 도구를 선택하는 데 도움이 됩니다. 마킹 모드에서 도구를 선택하려면 마우스 오른쪽 버튼을 클릭하고 커서를 원하는 도구 방향으로 즉시 끕니다. 그림 1-27은 스케치 환경에서 호출 된 마킹 메뉴, 모델링 환경에서 호출 된 마킹 메뉴 및 마커 레이와 제스처 동작에 대한 것을 보여줍니다.

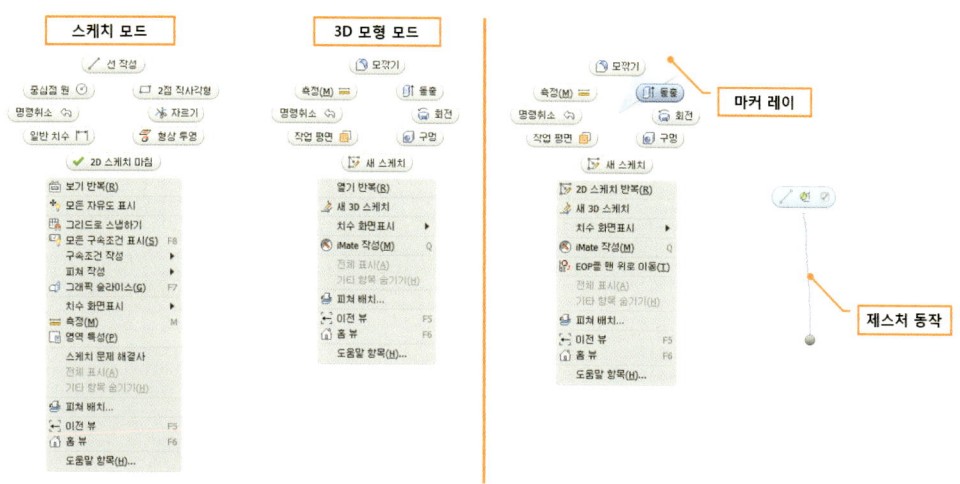

〈그림 1-28〉 키보드 탭의 다양한 명령을 표시하는 사용자 정의 대화 상자

> **Tip**
>
> 마킹 메뉴에 나열된 도구를 수정할 수 있습니다. 리본의 보기 탭에 있는 Windows 패널에서 사용자 인터페이스 플라이 아웃의 옵션을 사용하여 마킹 메뉴 기능을 켜거나 끌 수도 있습니다.

마우스 버튼 용도(Mouse Buttons)

Autodesk Inventor는 마우스 버튼을 광범위하게 사용합니다. Autodesk Inventor의 대화 형 환경을 학습 할 때 마우스 버튼의 기본 기능을 이해하는 것이 중요합니다. 패키지가 다양한 기능을 위한 버튼을 사용하므로 Autodesk Inventor에서 마우스 또는 타블렛을 사용하는 것이 좋습니다.

- **왼쪽 마우스 버튼**

  왼쪽 마우스 버튼은 메뉴 및 아이콘 선택 또는 그래픽 요소의 선택과 같은 대부분의 작업에 사용됩니다. 단추를 한 번 클릭하면 아이콘, 메뉴 및 양식 힝목을 선택하고 그래픽 항목을 선택하는 데 사용됩니다.

- **마우스 오른쪽 버튼**

  마우스 오른쪽 버튼은 추가 옵션을 불러오는 데 사용됩니다. 이 소프트웨어는 또한 마우스 오른쪽 버튼을 ENTER 키와 동일하게 사용하며 프롬프트에 대한 기본 설정을 그대로 사용하거나 프로세스를 종료하는 데 자주 사용됩니다.

- **가운데 마우스 버튼 / 휠**

  가운데 마우스 버튼 / 휠은 팬 (휠 버튼을 누른 채 마우스를 드래그) 또는 줌 (휠을 회전)을 실시간으로 수행하는 데 사용할 수 있습니다.

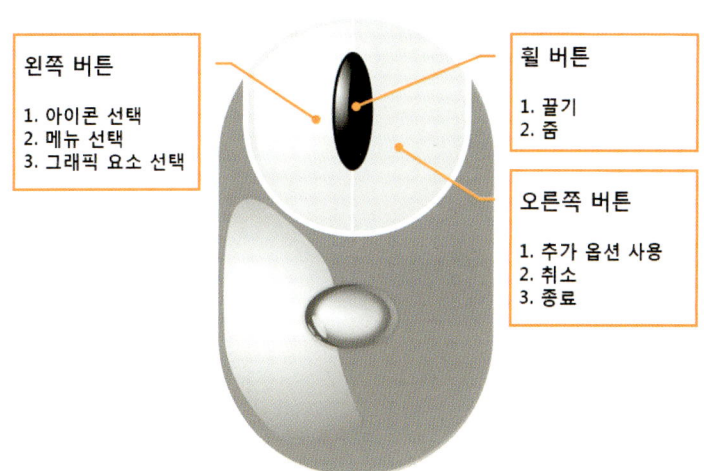

- **[Esc] - 취소 명령어**

[Esc] 키는 Autodesk Inventor & Inventor Professional 2019에서 명령을 취소하는 데 사용됩니다. [Esc] 키는 키보드의 왼쪽 상단 근처에 있습니다. 때로는 명령을 취소하기 위해 [Esc] 키를 두 번 눌러야 할 수도 있습니다. 현재 작업 위치가 명령 순서에서 어디에 있느냐에 따라 [Esc] 키를 활용하실 수 있습니다. 일부 명령의 경우 [Esc] 키를 사용하여 명령을 종료합니다.

Inventor에서 파일 유형 학습

AutoCAD를 사용했다면 DWG (.dwg) 파일 형식을 기본 파일 형식으로 사용하는 것이 익숙할 수 있습니다. Microsoft Word에서는 주로 DOC (.doc) 파일만 사용할 수 있습니다. Microsoft Excel에서는 사용자가 하는 대부분의 작업에 XLS (.xls) 파일 형식을 사용할 수 있습니다. 이렇게 공통적으로 사용되는 세 가지 프로그램은 전체적으로 단일 기본 파일 형식을 사용합니다. 한편, Autodesk Inventor & Inventor Professional 2019은 오늘날 엔지니어링 분야의 대부분의 다른 3D 모델링 프로그램과 비슷한 구조를 따르지만, 다양한 작업을 하는데 있어서는 서로 다른 파일 형식을 사용합니다. 여러 파일 형식을 사용하는 목적은 하나의 파일에 모든 정보를 저장하는 대신 많은 다른 파일에 데이터로드를 분산시키는 것이 목적입니다. 예를 들어, Autodesk Inventor & Inventor Professional 2019의 부품 파일을 생성하기 위해 IPT (.ipt) 파일을 사용하고, 다른 부품들을 조립하여 조립품 파일을 생성하기 위해 IAM (.iam) 파일을 사용합니다. 그리고 부품의 2D 도면을 작성하기 위해 DWG(.dwg) 파일이나 IDF (.idw) 파일을 사용을 사용하는 것입니다. 데이터를 여러 파일에 배치하면 로드 시간이 단축되고 파일의 무결성이 향상되며 대형 디자인에서 성능이 크게 향상됩니다. 예를 들어 20개의 다른 부품 파일로 구성된 조립품을 열면 파일 경로 및 조립품에 부품이 함께 들어있는 방식과 관련된 정보만으로 부품을 표시하는 데, 실제로 필요한 정보와 함께 로드되는 것입니다. 해당 부품의 모든 기능에 대한 정보가 로드된 부품을 편집하기로 결정한 경우에만 해당됩니다. 따라서 조립품 파일 내에서 부품을 편집하면 Autodesk Inventor & Inventor Professional 2019에서 자동으로 부품 편집 도구를 표시하여 나타내 줍니다.

Note

❏ 파일 이름 확장자 기능 켜기

Autodesk Inventor Professional 2019 2018에서 파일을 사용하여 파일 이름 확장자를 볼 때 종종 도움이 됩니다. 기본적으로 Windows는 알려진 파일 형식의 확장명을 숨깁니다. 파일 이름 확장명을 표시하려면 Windows 7에서는 다음 단계를 수행합니다.

1. 시작 단추를 클릭하고 제어판을 클릭한 다음 폴더 옵션을 클릭하여 폴더 옵션을 엽니다. 폴더 옵션을 사용할 수 없는 경우 제어판의 오른쪽 위 부분에 있는 큰 아이콘으로 보기를 변경하면 됩니다.
2. 보기 탭을 선택하고 알려진 파일 형식의 확장명 숨기기 옵션을 선택 해제합니다.

AutoCAD가 모델 공간/ 용지 공간과 관련된 작업을 처리하는 방법과 Autodesk Inventor & Inventor Professional 2019이동일한 작업을 처리하는 방법을 비교하는 과정에서 여러 파일 유형의 또 다른 이점을 보여줍니다. 이를 간단히 말하면, Autodesk Inventor & Inventor Professional 2019에서 부품과 조립품 파일은 모형 (모형 공간)이고 드로잉 파일은 실제 용지 공간에 있는 것입니다. 여러 파일 유형을 사용하여 모델링과 세부 작업에 필요한 별도의 작업을 처리하는 것은 두 작업 간의 상호 작용을 단순화하여, 결과적으로 AutoCAD에 존재하는 모델 공간 및 도면 공간 관리의 어려움이 Autodesk Inventor & Inventor Professional 2019에서는 전혀 문제가 되지 않는다는 것입니다.

〈표 1-1〉은 Autodesk Inventor & Inventor Professional 2019에서 일반적으로 사용되는 파일 형식의 파일 이름 확장자를 설명하는 것입니다.

Autodesk Inventor & Inventor Professional 2019 공통 파일 확장자		
.ipj	Inventor 프로젝트 파일	파일 연결 경로를 관리하는데 사용
.ipt	Inventor 부품 파일	부품 파일을 만드는데 사용
.iam	Inventor 조립품 파일	조립품 파일을 만드는데 사용
.ipn	Inventor 프리젠테이션 파일	프리젠테이션 파일을 만드는데 사용
.idw	Inventor 2D 도면 파일	부품, 조립품, 프리젠테이션 파일의 2D 도면 파일을 만드는 데 사용
.dwg(Inventor dwg)	Inventor 2D 도면 파일	IDW와 마찬가지로 부품, 조립품, 프리젠테이션 파일의 2D 도면 파일을 만드는 데 사용
.dwg(AutoCAD dwg)	AutoCAD 비제휴 도면 파일	Inventor 도면 파일을 표준 AutoCAD 파일로 변환하는 데 사용
.xls	iPart, 스레드 및 기타 데이터를 구동하는 Excel 파일	부품, 조립품 또는 도면 파일에 링크되거나 포함된 테이블 데이터를 관리하는 데 사용

05 프로젝트

리본 메뉴/ 시작하기 탭 / 시작 패널 / 프로젝트

Autodesk Inventor 는 프로젝트를 사용하여 설계 프로젝트와 설계 프로젝트에서 참조하는 라이브러리 파일을 포함하는 폴더에 고유한 파일을 포함하는 폴더를 식별합니다. 프로젝트는 템플릿의 위치, 스타일, 컨텐츠 센터 구성 및 프로젝트의 Vault 매핑을 정의합니다.

프로젝트는 작업공간, 작업그룹 또는 라이브러리와 같은 프로젝트 위치가 프로젝트 파일을 포함하는 폴더의 하위 폴더에 있는 경우 항상 절대 경로 대신 상대 경로를 사용합니다.

프로젝트 파일은 확장자가 *.ipj인 .xml 형식의 텍스트 파일입니다. 이 파일은 프로젝트의 파일을 포함하는 폴더 경로를 지정합니다. 파일 간의 링크가 올바르게 작동하도록 하려면 모형 파일 작업을 수행하기 전에 프로젝트 파일에 폴더 위치를 추가하십시오. 필요에 따라 다수의 프로젝트를 사용하여 작업을 관리할 수 있습니다.

프로젝트 바로 가기는 프로젝트 폴더에 있습니다.

- **프로젝트 창 이해하기**

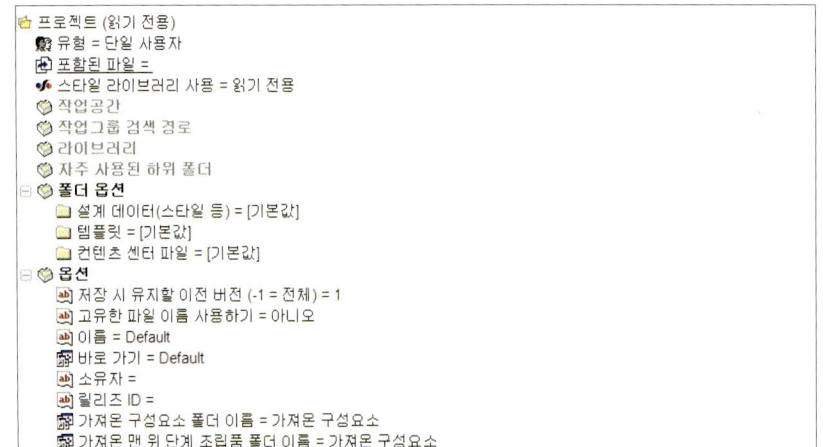

- **유형:** 활성 프로젝트의 유형을 단일 사용자 또는 Vault로 식별합니다.

> 단일 사용자
> Vault - 상대 작업공간이어야 하고 작업그룹 또는 포함된 파일이 없어야 합니다.

- **포함된 파일:** 선택한 프로젝트에 포함할 다른 프로젝트 파일에 대해 경로를 지정합니다.

> 열기(O)
> 편집(E)
> 삭제(D)

- **스타일 라이브러리 사용**

  > 읽기-쓰기
  > 읽기 전용

  - **읽기 쓰기:** 라이브러리는 쓰기가 가능하므로 모든 설계자가 스타일을 작성하고 편집한 후 이것을 스타일 라이브러리에 저장하여 이전 스타일 정의를 교체할 수 있습니다.
  - **읽기 전용:** 설계자가 새 스타일 및 변경된 스타일을 스타일 라이브러리에 저장하지 못하도록 합니다. 리이브러리 정의를 교체할 수 없습니다.

- **작업 공간:** 프로젝트가 작성될 때 지정된 개인 작업공간을 보여줍니다. 각 프로젝트에는 파일을 편집하고 저장하는 작업공간이 하나만 있어야 합니다.

- **작업그룹 검색 경로:** 작업그룹은 프로젝트가 작성될 때 지정됩니다. 각 프로젝트에는 작업그룹이 하나만 있어야 합니다.

- **라이브러리:** 참조되고 사용되었지만 프로젝트의 일부로 수정되지 않은 파일 위치에 대한 경로를 표시합니다. 각 프로젝트에는 라이브러리가 하나 이상 있을 수 있습니다.

- **자주 사용된 하위 폴더:** 프로젝트 작업공간, 작업그룹 또는 라이브러리에 내포된 하위 폴더를 나열합니다.

- **폴더 옵션:** 템플릿 및 스타일 같은 프로젝트 단계 파일이 저장되는 위치를 식별합니다. 기본 위치는 응용프로그램 옵션 대화상자의 파일 탭에서 정의됩니다.
  - **설계 데이터:** 프로젝트별 스타일 정의가 있는 위치를 식별합니다.
  - **템플릿:** 프로젝트에 대한 새 파일 템플릿이 있는 위치를 식별합니다.
  - **컨텐츠 센터 파일:** 현재 프로젝트가 사용하는 컨텐츠 라이브러리 파일에 대한 루트 폴더를 식별합니다.

- **옵션**
  - **저장 시 유지할 이전 버전:** 저장하는 각 파일별로 Old Versions\ 폴더에 저장할 버전 수를 설정합니다. 파일이 처음 프로젝트에 저장될 때 해당 파일에 대한 Old Versions\ 폴더가 작성됩니다. 파일이 저장될 때 이전 버전이 Old Versions\ 폴더에 자동으로 이동됩니다.
  이전 버전 수가 최대가 되면 새 버전이 폴더에 이동될 때 이전 버전이 삭제됩니다.
  기본 값은 1, 모든 버전 저장은 -1
  - **고유한 파일 이름 사용하기:** 프로젝트의 모든 파일(하위 폴더 포함)에 고유 이름을 작성할지 여부를 지정합니다. 라이브러리 위치에는 적용되지 않습니다.
  - **이름:** 프로젝트의 이름을 표시합니다.
  - **바로 가기:** 활성 프로젝트의 바로 가기 이름을 표시합니다. 바로 가기를 프로젝트 폴더에 저장합니다.
  - **소유자:** 프로젝트 소유자, 일반적으로 엔지니어 팀장이나 CAD 관리자를 식별합니다.

- **릴리즈 ID:** 릴리즈된 프로젝트 데이터의 버전을 식별합니다. 다른 프로젝트에 의해 라이브러리로 사용되는 프로젝트의 경우 릴리즈 ID는 어떤 프로젝트를 사용할지 식별할 때 유용합니다.
- **가져온 구성요소 폴더 이름:** 가져온 구성요소 파일을 작업공간에 저장하려는 경우 이 폴더가 작성되고 구성요소 파일이 여기에 저장됩니다.
- **가져온 맨 위 단계 조립품 폴더 이름:** 부품에서 분리하여 가져온 조립품 파일을 작업공간에 저장하려는 경우 이 폴더가 작성되고 조립품 파일이 여기에 저장됩니다.

• Vault 옵션

Vault 프로젝트에 대해서만 Vault 관련 옵션을 표시합니다. 이 옵션을 보려면 Autodesk Vault가 설치되어 있어야 합니다.
- **게시 폴더:** Autodesk Vault가 다운로드 가능한 읽기 전용 버전의 프로젝트 파일을 게시하는 위치를 지정합니다.
- **가상 폴더:** 프로젝트 데이터를 게시하여 사용자, 공동 작업 설계 팀 및 공급업체와 공유할 수 있는 위치를 지정합니다.

• 편집 명령

활성 프로젝트에 나열된 검색 경로를 추가 및 편집하고, 그 순서를 변경합니다.

- ▲ 검색 경로 리스트에서 선택된 경로를 위로 이동합니다.
- ▼ 검색 경로 리스트에서 선택된 경로를 아래로 이동합니다.
- ➕ 선택된 검색 경로 세트에 경로를 추가합니다.
- ✏️ 선택된 경로를 설정하여 모드를 편집합니다.
- 🔍 **중복 파일 찾기:** 현재 프로젝트의 편집 가능 위치에서 중복 파일 이름을 검색합니다. 중복 파일은 대화상자에 나열되어 파일 이름, 위치 및 상대 경로를 표시합니다.
- 📝 **컨텐츠 센터 구성 편집:** 사용할 수 있는 컨텐츠를 지정하도록 구성을 편집할 수 있는 라이브러리 구성 대화상자를 표시합니다.

• 작업 명령

- 새로 만들기 │ 프로젝트 마법사를 열어 프로젝트를 작성합니다. 선택한 프로젝트 경로는 새 프로젝트의 기본 설정 경로가 됩니다.
- 찾아보기... │ 프로젝트 파일 찾아보기 대화상자를 열어 프로젝트를 검색합니다.
- 저장 │ 선택한 프로젝트에 현재 편집 내용을 저장합니다.
- 적용 │ 변경된 사항을 저장 후 프로젝트에 활성을 적용합니다.
- 종료 │ 프로젝트 편집기를 닫습니다. 프로젝트가 저장되지 않은 경우 경고 메시지를 확인합니다.

chapter 01 Autodesk Inventor & Inventor Professional 2019 시작하기

06 샘플 열기

리본 메뉴/ 시작하기 탭 / 시작 패널 / 샘플 열기

 Autodesk Inventor 소프트웨어에 대해 알아볼 수 있게 샘플 파일을 다운로드 할 수 있습니다.

https://knowledge.autodesk.com/support/inventor-products/downloads/caas/downloads/content/inventor-sample-files.html

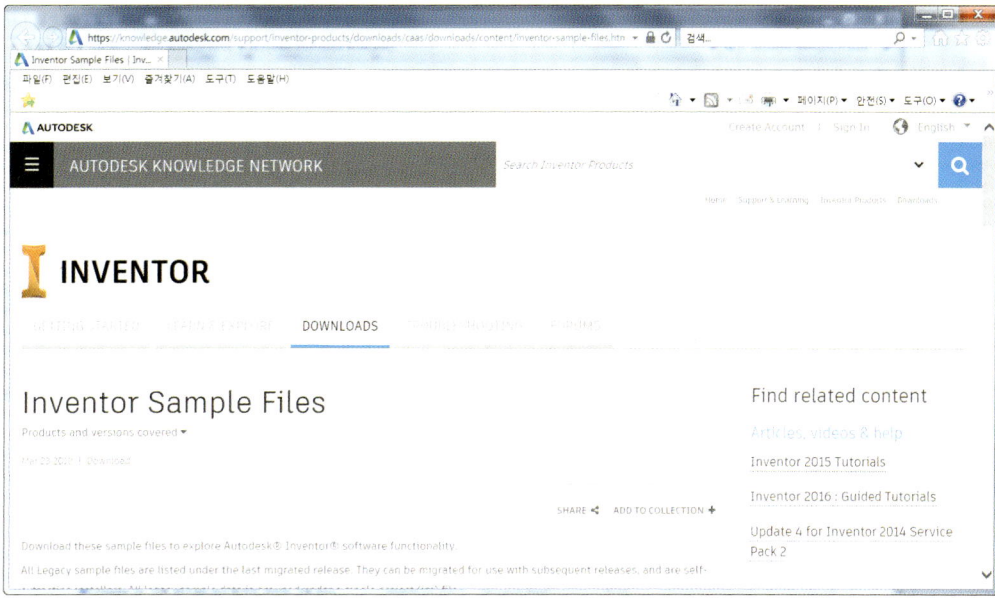

Sample Files

For use in Inventor 2019 or newer release

Car_Seat.zip - Driver car seat and front passenger car seat assembly and drawing

Fishing_Rod.zip - Fishing reel and rod assembly and drawing

Inkjet_Printer_Prototype.zip - Inkjet printer assembly and drawing

Jet_Engine_Model.zip - Experimental jet engine assembly

Legacy Sample Files

2019

- Inventor 2019 Sample Files (exe - 413000KB)
- Inventor LT 2019 Sample Files (exe - 92300KB)

2018

- Inventor 2018 Sample Files (exe - 400000KB)
- Inventor LT 2018 Sample Files (exe - 85500KB)

07 홈

리본 메뉴/ 시작하기 탭 / 내홈 패널 / 홈

 파일을 시작하거나, 파일을 열거나, 최근 파일을 찾을 수 있도록 필터링을 하여 사용하기 쉽도록 데이터를 정렬하고 관리할 수 있습니다.

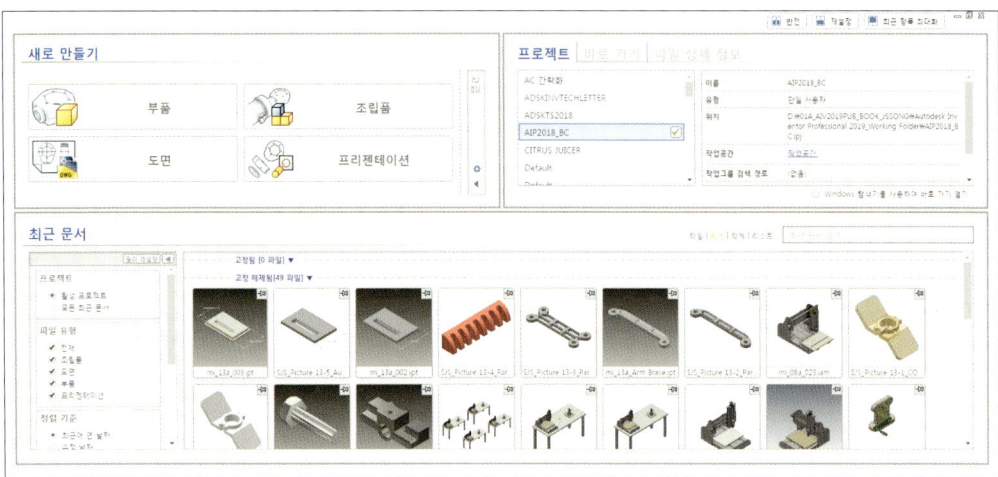

08 팀 웹

리본 메뉴/ 시작하기 탭 / 내홈 패널 / 팀 웹

응용프로그램 옵션 대화 상자의 파일 탭에서 팀 웹 링크를 사용자화하여 회사 인트라넷의 사이트에 빠르게 접근할 수 있습니다. 그리고 Inventor의 홈 기준 창 및 도움말 메뉴의 팀 웹 링크에서 팀 웹에 접근할 수 있습니다. 사용자화된 회사 도움말로 연결되는 링크는 사용자가 회사 표준에 맞게 설계된 특정 작업 흐름을 따라야 할 경우에 특히 유용합니다.

팀 웹을 선택하여 다음을 수행합니다.
- 선택한 HTML 페이지에 연결
- 인트라넷의 도움말 항목으로 연결
- Inventor 웹 기반 튜토리얼로 직접 연결

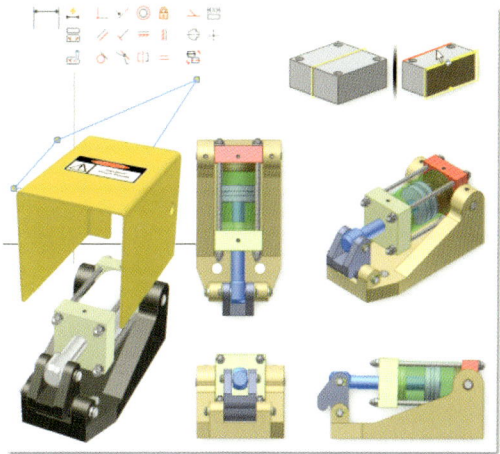

응용프로그램 옵션 기본값 설정

선택한 교육 리소스를 열도록 팀 웹을 구성하려면 다음을 수행합니다.

1 응용프로그램 옵션 클릭

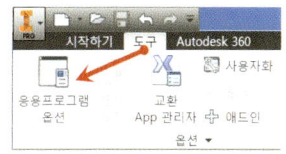

2 **파일** 탭의 팀 웹 필드에서 웹 사이트 또는 파일을 지정합니다.

선택한 Inventor 튜토리얼이나 파일 또는 URL에 대한 링크일 수 있습니다.

확인란을 선택하여 Inventor 초기 화면을 지정된 팀 웹 페이지로 대체합니다.

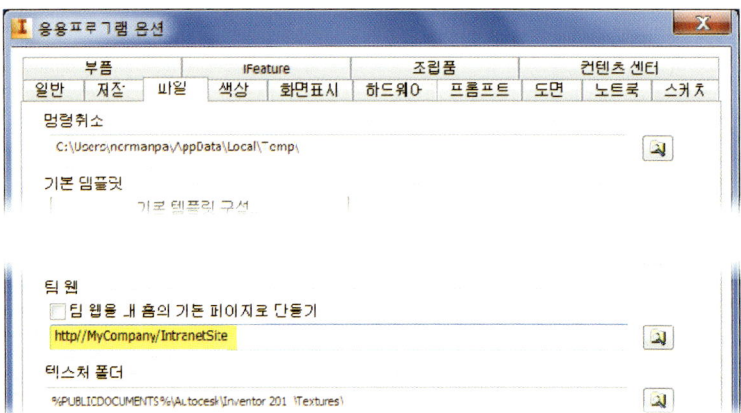

CAD 및 IT 관리자: 팀 웹 설정을 배치합니다.

- **1단계: 배치 준비: Inventor를 독립 실행형 사용자로 설치합니다.**
  - Inventor 시작: 응용프로그램 옵션 대화상자에 액세스한 다음 필요한 경우 이전 Inventor 버전의 설정이 들어 있는 XML 파일을 가져옵니다.
  - 위의 3단계에서 설명한 대로 응용프로그램 옵션 대화상자의 파일 탭에서 팀 웹 필드를 구성합니다. 주: 필요한 경우 다른 응용프로그램 옵션도 변경할 수 있습니다.
  - 응용프로그램 옵션 대화상자에서 새 설정을 내보냅니다.

- **2단계: 배치 이미지를 작성하고 사용자 기반에 배치합니다.**
  - Inventor 배치 마법사를 사용하여 배치 이미지를 작성합니다. 배치 작성을 클릭하여 시작합니다.
  - 배치 작성 > [배치 이름] 페이지에서 아래쪽 화살표를 클릭하여 배치 구성 옵션에 액세스합니다.
  - '사용자 설정을 가져옵니다.'를 선택하고 내보낸 XML 파일을 찾아 선택합니다.
  - 화살표를 클릭하여 설치를 계속합니다.
  - 작성을 클릭하여 배치 이미지를 작성합니다.
  - 사용자 기반에 이미지를 배치합니다.

- **3단계: 필요에 따라 사용자 기반에서 팀 웹 명령을 사용하도록 지시합니다.**
  - 사용자 기반에 팀 웹 액세스 및 사용 방법을 알립니다.

09 튜토리얼 갤러리

리본 메뉴/ 시작하기 탭 / 내홈 패널 / 튜토리얼 갤러리

사용 가능한 컨텐츠를 보거나 사용자 고유의 튜토리얼을 작성하고 공유할 수 있는 안내 튜토리얼 갤러리를 표시하고 있습니다.

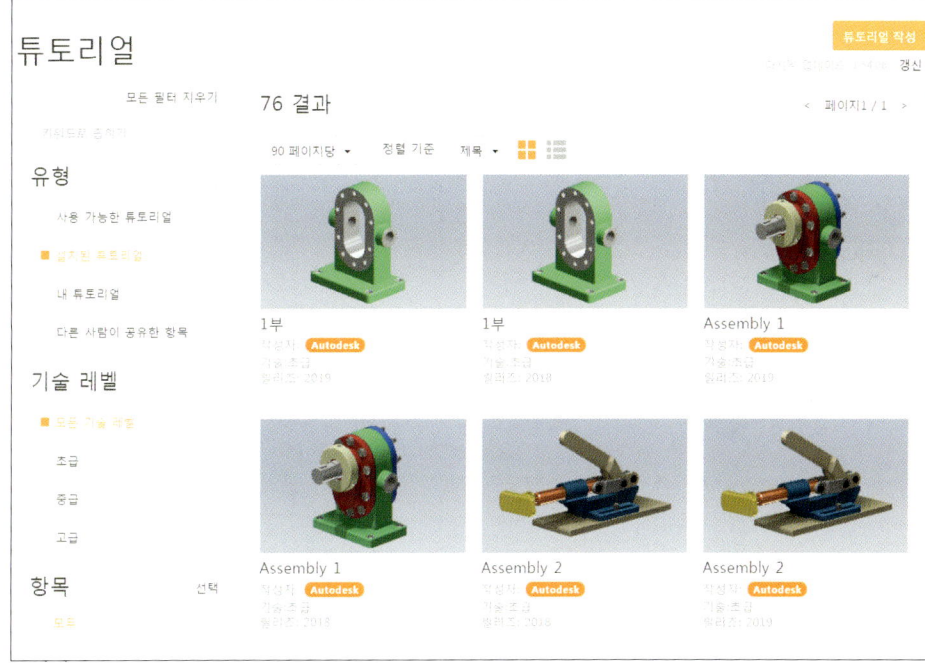

10 학습 경로

리본 메뉴/ 시작하기 탭 / 내홈 패널 / 학습 경로

 대화식 튜토리얼 학습 경로에서 Autodesk Inventor를 학습하는 가장 빠른 방법을 탐색할 수 있습니다.

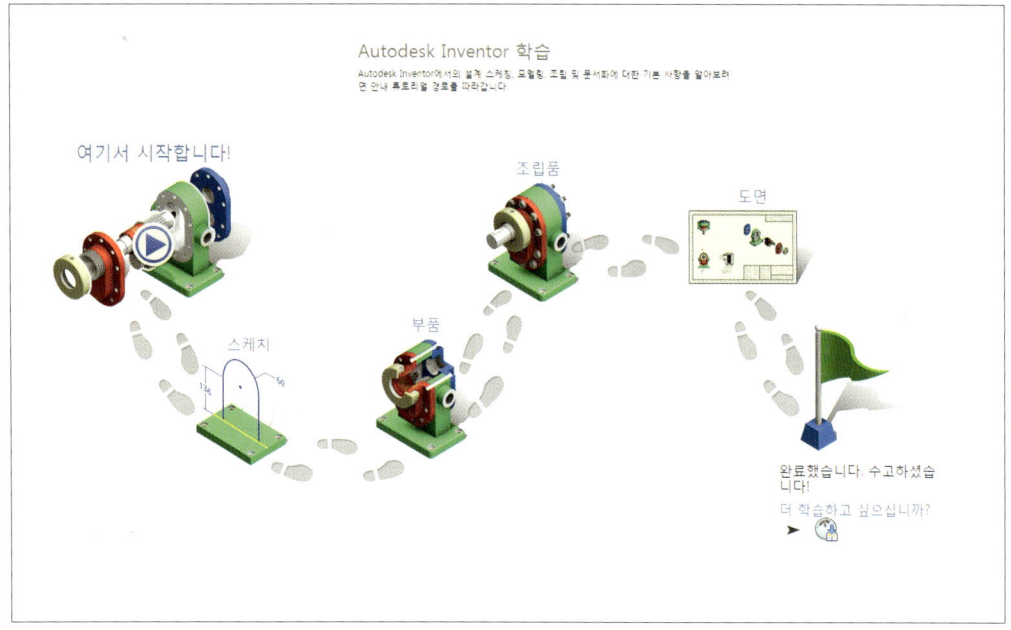

chapter 01 Autodesk Inventor & Inventor Professional 2019 시작하기

11 새로워진 사항

리본 메뉴 / 시작하기 탭 / 새로운 기능 패널 / 학습 경로

이번 릴리즈(2019버전)의 새로운 기능에 대한 설명이 포함된 새로워진 사항에 대한 세션을 열어서 확인할 수 있습니다.

https://help.autodesk.com/view/INVNTOR/2019/KOR/?guid=GUID-4FBBFD8B-4076-4A08-9CCF-71C4B3FF533E

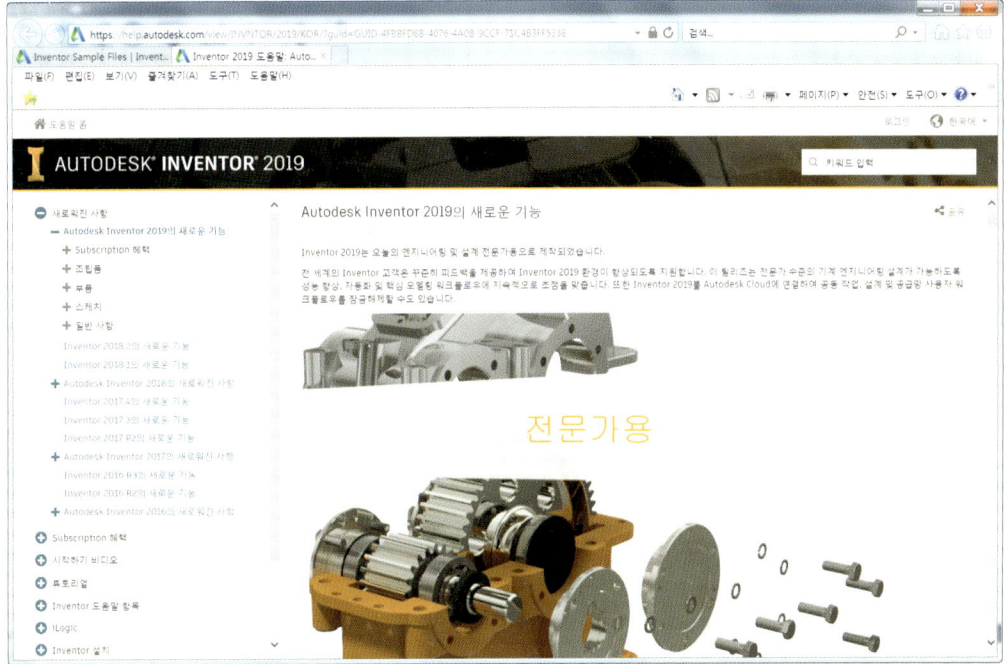

63

리본 메뉴/ 시작하기 탭 / 새로운 기능 패널 / 새 항목 강조 표시

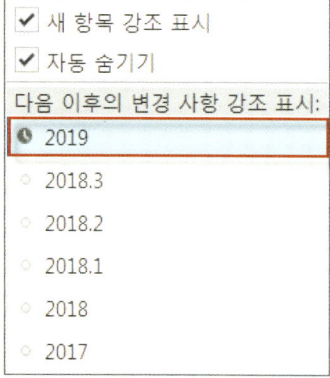

Chapter 02

2D 스케치 작성을 위한 활용 기술

이 장에서는 Autodesk Inventor & Inventor Professional 2019 소프트웨어 프로그램 내에서 부품 모델링의 기본이 되는 스케치 작성에 사용되는 매개 변수를 활용하여 2D 스케치 작성 방법을 다룰 것입니다. 이 장에서 설명을 드리는 모든 기술들은 주로 단일 부품 파일 모드나 조립품 파일 모드 안에서 부품을 만드는 내용입니다. Autodesk Inventor & Inventor Professional 2019는 2D 스케치와 3D 스케치의 두 가지 유형의 스케치를 사용합니다. 2D 스케치는 모든 기하학적 평면에 작성되며 두 유형 중 더 일반적입니다. 3D 스케치는 스케치 평면에 국한되지 않으며 공간의 어떤 점에서도 형상을 포함 할 수 있습니다. 3D 스케치는 기존의 형상 구조 안에서 생성되는 경우가 많습니다. 2D 및 3D 스케치는 두 가지 기본 매개 변수 유형으로 제어됩니다.

01 스케치 환경

Autodesk Inventor & Inventor Professional 2019에서 작성된 대부분의 설계는 스케치 된 배치 된 피쳐로 구성됩니다. 스케치는 선, 호, 원 등과 같은 여러 2차원 (2D) 도면 요소의 조합입니다. 2D 스케치를 사용하여 생성된 돌출, 회전 및 스윕과 같은 피쳐를 스케치된 피쳐라고 합니다. 스케치를 사용하지 않고 작성한 모깎기, 모따기, 나사 및 쉘과 같은 피쳐를 배 피쳐라고 합니다. 설계에서 기본 피쳐 또는 첫 번째 피쳐는 항상 스케치된 피쳐입니다. 예를 들어 〈그림 2-1〉에 표시된 스케치는 〈그림 2-2〉에 표시된 솔리드 모델을 작성하는데 사용됩니다. 이 그림에서 모깎기와 모따기는 배치된 피쳐입니다.

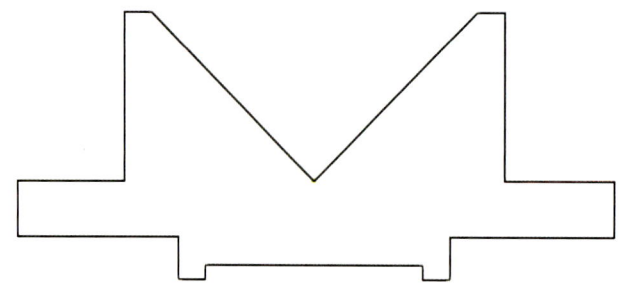

〈그림 2-1〉 솔리드 모델의 기본 스케치

chapter 02 2D 스케치 작성을 위한 활용 기술

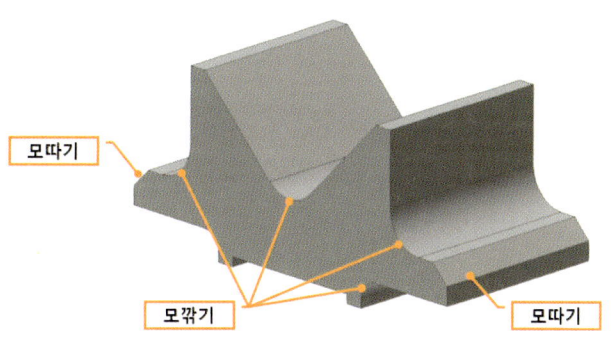

〈그림 2-2〉 생성된 솔리드 모델

　〈그림 2-1〉을 참조하여 기본 스케치를 그린 후 〈그림 2-2〉와 같이 솔리드 모델링 도구를 사용하여 솔리드 모델로 변환해야 합니다. 스케치 환경에서 스케치를 생성 할 수 있습니다. 이 Autodesk Inventor & Inventor Professional 2019의 환경은 언제든지 부품 모듈이나 조립품 모듈에서 호출할 수 있습니다. 다른 솔리드 모델링 프로그램과는 달리 2D 스케치 시작하기 도구를 호출하고 스케치를 그릴 평면을 지정하면 스케치 환경이 됩니다. 이 환경에서 스케치를 그리고 나서 부품 모델링 환경으로 진행하여 스케치를 솔리드 모델로 변환 할 수 있습니다. 스케치 환경의 옵션은 이 장의 뒷부분에서 설명할 것입니다.

Autodesk Inventor & Inventor Professional 2019의 초기 환경

　Autodesk Inventor & Inventor Professional 2019을 시작하면 〈그림 2-3〉과 같이 기본적으로 시작 탭이 선택된 초기 화면이 표시됩니다. 이 탭의 시작 패널에는 새로 만들기, 열기, 프로젝트 및 열기 샘플과 같은 옵션이 있습니다. 이 옵션은 나중에 자세히 설명할 것입니다. 내 홈 패널에서 홈 옵션을 선택하면 최근 파일을 시작하고 열 수 있습니다. 팀 웹 옵션을 사용하면 쉽게 접근 할 수 있도록 필요한 웹 사이트 또는 HTML 파일을 첨부 할 수 있습니다. 도움말 옵션을 사용하여 오토 데스크 도움말에 액세스하고 뒤로 옵션의 도움으로 이전 페이지를 탐색 할 수 있습니다. 리본의 새로운 기능 패널에서 새로워진 사항 옵션을 선택하면 Autodesk Inventor & Inventor Professional 2019의 향상된 모든 기능을 볼 수 있습니다. 소개 비디오를 보고 다른 CAD 시스템에서 파일을 가져오고 비디오의 웹에서 리소스에 접근 할 수 있습니다. 자습서 패널에서 리본의 시작하기 탭을 클릭합니다. Autodesk Inventor & Inventor Professional 2019의 초기 인터페이스는 신규 및 최근 문서 영역과 다양한 탭으로 구성됩니다. 새로 만들기 영역의 옵션을 사용하여 새 부품, 새 조립품, 새 도면 및 새 프레젠테이션 파일을 시작할 수 있습니다. 이 영역에서 기본 템플릿 구성 버튼을 선택하면 〈그림 2-4〉와 같이 기본 템플릿 구성 대화 상자가 호출됩니다. 이 대화 상자에서 측정 단위와 도면 표준을 선택할 수 있습니다. 새로 만들기 영역의 오른쪽 영역은 프로젝트, 바로 가기 및 파일 상세 정보 탭으로 구성됩니다. 프로젝트 탭을 클릭하여 활성 프로젝트 파일을 설정할 수 있습니다. 마찬가지로 바로 가기 탭을 클릭하여 프로젝트 위치, 파일 및 폴더에 대해 빠르게 접근하기 위한 바로 가기를 만들 수

있습니다. 파일 정보 탭은 파일 정보를 보는 데 사용됩니다. 최근 문서 영역의 필터 옵션은 사용자 요구 사항에 따라 프로젝트 및 파일 형식을 필터링을 하는데 사용됩니다.

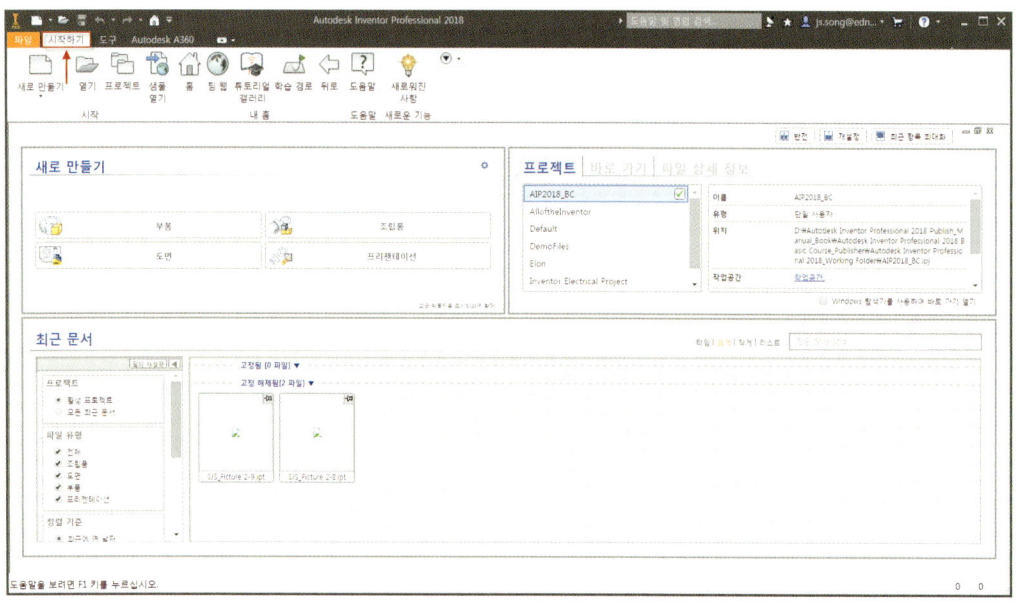

〈그림 2-3〉 Autodesk Inventor & Inventor Professional 2019의 초기 화면

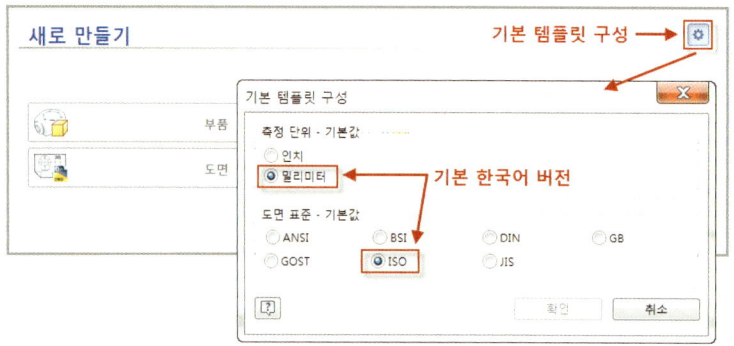

〈그림 2-4〉 기본 템플릿 구성 대화상자

02 새로 만들기 시작하기

Autodesk Inventor & Inventor Professional 2019에서 초기 환경의 시작하기 탭에 있는 시작 패널에서 새로 만들기 도구를 선택하여 새 파일을 시작할 수 있습니다. 이렇게 하면 새 파일 작성 대화상자가 표시됩니다. 〈그림 2-5 참조〉 또는 빠른 실행 도구 막대에서 새로 만들기 도구를 선택하거나 열기 대화 상자에서 새 파일 시작 버튼을 선택하여 새 파일을 시작할 수 있습니다. 이 장의 뒷부분에

있는 열기 대화 상자에 대해 자세히 설명합니다.

새 파일 만들기 대화 상자의 옵션은 설계를 시작하기 위한 템플릿 파일을 선택하는 데 사용됩니다. English, Metric, Mold Design 표준 템플릿을 선택할 수 있습니다. 새 Metric 부품 파일을 시작하려면 〈그림 2-5〉와 같이 대화 상자의 견본(Templates) 폴더 오른쪽에 있는 기본 템플릿을 활용하거나, Metric 폴더를 클릭하면 보여지는 폴더 내 확장 노드에서 사용할 수 있습니다. 다음은 메트릭 옵션을 선택할 때 사용할 수 있는 템플릿에 대해 설명합니다.

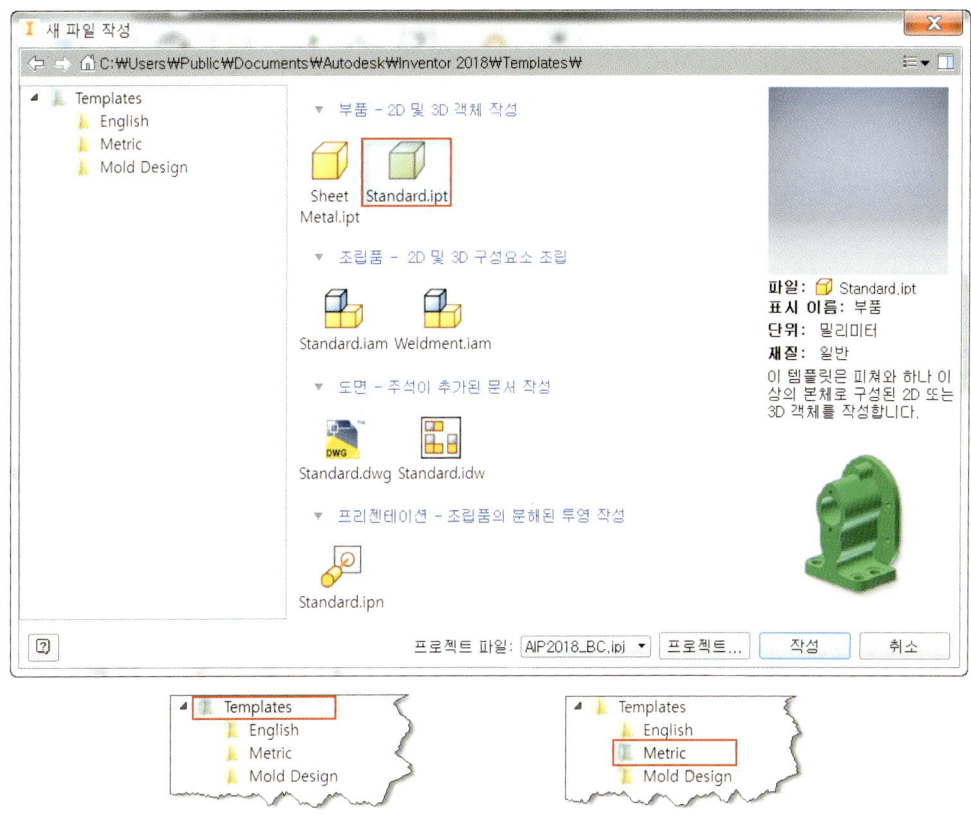

〈그림 2-5〉 선택된 미터법의 새 부품 만들기 대화상자

- **Standard.ipt 템플릿:** 일반 솔리드 부품 모델 또는 판금 부품 모델을 작성하기 위한 템플릿 파일입니다.
- **Standard.iam 템플릿:** 다양한 부품을 조립하여 조립품을 작성하기 위한 템플릿 파일입니다.
- **Weldment.iam 템플릿:** 용접 조립품 템플릿 파일입니다.

- **Standard.ipn 템플릿:** 조립품 애니메이션을 작성하기 위한 템플릿 파일입니다. 프레젠테이션 모듈은 Autodesk Inventor & Inventor Professional 2019과 다른 설계 도구 간의 기본적인 차이점을 나타냅니다. 이 모듈을 사용하면 조립품 모듈에서 생성된 조립품에 애니메이션을 적용 할 수 있습니다.
- **Standard.idw 템플릿:** 도면 뷰를 생성하기 위한 템플릿 파일입니다. 제공되는 ANSI, ISO, DIN, GB, JIS, GOST 및 BSI와 같은 다양한 표준의 도면 템플릿을 사용할 수 있습니다.
- **Standard.dwg 템플릿:** AutoCAD 도면 파일을 작성하기 위한 템플릿 파일입니다. ANSI, JIS, ISO, GB, DIN, BSI 와 같은 표준 도면 템플릿을 사용할 수 있습니다.

새 파일 만들기 대화 상자의 프로젝트 파일 드롭-다운 목록에는 새 파일이 시작된 활성 프로젝트가 표시됩니다. 프로젝트 대화 상자는 새 파일 만들기 대화 상자에서 프로젝트 버튼을 선택하여 호출을 할 수 있습니다.

열기 대화 상자

리본 메뉴/ 시작하기 탭/ 시작 패널/ 열기

열기 대화 상자는 기존 파일을 여는데 사용됩니다. 이 대화 상자를 호출하려면 시작하기 탭의 시작 패널에서 기 도구를 선택하면 됩니다. 〈그림 2-6〉은 열기 대화 상자를 보여줍니다. 열기 대화 상자의 옵션은 기존 파일을 여는데 사용됩니다. 대화 상자에 표시된 목록에서 열려는 파일을 찾아보고 선택할 수 있습니다.

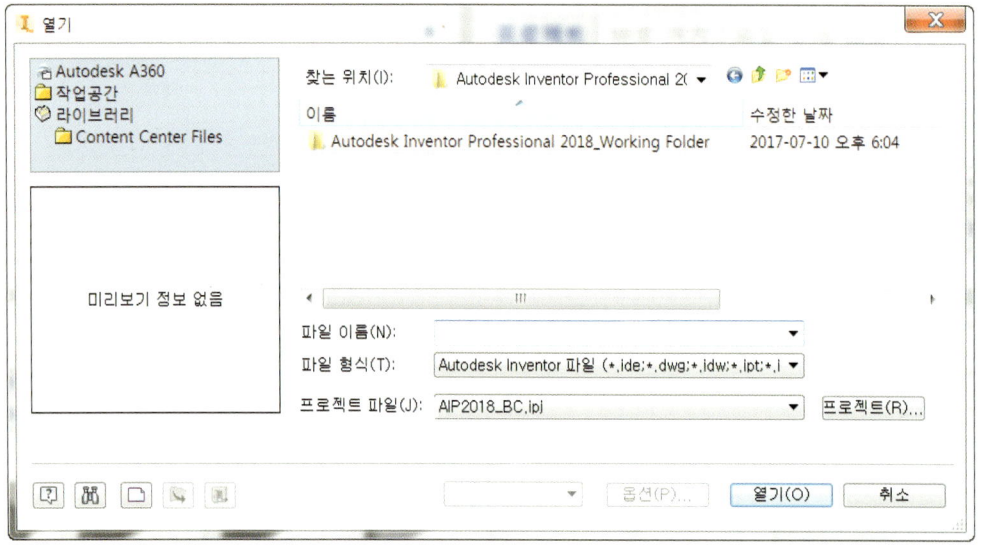

〈그림 2-6〉 파일 열기 대화상자

〈그림 2-7〉과 같이 선택한 파일의 미리 보기가 이 대화 상자의 왼쪽 아래 부분에 있는 미리 보기 창에 표시됩니다. 기본적으로 Autodesk Inventor & Inventor Professional 2019에서 작성된 파일을 열 수 있습니다. 이는 파일 형식 드롭-다운 목록에 기본적으로 Autodesk Inventor Professional2018의 파일 (*.iam; *.idw; *.dwg; *.ipt; *.ipn 및 *.ide) 옵션이 표시되기 때문입니다. 파일 유형 드롭-다운 목록에서 해당 옵션을 선택하여 AutoCAD,

Pro-ENGINEER 및 Creo Parametric, Alias, Catia V5, SolidWorks, NX 등과 같은 다른 솔리드 모델링 프로그램에서 생성된 파일을 열 수도 있습니다.

〈그림 2-7〉 파일 열기 옵션의 미리 보기 창

기존 파일을 여는 것 외에도 열기 대화 상자를 사용하여 새 파일을 시작하고 프로젝트를 설정할 수도 있습니다. 기존 파일을 열려면 이 대화 상자에서 새 파일 시작 버튼을 선택하면 됩니다. Autodesk Inventor & Inventor Professional 2019에서 새 세션을 시작하면 열기 대화 상자의 빠른 실행 영역에서 새 파일 시작 버튼이 활성화됩니다. 이 버튼을 선택하십시오. 〈그림 2-8〉과 같이 새로 파일 작성 대화 상자가 표시됩니다.

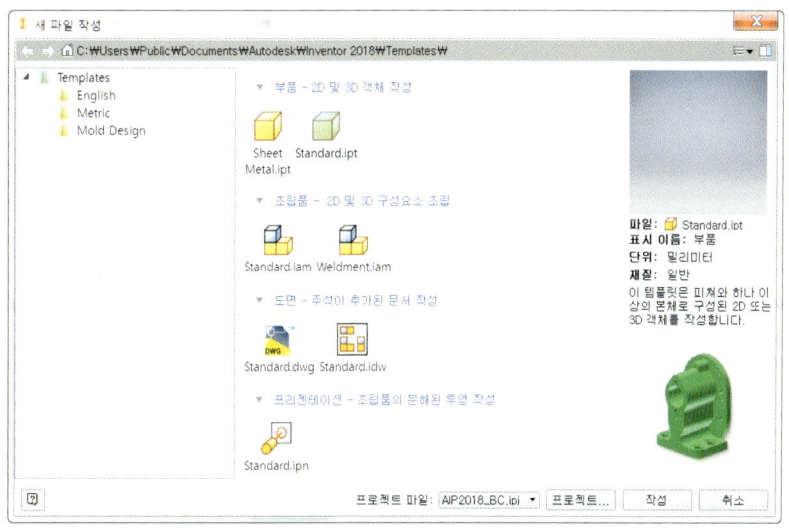

〈그림 2-8〉 새 파일 작성 대화 상자

열기 대화 상자를 사용하여 프로젝트 대화 상자를 호출하여 새 프로젝트를 설정할 수도 있습니다. 프로젝트 대화 상자를 호출하려면 열기 대화 상자의 프로젝트 파일 드롭-다운 목록 오른쪽에 있는 프로젝트 버튼을 선택하면 됩니다. 이 장의 뒷부분에서 프로젝트 설정에 대해 자세하게 설명을 할 것입니다.

새 프로젝트 설정

리본 메뉴/시작하기 탭/시작 패널/프로젝트

 Autodesk Inventor & Inventor Professional 2019에서 프로젝트는 작업 중인 설계 프로젝트와 관련된 모든 파일의 경로를 정의하는 것입니다. Autodesk Inventor & Inventor Professional 2019의 초기 환경의 시작하기 탭에 있는 시작 패널에서 프로젝트 도구를 선택하여 새 프로젝트를 만들거나 이전에 만든 프로젝트를 검색 할 수 있습니다. 프로젝트 도구를 선택하면 〈그림 2-9〉와 같이 프로젝트 대화 상자가 표시됩니다.

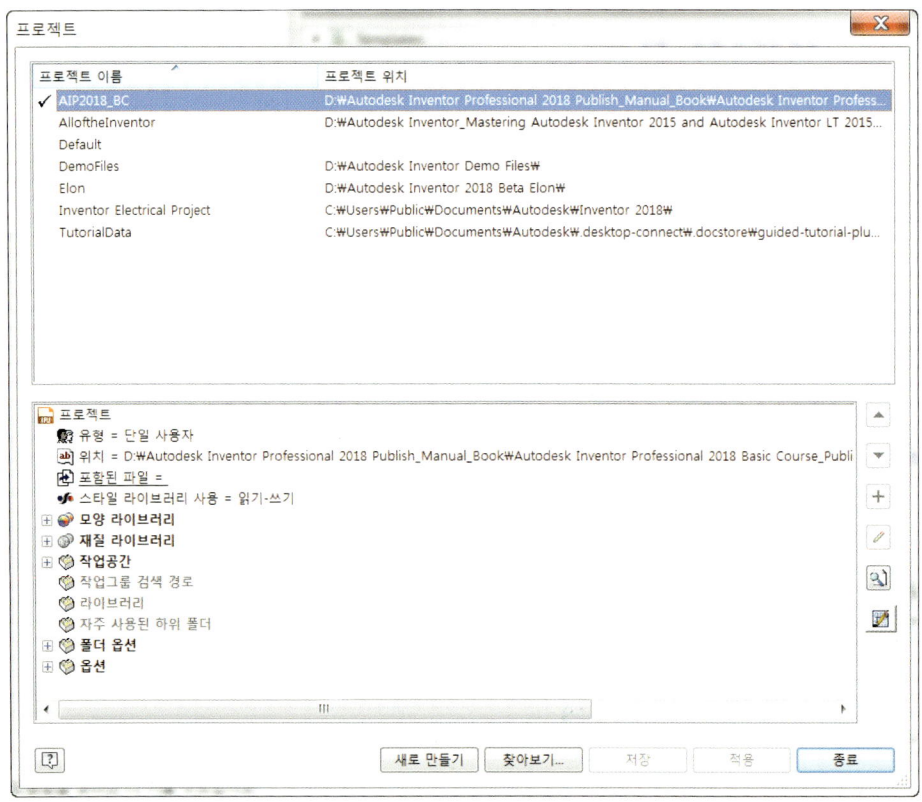

〈그림 2-9〉 프로젝트 대화 상자

모든 프로젝트 폴더가 대화 상자 위쪽에 표시되고 선택한 프로젝트 폴더와 관련된 옵션이 대화 상자 아래쪽에 표시됩니다. 이 목록에 다른 프로젝트 폴더를 추가하려면 새로 만들기 버튼을 선택하면

chapter 02 2D 스케치 작성을 위한 활용 기술

됩니다. Autodesk Inventor & Inventor Professional 2019프로젝트 마법사 대화 상자가 표시됩니다. 이 대화 상자에서 새 단일 사용자 프로젝트 라디오 버튼이 기본적으로 선택되어 있습니다. Autodesk Inventor & Inventor Professional 2019의 프로젝트 마법사 대화 상자에서 다음 버튼을 선택합니다. 이름 텍스트 상자에 프로젝트 이름을 지정하고 프로젝트(작업 공간) 폴더 텍스트 상자에 위치를 지정합니다. 프로젝트 위치 찾아보기 버튼을 선택하여 프로젝트 위치를 지정할 수도 있습니다. 그런 다음 마침 버튼을 선택합니다. 프로젝트 폴더를 지정하면 프로젝트 대화 상자의 위쪽 부분에 추가되고 위치가 표시됩니다. 프로젝트를 선택하면 프로젝트와 관련된 옵션이 대화 상자 아래쪽에 표시됩니다. 완료 버튼을 선택하여 프로젝트 대화 상자를 닫습니다.

프로젝트 새로 만들기 과정

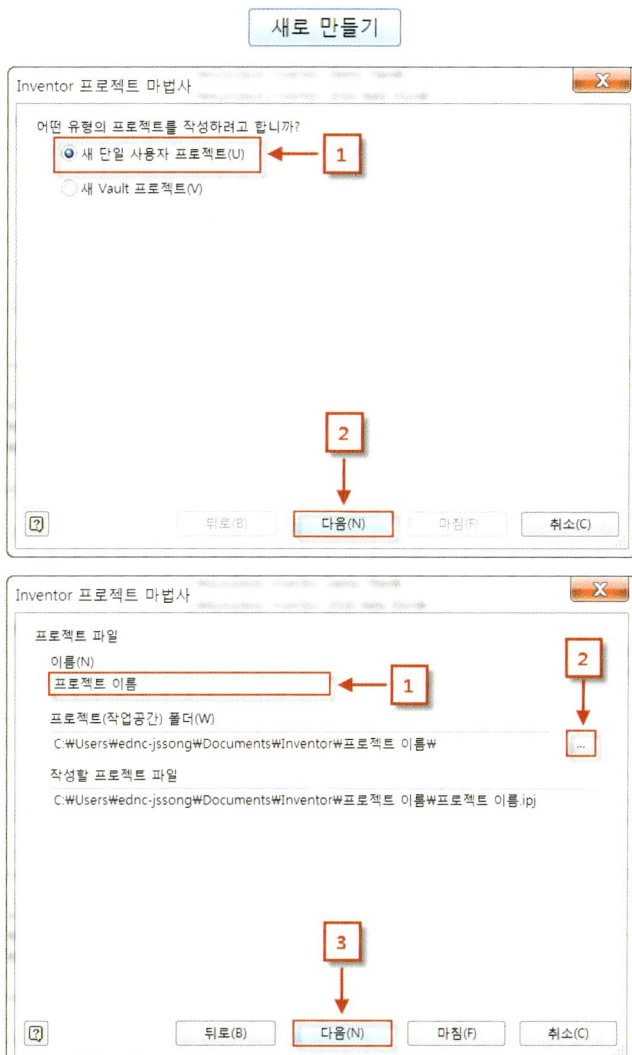

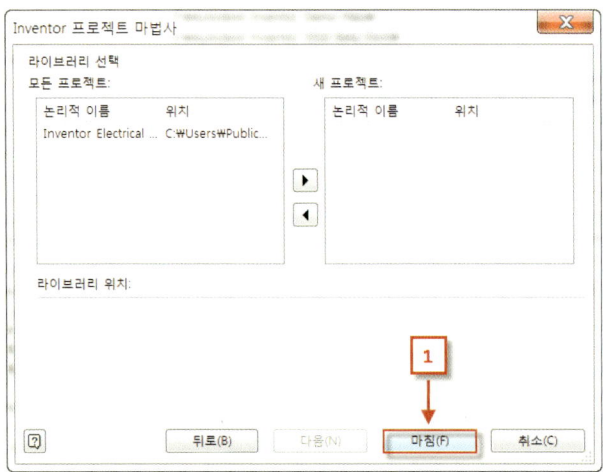

항목에 대한 도움말을 보려면 F1 키를 누릅니다. 그러면 Autodesk Inventor & Inventor Professional 2019의 도움말 창이 표시됩니다. 이 창에서 Inventor 의 특정 도구 또는 옵션을 사용하는 방법을 설명하는 항목을 찾을 수 있습니다.

DWG 가져 오기

Autodesk Inventor & Inventor Professional 2019에서는 AutoCAD 파일을 가져올 수 있습니다. 이렇게 하려면 응용 프로그램 메뉴/ 열기/ DWG 가져 오기를 선택합니다. 가져 오기 대화 상자가 표시됩니다. 원하는 폴더를 찾아 필요한 AutoCAD파일을 가져옵니다.

스케치 환경 불러 오기

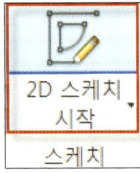
스케치 환경을 호출하려면 3D 모델 탭의 스케치 패널에서 2D 스케치 시작 버튼을 선택합니다. 그림 2-10과 같이 XY, YZ 및 XZ의 세 가지 평면이 그래픽 창에 표시됩니다. 스케치 환경을 호출하려면 그래픽 창에서 필요한 평면을 선택합니다. <그림 2-10>은 그래픽 창에 세 개의 다른 평면이 표시되는 것을 보여줍니다.

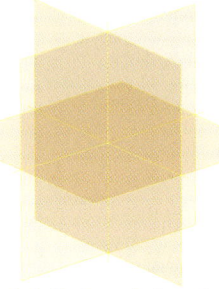

〈그림 2-10〉 그래픽 창에 보여지는 세 개의 다른 평면

스케치 환경에 대한 소개

XY 평면을 스케치 평면으로 선택한 후 Standard.ipt 파일의 스케치 환경에서 초기 환경은 〈그림 2-11〉에 나타나 있습니다. 기본적으로 리본 메뉴는 그래픽 창 상단에 배치됩니다. 〈그림 2-11 참조〉

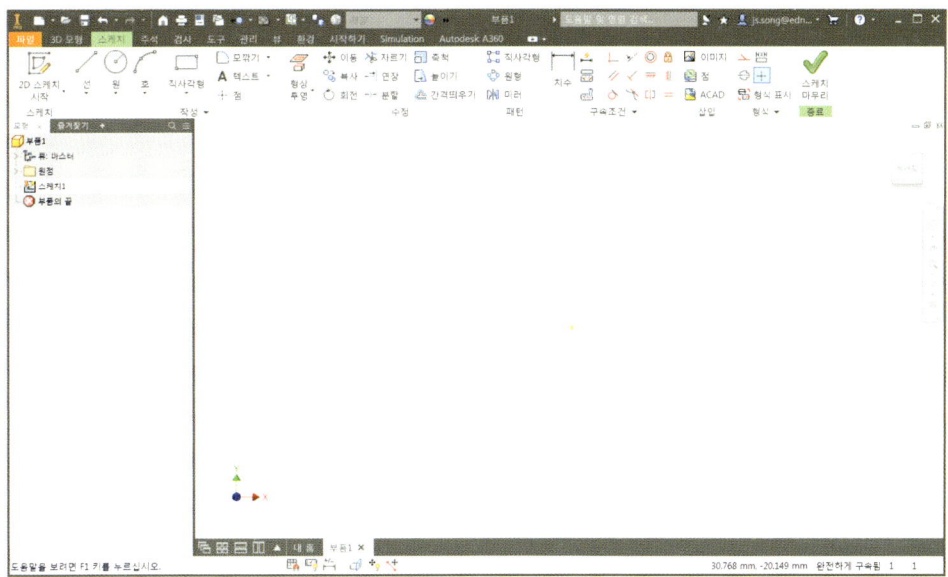

〈그림 2-11〉 스케치 환경의 초기 화면

이 리본 메뉴는 그래픽 창 어디에서나 이동할 수 있습니다. 그렇게 하려면 마우스 오른쪽 버튼으로 리본을 클릭합니다. 바로 가기 메뉴가 표시될 것입니다. 바로 가기 메뉴에서 리본 고정 해제 옵션을 선택합니다. 리본 메뉴가 도킹 해제됩니다. 이제 그래픽 창 어디에서나 리본 메뉴를 드래그 할 수 있습니다. 공간을 효율적으로 사용할 수 있도록 리본 메뉴를 그래픽 창 상단에 배치 (도킹)하는 것이 좋습니다. 이렇게 하려면 리본 메뉴를 마우스 오른쪽 버튼으로 클릭하고 바로 가기 메뉴에서 도킹 위치〉위쪽을 선택합니다. 또는 리본 제목 표시 줄을 두 번 클릭하여 도킹합니다.

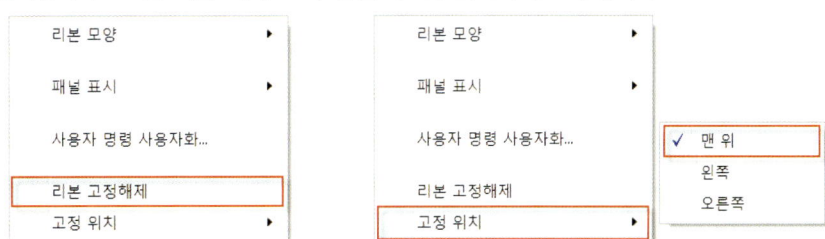

스케치의 문서 설정 수정하기

먼저 스케치 환경을 설정하는 것이 매우 중요합니다. 스케치 그리기를 시작하기 전에 이 작업을 수행해야 합니다. 스케치 환경 설정에는 도면의 그리드 수정이 포함됩니다. 제작하려는 설계가 작은 치수로 구성되는 경우는 거의 없습니다. 규모가 큰 여러가지 설계를 접하게 될 것입니다. 따라서 그리기를 시작하기 전에 그리드 설정을 수정해야 합니다. 이러한 설정은 설계의 크기에 따라 다릅니다.

다음은 도면의 그리드 설정을 수정하는 과정입니다. 스케치하기 전에 요구 사항에 따라 스케치 환경의 설정을 수정해야 할 수 있습니다. 스냅 거리, 그리드 간격 및 스케치 환경의 선 표시와 관련된 다양한 속성을 변경할 수 있습니다. 스케치 환경의 그리기 창은 서로 평행한 밝은 선과 어두운 선으로 이루어져 있음을 알아야 합니다. 이러한 정상적인 선을 그리드 선이라고 합니다.

그리드 선의 켜기와 끄기는 다음과 같이 할 수 있습니다.

응용프로그램 옵션-스케치 탭

리본메뉴/ 도구 탭/ 옵션 패널/ 응용프로그램 옵션/ 스케치 탭

 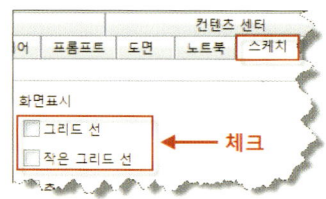

Tip

큰 그리드 선과 작은 그리드 선과 축의 표시를 끌 수도 있습니다. 그리드 선과 축의 표시를 끄려면 옵션 패널에서 응용 프로그램 옵션 도구를 선택합니다. 응용 프로그램 옵션 대화 상자가 표시됩니다. 그런 다음 스케치 탭을 선택하고 표시 영역에서 그리든 선, 작은 그리드 선 및 축 확인란의 선택을 취소하면 됩니다.

그리드 선은 요소의 위치를 파악하여 스케치를 올바르게 그리거나 기존 스케치를 정확하게 수정할 수 있도록 도와줍니다. 스케치의 문서 설정을 수정하는 방법은 다음과 같습니다.

문서 설정하기

리본메뉴〉 도구 탭〉 옵션 패널〉 문서 설정

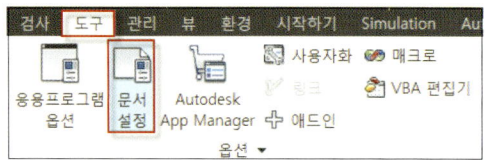

문서 설정 대화 상자가 표시됩니다. 이 대화 상자에서 스케치 탭을 선택하여 스케치 환경과 관련된 옵션을 표시합니다. 〈그림 2-12〉 참조.

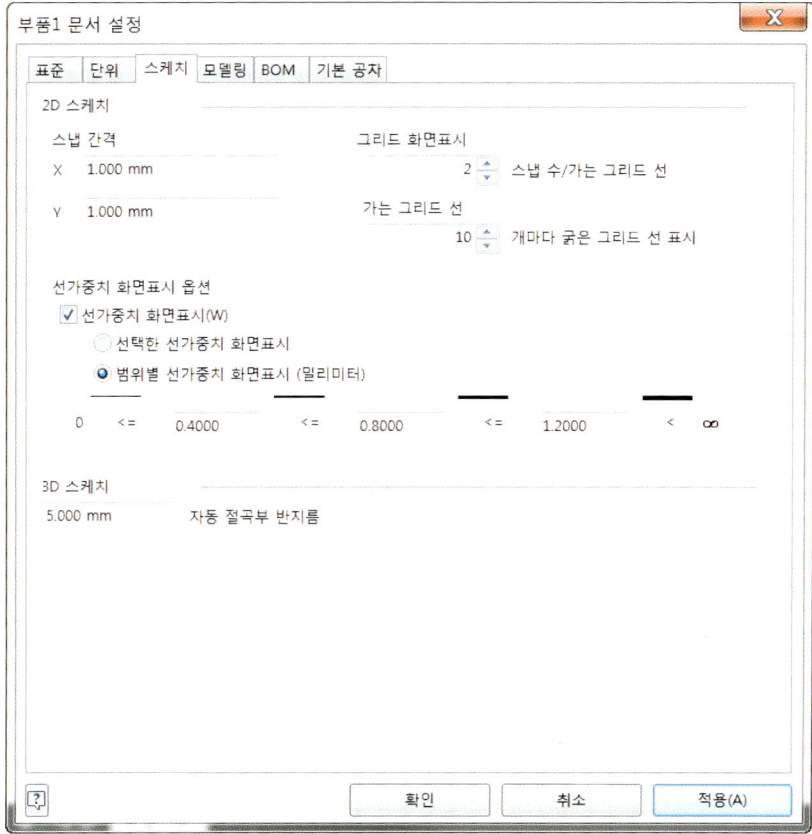

〈그림 2-12〉 문서 설정의 스케치 탭

◆ **스냅 간격 영역**

이 영역 아래의 옵션은 스냅 거리를 지정하는 데 사용됩니다.

- **X 편집 상자**

  이 편집 상자는 X 방향으로 스냅 간격을 지정하는 데 사용됩니다.

- **Y 편집 상자**

  이 편집 상자는 Y 방향의 스냅 간격을 지정하는 데 사용됩니다.

◆ **그리드 표시 영역**

이 영역의 옵션은 큰 그리드 선 및 작은 그리드 선의 수량을 제어하는 데 사용됩니다. 작은 그리드 선은 어두운 회색 선 안에 표시되는 밝은 선입니다. 어두운 회색 선을 큰 그리드 선이라고 합니다.

- **작은 그리드 선 당 스냅**

  이 스피너(Spinner)는 각각의 작은 그리드 선 사이의 스냅 점 수를 지정할 때에 사용됩니다.

- 큰 그리드 선 사이의 모든 작든 그리드 선

  이 스피너(Spinner)는 두 개의 큰 그리드 선 사이의 작은 그리드 선의 수를 지정할 때에 사용됩니다.

◆ 선 가중치 화면 표시 옵션 영역

선 가중치 화면 표시 옵션 영역의 옵션을 사용하여 스케치 환경에서 선 가중치(두께)를 제어 할 수 있습니다. 기본적으로 선 두께 표시 확인란이 선택되고 선 두께가 설정된 스케치가 표시됩니다. 이 확인란의 선택을 취소하면 선 가중치의 차이가 스케치에 표시되지 않습니다. 선택한 선가중치 화면 표시 라디오 버튼을 선택하면 인쇄 시 용지에 나타나는 것과 같이 화면에 선 가중치가 표시됩니다. 범위(밀리미터)로 선 가중치 표시 라디오 버튼을 선택하면 입력 된 값에 따라 선 가중치가 표시됩니다.

◆ 노트

그리드 간격을 늘린 후 도면 표시 영역을 늘려야 합니다.

◆ 스케치 요소

스케치 요소에 익숙해지는 것은 Autodesk Inventor & Inventor Professional 2019을 학습하는데 중요한 부분입니다. 설계 상의 주요 부분은 스케치 요소를 사용하여 작성하는 것입니다. 따라서 이 섹션은 이 책의 가장 중요한 섹션 중 하나로 간주 될 수 있습니다. Autodesk Inventor & Inventor Professional 2019에서 스케치 된 도면 요소에는 일반 요소와 구성 요소 형태의 두 가지 유형이 있습니다. 일반 요소는 피쳐를 작성하고 그 피쳐의 일부가 되는 데 사용되지만, 참조 및 지원을 위해 작성된 구성 요소는 피쳐의 일부가 될 수 없습니다. 기본적으로 그려진 요소들은 모두 일반 요소들입니다.

구성 요소를 그리려면 아래와 같이 구성선 도구를 선택합니다.

리본메뉴〉스케치 탭〉형식 패널〉구성선

구성 도구를 선택한 후에 그려지는 모든 요소들이 구성 요소들이 됩니다. 일반 요소들로 전환하려면 이 도구를 다시 선택하여 이 도구의 선택을 취소하면 됩니다.

◆ 동적 입력을 사용하여 위치 지정 요소

Autodesk Inventor & Inventor Professional 2019에서는 두 가지 구성 요소인 포인터 입력 및 치수 입력으로 구성된 동적 입력을 사용하여 스케치 요소의 위치를 지정할 수 있습니다. 이 기능은 다음과 같이 호출하여 설정한 후 사용할 수 있습니다.

리본메뉴 > 도구 탭 > 옵션 패널 > 응용프로그램 옵션 > 스케치 탭 > 헤드업 디스플레이

포인터 입력은 선, 직사각형, 호와 같은 스케치 도구를 호출할 때 표시되며 커서의 현재 위치 좌표를 표시합니다. 커서를 움직이면 좌표가 동적으로 변경됩니다. 첫 번째 점을 지정하면 포인터 입력이 표시됩니다. 포인터 입력은 직교 좌표 (X 및 Y) 형태로 표시됩니다. 두 번째 점 또는 요소의 후속 점을 지정하면 치수 입력이 표시됩니다. 치수 입력은 극좌표 (길이 및 각도) 형식으로 표시됩니다.

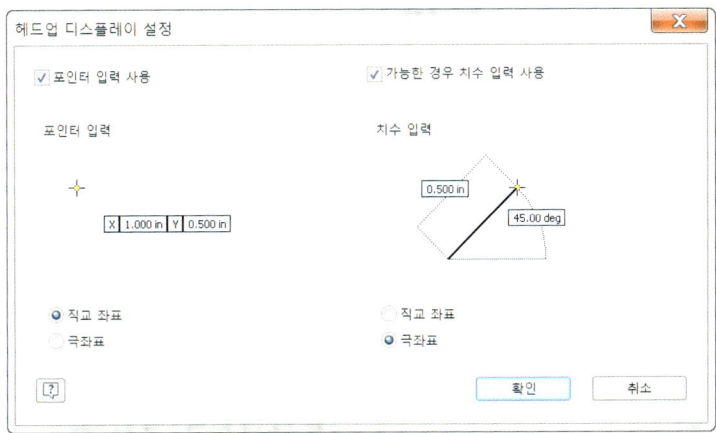

스케치 요소의 위치를 동적으로 지정하려면 필요한 스케치 도구를 호출 한 다음 그래픽 창에서 커서를 이동합니다. 커서의 위치는 포인터 입력의 직교 좌표로 표시됩니다. Tab 키를 누르고 포인터 입력에 X 및 Y 좌표 값을 입력하여 첫 번째 점을 지정합니다. 요소의 끝점 또는 두 번째 지점을 지정하라는 메시지가 나타날 것입니다. 또는 그래픽 창을 클릭하여 요소의 첫 번째 점을 지정할 수 있습니다. 이렇게 하면 포인터 입력이 치수 입력으로 수정되고 극좌표 입력 필드가 표시됩니다. 요소의 끝점 또는 두 번째 점을 지정하려면 입력 필드에 길이 및 각도 값을 입력합니다. 길이 및 각도 입력 필드 사이를 전환하려면 Tab 키를 사용합니다. 차원 입력을 사용하여 입력 값을 지정한 다음 Tab 키를 사용하면 입력 필드 오른쪽에 자물쇠 아이콘이 표시됩니다. 자물쇠 아이콘은 정의된 값으로 구속되었음을 나타내는 것입니다. <그림 2-13>은 선의 포인터 입력을 보여 주며 <그림 2-14>는 45 도의 각도에서 길이 20mm의 선의 끝점의 치수 입력을 보여줍니다.

〈그림 2-13〉 포인트 입력 사용 〈그림 2-14〉 가능한 경우 치수 입력 사용

스케치된 도면 요소가 도면 창에 존재하고 도면 창에서 새 도면 요소를 작성하기 시작하면 해당 제약 기호가 커서 옆에 표시됩니다. 응용 프로그램 옵션 대화 상자를 사용하여 포인터 입력 및 치수 입력의 표시를 제어 할 수 있습니다. 이 대화 상자는 도구 탭의 옵션 패널에서 응용 프로그램 옵션 도구를 선택하여 호출 할 수 있습니다. 포인터 입력 및 치수 입력의 표시를 제어하려면 응용 프로그램 옵션 대화 상자> 스케치 탭을 선택합니다. 스케치 탭에서 헤드 업 디스플레이 (HUD) 확인란을 선택 취소하고 이 대화 상자에서 확인 버튼을 선택합니다. 결과적으로 포인터 입력 및 치수 입력 표시가 꺼지고 이제 요소의 입력 값을 동적으로 입력할 수 없습니다.

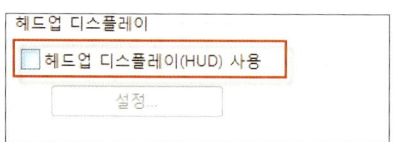

03 스케치 작성 도구 학습하기

이제 Autodesk Inventor & Inventor Professional 2019의 아주 중요한 스케치 작성 도구에 대한 자세한 설명을 할 것입니다. 가장 기본이 되는 중요한 학습 영역이라는 사실을 잘 아셔야 합니다.

선 그리기

리본 메뉴/ 스케치 탭/ 작성 패널/ 선

선은 스케치 환경에서 가장 중요한 요소 중 하나이며 기본 요소입니다. 앞에서 언급을 했듯이 일반 선이나 구성 선을 그릴 수 있습니다. 선은 두 점 사이의 최단 거리로 정의됩니다. 두 점은 선의 시작점과 끝점입니다. 따라서 선을 그리려면 이 두 점을 정의해야 합니다.

Autodesk Inventor & Inventor Professional 2019의 매개 변수 특성을 사용하려면 화면 상의 점을 선택하여 길이나 각도에 관계없이 임의의 형태로 선을 그릴 수 있습니다. 선을 그린 후 파라메트릭 치수를 사용하여 선을 새로운 길이 또는 각도로 이동시킬 수 있습니다. Autodesk Inventor & Inventor Professional 2019의 정확한 입력 도구 모음을 사용하여 실제 길이와 각도의 선을 직접 작성할 수도 있습니다. 선 그리기 방법에 관한 모든 것은 다음에 설명할 것입니다.

그리기 창에서 점을 선택하여 선 그리기

이것은 선을 그리는 데 매우 편리한 방법이며 스케치하는 동안 매우 광범위하게 자주 사용하게 될 것입니다.

[작성] 패널에서 [선 도구]를 호출하면 마우스 커서 (처음에는 화살표였음)가 교차점에 있는 노란색

원으로 바뀝니다. 그래픽 창에서 마우스 오른쪽 버튼을 클릭 할 때 표시되는 마킹 메뉴에서 선 만들기 도구를 선택할 수도 있습니다. 이렇게 하면 선의 시작점을 선택하거나 접선 호에 대한 끝점을 드래그 하라는 메시지가 표시됩니다. 또한 마우스 커서의 현재 위치의 좌표가 포인터 입력과 Autodesk Inventor Professional 2018의 그래픽 창 하단 오른쪽 모서리에 표시됩니다. X 축과 Y 축의 교차점 (그리드 선 중 검은 선)이 원점입니다. 마우스 커서를 원점 근처로 이동하면 자동으로 원점으로 스냅 이 됩니다. 선을 그리려면 도면 창의 아무 곳이나 지정하면 됩니다. 포인터 입력은 길이와 각도 값을 0으로 표시합니다. 커서를 이동합니다.

고무 밴드 선이 지정된 점에서 시작되고 길이 및 각도 값이 포인터 입력에 따라 변경됩니다. 이 고 무 및 선의 한쪽 끝은 도면 창에 지정된 점에 고정되고 다른 쪽 끝은 십자선의 노란색 원에 연결됩니 다. 선의 시작점을 지정한 후 마우스 커서를 움직이면 포인터 입력은 선의 현재 위치의 길이와 각도를 표시해 줍니다.

도면 창에서 원하는 위치를 클릭합니다. 또는 포인터 입력에 필요한 길이 및 각도 값을 입력하여 선 의 끝점을 지정합니다. Tab 키를 사용하여 포인터 입력에서 길이와 각도 값 사이를 전환 할 수 있습니 다.

선의 끝점을 지정하면 선이 그려지고 새 고무 밴드 선이 시작됩니다. 새로운 고무 밴드 선의 시작점 이 마지막 선의 끝점이며 다시 선의 끝점을 지정하라는 메시지가 나타납니다. 연속 선을 그리기 위해 끝점을 계속 지정할 수 있습니다. Autodesk Inventor & Inventor Professional 2019에서 스케치 요 소를 그릴 때 유효한 구속 조건이 스케치 요소에 자동으로 적용됩니다. 따라서 연속 선을 그릴 때 수 평, 수직, 수직, 및 평행 구속이 자동으로 적용됩니다. 적용된 구속 조건의 기호가 선을 그리는 동안 선에 표시됩니다. ESC 키를 눌러 선 도구를 종료 할 수 있습니다. 그래픽 창에서 아무 곳이나 마우스 오른쪽 버튼으로 클릭하여 선 도구를 종료 할 수도 있습니다. 마킹 메뉴가 표시됩니다. 그런 다음 마 킹 메뉴에서 확인을 선택합니다. 〈그림 2-15〉 및 〈그림 2-16〉에는 각각 선을 그릴 때 선에 적용되는 수직 구속 조건과 평행 구속 조건이 표시되는 것을 보여줍니다.

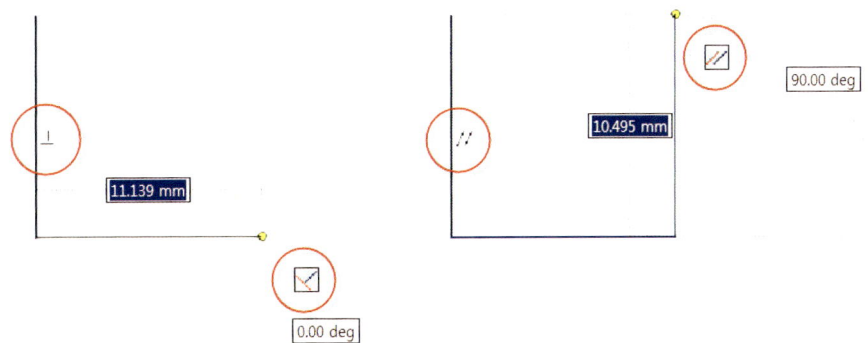

〈그림 2-15〉 직각 구속 조건을 이용한 선 그리기　〈그림 2-16〉 평행 구속 조건을 이용한 선 그리기

▌노트

스케치 환경의 기본 화면 배겨 색깔은 아주 명시적으로 보여주기 위해 수정할 수도 있습니다.

리본 메뉴/ 도구 탭/ 옵션 패널/ 응용 프로그램 옵션 도구/ 색상 탭

응용 프로그램 옵션 대화 상자에서 색상 탭을 선택한 다음 색 구성표 목록 상자에서 프레젠테이션 옵션을 선택한 후 드롭-다운 목록에서 1 색상을 선택한 다음 응용 프로그램 옵션 대화 상자에서 적용 버튼을 선택합니다. 스케치 환경에서는 화면의 기본 배경 색깔이 변경되는 것을 알 수 있을 것입니다.

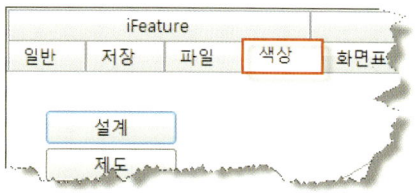

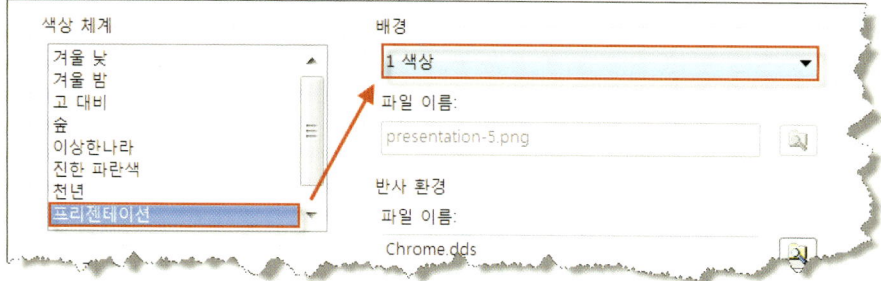

Autodesk Inventor & Inventor Professional 2019에서 두 개 또는 두 개 이상의 선이 있는 스케치를 닫을 수 있습니다. 이렇게 하려면 도면 영역에 두 개 이상의 연속 선을 그리고 마킹(Marking) 메뉴에서 닫기 옵션을 선택하면 됩니다. 현재 선의 끝점과 첫 번째 선의 시작점을 연결하는 선이 작성되고 스케치가 닫힙니다. 〈그림 2-17〉은 마킹 메뉴에서 닫기 옵션을 선택하여 스케치를 닫고 〈그림 2-18〉은 닫힌 스케치를 보여줍니다.

연속 선 작성을 종료하면 닫기 옵션이 표시 메뉴에 표시되지 않습니다. 즉, 연속 선 작업을 끝내고 다시 선 작업을 시작하면 마킹 메뉴에 닫기 옵션이 비활성화 된다는 것입니다.

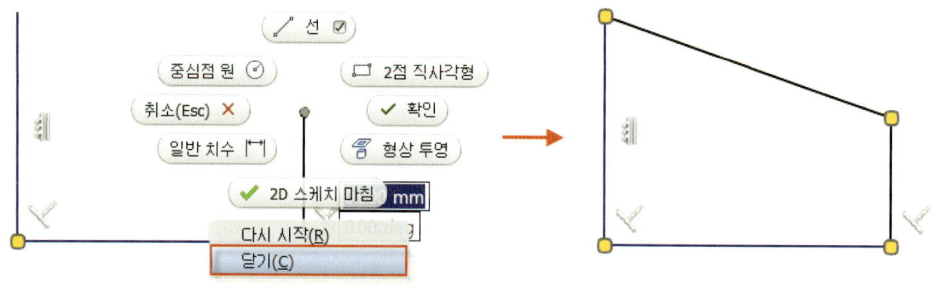

〈그림 2-17〉 마킹 메뉴에서 닫기를 선택   〈그림 2-18〉 닫힌 결과

▌정확한 입력 도구 모음을 사용하여 선 그리기

이것은 Autodesk Inventor & Inventor Professional 2019에서 선을 그리는 또 다른 방법입니다. 이 방법에서는 정확한 입력 도구 모음을 사용하여 선의 시작점 및 끝점 좌표를 정의합니다. 선에 대한 정확한 입력 도구 모음을 표시하려면 아래와 같이 하시면 됩니다. 이 패널에서 정밀 입력 도구를 선택합니다.

리본 메뉴/ 스케치 탭/ 작성 패널/ 확장 패널/ 정확한 입력 도구

앞에서 언급했듯이 도면의 원점은 X 축과 Y 축의 교차점에 있습니다. 이 점의 X 및 Y 좌표는 0, 0 입니다. 이 점을 참조하여 선을 그릴 수 있습니다. 이 도구 모음을 사용하여 좌표를 정의하는 두 가지 방법이 있습니다.

- **원점을 기준으로 좌표 지정**

  도면의 원점에 대한 좌표를 정의하는 시스템을 절대 좌표 시스템이라고 합니다. 기본적으로 원점은 X 축과 Y 축의 교차점에 있습니다. 이 시스템의 모든 점은 이 원점을 기준으로 정의됩니다. 점을 정의하려면 다음 네 가지 방법을 사용할 수 있습니다.

  - **절대 X 및 Y 좌표 정의:**

    이 방법에서는 원점을 기준으로 새 점의 X 및 Y 좌표를 정의합니다. 이 방법을 사용하려면 정확한 입력 도구 모음의 드롭-다운 목록에서 "X, Y 값을 입력하여 점 위치를 나타내십시오." 라는 옵션을 선택합니다. 점의 정확한 X 및 Y 좌표는 이 도구 막대에 제공된 X 및 Y 편집 상자에 입력할 수 있습니다.

  - **절대 X 좌표 및 X 축으로부터의 각도 정의:**

    이 방법에서는 원점 및 이 선이 양의 방향 X 축과 이루는 각도에 대해 점의 절대 X 좌표를 정의합니다. 각도는 X 축의 양의 방향에서 반 시계 방향으로 측정됩니다. 이 방법을 사용하려면 드롭-다운 목록에서 "X좌표와 X 축으로부터의 각도를 사용하여 점을 지정하십시오." 라는 옵션을 선택합니다. 새 점의 X 좌표와 각도는 정확한 입력 도구 모음의 각 편집 상자에서 정의 할 수 있습니다.

  - **절대 Y 좌표 및 X 축으로부터의 각도 정의:**

    이 방법에서는 원점과 이 선이 양의 방향 X 축과 이루는 각도에 대해 점의 절대 Y 좌표를 정의합니다. 이 방법을 사용하려면 드롭-다운 목록에서 " Y 좌표 및 X축으로부터의 각도를 사용하여 점을 지정하십시오." 라는 옵션을 선택합니다. 새 점의 Y 좌표와 각도는 정확한 입력 도구 모음의 각 편집 상자에서 정의 할 수 있습니다.

- **X 축으로부터의 원점과 각도로부터의 거리 지정:**

    이 방법에서는 원점에서 점까지의 거리와 이 선이 X 축과 이루는 각도를 정의합니다. 이 방법을 사용하려면 드롭-다운 목록에서 원점으로부터의 거리와 X 축에서의 각도를 사용하여 점 지정을 선택합니다. 거리와 각도는 각 편집 상자에서 정의 할 수 있습니다.

◆ **마지막 점에 대한 좌표 지정**

이전 점에 대한 좌표를 지정하는 이 시스템을 상대 좌표 시스템이라고 합니다. 점을 정의하는 이 시스템은 첫 번째 점 (선의 시작점)을 지정하는 데 사용할 수 없습니다. 각각의 방법과 함께 정확한 증분 버튼을 선택하여 마지막으로 지정한 점에 대해서 원점을 기준으로 점을 지정하는 모든 절대 좌표 방법을 사용할 수도 있습니다. 이 버튼은 첫 번째 줄의 시작점을 지정한 후에 만 사용할 수 있습니다. 정확한 재정의 버튼 은 트라이어드를 스케치 (0, 0, 0)의 원점으로 이동시킵니다. 좌표 재 지정 버튼 은 좌표 원점을 기준으로 점을 입력하는 데 사용됩니다.

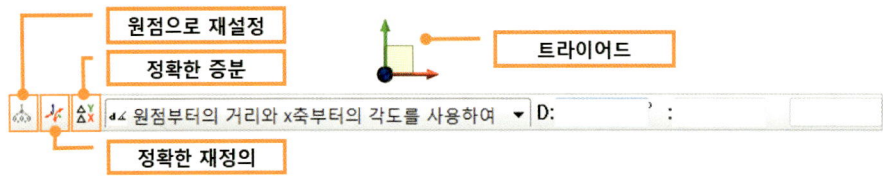

> **Note**
>
> 1. 연속 선을 그리는 동안 마우스 커서를 첫 번째 선의 시작점에 일치 시키면 노란색 원의 색이 녹색으로 바뀌고 마우스 커서가 시작점에 스냅이 됩니다. 이 단계에서 점을 선택하면 루프가 닫히면서 체인을 종료합니다.
> 2. 중심선을 그리려면 아래와 같이 합니다.

리본메뉴/ 스케치 탭/ 형식 패널/ 중심선 도구

중심선 도구를 선택한 다음 선 도구를 선택하여 선을 만듭니다. 또는 도면 창에서 필요한 요소를 선택한 다음 중심선 도구를 선택하면 선택한 요소가 중심선으로 변경됩니다.

선 다시 시작하기

선을 다시 시작하려면 그래픽 창에서 마우스 오른쪽 버튼을 클릭하고, 나타나는 마킹 메뉴에서 선 반복을 선택합니다.

chapter 02 2D 스케치 작성을 위한 활용 기술

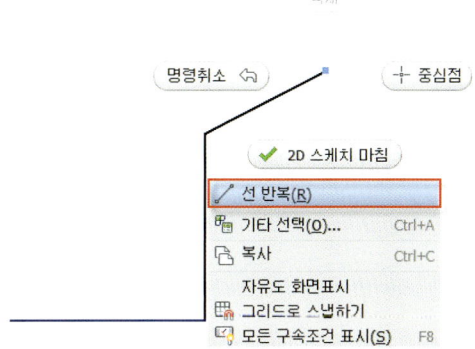

원 그리기

Autodesk Inventor & Inventor Professional 2019에서는 두 가지 방법을 사용하여 원을 그릴 수 있습니다. 원의 중심과 반경(반지름)을 정의하거나 세 개의 지정된 선에 접하는 원을 그려 원을 그릴 수 있습니다. 원 그리기에 대한 두 가지 방법을 모두 설명할 것입니다.

중심점과 반지름을 지정하여 원 그리기

리본 메뉴/ 스케치 탭/ 작성 패널/ 원 도구 드롭-다운 목록/ 원 중심점

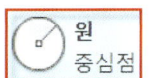 이 방법은 중심점을 이용한 원을 그리는 가장 기본적인 방법으로 원 중심점 도구를 선택한 다음 원의 중심점과 반지름을 정의하여 그립니다. 첫 번째 원의 중심점을 선택하라는 메시지 와 좌표 포인트 입력 창이 나타나는데, 이 메시지와 포인트 입력 창의 알림은 다음과 같이 명령 프롬프트 표시 (다이나믹 프롬프트)의 체크 유무로 조정할 수 있습니다.

리본 메뉴/ 도구 탭// 응용 패널/ 응용프로그램 옵션/ 일반 탭/ 상호 프롬프트

- 체크 켜기: 메시지 창 보여지기
- 체크 끄기: 메시지 창 안보이기

원의 중심점을 지정을 위해 그래픽 창에서 마우스를 클릭합니다. 드래그하여 원을 그리면서 그래픽 창의 원하는 위치를 클릭하여 원의 둘레 상의 임의의 위치에 점을 클릭하여 지정합니다. 이 점은 원의 반경을 정의하는 것입니다. 또는 포인트 입력 창에 필요한 값을 입력하여 원의 지름을 지정합니다. 정확한 입력 도구 막대를 사용하여 중심과 반지름을 지정할 수도 있습니다. 〈그림 2-19〉는 중심점과 반지름을 사용하여 그린 원을 보여줍니다.

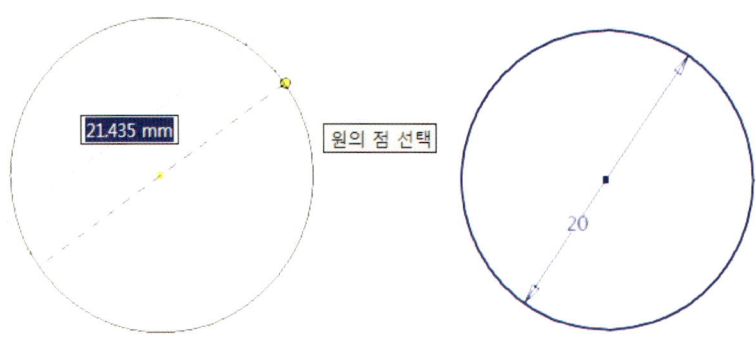

〈그림 2-19〉 중심점과 반경을 지정하여 원 그리기

세 개의 접선을 지정하여 원 그리기

리본 메뉴/ 스케치 탭/ 작성 패널/ 원 도구 드롭-다운 목록/ 원 접선

원 그리기의 두 번째 방법은 세 개의 선택된 선에 접하는 원을 그리는 방법입니다. 마우스 커서를 선 스케치에 가져다 놓으면 첫 번째, 두 번째 및 세 번째 선을 차례대로 선택하라는 메시지가 나타납니다. 세 번째 선을 지정하여 클릭하면 〈그림 2-20〉과 같이 세 개의 지정된 선에 접하는 원이 그려집니다.

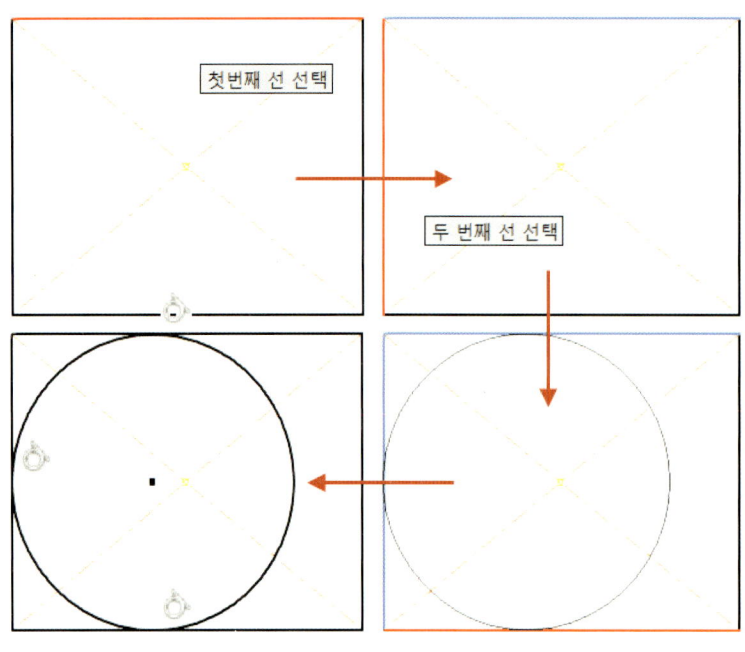

〈그림 2-20〉 세 개의 접선을 지정하여 원 그리기

타원 그리기

리본 메뉴/ 스케치 탭/ 작성 패널/ 원 드롭-다운 목록/ 타원

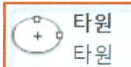

이 방법은 원의 형태에서 장축과 단축을 사용하여 타원을 그리는 방법입니다. 타원의 중심을 선택하라는 메시지가 나타납니다. 타원의 중심을 지정할 점을 선택하기 위해 마우스로 그래픽 창을 클릭합니다. 첫 번째 축을 생성할 지점을 선택하라는 메시지가 나타납니다. 타원의 첫 번째 축을 정의 할 점을 지정합니다. 타원의 점을 선택하라는 메시지가 나타납니다. 타원 상에서 점을 선택하면 타원이 생성됩니다. 정확한 입력 도구를 사용히여 이러한 점을 지정할 수도 있습니다. 그러나 타원의 점을 정의하는 데는 상대 옵션을 사용할 수는 없습니다. 따라서 타원 그리기에 정확한 입력 도구를 사용하면 모든 값이 원점에서 지정됩니다. 그러나 정확한 재정의 버튼을 선택하고 원점에 정의할 위치에 배치하여 원점을 재정의 할 수는 있습니다. 〈그림 2-21〉은 스케치 환경에서 그려진 타원을 보여줍니다.

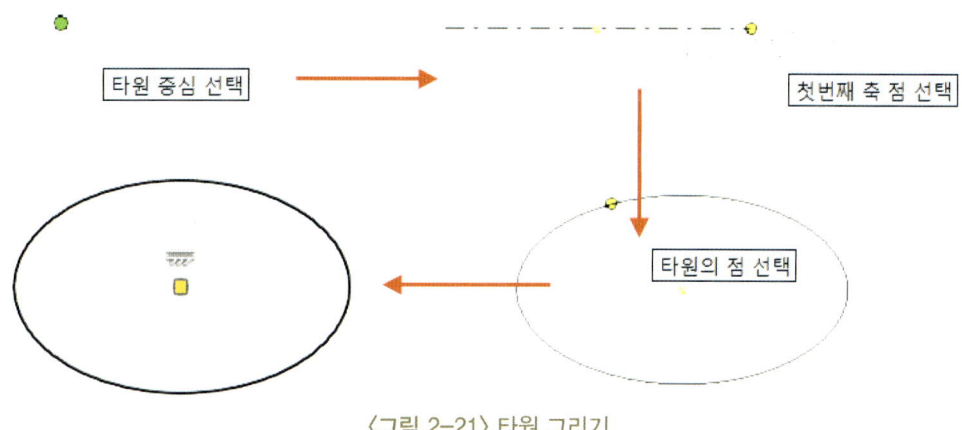

〈그림 2-21〉 타원 그리기

호 그리기

Autodesk Inventor & Inventor Professional 2019에서는 호를 그리는 세 가지 방법이 있습니다.

3 점을 지정하여 호 그리기

리본 메뉴/ 스케치 탭/ 작성 패널/ 호 드롭-다운 목록/ 호 3점

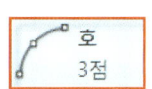

이 방법은 호를 그리는 가장 기본적인 방법입니다. 첫 번째 점은 호의 시작점이고 두 번째 점은 호의 끝점이며 세 번째 점은 호 위의 임의의 점입니다. 첫 번째 점을 지정하기 위해 그래픽 창에서 클릭하고 마우스를 드래그하면 호의 끝점 선택이라는 메시지와 길이 및 각도를 입력할 수 있는 입력 창이 표시됩니다. 그런 다음 마우스를 이동하면 호의 점 선택이라는 메시지 창과 호의 반지름을 입력할 수 있는 입력 창이 표시되는데 반지름 값을 입력하

면 호가 생성됩니다. 또한 정확한 입력 도구를 사용하여 호를 정의 할 수도 있습니다. 〈그림 2-22〉는 3점을 사용하여 그린 호를 보여줍니다.

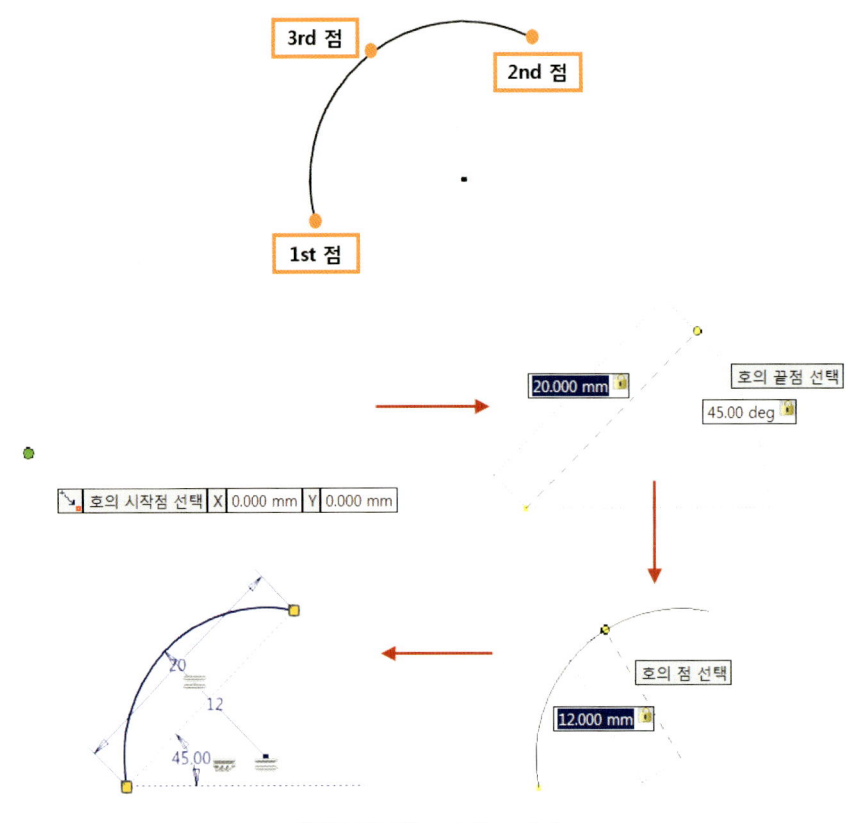

〈그림 2-22〉 3점 호 그리기

기존 스케치 요소에서 접하는 호 그리기

리본 메뉴/ 스케치 탭/ 작성 패널/ 호 드롭-다운 목록/ 접선 호

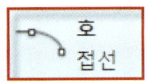

이 방법은 기존의 열린 스케치 요소에 접하는 호를 그리는 데 사용됩니다. 열린 스케치 요소는 호 또는 일반 직선이 될 수도 있습니다. 호의 시작점을 선택하라는 메시지가 표시됩니다. 호의 시작점은 기존의 열린 스케치 요소의 시작점 또는 끝점이어야 합니다. 시작점을 지정하고 마우스를 움직이면 고무 밴드 모양의 호가 시작됩니다. 이 호의 시작점은 선택한 스케치 요소에 접하는 점임을 알아야 합니다. 이제 호의 끝점을 지정하라는 메시지와 반지름 및 각도를 입력하는 입력 창이 표시됩니다. 그래픽 창에 마우스를 클릭하여 호의 끝점을 지정하거나 마우스 포인트 입력 창에 반지름과 각도 값을 입력하여 호의 끝점을 지정합니다. 여기서 정확한 입력 도구 창이나 포인트 입력 창을 사용하여 이 호의 시작점을 선택할 수 없다는 점은 매우 중요합니다. 그러나 이 도구 모음을 사용하여 이 호의 끝점을 지정할 수는 있습니다. 〈그림 2-23〉은 선에 접하는

호를 보여줍니다.

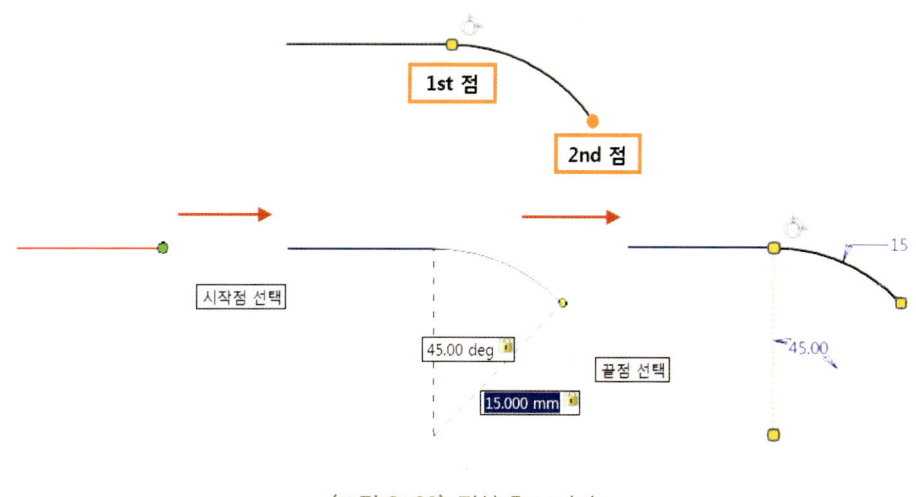

〈그림 2-23〉 접선 호 그리기

직사각형 그리기

Autodesk Inventor & Inventor Professional 2019에서는 다음에 설명할 다양한 방법을 사용하여 사각형을 그릴 수 있습니다.

▌2점 직사각형 도구로 두 개의 반대쪽 모서리를 지정하여 사각형 그리기

리본 메뉴/ 스케치 탭/ 작성 패널/ 직사각형/ 슬롯 드롭-다운 목록/ 2점 직사각형

2점 직사각형 도구는 두 개의 반대 모서리를 지정하여 사각형을 그리는데 사용되는 가장 기본적인 방법입니다. 직사각형의 첫 번째 구석을 선택하라는 메시지와 포인트 입력 창이 표시됩니다. 원하는 위치에서 클릭하여 사각형의 첫 번째 구석을 선택하거나 포인트 좌표 값을 입력합니다. 첫 번째 구석을 선택하고 마우스를 드래그하면 직사각형의 반대편 구석을 선택하라는 메시지와 포인트 입력 창이 표시됩니다. 마우스 클릭으로 두 번째 구석을 선택하거나 포인트 입력 창에서 사각형의 길이와 높이를 입력하면 직사각형이 생성됩니다. 〈그림 2-24〉는 2점 직사각형 도구를 사용하여 그린 사각형을 보여줍니다.

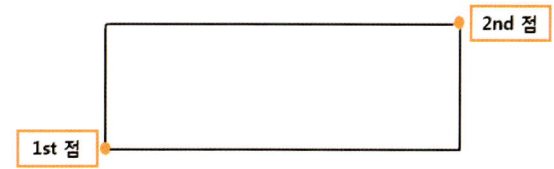

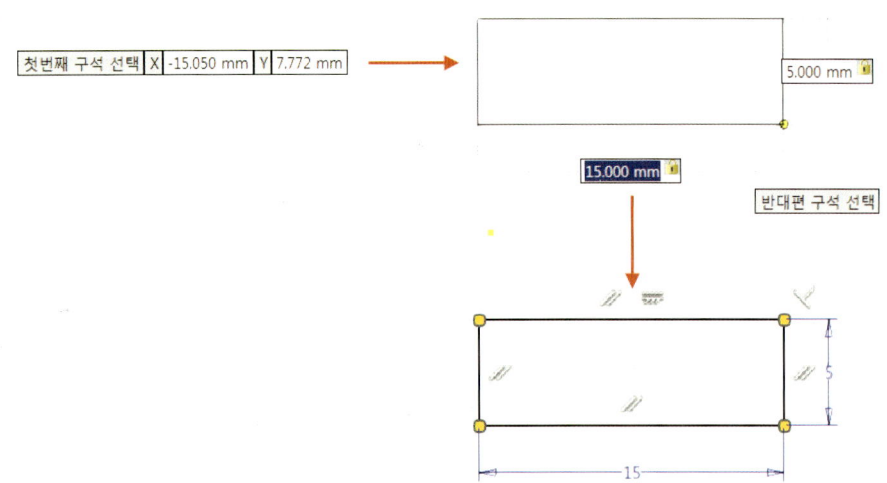

〈그림 2-24〉 2점 직사각형으로 직사각형 그리기

◆ 사각형에 세 점을 지정하여 사각형 그리기
리본 메뉴/ 스케치 탭/ 작성 패널/ 직사각형/ 슬롯 드롭-다운 목록/ 3점 직사각형

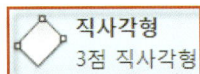

3점 직사각형 도구는 세 점 지정하여 사각형을 그릴 수 있는 방법입니다. 이 방법은 첫 번째 두 점을 사용하여 사각형의 한 변의 길이와 각도를 정의하고 세 번째 점은 다른 변의 길이를 정의하는 데 사용됩니다. 직사각형의 첫 번째 구석을 지정하라는 메시지가 표시됩니다. 이를 지정하면 직사각형의 두 번째 구석을 지정하라는 메시지가 표시됩니다. 이렇게 지정된 구석들은 모두 같은 선상에 존재하게 됩니다. 따라서 이 두 구석을 사용하여 직사각형의 한 변의 길이를 정의 할 수 있습니다. 두 번째 구석을 지정한 후 세 번째 구석을 지정하라는 메시지가 표시됩니다. 이 구석은 직사각형의 다른 쪽 길이를 정의하는 데 사용됩니다. 특정 각도에서 두 번째 구석을 지정하면 그 결과 직사각형도 기울어집니다.

포인트 입력 창을 사용하여 사각형의 첫 번째, 두 번째 및 세 번째 구석을 지정할 수도 있습니다. 두 번째 구석 입력창의 경우, 입력 값 필드에서 사각형의 길이와 각도를 지정해야 합니다. 반면 세 번째 구석 입력 창의 경우 사각형의 높이를 지정해야 합니다. 탭 키를 사용하여 점 입력 창의 입력 값 사이를 전환 할 수 있습니다. 정확한 입력 도구를 사용하여 직사각형을 그리는 세 점을 지정할 수도 있습니다. 〈그림 2-25〉는 3점 직사각형 도구를 사용하여 그려진 경사진 직사각형을 보여줍니다.

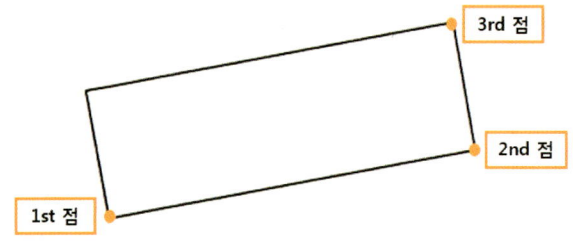

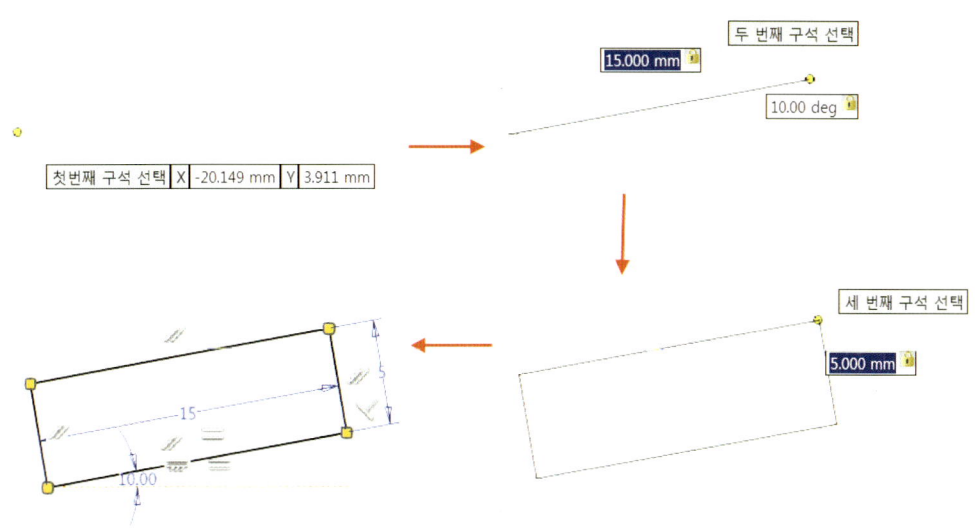

〈그림 2-25〉 3점 직사각형으로 직사각형 그리기

◆ 두 점 중심 직사각형 도구로 직사각형 그리기

리본 메뉴/ 스케치 탭/ 작성 패널/ 직사각형/ 슬롯 드롭-다운 목록/ 두 점 중심 직사각형

이 방법은 첫 번째 점을 사용하여 직사각형의 중심을 정의하고, 두 번째 점을 사용하여 직사각형의 길이와 폭을 정의하는 것입니다. 첫 번째로 직사각형의 중심을 선택하라는 메시지가 나타납니다. 그래픽 창을 클릭하여 지정하고 커서를 좌우로 이동합니다. 점 입력 창이 표시됩니다. 점 입력 창에서 사각형의 길이와 너비를 입력합니다. 〈그림 2-26〉은 두 점 중심 직사각형 도구를 사용하여 그린 직사각형을 보여줍니다.

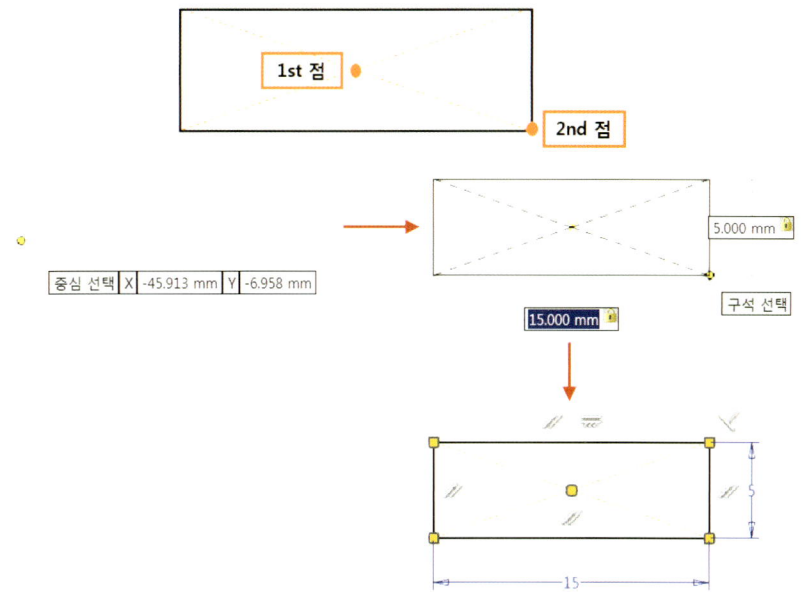

〈그림 2-26〉 두 점 중심 직사각형으로 직사각형 그리기

3점 중심 직사각형 도구로 직사각형 그리기

리본메뉴〉 스케치 탭〉 작성 패널〉 직사각형 / 슬롯 드롭-다운〉 세 점 중심 직사각형

이 방법은 첫 번째 점을 사용하여 직사각형의 중심을 정의하고 두 번째 점을 사용하여 직사각형의 길이와 각도를 정의하는 것입니다. 첫 번째로 직사각형의 중심 선택 포인트 입력 창이 나타납니다. 그래픽 창을 클릭하여 지정하고 커서를 좌우로 경사지게 이동합니다. 두 번째 점 입력 창이 표시됩니다. 점 입력 창에서 사각형의 변의 길이와 경사 각도를 입력하고 그래픽 창에 클릭합니다. 세 번째 점 입력 창이 표시됩니다. 길이 값을 입력하고 그래픽 창을 클릭합니다. 〈그림 2-27〉은 세 점 중심 직사각형 도구를 사용하여 그린 직사각형을 보여줍니다.

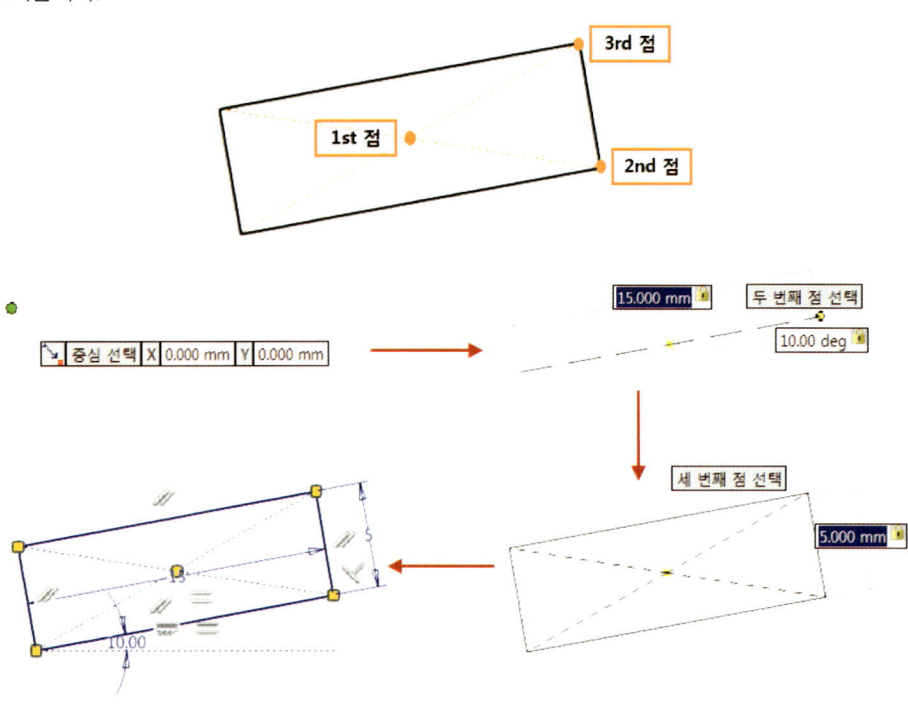

〈그림 2-27〉 세 점 중심 직사각형으로 직사각형 그리기

◆ 중심 대 중심 슬롯 그리기

리본 메뉴/ 스케치 탭/ 작성 패널/ 직사각형/ 슬롯 드롭-다운 목록/ 중심점 슬롯

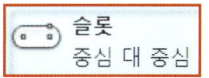

이 방법은 슬롯의 양쪽 호의 중심과 중심을 기준으로 슬롯을 작성하는 방법입니다. 첫 번째 슬롯의 시작 중심점 선택을 하라는 메시지와 포인터 입력 창이 표시됩니다. 그래픽 창을 클릭하여 첫 번째 점을 지정하면, 두 번째 슬롯의 끝 중심점 선택을 하라는 메시지와 길이 및 각도를 입력할 수 있는 입력 창이 표시됩니다. 값을 입력하고 마우스를 상하로 이동하면 슬롯 너비를 입력할 수 있는 입력 창에 값을 입력하면 슬롯이 생성됩니다. 이 유형의 슬롯은 선형 슬롯이라고도 합니다. 〈그림 2-28〉는 생성 된 중심 대 중심 슬롯을 보여줍니다.

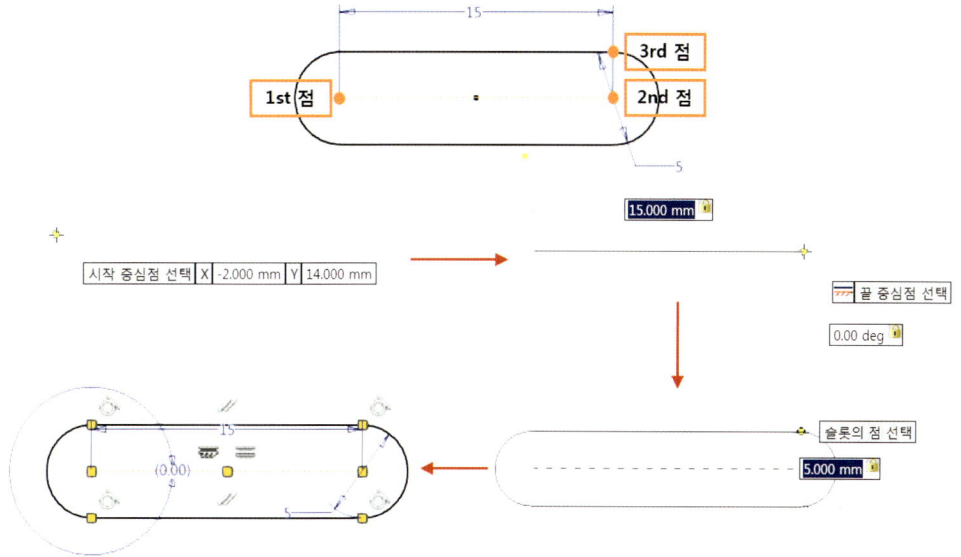

〈그림 2-28〉 중심 대 중심 슬롯 그리기

전체 슬롯 그리기

리본 메뉴/ 스케치 탭/ 작성 패널/ 직사각형/ 슬롯 드롭-다운 목록/ 슬롯 전체

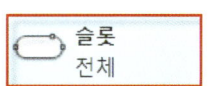

전체 슬롯을 만들려면 직사각형/ 슬롯 드롭-다운에서 전체 슬롯 도구를 선택합니다. 시작점을 선택하라는 점 입력 창이 표시됩니다. 그래픽 창을 클릭하여 시작점을 지정합니다. 마우스를 좌우로 드래그 하면 끝점을 선택하라는 점 입력 창이 나타나는데 입력 창에 길이와 각도를 입력합니다. 그래픽 창을 클릭한 다음 마우스를 상하 방향으로 움직이면 슬롯의 점을 선택하라는 메시지와 입력 창이 나타나는데 슬롯의 너비를 지정하라는 메시지가 표시됩니다. 입력 창에 너비 값을 입력하고 그래픽 창을 클릭하면 슬롯이 생성됩니다. 이 유형의 슬롯을 선형 슬롯이라고도 합니다.

〈그림 2-29〉은 생성된 전체 슬롯을 보여줍니다.

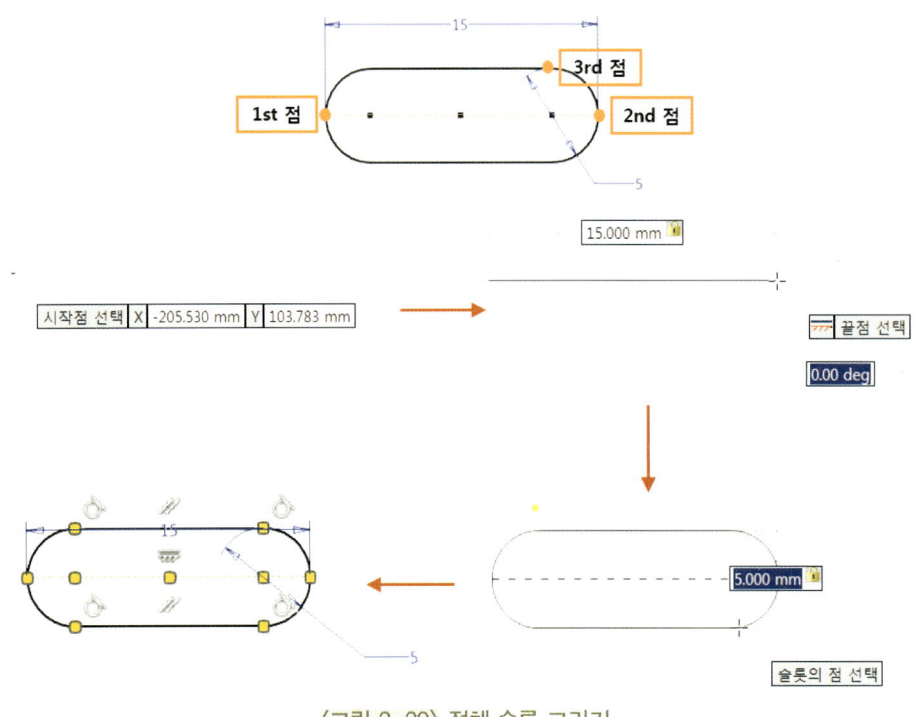

〈그림 2-29〉 전체 슬롯 그리기

중심점 슬롯 그리기

리본 메뉴/ 스케치 탭/ 작성 패널/ 직사각형/ 슬롯 드롭-다운 목록/ 중심점 슬롯

이 방법은 가운데 중심을 기준으로 슬롯 호의 중심간의 거리로 슬롯을 생성하는 것입니다. 첫 번째 점으로 시작 중심점 선택하라는 메시지가 나타납니다. 그래픽 창을 클릭하여 시작 중심점을 지정하고 마우스를 좌측 또는 우측으로 이동하면 두 번째 점을 선택하라는 메시지가 나타납니다. 이 두 번째 점이 끝 중심점입니다. 여기서 동적 프롬프트에서 거리를 지정하거나 그래픽 창을 클릭하여 점을 지정하여 끝점을 지정할 수 있습니다. 끝 중심점을 지정합니다. 슬롯의 직경 또는 너비를 지정하라는 메시지가 표시됩니다. 동적 프롬프트에서 너비 또는 직경을 지정하면 슬롯이 생성됩니다. 이 유형의 슬롯을 선형 슬롯이라고도 합니다. 〈그림 2-30〉은 생성된 중심점 슬롯을 보여줍니다.

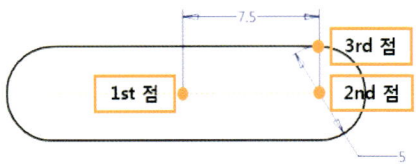

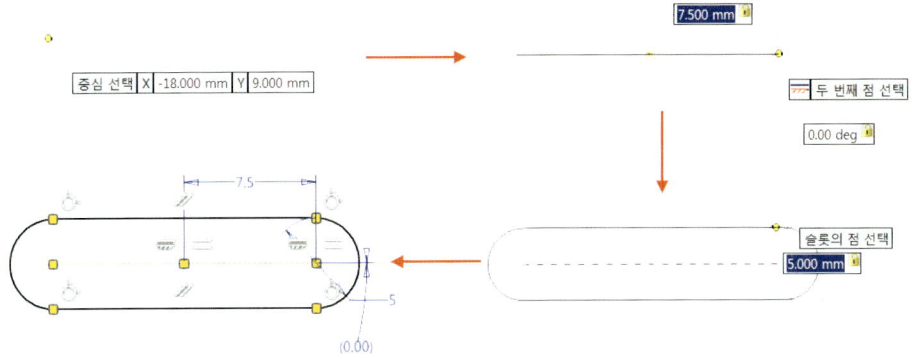

〈그림 2-30〉 중심점 슬롯 그리기

3점 호 슬롯 그리기

리본메뉴/ 스케치 탭/ 작성 패널/ 직사각형/ 슬롯 드롭-다운 목록/ 3점 호 슬롯

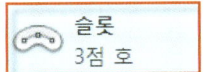

3점 호 슬롯은 중심 호의 시작점을 선택하라는 메시지가 표시됩니다. 그래픽 창을 클릭하여 중심 호의 시작점을 지정하면 끝점을 지정하라는 메시지가 나타납니다. 이제 동적 프롬프트에서 길이를 지정하거나 그래픽 창을 클릭하여 끝점을 지정할 수 있습니다. 그러면 세 번째 점인 중심 호의 세 번째 점인 중심 호 상의 임의의 점을 지정하라는 메시지가 표시됩니다. 세 번째 점을 지정합니다. 슬롯의 직경 또는 너비를 지정하라는 메시지가 표시됩니다. 동적 프롬프트에서 너비 또는 직경의 값을 입력하면 슬롯이 생성됩니다. 이 유형의 슬롯을 3점 호 슬롯이라고 합니다. 〈그림 2-31〉은 3 점 호 슬롯을 보여줍니다.

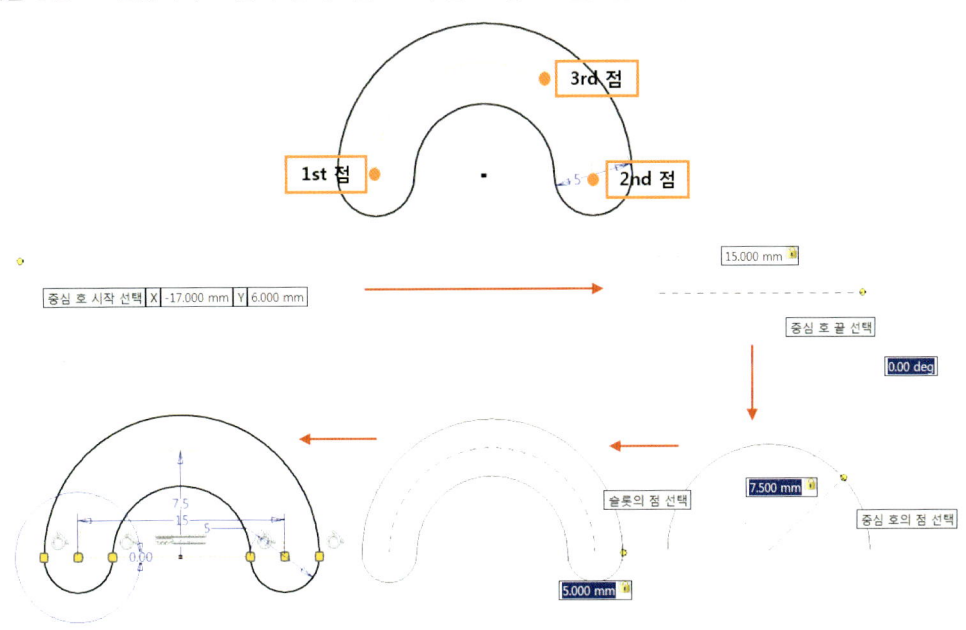

〈그림 2-31〉 3점 호 슬롯 그리기

중심점 호 슬롯 그리기

리본 메뉴/ 스케치 탭/ 작성 패널/ 직사각형/ 슬롯 드롭-다운 목록/ 중심점 호 슬롯

중심점 호 슬롯을 선택하면 첫 번째 점으로 중심점 호 중심을 지정하라는 메시지가 표시됩니다. 두 번째 점으로 중심 호의 시작점을 선택하라는 메시지가 표시됩니다. 동적 프롬프트에 각도 값을 입력하여 시작점을 지정하면 중심 호의 끝점을 지정하라는 메시지가 나타납니다.

동적 프롬프트에 각도 값을 입력하여 끝점을 지정합니다. 슬롯 점을 선택하거나 슬롯의 직경 또는 너비를 지정하라는 메시지가 표시됩니다. 동적 프롬프트에서 너비 또는 직경을 지정하면 슬롯이 생성됩니다. 이 유형의 슬롯은 호 슬롯이라고도 합니다. 〈그림 2-32〉은 생성된 중심점 호 슬롯을 보여줍니다.

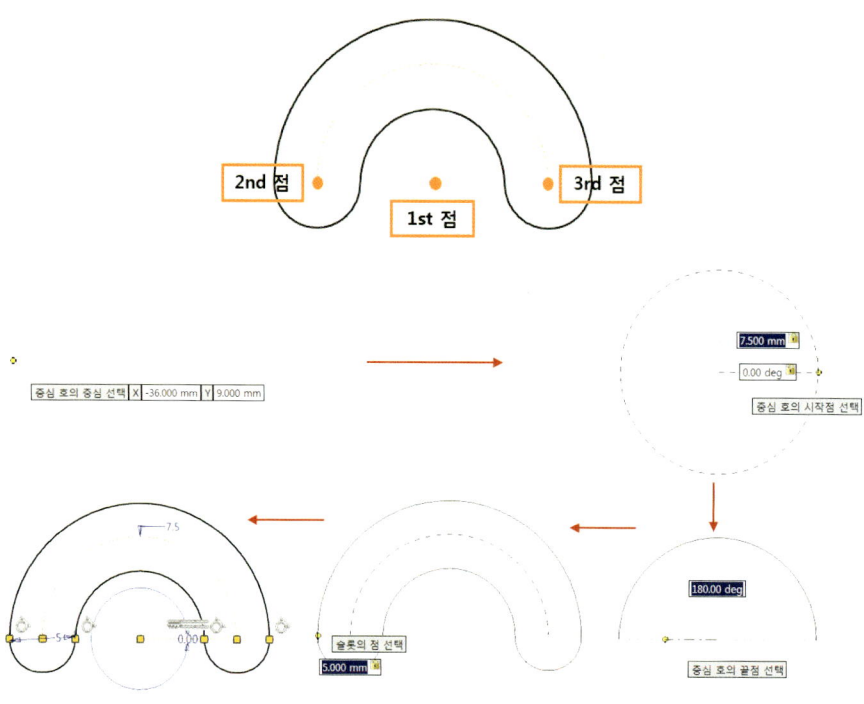

〈그림 2-32〉중심점 호 슬롯 그리기

폴리곤 그리기

리본 메뉴/ 스케치 탭/ 작성 패널/ 직사각형/ 슬롯 드롭-다운 목록/ 폴리곤

Autodesk Inventor & Inventor Professional 2019에서 그려지는 폴리곤은 정다각형입니다. 정다각형은 모든 면의 길이와 각도가 같은 다차원 기하학적 도형입니다. 예를 들어 Autodesk Inventor & Inventor Professional 2019에서

다각형을 그린다고 가정하면, 변의 개수가 3에서 120 사이인 다각형을 그릴 수 있는 것입니다. 폴리곤 도구를 선택하면 <그림 2-33>과 같이 폴리곤 대화 상자가 표시되고 선택하라는 메시지가 나타납니다. 다각형의 중심이 대화 상자의 옵션은 다음에 설명합니다.

<그림 2-33> 폴리곤 대화 상자

- **내접**

  이것은 폴리곤 대화 상자의 첫 번째 단추이며 기본적으로 선택되어 있습니다. 이 옵션은 내접한 다각형을 그리는 데 사용됩니다. 내접한 다각형은 그 꼭지점이 원과 접촉하도록 가상의 원 안에 그려지는 것입니다. 다각형 중심을 지정하면 다각형에 점을 지정하라는 메시지가 표시됩니다. 내접한 다각형의 경우, 다각형의 점은 꼭지점 중 하나를 지정합니다 <그림 2-34> 참조.

- **외접**

  이 폴리곤 대화 상자의 두 번째 단추이며 외접한 다각형을 그리는 데 사용됩니다. 외접한 다각형은 가상의 원으로 그려져 그 모서리가 가상 원에 접하도록 그려집니다. 외접한 다각형의 경우, 다각형의 점은 다각형 모서리 중 하나의 중간 점입니다 <그림 2-35> 참조.

- **면의 수**

  이 편집 상자는 다각형의 면 수를 지정하는 데 사용됩니다. 기본값은 6입니다. 이 입력란에는 3에서 120 사이의 값을 입력 할 수 있습니다.

> **Note**
>
> 직사각형과 다각형은 개별 선들의 조합입니다. 모든 라인을 개별적으로 선택하거나 삭제할 수 있습니다. 그러나 선 중 하나를 선택하고 드래그하면 전체 사각형 또는 다각형이 단일 요소로 간주됩니다. 결과적으로 전체 대상이 이동되거나 늘어납니다.

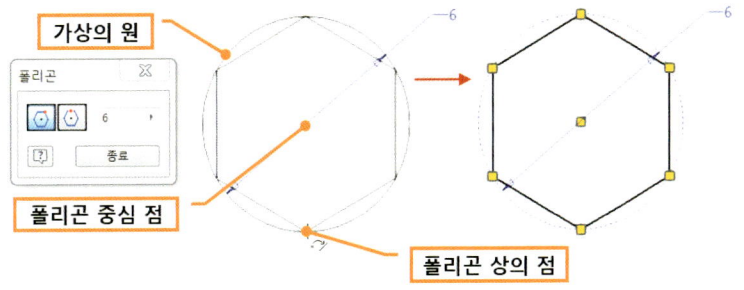

<그림 2-33> 내접한 폴리곤 그리기

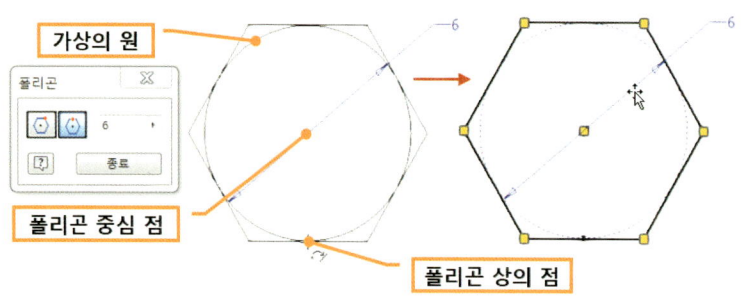

〈그림 2-34〉 외접한 폴리곤 그리기

점 배치

리본 메뉴/ 스케치 탭/ 작성 패널/ 점

 Autodesk Inventor & Inventor Professional 2019에서는 점 도구를 사용하여 스케치된 점을 스케치 상에 배치 할 수 있습니다. 점을 배치하려면 스케치 탭의 작성 패널에서 점 도구를 선택합니다. 중심점을 선택하라는 메시지가 표시됩니다. 중심점을 지정하면 점이 배치됩니다. 그래픽 창에서 점을 선택하거나 정확한 입력 도구에서 값을 입력하여 스케치에서 점의 위치를 지정할 수 있습니다. 〈그림 3-35〉 참조.

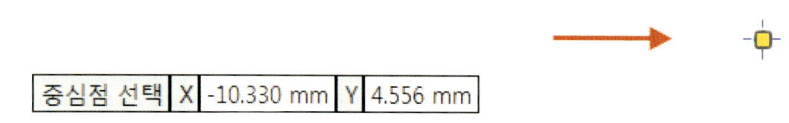

〈그림 2-35〉 점 배치하기

중심점 스위치의 설정에 따라 스케치 점이나 중심점을 작성하여 배치할 수 있습니다. 중심점은 자동으로 구멍 중심으로 사용됩니다. 기존 점의 유형을 변경하려면 점을 선택하고 점 스위치 설정을 반전시킵니다.

◆ 중심 점과 일반 점의 스위치 설정 방법

리본 메뉴/ 스케치 탭/ 형식 패널/ 중심점

중심 점으로 인식(활성)
일반 점으로 인식(비활성)

chapter 02 2D 스케치 작성을 위한 활용 기술

2D모깎기 만들기

리본 메뉴/ 스케치 탭/ 작성 패널/ 모깎기-모따기 드롭-다운 목록/ 모깎기

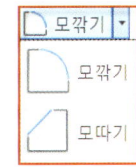 2D 모깎기는 2D스케치 요소의 날카로운 모서리를 부드럽고 둥글게 하는 과정입니다. 이는 모델의 응력 집중을 줄이고 원활한 핸들링을 위해 많이 수행하는 과정입니다. 모깎기 도구를 사용하여 선택한 스케이 요소에 모두 접하는 호를 만드어서 스케치의 모서리를 둥글게 하는 것입니다. 날카로운 구석을 구성하는 요소를 선택하여 모깎기를 하면 부드러운 모양으로 변경됩니다.

모깎기/ 모따기 드롭-다운에서 이 도구를 선택하려면 〈그림 2-36〉을 참조하면 됩니다.

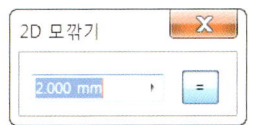

〈그림 2-36〉 모깎기/ 모따기 도구

〈그림 2-37〉과 같이 2D 모깎기 대화 상자가 기본 모깎기 반지름과 함께 표시되고 모서리를 선택하라는 메시지가 나타납니다. 선이나 호를 선택하면 모깎기가 적용될 것입니다.

〈그림 2-37〉 모깎기 대화 상자

모깎기 대화상자의 기본 반지름 값은 2mm로 되어있습니다. 이미 일부 모깎기를 작성한 경우 반지름 값이 사전 설정 값으로 저장됩니다. 편집 상자의 오른쪽에 있는 화살표를 선택할 때 표시되는 목록에서 이 사전 설정 값을 선택할 수 있습니다. 비슷하거나 다른 반지름의 모깎기를 원하는 만큼 만들 수 있습니다. 2D 모깎기 대화 상자의 [동일] 버튼은 기본적으로 활성화 되어 있는데, 이 상태에서 모서리를 선택하면 모깎기의 치수가 선택한 요소들에 다 동일한 값을 적용할 수 있습니다. 첫 번째 모깎기의 치수를 수정하면 모든 모깎기의 값이 수정됩니다. 〈그림 2-38〉 참조.

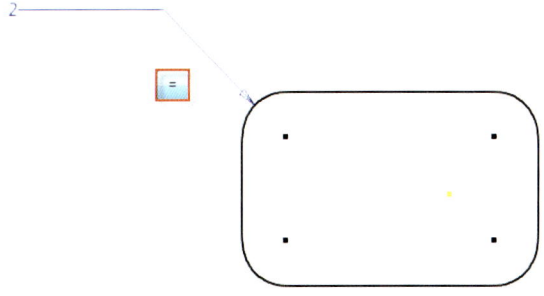

〈그림 2-38〉 [동일] 버튼 활성화에 따른 모깎기

99

독립적인 반지름 값의 모깎기를 작성하려면 모깎기를 작성하기 전에 [동일] 버튼을 클릭하여 비활성화를 하면 됩니다. 그렇게 만들어진 모깎기는 개별 치수를 보여줍니다 〈그림 2-45〉 참조.

결과적으로 다른 모깎기에 영향을 주지 않고 하나의 모깎기의 치수를 수정할 수 있습니다. 두 개의 평행선이나 수직선, 교차하는 선이나 호, 비 교차하는 선이나 호, 선과 호를 모깎기를 적용할 수 있습니다.

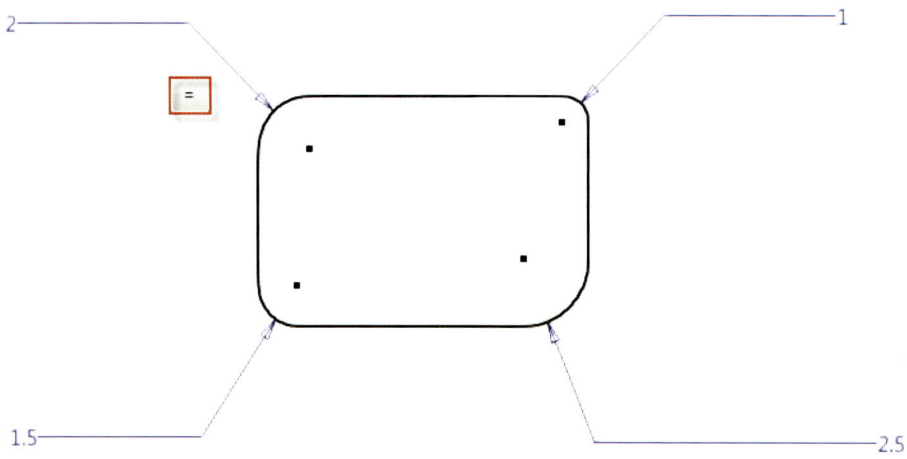

〈그림 2-39〉 [동일] 버튼 비활성화에 따른 모깎기

2D모따기 만들기

리본 메뉴/ 스케치 탭/ 작성 패널/ 모깎기-모따기 드롭-다운 목록/ 모따기

2D 모따기는 스케치의 날카로운 모서리를 비스듬한 변으로 전환하는 과정입니다. 이것이 응력 집중을 줄이는 두 번째 방법입니다. 스케치된 요소를 모따기 하려면 작성 패널에서 모따기 도구를 선택합니다. 모깎기/ 모따기 드롭-다운에서 이 도구를 선택하려면 〈그림 2-40〉을 참조하면 됩니다.

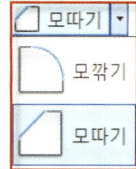

〈그림 2-40〉 모깎기/ 모따기 도구

〈그림 2-41〉과 같이 2D 모따기 대화 상자가 표시됩니다.

chapter 02 2D 스케치 작성을 위한 활용 기술

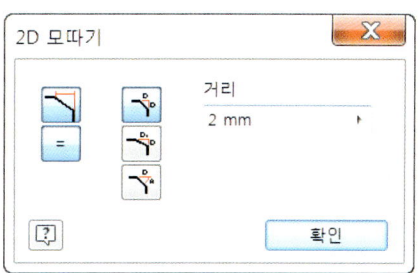

〈그림 2-41〉 모따기 대화상자

또한 모따기를 할 선을 선택하라는 메시지가 표시됩니다. 선을 선택하면 모따기가 적용됩니다. 다음은 2D 모따기 대화 상자의 옵션에 대해 설명합니다.

• **치수 작성**

치수 작성 버튼은 스케치에서 모따기의 치수를 표시하도록 선택됩니다. 두 선을 모따기 할 때 모따기의 치수가 스케치에 표시됩니다. 이 버튼을 다시 선택하면 다른 모따기를 작성할 때 모따기 치수가 스케치에 표시되지 않습니다.

• **동일**

동일 버튼은 동일한 매개 변수로 여러 모따기를 작성하도록 선택됩니다. 이 버튼은 치수 작성 버튼을 선택한 경우에만 사용할 수 있습니다.

• **동일 거리**

동일 거리 모따기를 생성하려면 동일 거리 버튼을 선택하면 됩니다. 두 개의 선택된 모서리를 따라 정점에서의 거리가 동일합니다. 결과적으로 이 방법을 사용하여 45도 모따기가 작성됩니다. 거리 값은 거리 입력란에 지정됩니다. 치수 생성 버튼을 선택하면 〈그림 2-41〉과 같이 동일한 값의 두 치수가 스케치에 표시됩니다.

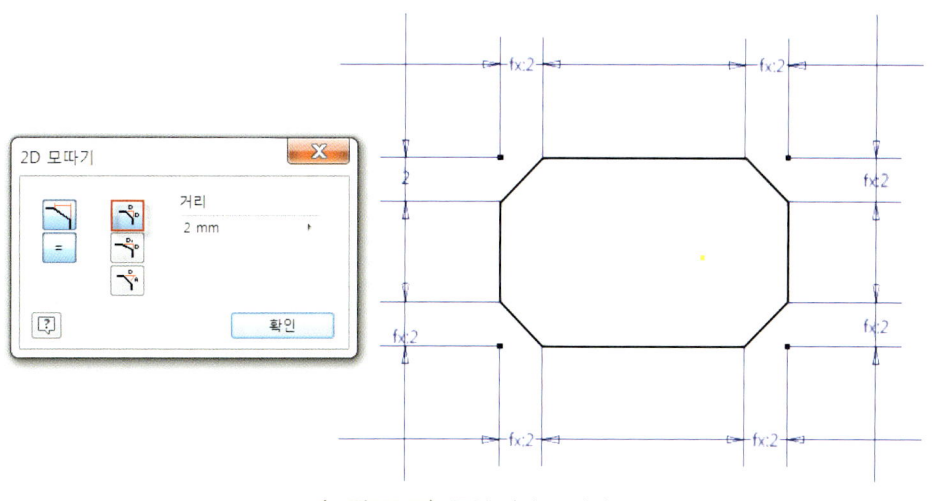

〈그림 2-41〉 동일 거리 모따기

- **동일하지 않은 거리**

  동일하지 않은 거리 버튼은 두 개의 서로 다른 거리로 모따기를 생성하도록 선택됩니다. 거리 값은 Distance1 및 Distance2 입력란에 지정됩니다. 거리 1 편집 상자에 지정된 거리 값은 먼저 선택된 모서리를 따라 측정됩니다. 마찬가지로 Distance2 편집 상자의 값은 다음에 선택된 모서리를 따라 측정됩니다. 〈그림 2-41〉은 동일하지 않은 거리 버튼을 사용하여 생성 된 모따기를 보여줍니다.

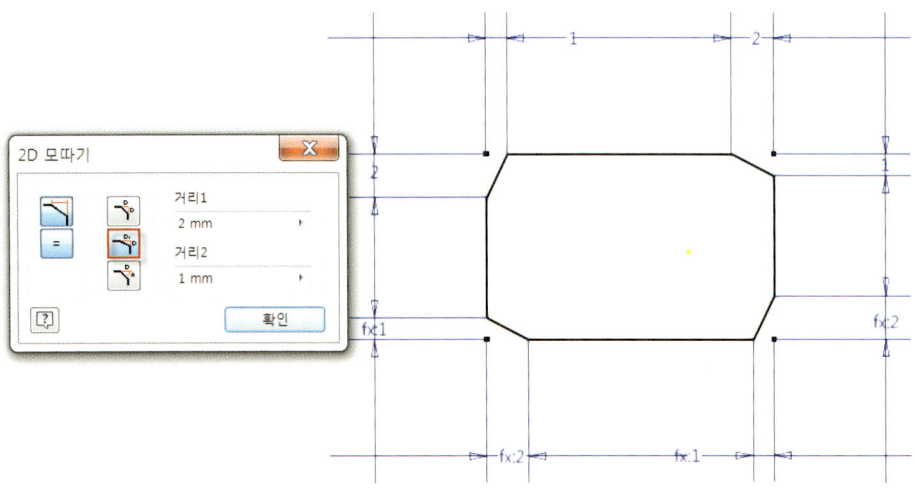

〈그림 2-41〉 동일하지 않은 거리 모따기

- **거리 및 각도**

  거리 및 각도 버튼은 거리와 각도를 지정하여 모따기를 작성하도록 하는 것입니다. 이 버튼을 선택할 때 거리는 거리 입력란에 지정하고 각도는 각도 입력란에 지정해야 합니다. 지정된 각도는 선택한 모서리부터 모따기까지 측정되어 결정됩니다. 〈그림 2-42〉 참조.

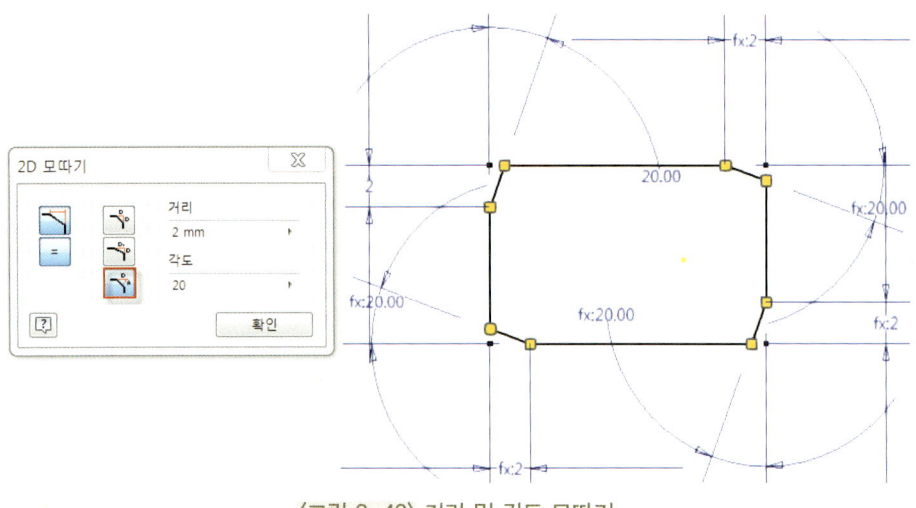

〈그림 2-42〉 거리 및 각도 모따기

chapter 02 2D 스케치 작성을 위한 활용 기술

> **Tip**
> 1. 동일한 값으로 여러 모따기가 작성된 경우 첫 번째로 선택된 선에서만 치수 값이 표시됩니다. 나머지 모따기에서 치수는 원래 값의 함수를 의미하는 값의 fx로 표시됩니다.
> 2. 정점을 선택하여 모깎기 또는 모따기를 생성 할 수도 있습니다. 선택된 정점을 형성하는 두 개체는 현재 매개 변수를 사용하여 모깎기가 되거나 모따기가 됩니다.

텍스트(문자) 쓰기

Autodesk Inventor & Inventor Professional 2019에서는 스케치 환경에서 텍스트(문자)를 쓸 수 있습니다. 텍스트는 다른 스케치 요소처럼 작동하며 Autodesk Inventor & Inventor Professional 2019의 모델링 도구를 사용하여 3D피쳐 형상으로 변환 할 수 있습니다. 텍스트를 쓰는 방법에는 두 가지가 있습니다. 이 방법은 아래와 같이 일반 텍스트와 형상 텍스트로 나누어 집니다.

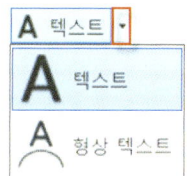

일반 텍스트 작성

A 텍스트 리본 메뉴/ 스케치 탭/ 작성 패널/ 텍스트 드롭-다운 목록/ 텍스트

텍스트 도구를 선택하면 텍스트의 위치를 지정하기 위해 임의의 한 위치 또는 두 구석을 클릭하라는 메시지가 나타납니다. 창을 끌어 텍스트 상자를 정의 할 수도 있습니다.

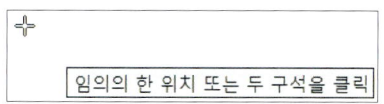

그래픽 차에서 마우스 왼쪽 버튼을 클릭하여 점을 지정하여 텍스트를 시작하거나 마우스 왼쪽 버튼을 누른 상태에서 마우스를 끌어 창을 정의할 수 있습니다. <그림 2-43>과 같이 텍스트 서식 지정 대화 상자가 표시됩니다.

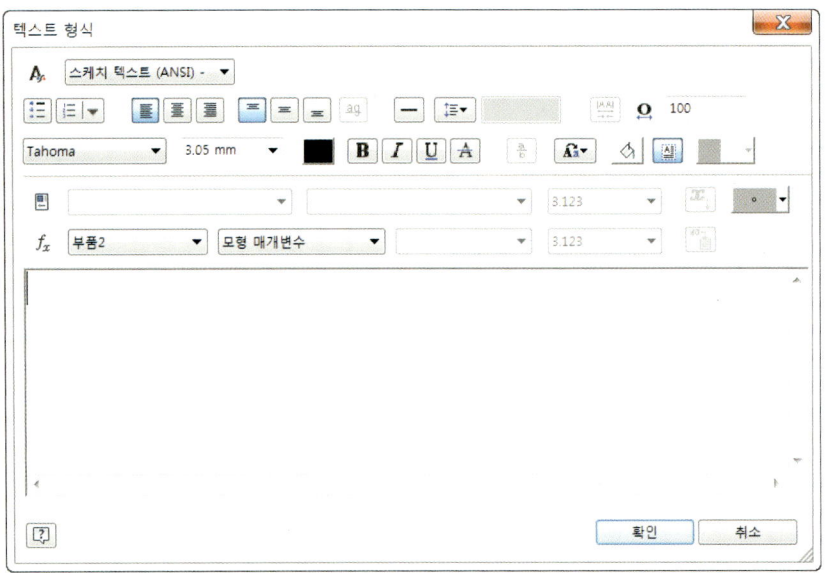

〈그림 2-43〉 텍스트 형식 대화 상자

- **스타일**

이 드롭-다운 목록은 텍스트에 적용할 텍스트 스타일을 지정하는 데 사용됩니다. 특정 텍스트 스타일을 텍스트에 적용하려면 이 드롭-다운 목록에서 해당 옵션을 선택해야 합니다.

- **글 머리 기호 및 번호 매기기**

글 머리 기호 및 번호 매기기 단추는 스타일 드롭-다운 목록 아래에서 사용할 수 있습니다. 이 버튼을 사용하여 글 머리표 또는 번호 매기기 목록을 만들 수 있습니다. 글 머리 기호 목록을 만들려면 글 머리 기호 버튼을 선택합니다. 마찬가지로 번호 매기기 목록을 만들려면 번호 매기기 버튼 옆에 있는 아래쪽 화살표를 클릭하고 표시된 드롭-다운 목록에서 필요한 번호 매기기 스타일을 선택합니다.

- **텍스트 양쪽 맞춤**

이 대화 상자의 번호 매기기 드롭-다운의 오른쪽에 있는 버튼을 선택하여 작성된 텍스트의 양쪽 맞춤을 조정할 수 있습니다. 텍스트의 양쪽 맞춤은 두 개의 버튼을 조합하여 정의됩니다. 기본적으로 왼쪽 자리 맞추기 및 위쪽 자리 맞추기 버튼이 선택됩니다. 결과적으로 텍스트의 양쪽 정렬은 왼쪽 상단에 있습니다.

해당 버튼을 선택하여 다른 자리 맞추기를 선택할 수 있습니다.

선 간격 드롭-다운 목록 왼쪽에 있는 단일 텍스트 버튼을 선택한 경우에만 기준선 양쪽 맞춤 버튼이 활성화됩니다.

- **간격**

  선 간격 드롭-다운 목록을 사용하여 텍스트 선 사이의 간격을 정의하는 옵션을 선택할 수 있습니다. 이 드롭-다운 목록에서 여러 행 옵션을 선택하면 간격 값 입력란이 활성화되고 이 입력란에 줄 간격의 배율을 입력 할 수 있습니다.

  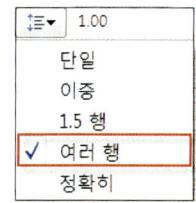

- **맞춤 텍스트**

  이 단추는 단일 텍스트 버튼을 선택한 경우에만 활성화되며 마우스를 끌어서 정의한 창 안의 텍스트를 한 줄에 맞추는 데 사용됩니다.

- **늘이기**

  늘이기 % 편집 상자에서 텍스트 늘이기 백분율을 정의 할 수 있습니다. 이 입력란의 기본값은 100입니다. 결과적으로 텍스트가 늘어나지 않습니다. 100보다 큰 값을 입력하면 텍스트 너비가 증가합니다. 100보다 작은 값을 입력하면 텍스트의 너비가 줄어 듭니다.

  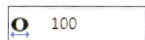

- **글꼴**

  글꼴 드롭-다운 목록은 글 머리 기호 및 번호 매기기 버튼 아래에 있습니다. 이 드롭-다운 목록을 사용하여 텍스트의 글꼴을 선택할 수 있습니다.

- **크기**

  크기 입력란은 텍스트의 높이를 지정하는데 사용됩니다. 이 입력란에 높이를 입력하거나 이 입력란의 오른쪽에 있는 아래쪽 화살표를 사용하여 표준 값을 선택할 수 있습니다.

- **색깔**

  텍스트의 기본 색상은 검은 색입니다. 굵게 버튼의 왼쪽에 있는 색상 버튼을 선택하여 텍스트 색상을 변경할 수 있습니다. 이 버튼을 선택하면 색 대화 상자가 표시됩니다. 이 대화 상자를 사용하여 텍스트의 색을 지정할 수 있습니다.

- **텍스트 스타일**

  크기 드롭-다운 목록의 오른쪽에 있는 굵게, 기울임 꼴, 밑줄 및 취소선 버튼을 선택하여 텍스트 스타일을 정의 할 수 있습니다.

- **스택**

  스택 버튼은 대각선 또는 수평 누적 분수 및 위 첨자 또는 아래 첨자 문자열을 만드는 데 사용됩니다.

- **텍스트 대/ 소문자**

  이 버튼은 선택한 문자열의 대 / 소문자를 변경하는 데 사용됩니다.

- **텍스트 상자**

  이 버튼을 선택하면 텍스트 주위에 구성 선 상자가 배치됩니다.

- 회전

회전 플라이 아웃은 텍스트 상자 버튼을 선택하지 않은 경우에만 활성화됩니다. 이 플라이 아웃은 텍스트의 방향을 지정하는 데 사용됩니다.

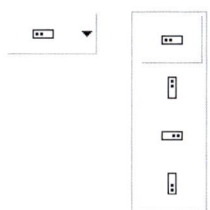

- 기호 삽입

Autodesk Inventor & Inventor Professional 2019 에서는 텍스트에 삽입 할 수 있는 몇 가지 표준 기호를 제공합니다. 기호를 삽입하려면 기호 삽입 버튼의 오른쪽에 있는 아래쪽 화살표를 선택하면 Autodesk Inventor & Inventor Professional 2019의 표준 기호가 표시됩니다.

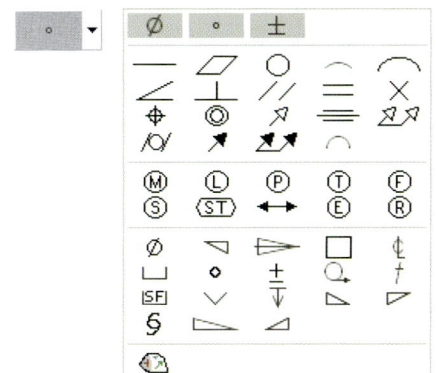

- 텍스트 창

텍스트 서식 대화 상자에서 사용할 수 있는 텍스트 창 영역에 텍스트를 입력 할 수 있습니다. 다른 소스에서 복사 한 텍스트를 붙여 넣을 수도 있습니다. 이 창에 쓰여진 텍스트가 화면에 나타납니다.

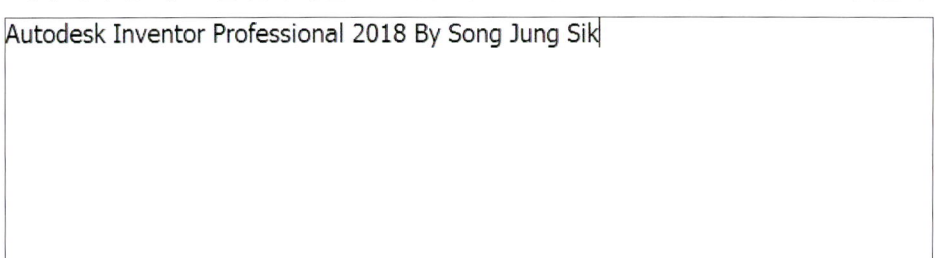

※ 텍스트 서식 대화 상자의 나머지 옵션은 도면 모듈에서 사용되므로 여기서는 설명하지 않을 것입니다.

형상 텍스트 작성

리본 메뉴/ 스케치 탭/ 작성 패널/ 텍스트 드롭-다운 목록/ 형상 텍스트

Autodesk Inventor & Inventor Professional 2019에서는 선, 호 또는 원에 정렬 된 텍스트를 작성할 수 있습니다. 형상 텍스트 도구를 선택하면 참조할 형상을 선택하라는 메시지가 나타납니다. 필요한 선, 원 또는 호를 선택합니다.

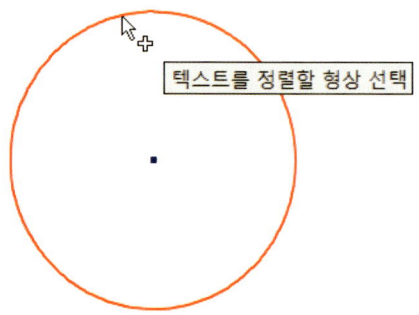

〈그림 2-44〉와 같이 형상 텍스트 대화 상자가 표시됩니다. 이 대화 상자의 옵션은 대부분 텍스트 서식 대화 상자와 비슷합니다.

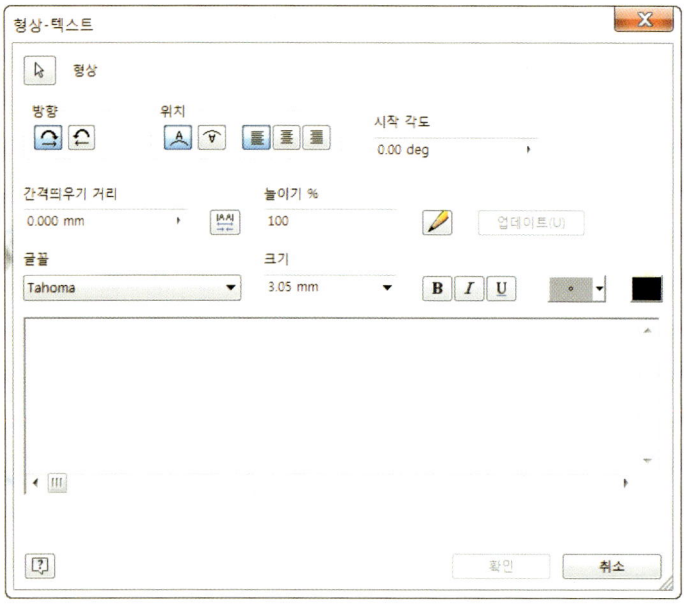

〈그림 2-44〉 형상 텍스트 대화 상자

다음은 나머지 옵션에 대한 설명입니다.

- **형상**

  이 버튼을 선택하여 기본 형상을 변경하고 새 형상을 선택할 수 있습니다.

- **방향**

  이 영역에는 시계방향(Clockwise) 및 반 시계 방향(Counterclockwise) 이라는 두 개의 버튼이 있습니다. 이 버튼은 텍스트의 시작 방향을 지정하는 데 사용됩니다.

- **위치**

  이 영역은 텍스트의 위치를 지정하는 데 사용됩니다. 외부 버튼을 선택하면 텍스트를 도형 바깥에 배치하고 내부 버튼을 선택하여 텍스트를 도형 내부에 배치합니다.

- **시작 각도**

  이 편집 상자는 선택한 형상의 왼쪽 사분 점과 텍스트의 시작점 사이의 각도를 지정하는데 사용됩니다.

  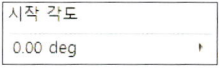

- **간격 띄우기 거리**

  이 편집 상자는 텍스트와 선택한 형상 사이의 간격 띄우기 거리를 지정하는데 사용됩니다.

  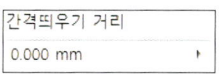

〈그림 2-45〉는 외부 및 시계 방향 옵션을 사용하여 작성된 텍스트를 보여주고 〈그림 2-46〉은 내부 및 반 시계 방향 옵션을 사용하여 작성된 텍스트를 보여줍니다.

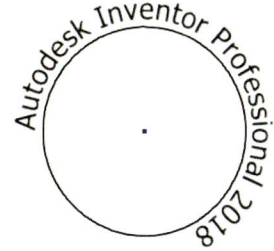 

〈그림 2-45〉 외부 및 시계 방향   〈그림 2-46〉 내부 및 반 시계 방향

- 맞춤 텍스트

    마우스를 끌어서 정의한 창 안의 텍스트를 한 줄에 맞추는 데 사용됩니다.

- 늘이기

    늘이기 % 편집 상자에서 텍스트 늘이기 백분율을 정의 할 수 있습니다. 이 입력란의 기본값은 100입니다. 결과적으로 텍스트가 늘어나지 않습니다. 100보다 큰 값을 입력하면 텍스트 너비가 증가합니다. 100보다 작은 값을 입력하면 텍스트의 너비가 줄어 듭니다.

- 글꼴

    글꼴 드롭-다운 목록은 글 머리 기호 및 번호 매기기 버튼 아래에 있습니다. 이 드롭-다운 목록을 사용하여 텍스트의 글꼴을 선택할 수 있습니다.

- 크기

    크기 입력란은 텍스트의 높이를 지정하는 데 사용됩니다. 이 입력란에 높이를 입력하거나 이 입력란의 오른쪽에 있는 아래쪽 화살표를 사용하여 표준 값을 선택할 수 있습니다.

- 텍스트 스타일

    크기 드롭-다운 목록의 오른쪽에 있는 굵게, 기울임 꼴, 밑줄 버튼을 선택하여 텍스트 스타일을 정의 할 수 있습니다.

- 기호 삽입

    Autodesk Inventor & Inventor Professional 2019 에서는 텍스트에 삽입 할 수 있는 몇 가지 표준 기호를 제공합니다. 기호를 삽입하려면 기호 삽입 버튼의 오른쪽에 있는 아래쪽 화살표를 선택하면 Autodesk Inventor & Inventor Professional 2019의 표준 기호가 표시됩니다.

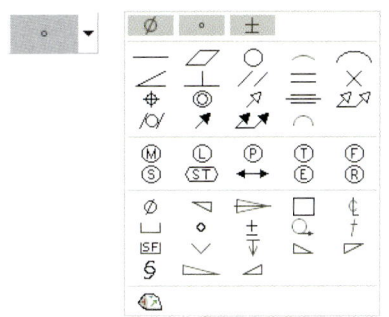

- **색깔**

  텍스트의 기본 색상은 검은 색입니다. 굵게 버튼의 왼쪽에 있는 색상 버튼을 선택하여 텍스트 색상을 변경할 수 있습니다. 이 버튼을 선택하면 색 대화 상자가 표시됩니다. 이 대화 상자를 사용하여 텍스트의 색을 지정할 수 있습니다.

▌점, 중심점 작성하기

리본 메뉴/ 스케치 탭/ 작성 패널/ 점, 중심점

스케치 요소로 점 또는 중심점을 작성하기 위해서 이 도구를 선택하면 점을 작성할 수 있습니다. 또한 점과 중심점 사이를 변환 설정에 의해 점과 중심점을 작성하는데, 이는 아래와 같은 방식으로 하실 수 있습니다.

리본메뉴〉 스케치 탭〉 형식 패널〉 중심점

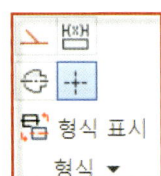
이 옵션은 점과 중심점 사이에서 점 작성 모드를 전환하는 기능입니다.

스플라인 그리기

Autodesk Inventor & Inventor Professional 2019은 스플라인 그리기를 위한 다양한 방법을 제공합니다. 이러한 방법은 아래에 자세히 설명할 것입니다. 먼저 스플라인 도구를 활용하기 위해서는 다음과 같은 스플라인 도구들이 있는 곳을 찾아 작성하고자 하는 도구를 선택하면 됩니다.

리본 메뉴/ 스케치 탭/ 작성 패널/ 선-스플라인 드롭-다운 목록

   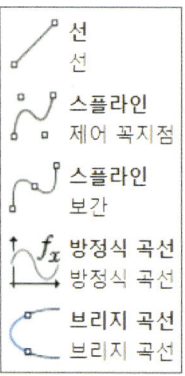

◆ 제어 꼭지점을 지정하여 스플라인 그리기

리본 메뉴/ 스케치 탭/ 작성 패널/ 선-스플라인 드롭-다운 목록/ 제어꼭지점 스플라인

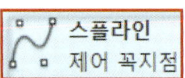   제어 꼭지점 스플라인 도구를 선택하면 스플라인의 첫 번째 점을 지정하라는 메시지가 표시됩니다. 시작점을 지정합니다. 스플라인의 다음 점을 선택하라는 메시지가 표시됩니다. 이 과정은 스플라인 생성을 종료할 때까지 계속됩니다. 현재 점에서 스플라인을 끝내려면 도면 윈도우를 두 번 클릭하거나 마우스 오른쪽 버튼을 클릭하여 마킹 메뉴를 표시하고 작성을 선택합니다. 마킹 메뉴에서 취소 (ESC)를 선택하면 스플라인이 그려지지 않습니다. ENTER 키를 눌러 스플라인 작성을 종료할 수도 있습니다. 스플라인을 작성한 후에는 컨트롤 정점이 접선 핸들과 함께 스플라인에 표시됩니다. 이러한 컨트롤 정점을 드래그하여 스플라인의 모양을 수정할 수 있습니다. 이 컨트롤 정점은 스플라인의 모양을 제어하기 위한 극점 역할을 합니다. 〈그림 2-47〉은 제어 꼭지점을 선택하여 그려지는 스플라인을 보여줍니다. 명령을 끝내려면 키보드의 ESC 키를 누르거나 표시 메뉴에서 확인을 선택합니다.

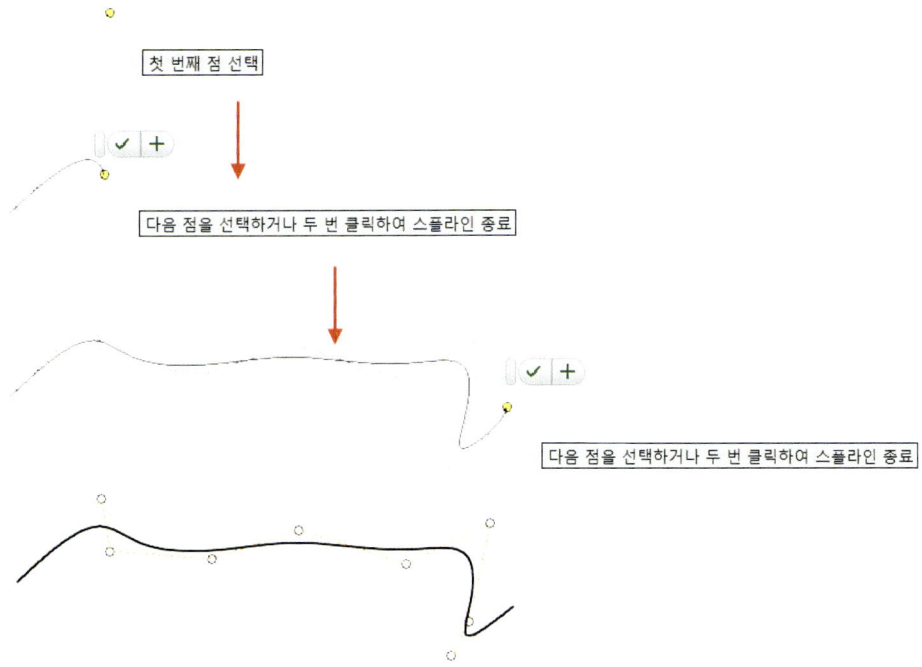

〈그림 2-47〉 제어 꼭지점을 선택하여 그려지는 스플라인

보간 스플라인 도구를 사용하여 스플라인 그리기

리본 메뉴/ 스케치 탭/ 작성 패널/ 선-스플라인 드롭-다운 목록/ 보간 스플라인

　보간 스플라인 도구를 선택하면 스플라인의 첫 번째 점을 지정하라는 메시지가 표시됩니다. 첫 번째 점을 지정하면 스플라인의 다음 점을 지정하라는 메시지가 표시됩니다. 이 과정은 스플라인 생성을 종료 할 때까지 계속됩니다. 현재 점에서 스플라인을 끝내려면 도면 윈도우를 두 번 클릭하거나 마우스 오른쪽 버튼을 클릭하여 마킹 메뉴를 표시하고 작성을 선택하면 됩니다.

　마킹 메뉴에서 취소 (ESC)을 선택하면 스플라인이 그려지지 않습니다. ENTER 키를 눌러 스플라인 작성을 종료 할 수도 있습니다. 스플라인을 작성한 후에는 사각형과 다이아몬드 점이 접선 핸들과 함께 스플라인에 표시됩니다. 〈그림 2-48〉참조

　이 사각형과 다이아몬드 점을 드래그하여 스플라인의 모양을 수정할 수 있습니다. 명령을 종료하려면 ESC 키를 누르거나 마킹 메뉴에서 취소 (ESC)를 선택하면 됩니다.

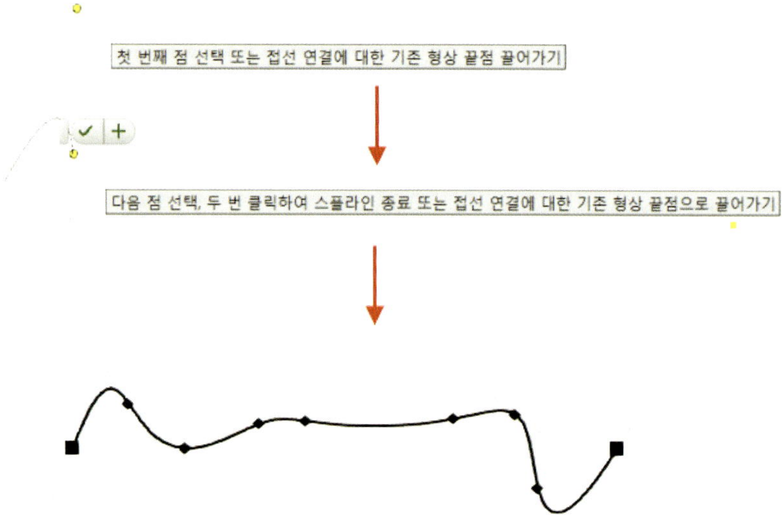

〈그림 2-48〉 보간 도구를 사용하여 그려지는 스플라인

　스플라인을 그리는 동안 마지막으로 그려진 스플라인 세그먼트를 실행 취소 할 수 있습니다. 이 작업은 마킹 메뉴에서 뒤로 옵션을 선택하여 수행 할 수 있습니다. 그래픽 창에서 마우스 오른쪽 버튼을 클릭하면 표시됩니다. 기존 요소에 스플라인 접선을 그릴 수도 있습니다. 접선 스플라인을 그리려면, 스플라인이 접하는 점을 선택합니다. 그런 다음 마우스 왼쪽 버튼을 누른 상태에서 드래그하면 됩니다. 구성선이 그려져 스플라인의 가능한 접선 방향이 표시됩니다. 마우스를 원하는 방향으로 드래그하여 접선 스플라인을 그리고 마우스 왼쪽 버튼을 놓습니다.

> **Tip**
>
> Autodesk Inventor Professional 2018에서는 도면 윈도우의 아무 곳이나 마우스 오른쪽 버튼으로 클릭하고 마킹 메뉴에서 반복 옵션 (마지막으로 사용한 도구 이름)을 선택하여 마지막으로 사용한 도구를 호출 할 수 있습니다. 예를 들어, 선 도구가 마지막으로 사용한 도구 인 경우 마킹 메뉴에서 선 도구 반복 옵션을 사용할 수 있습니다.
> 또는 SPACEBAR 키를 눌러 마지막으로 사용한 도구를 호출 할 수 있습니다.

◆ **기존 두 개의 곡선 사이에 연결 브리지 곡선(매끄러운 곡선) 스플라인 만들기**
리본 메뉴/ 스케치 탭/ 작성 패널/ 선-스플라인 드롭-다운 목록/ 브리지 곡선 스플라인

　Autodesk Inventor & Inventor Professional 2019에서는 두 개의 기존 곡선 사이에 부드러운 (G2) 연속 곡선을 만들 수 있습니다. 기존 커브는 호, 선, 스플라인 또는 투영된 커브 일 수 있습니다.

부드러운 커브를 만들려면 브리지 곡선 스플라인 도구를 선택합니다. 곡선을 차례로 선택하라는 메시지가 나타납니다. 두 개의 곡선을 선택합니다. 브리지 곡선이라고 하는 부드러운 (G2) 연속 곡선이 선택한 곡선 사이에 만들어집니다. 브리지 곡선의 프로파일은 기존 곡선에서 선택된 점의 위치에 따라 달라집니다. 〈그림 2-49〉는 두 곡선에서 선택된 두 점과 그 결과 나타나는 교량 곡선을 보여줍니다.

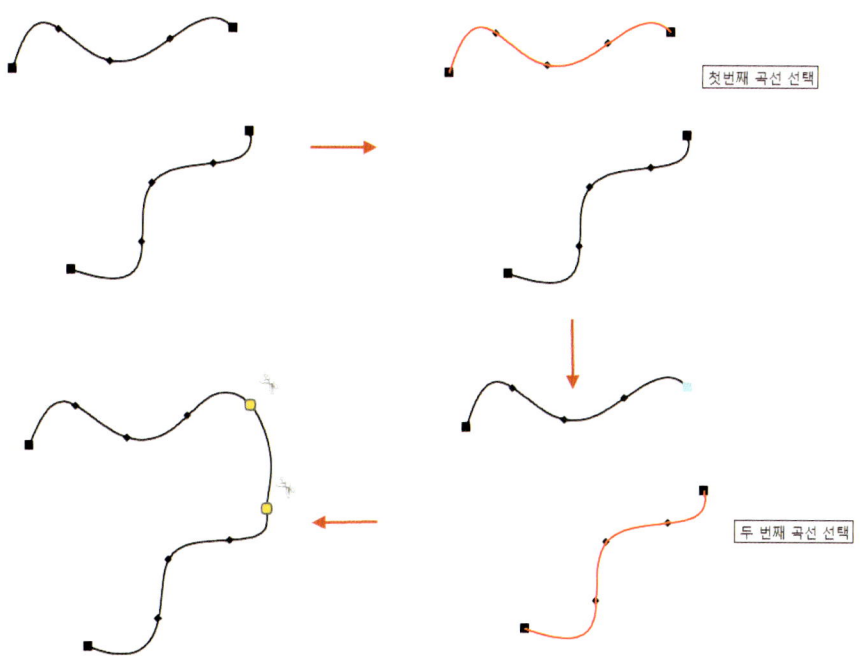

〈그림 2-49〉 브리지 곡선 도구를 사용하여 그려지는 스플라인

◆ 스케치된 요소 삭제

스케치된 요소를 삭제하려면 먼저 스케치와 관련된 도구가 활성화되어 있지 않은지 확인해야 합니다. 활성화되어 있는 경우 ESC 키를 눌러 비활성화합니다.
- 방법1: 이제 마우스 왼쪽 버튼을 사용하여 삭제할 요소를 선택한 다음 마우스 오른쪽 버튼을 클릭하여 마킹 메뉴를 표시하여 삭제 옵션을 선택합니다.
- 방법2: 키보드의 DELETE 키를 눌러 선택한 요소를 삭제합니다.
- 방법3: 둘 이상의 요소를 삭제하려면 마우스 왼쪽 버튼을 누른 상태에서 그래픽 창에서 커서를 왼쪽에서 오른쪽으로 드래그하여 생성된 상자로 정의하는데, 이 상자 안에 포함되는 항목은 다 선택되는 속성이 있습니다. 〈그림 2-50〉참조

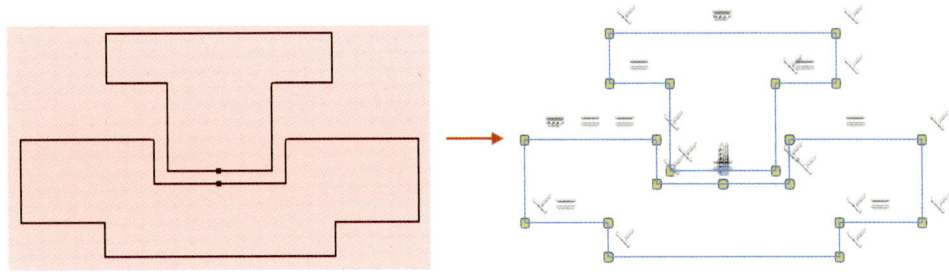

〈그림 2-50〉 마우스 왼쪽에서 오른쪽으로 드래그하여 요소 선택

윈도우 드래그 선택에 의해 정의된 선택 상자는 연속적인 선으로 구성되어 있고, 선택된 모든 요소는 시안 (파란) 색으로 표시가 됩니다. 모든 요소를 선택한 후 마우스 오른쪽 버튼을 클릭하고 마킹 메뉴에서 삭제를 선택하거나 키보드의 DELETE 키를 눌러 선택한 모든 요소를 삭제합니다.

- 방법4: 반대로 마우스 왼쪽 버튼을 누른 상태로 그래픽 창에서 오른쪽에서 왼쪽으로 드래그하면 상자에 걸치는 요소들과 포함된 요소들은 다 선택이 되는 속성을 가지고 있습니다. 〈그림 2-51〉 참조

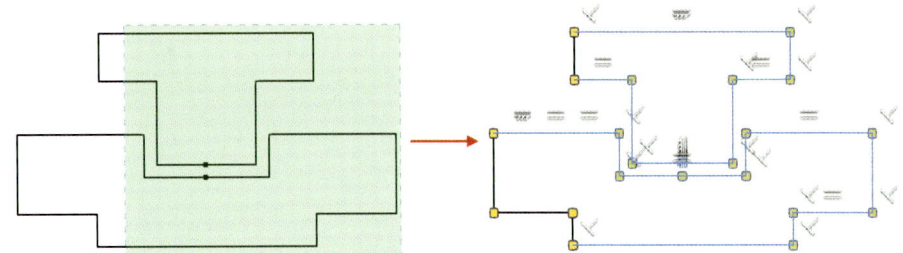

〈그림 2-51〉 마우스 오른쪽에서 왼쪽으로 드래그하여 요소 선택

교차점으로 정의 된 상자는 점선으로 구성되어 있고, 선택된 모든 요소는 시안 (파란)색으로 표시가 됩니다. 요소를 선택한 후 마우스 오른쪽 버튼을 클릭하고 마킹 메뉴에서 삭제를 선택하거나 키보드의 DELETE 키를 눌러 선택한 모든 요소를 삭제합니다.

> **Tip**
>
> Shift 키나 Ctrl 키를 누른 상태에서 마우스 왼쪽 버튼을 사용하여 요소를 선택하면 선택 세트에서 요소를 추가하거나 제거 할 수 있습니다. 요소가 이미 현재 선택된 집합 속에 있으면, 선택된 집합 속에서 제거됩니다. 그렇지 않은 경우 세트에 추가됩니다. 또는 SPACEBAR 키를 눌러 마지막으로 사용한 도구를 호출 할 수 있습니다.

◆ **스케치 마무리**

필요한 스케치를 작성한 후 절대 잊지 말아야 할 것은 반드시 저장을 해야 한다는 것입니다. 그러나

chapter 02 2D 스케치 작성을 위한 활용 기술

스케치를 저장하기 전에 스케치를 완료하고 스케치 환경에서 빠져 나와야 합니다. 이렇게 하려면 스케치 탭의 종료 패널에서 스케치 완료 도구를 선택하거나 마우스 오른쪽 버튼을 누르면 표시되는 마킹 메뉴에서 2D 스케치 완료 옵션을 선택하여 스케치 환경을 종료 할 수도 있습니다. 스케치가 완료되면 홈 뷰로 화면이 전환됩니다. 홈 뷰를 사용하면 모델링 기능을 쉽게 확인해 보고 쉽게 작성도 할 수 있습니다. 모델링 환경으로 전환한 후 문서를 저장하는 것이 기본입니다.

 **뷰 제어 표시 및 탐색 도구 이해하기**

뷰 제어 표시 도구 또는 탐색 도구는 모든 설계 소프트웨어의 필수적인 부분입니다. 이 도구는 설계 과정에서 광범위하게 사용됩니다. 이 도구는 그래픽 창의 오른쪽에 있는 탐색 막대와 뷰 탭의 탐색 패널에서 사용할 수 있습니다.

리본메뉴〉 뷰 탭〉 탐색 패널

 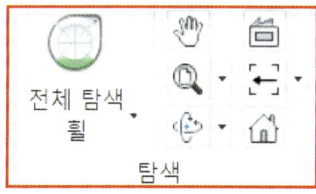

다음은 Autodesk Inventor & Inventor Professional 2019의 도면 표시 도구 중 일부에 대한 설명입니다.

이 도구의 나머지 부분은 다음 장에서 설명합니다.

전체 줌(Zoom All)

리본메뉴〉 뷰 탭〉 탐색 패널〉 줌 드롭-다운〉 전체 줌(Zoom All)

탐색 막대〉 줌 플라이 아웃〉 전체 줌

 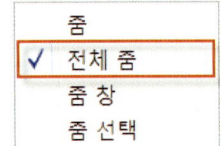

[전체 줌] 도구는 현재 디스플레이에 스케치된 모든 요소를 표시하기 위해 그래픽 창의 표시 영역을 늘리는 데 사용됩니다.

줌 [확대/ 축소](Zoom)

리본 메뉴/ 뷰 탭/ 탐색 패널/ 줌 드롭-다운 목록/ 줌(Zoom)

탐색 막대/ 줌 플라이 아웃 메뉴/ 줌

 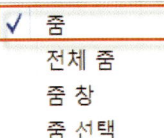

[줌 확대/ 축소] 도구는 대화식으로 도면 뷰를 확대 또는 축소하는 데 사용되는 데 이 도구를 선택하면 기본 커서가 줌 커서로 바뀝니다. 마우스 왼쪽 버튼을 누르고 커서를 아래로 드래그하여 도면을 확대 할 수 있습니다. 마찬가지로 마우스 왼쪽 버튼을 누른 다음 커서를 위로 드래그하여 도면을 축소 할 수 있습니다. 또한 마우스의 스크롤 휠을 아래쪽 방향으로 굴려 그림을 확대 할 수도 있습니다. 마찬가지로 스크롤 휠을 위로 움직여 도면을 축소 할 수 있습니다. 이 동작을 종료하려면 다른 명령 도구를 선택하거나 키보드의ESC 키를 눌러 이 도구를 종료 할 수도 있고, 마우스 오른쪽 버튼을 클릭 할 때 표시되는 마킹 메뉴에서 종료 [Esc]를 선택할 수도 있습니다.

Tip
그래픽 상의 작업 표시 영역을 늘리거나 줄여야 하는 경우에 그리드 간격을 늘린 후 줌 도구를 사용하여 작업 영역을 확대/ 축소 할 수 있습니다.

줌 창(Zoom Window)

리본메뉴〉 뷰 탭〉 탐색 패널〉 줌 드롭-다운〉 줌 창(Zoom Window)

탐색 막대〉 줌 플라이 아웃〉 줌 창

 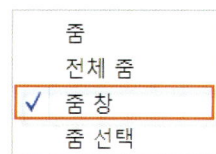 줌 창 도구는 현재 그래픽 영역에서 보고자 하는 영역을 확대하고 정의하는데 사용되는데 이 영역은 그래픽 창에서 두 개의 대각선 점 (창이라고 함)을 사용하여 정의합니다. 창에 잡혀진 영역이 확대되어 화면에 표시됩니다.

Tip

1. 일부 치수가 포함된 영역을 확대하더라도 치수 문자의 크기는 항상 일정합니다.
2. 이전 보기로 전환하려면 그래픽 창에서 마우스 오른쪽 버튼으로 클릭 한 다음 바로 가기 메뉴에서 이전보기를 선택하거나 F5 키를 누릅니다. 이 옵션을 사용하면 현재 스케치 환경에서 9개 단계 이전의 뷰까지 복원 할 수 있습니다.

줌 선택(Zoom Selected)

리본메뉴〉 뷰 탭〉 탐색 패널〉 줌 드롭-다운〉 줌 선택(Zoom Selected)

탐색 막대〉 줌 플라이 아웃〉 줌 선택(Zoom Selected)

 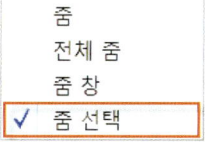 줌 선택 도구 선택하면 확대 할 항목을 선택하라는 메시지가 표시됩니다. 그래픽 영역에서 요소를 선택합니다. 최대 범위까지 확대되어 도면 윈도우의 가운데에 배치됩니다. END 키를 눌러 이 도구를 호출 할 수도 있습니다.

초점 이동(Pan)

리본 메뉴/ 뷰 탭/ 탐색 패널/ 초점 이동

탐색 막대/ 초점이동(Pan)

초점 이동 도구는 그래픽 창에서 현재 뷰를 드래그하여 이동시키는 데 사용됩니다. 이 옵션은 일반적으로 작업 하고 있는 내용을 움직이고 표시하는 데 사용됩니다. 현재 작업 내용의 배율을 실제로 변경하지 않고 표시 영역 외부에 배치 할 수 있습니다. 작업하고 있는 내용을 잡고 그래픽 창으로 드래그하는 것과 비슷합니다. 마우스 가운데 스크롤 휠을 길게 눌러서 초점 이동 [Pan] 도구를 호출하여 사용 할 수도 있습니다.

자유 회전(Orbit)

리본 메뉴/ 뷰 탭/ 탐색 패널/ 자유 회전 드롭-다운 목록/ 자유 회전

탐색 막대/ 궤도 플라이 아웃 메뉴/ 자유 회전

 자유 회전 도구는 임의의 축에 대해 모델을 자유롭게 회전시키는 데 사용됩니다. 모형을 임의의 위치로 회전하려는 경우에 매우 유용합니다. 그것은 다른 명령 내에서 호출 될 수 있는 투명한 도구입니다. 이 도구를 선택하면 공 모양의 호가 표시됩니다. 이 공 모양의 호를 아크 볼이라고 하는데 사분 면으로 나눌 수 있도록 4 개의 작은 선이 있는 원입니다. 회전 축은 화면과 평행하고 마우스 포인터를 아크 볼 외부로 드래그하여 객체를 회전하면 객체가 궤도 축을 중심으로 회전합니다. 〈그림 2-52〉참조

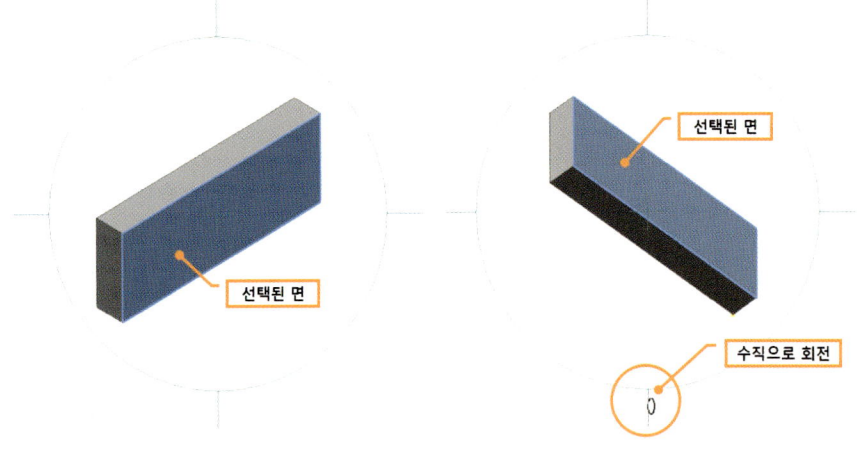

〈그림 2-52〉 모델의 기본 뷰와 수직으로 회전한 뷰

> **Note**
>
> 자유 회전 도구로 작업하는 동안 뷰 포트는 더 나은 가시성과 이해를 위해 조정됩니다.

구속된 회전

리본 메뉴/ 뷰 탭/ 탐색 패널/ 자유회전 드롭-다운 목록/ 구속된 회전

탐색 막대/ 궤도 플라이 아웃 메뉴/ 구속된 회전

구속된 회전 도구는 3D 개체 주위를 시각적으로 기동시켜 다양한 보기를 얻는 데 사용됩니다. 이것은 고급 3D보기에 사용되는 가장 중요한 도구 중 하나입니다. 모델의 기본 보기와 꼭지점 기준으로 전체 구속된 회전 후 보기를 각각 보여줍니다. 〈그림 2-53〉참조. 구속된 회전 도구를 선택하면 마우스 커서가 바뀌고 두 개의 호 모양의 화살표로 둘러싸인 구 모양이 됩니다. 이 커서를 회전 모드 커서라고 합니다. 마우스를 클릭하여 끌면 모델을 자유롭게 회전 할 수 있습니다. 회전 모드 커서를 가로, 세로 및 대각선으로 이동할 수 있습니다. 이 경우 축은 ViewCube의 상단 및 하단 면에 수직입니다. 이것은 다른 도구 내에서 호출 될 수 있는 투명한 도구이기도 합니다.

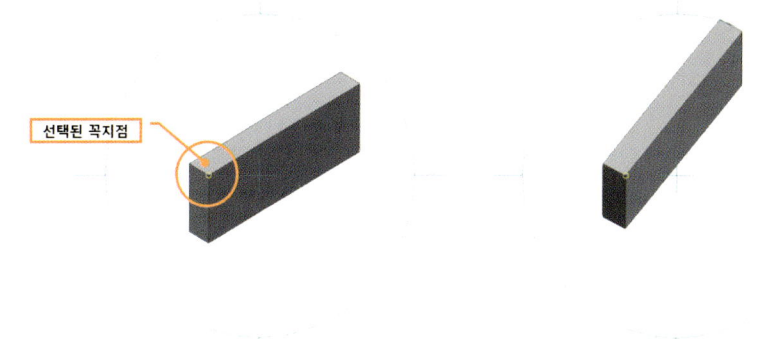

〈그림 2-53〉 모델의 기본 뷰와 꼭지점 기준으로 전체 구속된 회전한 뷰

Tip

Shift 키와 가운데 마우스 왼쪽 버튼을 클릭하면 제한된 궤도 모드로 일시적으로 들어갑니다.

Chapter 03

2D 스케치에 치수와 구속 조건 추가하기

Autodesk Inventor & Inventor Professional 2019에서 스케치는 일반적으로 기본 형상 및 스케치 구속 조건을 사용하여 "밑 그림"의 형상을 구동하는 치수로 완전히 정의됩니다. 치수는 스케치 형상의 길이, 크기 및 각도를 결정합니다. 이러한 치수를 예측하기 위해서는 스케치 객체가 서로 상호 작용하는 방법을 정확하게 알아야 합니다. 이 상호 작용은 스케치 구속 조건들에 의해 정의되기 때문입니다. 이 장에서는 기본 2D 및 3D 스케치를 작성하는 과정에 있어서 스케치에 대한 구속 조건 적용을 통해 완전한 스케치 요소의 작성을 하는 과정에 대해 자세히 배우게 될 것입니다.

이 장에서는 다음과 같은 내용을 다룰 것입니다.
- 스케치에 기하학적 구속 조건을 추가하기
- 구속 조건 추정 제어하기
- 스케치에 적용된 구속 조건을 확인하고 삭제하기
- 스케치에 치수 구속 조건 지정하기
- 스케치의 치수 구속 조건을 수정하기
- 스케치에서 거리, 각도, 루프 및 영역 등을 측정하기

01 기하학적 구속 조건을 스케치에 추가하기

다른 요소와 관련하여 크기와 위치를 정의하기 위해 스케치된 요소에 구속 조건이 적용됩니다. 또한 설계 의도를 포착하는 데 매우 유용합니다.

"Chapter 02_2D 스케치 작성을 위한 활용 기술"에서 언급했듯이 스케치된 요소에 적용 할 수 있는 12 가지 유형의 기하학적 구속 조건이 있습니다. 이러한 구속 조건은 자유도(DOF)를 제한하고 안정화 시켜주는 역할을 합니다. 이러한 구속 조건의 대부분은 그리는 동안 스케치 요소에 자동으로 적용됩니다. 그러나 때로는 스케치된 요소에 몇 가지 구속 조건을 추가로 적용해야 할 수도 있습니다. 이러한 치수 및 기하학적 구속 조건들은 대해 아래와 같이 구속 조건 패널 그룹에 있습니다. 각각의 역할에 대해 적용 과정을 통해 자세한 설명을 할 것입니다.

리본 메뉴/ 스케치 탭/ 구속 조건 패널

일치 구속 조건

리본 메뉴/ 스케치 탭/ 구속 조건 패널/ 일치 구속 조건

 일치 구속 조건은 스케치 요소들 중에서 두 점 또는 점과 곡선이 일치되도록 해줍니다. 이 구속 조건을 선택하면 첫 번째 곡선 또는 점을 선택하라는 메시지가 나타납니다. 첫 번째 곡선 또는 점을 선택하면 두 번째 곡선 또는 점을 지정하라는 메시지가 나타납니다. 선택된 첫 번째 또는 두 번째 스케치 요소는 점이어야 합니다. 이렇게 선택할 수 있는 스케치 요소의 점들에는 스케치 점, 선 또는 호의 끝점 또는 원, 호 또는 타원의 중심점이 포함됩니다. <그림 3-1>은 이 일치 구속 조건을 적용하는 과정을 보여주는 것입니다.

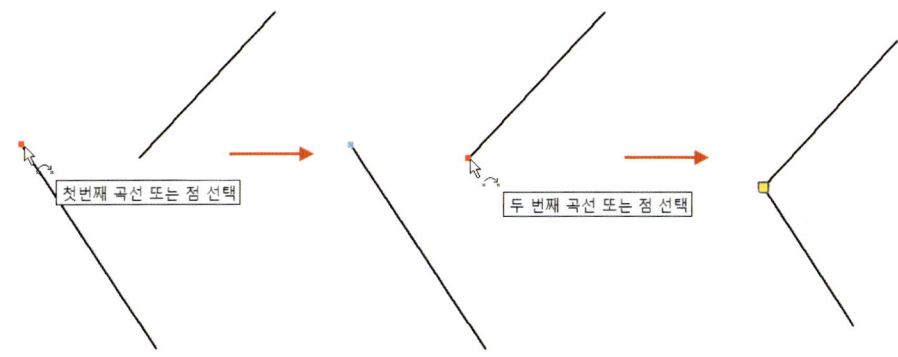

<그림 3-1> 일치 구속 조건을 적용하는 과정

동일 선상 구속 조건

리본 메뉴/ 스케치 탭/ 구속 조건 패널/ 동일 선상 구속 조건

동일 선상 구속 조건은 스케치 요소들 중에서 선 또는 타원 축을 동일한 선 상에 배치하도록 해줍니다. 이 구속 조건을 선택하면 첫 번째 선 또는 타원 축을 선택하라는 메시지가 표시됩니다. 첫 번째 선 또는 타원 축을 선택하면 두 번째 선 또는 타원 축을 선택하라는 메시지가 나타납니다. 첫 번째 스케치 요소와 동일 선상에 만들 두 번째 스케치 요소를 선택합니다. <그림 3-2>는 이 동일 선상 구속 조건을 적용하는 과정을 보여주는 것입니다.

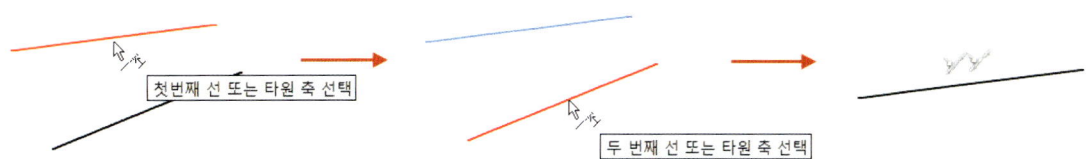

<그림 3-2> 동일 선상 구속 조건을 적용하는 과정

Tip

타원 축을 선택하려면 커서를 타원에 가깝게 이동하여 커서가 가까이 있는 가상의 주축이 강조되어 점선으로 표시됩니다. 필요한 축이 강조 표시되면 마우스 왼쪽 버튼을 사용하여 축을 선택합니다. 〈그림 3-3〉 참조

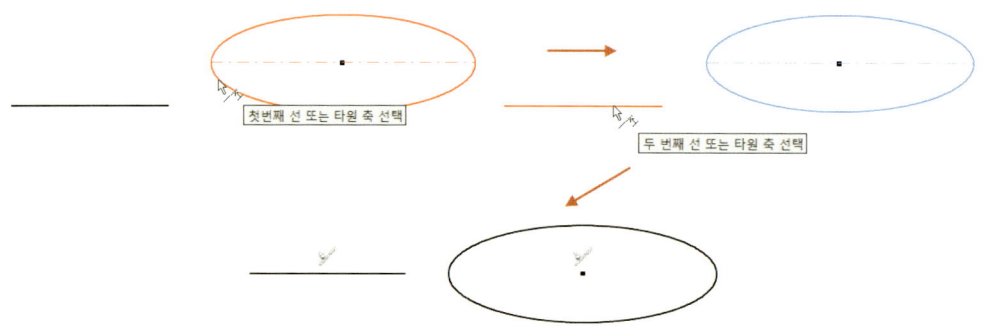

〈그림 3-3〉 동일 선상 구속 조건을 적용하는 과정

동심 구속 조건

리본 메뉴/ 스케치 탭/ 구속 조건 패널/ 동심 구속 조건

동심 구속 조건은 선택한 두 개의 곡선 중심점이 동일한 위치를 공유하도록 해줍니다. 동심으로 만들 수 있는 곡선에는 호, 원 및 타원이 포함됩니다. 이 구속 조건을 선택하면 첫 번째 호, 원 또는 타원을 선택하라는 메시지가 표시됩니다. 첫 번째 스케치 요소를 선택하면 두 번째 호, 원 또는 타원을 선택하라는 메시지가 표시됩니다. 첫 번째 스케치 요소와 동심을 이루도록 두 번째 스케치 요소를 선택합니다. 〈그림 3-4〉는 이 동심 구속 조건을 적용하는 과정을 보여주는 것입니다.

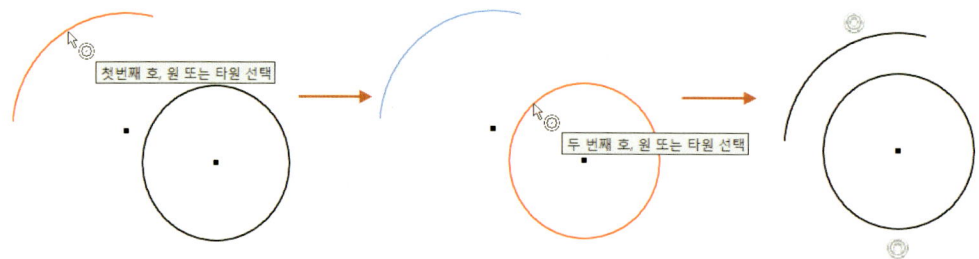

〈그림 3-4〉 동심 구속 조건을 적용하는 과정

고정 구속

리본 메뉴/ 스케치 탭/ 구속 조건 패널/ 고정 구속 조건

고정 구속 조건은 현재 도면의 좌표계를 기준으로 선택한 곡선 또는 점의 방향 또는 위치를 고정하는 데 사용됩니다. 이 구속 조건을 선이나 호에 적용하면 현재 위치에서 이동시킬 수 없습니다. 그러나 만약 치수에 의해 길이 값이 정해지지 않았다면 끝점 중 하나를 선택하고 드래그하여 길이를 변경할 수는 있습니다. 이 구속 조건을 원 또는 타원에 적용하면 드래그하여 이러한 스케치 요소들 중 하나를 편집 할 수 없습니다. 이 구속 조건을 스케치 요소에 적용하면 스케치 요소의 색상이 변경됩니다. 〈그림 3-5〉는 이 고정 구속 조건을 적용하는 과정을 보여주는 것입니다.

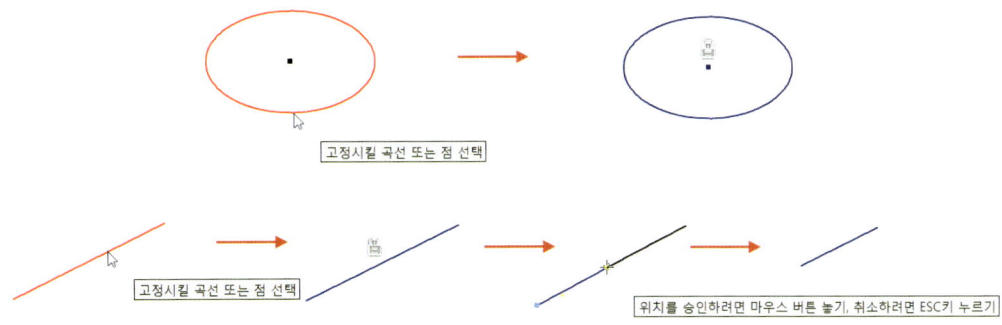

〈그림 3-5〉 고정 구속 조건을 적용하는 과정

평행 구속 조건

리본 메뉴/ 스케치 탭/ 구속 조건 패널/ 평행 구속 조건

평행 구속 조건은 선택된 스케치 요소가 지정된 스케치 요소에 평행이 되도록 해줍니다. 이 구속 조건을 적용 할 수 있는 스케치 요소는 선 및 타원 축입니다. 이 구속 조건을 선택하면 첫 번째 선이나 타원 축을 선택하라는 메시지가 나타납니다. 첫 번째 스케치 요소를 선택하면 두 번째 선이나 타원 축을 선택하라는 메시지가 나타납니다. 두 번째 스케치 요소를 선택하면 두 스케치 요소들이 서로 평행이 됩니다. 〈그림 3-6〉은 이 평행 구속 조건을 적용하는 과정을 보여주는 것입니다.

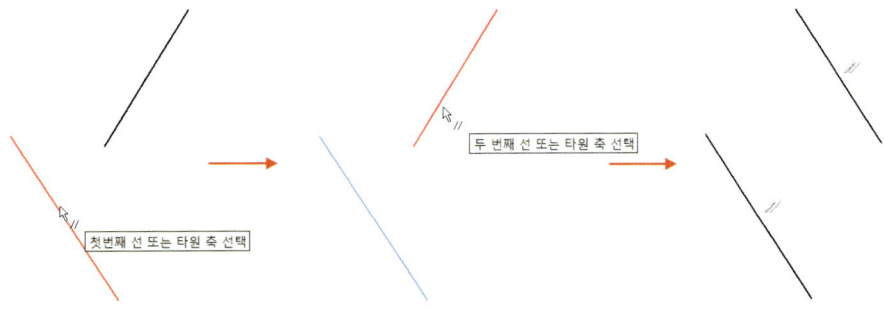

〈그림 3-6〉 평행 구속 조건을 적용하는 과정

직각 구속 조건

리본 메뉴/ 스케치 탭/ 구속 조건/ 직각 구속

직각 구속 조건은 선택한 스케치 요소가 지정된 스케치 요소에 직각이 되도록 해줍니다. 직각 구속 조건을 적용 할 수 있는 스케치 요소는 선 및 타원 축입니다. 이 구속 조건을 선택하면 첫 번째 선 또는 타원 축을 선택하라는 메시지가 나타납니다. 첫 번째 스케치 요소를 선택한 후 두 번째 선이나 타원 축을 선택하라는 메시지가 표시됩니다. 두 번째 스케치 요소를 선택하면 선택한 스케치 요소들이 서로 직각을 이루게 됩니다. 〈그림 3-7〉은 이 직각 구속 조건을 적용하는 과정을 보여주는 것입니다. 마찬가지로 두 개의 호 사이에 수직 구속 조건을 적용 할 수도 있습니다.

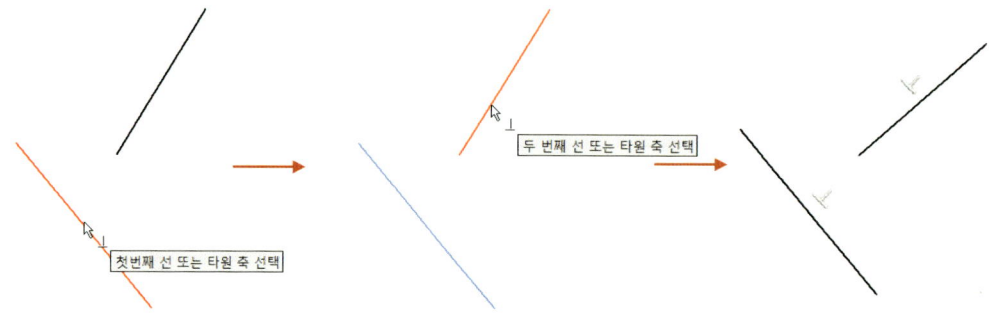

〈그림 3-7〉 직각 구속 조건을 적용하는 과정

수평 구속 조건

리본 메뉴/ 스케치 탭/ 구속 조건 패널/ 수평 구속 조건

수평 구속 조건은 선택한 선분, 타원 축 또는 두 점을 원본 방향과 관계없이 수평이 되게 해줍니다. 이 구속 조건을 선택하면 선, 타원 축 또는 첫 번째 점을 선택하라는 메시지가 표시됩니다. 선이나 타원 축을 선택하면 가로 모양으로 정렬됩니다. 점을 선택하면 두 번째 점을 선택하라는 메시지가 나타납니다. 이 경우 점에는 호, 원 또는 타원의 중심점도 포함될 수 있습니다. 〈그림 3-8〉은 이 수평 구속 조건을 적용하는 과정을 보여주는 것입니다.

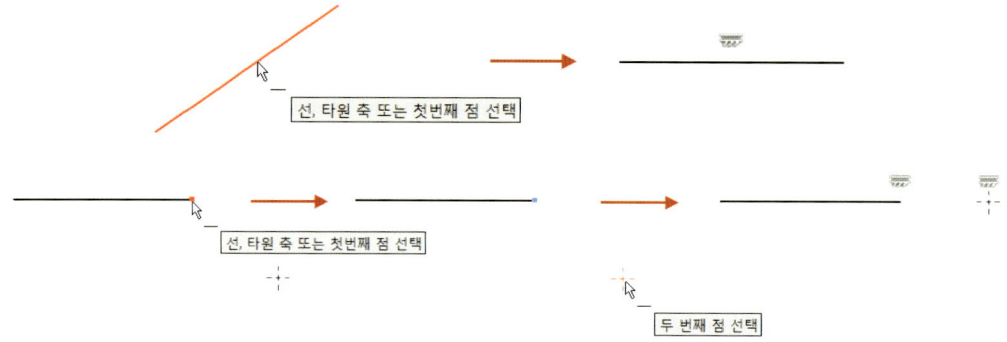

〈그림 3-8〉 수평 구속 조건을 적용하는 과정

수직 구속 조건

리본 메뉴/ 스케치 탭/ 구속 조건 패널/ 수직 구속 조건

수직 구속 조건은 수평 구속 조건과 유사하며 이 구속 조건은 선택한 스케치 요소들을 수직으로 만듭니다. 〈그림 3-9〉는 이 수직 구속 조건을 적용하는 과정을 보여주는 것입니다.

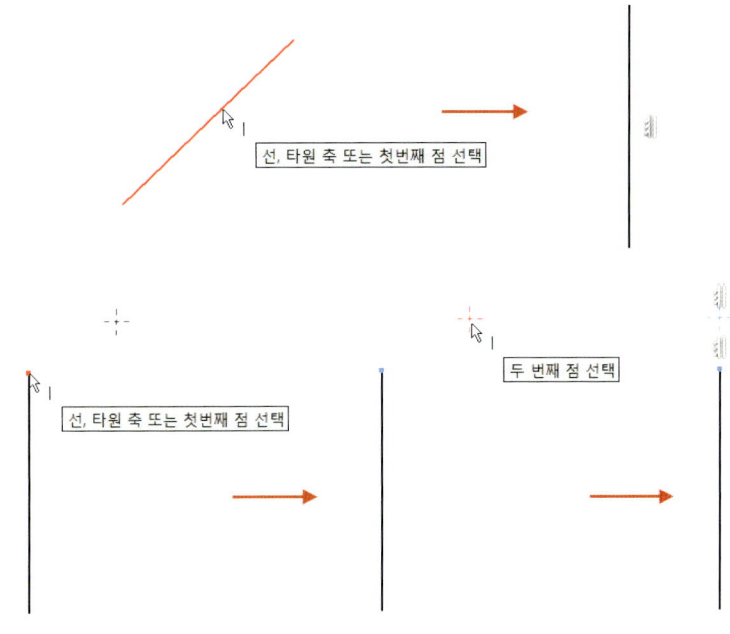

〈그림 3-9〉 수직 구속 조건을 적용하는 과정

Tip
수평 또는 수직 구속 조건을 사용하여 호의 중심점을 선택하면 호, 원 또는 타원을 수평 또는 수직으로 정렬 할 수 있습니다.

접선 구속 조건

리본 메뉴/ 스케치 탭/ 구속 조건 패널/ 접선 구속 조건

접선 구속 조건은 선택한 선 또는 곡선이 다른 곡선에 접하도록 해줍니다. 이 구속 조건을 선택하면 첫 번째 고선을 선택하라는 메시지가 나타납니다. 첫 번째 곡선을 선택하면 두 번째 곡선을 선택하라는 메시지가 나타납니다. 선택할 수 있는 곡선은 선, 원, 타원 또는 호입니다. 〈그림 3-10〉과 〈그림 3-11〉은 각각 선과 원 사이 및 타원과 호 사이에 적용된 접선 구속 조건을 보여줍니다.

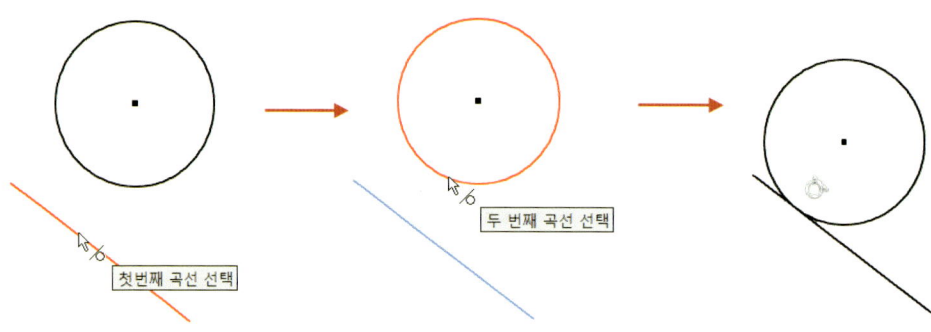

〈그림 3-10〉 선과 원 사이의 접선 구속 조건을 적용하는 과정

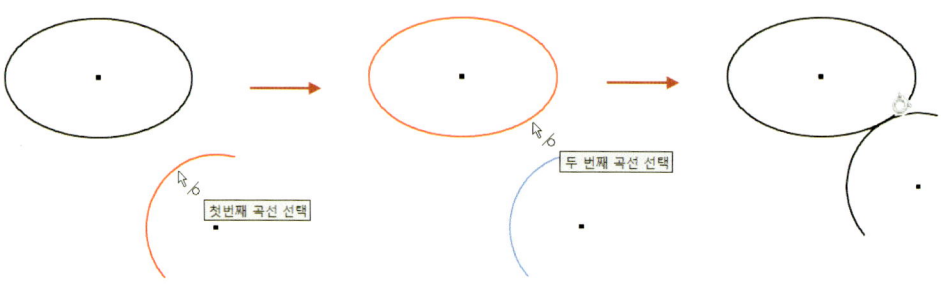

〈그림 3-11〉 타원과 호 사이의 접선 구속 조건을 적용하는 과정

부드럽게(G2) 구속 조건

리본 메뉴/ 스케치 탭/ 구속 조건 패널/ 부드럽게(G2) 구속 조건

이 구속 조건은 스플라인과 연결된 스플라인 사이의 곡률 연속성을 적용하는 데 사용됩니다. 이 구속 조건을 적용하기 위해 선택할 수 있는 스케치 요소에는 선, 호 또는 다른 스플라인이 포함됩니다. 이러한 스케치 요소들은 스플라인에 연결되어야 합니다. 〈그림 3-12〉는 직선과 연결된 스플라인에 적용된 부드럽게(G2) 구속 조건을 보여줍니다.

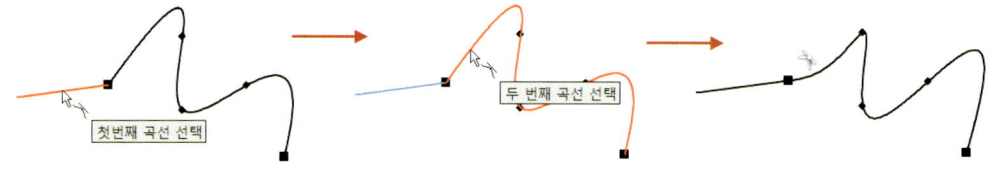

〈그림 3-12〉 부드럽게(G 2)구속 조건을 적용하는 과정

Note

Autodesk Inventor & Inventor Professional 2019에서는 직각, 접선 및 부드러운(G2) 구속 조건을 서로 다른 유형의 스플라인 사이에 적용 할 수 있습니다.

대칭 구속 조건

리본 메뉴/ 스케치 탭/ 구속 조건 패널/ 대칭 구속 조건

 이 구속 조건은 선택한 두 개의 스케치 요소를 단일 스케치된 선 세그먼트에 대해 대칭으로 만드는데 사용됩니다. 이 구속 조건을 선택하면 첫 번째 스케치 요소를 선택하라는 메시지가 나타납니다. 이 구속 조건을 적용하기 위해 한 번에 하나의 스케치 요소만 선택할 수 있습니다. 일단 첫 번째 스케치 요소를 선택하면 두 번째 스케치된 요소를 선택하라는 메시지가 나타납니다. 두 번째 스케치 요소를 선택하면 대칭 선을 선택하라는 메시지가 나타납니다. 대칭 축 (선택한 스케치 요소가 대칭이 되어야 하는 축)을 선택합니다. 두 번째로 선택한 스케치 요소는 첫 번째 스케치 요소와 대칭이 됩니다. 〈그림 3-13〉은 서로 다른 원이 직선을 기준으로 대칭 구속 조건을 보여줍니다.

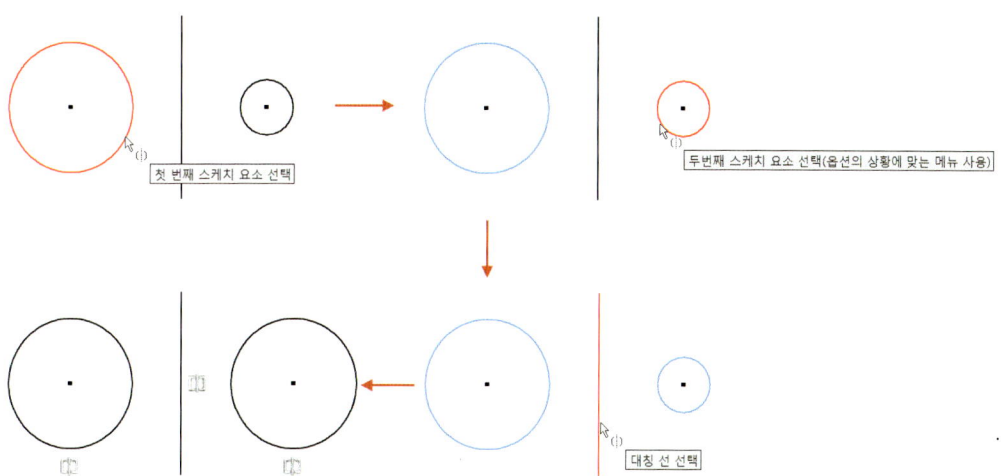

〈그림 3-12〉 대칭 구속 조건을 적용하는 과정

동일 구속 조건

리본 메뉴/ 스케치 탭/ 구속 조건 패널/ 동일 구속 조건

동일 구속 조건은 선 또는 곡선에 사용할 수 있습니다. 두 선을 선택하면 이 구속 조건은 선택한 첫 번째 선과 길이가 다른 두 번째 선의 길이를 같게 해줍니다. 곡선의 경우 이 구속 조건은 선택된 첫 번째 곡선과 반지름이 다른 두 번째 곡선의 반지름을 같게 해줍니다. 첫 번째 선택이 선이면 두 번째 선택도 선이어야 합니다. 마찬가지로 첫 번째 선택이 곡선인 경우 두 번째 선택도 곡선이어야 합니다. 〈그림 3-14〉는 서로 다른 길이를 가지고 있는 직선과 서로 다른 반지름을 가지고 있는 호에 적용한 동일 구속 조건을 보여줍니다.

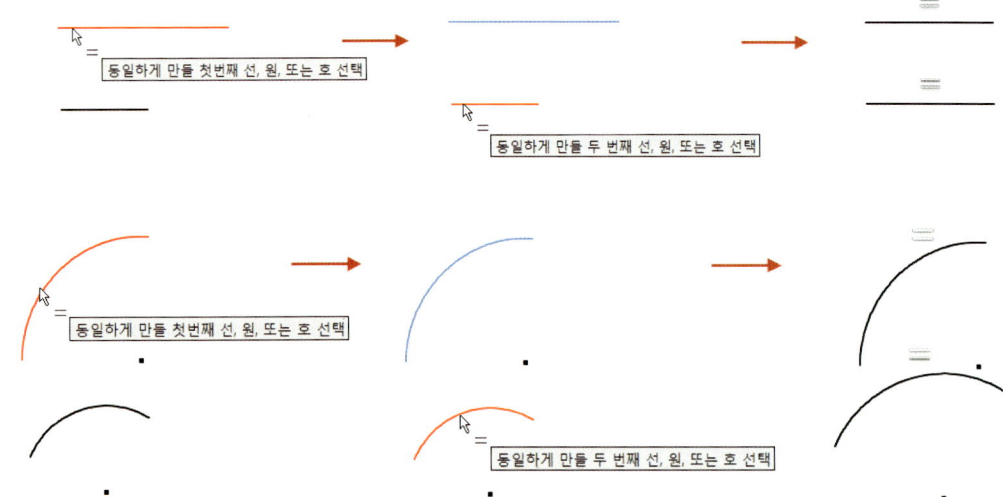

〈그림 3-13〉 동일 구속 조건을 적용하는 과정

Note

스케치를 지나치게 구속하는 구속 조건을 적용한 경우에 또 다른 구속 조건을 추가하면 스케치가 지나치게 구속 될 것이라는 내용의 **Autodesk Inventor Professional - 구속 조건 작성** 메시지 상자가 표시됩니다. 〈그림 3-14〉 참조. 스케치는 치수 또는 구속 조건 수가 스케치에 적용할 수 있는 수를 초과하면 초과 구속이라고 합니다.

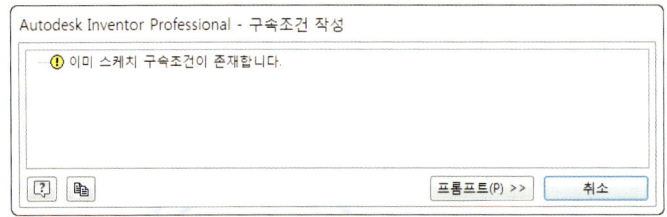

〈그림 3-14〉 Autodesk Inventor Professional - 구속 조건 작성 메시지 상자

02 스케치 요소에 적용된 구속 조건 보이게 하기

◆ 구속 조건 표시

리본 메뉴/ 스케치 탭/ 구속 조건 패널/ 구속 조건 표시

 구속 조건 패널에서 구속 조건 표시 도구를 선택하여 스케치 요소에 적용되는 모든 구속 조건을 볼 수 있습니다. 이 도구를 선택하고 스케치 요소 가까이로 커서를 이동하면 커서가 강조 표시되고 일시 중지 후에 구속 조건이 표시됩니다. 이 구속 조건은 스케치 요소에 적용되는 모든 구속 조건의 기호를 보여줍니다. 〈그림 3-15〉는 직사각형을 구성하고 있는 하나의 선에 적용된 구속 조건을 보여줍니다.

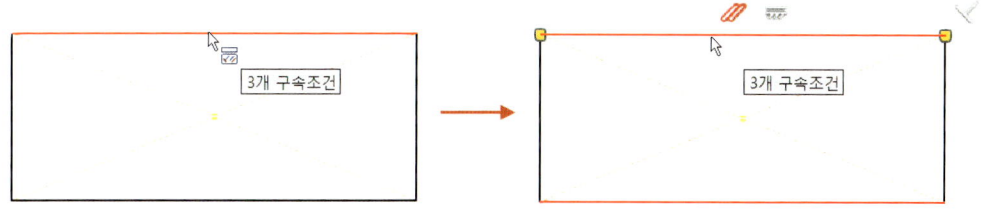

〈그림 3-15〉 직사각형의 선 하나에 적용된 구속 조건 표시

구속 조건을 선택하고 드래그하여 구속 조건을 이동할 수도 있습니다. 일치 구속 조건의 경우 한 지점에 적용된 구속 조건이 노란색으로 강조 표시됩니다.

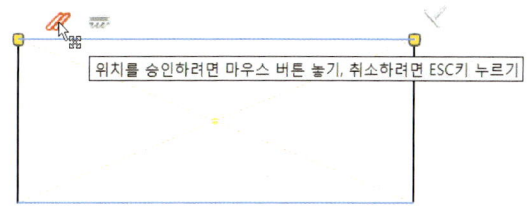

구속 조건의 기호를 보려면 강조 표시된 노란색 점 위로 커서를 이동하십시오. 점의 색상이 변경됩니다. 커서를 구속 조건 가까이로 움직이면 커서가 강조 표시되고 구속 조건이 적용된 스케치 요소도 강조되어 표시됩니다. 예를 들어, 커서를 수직 구속 조건에 가깝게 두면 직각과 평행 구속 조건도 함께 강조 표시되어 두 선이 서로 직각임을 나타냅니다.

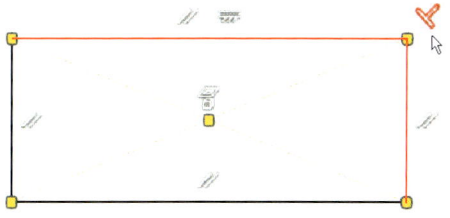

> **Note**
>
> 스케치 요소에 적용된 모든 구속 조건을 표시 할 수 있습니다. 이렇게 하려면 그래픽 창의 아래쪽에 있는 상태 표시 줄에서 모든 구속 조건 표시 버튼을 선택하면 됩니다. 또는 **단축키 F8**을 누르면 됩니다. 모든 스케치 요소에 대한 구속 조건을 보여주는 별도의 기호가 표시됩니다.
>
>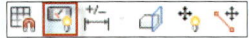
>
> 마찬가지로 모든 구속 조건을 숨기려면 상태 표시 줄에서 모든 구속 조건 숨기기 버튼을 선택합니다. 또는 **단축키 F9**를 누르면 됩니다.
>
>

아래와 같이 그래픽 창에서 마우스 오른쪽 버튼을 클릭하여 모든 구속 조건 표시 및 숨기기를 할 수도 있습니다. 〈그림 3-16〉 참조.

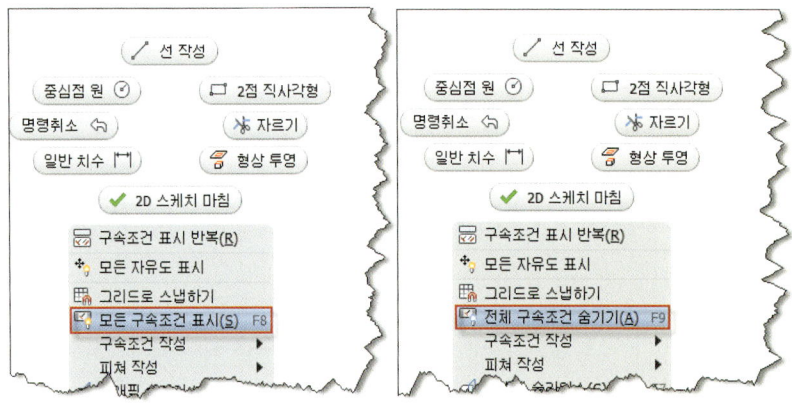

〈그림 3-16〉 마킹 메뉴를 통해 모든 구속 조건 표시 및 숨기기 방법

03 스케치를 작성하는 동안 구속 조건에 대해 제어하기

◆ 구속 조건 설정

리본 메뉴/ 스케치 탭/ 구속 조건 패널/ 구속 조건 설정

구속 조건 설정을 통해 자동으로 적용해야 하는 구속 조건을 제어하고 선택할 수 있으며 적용될 형상을 선택할 수 있습니다. 이 구속 조건 설정 도구를 선택하면 구속 조건 설정 대화 상자가 나타납니다. 스케치를 그리는 동안 기본적으로 모든 가능한 구속 조건이 스케치 요소에 자동으로 적용됩니다. 그러나 자동으로 적용해야 하는 구속 조건과 스케치 중에 적용될 구속 조건을 수동으로 지정할 수도 있습니다.

chapter 03 2D 스케치에 치수와 구속 조건 추가하기

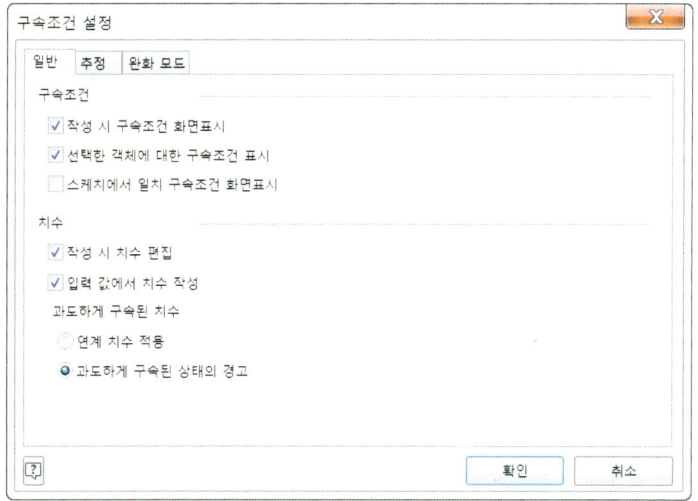

〈그림 3-17〉 구속 조건 설정 대화 상자

◆ **일반 탭**

일반 탭이 기본적으로 선택됩니다. 이 탭의 옵션은 아래와 같습니다.

• **구속 조건**

이 영역에는 세 개의 확인란이 있습니다.
- 작성시 구속 조건 표시 확인란을 선택하면 Autodesk Inventor & Inventor Professional 2019에서 스케치 작성 중에 적용된 구속 조건을 표시 할 수 있습니다.
- 선택한 객체에 대한 구속 조건 표시 확인란을 선택하면 Autodesk Inventor & Inventor Professional 2019에서 선택한 객체에 대한 구속 조건을 표시 할 수 있습니다.
- 스케치에서 일치 조건을 표시 확인란을 선택하면 Autodesk Inventor & Inventor Professional 2019에서 스케치에 일치하는 구속 조건을 표시 할 수 있습니다.

• **치수**

이 영역은 치수 구속 조건을 스케치에 적용하는 데 사용됩니다. 이 영역에는 두 개의 확인란이 있습니다.
- 작성시 치수 편집 확인란을 선택하면 Autodesk Inventor & Inventor Professional 2019에서 스케치 작성 중에 치수를 편집할 수 있습니다.
- 입력 값에서 치수 작성 확인란을 선택하면 치수 입력 창에 바로 치수를 입력하여 치수를 작성 할 수 있습니다.

- **과도하게 구속된 치수**

  이 영역은 스케치에 적용된 지나치게 정의 된 치수를 제어하는 데 사용됩니다. 이 영역에는 두 개의 라디오 버튼을 사용할 수 있습니다.
  - 연계 치수 적용 라디오 버튼을 선택하면 스케치에 지나치게 정의 된 치수를 적용 할 수 있습니다. 이 경우 정의된 치수 이상은 참조 치수로 간주됩니다.
  - 과도하게 구속된 상태 경고 라디오 버튼을 선택하면 위에 정의 된 치수를 스케치에 적용 할 수 없습니다. 이 경우 경고 메시지가 표시됩니다.

◆ **추정 탭**

  추정 탭에서는 두 영역을 사용할 수 있습니다. 이 탭의 옵션은 아래와 같습니다.

- **구속 추정 우선 순위**

  이 영역은 구속 조건 추정 우선 순위를 설정하는 데 사용됩니다. 우선 순위를 설정하려면 해당 라디오 버튼을 선택해야 합니다.
  - 평행 및 직각 라디오 버튼을 클릭하면 초기 구속 조건이 평행 및 직각 우선 순위로 적용됩니다.
  - 수평 및 수직 라디오 버튼을 클릭하면 초기 구속 조건이 수평 및 수직 우선 순위로 적용됩니다.

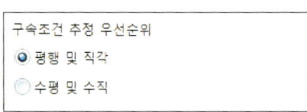

- **구속 추정을 위한 선택**

  이 영역에는 구속 조건 9 개에 해당하는 9 개의 확인란이 있습니다. 기본적으로 모든 확인란이 선택됩니다. 그러나 모든 구속을 지우려면 전체 지우기 버튼을 클릭하면 됩니다. 구속 기호 오른쪽에 있는 해당 확인란을 선택하여 필요한 구속 조건을 수동으로 선택하거나 지울 수 있습니다. 선택한 구속 조건은 스케치하는 동안 형상에 자동으로 적용됩니다.

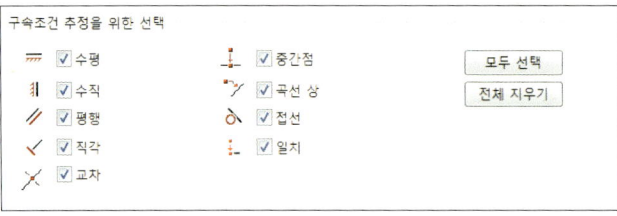

◆ 완화 모드 탭

완화 모드에서는 형상을 수정하고 이미 구속된 형상에 새 구속조건을 적용할 수 있습니다. 이 탭에서 완화 모드 사용 확인란을 선택하면 선택한 스케치 형상이 구속되어 있더라도 자유롭게 끌 수 있으며 새 치수를 추가할 때 충돌하는 구속조건을 제거할 수 있습니다. 완화 모드가 꺼져 있으면 형상을 끌어도 기존 구속조건 또는 치수가 제거되지 않습니다. 방정식이 포함된 치수 유지 확인란을 선택하면 방정식이 포함된 치수는 그대로 유지되게 할 수 있습니다.

◆ 구속 조건 추정 범위

리본 메뉴/ 스케치 탭/ 구속 조건 패널(확장 패널)/ 구속 조건 추정 범위

구속 조건 추정 범위 도구는 구속 중에 구속 조건이 적용되는 기하학적 형상을 설정하는데 사용됩니다. 이 구속 조건 추정 범위 도구를 선택하면 구속 조건 추정 범위 대화 상자가 표시됩니다. 이 대화 상자에서 현재 명령의 형상 라디오 버튼이 기본적으로 선택됩니다.

- 현재 명령의 형상 라디오 버튼을 선택하면 구속 조건이 현재 형상에 적용되어 있다는 것입니다.
- 모든 형상 라디오 버튼을 선택하면 모든 활성 스케치에 구속 조건이 적용됩니다.
- 선택 라디오 버튼을 선택하면 선택 단추가 자동으로 활성화됩니다. 이 버튼을 사용하여 구속 조건이 적용될 기하학적 형상을 선택할 수 있습니다.

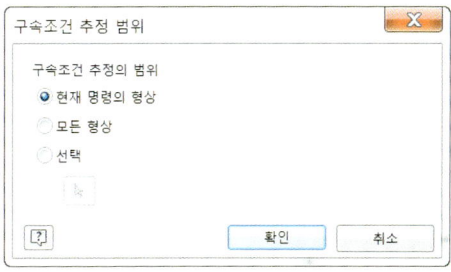

기하학적 구속 조건 지우기

Autodesk Inventor & Inventor Professional 2019에서는 선택한 스케치 요소에 적용된 구속 조건을 삭제할 수 있습니다. 구속 조건을 삭제하려면 먼저 구속 조건 표시 도구를 사용하여 구속 조건을 나타나

게 해야 합니다. 그런 다음 삭제하려는 구속 조건 위로 커서를 이동하면 구속 조건이 빨간색으로 강조 표시될 것입니다. 마우스 왼쪽 버튼을 클릭하여 구속 조건을 선택한 다음 마우스 오른쪽 버튼을 클릭하여 마킹 메뉴에서 삭제를 선택합니다. 그러면 선택한 구속 조건이 삭제됩니다. 마찬가지로 스케치에서 원치 않는 모든 구속 조건을 이와 같은 방법으로 삭제할 수 있습니다. 〈그림 3-18〉참조

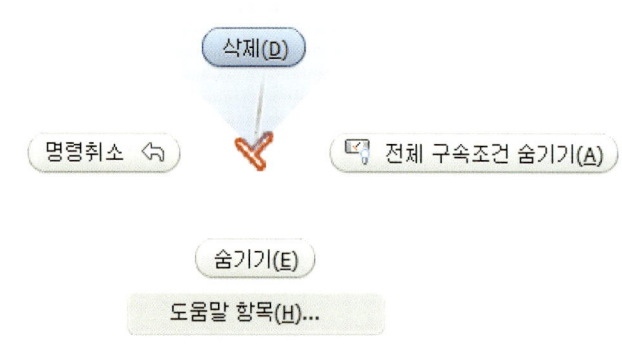

〈그림 3-18〉 선택한 구속 조건 삭제하기

Note

스케치를 완전히 구속하는 데 필요한 구속 조건 및 치수의 총 수는 그래픽 창의 오른쪽 하단 구석에 표시됩니다.

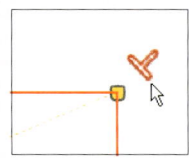

Tip

마우스 커서를 구속 조건 가까이로 이동하면 해당 참조가 스케치에서 강조 표시됩니다. 예를 들어 커서를 수직 구속 조건 위로 이동하면 이 구속 조건이 적용된 선이 강조 표시됩니다. 이렇게 하면 선택한 구속 조건이 올바른지 확인할 수 있습니다.

chapter 03 2D 스케치에 치수와 구속 조건 추가하기

04 스케치에 치수 추가하기

리본 메뉴/ 스케치 탭/ 구속 조건 패널/ 치수

 스케치를 그린 다음 구속 조건을 추가 한 후에는 설계를 생성하는 과정에서 치수 기입이 가장 중요한 단계입니다. 앞서 언급했듯이 Autodesk Inventor & Inventor Professional 2019은 매개 변수 기법을 사용하는 솔리드 모델링 소프트웨어입니다. 매개 변수 특성은 원래 크기와 관계없이 선택한 스케치 요소가 지정된 치수 값에 의해 구동되도록 해주는 것입니다. 따라서 치수를 스케치 요소에서 수정하거나 적용 할 때마다 지정된 치수 값에 따라 치수를 변경해야 합니다. 적용 할 치수의 유형은 선택한 스케치 요소의 유형에 따라 다릅니다. 예를 들어 선을 선택하면 선형 치수가 적용되고 원을 선택하면 지름 치수가 적용됩니다. 이러한 치수 유형은 모두 동일한 치수 도구를 사용하여 적용 할 수 있습니다. 치수를 편집하려면 치수를 두 번 클릭합니다. 치수 편집 상자가 표시됩니다. 〈그림 3-19〉 참조.

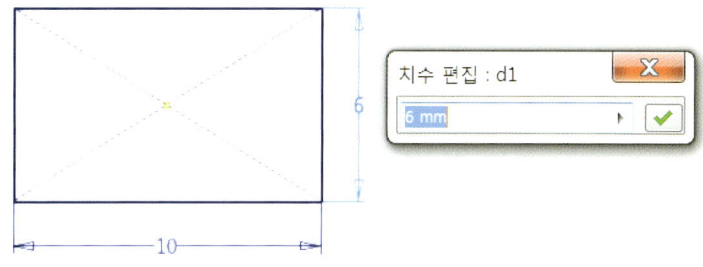

〈그림 3-18〉 치수 편집 상자

편집 상자에 원하는 값을 입력하여 치수를 수정합니다. 선택한 스케치 요소는 이 입력란에서 정의된 치수 값 의해 구동될 것입니다. 측정 기준에 새 값을 입력하거나 이 입력란의 오른쪽에 있는 확인 버튼을 택하여 기본값을 적용 할 수 있습니다. 치수를 배치 한 후에 치수를 편집하지 않으려면 치

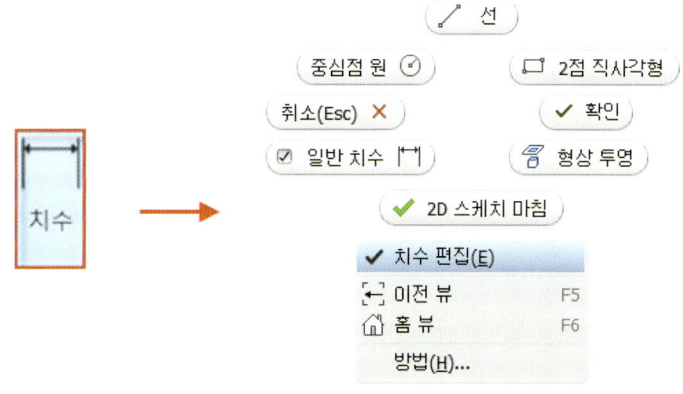

〈그림 3-18〉 치수 도구와 마킹 메뉴를 이용한 치수 편집 상자 안보이게 하기

수 도구를 선택한 다음 스케치 요소에 마우스 오른쪽 버튼을 클릭하여 마킹 메뉴를 표시합니다. 다시 선택하여 치수 편집을 선택하면 치수 편집 옵션의 왼쪽에 있는 체크 표시가 없어지게 됩니다. 그러면 스케치 요소에 다시 치수 도구를 이용하여 치수를 배치하면 치수 편집 입력란이 표시되지 않습니다. 〈그림 3-10〉 참조.

이 경우 치수 값을 편집하려면 치수 도구가 계속 활성화되어 있으면 배치 한 후 치수 값을 클릭합니다. 치수 도구가 활성화되어 있지 않으면 치수를 두 번 클릭합니다. 그러면 치수 편집 상자가 표시됩니다. 이 입력란에 새 측정 기준 값을 입력하면 됩니다.

다음은 Autodesk Inventor & Inventor Professional 2019에서 사용할 수 있는 치수 입력 형식에 대한 기술을 설명할 것입니다.

선형 치수

선형 치수는 두 점 사이의 최단 거리를 지정하는 치수로 정의됩니다. 선형 치수를 선에 직접 적용하거나 두 점 또는 스케치 요소를 선택하여 선형 치수를 적용 할 수 있습니다. 선택할 수 있는 점에는 선, 스플라인 또는 호의 끝점 또는 원, 호 또는 타원의 중심점 등이 포함됩니다. 세로 또는 가로 선을 직접 선택하여 치수를 지정할 수 있습니다. 이 값을 선택하면 치수가 커서에 부착됩니다. 원하는 위치에 치수를 배치 할 수 있습니다. 두 점 사이에 치수를 배치하려면 점을 하나씩 선택합니다. 두 번째 점을 선택한 후 마우스 오른쪽 버튼을 클릭하여 〈그림 3-19〉과 같이 마킹 메뉴를 표시합니다. 요구 사항에 따라 이 메뉴에서 치수 유형을 선택할 수 있습니다.

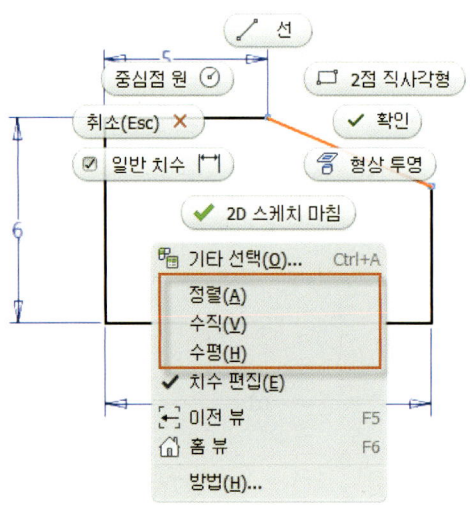

〈그림 3-19〉 마킹 메뉴를 사용하여 다양한 치수 유형 옵션을 표시하기

정렬을 선택하면 정렬 된 치수가 두 개의 선택된 점 사이에 배치됩니다. 수평을 선택하면 선택한 두 점 사이에 수평 치수가 배치됩니다. 수직을 선택하면 선택한 두 점 사이에 수직 치수가 배치됩니다. 〈그림 3-20〉은 선의 선형 치수를 보여 주며 〈그림 3-21〉은 두 점의 선형 치수를 보여줍니다.

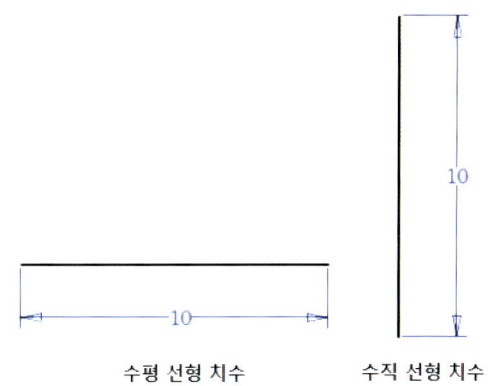

〈그림 3-20〉 선 요소를 선택하여 적용한 선형 치수 형태

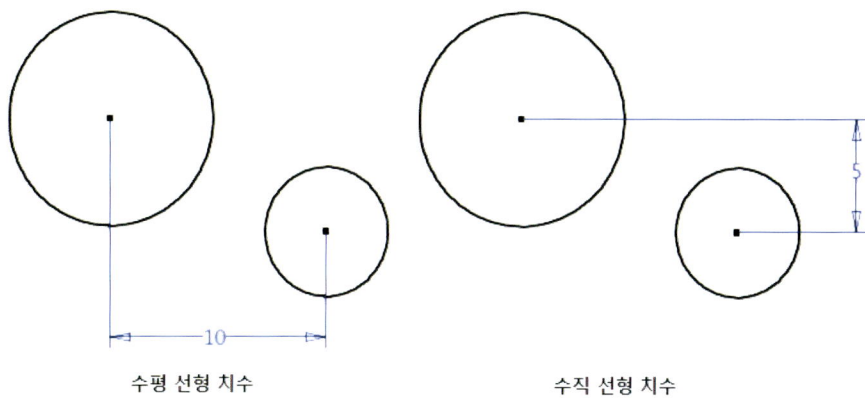

〈그림 3-20〉 두 점 요소를 선택하여 두 점 사이에 적용한 선형 치수 형태

기울어 진 선에 수평 또는 수직 치수를 적용 할 수도 있습니다. 〈그림 3-21〉 참조. 이 치수를 적용하려면 기울어진 선을 선택한 다음 마우스 오른쪽 버튼을 클릭합니다. 〈그림 3-19〉와 같이 비슷한 마킹 메뉴가 표시됩니다. 이 메뉴에서 수평을 선택하려면 수평을 선택하고 수직을 배치하려면 수직을 선택하면 됩니다.

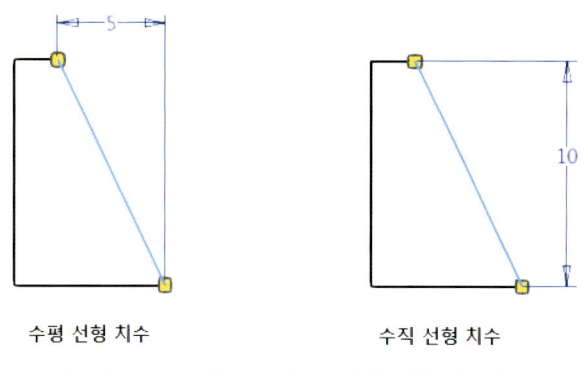

〈그림 3-21〉 기울어진 선에 적용한 선형 치수 형태

정렬 치수

정렬 된 치수는 X 또는 Y 축과 평행하지 않은 선의 치수를 지정하는 데 사용됩니다. 이 유형의 치수는 정렬 된 선 또는 특정 각도로 그려진 선의 실제 거리를 측정합니다. 정렬 된 치수를 적용하려면 기울어진 선을 선택한 다음 마우스 오른쪽 버튼을 클릭합니다. 마킹 메뉴가 표시되는데 여기서 정렬 옵션을 선택하면 됩니다. 〈그림 3-22〉 참조.

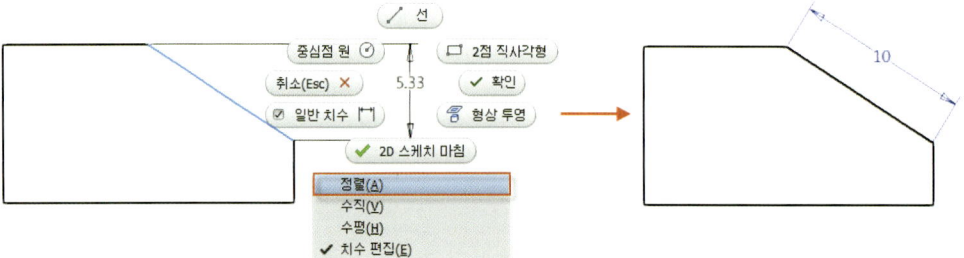

〈그림 3-22〉 기울어진 선에 적용한 정렬 치수 형태

선택한 선의 정렬 된 치수가 커서에 부착됩니다. 그런 다음 그래픽 창을 클릭하여 정렬된 치수의 위치를 지정합니다. 두 개의 점 사이에 정렬된 치수를 적용 할 수도 있습니다. 점에는 선, 스플라인 또는 호의 끝점 또는 호, 원 또는 타원의 중심점이 포함됩니다. 두 점 사이에 정렬된 치수를 적용하려면 치수 도구를 선택하여 두 점을 선택하고 마우스 오른쪽 버튼을 클릭합니다. 마킹 메뉴가 표시되는데 여기서 정렬 옵션을 선택하면 됩니다. 〈그림 3-23〉은 다양한 객체에 적용된 정렬 된 치수를 보여줍니다.

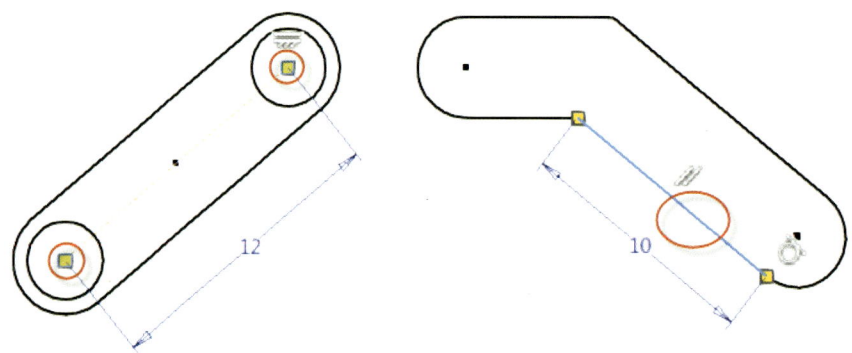

〈그림 3-22〉 두 점 선택과 선 객체 선택을 통해 기울어진 선에 적용한 정렬 치수 형태

> **Tip**
> 또는 정렬 된 치수를 적용하려면 리본에서 치수 도구를 선택한 다음 치수를 지정할 정렬된 요소를 선택합니다. 그런 다음 커서를 줄 바깥쪽으로 이동시킨 다음 다시 같은 줄을 클릭합니다. 이제 그래픽 창을 클릭하여 정렬 된 치수를 배치합니다.

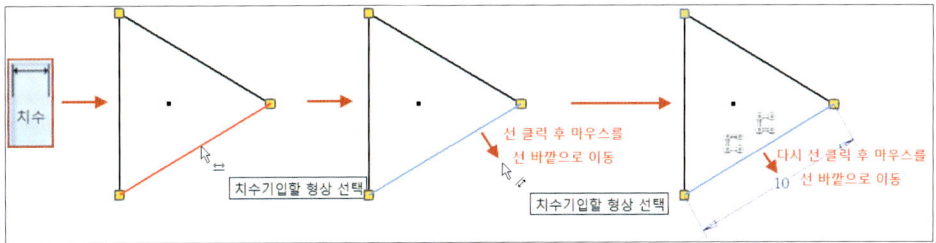

각도 치수

각도 치수는 각도 치수를 지정하는 데 사용됩니다. 두 선분을 선택하거나 세 점을 사용하여 각도 치수를 적용 할 수 있습니다. 각도 치수 지정을 사용하여 호의 치수를 지정할 수도 있습니다. 다음은 각도 치수 지정에 대한 모든 옵션에 대해 설명을 할 것입니다.

두 선 세그먼트를 사용하여 각도 치수 기입: 두 각도 선을 직접 선택하여 각도 치수를 적용 할 수 있습니다.
- 방법1: 스케치 탭의 구속 패널에 있는 치수 도구를 선택한 다음 두 선을 선택합니다.
- 방법2: 마킹 메뉴에서 일반 치수를 선택한 다음 마우스 왼쪽 버튼을 사용하여 두 선을 선택할 수도 있습니다.

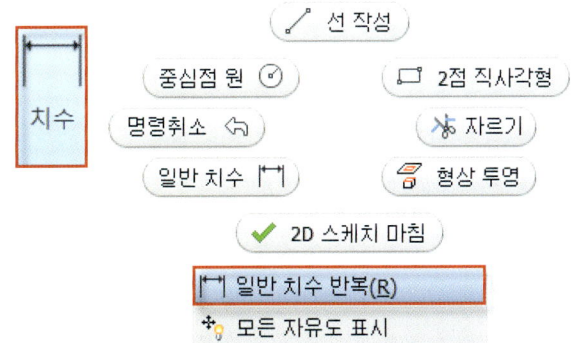

각도 치수는 치수를 배치 할 때 주의해야 합니다. 이유는 선에 대한 치수 배치 위치에 따라 수직으로 반대편 각도가 표시되기 때문입니다. 〈그림 3-23〉은 두 선 사이의 각도 치수를 보여 주며 〈그림 3-24〉는 두 선 사이의 수직 대각선의 치수를 보여줍니다. 또한 치수의 위치에 따라 주 각도 또는 보조 각도 값이 표시됩니다. 〈그림 3-25〉는 두 선 사이의 주 각도 치수를 보여 주며 〈그림 3-26〉은 동일한 선 세트 사이의 사각 치수를 보여줍니다.

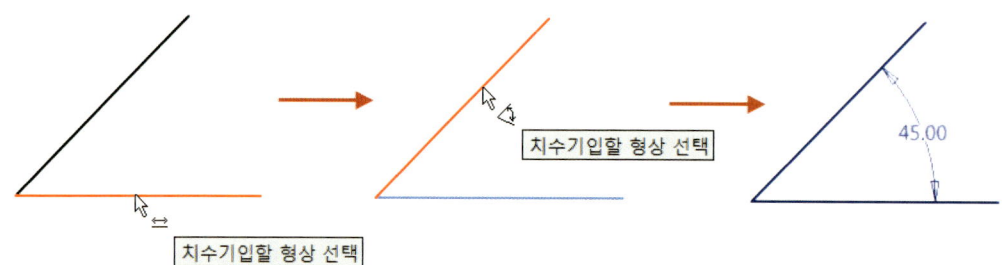

〈그림 3-23〉 두 선 사이의 각도 치수를 기입하는 과정

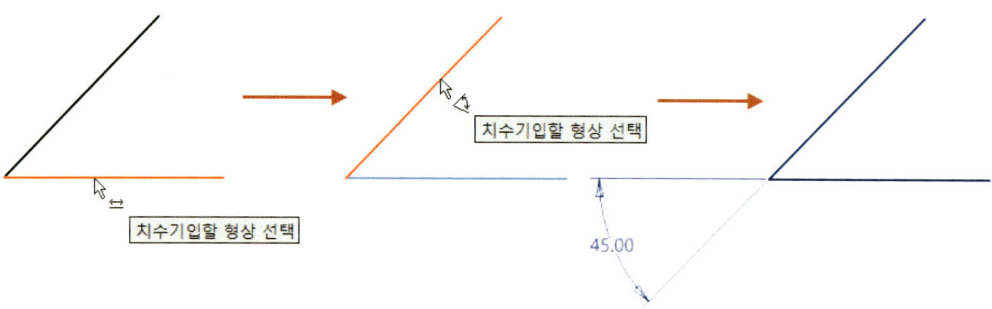

〈그림 3-24〉 두 선 사이의 각도 치수를 반대로 기입하는 과정

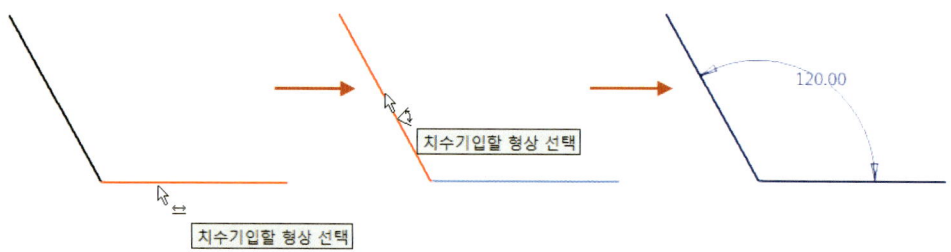

〈그림 3-25〉 두 선 사이의 우각(둔각) 치수를 기입하는 과정

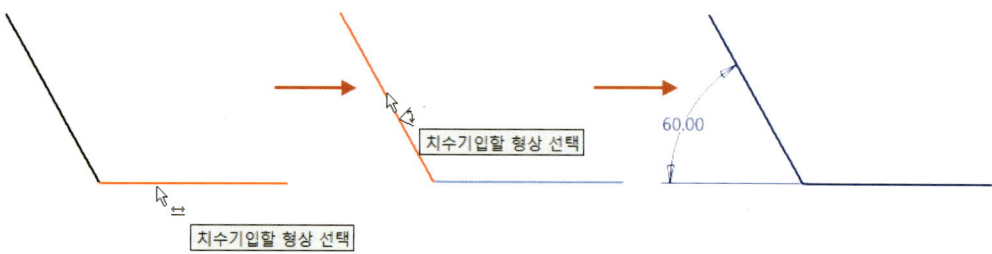

〈그림 3-26〉 두 선 사이의 열각(예각) 치수를 기입하는 과정

◆ 3 점을 사용한 각도 치수

세 점을 사용하여 각도 치수를 적용 할 수도 있습니다. 세 점은 시계 방향 또는 반 시계 방향으로

선택해야 한다는 것을 기억해야 합니다. 각도 치수를 적용하는 데 사용할 수 있는 점에는 선 또는 호의 끝점 또는 호, 원 및 타원의 중심점이 포함됩니다. 〈그림 3-27〉은 세 점을 사용한 각도 치수 기입을 보여줍니다.

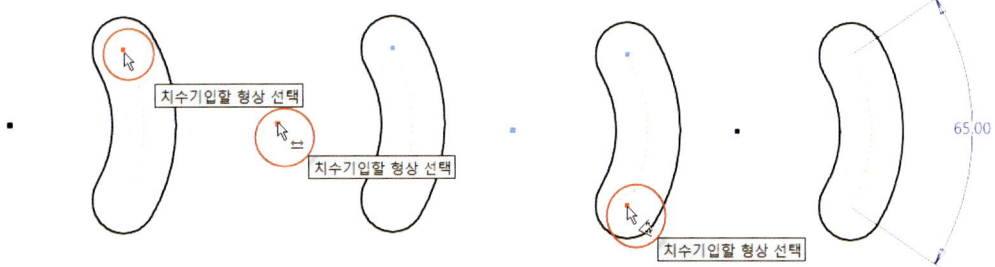

〈그림 3-27〉 세 점을 사용하여 각도 치수를 기입하는 과정

호의 각도 치수

각도 치수를 사용하여 호의 치수를 지정할 수 있습니다. 호의 경우 세 점은 호의 끝점과 중심점입니다. 점은 시계 방향 또는 반 시계 방향으로 선택해야 하지만 중심점은 항상 두 번째 선택 점이어야 합니다.

〈그림 3-28〉은 호의 각도 치수를 보여줍니다.

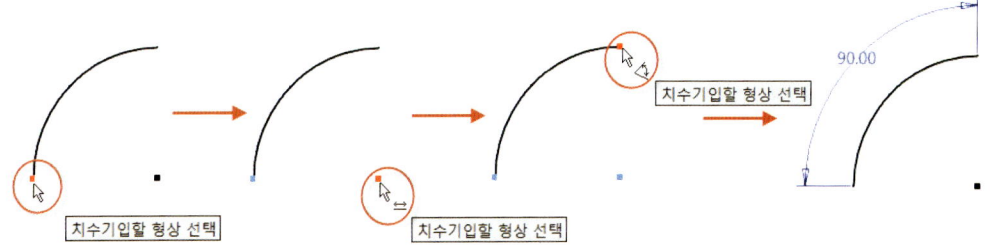

〈그림 3-28〉 호의 각도 치수를 기입하는 과정

Autodesk Inventor & Inventor Professional 2019에서는 마킹 메뉴를 사용하여 호에 각도 치수를 지정할 수도 있습니다. 이렇게 하려면 치수 도구를 선택한 다음 호를 선택하고 마우스 오른쪽 버튼을 클릭하면 됩니다. 그러면 마킹 메뉴가 표시됩니다. 마킹 메뉴에서 치수 유형을 선택합니다. 계단식 메뉴가 표시됩니다. 그래픽 창에 치수를 배치하기 전에 계단식 메뉴에서 호의 길이를 선택합니다.

〈그림 3-29〉는 마킹 메뉴를 사용하여 호의 각도 치수를 기입하는 과정을 보여줍니다.

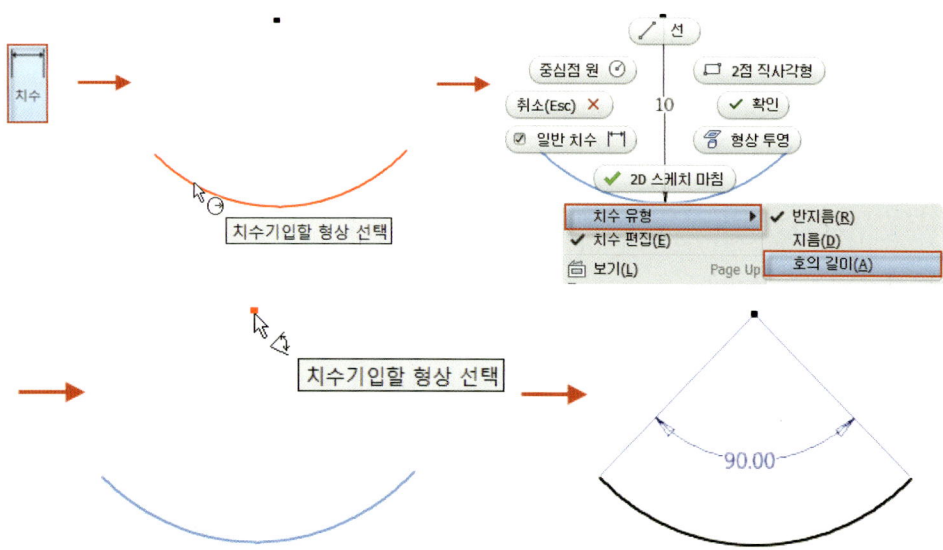

〈그림 3-28〉 마킹 메뉴를 사용하여 원호의 각도 치수를 기입하는 과정

호의 길이 치수

위와 같이 마킹 메뉴를 이용하여 호의 길이 치수를 기입할 수도 있습니다. 〈그림 3-30〉은 마킹 메뉴를 사용하여 호의 길이 치수를 보여줍니다.

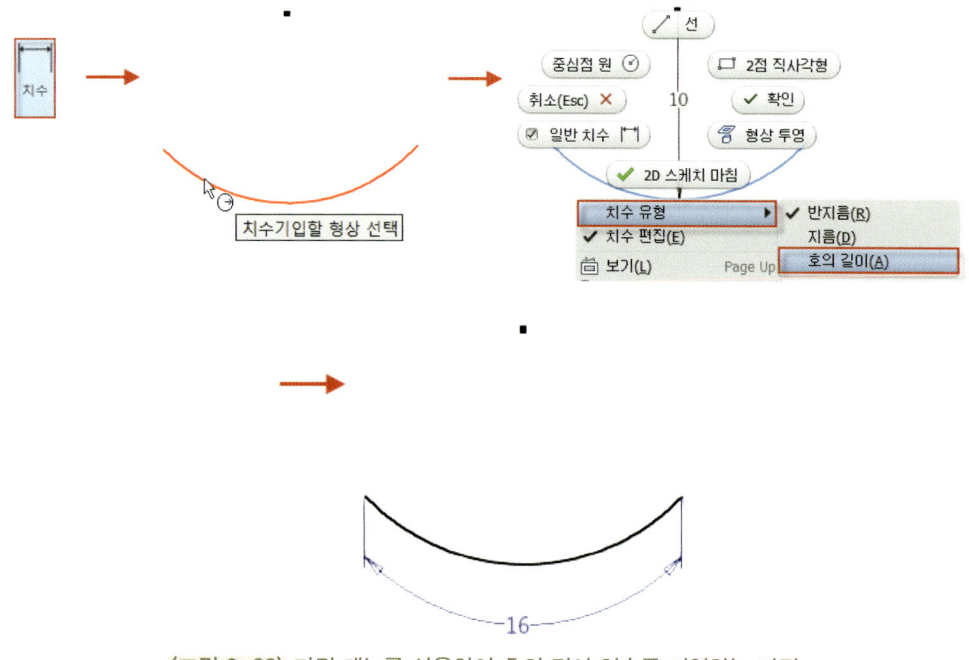

〈그림 3-28〉 마킹 메뉴를 사용하여 호의 길이 치수를 기입하는 과정

원의 지름 치수

지름 치수는 원의 치수를 지정하거나 지름을 지정하기 위해 적용됩니다. Autodesk Inventor & Inventor Professional 2019에서 치수를 지정할 원을 선택하면 기본적으로 지름 치수가 적용됩니다. 〈그림 3-29〉 참조.

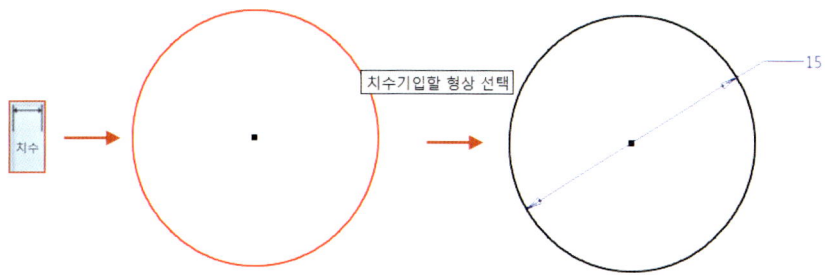

〈그림 3-29〉 원에 지름 치수를 기입하는 과정

호의 반지름 치수와 지름 치수

호에는 반지름 치수와 지름 치수를 지정할 수 있습니다. 치수 도구를 선택한 다음 호를 선택하면, 치수 유형이 기본적으로 반지름으로 지정되어있기 때문에 반지름 치수가 적용됩니다. 〈그림 3-30〉 참조.

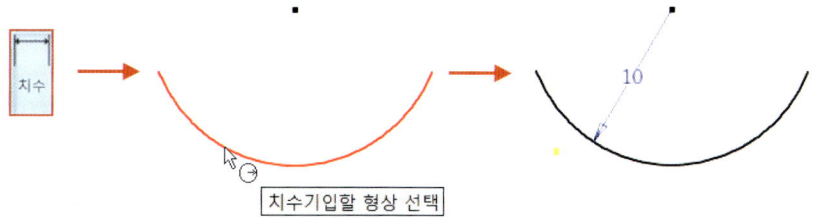

〈그림 3-30〉 호에 반지름 치수를 기입하는 과정

호에 지름 치수를 적용 할 수도 있습니다. 이렇게 하려면 치수 도구를 선택한 다음 호를 선택하고 마우스 오른쪽 버튼을 클릭하면 나타나는 마킹 메뉴에서 치수 유형을 선택합니다. 그러면 계단식 메뉴가 나타나는데, 이 때 메뉴에서 지름을 선택하면 됩니다. 〈그림 3-31〉 참조.

〈그림 3-31〉 호에 지름 치수를 기입하는 과정

선형 지름 치수

선형 지름 치수는 회전된 구성 요소의 스케치에 치수를 지정하는 데 사용됩니다. 회전된 구성 요소의 스케치는 간단한 스케치 요소를 사용하여 작성합니다. 예를 들어, 직사각형을 그리고 회전 시키면 원통형 실린더가 생깁니다. 이제 직선 치수를 사용하여 직사각형 치수를 지정하면 원통형 실린더의 도면 뷰를 생성 할 때 동일한 치수가 표시됩니다. 또한 구성 요소를 작성하는 동안 동일한 치수가 사용됩니다. 그러나 이러한 선형 치수는 제조 과정에서 혼란을 야기 할 수 있습니다. 이것은 회전 부품을 제조하는 동안 회전 부품의 지름으로 치수를 지정해야 하기 때문입니다. 선형 치수는 회전 부품을 제조할 때 참조하거나 허용되지 않는 치수이기 때문입니다. 이 문제를 해결하기 위해 회전 피쳐의 스케치는 선형 지름 치수를 사용하여 치수를 작성해야 합니다. 이 치수는 선택한 두 선분 사이의 거리를 지름으로 표시합니다. 즉, 원래 선형 치수 길이 값의 두 배인 것입니다. 예를 들어 두 요소 사이의 원래 선형 치수 값이 10mm이면 선형 지름 치수 값은 20mm로 표시되는 것입니다. 이것은 폭이 10mm인 직사각형을 회전할 때 생기는 결과로 생성되는 원통의 지름이 20mm가 되기 때문입니다. 이 유형의 치수에서 두 개의 선을 선택하면 먼저 선택된 선이 스케치의 회전 축으로 작용하고 마지막으로 선택된 선이 회전된 피쳐의 외부 표면이 됩니다. 마지막으로 선택한 선이 치수가 적용될 선이 됨을 의미합니다. 그러나 이러한 선 중 하나가 [형식] 패널에서 중심선 도구를 선택하여 그려지는 중심선인 경우 중심선은 회전축으로 간주됩니다.

선형 지름 치수를 적용하려면 치수 도구를 선택합니다. 치수를 기입할 첫 번째 스케치 요소를 선택하라는 메시지가 표시됩니다. 첫 번째 선을 선택하면 치수를 기입할 두 번째 스케치 요소를 선택하라는 메시지가 나타납니다. 선형 지름 치수를 적용할 참조가 있는 두 번째 선을 선택합니다. 선택한 첫 번째 선이 중심선 인 경우 선형 지름 치수가 표시됩니다. 또는 마우스 오른쪽 버튼으로 클릭한 다음 마킹 메뉴에서 선형 지름을 선택합니다. 두 선 사이의 거리가 거리의 두 배로 표시됩니다. 또한 치수 값 앞에는 선형 지름 치수임을 나타내는 Ø 기호가 표시됩니다. 〈그림 3-32〉는 선형 직경 치수의 사용법을 보여줍니다.

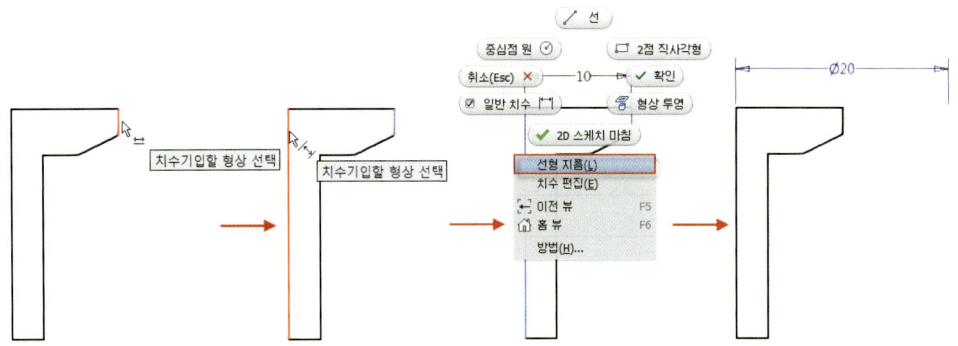

〈그림 3-32〉 마킹 메뉴를 사용하여 선형 지름 치수를 기입하는 과정

> **Tip**
>
> 치수 도구를 선택한 후 마우스 커서를 스케치된 요소 가까이로 움직이면 작은 기호가 커서 가까이에 표시됩니다. 이 기호는 적용될 측정 기준 유형을 표시합니다. 예를 들어 선을 선택하면 선형 치수 또는 정렬된 치수 기호가 표시됩니다.
>
>
>
> 첫 번째를 선택한 후 커서를 다른 선 가까이에 놓으면 각도 치수 기호가 표시됩니다. 이 기호는 적용될 치수 유형을 결정하는데 도움을 줍니다.
>
>

타원 치수

Autodesk Inventor & Inventor Professional 2019에서 타원은 주 축 및 보조 축 거리의 절반 값으로 치수가 지정됩니다. 타원의 치수를 지정하려면 치수 도구를 선택한 다음 타원을 선택합니다. 이제 마우스 커서를 수직 방향으로 움직이면 타원의 축은 X 축을 따라 절반 길이로 치수가 정해집니다. 마찬가지로, 커서를 수평 방향으로 움직이면 Y 축을 절반 길이로 치수가 정해집니다. 〈그림 3-33〉참조.

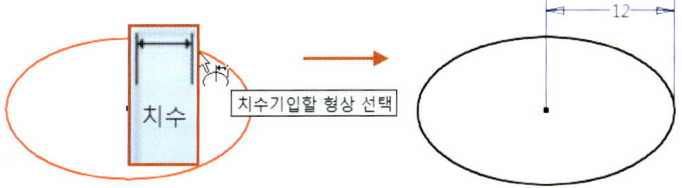

〈그림 3-33〉 타원에 치수를 기입하는 과정

원호 또는 원에 적용되는 치수를 반지름 또는 지름으로 구별하려면 치수에서 화살촉의 수를 찾으면 됩니다. 치수에 두 개의 화살촉이 있고 치수 선이 원 또는 호의 안쪽에 있으면 지름 치수입니다. 반지름 치수에는 화살촉이 하나 있고 치수 선은 원이나 호의 바깥쪽에 배치됩니다.

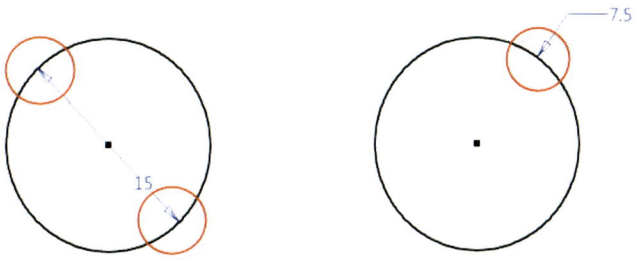

〈그림 3-34〉 원에 지름 치수와 반지름 치수 일 때의 화살촉 개수

스케치의 크기 설정하기

Autodesk Inventor & Inventor Professional 2019에서 치수 값을 변경하여 스케치 요소의 현재 길이를 변경하면 스케치의 다른 모든 요소가 비례적으로 또는 그에 따라 조정됩니다. 이 값은 스케치에 다른 치수가 적용되지 않은 경우에만 적용됩니다. 스케치에 두 번째 치수를 적용하면 치수 값을 변경할 때 스케치가 비례적으로 비율 조정되지 않습니다. 〈그림 3-35〉는 치수가 없는 스케치를 보여주고 그림 3-33은 첫 번째 치수를 적용한 후 자동으로 축척 된 스케치를 보여줍니다.

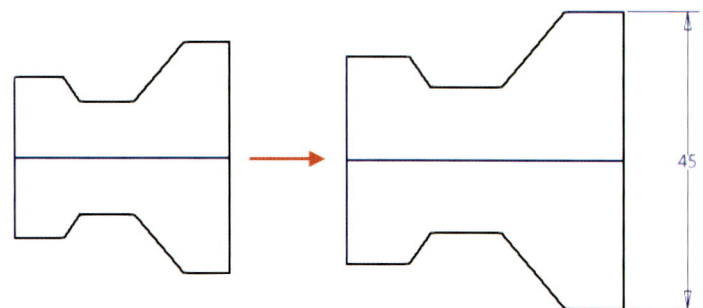

〈그림 3-35〉 첫 번째 치수 값에 의해 조정되는 스케치 크기

연계 치수 생성하기

리본 메뉴/ 스케치 탭/ 형식 패널/ 연계(구동) 치수

이 전환 버튼은 피 구동 치수와 스케치 (주행) 치수를 전환하는데 사용됩니다. 스케치 요소가 길이와 방향을 변경할 수 있도록 하는 경우의 치수를 스케치의 일반적인 구동 치수(Driving Dimension)라고 합니다. 연계 치수(Driven Dimension)는 구동 치수(Driving Dimension)의 값에 따라서 그 값이 달라지는 치수를 일컫습니다. 연계 치수(Driven Dimension)는 괄호로 묶이고 스케치된 형상의 현재 값을 표시합니다. 이 값은 수정할 수 없습니다. 구동 치수(Driving Dimension)의 값을 변경하면 〈그림 3-36〉과 같이 연계 치수(Driven Dimension)의 값이 자동으로 변경됩니다.

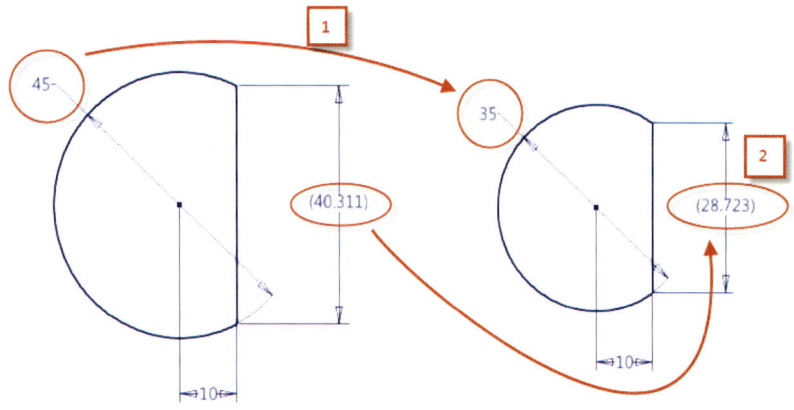

〈그림 3-36〉 구동 치수를 변경에 의한 연계 치수 값의 변경

연계 치수(Driven Dimension) 버튼을 선택한 후에 적용되는 모든 치수는 연계 치수(Driven Dimension)가 됩니다. 구동 치수(Driving Dimension)를 연계 치수(Driven Dimension)로 변환하려면 필요한 구동 치수(Driving Dimension)를 선택하고 형식 패널에서 연계 치수(Driven Dimension)를 선택합니다.

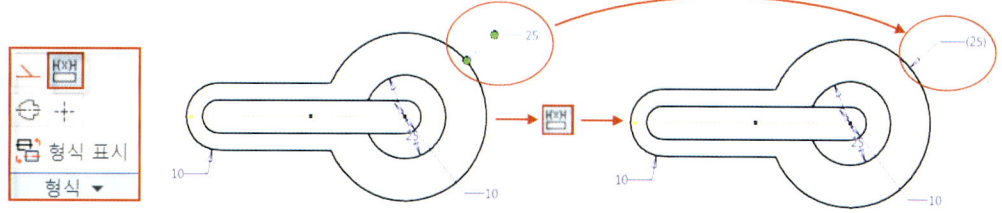

〈그림 3-37〉 구동 치수를 연계 치수 형태로 변경하는 방법

05 완전히 구속된 스케치의 개념 이해하기

완전히 구속된 스케치는 모든 요소가 기하학적 구속 조건과 치수 구속 조건을 사용하여 주변으로 완전히 구속된 스케치입니다. 완전히 구속된 스케치에서는 스케치의 모든 자유도가 구속이 됩니다. 완전히 구속된 스케치는 예기치 않게 크기, 위치 또는 방향을 변경할 수 없습니다. 스케치된 요소를 그릴 때마다 색상이 검정색으로 바뀝니다. 그러나 스케치에 필요한 치수를 추가하여 완전히 구속되게 만들면 스케치 요소가 파란색으로 바뀝니다. 스케치된 요소가 완전하게 변형되었는지 아닌지를 이해하는 방법이 하나 더 있습니다.

이 방법에서는 스케치된 요소를 마우스 오른쪽 버튼으로 클릭하고 표시된 마킹 메뉴에서 자유도 표시 옵션을 선택해야 합니다. 스케치된 요소는 수평, 수직, 각도 또는 회전과 같은 사용 가능한 자유도를 표시합니다. 또는 그래픽 창의 아래쪽에 있는 자유도 표시 전환 버튼을 클릭하여 자유도(DOF)를 표시 할 수 있습니다. Autodesk Inventor & Inventor Professional 2019에서 기본 스케치를 작성하는 동안 고정된 점을 기준으로 치수를 지정하여 완전히 고정시켜야 합니다. 그렇게 하기 위해서는 기본값으로 이미 고정되어있는 원점을 사용하여 스케치를 수정할 수 있습니다. 이 원점의 가시성을 제어할 수 있습니다. 이 지점을 숨기려면 도구 탭에서 응용 프로그램 옵션 단추를 선택하십시오. 응용 프로그램 옵션 대화 상자가 호출됩니다. 스케치 탭을 선택한 다음 스케치 작성시 파트 원점 자동 실행 확인란의 선택을 취소합니다. 그런 다음 대화 상자를 닫습니다.

> **Tip**
>
> Autodesk Inventor & Inventor Professional 2019에서 부품 모드로 전환하면 완전히 구속된 스케치가 검색기기 막대의 기호로 표시됩니다.
>
>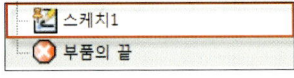

chapter 03 2D 스케치에 치수와 구속 조건 추가하기

06 스케치된 요소 측정

Autodesk Inventor & Inventor Professional 2019에서는 스케치된 요소의 다양한 매개 변수를 측정 할 수 있습니다. 측정 할 수 있는 매개 변수는 거리, 각도, 루프 및 면적입니다. 이러한 매개 변수를 측정하는 방법은 다음에 설명합니다.

측정

리본 메뉴/ 검사 탭/ 측정 패널/ 측정

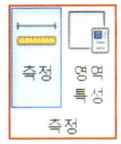

Autodesk Inventor & Inventor Professional 2019에서는 2D 스케치 요소에서 선의 길이, 호의 반지름, 원의 지름, 두 요소 간의 최소 거리 또는 점의 좌표를 측정 할 수 있습니다. 이 모든 거리는 측정 패널의 측정 도구를 사용하여 측정 할 수 있습니다. 〈그림 3-38〉 참조.

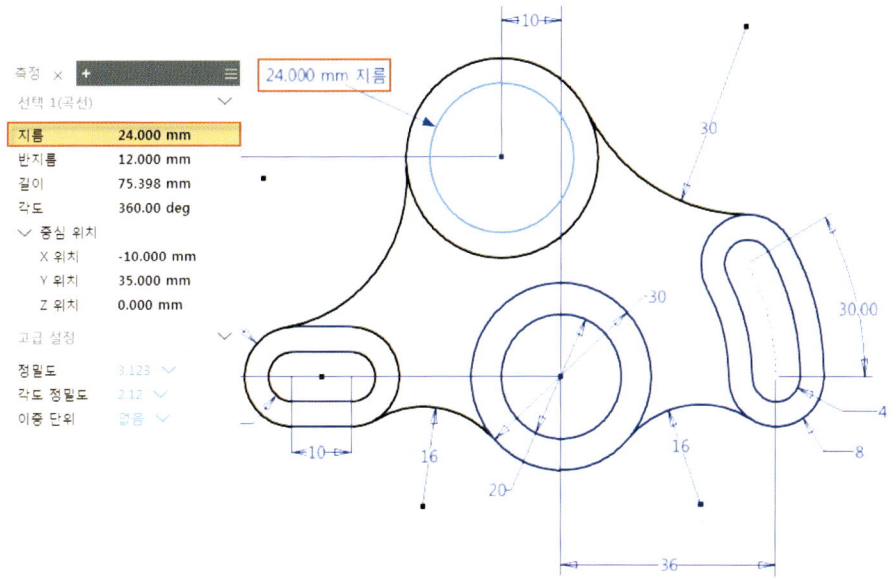

〈그림 3-38〉 측정 도구 활용

▌영역 특성

리본 메뉴/ 검사 탭/ 측정 패널/ 영역 특성

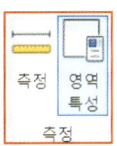

2D 스케치에서 선택하는 닫힌 루프를 하나 이상 계산할 수 있습니다. Autodesk Inventor & Inventor Professional 2019의 기본 원점으로부터 선택한 2D 스케치 루프의 중심까지의 X 및 Y 거리, 면적 관성 모멘트, 면적, 둘레를 계산할 수 있습니다. 〈그림 3-39〉 참조.

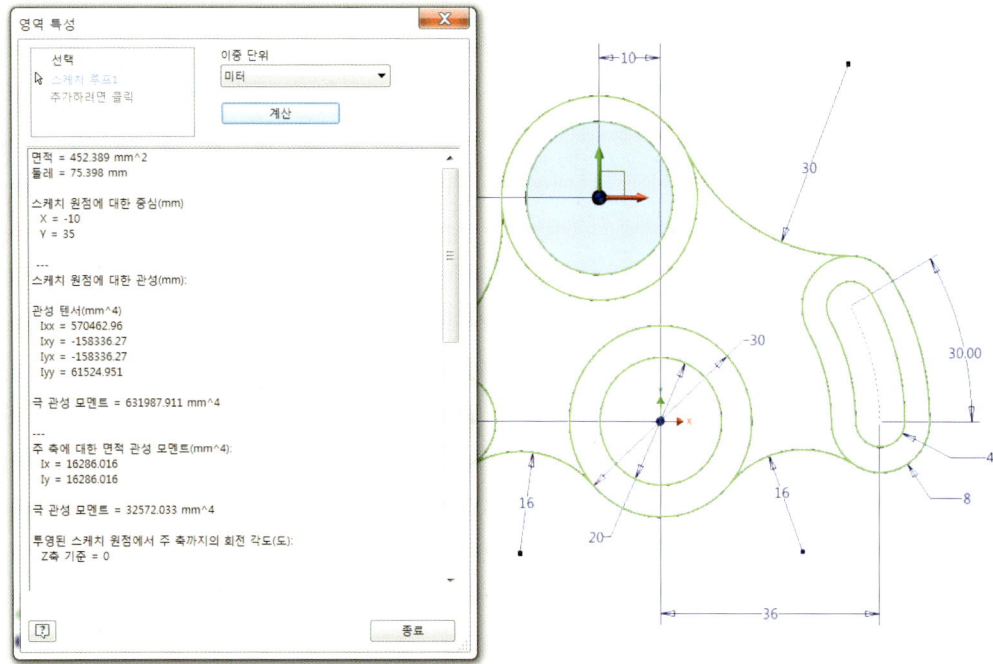

〈그림 3-39〉 영역 특성 도구 활용

- **선택**

  영역 특성 도구를 선택하면 이 옵션이 기본적으로 선택됩니다. 또한 하나 이상의 닫힌 스케치 루프를 선택하라는 메시지가 표시됩니다. 도면 창에서 하나 이상의 닫힌 스케치 루프를 선택합니다.

- **이중 단위**

  이 드롭-다운 목록에서 필요한 측정 단위를 선택하여 선택한 단위로 측정 결과를 표시 할 수 있습니다. 두 개의 다른 단위로 결과를 볼 수 있습니다.

- **계산**

  선택 및 이중 단위 영역에서 옵션을 설정 한 후 계산 버튼을 선택합니다. 결과가 표시 상자에 표시됩니다. 선택 영역에서 닫힌 루프를 추가하거나 제거하거나 이중 단위 드롭-다운 목록에서 단위를 변경하는 경우에 다시 계산이 수행되고 업데이트된 결과가 표시 상자에 표시됩니다.

Chapter 04

2D 스케치 수정하기와 패턴 유형 배우기

앞장에서 Autodesk Inventor & Inventor Professional 2019에서 작성된 스케치는 치수 구속과 기하학적 구속으로 완전히 구속된 형태로 만드는 것이 중요하다고 언급했습니다. 이렇게 작성된 스케치는 사용자가 필요 시에 편집하여 원하는 형태로 수정을 용이하게 할 수 있어야 합니다. 따라서 이 번 장에서는 이러한 스케치 수정을 위해 편리하게 제공되는 수정 도구들과 스케치를 좀 더 편리하고 쉽게 작업할 수 있는 다양한 형태의 패턴에 대해 자세히 배우게 될 것입니다.

이 장에서는 다음과 같은 내용을 다룰 것입니다.
- 다양한 수정 도구를 사용하여 스케치를 편집하기.
- 직사각형 및 원형 패턴 만들기
- 스케치 환경에 텍스트를 작성하고 이를 피쳐로 변환하십시오.
- 외부 이미지, Word 문서 및 Excel 스프레드 시트를 스케치 환경에 삽입하기
- 미니 도구 막대를 사용하여 기능 조작하기
- 자유 궤도, ViewCube 및 SteeringWheels를 사용하여 모델의 뷰를 동적으로 변경하기

01 스케치 요소 편집하기

Autodesk Inventor & Inventor Professional 2019에서는 스케치된 요소를 편집하는 데 사용할 수 있는 다양한 도구를 제공하고 있습니다.

수정 패널

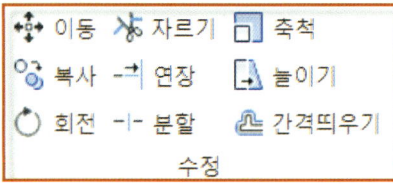

▌이동

리본 메뉴/ 스케치 탭/ 수정 패널/ 이동

이동 도구는 하나 이상 선택한 스케치 요소를 한 지점에서 다른 지점으로 이동하는 데 사용됩니다. 스케치 요소를 이동하는 데 사용할 수 있는 점은 스케치된 점, 홀 중심, 선의 끝점, 호, 스플라인 및 호, 원 및 타원의 중심점을 포함합니다. 이 도구를 선택하면 〈그림 4-1〉과 같이 이동 대화 상자가 표시됩니다. 이 대화 상자를 사용하여 선택한 스케치 요소의 복사본을 만들 수도 있습니다.

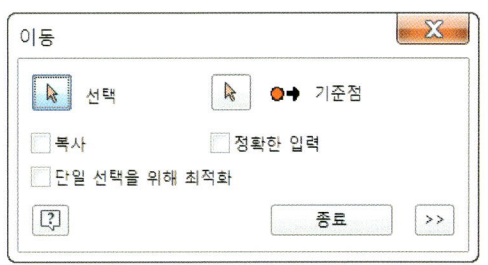

〈그림 4-1〉 이동 대화상자

> **Note**
>
> 구속된 스케치 요소를 움직이는 동안에, 스케치 요소의 움직임은 그것들에 적용된 구속 조건에 의존한다는 것을 기억해야 합니다. 선택한 스케치 요소가 다른 스케치 요소로 구속되면, 구속된 스케치 요소도 함께 이동됩니다. 그러나 다른 스케치 요소에 고정 구속 조건이 적용되어 해당 위치에서 이동할 수 없기 때문에 원래 스케치 요소도 이동할 수 없습니다.

◆ **이동 대화 상자의 옵션**

다음은 이동 대화 상자의 옵션에 대해 설명할 것입니다.

- **선택**

  이 버튼은 이동할 스케치 요소를 선택하는데 사용됩니다. 이동 도구를 선택하면 이 단추가 자동으로 선택됩니다. 스케치 요소는 윈도우 교차(Window Crossing) 선택 옵션을 사용하여 선택하거나 마우스 왼쪽 버튼을 사용하여 하나씩 선택합니다.

- **기준점**

  이 버튼은 선택한 스케치 요소의 이동을 위한 기준점 역할을 할 지점을 지정하기 위해 선택됩니다. 이동시킬 모든 스케치 요소를 선택했으면 이 버튼을 선택하여 움직임이 시작될 지점을 선택합니다.

- **복사**

  선택한 스케치 요소가 이동 될 때 이 스케치 요소의 복사본을 만들려면 이 확인란을 선택합니다. 이 확인란을 선택하면 선택한 스케치 요소의 복사본이 만들어져서 원본 스케치 요소를 그대로 유지하면서 대상 지점에 생성 및 배치를 할 수 있습니다.

- **정확한 입력**

  이 확인란을 선택하면 정확한 입력 도구를 사용하여 기준점과 이동시킬 대상 점의 좌표를 지정할 수 있습니다

- **단일 선택 최적화**

  이 확인란을 선택하면 단일 선택 또는 스케치 형상에 대해 윈도우 교차 선택을 하고 나면 기준점 버튼이 자동으로 활성화됩니다. 그러나 이 확인란의 선택을 취소하면 기준점 버튼을 선택하기 전에 여러 형상 선택을 할 수 있습니다.

Autodesk Inventor & Inventor Professional 2019에서는 이동되는 스케치 요소의 형상 및 치수 구속을 제어 할 수 있습니다. 이렇게 하려면 이동 대화 상자의 오른쪽 아래 모서리에 있는 자세히 >> 버튼을 선택합니다.

〈그림 4-2〉와 같이 이동 대화 상자가 아래로 확장됩니다.

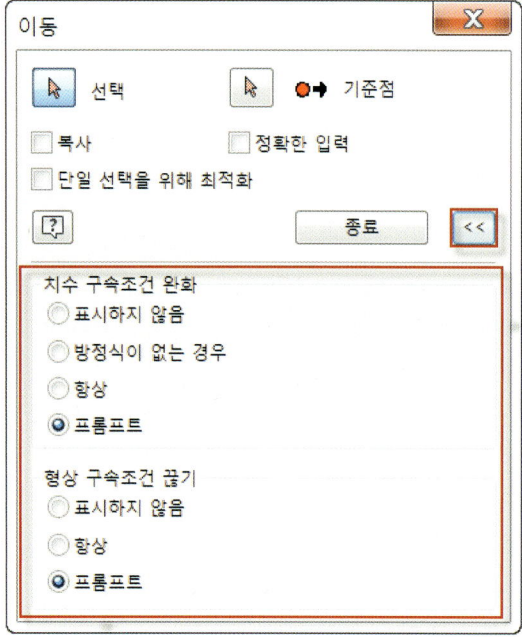

〈그림 4-2〉 이동 대화상자의 옵션

◆ 치수 구속조건 완화

이 영역의 라디오 버튼은 스케치된 요소에 적용되는 치수 구속 조건의 동작을 제어하는 데 사용됩니다. 다음은 이 영역의 다른 라디오 버튼에 대해 자세히 설명할 것입니다.

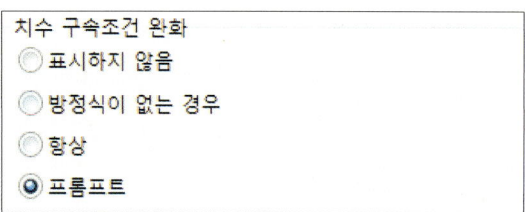

- **표시하지 않음:** 이 라디오 버튼을 선택하면 스케치된 요소를 이동시키는 동안 기존 치수 구속 조건이 무시되지 않습니다. 스케치된 요소를 이동하는데 적용된 구속 조건과 충돌하면 Autodesk Inventor & Inventor Professional 2019에서는 메시지 상자에 충돌에 대한 경고가 표시됩니다.
- **방정식이 없는 경우:** 이 라디오 버튼을 선택하면 이동시키는 동안 다른 치수의 함수가 아닌 치수만 수정됩니다.
- **항상:** 이 라디오 버튼을 선택하면 선택한 항목을 새 위치로 이동시킨 후 선택한 형상과 연관된 모

든 선형 및 각도 치수가 다시 계산됩니다. 선택사항 내의 모든 치수는 완화하고 선택사항 외부의 치수는 무시합니다.
- **프롬프트:** 이 라디오 버튼은 기본적으로 선택되며 이동 작업을 기존 치수 및 구속 조건으로 수행할 수 없는 경우 가능한 솔루션을 제공하는 대화 상자가 표시됩니다.

◆ 형상 구속 조건 끊기

형상 구속 조건 끊기 영역의 라디오 버튼은 스케치된 요소에 적용되는 기하학적 구속 조건의 동작을 제어합니다.

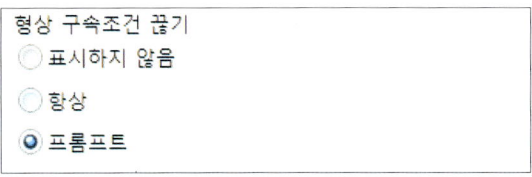

- **표시하지 않음:** 이 라디오 버튼을 선택하면 스케치된 요소를 이동시키는 동안 적용되는 기하학적 구속 조건이 무시되지 않습니다.
- **항상:** 이 라디오 버튼을 선택하면 선택된 스케치 요소와 연관된 기하학적 구속 조건만 삭제됩니다.
- **프롬프트:** 프롬프트: 이 라디오 버튼은 기본적으로 선택되며 스케치된 요소를 이동시키는 데 사용할 수 있는 솔루션을 표시합니다.

〈그림 4-3〉은 그래픽 창에서 기준점을 선택한 후 지정된 점 하나에서 다른 지정된 점으로 여러 스케치된 요소를 이동하고 복사하는 것을 보여줍니다.

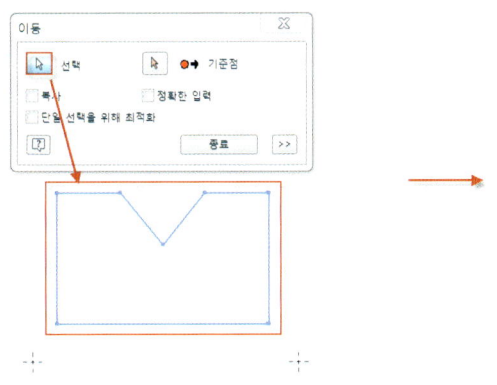 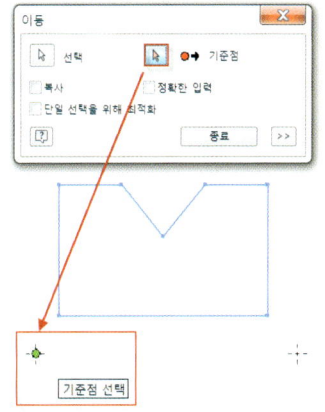

〈그림 4-3〉 스케치 점을 이용하여 스케치 요소를 이동시키는 과정

 복사

리본 메뉴/ 스케치 탭/ 수정 패널/ 복사

복사 도구는 선택한 스케치 요소를 복사하고 스케치에 하나 이상의 복제를 배치할 때에 사용됩니다. 선택한 스케치 요소는 Autodesk Inventor & Inventor Professional 2019의 클립보드에 유지되기 때문에 나중에 붙여 넣기를 할 수도 있습니다. 이 도구를 선택하면 〈그림 4-4〉와 같이 복사 대화 상자가 표시됩니다.

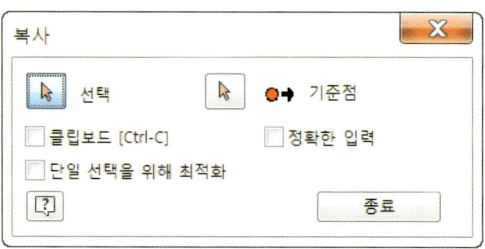

〈그림 4-4〉 복사 대화 상자

chapter 04 2D 스케치 수정하기와 패턴 유형 배우기

◆ **복사 대화 상자의 옵션**

다음은 복사 대화 상자의 옵션에 대해 설명할 것입니다.

- **선택**

  이 버튼은 이동할 스케치 요소를 선택하는데 사용됩니다. 이동 도구를 선택하면 이 단추가 자동으로 선택됩니다. 스케치 요소는 윈도우 교차(Window Crossing) 선택 옵션을 사용하여 선택하거나 마우스 왼쪽 버튼을 사용하여 하나씩 선택합니다.

- **기준점**

  이 버튼은 선택한 스케치 요소의 이동을 위한 기준점 역할을 할 지점을 지정하기 위해 선택됩니다. 이동시킬 모든 스케치 요소를 선택했으면 이 버튼을 선택하여 움직임이 시작될 지점을 선택합니다.

- **클립보드(Ctrl+C)**

  선택한 스케치 요소가 이동 될 때 이 스케치 요소의 복사본을 만들려면 이 확인란을 선택합니다. 이 확인란을 선택하면 선택한 스케치 요소의 복사본이 만들어져서 Autodesk Inventor & Inventor Professional 2019의 클립보드에 유지되기 때문에 원본 스케치 요소를 그대로 유지하면서 필요할 때마다 대상 지점에 생성 및 배치를 할 수 있습니다.

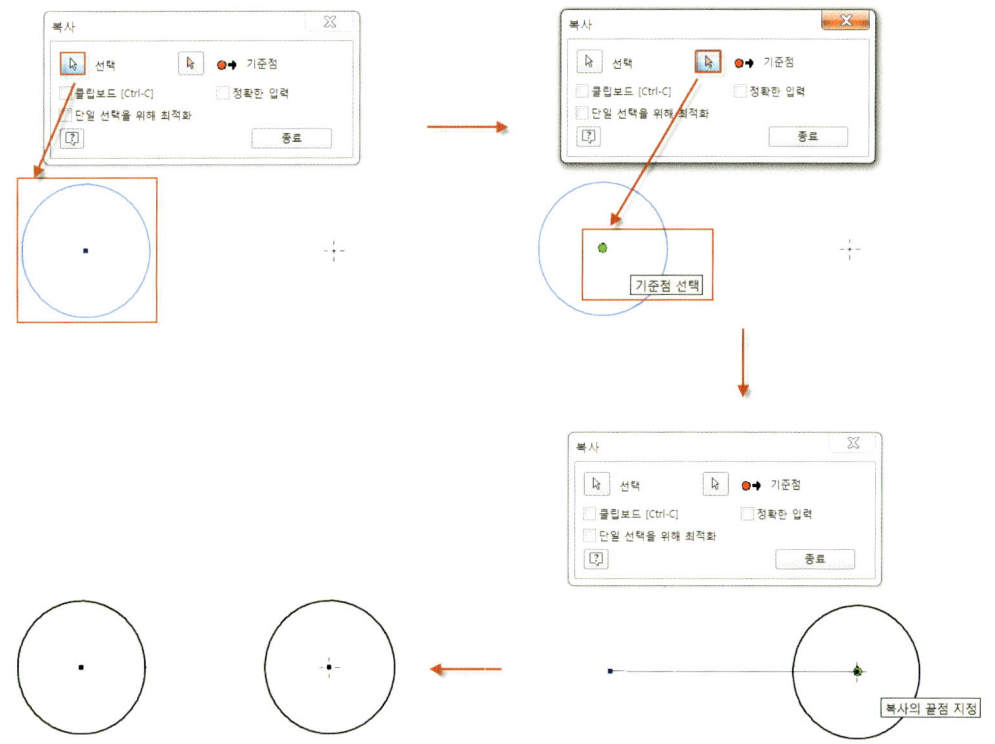

〈그림 4-5〉 원의 중심점을 기준점으로 하나의 대상 점으로 복사하는 과정

- **정확한 입력**

  이 확인란을 선택하면 정확한 입력 도구를 사용하여 기준점과 이동시킬 대상 점의 좌표를 지정할 수 있습니다.

- **단일 선택 최적화**

  이 확인란을 선택하면 단일 선택 또는 스케치 형상에 대해 윈도우 교차 선택을 하고 나면 기준점 버튼이 자동으로 활성화됩니다. 그러나 이 확인란의 선택을 취소하면 기준점 버튼을 선택하기 전에 여러 형상 선택을 할 수 있습니다.

회전

리본메뉴〉스케치 탭〉수정 패널〉회전

회전 도구는 선택한 스케치 요소를 지정된 중심점에 대해 회전하는 데 사용됩니다.

이 도구를 사용하여 선택한 스케치 요소의 사본을 회전하는 동안 만들 수도 있습니다. 이 도구를 선택하면 〈그림 4-6〉과 같이 회전 대화 상자가 표시됩니다.

〈그림 4-6〉 회전 대화 상자

◆ **회전 대화 상자의 옵션**

다음은 회전 대화 상자의 옵션에 대해 설명할 것입니다.

- **선택**

  이 버튼은 회전할 스케치 요소를 선택하기 위해 선택됩니다. 회전 도구를 선택하면 회전 대화 상자가 표시되고 선택 버튼이 자동으로 선택됩니다. 모든 객체에 대한 선택 기술을 사용하여 하나 이상의 객체를 선택할 수 있습니다.

- **중심점**

  중심점 선택 버튼을 사용하면 회전 중심점을 지정할 수 있습니다. 정확한 입력 확인란을 선택하면 회전 중심점에 대한 좌표를 입력 할 수 있습니다.

- **각도**

  이 편집 상자는 선택한 스케치 요소가 회전할 각도 값을 정의하는 데 사용됩니다. 이 입력란에 값을 입력하거나 이 입력란의 오른쪽에 있는 화살표를 선택하여 미리 정의된 각도 값을 지정할 수 있습니다. 양수 값의 각도는 선택한 스케치 요소를 시계 반대 방향으로 회전시키고 음수 값의 각도는 선택한 스케치 요소를 시계 방향으로 회전시킵니다.

- **복사**
선택한 스케치 요소가 회전할 때 이 스케치 요소의 복사본을 만들려면 이 확인란을 선택합니다. 이 확인란을 선택하면 선택한 스케치 요소의 사본이 작성되고 각도 편집 상자에 지정한 각도에 배치됩니다. 기존의 스케치 요소는 기존의 위치에서 없어지지 않습니다.

- **단일 선택 최적화**
이 확인란을 선택하면 스케치 요소를 선택하자마자 중심점의 선택 버튼이 자동으로 활성화됩니다. 그러나 이 확인란의 선택을 취소하면 중심점에서 선택 버튼을 선택하기 전에 여러 스케치 형상을 선택할 수 있습니다.

Autodesk Inventor & Inventor Professional 2019을 사용하면 스케치된 요소를 회전시키는 동안 적용되는 치수 및 기하학적 구속 조건을 제어 할 수 있습니다. 이 옵션은 회전 대화 상자의 오른쪽 아래에 있는 자세히 버튼 >> 을 선택하면 사용할 수 있습니다. 이러한 옵션은 스케치된 요소의 이동에 대한 이전 섹션에서 설명한 것과 동일합니다.

◆ 치수 구속조건 완화

이 영역의 라디오 버튼은 스케치된 요소에 적용되는 치수 구속 조건의 동작을 제어하는 데 사용됩니다. 다음은 이 영역의 다른 라디오 버튼에 대해 자세히 설명할 것입니다.

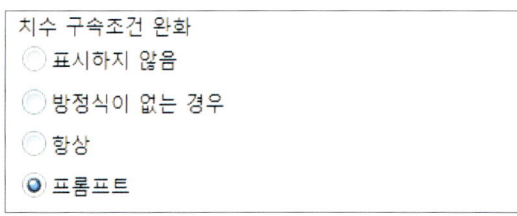

- **표시하지 않음:** 이 라디오 버튼을 선택하면 스케치된 요소를 이동시키는 동안 기존 치수 구속 조건이 무시되지 않습니다. 스케치된 요소를 이동하는데 적용된 구속 조건과 충돌하면 Autodesk Inventor & Inventor Professional 2019에서는 메시지 상자에 충돌에 대한 경고가 표시됩니다.
- **방정식이 없는 경우:** 이 라디오 버튼을 선택하면 이동시키는 동안 다른 치수의 함수가 아닌 치수만 수정됩니다.
- **항상:** 이 라디오 버튼을 선택하면 선택한 항목을 새 위치로 이동시킨 후 선택한 형상과 연관된 모든 선형 및 각도 치수가 다시 계산됩니다. 선택사항 내의 모든 치수는 완화하고 선택사항 외부의 치수는 무시합니다.
- **프롬프트:** 이 라디오 버튼은 기본적으로 선택되며 이동 작업을 기존 치수 및 구속 조건으로 수행할 수 없는 경우 가능한 솔루션을 제공하는 대화 상자가 표시됩니다.

◆ 형상 구속 조건 끊기

형상 구속 조건 끊기 영역의 라디오 버튼은 스케치된 요소에 적용되는 기하학적 구속 조건의 동작을 제어합니다.

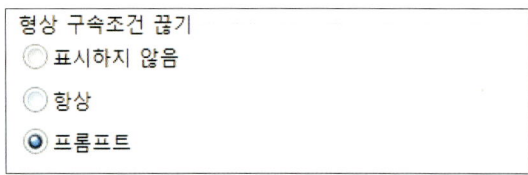

- **표시하지 않음:** 이 라디오 버튼을 선택하면 스케치된 요소를 이동시키는 동안 적용되는 기하학적 구속 조건이 무시되지 않습니다.
- **항상:** 이 라디오 버튼을 선택하면 선택된 스케치 요소와 연관된 기하학적 구속 조건만 삭제됩니다.
- **프롬프트:** 이 라디오 버튼은 기본적으로 선택되며 스케치된 요소를 이동시키는 데 사용할 수 있는 솔루션을 표시합니다.

〈그림 4-7〉은 기준점을 선택한 후 다양한 각도에서 선택한 스케치 요소의 회전을 보여줍니다.

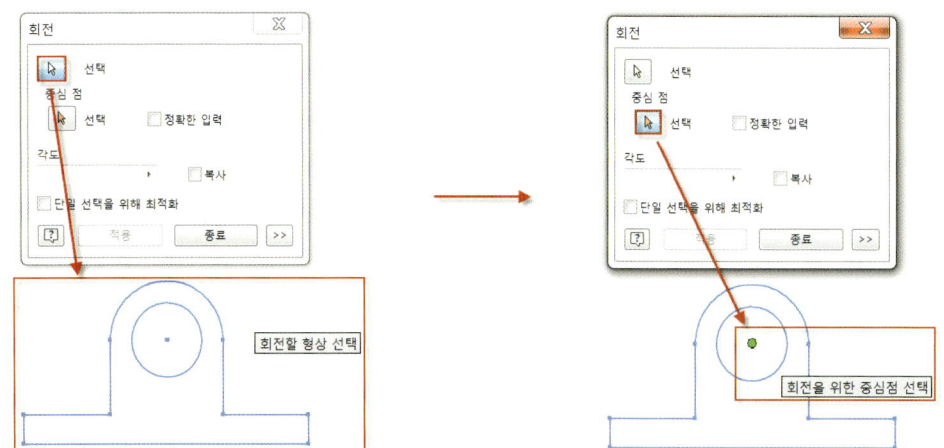

chapter 04 2D 스케치 수정하기와 패턴 유형 배우기

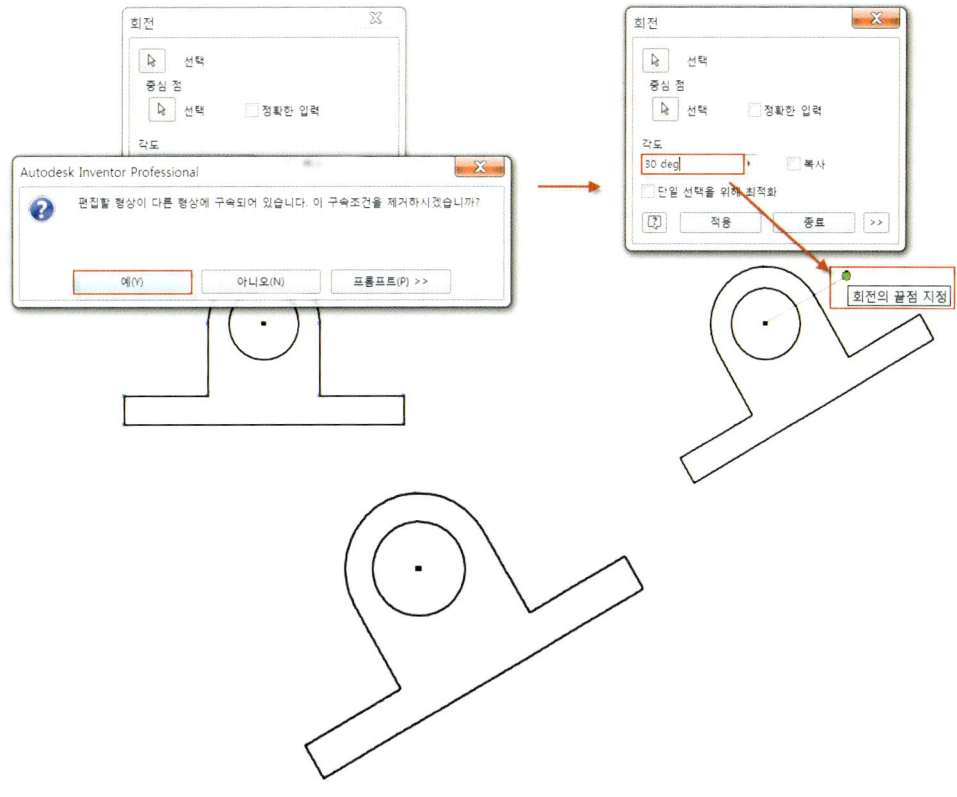

〈그림 4-7〉 중심점을 이용하여 객체를 회전시키는 과정

Tip

마킹 메뉴를 사용하여 스케치된 요소의 복사본을 만들 수도 있습니다. 스케치된 요소를 선택하고 마우스 오른쪽 버튼을 클릭하여 마킹 메뉴를 표시합니다. 이 메뉴에서 복사를 선택합니다. 다시 말하면 마킹 메뉴를 표시하기 위해서는 마우스 오른쪽 버튼을 클릭하고 붙여 넣기를 선택하여 선택한 스케치 요소를 붙여 넣어 선택한 스케치 요소의 사본을 만드는 것입니다.

자르기

리본메뉴 > 스케치 탭 > 수정 패널 > 자르기

자르기 도구는 스케치 요소의 길이를 줄이거나 스케치 요소 자체를 제거하는데 사용할 수 있습니다. 이 도구는 모서리 (칼날이라고도 함)를 사용하여 선택한 스케치 요소를 잘라냅니다. 현재의 형태인 칼날은 실제로 자르기를 할 스케치 요소와 교차 할 수도 있고 실제로 교차하지 않을 수도 있습니다. 그러나 확장되면 칼날이 자르기를 할 스케치 요소와 교차해야 합니다. 이 도구를 선택하면 곡선의 어느 부분을 잘라내기를 할 것인지 선택을 묻는 메시지가 나타납니다. 자르기를 할 곡선 가까이로 마우스 커서를 이동하면 스케치 요소가 강조 표시되고 자르기를 할 스케치 요소 부분이 점선으로 표시됩니다. 스케치 요소의 부분을 클릭하여 자르기를 할 부분을 선택하면 선택한 부분이 다음 가장 가까운 스케치 요소와 가장 가까운 교차점으로 자르기가 됩니다. 〈그림 4-8〉은 자르기를 위해 선택되는 곡선과 자르기를 한 후의 스케치 형태를 보여줍니다. 격리된 스케치 요소에서 이 도구를 사용하면 삭제 도구로 작동하고 격리된 항목을 삭제합니다.

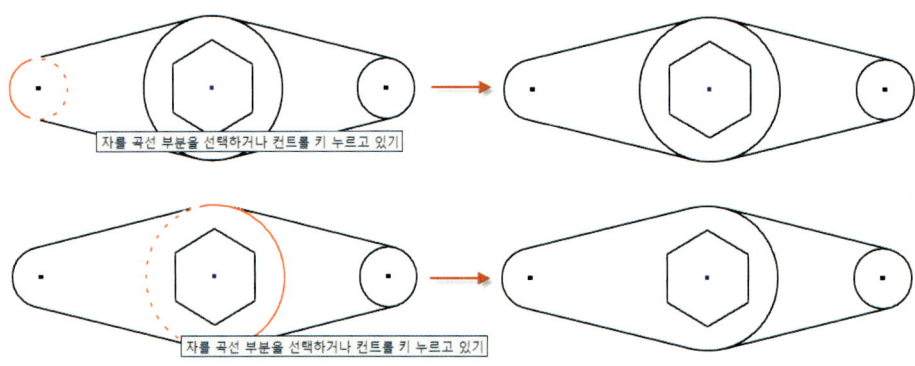

〈그림 4-8〉 스케치 요소를 자르기를 하는 과정

경계 내에서 스케치 요소를 자르기를 하려면 자르기 도구를 선택한 후 Ctrl 키를 누른 상태로 유지합니다. 자르기에 사용되는 스케치 요소를 선택하라는 메시지가 표시됩니다. 자르기를 위한 경계로 사용할 스케치 요소를 선택합니다. 그런 다음 Ctrl 키를 놓습니다. 잘라낼 곡선 부분을 선택하라는 메시지가 나타납니다. 부분을 클릭하여 선택하면 경계 내의 부분이 다듬어집니다.

Autodesk Inventor & Inventor Professional 2019에서는 선 및 곡선을 동적으로 자르기를 할 수도 있습니다. 이렇게 하려면 자르기 도구를 선택하고 마우스 왼쪽 버튼을 누른 상태에서 자르기를 할 스케치 요소로 마우스 커서를 움직입니다.

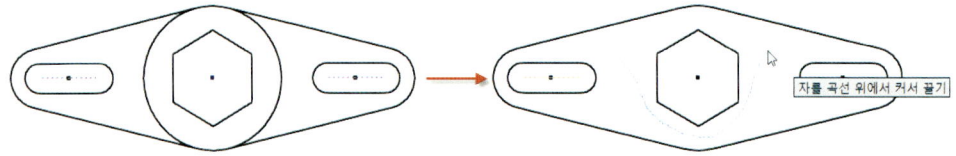

〈그림 4-9〉 스케치 요소를 동적으로 자르기를 하는 과정

연장

리본 메뉴/ 스케치 탭/ 수정 패널/ 연장

연장 도구는 선택한 스케치 요소를 지정한 경계까지 확장하거나 길게 만들 수 있는 사용됩니다. 이 도구를 사용하려면 적어도 두 개의 스케치 요소가 있어야 확장 될 때 한 지점에서 만나게 할 수 있습니다. 스케치 요소 중 하나를 참조하면 다른 스케치 요소가 연장됩니다. 이 도구를 사용하여 연장 할 수 있는 스케치 요소는 선, 스플라인 및 호입니다. 이 도구를 선택하면 연장할 곡선을 선택하라는 메시지가 표시됩니다. 마우스 커서를 연장할 곡선 가까이로 이동하면 원래 곡선이 흰색으로 표시되고 연장될 부분이 검은 색으로 표시됩니다. 호를 연장하는 동안 호를 선택하는 지점이 연장되는 면을 결정합니다. 〈그림 4-10〉은 연장 전/ 후의 스케치 요소를 보여 줍니다.

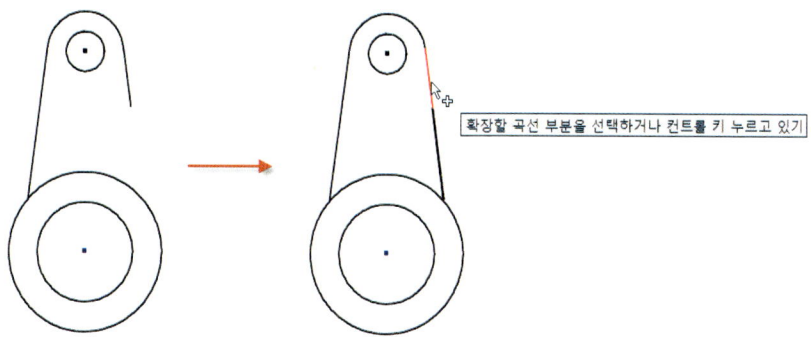

〈그림 4-10〉 스케치 요소를 연장하는 과정

Autodesk Inventor & Inventor Professional 2019에서는 선 및 곡선을 가장 가까운 경계까지 동적으로 연장 할 수 있습니다. 이렇게 하려면 수정 패널에서 연장 도구를 선택하고 마우스 왼쪽 버튼을 누른 상태에서 연장을 할 스케치 요소 위로 마우스 커서를 움직입니다. 그러면 마우스 커서가 통과하는 스케치 요소는 가장 가까운 경계로 연장됩니다.

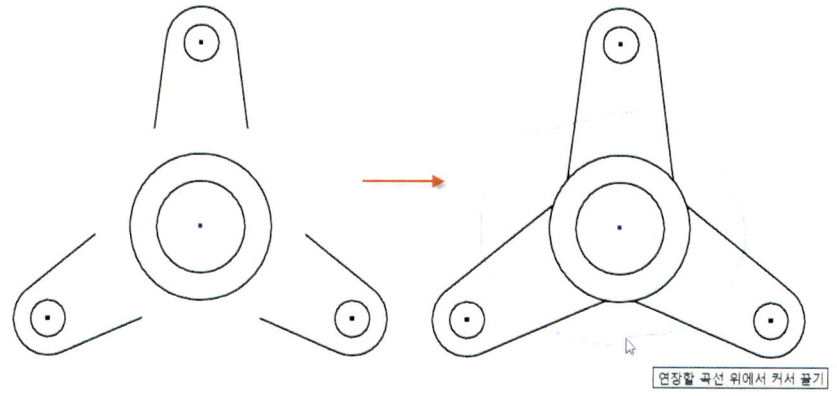

〈그림 4-11〉 스케치 요소를 동적으로 연장하는 과정

Tip

편집하는 동안에 자르기 또는 연장 도구를 사용하는 경우 Shift 키를 누른 채로 이 도구 사이에 일시적으로 전환 할 수도 있습니다. 예를 들어, 활성 도구가 자르기이고 Shift 키를 누른 상태로 있으면 이 도구는 확장 도구로 작동하지만 Shift 키를 놓으면 원래 도구인 자르기 도구가 해당 기능을 다시 시작하는 것입니다.

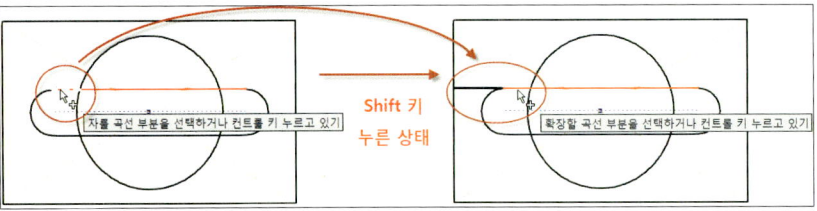

분할

리본 메뉴/ 스케치 탭/ 수정 패널/ 분할

분할 도구는 스케치 요소를 다른 스케치 요소와의 교차점에 있는 두 개 이상의 스케치 요소로 나누는 데 사용됩니다. 이 도구를 선택하면 분할을 할 곡선을 선택하라는 메시지가 표시됩니다. 마우스 커서를 스케치 요소 가까이로 이동하면 가장 가까운 교차점이 빨간색 십자 표시로 표시됩니다. 교차점은 스케치 요소의 선택 점에 따라 선택됩니다. 즉, 선택 점에 가장 가까운 교차점이 스케치 요소를 끊을 점으로 선택됩니다. 빨간색으로 표시된 스케치 요소를 클릭하면 스케치 요소가 두 개로 나뉩니다. 분할된 스케치 요소의 각 부분은 이제 개별 스케치 요소로 인식되어 독립적으로 수정하거나 삭제할 수 있습니다. 그러나 분할된(깨진) 부분은 일치 조건을 통해 결합됩니다. 결과적으로, 분할된 스케치 요소를 새 위치로 드래그하면 전체 스케치 요소도 같이 이동합니다. 〈그림 4-12〉는 직선에 의해 선택한 하나의 원 스케치를 분할하여 두 개의 스케치 객체 요소로 만드는 과정을 보여줍니다.

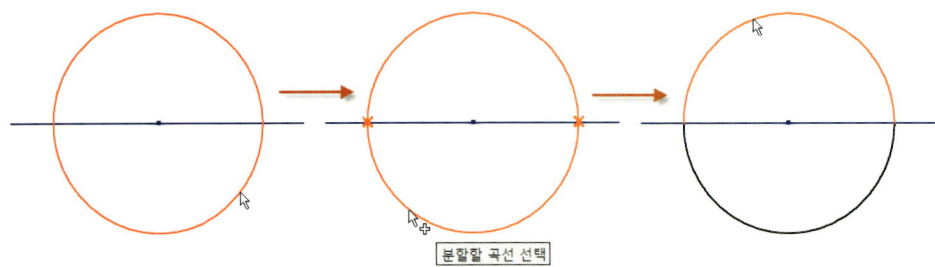

〈그림 4-12〉 스케치 요소를 분할하는 과정

chapter 04 2D 스케치 수정하기와 패턴 유형 배우기

Tip

자르기 도구를 사용하여 스케치 요소를 편집하는 경우에 연장 또는 분할 도구로 전환 할 수 있습니다. 이렇게 하려면 도면 영역을 마우스 오른쪽 버튼으로 클릭합니다. 마킹 메뉴가 표시됩니다. 활성 도구의 왼쪽에 확인 표시가 나타납니다. 해당 도구로 전환하려면 요구 사항에 따라 편집 도구를 선택하면 됩니다. 연장과 분할 도구를 사용하여 스케치 요소를 편집할 때도 마찬가지입니다.

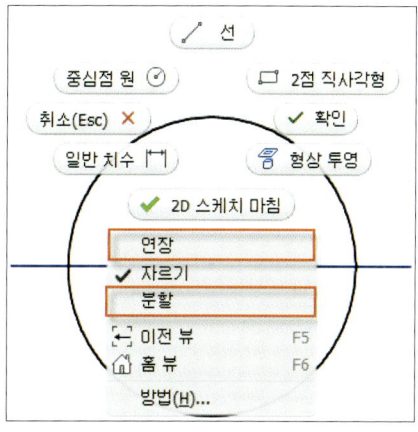

축척

리본 메뉴/ 스케치 탭/ 수정 패널/ 축척

축척 도구는 스케치 요소의 크기를 비례하여 늘이거나 줄이는데 사용됩니다. 축척을 사용하는 경우에는 선택한 스케치 요소와 연관된 구속 조건을 완화할 수 있습니다. 이 도구를 선택하면 〈그림 4-13〉과 같이 축척 대화 상자가 표시됩니다.

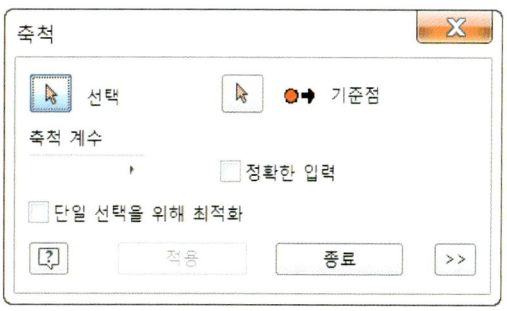

〈그림 4-13〉 축척 대화 상자

◆ **축척 대화 상자의 옵션**

다음은 축척 대화 상자의 옵션에 대해 설명할 것입니다.

- **선택**

  이 버튼은 이동할 스케치 요소를 선택하는데 사용됩니다. 축척 도구를 선택하면 이 버튼이 자동으로 선택됩니다. 스케치 요소는 윈도우 교차(Window Crossing) 선택 옵션을 사용하여 선택하거나 마우스 왼쪽 버튼을 사용하여 하나씩 선택합니다.

- **기준점**

  이 버튼은 선택한 스케치 요소의 축척을 위한 기준점 역할을 할 지점을 지정하기 위해 선택됩니다. 축척 시킬 모든 스케치 요소를 선택했으면 이 버튼을 선택하여 축척 조정이 시작될 지점을 선택합니다.

- **축척 계수**

  축척 계수 항목은 축척 비율을 설정하는 항목으로 크기의 배수 값으로 설정할 수 있습니다. 예를 들어 길이 10mm 값의 선을 20mm로 크기를 늘리고 싶으면 축척 계수 값에 2를 입력하면 되는 것입니다.

- **정확한 입력**

  이 확인란을 선택하면 정확한 입력 도구를 사용하여 기준점과 이동시킬 대상 점의 좌표를 지정할 수 있습니다.

- **단일 선택 최적화**

  이 확인란을 선택하면 스케치 요소를 선택하자마자 기준점 모드로 자동 전환됩니다. 단일 선택 사항만 수정하는 경우에 이 옵션을 선택하여 사용합니다. 단일 선택 최적화 버튼을 선택하지 않으면 여러 스케치 형상을 선택할 수 있습니다.

Autodesk Inventor & Inventor Professional 2019을 사용하면 스케치된 요소에 대해 축척을 조정하는 동안 적용되는 치수 및 기하학적 구속 조건을 제어 할 수 있습니다. 이 옵션은 축척 대화 상자의 오른쪽 아래에 있는 자세히 버튼을 선택하면 사용할 수 있습니다.

- **치수 구속조건 완화**

  이 영역의 라디오 버튼은 스케치된 요소에 적용되는 치수 구속 조건의 동작을 제어하는 데 사용됩니다. 다음은 이 영역의 다른 라디오 버튼에 대해 자세히 설명할 것입니다.

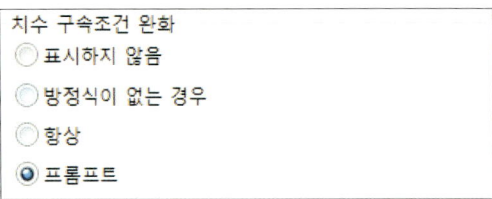

  - **표시하지 않음:** 이 라디오 버튼을 선택하면 스케치된 요소의 크기를 조정하는 동안 기존 치수 구속 조건이 무시되지 않습니다. 스케치된 요소에 대해 축척을 조정하는데 적용된 구속 조건과 충돌

하면 Autodesk Inventor & Inventor Professional 2019에서는 메시지 상자에 충돌에 대한 경고가 표시됩니다.
- **방정식이 없는 경우:** 이 라디오 버튼을 선택하면 축척을 조정하는 동안 다른 치수의 함수가 아닌 치수만 수정됩니다.
- **항상:** 이 라디오 버튼을 선택하면 선택 세트 외부의 모든 치수를 완화하고 각도 치수를 제외하고 선택 세트 내부의 모든 치수를 완화시켜 줍니다.
- **프롬프트:** 이 라디오 버튼은 기본적으로 선택되며 축척 작업을 기존 치수 및 구속 조건으로 수행할 수 없는 경우 가능한 솔루션을 제공하는 대화 상자가 표시됩니다.

- **형상 구속 조건 끊기**

형상 구속 조건 끊기 영역의 라디오 버튼은 스케치된 요소에 적용되는 기하학적 구속 조건의 동작을 제어합니다.

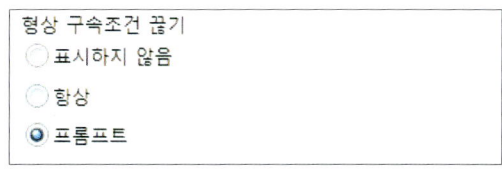

- **표시하지 않음:** 이 라디오 버튼을 선택하면 스케치된 요소에 대해 크기를 조정하는 동안 적용되는 기하학적 구속 조건이 수정되지 않습니다. 이 작업은 모든 기존 형상 구속조건에 따라 수행됩니다. 작업에 실패하면 대화상자가 표시됩니다.
- **항상:** 이 라디오 버튼을 선택하면 선택한 형상과 연관된 고정 구속조건만 삭제합니다. 평행 및 수직 형상을 제외하고 선택한 형상과 선택 취소된 형상 사이의 구속조건을 삭제합니다.
- **프롬프트:** 이 라디오 버튼은 기본적으로 선택되며 스케치된 요소를 이동시키는 데 사용할 수 있는 솔루션을 표시합니다.

〈그림 4-14〉는 기준점을 선택한 후 선택한 스케치 요소의 축척 조정을 적용하는 과정을 보여줍니다.

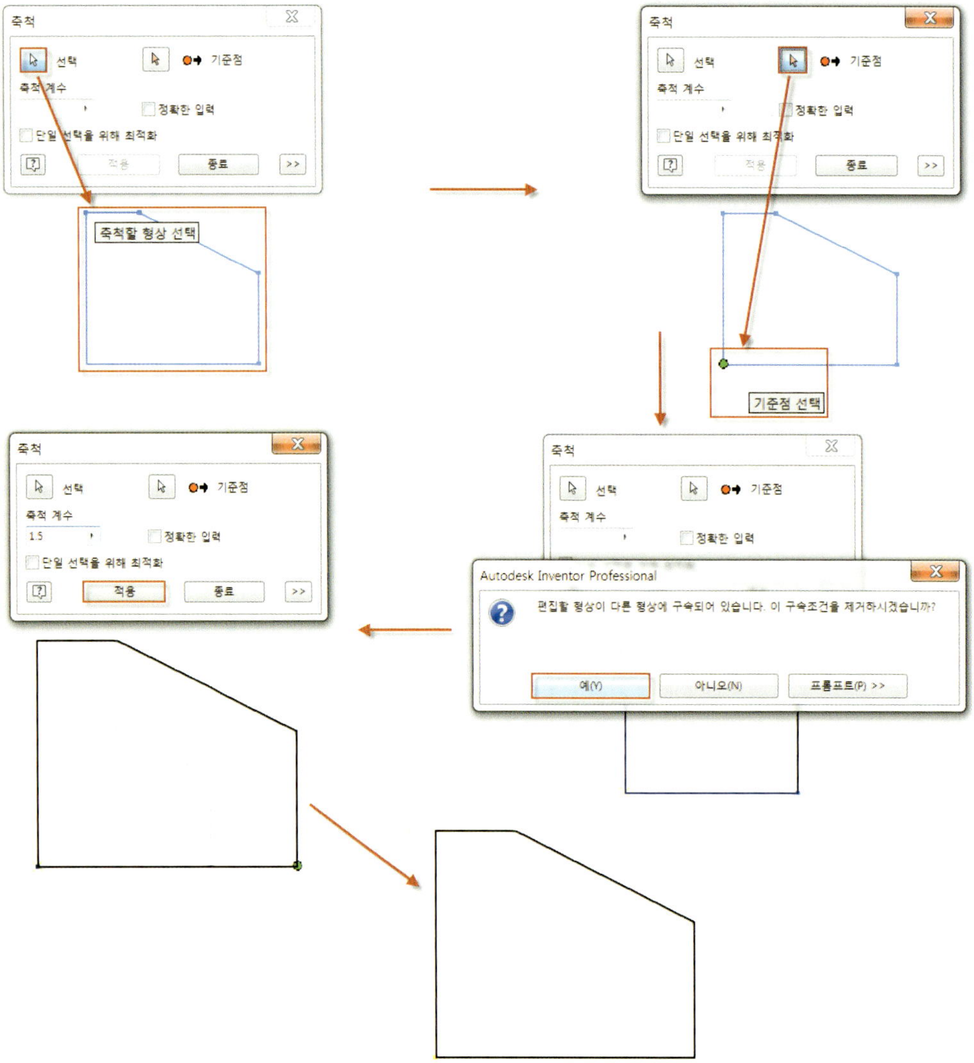

〈그림 4-14〉 객체의 크기 조정을 위해 축척을 적용하는 과정

늘이기

리본 메뉴/ 스케치 탭/ 수정 패널/ 늘이기

　　　늘이기 도구는 스케치 요소를 지정된 점을 이용하여 늘이는데 사용됩니다. 두 개의 입력 점 또는 정확한 입력을 사용하여 늘이는데, 입력 점을 이용할 경우 구속 조건 재지정 옵션을 자세히 섹션에서 사용할 수 있습니다.
　　이 도구를 선택하면 〈그림 4-15〉과 같이 늘이기 대화 상자가 표시됩니다.

chapter 04 2D 스케치 수정하기와 패턴 유형 배우기

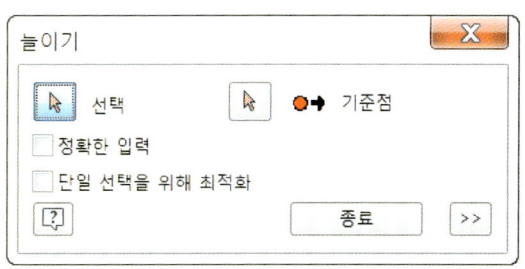

〈그림 4-15〉 늘이기 대화 상자

◆ **늘이기 대화 상자의 옵션**

다음은 늘이기 대화 상자의 옵션에 대해 설명할 것입니다.

● **선택**

이 버튼은 늘이기를 할 스케치 요소를 선택하는데 사용됩니다. 늘이기 도구를 선택하면 이 버튼이 자동으로 선택됩니다. 스케치 요소는 윈도우 교차(Window Crossing) 선택 옵션을 사용하여 선택하거나 마우스 왼쪽 버튼을 사용하여 하나씩 선택합니다.

● **기준점**

이 버튼은 선택한 스케치 요소의 축척을 위한 기준점 역할을 할 지점을 지정하기 위해 선택됩니다. 늘이기를 할 모든 스케치 요소를 선택했으면 이 버튼을 선택하여 늘이기를 시작할 지점을 선택합니다.

● **정확한 입력**

이 확인란을 선택하면 정확한 입력 도구를 사용하여 기준점과 이동시킬 대상 점의 좌표를 지정할 수 있습니다.

● **단일 선택을 위해 최적화**

이 확인란을 선택하면 스케치 요소를 선택하자마자 기준점 모드로 자동 전환됩니다. 단일 선택 사항만 수정하는 경우에 이 옵션을 선택하여 사용합니다. 단일 선택을 위해 최적화 버튼을 선택하지 않으면 여러 스케치 형상을 선택할 수 있습니다.

Autodesk Inventor & Inventor Professional 2019을 사용하면 스케치된 요소에 대해 축척을 조정하는 동안 적용되는 치수 및 기하학적 구속 조건을 제어 할 수 있습니다. 이 옵션은 늘이기 대화 상자의 오른쪽 아래에 있는 자세히 >> 버튼을 선택하면 사용할 수 있습니다.

● **치수 구속조건 완화**

이 영역의 라디오 버튼은 스케치된 요소에 적용되는 치수 구속 조건의 동작을 제어하는 데 사용됩니다. 다음은 이 영역의 다른 라디오 버튼에 대해 자세히 설명할 것입니다.

```
치수 구속조건 완화
○ 표시하지 않음
○ 방정식이 없는 경우
○ 항상
● 프롬프트
```

- **표시하지 않음:** 이 라디오 버튼을 선택하면 스케치된 요소의 크기를 조정하는 동안 기존 치수 구속 조건이 무시되지 않습니다. 스케치된 요소에 대해 축척을 조정하는데 적용된 구속 조건과 충돌하면 Autodesk Inventor & Inventor Professional 2019에서는 메시지 상자에 충돌에 대한 경고가 표시됩니다.
- **방정식이 없는 경우:** 이 라디오 버튼을 선택하면 축척을 조정하는 동안 다른 치수의 함수가 아닌 치수만 수정됩니다.
- **항상:** 이 라디오 버튼을 선택하면 선택 세트 외부의 모든 치수를 완화하고 각도 치수를 제외하고 선택 세트 내부의 모든 치수를 완화시켜 줍니다. 주 도면요소의 치수는 무시됩니다. 보조 도면요소에서 선택한 형상 사이 및 선택 세트와 외부 형상 사이의 치수를 완화합니다.
- **프롬프트:** 이 라디오 버튼은 기본적으로 선택되며 축척 작업을 기존 치수 및 구속 조건으로 수행할 수 없는 경우 가능한 솔루션을 제공하는 대화 상자가 표시됩니다.

- **형상 구속 조건 끊기**

형상 구속 조건 끊기 영역의 라디오 버튼은 스케치된 요소에 적용되는 기하학적 구속 조건의 동작을 제어합니다.

```
형상 구속조건 끊기
○ 표시하지 않음
○ 항상
● 프롬프트
```

- **표시하지 않음:** 이 라디오 버튼을 선택하면 스케치된 요소에 대해 크기를 조정하는 동안 적용되는 기하학적 구속 조건이 수정되지 않습니다. 이 작업은 모든 기존 형상 구속조건에 따라 수행됩니다. 작업에 실패하면 대화상자가 표시됩니다.
- **항상:** 이 라디오 버튼을 선택하면 선택한 형상과 연관된 고정 구속조건만 삭제합니다. 평행 및 수직 형상을 제외하고 선택한 형상과 선택 취소된 형상 사이의 구속조건을 삭제합니다.
  다음 사이의 모든 구속조건을 삭제합니다.
  - 주 형상과 선택 취소된 형상 사이(평행 형상 및 수직 형상 제외)
  - 주 형상과 보조 형상 사이(일치 형상 및 접선 형상 제외)
  - 보조 형상과 선택되지 않은 형상 사이(일치 형상 제외)
  - 보조 형상 사이(일치 형상 제외)

- **프롬프트:** 이 라디오 버튼은 기본적으로 선택되며 스케치된 요소를 이동시키는 데 사용할 수 있는 솔루션을 표시합니다.

〈그림 4-16〉은 기준점을 선택한 후 선택한 스케치 요소에 대해 늘이기를 적용하는 과정을 보여줍니다.

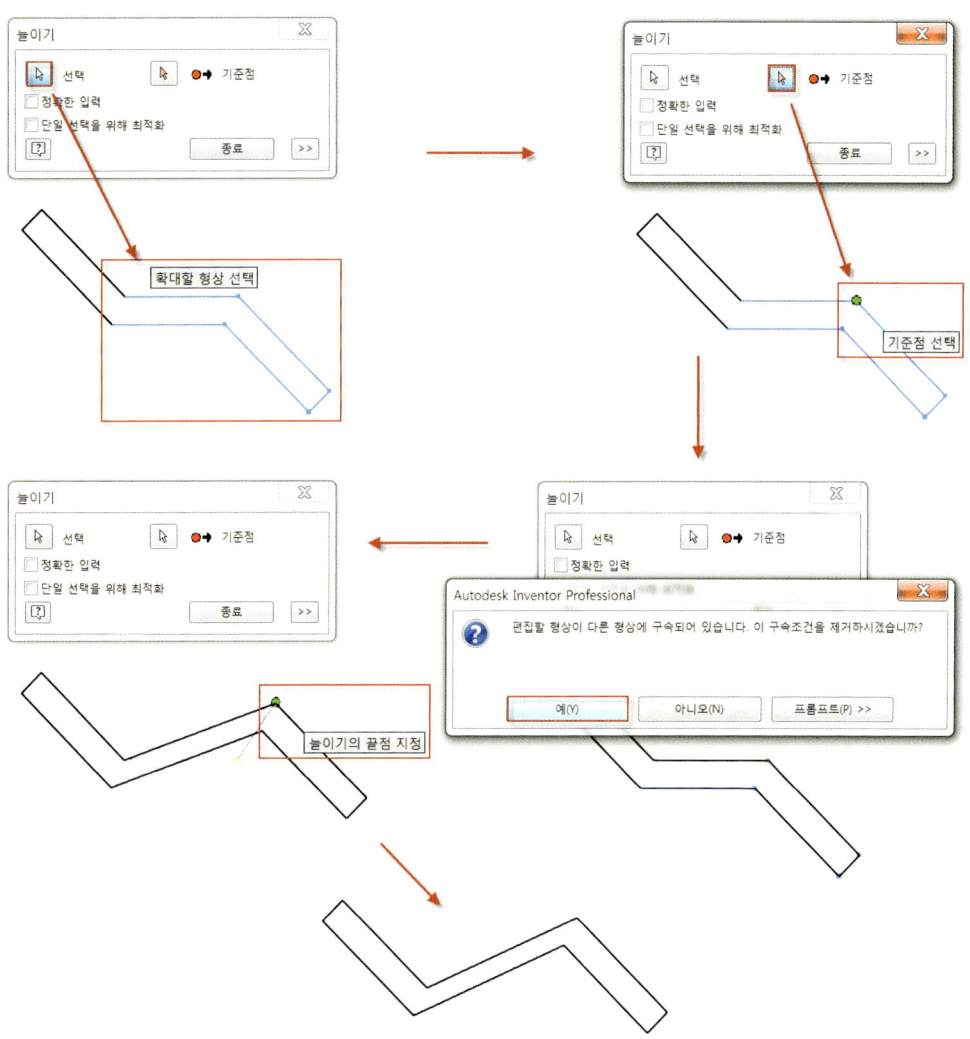

〈그림 4-16〉 객체에 늘이기를 적용하는 과정

간격 띄우기

리본 메뉴/ 스케치 탭/ 수정 패널/ 간격 띄우기

간격 띄우기는 평행선, 동심 원 및 원을 일정한 거리를 유지하면서 그리는 가장 쉬운 방법 중 하나입니다. 간격 띄우기를 할 전체 루프를 단일 스케치 요소로 선택하거나 개별 스케치 요소를 선택할 수 있습니다. 간격 띄우기 도구를 선택하면 간격 띄우기를 할 곡선을 선택하라는 메시지가 나타납니다. 이 시점에서 마우스 오른쪽 버튼을 클릭하면 〈그림 4-17〉과 같이 마킹 메뉴가 표시됩니다. 이 마킹 메뉴에서 루프 선택 옵션이 기본적으로 선택됩니다. 〈그림 4-17〉 참조. 이 옵션을 사용하면 전체 루프를 단일 스케치 요소로 선택할 수 있습니다. 그러나 이 옵션을 선택하지 않으면 전체 루프가 개별 세그먼트의 조합으로 간주되어 개별 스케치 요소를 선택할 수 있게 되는 것입니다. 간격 띄우기 구속 옵션은 루프 또는 개별 스케치 요소가 간격 띄우기 될 때 자동으로 구속 조건을 적용합니다.

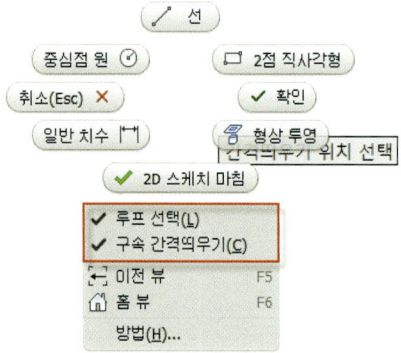

〈그림 4-17〉 스케치 요소의 간격 띄우기를 위한 마킹 메뉴 옵션

마킹 메뉴에서 루프 선택 옵션을 선택하면 원래 루프를 선택한 직후에 새 루프의 오프셋 위치를 지정하라는 메시지가 표시됩니다. 원래 루프 내부에 위치를 지정하면 새 루프가 원래 루프보다 작아집니다. 원래 루프 외부에 위치를 지정하면 새 루프가 커집니다. 개별 스케치의 경우, 간격 띄우기를 할 스케치 요소를 선택했으면 마우스 오른쪽 버튼을 클릭하여 마킹 메뉴를 표시하고 계속을 선택하거나 ENTER 키를 눌러 계속 진행하면 새 스케치 요소의 위치를 지정하라는 메시지가 표시됩니다. 선택한 스케치 요소가 선인 경우 길이는 동일하게 유지되고 원호 또는 원이면 새 스케치 요소의 크기는 새 점의 위치에 따라 달라집니다. 〈그림 4-18〉은 루프 선택 간격 띄우기를 보여주고, 〈그림 4-19〉는 개별 스케치 요소 선택 간격 띄우기를 보여줍니다.

chapter 04 2D 스케치 수정하기와 패턴 유형 배우기

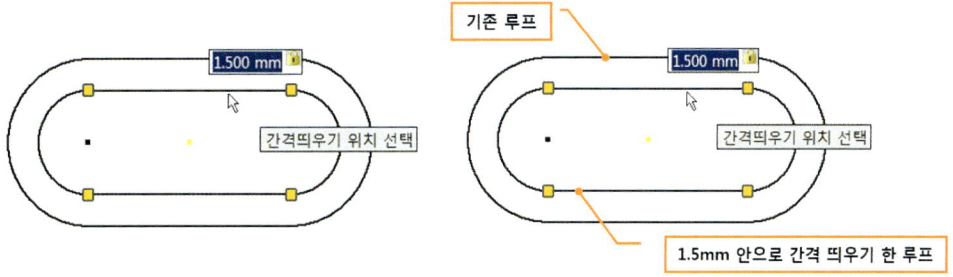

〈그림 4-18〉 루프 선택 간격 띄우기

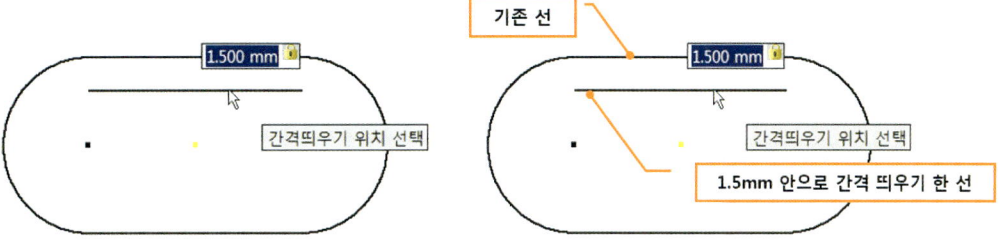

〈그림 4-19〉 개별 스케치 요소 선택 간격 띄우기

02 스케치 요소 패턴 유형 배우기

Autodesk Inventor & Inventor Professional 2019에서는 스케치된 요소를 동일한 형태로 여러 개를 생성할 수 있는 패턴유형의 다양한 도구를 제공하고 있습니다.

패턴 패널

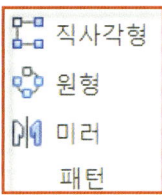

177

미러

리본 메뉴/ 스케치 탭/ 패턴 패널/ 미러

   미러 도구는 선택한 스케치 요소의 대칭 이미지를 만드는 데 사용됩니다. 스케치 요소는 직선 세그먼트를 기준으로 대칭이 됩니다. 이 도구는 선 또는 스케치에 대해 미러 형태의 스케치를 그리는 데 사용됩니다. 이 도구를 선택하면 〈그림 4-20〉과 같이 미러 대화 상자가 표시됩니다.

〈그림 4-20〉 미러 대화 상자

선택 버튼은 기본적으로 선택됩니다. 결과적으로 미러 시킬 형상을 선택하라는 메시지가 표시됩니다. 미러 시킬 여러 스케치 요소를 선택할 수 있습니다. 도면 요소를 선택했으면 미러 선 버튼을 선택합니다. 스케치 요소가 미러가 되어야 하는 미러 선을 선택하라는 메시지가 표시됩니다. 미러 선을 선택한 후 적용 버튼을 클릭합니다. 선택한 스케치 요소는 미러 선을 기준으로 미러가 됩니다. 〈그림 4-21〉은 미러를 위해 선택된 다양한 스케치 요소와 스케치 요소를 미러를 하는 데 사용되는 미러 선의 선택을 보여줍니다.

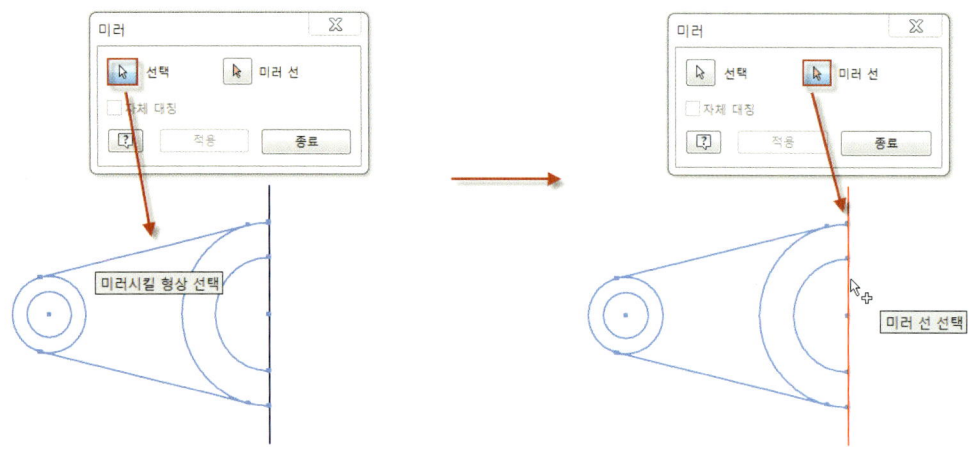

〈그림 4-21〉 미러 대상 스케치 요소 선택과 미러 선 선택

〈그림 4-22〉는 스케치 요소를 미러 한 후의 스케치를 보여줍니다.

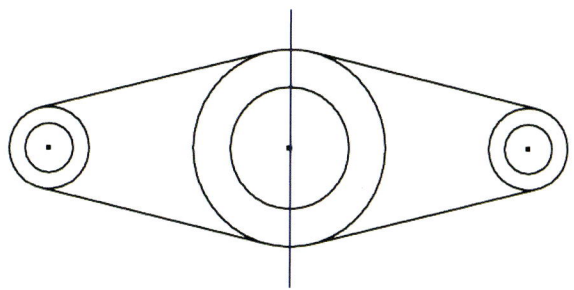

〈그림 4-22〉 미러 한 결과

미러 선이 경사진 경우, 결과물도 똑같이 경사진 형태의 각도를 이룹니다. 〈그림 4-23〉은 경사진 미러 선에 대해 미러 하도록 선택된 스케치 요소를 보여줍니다.

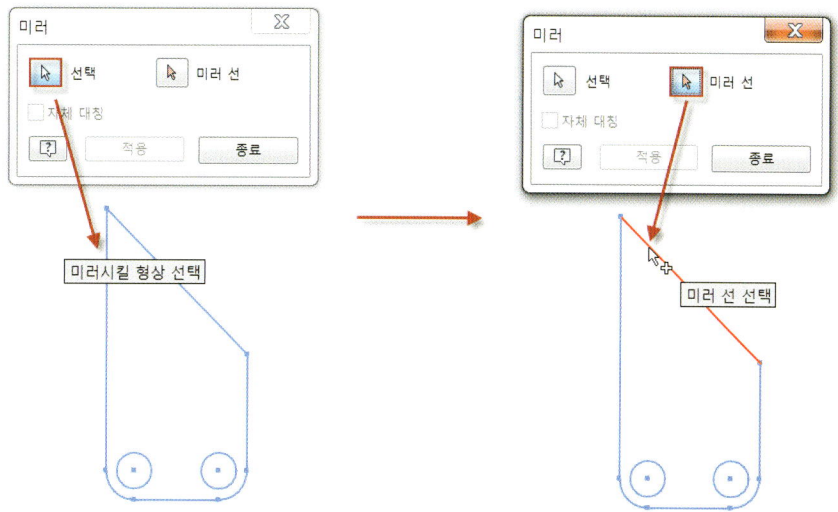

〈그림 4-23〉 미러 대상 스케치 선택과 미러 선 선택

〈그림 4-24〉는 스케치 요소를 미러 한 후의 스케치를 보여줍니다.

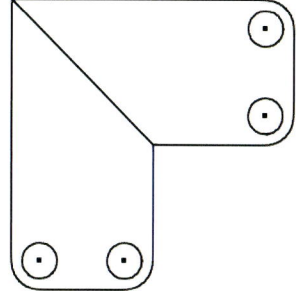

〈그림 4-24〉 경사진 미러 선을 기준으로 생성된 미러 결과

스케치 요소를 미러 한 후 완료 버튼을 선택하여 이 대화 상자를 종료합니다.

Autodesk Inventor & Inventor Professional 2019에서 미러 대화 상자에 자체 대칭 확인란이 제공됩니다. 기본적으로 이 확인란은 활성화되어 있지 않습니다. 미러를 하도록 선택된 형상이 열린 스플라인이고 미러 선이 교차하는 경우에만 활성화됩니다. 이 확인란을 선택하면 미러 명령이 미러 선에 대해 대칭이 되는 단일 스플라인을 작성합니다. 〈그림 4-25 참조〉.

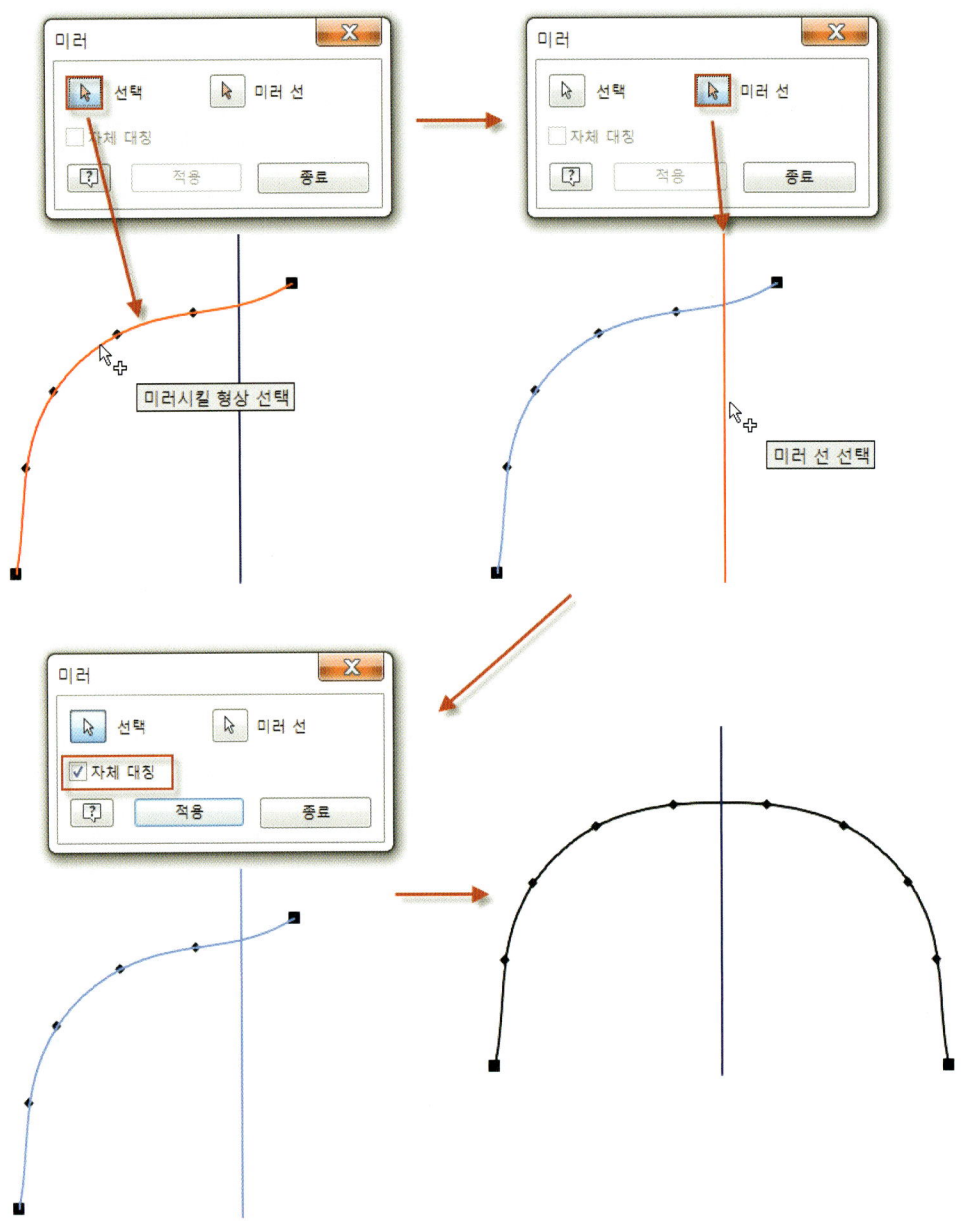

〈그림 4-25〉 자체 대칭 확인 체크 실시 후 생성된 미러 과정

이 확인란의 선택을 취소하면 스케치 요소의 미러 사본이 미러 선에 대해 생성됩니다. 〈그림 4-14〉 참조.

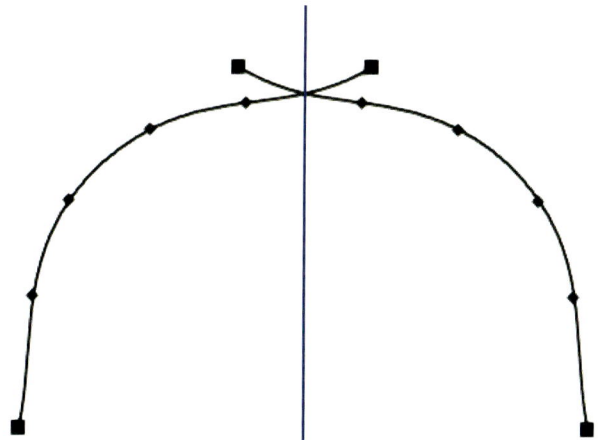

〈그림 4-25〉 자체 대칭 확인 체크 해제 후 생성된 미러 결과

패턴 만들기

일반적으로 기계 산업에서는 특정 방식으로 배열된 스케치 요소의 여러 복사본으로 구성된 다양한 디자인을 접하게 됩니다. 예를 들어 가상의 원 둘레에 여러 개의 홈이 있을 수 있습니다. 받침대 베어링의 홈과 같은 가상 직사각형의 가장자리를 따라 위치 할 수도 있습니다.
이러한 스케치 요소를 반복해서 그리는 것은 매우 지루하고 시간이 많이 소요되는 과정입니다. 이 긴 프로세스를 피하기 위해 Autodesk Inventor & Inventor Professional 2019에서는 스케치 단계에서 스케치 요소의 패턴을 생성하는 옵션을 제공합니다. 패턴은 선택된 스케치 요소의 사본을 순차적으로 배열하는 것으로 정의됩니다. 직사각형 또는 원형으로 패턴을 생성 할 수 있습니다. 이 두 유형의 패턴은 아래에 자세히 설명을 할 것입니다.

직사각형 패턴

리본 메뉴/ 스케치 탭/ 패턴 패널/ 직사각형 패턴

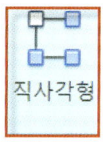 직사각형 패턴은 선택한 스케치 요소의 복사본을 행(가로)과 열(세로)로 정렬하는 패턴입니다. 이 도구를 선택하면 〈그림 4-26〉과 같이 직사각형 패턴 대화 상자가 표시됩니다.

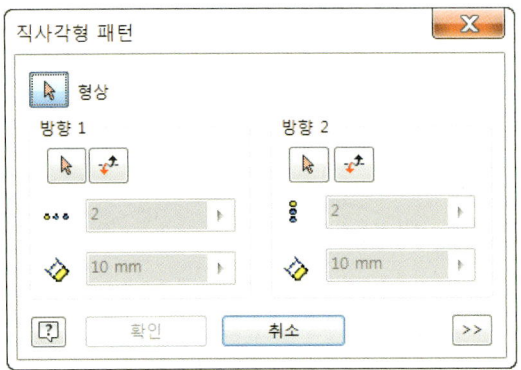

〈그림 4-26〉 직사각형 패턴 대화 상자

- **형상**

이 버튼은 기본적으로 선택되며 패턴화할 스케치 요소를 선택하는 데 사용됩니다. 임의의 객체 선택 기법을 사용하여 패턴화할 하나 이상의 스케치 요소를 선택할 수 있습니다.

- **방향 1 (영역)**

이 영역은 패턴 생성의 첫 번째 방향으로 생성 될 사본 수 및 스케치 요소 사이의 간격을 정의하는 옵션을 제공합니다. 다음은 이러한 옵션에 대한 설명입니다.

- **방향**

이 버튼은 화살표가 있으며 직사각형 패턴의 첫 번째 방향을 선택하기 위해 선택됩니다. 방향 1 영역의 다른 옵션은 패턴 생성의 첫 번째 방향을 정의한 후에만 사용할 수 있습니다. 방향은 임의의 각도 일 수 있는 선을 선택하여 정의 할 수 있습니다. 방향을 지정하기 위해 선이 각도를 이루는 경우 결과 패턴도 비스듬히 만들어집니다. 첫 번째 방향을 정의 할 때 그래픽 창에서 현재 값을 사용하여 작성된 패턴을 미리 볼 수 있습니다. 이 대화 상자의 값을 변경하면 미리 보기의 패턴이 동적으로 수정됩니다.

- **반전**

이 버튼은 방향 버튼의 오른쪽에서 사용할 수 있으며 패턴 생성의 첫 번째 방향을 반대로 선택합니다. 방향 버튼을 사용하여 첫 번째 방향을 정의하면 화살표가 스케치에 나타납니다. 이 화살표는 패턴 항목이 작성 될 방향을 표시합니다. 이 버튼을 선택하면 방향이 바뀌고 화살표가 반대 방향을 향하게 됩니다.

- **합계**

이 편집 상자는 첫 번째 방향을 따라 패턴의 수량을 지정하는 데 사용됩니다. 이 값에는 원래 선택한 항목이 포함됩니다. 이 입력란의 값을 높이면 도면 창의 증가된 항목을 그래픽 창에서 동적으로 미리 볼 수 있습니다. 이 편집 상자의 오른쪽에 있는 화살표를 클릭하여 미리 정의 된 수의 항목을 선택할 수도 있습니다. 화살표를 클릭하면 미리 정의 된 값이 있는 목록이 표시됩니다. 그러나 Autodesk Inventor & Inventor Professional 2019의 현재 세션에서 이 도구를 처음 사용하는 경우 이 목록에는 아무런 값이 없습니다.

- **간격**

  이 편집 상자는 패턴의 개별 항목 사이의 거리를 첫 번째 방향으로 정의하는 데 사용됩니다. 값을 입력하거나 이 편집 상자의 오른쪽에 있는 화살표를 선택하여 치수 측정 또는 치수 표시 옵션을 사용하여 이 값을 정의 할 수 있습니다. 측정 옵션을 사용하면 개별 항목 사이의 거리를 지정하는 선 세그먼트를 선택할 수 있습니다. 치수 표시 옵션을 사용하면 기존 치수를 사용하여 패턴의 개별 항목 간 거리를 지정할 수 있습니다. 선택한 측정 기준이 입력란에 자동으로 표시됩니다. 측정 값을 사용하려면 이 입력란에서 기존 값을 삭제해야 합니다.

- **방향 2 (영역)**

  이 영역은 패턴 생성의 두 번째 방향으로 이 방향으로 생성 될 사본 수 및 스케치 요소 사이의 간격을 정의하는 옵션을 제공합니다.

- **방향**

  이 버튼은 직사각형 패턴의 항목을 배열하기 위한 두 번째 방향을 선택하기 위해 선택됩니다.

- **반전**

  이 버튼은 방향 버튼의 오른쪽에서 사용할 수 있으며 패턴 생성의 두 번째 방향을 반대로 선택합니다.

- **합계**

  이 편집 상자는 두 번째 방향을 따라 패턴의 항목 수를 지정하는 데 사용됩니다.

- **간격**

  이 편집 상자는 패턴의 개별 항목 간 거리를 두 번째 방향으로 정의하는 데 사용됩니다. 방향 1 영역의 간격 입력란과 마찬가지로, 이 편집 상자에 값을 직접 입력하거나 치수 또는 치수 표시 옵션을 사용하여 이 값을 정의 할 수 있습니다.

<그림 4-27>은 방향 1을 따르는 4 개의 항목과 방향 2의 4 개의 항목으로 직사각형 패턴을 생성하는 데 관련된 다양한 매개 변수를 보여줍니다.

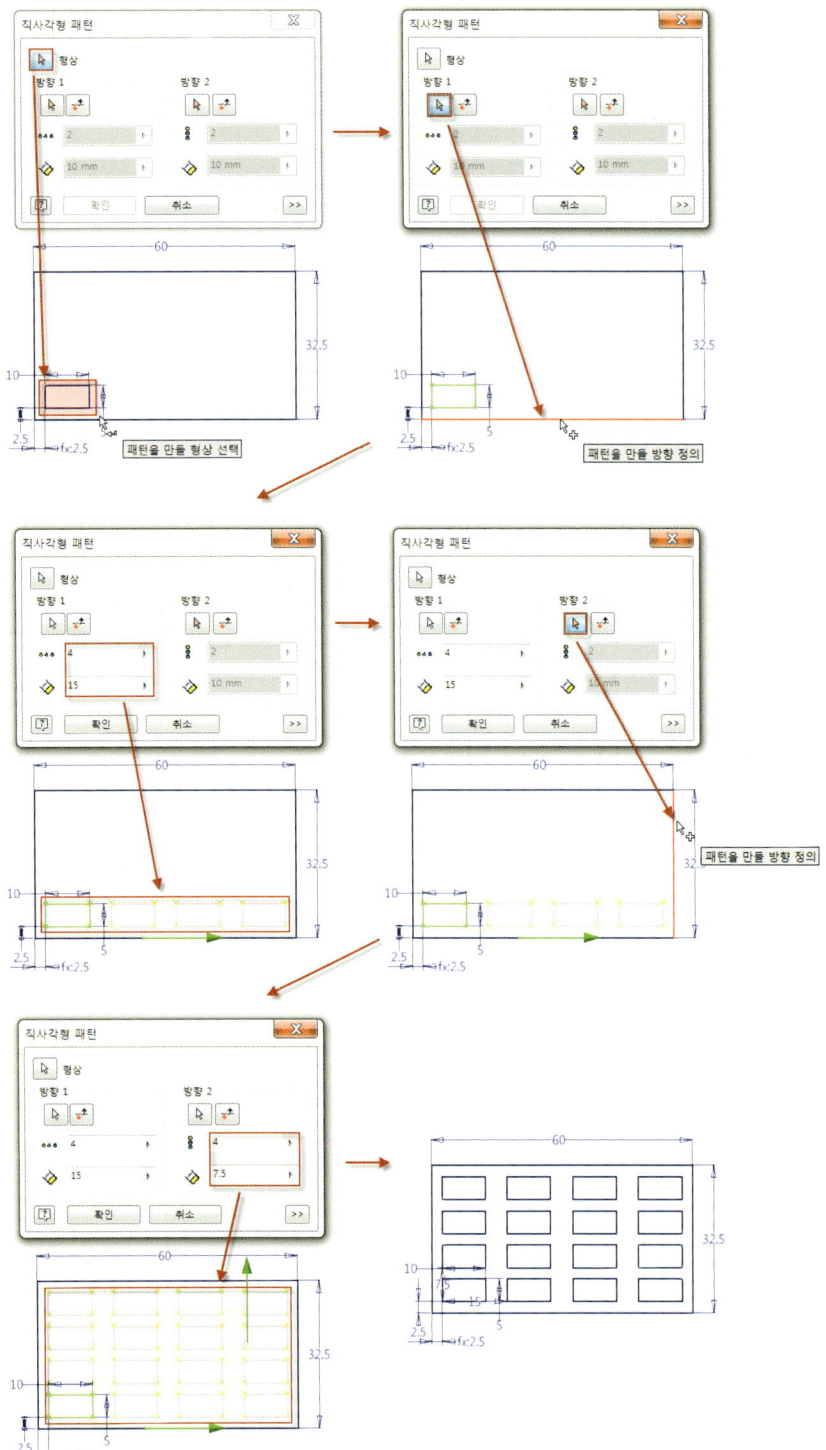

〈그림 4-27〉 직사각형 패턴을 적용하는 과정

- **자세히 버튼**

  이 버튼은 직사각형 패턴 대화 상자의 오른쪽 아래 구석에 제공됩니다. 이 버튼을 선택하면 직사각형 패턴 대화 상자가 확장되어 패턴 생성 옵션이 더 많이 제공됩니다. 〈그림 4-28〉 참조.

  〈그림 4-28〉 자세히 버튼 확장 옵션 대화 상자

- **억제**

  이 버튼은 선택한 항목을 패턴에서 제외 시키도록 선택됩니다. 이 버튼을 사용하여 패턴의 항목을 선택하면 파선으로 바뀝니다. 필요한 경우 나중에 이러한 항목의 억제를 해제 할 수 있습니다.

  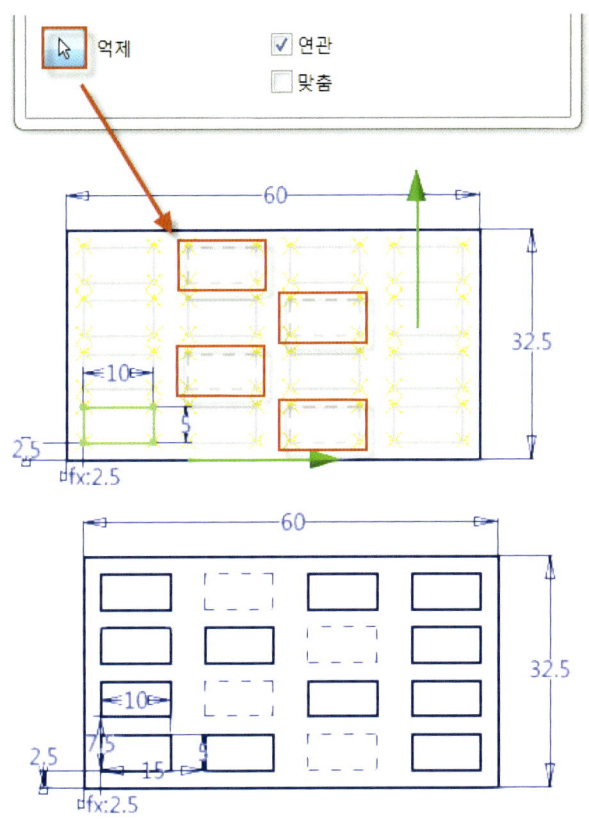

  〈그림 4-29〉 억제 선택

- **연관**

  이 확인란은 기본적으로 선택되어 있습니다. 결과적으로 패턴의 모든 항목은 서로 연관됩니다. 스케치 요소 중 하나가 수정되면 연관 패턴의 모든 항목이 자동으로 업데이트됩니다. 예를 들어 패턴 항목 중 하나의 치수를 수정하면 다른 모든 항목의 치수도 수정됩니다. 그러나 패턴을 만들기 전에 이 확인란의 선택을 취소하면 모든 항목이 개별 스케치 요소가 되며 개별적으로 수정할 수 있습니다.

- **맞춤**

  이 옵션은 방향 1 및 방향 2 영역의 간격 옵션과 함께 작동합니다. 이 옵션을 선택하면 지정한 수의 항목이 방향 1 및 방향 2 영역의 간격 입력란에 지정된 거리의 위치로 생성됩니다. 〈그림 4-30〉는 이 확인란을 선택 해제하여 생성된 패턴 (간격 거리 값의 증가분)을 나타내고 〈그림 4-31〉은 이 확인란을 선택하여 생성된 패턴 (모든 항목 사이의 포함 된 간격)을 보여줍니다.

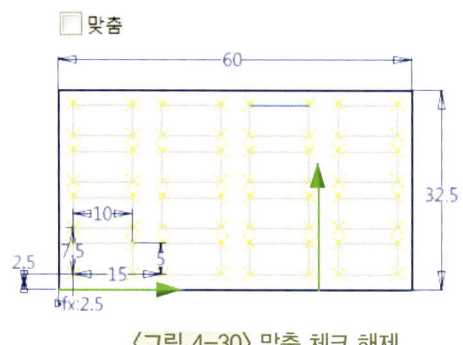 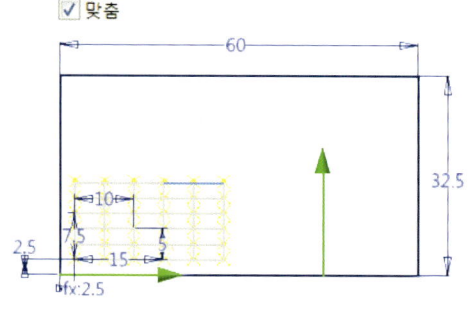

〈그림 4-30〉 맞춤 체크 해제   〈그림 4-31〉 맞춤 체크

원형 패턴

리본 메뉴/ 스케치 탭/ 패턴 패널/ 원형 패턴

 원형 패턴은 가상 원의 원주 주위에 생성되는 패턴입니다. 원형 패턴을 만들려면 해당 가상 원의 중심을 정의해야 합니다. 이 도구를 선택하면 〈그림 4-32〉과 같이 원형 패턴 대화 상자가 표시됩니다.

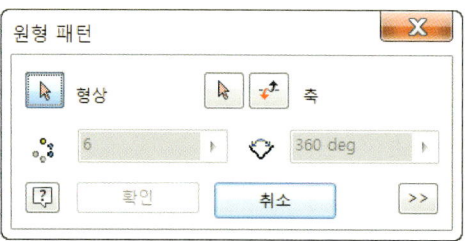

〈그림 4-32〉 원형 패턴 대화 상자

- **형상**

  이 버튼은 기본적으로 선택되며 패턴화할 스케치 요소를 선택하는 데 사용됩니다. 임의의 객체 선택 기법을 사용하여 패턴화할 하나 이상의 스케치 요소를 선택할 수 있습니다. 개별 스케치 요소를 선택하면, 선택된 스케치 요소가 파란색으로 바뀌어 선택되었음을 나타냅니다.

- **축**

  이 버튼은 형상 버튼의 오른쪽에 있습니다. 이 버튼은 원호, 원 및 타원 원형과 점/ 구멍 중심을 가상 원의 중심으로 선택할 수 있습니다. 원형 패턴 대화 상자의 대부분의 옵션은 회전 축을 선택한 후에만 사용할 수 있습니다. 현재 값을 사용하여 패턴을 동적으로 미리 볼 수 있습니다. 이 대화 상자에서 다른 값을 수정하면 패턴의 미리 보기도 수정됩니다.

> **Tip**
>
> 원형 또는 원형의 외곽선을 선택하여 원형 패턴의 축을 정의하면 중심이 원형 패턴의 중심으로 자동 선택됩니다. 그러나 이것은 타원의 경우에는 가능하지 않습니다. 타원의 외곽 선을 선택하여 원형 패턴의 중심을 정의 할 수 없습니다. 이 경우 타원 중심을 선택해야 합니다.

- **반전**

이 버튼은 축 버튼의 오른쪽에 제공되며, 선택하면 패턴 생성 방향이 바뀝니다. 기본적으로 원형 패턴은 시계 반대 방향(CCW)으로 생성됩니다. 이 버튼을 선택하면 원형 패턴이 시계 방향(CW)으로 생성됩니다.

> **Tip**
>
> 원형 패턴이 360도를 통해 생성된 경우 패턴 생성 방향이 시계 반대 방향에서 시계 방향으로 변경되는 것을 확인할 수 없습니다.

- **합계**

이 편집 상자는 원형 패턴의 항목 개수를 지정하는 데 사용됩니다. 이 편집 상자에 값을 입력하거나 이 편집 상자의 오른쪽에 제공된 화살표를 선택하여 미리 정의된 값을 사용하거나 치수 측정 또는 치수 표시 옵션을 사용할 수 있습니다. 이러한 옵션은 직사각형 패턴에서 설명한 옵션과 동일합니다.

- **각도**

이 편집 상자는 원형 패턴을 생성하기 위한 각도를 정의하는 데 사용됩니다. 이 입력란에 각도를 직접 입력하거나 이 입력란의 오른쪽에 있는 화살표를 선택하여 미리 정의된 값을 사용할 수 있습니다. 치수 또는 치수 표시 옵션을 사용하여 각도를 정의 할 수도 있습니다.

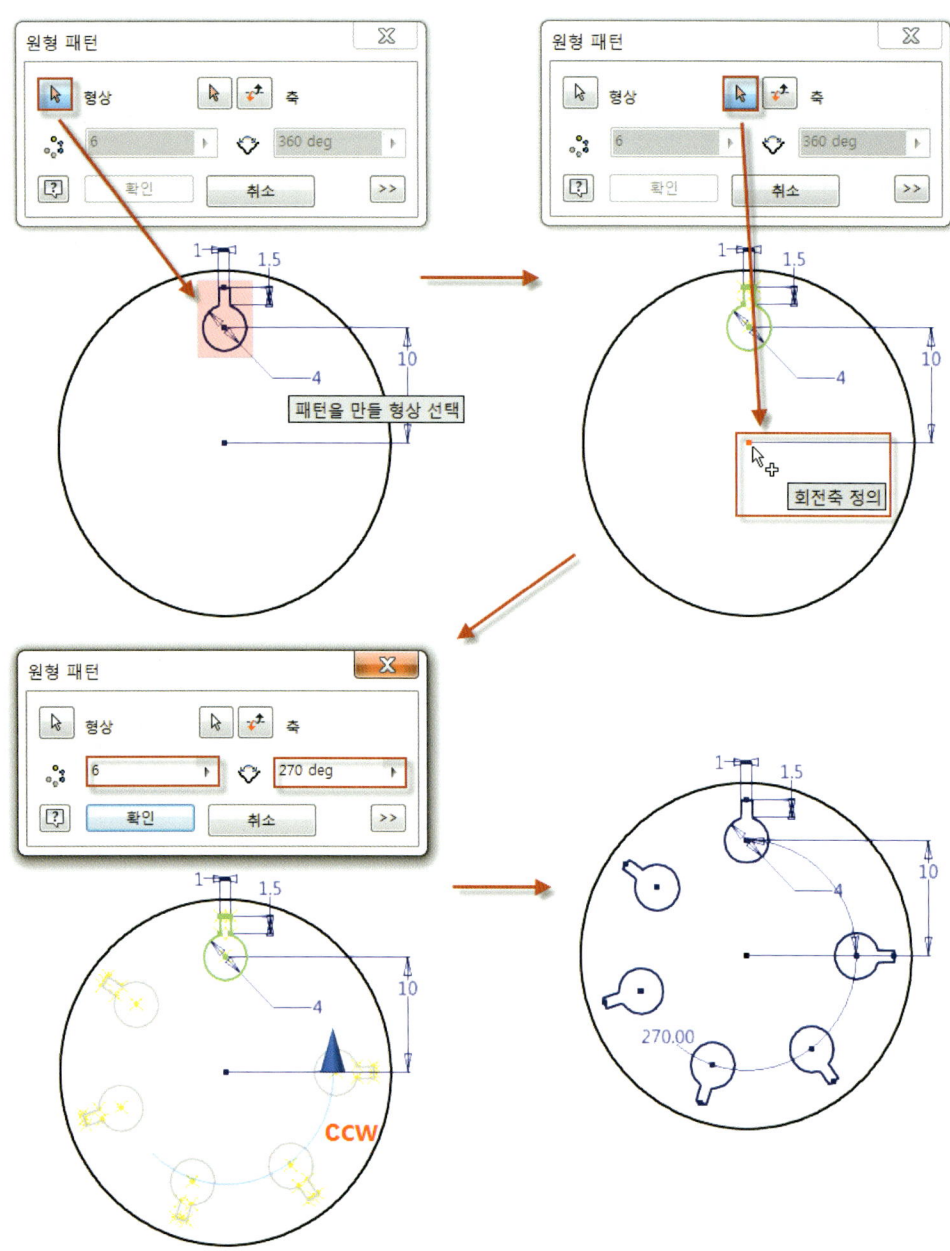

〈그림 4-33〉 반 시계 방향(CCW) 원형 패턴

chapter 04 2D 스케치 수정하기와 패턴 유형 배우기

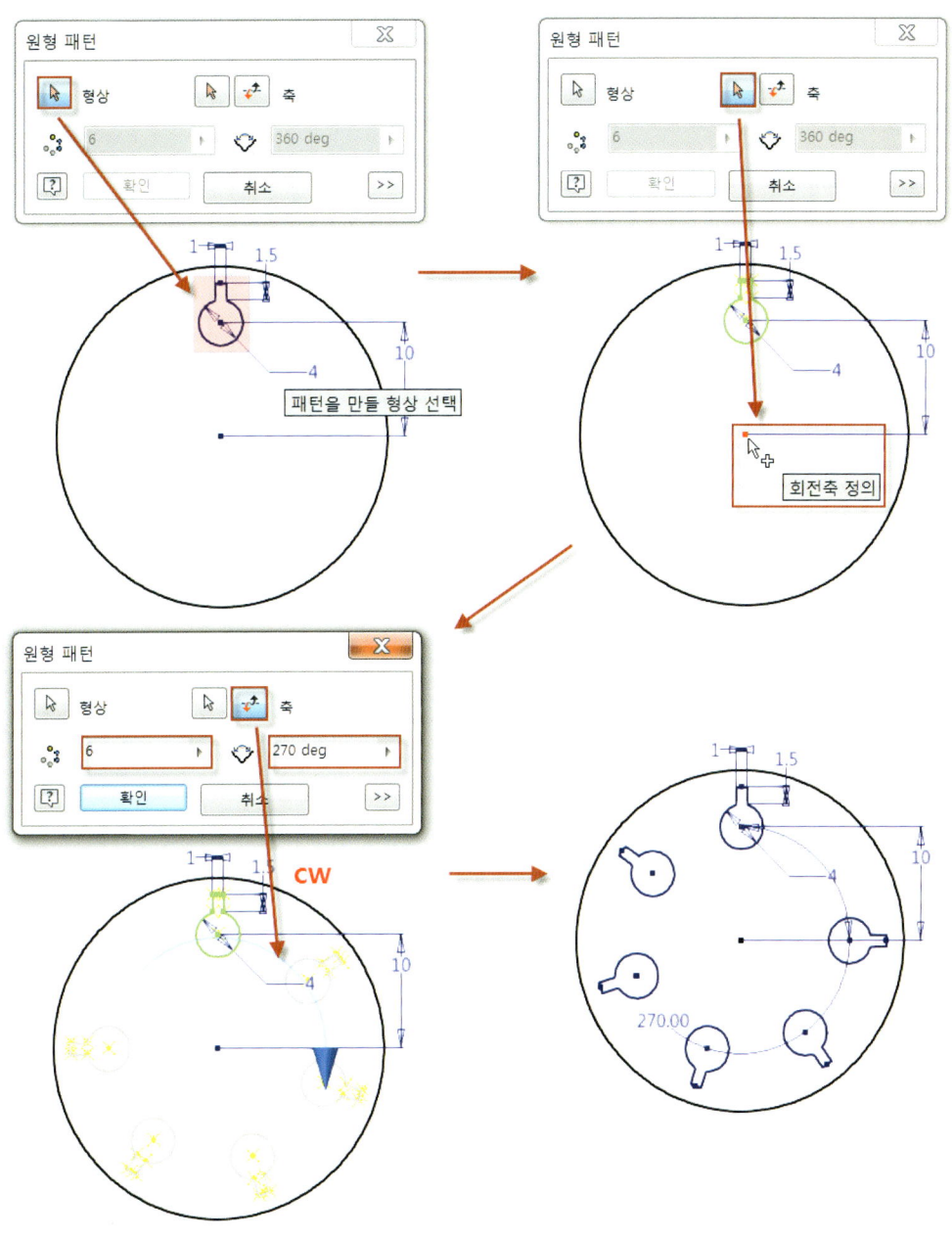

〈그림 4-34〉 시계 방향(CW) 원형 패턴

• **자세히 버튼** >>

이 버튼은 원형 패턴 대화 상자의 오른쪽 아래 구석에 제공됩니다. 이 버튼을 선택하면 원형 패턴 대화 상자가 확장되어 패턴 생성 옵션이 더 많이 제공됩니다. 〈그림 4-35〉 참조.

〈그림 4-35〉 자세히 버튼 확장 옵션 대화 상자

- **억제**

이 버튼은 선택한 항목을 패턴에서 제외 시키도록 선택됩니다. 이 버튼을 사용하여 패턴의 항목을 선택하면 파선으로 바뀝니다. 억제 된 항목은 그래픽 창에 표시되지만 스케치를 완료하면 피쳐 생성에 참여하지 않습니다. 필요한 경우 나중에 이러한 항목의 억제를 해제 할 수 있습니다.

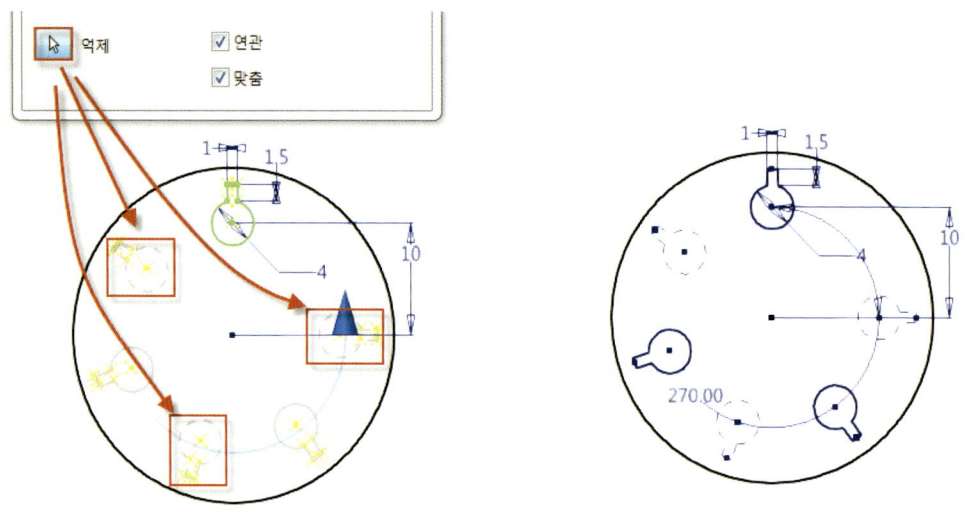

〈그림 4-36〉 억제 선택

- **연관**

이 확인란은 기본적으로 선택되어 있습니다. 결과적으로 패턴의 모든 항목은 서로 연관됩니다. 스케치 요소 중 하나가 수정되면 연관 패턴의 모든 항목이 자동으로 업데이트됩니다. 그러나 패턴을 만들기 전에 이 확인란의 선택을 취소하면 모든 항목이 개별 스케치 요소가 되며 개별적으로 수정할 수 있습니다.

- **맞춤**

이 옵션은 각도 편집 상자와 함께 작동합니다. 이 확인란을 선택하면 지정된 수의 항목이 만들어져 각도 상자에 지정된 각도로 모든 항목 사이의 각도가 정의됩니다. 이 확인란은 원형 패턴 대화 상자에서 기본적으로 선택되어 있습니다. 이 확인란의 선택을 취소하면 각도 편집 상자에 지정한 각도가 각 항목 사이의 증분 각도로 간주됩니다.

〈그림 4-37〉은 이 확인란을 선택하여 생성 된 패턴 (모든 항목 사이에 포함 된 각도)을 보여 주며, 〈그림 4-38〉은 이 확인란의 선택을 취소하여 생성된 패턴을 보여줍니다. (각도는 패턴 요소 사이의

증분 값임)

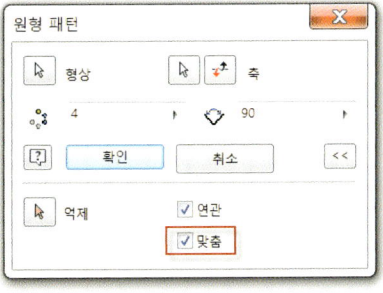
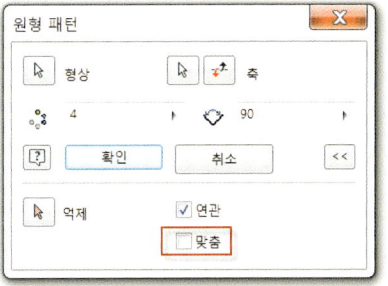

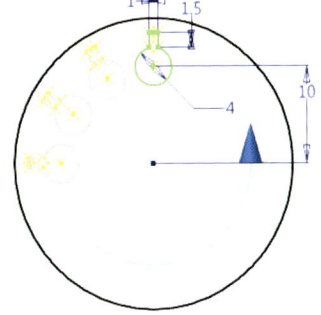
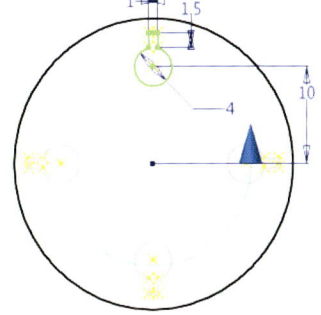

〈그림 4-30〉 맞춤 체크 　　　　　　　〈그림 4-31〉 맞춤 체크 해제

> **Tip**
>
> 36도 각도로 원형 패턴을 작성하고 맞춤 확인란의 선택을 취소하면 그래픽 창에 하나의 항목만 표시됩니다. 이는 개별 항목 간의 증분 각도가 360도이고 모든 항목이 서로 위에 정렬되어 하나의 사본만 표시하기 때문입니다.

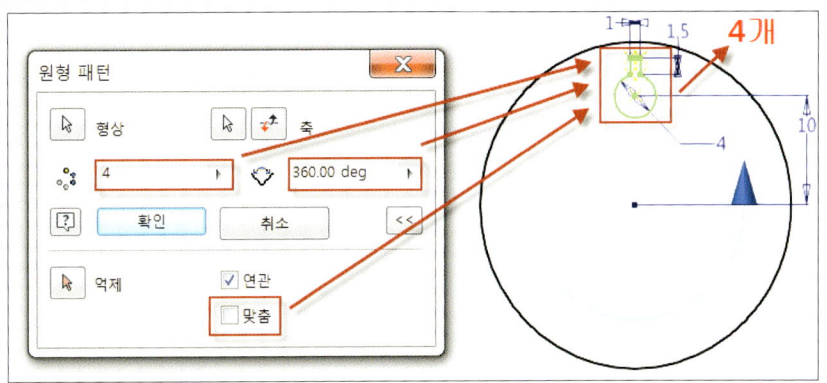

191

03 스케치에 이미지 및 문서 삽입

이미지

리본 메뉴/ 스케치 탭/ 삽입 패널/ 이미지

이미지 삽입 도구를 사용하면 JPG, BMP, PCX, TIFF, TGA 등과 같은 외부 이미지를 스케치에 삽입 할 수 있습니다. 이 도구를 사용하여 Word 문서 또는 Excel 스프레드 시트를 삽입 할 수도 있습니다. 이미지를 삽입하기 위해 이 도구를 선택하면 〈그림 4-32〉와 같이 열기 대화 상자가 표시됩니다.

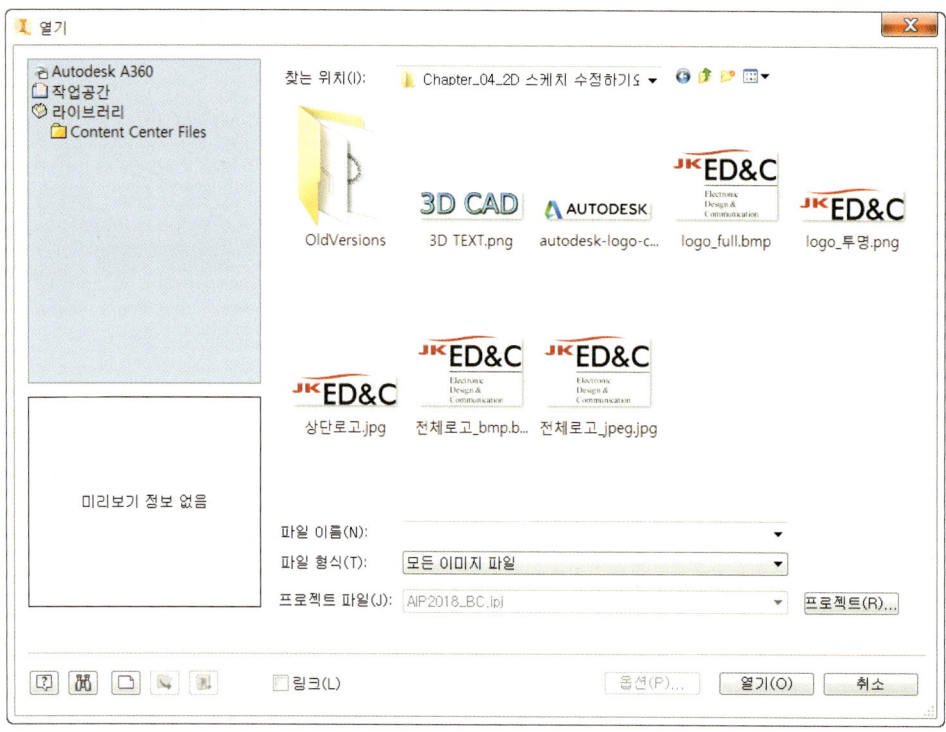

〈그림 4-32〉 열기 대화 상자

이 대화 상자를 사용하여 이미지 또는 문서를 선택한 다음 열기 단추를 선택하면 대화 상자가 닫히고 스케치 점을 선택하라는 메시지가 나타납니다. 화면에 지정한 점이 이미지의 삽입 점으로 사용됩니다. 이미지를 삽입 한 후 마우스 오른쪽 버튼을 클릭하고 확인을 선택하여 이 도구를 종료합니다.

> **Note**
>
> 화면의 이미지를 전체적으로 보려면 모두 확대 / 축소 도구를 사용하여 도면 안의 표시 영역을 수정해야 화면 상의 이미지를 정확하게 보실 수 있습니다.

> **Tip**
>
> 스케치에 삽입된 이미지의 크기를 수정하려면 4 개의 가장자리 중 하나를 잡고 드래그하면 됩니다. 드래그하는 방향에 따라 이미지의 크기가 늘어나거나 줄어듭니다. 이미지를 회전하려면 모서리 중 하나에서 이미지를 잡고 회전하고자 하는 방향으로 드래그하면 됩니다. 이미지는 커서를 드래그하는 방향으로 회전됩니다.
> 이미지를 이동하려면 이미지의 아무 곳이나 왼쪽 마우스 버튼을 누른 상태에서 커서를 드래그합니다.

드래그로 스케치 요소 편집하기

Autodesk Inventor & Inventor Professional 2019에서는 스케치 요소를 드래그하여 편집 할 수 있습니다. 선택한 스케치 요소 유형과 선택 지점에 따라 객체가 이동되거나 늘어납니다. 예를 들어, 가운데에서 원을 선택하고 드래그하면 해당 원이 이동합니다. 그러나 원주에서 한 점을 선택하면 새로운 크기로 늘어납니다. 마찬가지로 끝점에서 선을 선택하면 선이 늘어나고 끝점 이외의 지점에서 선을 선택하면 해당 선이 이동합니다. 따라서 드래그하여 스케치 요소를 편집하는 것은 점의 선택에 전적으로 달려 있습니다.

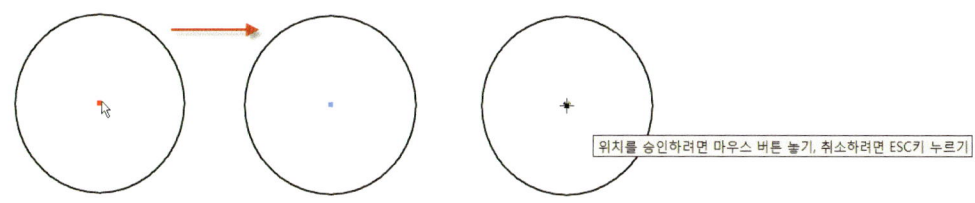

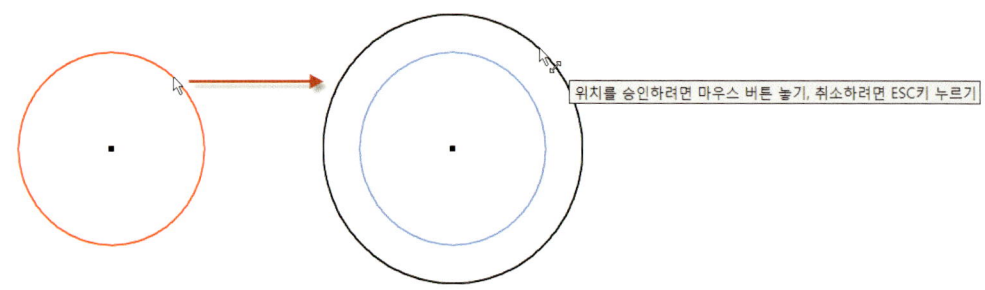

다음에 주어진 표는 다양한 오브젝트를 끌 때 수행될 조작의 세부 사항을 제공합니다.

스케치 요소객체	선택 점	작동
원	원주 둘레 점	늘이기/ 줄이기
	중심점	이동
호	원주 또는 호 끝점	늘이기/ 줄이기
	중심점	이동
폴리곤	가장자리	이동
	끝점	이동
	중심점	늘이기/ 줄이기/ 회전
단일 선	선 선택	이동
	끝 점	늘이기/ 줄이기
직사각형	모든 선 선택	이동
	한 변 또는 임의의 끝 점	늘이기/ 줄이기

허용 공차

간단히 말해 허용 공차는 실제 값에서 허용되는 편차로 정의됩니다. 허용되는 변형이므로 제조 과정에서 지정된 값을 통해 구성 요소의 크기를 변경할 수 있습니다. Autodesk Inventor & Inventor Professional 2019에서는 스케치 환경의 치수에서 허용 공차 추가가 가능합니다.

Autodesk Inventor & Inventor Professional 2019에서는 허용 공차가 치수를 기입한 후 스케치에 공차를 추가할 수 있습니다. 치수에 공차를 추가하려면 치수를 마우스 오른쪽 버튼으로 클릭하고 표시 메뉴에서 치수 특성을 선택합니다. 그러면 치수 특성 대화 상자가 표시됩니다. 대화 상자의 치수 설정 탭에 있는 옵션을 사용하여 공차를 추가 할 수 있습니다. 〈그림 4-33〉 참조

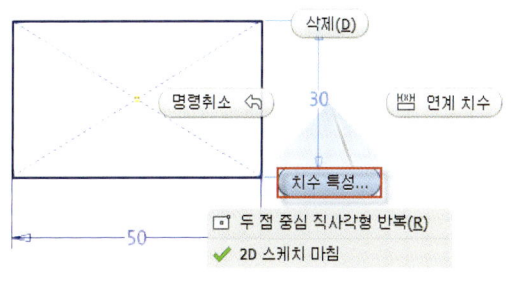 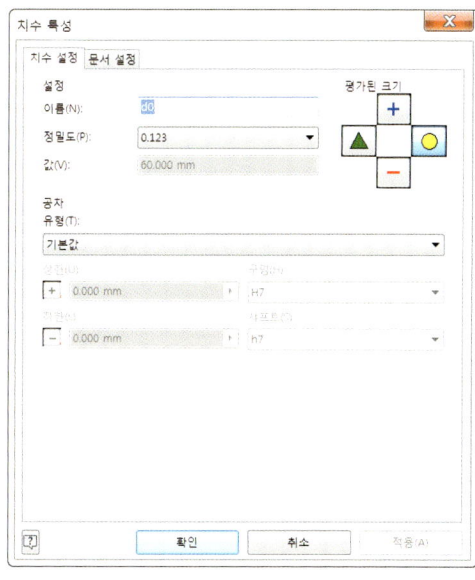

〈그림 4-33〉 치수 특성 대화 상자

기본적으로 기본 옵션은 공차 영역의 유형 드롭-다운 목록에서 선택됩니다. 따라서 치수에 공차가 추가되지 않습니다. 공차를 추가하려면 이 드롭-다운 목록에서 필요한 공차 유형을 선택합니다. 그런 다음 상단 및 하단 편집 상자에 상한 및 하한 값을 지정합니다. 그러나 유형 드롭-다운 목록에서 편차, 한계 스택 또는 제한 선형 옵션을 선택한 경우에만 상한 및 하한을 지정할 수 있습니다. 이 드롭-다운 목록에서 임의의 맞춤 공차를 선택하면, 구멍 및 샤프트 드롭-다운 목록에서 구멍 맞춤 및 축 맞춤 값을 선택할 수 있습니다.

Note

형상에 대한 공차를 지정하는 동안 치수 명령이 종료되었는지 확인해야 합니다.

모든 공차 값을 정의한 후 치수 특성 대화 상자에서 적용 버튼을 선택합니다. 공차가 선택한 치수에 적용됩니다. 이제 이 대화 상자를 끝내려면 확인을 선택하면 됩니다. 〈그림 4-34〉는 치수에 허용 공차가 적용된 스케치를 보여줍니다.

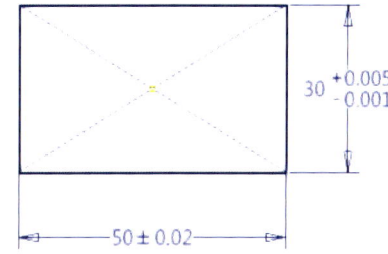

〈그림 4-34〉 치수에 허용 공차가 적용된 스케치

Chapter 05

매개변수를 활용한 3D 형상 모델링

01 부울(Boolean)연산을 통한 솔리드 모델링

1980 년대에는 솔리드 모델링의 주된 진보 중 하나가 Constructive Solid Geometry (CSG) 방법의 개발이었습니다. CSG는 솔리드 모델을 기본 삼차원 모양의 기본 솔리드의 조합으로 설명하는 것입니다. 기본 솔리드 세트에는 일반적으로 직사각형 프리즘 (블록), 원통, 원뿔, 구 및 원환 (튜브)이 포함됩니다. 부울 연산으로 알려진 두 가지 솔리드 객체를 다양한 방법으로 하나의 객체로 결합하거나 분리할 수 있습니다.

이러한 부울 연산에는 세 가지 기본 연산 기법이 있습니다.
- JOIN (합집합)
- CUT (차집합)
- INTERSECT(교집합)

JOIN 연산은 다른 솔리드에 포함된 두 개의 솔리드 볼륨을 단일 솔리드로 결합하는 것을 의미합니다.
CUT 연산은 하나의 솔리드 객체의 볼륨을 다른 솔리드 객체에서 빼내는 것을 의미합니다.
INTERSECT 연산은 두 솔리드 객체에 공통으로 포함되는 볼륨만 유지하는 것을 의미합니다.
CSG 방법은 기계 공작 작업 방법과 유사하기 때문에 "기계 기술자적 접근법"이라고 할 수 있겠습니다.

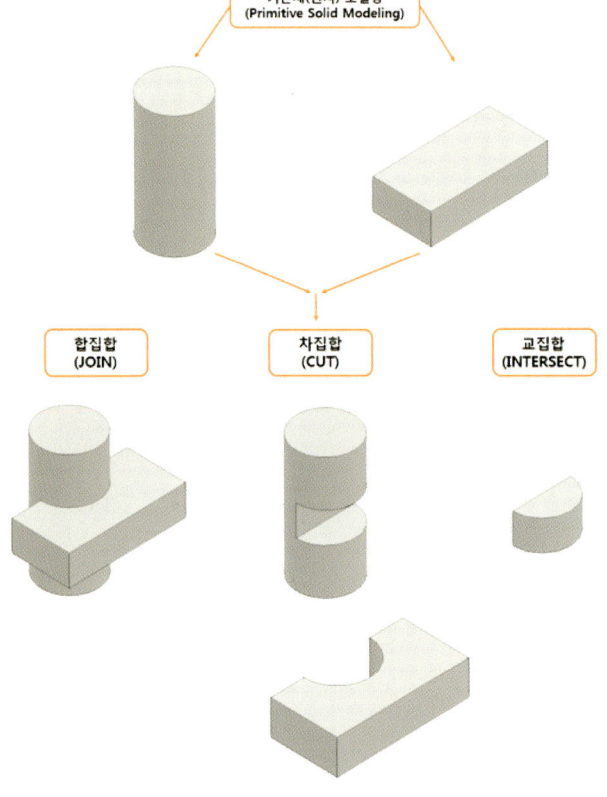

〈그림 5-1〉 부울 연산의 개념

이진 트리(Binary Tree)

CSG는 데이터베이스에 솔리드 모델을 저장하는데 사용되는 방법이라고도 합니다. 결과론적으로 솔리드는 이진 트리라고 불리는 것으로 쉽게 나타낼 수 있다는 것입니다. 이진 트리에서 터미널 분기(잎)는 서로 연결되어 최종 솔리드 객체 (루트)를 만드는 다양한 기본체인 것입니다. 이진 트리는 솔리드의 히스토리(생성 과정)를 추적하는 효과적인 방법입니다. 히스토리를 추적함으로써 솔리드 모델은 이진 트리를 통해 다시 링크되는 방법으로써 재 구축 될 수 있습니다. 이것은 모델을 수정하는 아주 편리한 방법이라는 것입니다. 우리는 이진 트리의 적절한 링크를 수정하고 새 모델을 만들지 않아도 나머지 이력 트리를 다시 연결할 수 있다는 사실을 인식하고 있어야 합니다.

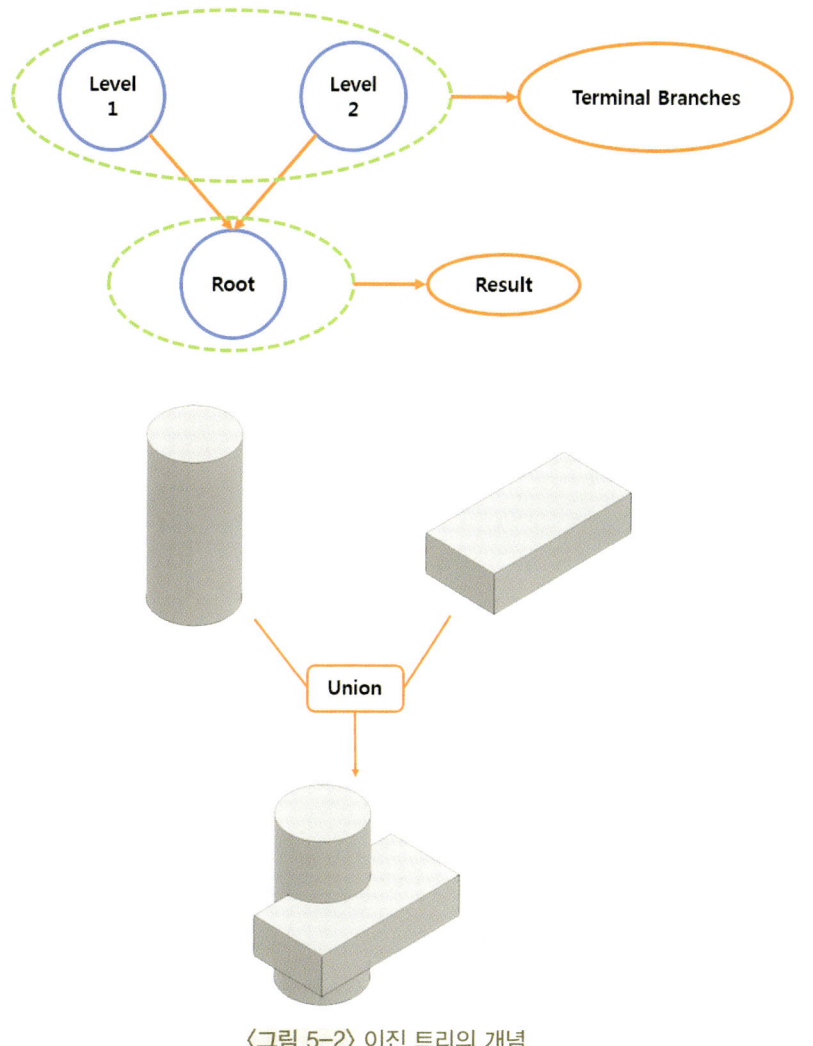

〈그림 5-2〉 이진 트리의 개념

03 위치 지정 설계

CSG 개념은 피쳐 기반 모델링을 위한 중요한 빌딩 블록 중 하나입니다. Autodesk Inventor & Inventor Professional 2019에서는 CSG 개념을 모델 작성에 필요한 피쳐의 수를 결정하는 계획 도구로 사용할 수 있습니다. 또한 설계에 필요한 제조 프로세스와 평행한 피쳐를 작성하는 것이 좋습니다. 매개변수 모델링을 사용하면 더 이상 미리 정의된 기본 솔리드 형상만 사용할 수는 없습니다. 실제로 Autodesk Inventor & Inventor Professional 2019에서 생성하는 모든 솔리드 피쳐는 기본체 솔리드로 사용됩니다. 매개변수 모델링을 사용하면 피쳐를 설명하는데 사용되는 설계 변수를 완벽하게 제어할 수 있습니다. 이 단원에서는 매개변수 모델링 절차에 대해 자세히 설명할 것입니다. 각 피쳐에 대한 동등한 CSG 작업도 설명을 할 것입니다.

〈그림 5-3〉 위치 지정 설계 개념을 〈그림 5-2〉 CSG 이진 트리 개념 단계와 비교하여 봅니다.

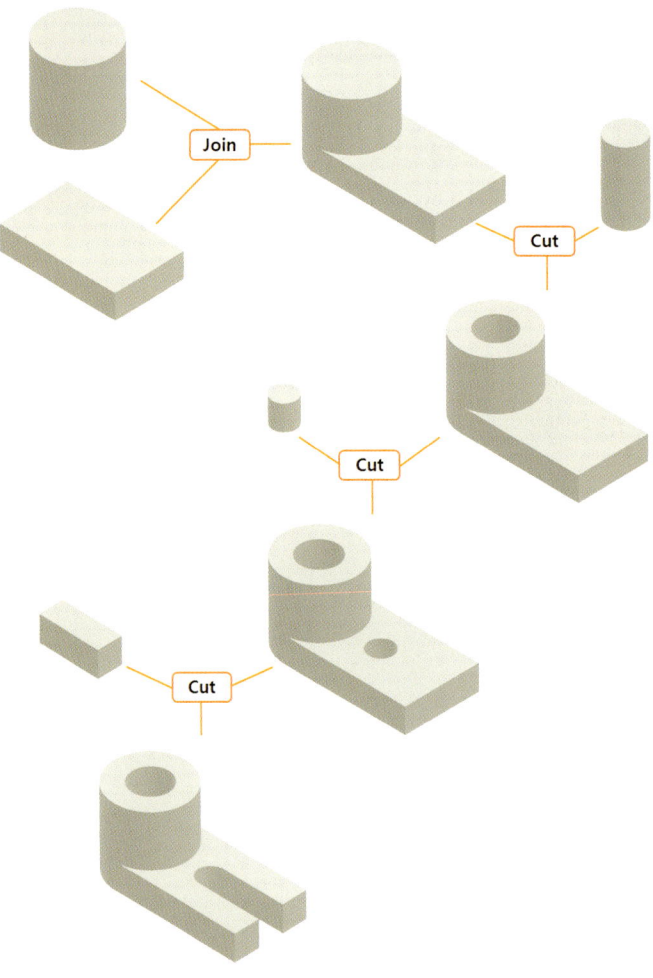

〈그림 5-3〉 모델링 위치 지정 설계

chapter 05 매개변수를 활용한 3D 형상 모델링

매개변수 모델링을 진행하기 전에 실린더 및 직사각형 프리즘이라는 두 가지 기본 유형의 기본 솔리드만 사용하여 위치 지정 설계에서 CSG 이진 트리 스케치를 직접 만듭니다. 스케치에서 모델을 만드는데 필요한 부울 연산의 수는 얼마나 될까요? 사용할 첫 번째 기본 솔리드의 선택은 무엇이며, 그 이유는 무엇일까요? 단 몇 분 동안만 이러한 질문에 대해 생각하고 종이에 스케치하여 설계 모델링에 대한 계획을 세워보는 것이 매우 중요합니다.

기본적인 기본 솔리드를 결합하여 솔리드 모델을 형성하는 데는 여러 가지 다른 가능성이 있습니다. 가장 간단한 설계의 경우에도 동일한 솔리드 모델을 작성하기 위해 여러 가지 다른 방법을 사용할 수 있다는 사실을 알아야 합니다.

학습 목표

이 장에서는 다음과 같은 내용을 다룰 것입니다.
- 기본체 모델링 도구 이해하기
- 돌출 도구 이해하기
- 회전 도구 이해하기
- 스윕 도구 이해하기
- 로프트 도구 이해하기
- 코일 도구 이해하기
- 엠보싱 도구 이해하기
- 파생 도구 이해하기
- 리브 도구 이해하기
- 전사 도구 이해하기
- 가져오기 도구 이해하기
- 구멍 도구 이해하기
- 모깍기 도구 이해하기
- 모따기 도구 이해하기
- 스레드 도구 이해하기
- 분할 도구 이해하기
- 쉘 도구 이해하기
- 결합 도구 이해하기
- 직접 편집 도구 이해하기
- 면 기울기 도구 이해하기
- 두껍게 하기/ 간격 띄우기 도구 이해하기
- 면 삭제 도구 이해하기
- 본체 이동 도구 이해하기
- 굽힘 도구 이해하기

- 객체 복사 도구 이해하기
- 미니 도구 모음 사용 방법 이해하기
- 자유 궤도, ViewCube 및 SteeringWheels를 사용하여 동적으로 모델의 뷰 변경하기
- 모델에 다른 색상/ 스타일을 지정하기

- **기본 2D스케치를 기본 3D 피쳐로 변환**

앞서 언급했듯이 모든 3D 디자인은 다양한 스케치, 배치 및 작업 피쳐의 조합입니다. 첫 번째 기능은 일반적으로 스케치된 기능입니다. 스케치 그리기 및 스케치를 이미 배웠습니다. 스케치 그리기 및 치수 기입을 완료한 후 스케치 탭의 종료 패널에서 스케치 완료 버튼을 선택합니다. 이 버튼을 선택하면 스케치 환경을 종료하고 3D 부품 모드로 전환됩니다. 또한 스케치 탭이 3D 모델 탭으로 바뀌었음을 알 수 있습니다. Autodesk Inventor & Inventor Professional 2019에서는 돌출, 회전, 로프트, 스윕 등과 같은 여러 가지 도구를 제공하여 이러한 스케치를 기본 3D 피쳐를 추가하여 3D 솔리드 모델링을 완성하는 것입니다.

Note

스케치 환경을 종료하면 스케치가 등각 투영 뷰에 표시됩니다. 피쳐를 만들면 각각의 대화 상자에서 필요한 옵션을 지정하면서 결과를 동적으로 미리 볼 수 있습니다.

Tip

스케치 환경에서 마킹 메뉴를 사용하여 부품 모드로 이동할 수도 있습니다. 이렇게 하려면 그래픽 창에서 마우스 오른쪽 버튼으로 클릭하고 2D 스케치 완료 옵션을 선택하면 됩니다.

Note

❏ 가공을 고려한 모델링

3D 부품을 만들 때 따라야 할 "설계대로 가공하라."라는 패러다임은 매우 훌륭한 철학이지만 모델링과 가공의 차이점이 있습니다. 하나의 큰 차이점은 모델링을 할 때 재질을 추가 할 수 있는 반면 가공 작업은 재료만 제거한다는 것입니다.

모델링 및 가공은 부품을 설계할 때 고려해야 할 매우 중요한 부분입니다. Autodesk Inventor Professional 2018에서는 3D 부품을 아주 쉽게 설계할 수 있는 많은 기능들을 제공합니다. 그러나 경우에 따라서는 부품을 설계할 때 하나의 부품으로 모델링 하는 것이 더 쉬울 수도 있지만, 여러 부품으로 가공하는 것이 비용이 적게 들 수도 있습니다. 또한 부품을 만들 때 엔드밀 및 드릴과 같은 장비 및 공구 크기를 고려하여 만들어야 한다는 것을 고려해야 합니다.

예를 들어, Autodesk Inventor Professional 2018에서는 매우 작은 피치 또는 사각형 모서리를 설계하여 만들 수 있지만, 깊이가 75mm인 캐비티에서 0.254mm 크기의 파일을 가공하려고 하면, 작업 현장에서 설계 데이터를 가지고 실제 제품으로 만들어야 하는 사람들로부터 꾸중을 들을 수 있다는 사실을 알아야 합니다.

chapter 05 매개변수를 활용한 3D 형상 모델링

• **기본 3D 피쳐 형상 작업을 통해 부품 생성을 위한 주요 개념**

Autodesk Inventor & Inventor Professional 2019에서의 3D 부품 모델링은 기본 피쳐를 작성한 다음 기본 피쳐에 또 다른 피쳐를 추가하여 보다 복잡한 부품을 작성하는 원칙을 기반으로 합니다. 〈그림 5-4〉는 여러 기능으로 구성된 부품을 생성하기 위한 기본 작업 흐름을 보여주는 것입니다.

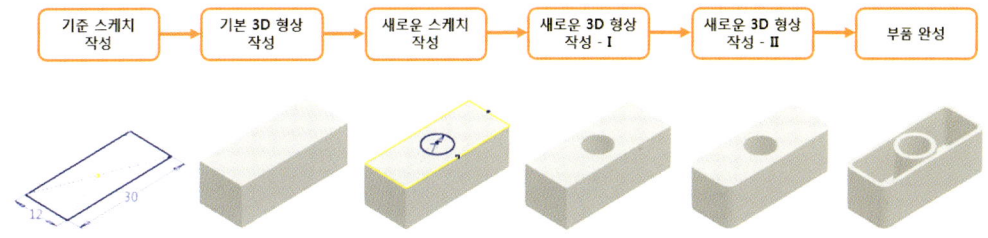

〈그림 5-4〉 모델링 위치 지정 설계

04 기본체(원시) 모델링

기본체 모델링 기능은 Autodesk Inventor 2013 버전부터 나온 기능입니다. 현재 사용할 수 있는 기본체 모델링 도구는 상자, 원통, 구 및 원환 도구입니다. 기본체로 작업 할 때 스케치 및 돌출 프로세스가 자동화되어 실행됩니다. 먼저 기본체의 시작 위치를 선택한 다음 프로파일이 만들어지고 마지막으로 솔리드가 만들어지는 것입니다. 기본체 기능으로는 솔리드 형상만 생성 할 수 있습니다. 기본체 모양을 사용하여 재질을 추가하거나 제거할 수 있습니다.

아래에는 이 네 가지 기본체 모델링을 활용하는 방법에 대해 설명을 할 것입니다.

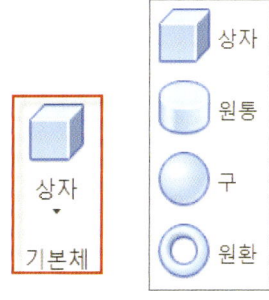

3D 모델링을 시작하기 위해서는 아래와 같이 새로 만들기에서 Standard.ipt 파일을 선택하여 새로운 부품을 시작해야 합니다.

리본메뉴〉시작하기 탭〉시작하기 패널〉새로 만들기

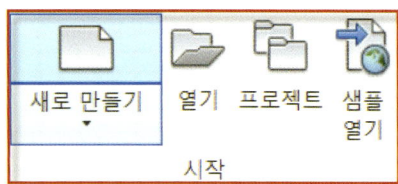

1 Standard.ipt 템플릿 파일을 선택합니다.

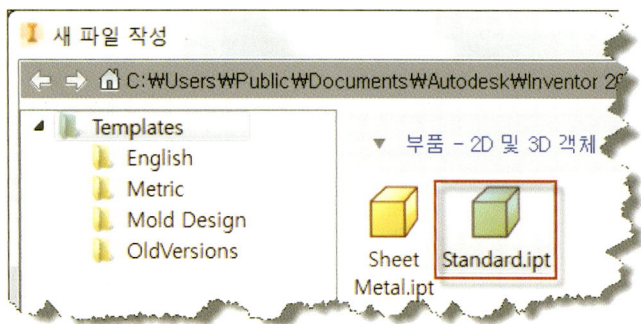

2 작성 버튼을 클릭합니다.

상자

리본 메뉴/ 3D 모형 탭/ 기본체 패널/ 상자

 기본체 상자 도구는 2점 직사각형을 작성한 다음 이를 3D 형상인 돌출 도구를 이용하여 3D 모델링을 하는 도구입니다. 다음과 같이 진행을 해 봅니다.

1 이 상자 도구를 선택하면 스케치를 작성할 평면 또는 편집할 기존 스케치를 선택하라는 메시지 창이 뜹니다. 여기서 아래와 같이 XY 평면을 시작할 평면으로 선택합니다.

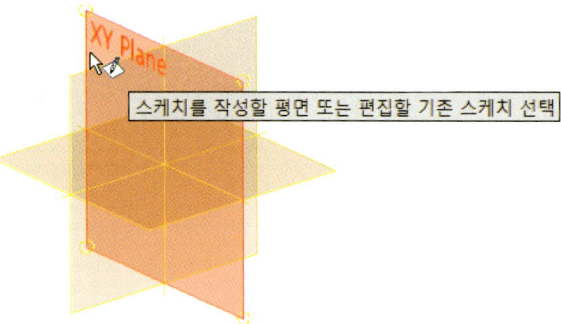

2 중심을 선택하라는 메시지와 포인트 입력 창이 나타납니다. 원점을 중심점으로 선택합니다.

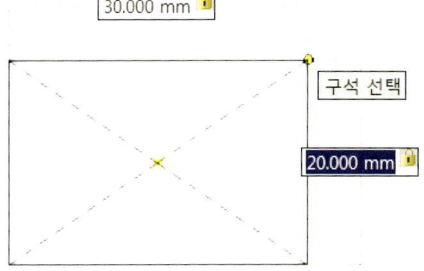

3 구석을 선택하라는 메시지가 나타나는데 아래와 같이 드래그하여 가로30mm, 세로 20mm를 입력합니다. (키보드의 Tab 키를 활용하여 전환합니다.)

4 Enter키를 칩니다. 그러면 자동으로 돌출 도구가 활성화 됩니다. 거리 값에 15mm 입력한 후 확인 버튼을 클릭합니다.

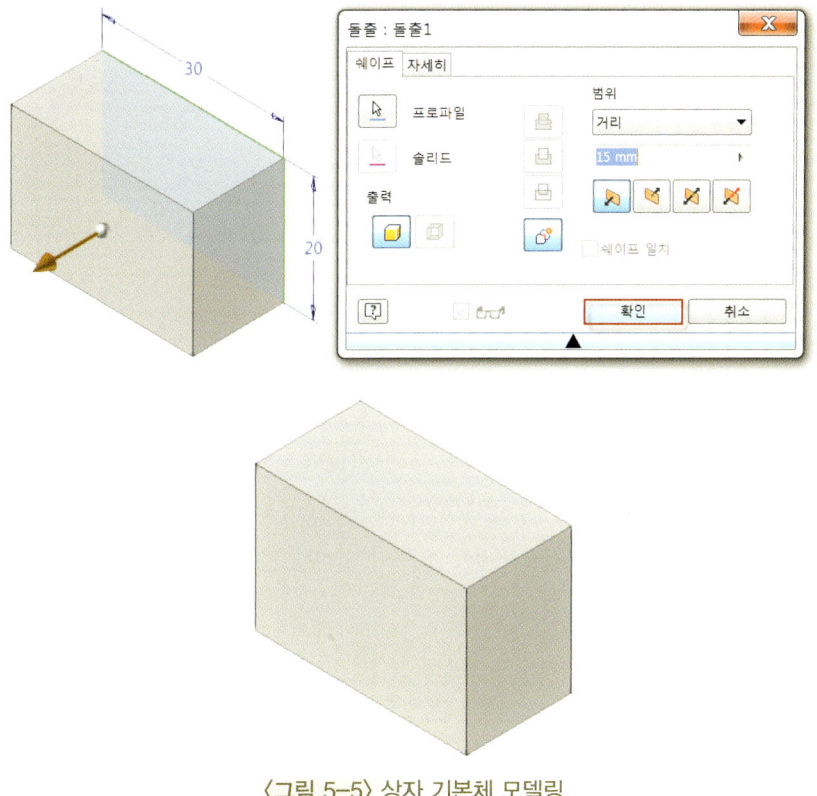

〈그림 5-5〉 상자 기본체 모델링

원통

리본 메뉴/ 3D 모형 탭/ 기본체 패널/ 원통

   기본체 원통 도구는 원을 작성한 다음 이를 3D 형상인 돌출 도구를 이용하여 3D 모델링을 하는 도구입니다. 다음과 같이 진행을 해 봅니다.

1 이 원통 도구를 선택하면 스케치를 작성할 평면 또는 편집할 기존 스케치를 선택하라는 메시지 창이 뜹니다. 여기서 아래와 같이 XY 평면을 시작할 평면으로 선택합니다.

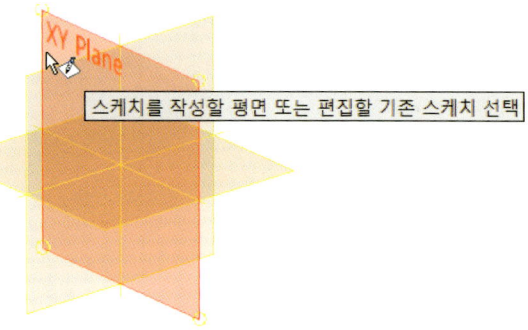

2 원의 중심을 선택하라는 메시지와 포인트 입력 창이 나타납니다. 원점을 중심점으로 선택합니다.

3 원의 점을 선택하라는 메시지가 나타나는데 아래와 같이 드래그하여 지름 15mm를 입력합니다.

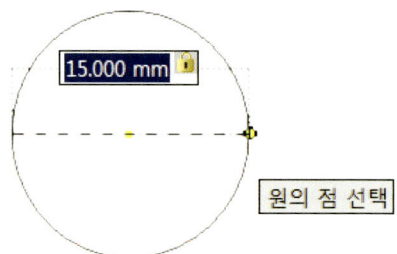

4 Enter키를 칩니다. 그러면 자동으로 돌출 도구가 활성화 됩니다. 거리 값에 15mm 입력한 후 확인 버튼을 클릭합니다.

chapter 05 매개변수를 활용한 3D 형상 모델링

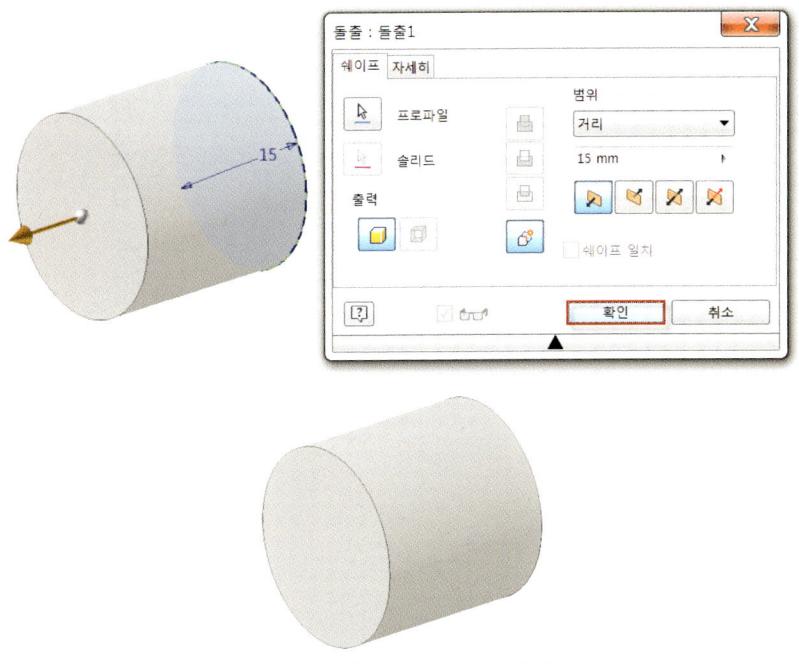

〈그림 5-6〉 원통 기본체 모델링

구

리본 메뉴/ 3D 모형 탭/ 기본체 패널/ 구

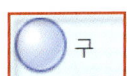 　　기본체 구 도구는 원을 작성한 다음 이를 3D 형상인 회전 도구를 이용하여 3D 모델링을 하는 도구입니다. 다음과 같이 진행을 해 봅니다.

1 이 원통 도구를 선택하면 스케치를 작성할 평면 또는 편집할 기존 스케치를 선택하라는 메시지 창이 뜹니다. 여기서 아래와 같이 XY 평면을 시작할 평면으로 선택합니다.

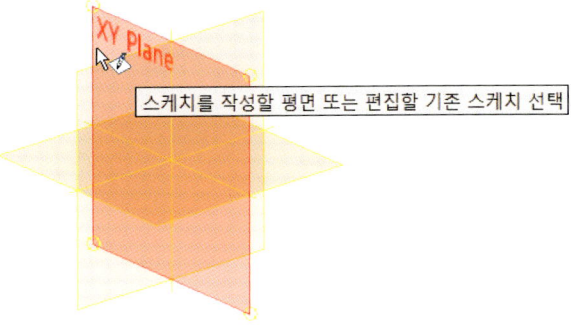

2 원의 중심을 선택하라는 메시지와 포인트 입력 창이 나타납니다. 원점을 중심점으로 선택합니다.

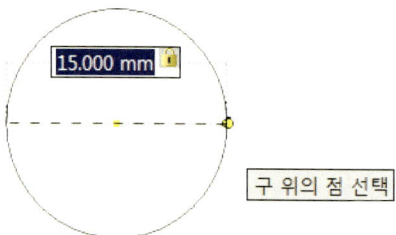

3 구 위의 점을 선택하라는 메시지가 나타나는데 아래와 같이 드래그하여 지름 15mm를 입력합니다.

4 Enter키를 칩니다. 그러면 자동으로 회전 도구가 활성화 됩니다. 범위에 전체를 선택 후 확인 버튼을 클릭합니다.

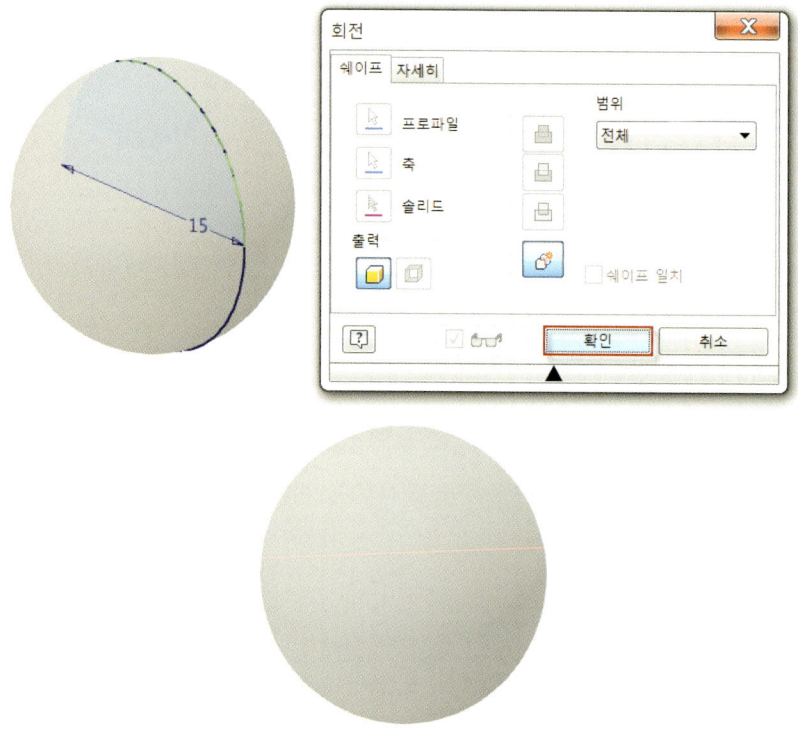

〈그림 5-7〉 구 기본체 모델링

원환

리본 메뉴/ 3D 모형 탭/ 기본체 패널/ 원환

 기본체 원환 도구는 축과 원을 작성한 다음 이를 3D 형상인 회전 도구를 이용하여 3D 모델링을 하는 도구입니다. 다음과 같이 진행을 해 봅니다.

1. 이 원환 도구를 선택하면 스케치를 작성할 평면 또는 편집할 기존 스케치를 선택하라는 메시지 창이 뜹니다. 여기서 아래와 같이 XY 평면을 시작할 평면으로 선택합니다.

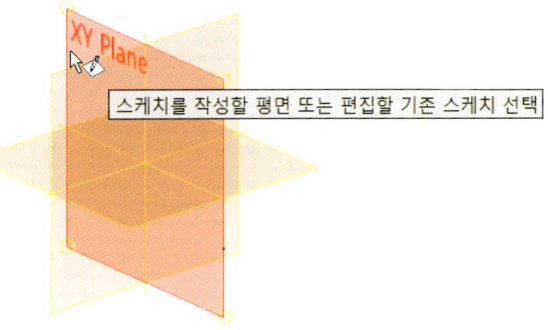

2. 원환의 중심을 선택하라는 메시지와 포인트 입력 창이 나타납니다. 원점을 중심점으로 선택합니다.

3. 원환 단면의 중심을 선택하라는 메시지가 나타나는데 아래와 같이 드래그하여 10 mm, 각도 0 deg를 입력하고 Enter 키를 치면 원환 위의 점을 선택하라는 메시지가 나타나는데 아래와 같이 드래그하여 원환 지름 10 mm를 입력합니다.

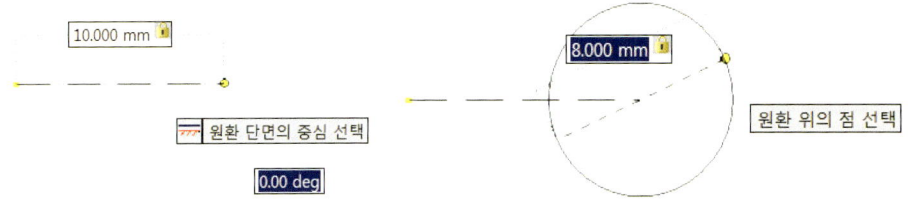

4. Enter키를 칩니다. 그러면 자동으로 회전 도구가 활성화 됩니다. 범위에 전체를 선택 후 확인 버튼을 클릭합니다.

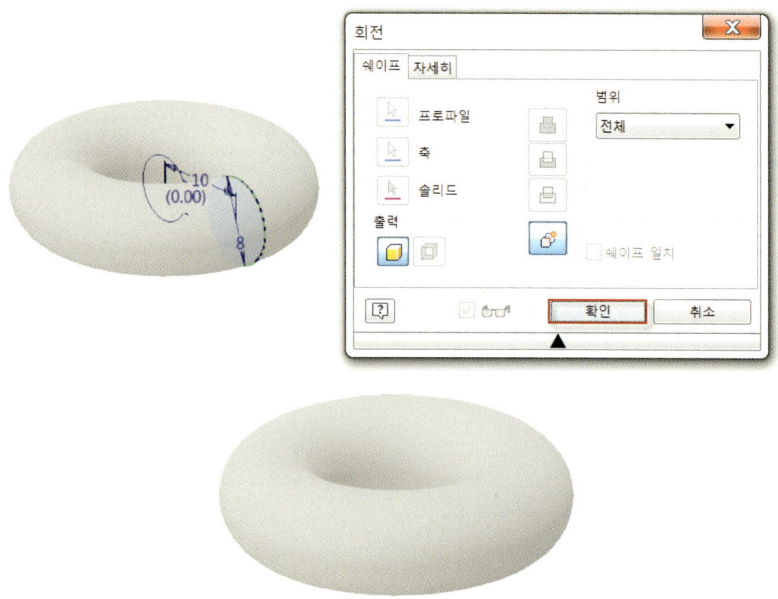

〈그림 5-8〉 원환 기본체 모델링

05 돌출

리본 메뉴/ 3D 모형 탭/ 작성 패널/ 돌출

돌출 도구는 설계 데이터를 만드는데 가장 광범위하게 사용되는 3D 모형 도구 중 하나입니다. 돌출도구는 스케치 작업에 의해 정의된 스케치 프로파일 요소를 현재의 스케치 평면에 수직으로 3D 형상을 추가하거나 제거하는 과정을 통해 3D 모델링을 하는 도구입니다.

다음은 돌출 대화 상자의 모습입니다.

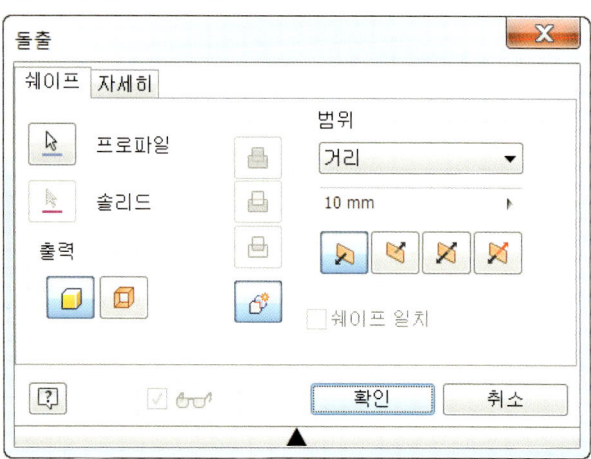

쉐이프 탭

◆ 프로파일

이 버튼은 돌출시킬 스케치를 선택하는 데 사용됩니다. 스케치가 단일 루프로 구성된 경우 자동으로 선택됩니다. 이 경우 스케치가 이미 선택되었으므로 프로필 버튼이 선택되지 않습니다. 그러나 스케치가 두 개 이상의 루프로 구성된 경우 이 버튼이 선택되고 돌출할 프로파일을 선택하라는 메시지가 표시됩니다. 마우스 커서를 루프 중 하나에 가깝게 이동하면 강조되어 표시됩니다. 돌출할 스케치를 선택하면 생성될 솔리드의 미리 보기가 그래픽 창에 표시됩니다. 또한 솔리드 피쳐의 미리 보기에 첨부된 프로파일 선택 태그가 그래픽 창에 표시됩니다. 선택 태그는 이 장의 뒷부분에서 설명을 할 것입니다.

내부 루프 중 하나를 선택하면 해당 루프만 돌출됩니다. 또한 선택한 내부 루프를 돌출한 후에는 나머지 루프가 화면에 더 이상 표시되지 않습니다. 그러나 외부 루프 내부의 점을 내부 루프 외부에 지정하여 프로파일을 선택하면 생성될 솔리드가 외부 루프에서 내부 루프를 뺀 스케치가 돌출됩니다.

〈그림 5-9〉 및 〈그림 5-10〉 참조.

Tip

프로파일 버튼을 사용하여 선택된 닫힌 루프를 제거하려면 Shift 또는 Ctrl 키를 누른 상태에서 제거할 닫힌 루프를 선택합니다. 커서를 스케치 가까이로 움직이면 스케치의 다른 루프가 강조 표시되고 루프 내부를 클릭하여 제거할 루프를 선택할 수 있습니다.

〈그림 5-9〉 내부 루프 하나만 선택 후 돌출 모델링

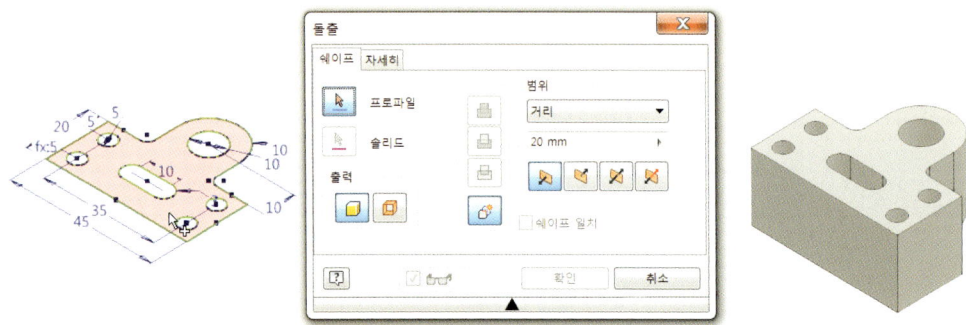

〈그림 5-10〉 내부 루프를 다 제외 선택 후 돌출 모델링

• 솔리드

 솔리드 버튼은 다중 본체 환경에서 본체를 선택하여 최종 돌출된 피쳐가 본체의 일부가 되도록 해주는 것입니다. 생성된 돌출 피쳐를 선택한 본체에 결합, 절단 또는 교차시킬 수 있습니다. 이 버튼은 그래픽 창에 여러 솔리드 본체가 있는 경우에만 활성화됩니다.

• 출력

출력 영역의 버튼은 결과 피쳐의 유형을 지정하는 데 사용됩니다. 돌출된 닫힌 루프를 가진 스케치 요소를 선택하면 솔리드 버튼이 자동으로 선택되며, 결과물로 솔리드 피쳐가 생성됩니다. 곡면 버튼을 선택하면 결과 피쳐가 곡면이 됩니다. 곡면 모델에 대한 스케치 요소는 닫힌 루프일 필요는 없습니다. 닫힌 스케치 요소라 해도 곡면 버튼을 선택한 상태면 루프 영역이 아닌 루프 자체를 선택하여 곡면으로 생성할 수 있습니다. 열린 루프는 곡면 버튼만 활성화 되고, 닫힌 루프는 곡면 버튼을 먼저 선택하고 루프 스케치 요소를 선택해야만 곡면이 생성됩니다.

• 작업

 이 영역은 범위 영역의 왼쪽에 제공되며 네 개의 버튼이 있습니다. 생성하는 첫 번째 피쳐가 본질적으로 돌출 피쳐이므로 새 솔리드 버튼을 제외한 모든 버튼이 이 영역에서 활성화되어 있지 않습니다. 그러나 그래픽 창에 피쳐가 이미 있고 다른 스케치를 돌출시키려는 경우에는 합집합(결합), 차집합(절단) 및 교집합(교차)이 활성화됩니다.

• 새 솔리드

새로운 솔리드 본체를 작성합니다. 부품 파일의 첫 번째 솔리드 피쳐가 돌출인 경우 이 선택이 기본값입니다. 기존 솔리드 본체에 더하여 부품 파일에 본체를 작성하려면 선택합니다. 각 본체는 다른 본체와 개별적인 독립 피쳐 집합이고 다른 본체와 피쳐를 공유할 수 있습니다.

• 범위

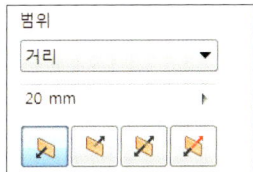

범위 영역 또는 미니 도구 모음에 있는 드롭-다운 목록의 옵션을 사용하여 돌출된 피쳐를 종료하는 방법을 선택할 수 있습니다.

다음은 이러한 옵션에 대해 설명합니다.

• 거리

기본적으로 이 드롭-다운 목록에서 거리 옵션이 선택됩니다. 이 옵션은 숫자 값을 지정하여 돌출 깊이를 정의하는 데 사용됩니다. 돌출 값은 이 드롭-다운 목록 아래에 있는 깊이 편집 상자에서 지정할 수 있습니다. 이 기능 종료 옵션을 선택하면 네 개의 버튼이 거리 입력란 아래에 표시됩니다. 이 버튼은 돌출 방향을 지정하는 데 사용됩니다. 현재 방향은 방향 1 버튼으로 표시됩니다. 두 번째 방향 2 버튼을 선택하여 피쳐 생성 방향을 바꿀 수 있습니다. 세 번째 버튼은 현재 스케치 평면의 양방향으로 피쳐를 동일하게 돌출시키는 데 사용됩니다. 이 버튼을 대칭 버튼이라고도 합니다. 예를 들어 지정된 돌출 깊이가 20 mm인 경우 피쳐의 돌출 깊이는 현재 스케치 평면 위로 10 mm 및 현재 스케치 평면 아래로 10 mm가 되는 것입니다. 네 번째 버튼이 비대칭 버튼을 사용하면 스케치 평면에 대해 비대칭으로 스케치를 돌출시킬 수 있습니다.

이 버튼을 선택하면 돌출 대화 상자의 한 영역에 두 개의 편집 상자와 두 개의 드롭-다운 목록이 표시됩니다. 또한 돌출 된 모델의 미리 보기에 두 개의 화살표가 표시됩니다. 편집 상자에 필요한 돌출 깊이를 입력하거나 스케치 평면의 측면에 화살표를 끌어 돌출 깊이를 지정합니다. 반전 버튼을 선택하여 양면에서 피쳐의 돌출 깊이를 바꿀 수 있습니다. 미니 도구 모음을 사용하여 돌출 깊이를 지정할 수도 있습니다.

Note

치수 측정 또는 치수 표시 옵션을 선택하거나 깊이 편집 상자의 오른쪽에 있는 화살표를 선택하여 돌출 거리를 지정하여 사전 정의된 거리 값을 지정할 수도 있습니다.

Tip

조작 도구를 사용하여 비대칭 돌출 깊이를 동적으로 수정할 수 있습니다. 이러한 조작 도구는 돌출 미리 보기에서 반대 방향을 가리키는 화살표로 표시됩니다. 필요한 방향 화살표를 드래그하여 해당 방향으로 돌출 깊이를 동적으로 변경할 수 있습니다.

- 다음 면까지

기준 피쳐나 조립품 피쳐에 대해서는 사용할 수 없습니다. 지정된 방향에서 돌출을 종료할 수 있는 다음 면이나 평면을 선택합니다. 프로파일을 끌면 스케치 평면의 어느 한쪽 면으로 돌출이 반전됩니다. 종료자를 사용하여 돌출을 종료할 솔리드 또는 곡면을 선택하고 돌출 방향을 선택합니다.

- 지정 면까지

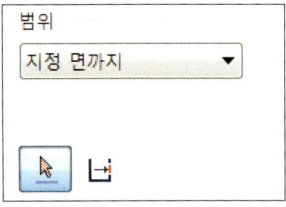

이것은 거리 드롭-다운 목록의 두 번째 옵션이며 확장된 면, 작업 기준면 또는 평면형 면을 사용하여 돌출 피쳐의 끝 부분을 정의하는 데 사용됩니다. 이 옵션을 선택하면, 영역의 다른 모든 옵션이 제거되고 형상 작성 버튼을 종료할 면 선택 버튼만 표시됩니다. 돌출 피쳐와 교차하지 않는 면이나 면을 선택하여 돌출을 종료하면 확장된 면에서 피쳐 종료 확인 확인란이 표시됩니다.

이 확인란은 평면 또는 평면이 연장 된 것처럼 평면에서 형상을 종료하도록 선택됩니다.

- 사이

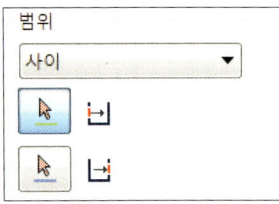

이것은 거리 드롭-다운 목록의 세 번째 옵션입니다. 이 옵션은 두 개의 평면을 사용하여 피쳐를 정의합니다. 첫 번째 평면은 형상이 시작될 평면을 정의하고 두 번째 평면은 형상을 끝내기 위한 평면을 정의합니다. 이 옵션을 선택하면 범위 영역의 나머지 모든 옵션이 두 개의 버튼으로 대체됩니다. 상단 버튼은 피쳐 생성 버튼을 시작하는 곡면 선택 버튼이며 피쳐가 시작되는 평면을 정의하는 데 사용됩니다. 하단 버튼은 피쳐 생성을 종료할 곡면 선택 버튼이며 피쳐가 끝나는 평면을 정의하는 데 사용됩니다.

- 면으로부터의 거리

돌출을 시작할 면, 작업 평면 또는 곡면을 선택합니다. 면 또는 평면의 경우 선택한 면에서 부품 피쳐를 종료합니다. 종료 평면을 벗어나 연장되는 면에서 부품 피쳐를 종료하려면 **면을 확장하여 피쳐를 종료할 것인지 선택**을 선택합니다.

- 쉐이프 일치

 이 버튼은 열려있는 프로파일을 돌출시킬 때만 활성화됩니다.

> **Note**
>
> 작업 평면을 만드는 방법은 다음 장에서 논의 될 것입니다. 거리 드롭-다운 목록에는 기본 피쳐를 생성하고 나면 더 많은 옵션이 표시됩니다.

※ 주: 면 또는 평면에서 돌출을 종료하는 경우 원통이나 불규칙 곡면에서와 같이 종료 옵션이 모호해질 수 있습니다. 보다 구체적인 솔루션이 필요한 경우에는 자세히 탭의 옵션을 사용합니다.

▌자세히 탭

모호한 종료 옵션을 명확하게 하는 옵션입니다.

- **대체 솔루션**

지정 면까지, 사이 면으로부터 거리 범위의 경우 불규칙 곡면 또는 원통의 종료와 같이 솔루션이 모호할 때 대체 종료 평면을 지정합니다. 거리, 다음 면까지 및 전체 범위에 대해서는 사용할 수 없습니다.

- **최소 솔루션**

종료 면에 대한 옵션이 모호한 경우 돌출이 가장 가까운 면에서 종료되도록 지정합니다. 최소 솔루션을 선택하면 원통에서 가까운 쪽에서 돌출이 종료됩니다.

- **테이퍼 각도**

모든 범위 유형의 경우 스케치 평면에 수직인 최대 180도까지 테이퍼 각도를 설정합니다. 테이퍼는 양방향에서 동일하게 확장합니다. 그래픽 창에서 화살표는 테이퍼 방향을 표시합니다. 거리를 사용할 경우 양방향에 테이퍼 각도를 적용할 수 있습니다. 양의 테이퍼 각도는 돌출 벡터를 따라 단면 영역을 증가시킵니다. 음의 테이퍼 각도는 돌출 벡터를 따라 단면 영역을 감소시킵니다.

- **iMate 추정**

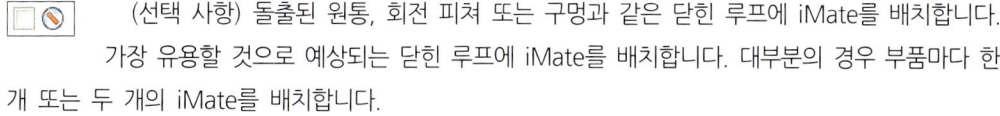

(선택 사항) 돌출된 원통, 회전 피쳐 또는 구멍과 같은 닫힌 루프에 iMate를 배치합니다. 가장 유용할 것으로 예상되는 닫힌 루프에 iMate를 배치합니다. 대부분의 경우 부품마다 한 개 또는 두 개의 iMate를 배치합니다.

돌출 연습 문제 1 – 거리 값으로 돌출하기

1. SJS_Exercise_Extrude1_Distance.ipt 파일을 엽니다.
2. 돌출 도구를 선택하고 아래와 같이 설정을 합니다.

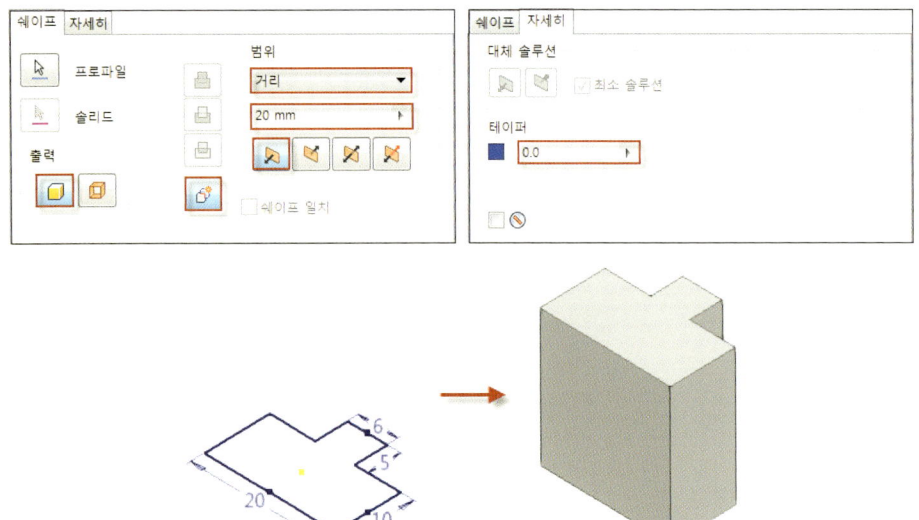

3. 확인 버튼을 클릭하여 형상을 완성합니다.
4. 검색기 막대에서 돌출1을 선택한 다음 돌출 편집을 합니다.

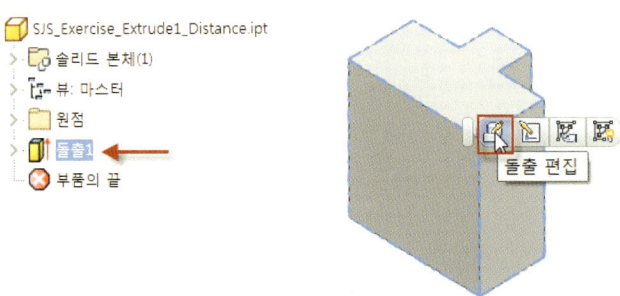

5. 아래와 같이 방향 2를 선택해 봅니다.
   - 방향: 방향 2 (Inventor 기준 음의 방향)

6 아래와 같이 대칭을 선택해 봅니다.
- 방향: 대칭

 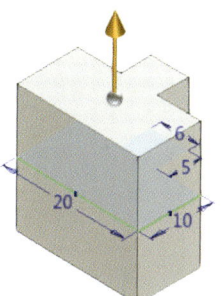

7 아래와 같이 비대칭을 선택해 봅니다.
- 방향: 비대칭

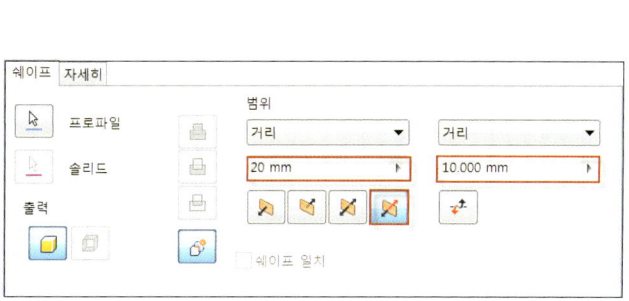 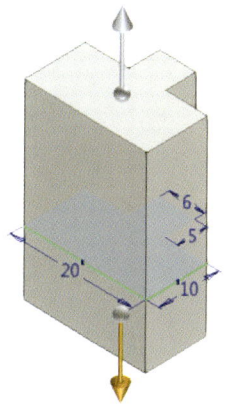

- 반전: 클릭(거리 값이 서로 반대로 바뀜)

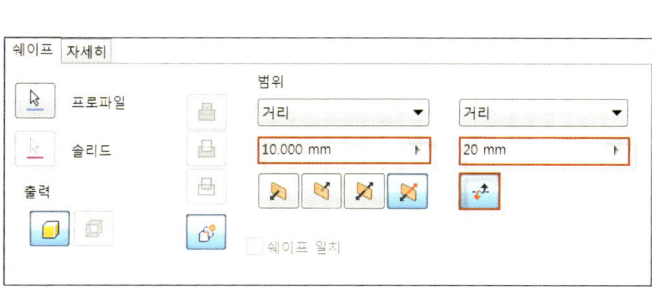 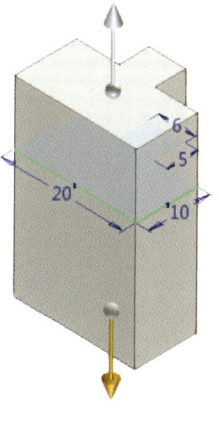

217

8 자세히 탭을 클릭하여 테이퍼 각도를 입력해 봅니다.

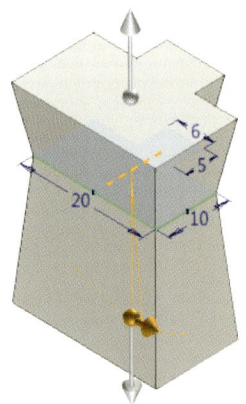

9 확인 버튼을 클릭하여 형상을 완성합니다.

10 💾 버튼을 클릭하여 파일을 저장합니다.

돌출 연습 문제 2 - 다음 면까지로 돌출하기

1 SJS_Exercise_Extrude2_To Next.ipt 파일을 엽니다.
2 돌출 도구를 선택하고 아래와 같이 프로파일을 선택합니다.

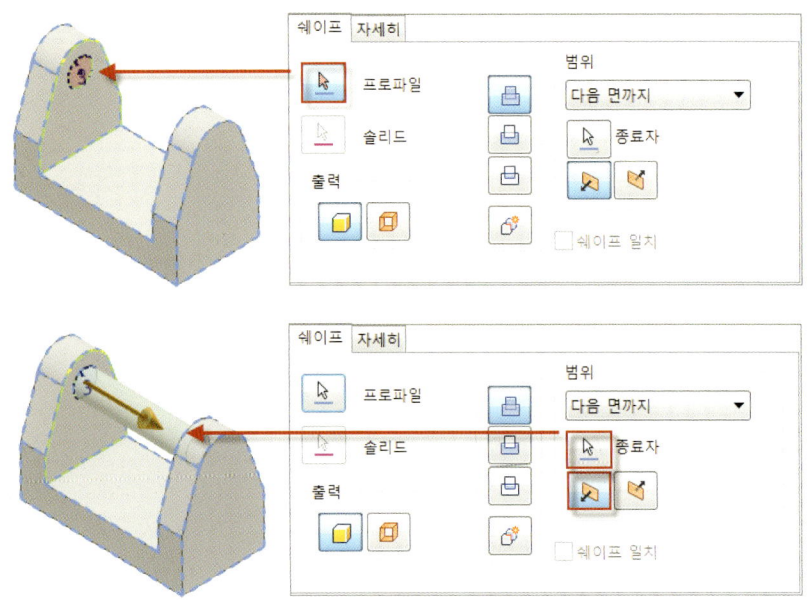

3 확인 버튼을 클릭하여 형상을 완성합니다.
4 저장을 하지 않고 파일을 닫습니다.

돌출 연습 문제 3 – 지정 면까지로 돌출하기

1 SJS_Exercise_Extrude3_To.ipt 파일을 엽니다.
2 돌출 도구를 선택하고 아래와 같이 프로파일을 선택합니다.

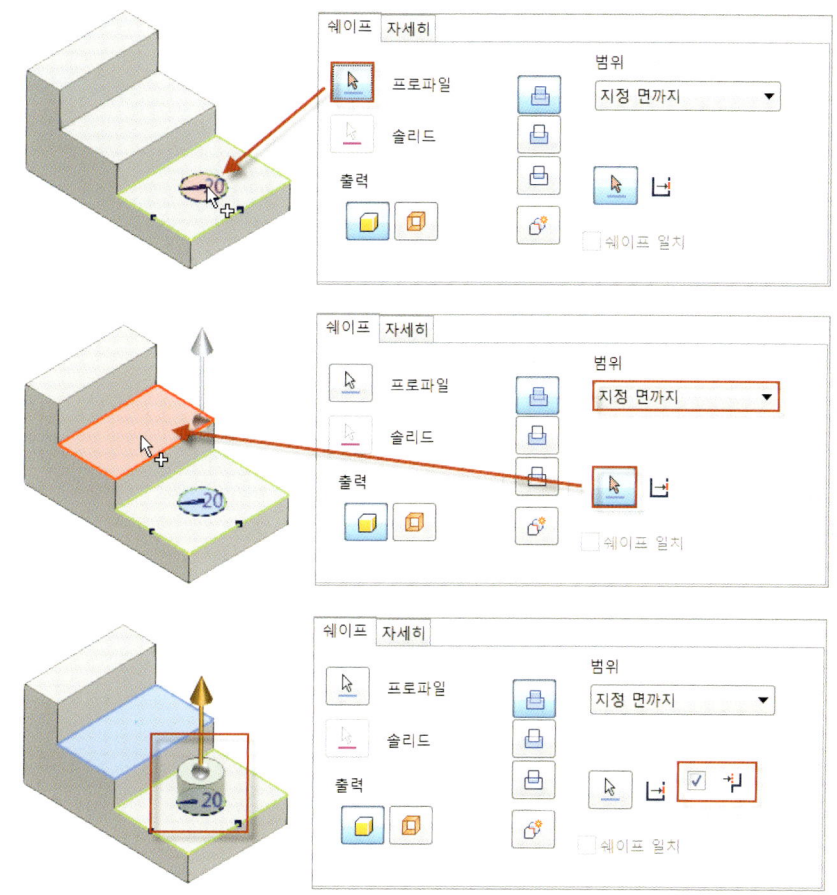

3 확인 버튼을 클릭하여 형상을 완성합니다.
4 저장을 하지 않고 파일을 닫습니다.

돌출 연습 문제 4 – 사이로 돌출하기

1. SJS_Exercise_Extrude4_Between.ipt 파일을 엽니다.
2. 돌출 도구를 선택하고 아래와 같이 프로파일을 선택합니다.

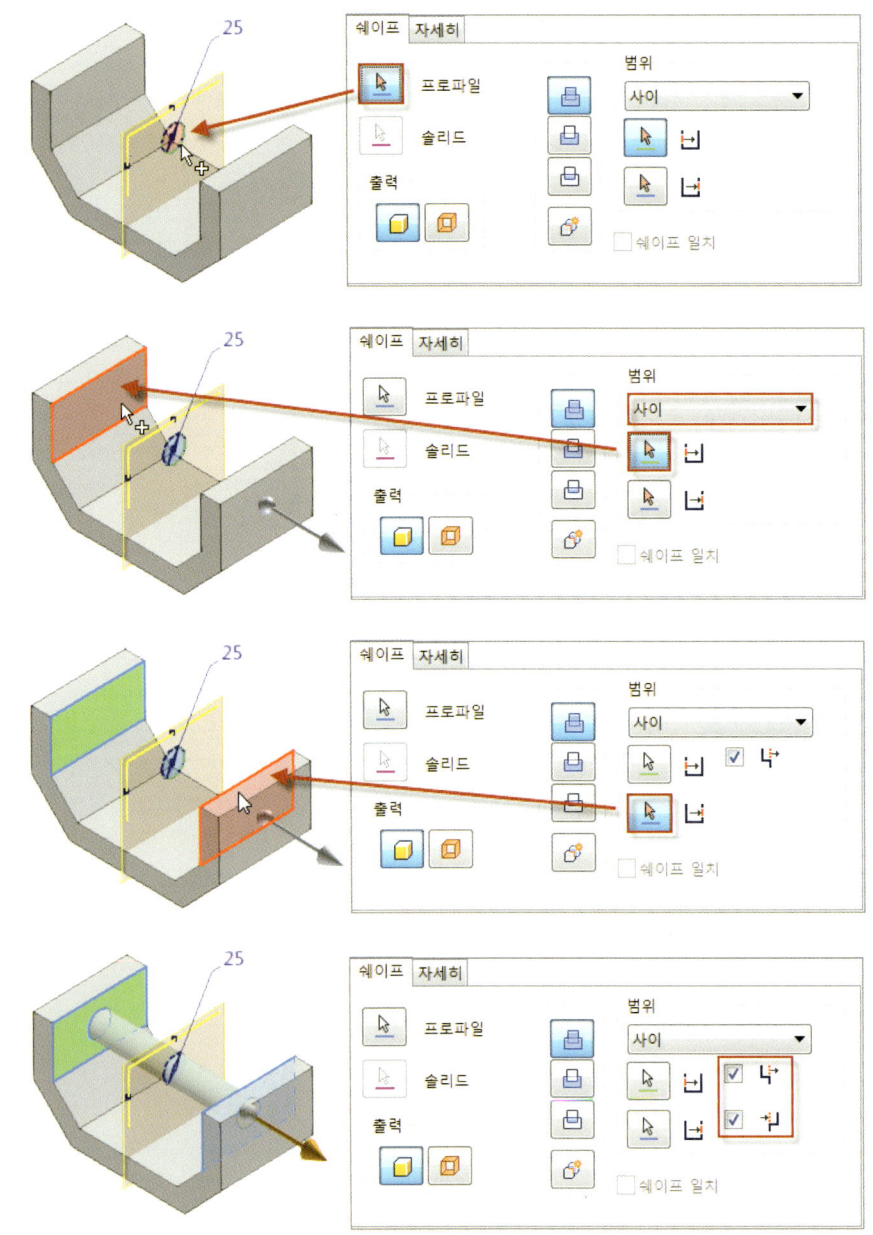

3. 확인 버튼을 클릭하여 형상을 완성합니다.
4. 저장을 하지 않고 파일을 닫습니다.

돌출 연습 문제 5 – 사이로 돌출하기

1. SJS_Exercise_Extrude5_Distance from Face.ipt 파일을 엽니다.
2. 돌출 도구를 선택하고 아래와 같이 프로파일을 선택합니다.

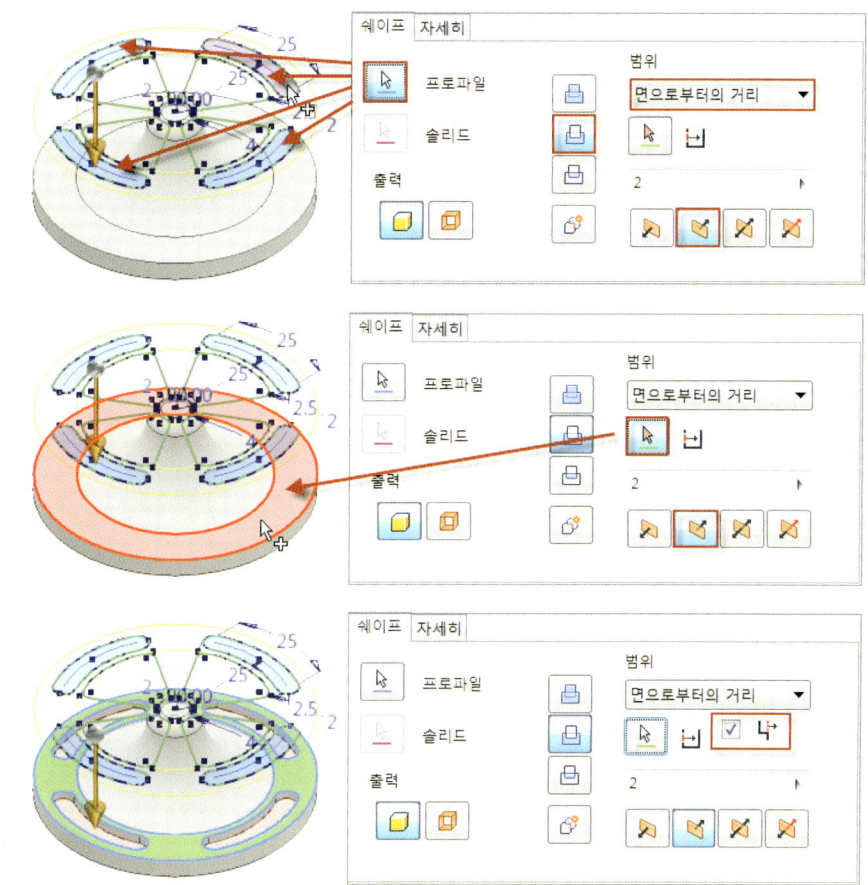

3. 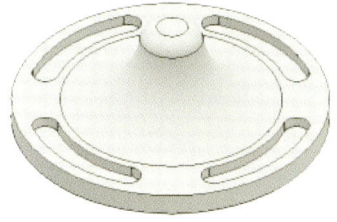 버튼을 클릭하여 형상을 완성합니다.

4 아래와 같이 검색기 막대에서 스케치2를 드래그하여 회전1과 돌출1 사이에 끌어다 놓습니다.
이 기능은 2018버전부터 스케치 공유를 시키는 새로운 방법입니다.

5 돌출 도구를 선택하고 아래와 같이 프로파일을 선택합니다.

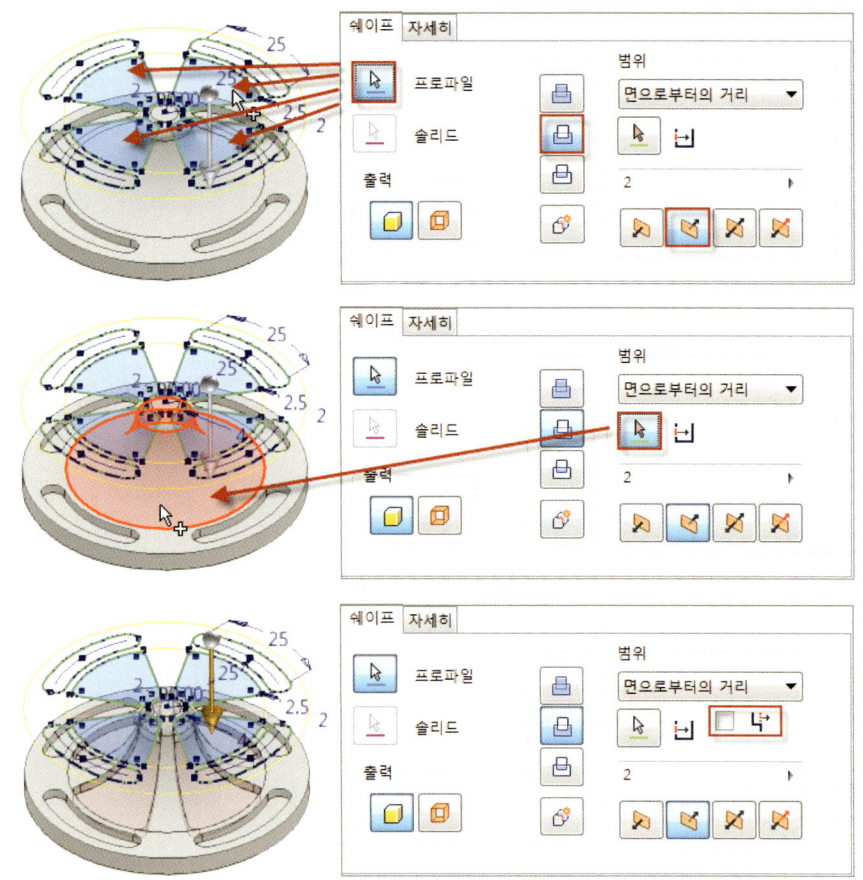

chapter 05 매개변수를 활용한 3D 형상 모델링

6 | 확인 | 버튼을 클릭하여 형상을 완성합니다.

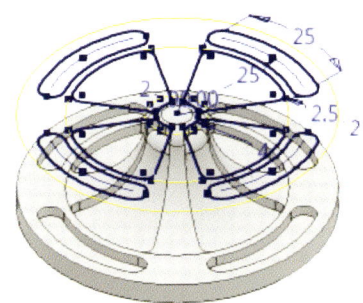

7 아래와 같이 검색기 막대에서 스케치2를 선택한 다음 마우스 오른쪽 버튼을 클릭하여 가시성을 끕니다.

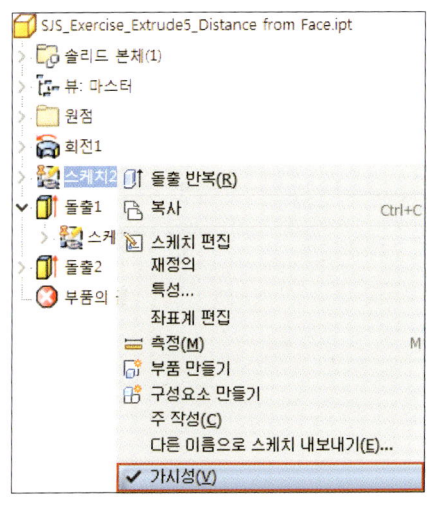

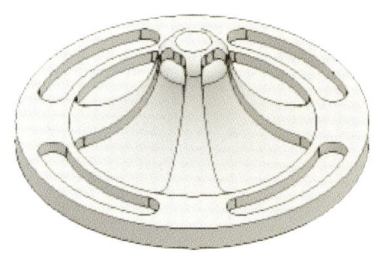

8 저장을 하지 않고 파일을 닫습니다.

06 회전

리본 메뉴/ 3D 모형 탭/ 작성 패널/ 회전

회전 도구는 샤프트, 커플 링, 풀리 등과 같은 원형 피쳐를 생성하는데 사용됩니다. 이 도구를 사용하여 원통형 절단 피쳐를 생성할 수도 있습니다. 회전된 형상은 축에 대해 스케치를 회전하여 만드는 것입니다. 일반선 세그먼트, 중심선 또는 스케치의 구성선을 스케치 회전 축으로 사용할 수 있습니다.
다음은 회전 대화 상자의 옵션에 대해 설명합니다.

▍쉐이프 탭

이 탭의 버튼을 사용하여 회전할 스케치와 회전축을 선택합니다.

- **프로파일**

이 버튼은 회전할 스케치를 선택하기 위해 선택됩니다. 그래픽 창에 닫힌 루프가 하나만 있으면 스케치가 자동으로 선택됩니다. 또한 프로파일 버튼이 선택되지 않는 상태가 됩니다. 그러나 둘 이상의 닫힌 루프가 있는 경우에는 이 버튼이 선택되고 마우스 커서에 플러스 마크가 생겨 회전할 프로필을 선택할 수 있도록 표시됩니다. 또한 그래픽 창에서 프로파일 근처에 두 개의 선택 태그인 프로파일 및 축이 표시됩니다.

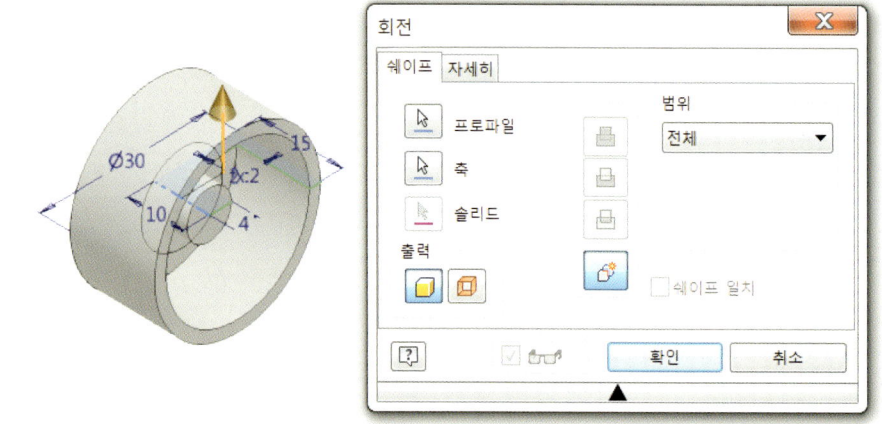

〈그림 5-11〉 스케치 하나에 닫힌 루프가 하나만 존재할 때 전체 회전

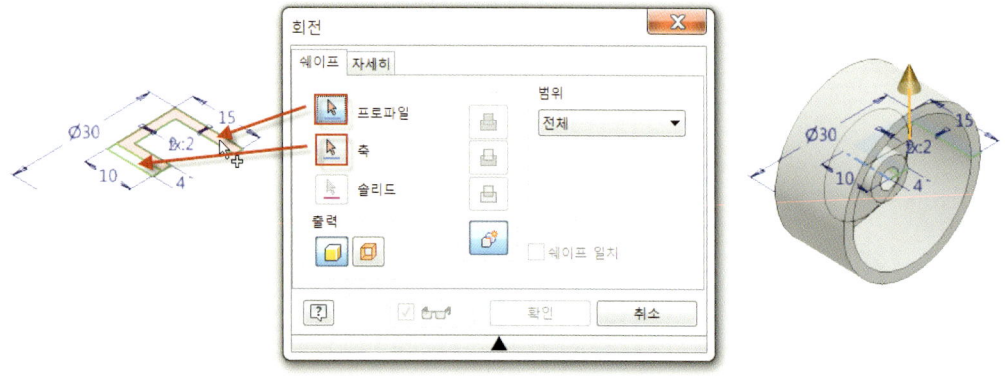

〈그림 5-12〉 스케치 하나에 닫힌 루프가 둘 이상일 때 전체 회전

- **축**

이 버튼은 스케치를 회전할 축을 선택하기 위해 선택됩니다. 앞서 언급했듯이 회전 피쳐를 생성하기 위한 축으로 스케치의 선분을 선택할 수 있습니다. 축을 선택하면 현재 값을 사용하여 작성된 피쳐의 미리 보기가 그래픽 창에 표시됩니다.

chapter 05 매개변수를 활용한 3D 형상 모델링

- **솔리드**

 솔리드 버튼은 다중 본체 환경에서 본체를 선택하여 생성된 회전 피쳐가 본체의 일부가 되도록 합니다. 회전된 형상을 선택한 바디에 결합, 절단 또는 교차시킬 수 있습니다. 이 버튼은 그래픽 창에 여러 본문이 있는 경우에만 활성화됩니다.

- **출력**

 출력 영역의 버튼은 회전된 형상의 출력 유형을 지정하는 데 사용됩니다. 솔리드 버튼을 선택하면 피쳐가 솔리드가 됩니다. 그러나 곡면 버튼을 선택하면 결과 피쳐가 곡면이 됩니다. 곡면에 대한 스케치가 닫혀 있거나 닫혀 있지 않을 수 있습니다. 그러나 솔리드 피쳐의 경우 스케치를 닫아야 합니다.

- **작업**

 이 영역은 범위 영역의 왼쪽에 제공되며 네 개의 버튼, 즉 새 솔리드, 결합, 잘라 내기 및 교차를 포함합니다. 생성 된 첫 번째 피쳐가 본질적으로 새로운 회전 피쳐가 될 것이므로 이 버튼에는 새 솔리드 버튼을 제외한 모든 버튼이 활성화되지 않습니다. 그러나 그래픽 창에 피쳐가 이미 있고 다른 스케치를 회전시키려는 경우에는 합집합(결합), 차집합(절단) 및 교집합(교차)이 활성화됩니다.

- **새 솔리드**

새로운 솔리드 본체를 작성합니다. 부품 파일의 첫 번째 솔리드 피쳐가 돌출인 경우 이 선택이 기본값입니다. 기존 솔리드 본체에 더하여 부품 파일에 본체를 작성하려면 선택합니다. 각 본체는 다른 본체와 개별적인 독립 피쳐 집합이고 다른 본체와 피쳐를 공유할 수 있습니다.

- **범위**

범위 영역 또는 미니 도구 모음에 있는 드롭-다운 목록의 옵션을 사용하여 회전된 피쳐를 종료하는 방법을 선택할 수 있습니다.

다음은 이러한 옵션에 대해 설명합니다.

- **전체**

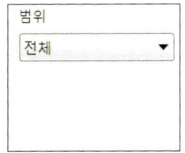 이 옵션은 스케치를 360도 회전시켜 피쳐를 생성하도록 선택됩니다. 이것이 기본 옵션입니다.

- **각도**

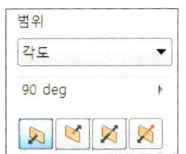 이 옵션은 지정된 각도에서 회전된 피쳐를 종료하는 데 사용됩니다. 각도 옵션을 선택한 다음이 드롭-다운 목록 아래에 표시된 편집 상자에 값을 입력하여 회전 각도를 지정할 수 있습니다. 또는 미니 도구 모음에서 각도를 지정할 수 있습니다. 이 편집 상자의 오른쪽에 제공된 화살표를 선택하여 미리 정의된 값을 사용

할 수도 있습니다. 치수 측정 및 치수 표시 옵션을 사용하여 회전 각도를 정의 할 수도 있습니다. 각도 옵션을 선택하면 네 개의 버튼이 영역에서 활성화되어 표시됩니다. 이 버튼은 회전 방향을 정의하는데 사용됩니다.

대칭 버튼을 선택하여 스케치를 양방향으로 동등하게 회전 할 수도 있습니다. 비대칭 버튼을 선택하면 두 개의 편집 상자와 두 개의 드롭-다운 목록이 회전 대화 상자의 범위 영역에 표시됩니다. 또한 회전된 피쳐의 미리 보기에 두 개의 화살표가 표시됩니다. 편집 상자에 회전 각도의 값을 입력하거나 스케치 평면의 측면에 있는 화살표를 드래그하여 해당 면의 각도를 지정합니다. 반전 버튼을 선택하여 비대칭 방향의 각도 값을 교환 할 수 있습니다. 미니 도구 막대를 사용하여 회전 각도 값을 지정할 수도 있습니다.

- **지정 면까지**

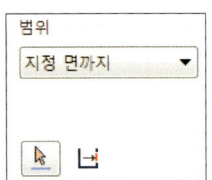

이 옵션은 확장된 면, 작업 기준면 또는 평면을 사용하여 회전 피쳐의 종료 면을 정의하는 데 사용됩니다. 이 옵션을 선택하면 피쳐 생성을 종료할 곡면 선택 버튼이 표시됩니다. 회전 된 피쳐와 교차하지 않는 면이나 면을 선택하여 회전을 종료하면 확장된 면의 피쳐를 종료합니다. 확인란이 표시됩니다. 이 확인란을 선택하면 평면이나 평면에 있는 피쳐가 마치 피쳐쪽으로 확장된 것처럼 종단됩니다.

- **사이**

이 옵션은 두 개의 평면을 사용하여 회전된 피쳐를 생성합니다. 첫 번째 평면은 형상이 시작될 평면을 정의하고 두 번째 평면은 형상을 끝내기 위한 평면을 정의합니다. 이 옵션을 선택하면 피쳐 생성을 시작하는 곡면 선택 및 피쳐 생성 버튼을 종료할 곡면 선택이 표시됩니다. 피쳐 생성 버튼을 시작하는 곡면 선택 버튼은 피쳐가 시작되는 평면을 정의하고 피쳐 생성 버튼을 끝낼 곡면 선택 버튼은 피쳐가 끝나는 평면을 정의하는 데 사용됩니다.

- **쉐이프 일치**

☐ 쉐이프 일치   이 버튼은 열려있는 프로파일을 회전시킬 때만 활성화됩니다.

자세히 탭

모호한 종료 옵션을 명확하게 하는 옵션입니다.

- **대체 솔루션**

지정 면까지, 사이 면으로부터 거리 범위의 경우 불규칙 곡면 또는 원통의 종료와 같이 솔루션이 모호할 때 대체 종료 평면을 지정합니다. 각도, 전체 범위에 대해서는 사용할 수 없습니다.

- **최소 솔루션**

  종료 면에 대한 옵션이 모호한 경우 회전이 가장 가까운 면에서 종료되도록 지정합니다. 최소 솔루션의 선택을 취소하면 회전이 가장 먼 면에서 종료됩니다.

- **iMate 추정**

  (선택 사항) 전체 원형 모서리에 iMate를 배치합니다. 가장 유용할 것으로 예상되는 닫힌 루프에 iMate를 배치합니다. 대부분의 경우 부품마다 한 개 또는 두 개의 iMate를 배치합니다.

회전 연습 문제 1 – 전체로 회전하기

1. SJS_Exercise_Revolve1_Full.ipt 파일을 엽니다.
2. 회전 도구를 선택하고 아래와 같이 프로파일을 선택합니다.

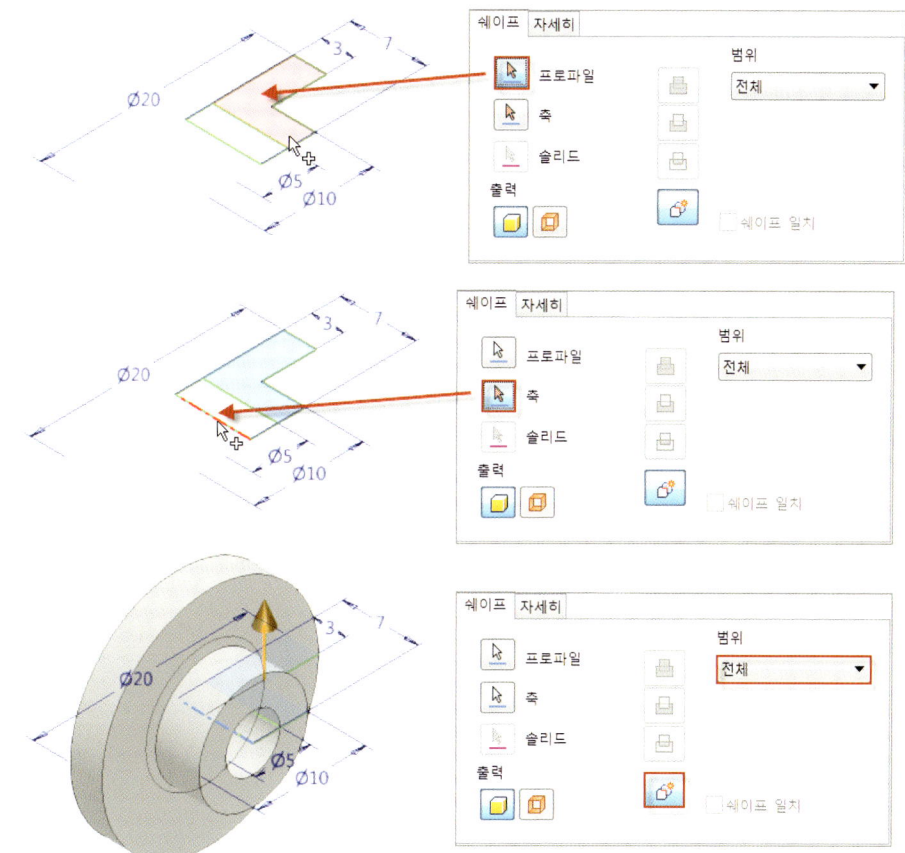

3. 확인 버튼을 클릭하여 형상을 완성합니다.
4. 저장을 하지 않고 파일을 닫습니다.

회전 연습 문제 2 – 각도로 회전하기

1. SJS_Exercise_Revolve2_Angle.ipt 파일을 엽니다.
2. 회전 도구를 선택하고 아래와 같이 프로파일을 선택합니다.
   - 방향: 방향 1 (Inventor 기준 양의 방향)

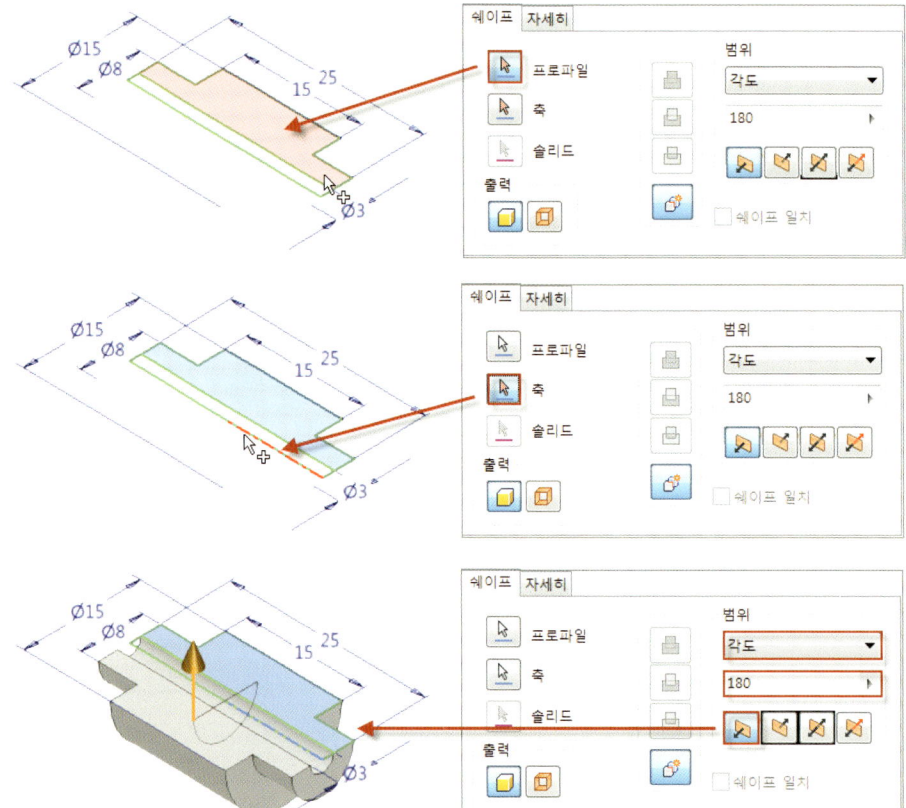

   - 방향: 방향 2 (Inventor 기준 음의 방향)

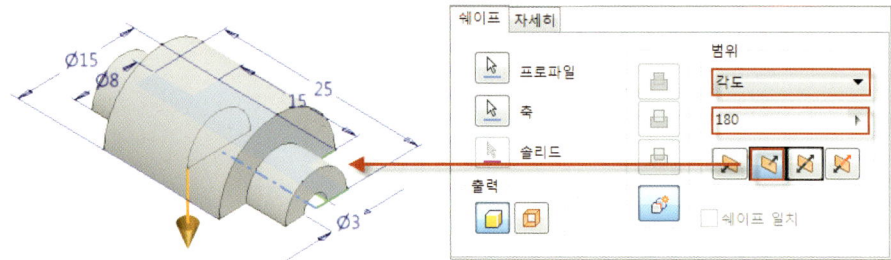

- 방향: 대칭

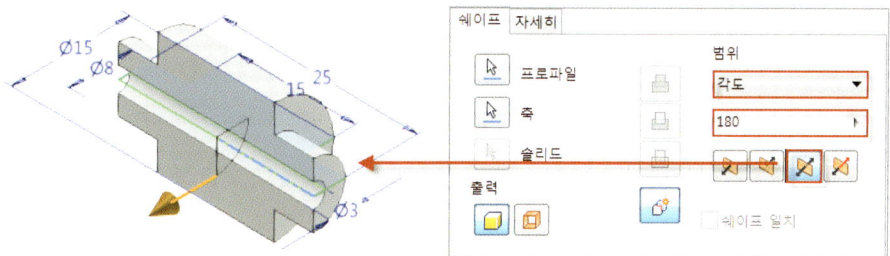

- 방향: 비대칭

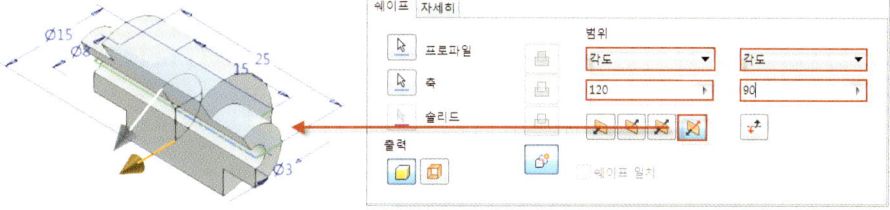

- 방향: 비대칭 (반전)

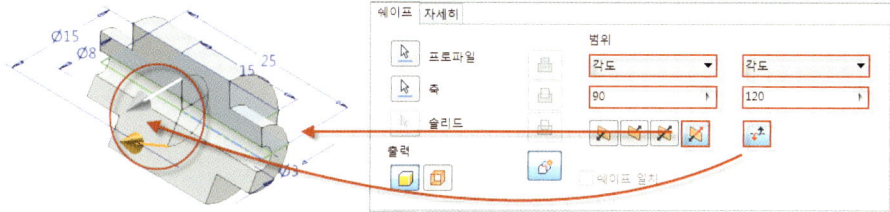

3 확인 버튼을 클릭하여 형상을 완성합니다.
4 저장을 하지 않고 파일을 닫습니다.

회전 연습 문제 3 – 지정 면까지 회전하기

1 SJS_Exercise_Revolve3_To.ipt 파일을 엽니다.
2 회전 도구를 선택하고 아래와 같이 프로파일을 선택합니다.

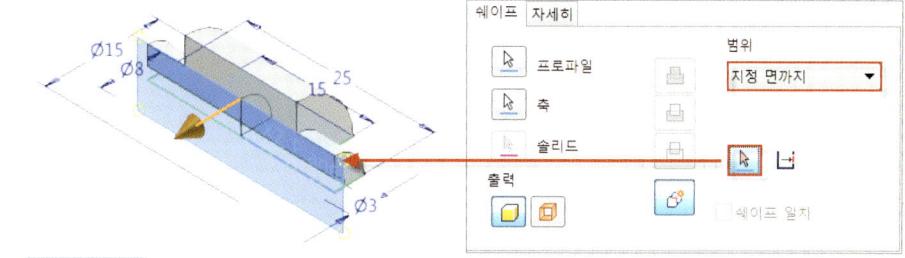

3 확인 버튼을 클릭하여 형상을 완성합니다.
4 저장을 하지 않고 파일을 닫습니다.

회전 연습 문제 4 – 사이로 회전하기

1. SJS_Exercise_Revolve4_Between.ipt 파일을 엽니다.
2. 회전 도구를 선택하고 아래와 같이 프로파일을 선택합니다.

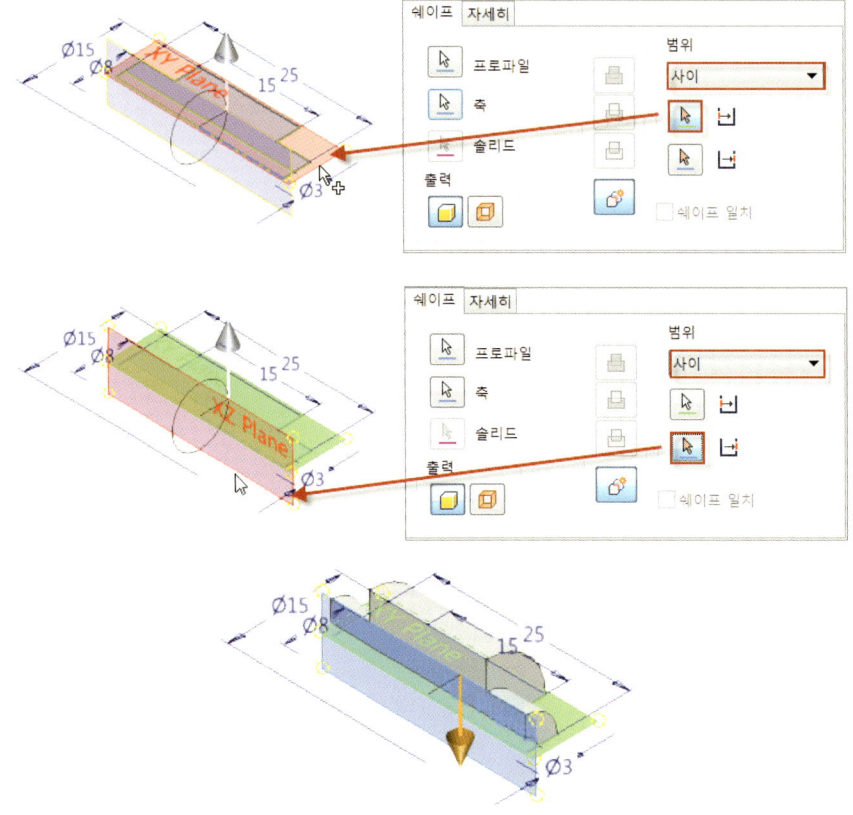

3. 확인 버튼을 클릭하여 형상을 완성합니다.
4. 저장을 하지 않고 파일을 닫습니다.

07 다른 스케치 평면 작업을 위한 작업 피쳐 정의하기

다른 스케치 평면에 대한 정의

이전 장에서는 스케치를 돌출 또는 회전하여 기본 모델을 작성했습니다. 이 모든 모델은 XY, YZ 또는 XZ 평면 중 하나의 스케치 평면에 작성되었습니다. 그러나 대부분의 기계 설계는 여러 개의 스케치된 피쳐, 참조 된 기하 형상 및 배치된 피쳐로 구성되는 것입니다. 이러한 기능들이 함께 통합되어 3D 모델을 완성하는 것입니다. 이러한 기능의 대부분은 다른 비행기에 있습니다. Autodesk Inventor & Inventor Professional 2019에서 부품 파일을 시작하고 2D 스케치 도구를 선택하면 스케치를 그릴 평면을 선택하라는 메시지가 표시됩니다. 설계 요구 사항을 기반으로 평면을 선택하여 기본 형상을 생성할 수 있습니다. 추가로 스케치된 피쳐를 생성하려면 기존 평면 또는 새로운 작업 평면을 선택해야 하거나 스케치 평면으로 사용할 평면을 작성해야 합니다. 예를 들어, 〈그림 5-13〉에 표시된 모델을 고려해 봅니다.

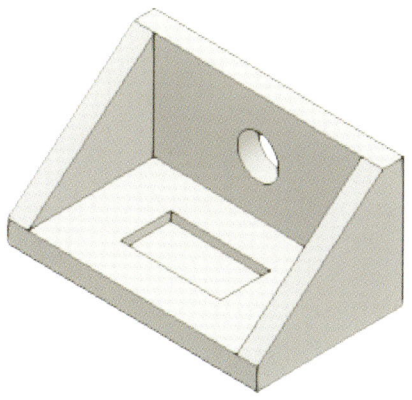

〈그림 5-13〉 다양한 피쳐들로 결합된 모델

이 모델의 기본 3D 형상에 대한 모델은 〈그림 5-14〉에 나와 있습니다. 기본 형상에 대한 스케치가 XY 평면에 그려집니다. 앞서 언급했듯이 기본 피쳐를 생성한 후에는 다른 스케치를 기준으로 작성된 피쳐, 배치된 피쳐 및 작업 피쳐를 생성해야 합니다. 〈그림 5-15〉에 표시된 돌출 피쳐에는 다른 피쳐를 작성하기 위한 새로운 스케치를 추가할 스케치 평면이 필요합니다. 〈그림 5-15〉에서 기본 피쳐에 작성된 추가 피쳐들의 기준 스케치가 동일한 스케치 평면에 있지 않다는 사실은 분명합니다. 이러한 피쳐들을 생성하는 기준 스케치는 새로운 스케치 평면을 추가로 정의하여 만들어야 합니다. 또한 이러한 피쳐를 생성할 때 적절한 돌출 옵션들을 선택하여 활용해야 합니다.

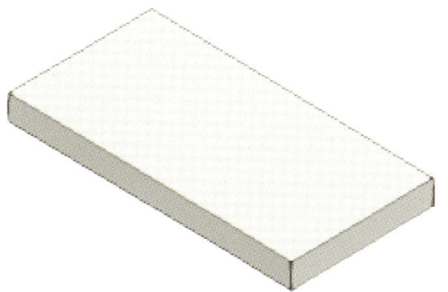

〈그림 5-14〉 3D 모델의 기준 피쳐

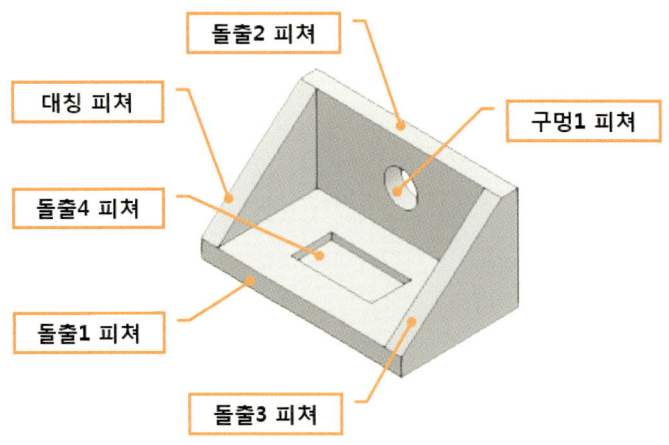

〈그림 5-15〉 3D 모델에 추가된 다른 피쳐

Note

아래와 같이 추가할 피쳐에 대한 스케치를 그리기 위해 새로운 스케치 평면을 정의하고자 기존 솔리드 면을 선택하면 표시되는 미니 도구 막대에서 스케치 작성 도구를 선택하면 선택한 스케치 평면이 화면처럼 정면으로 배치됩니다.

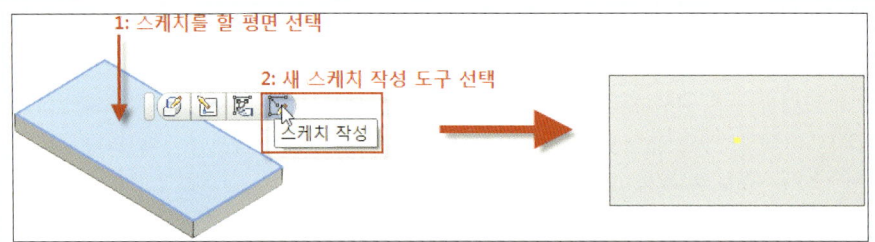

이는 응용 프로그램 옵션 대화 상자의 스케치 탭에서 기본적으로 스케치 작성 및 편집 시 스케치 평면보기 확인란이 선택되었기 때문입니다.

리본메뉴〉 도구 탭〉 옵션 패널〉 응용프로그램 옵션〉 스케치 탭

스케치 작성 및 편집 시 스케치 평면에서 보기 확인란이 선택 취소 된 후 스케치 작성을 하면 모델의 방향은 스케치 작성을 하기 전과 동일하게 유지됩니다. 이 경우 추가가 모델링 작업을 진행하기 전에 스케치 평면을 모니터 화면의 정면으로 배치해야 합니다. 탐색 패널에서 보기 도구를 선택하면 됩니다. 이 도구는 기존 평면 또는 스케치된 요소를 사용하여 뷰의 방향을 재지정하는 데 사용됩니다.

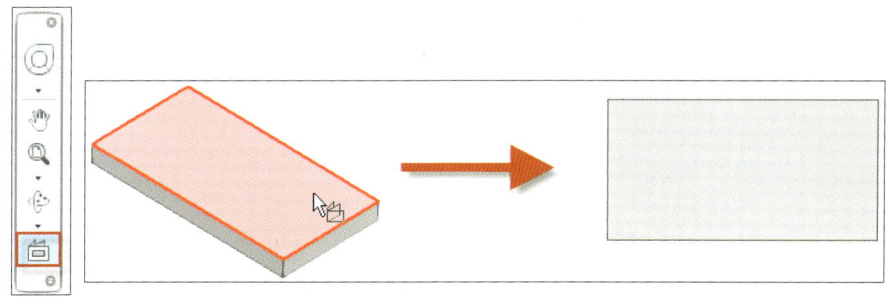

View Cube를 사용하여 스케치 평면의 방향을 지정할 수도 있습니다.

08 작업 피쳐

작업 피쳐는 모델과 연관된 매개 변수 피쳐라고 할 수 있습니다. Autodesk Inventor & Inventor Professional 2019에 있는 세 가지 유형의 작업 피쳐를 살펴보겠습니다.
이 세가지 유형은 다음과 같습니다.

리본 메뉴/ 3D 모형 탭/ 작업 피쳐 패널

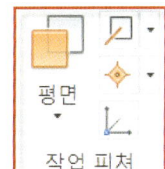
- 작업 평면
- 작업 축
- 작업 점

09 작업 평면 생성하기

리본 메뉴/ 3D 모형 탭/ 작업 피쳐 패널/ 평면 드롭-다운 목록

작업 평면은 스케치 평면과 유사하며 스케치 요소를 그리거나 구멍과 같은 배치된 피쳐를 작성하는 데 사용됩니다. 솔리드 평면에 스케치 하는 것보다 작업 평면을 만들어 스케치하는 방식을 선호하는 이유는 전자의 경우가 몇 가지 제한을 가지고 있기 때문입니다. 예를 들어 기존 솔리드 평면으로부터 옵셋 거리에 스케치 평면을 정의 할 수 없습니다. 또한 원통형 피쳐에 접하는 스케치 평면을 정의 할 수도 없습니다. 이러한 상황에서 작업 평면을 정의하여 스케치 평면으로 사용할 수 있는 장점이 있기 때문입니다.

　　Autodesk Inventor & Inventor Professional 2019에는 작업 평면을 작성하는데 사용할 수 있는 많은 도구가 있습니다. 3D 모형 탭의 작업 피쳐 패널의 평면 드롭-다운에서 원하는 도구를 선택할 수 있습니다.

　　다음은 이러한 도구를 사용하여 작업 기준면을 작성하는 절차에 대해 자세한 설명을 할 것입니다.

선택한 객체를 통해 작업 기준면 생성하기

리본 메뉴/ 3D 모형 탭/ 작업 피쳐 패널/ 평면 드롭-다운 목록/ 평면

선택한 참조 객체와 선택한 객체의 시퀀스에 따라 작업 평면을 작성할 수 있습니다. 이렇게 하려면 작업 피쳐 패널에서 평면 도구를 선택한 다음 그래픽 창의 3D 모델에서 필요한 요소를 선택합니다. 아래 그림은 일반적인 평면 도구를 이용하여 3D 모델에서 3개의 꼭지점을 선택하여 작업 평면을 만드는 과정을 보여주는 것입니다.

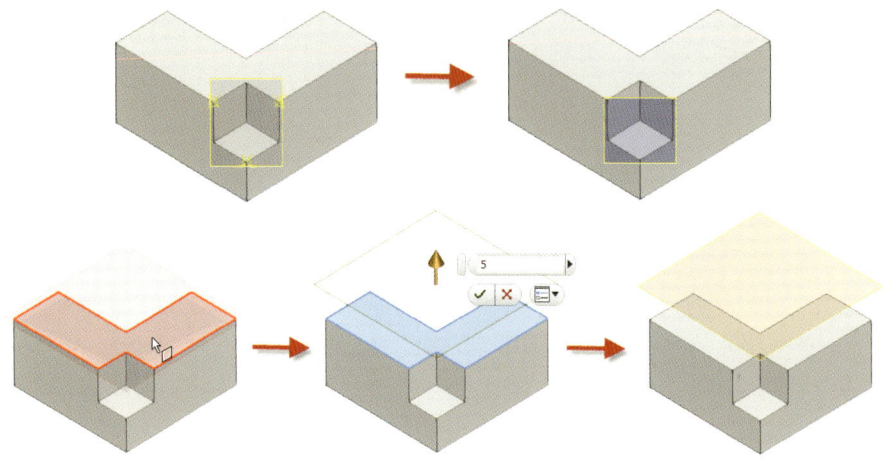

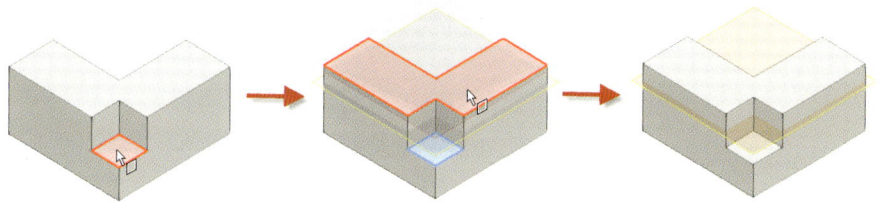

> **Note**
>
> 새 작업 평면이 음영 처리된 평면으로 화면에 표시됩니다. 필요한 경우 이 작업 평면의 표시를 끌 수 있습니다. 이 절차는 이 장의 뒷부분에서 자세히 설명할 것입니다.

평면에서 간격 띄우기를 이용하여 작업 평면 만들기

리본 메뉴/ 3D 모형 탭/ 작업 피쳐 패널/ 평면 드롭-다운 목록/ 평면에서 간격 띄우기

선택한 평면에 평행하고 평면으로부터 약간의 간격을 띄운 거리에 있는 작업 평면을 작성할 수 있습니다. 이렇게 하려면 작업 피쳐 패널에서 평면에서 간격 띄우기 도구를 선택한 다음 작성할 평면이 평행하게 될 평면을 선택합니다. 미니 도구 막대와 함께 작업 평면의 미리 보기가 표시됩니다. 미니 도구 모음의 편집 상자에서 간격 띄우기 거리를 지정하거나 화살표 조작 자를 드래그하여 거리 값을 지정합니다. 간격 띄우기 거리를 지정한 후 미니 도구 막대에서 확인을 선택합니다. 음수 간격 띄우기 값을 지정하면 작업 평면이 반대 방향으로 간격 띄우기가 됩니다. 〈그림 5-16〉은 평면에서 간격 띄우기 도구를 이용하여 간격 띄우기 거리 값 30 mm를 띄워서 새로운 작업 평면을 생성하는 과정을 보여주는 것입니다.

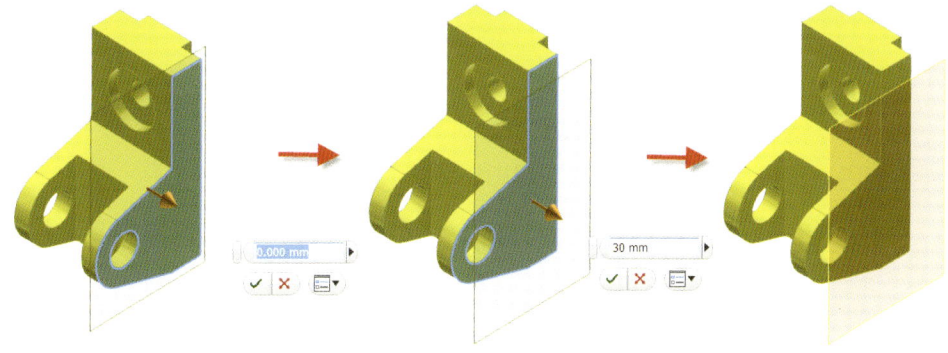

〈그림 5-16〉 평면에서 간격 띄우기 도구를 이용하여 작업 평면을 만드는 과정

점을 통과하여 평면에 평행을 이용하여 작업 평면 만들기

리본 메뉴/ 3D 모형 탭/ 작업 피쳐 패널/ 평면 드롭-다운 목록/ 점을 통과하여 평면에 평행

지정된 점을 통과하여 평면에 평행한 작업 평면을 작성할 수 있습니다. 이렇게 하려면 작업 피쳐 패널에서 점을 통과하여 평면에 평행 도구를 선택한 다음 점 또는 평면을 선택합니다. 먼저 새 점을 선택하고 새 작업 기준면이 평행이 될 평면을 선택합니다. <그림 5-17>은 점을 통과하여 평면에 평행 도구를 이용하여 점과 평면을 선택하여 새로운 작업 평면을 생성하는 과정을 보여주는 것입니다.

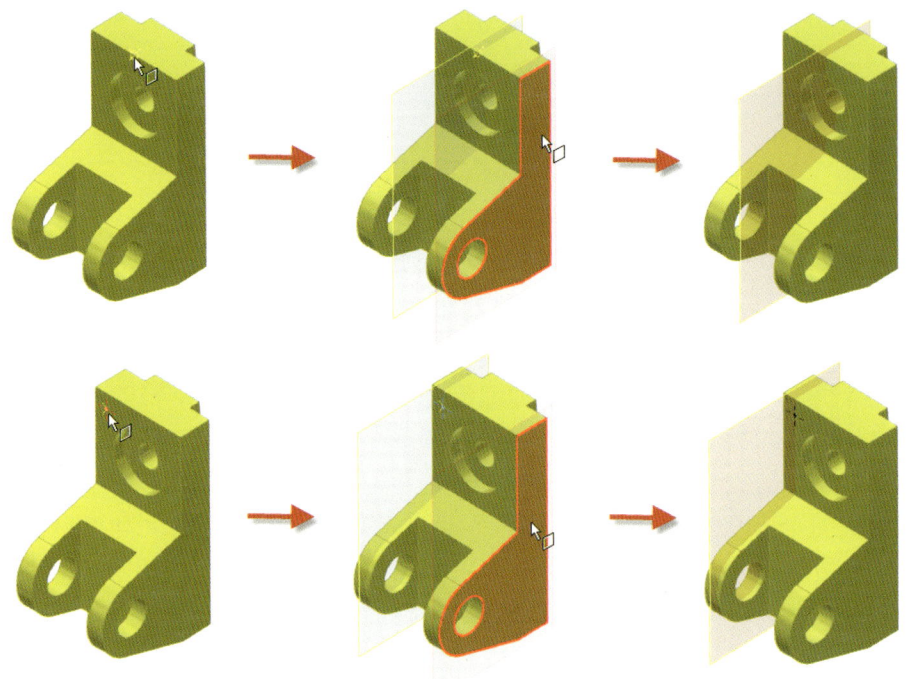

〈그림 5-17〉 점을 통과하여 평면에 평행 도구를 이용하여 작업 평면을 만드는 과정

두 평면 사이의 중간 평면을 이용하여 작업 평면 만들기

리본 메뉴/ 3D 모형 탭/ 작업 피쳐 패널/ 평면 드롭-다운 목록/ 두 평면 사이의 중간 평면

두 개의 평행한 평면의 중간에 작업 평면을 작성할 수 있습니다. 이렇게 하려면 작업 피쳐 패널에서 두 평면 사이의 중간 평면 도구를 선택한 다음 두 개의 평행한 면을 선택합니다. 선택된 평행한 두 평면의 중간에 중간 평면이 생성됩니다. <그림 5-18>은 두 평면 사이의 중간 평면 도구를 이용하여 선택한 두 개의 평면 사이의 중간 평면을 생성하는 과정을 보여주는 것입니다.

chapter 05 매개변수를 활용한 3D 형상 모델링

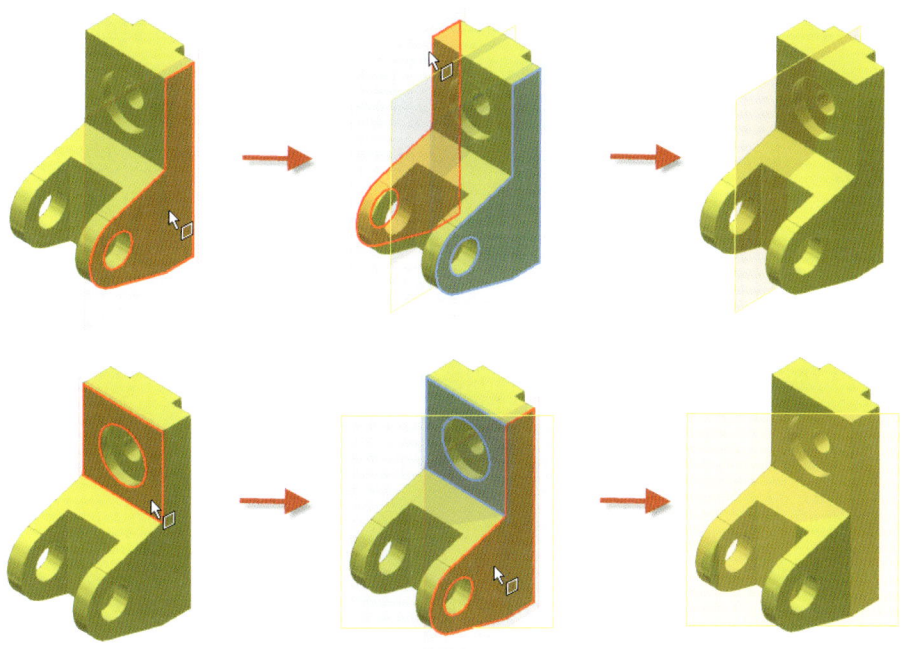

〈그림 5-18〉 점을 통과하여 평면에 평행 도구를 이용하여 작업 평면을 만드는 과정

원환의 중간 평면을 이용하여 작업 평면 만들기

리본 메뉴/ 3D 모형 탭/ 작업 피쳐 패널/ 평면 드롭-다운 목록/ 원환의 중간평면

원환의 중심 또는 중간 면을 통과하는 작업 평면을 작성할 수 있습니다. 이렇게 하려면 작업 피쳐 패널에서 원환의 중간 평면 도구를 선택한 다음 마우스 커서를 원환 모델로 이동하면 비행기의 미리 보기가 표시됩니다. 그러면 원환 모델을 선택하면 원환 모델에 중간 작업 평면이 생성됩니다. 〈그림 5-19〉는 원환의 중간 평면 도구를 이용하여 원환 모델의 중간에 작업 평면을 생성하는 과정을 보여주는 것입니다.

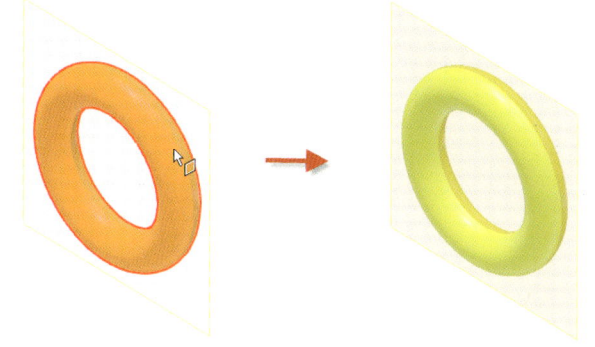

〈그림 5-19〉 원환의 중간 평면 도구를 이용하여 작업 평면을 만드는 과정

모서리를 중심으로 평면에 대한 각도를 이용하여 작업 평면 만들기

리본 메뉴/ 3D 모형 탭/ 작업 피쳐 패널/ 평면 드롭-다운 목록/ 모서리를 중심으로 평면에 대한 각도

모서리나 축을 통과하고 평면에 지정된 각도로 놓여있는 작업 평면을 작성할 수 있습니다. 이렇게 하려면 작업 피쳐 패널에서 모서리 주위 평면에 각도 도구를 선택한 다음 작업 평면이 비스듬히 기울어질 작업 면 또는 평면을 선택합니다. 그런 다음 작업 평면이 통과할 모서리나 스케치을 선택합니다. 미니 도구 막대와 함께 비행기의 미리 보기가 표시됩니다.

미니 도구 막대의 편집 상자에 필요한 각도 값을 입력하고 확인을 선택하거나 조작자 화살표를 끌어 평면의 각도 값을 지정할 수도 있습니다. 〈그림 5-20〉은 모서리를 중심으로 평면에 대한 각도 도구를 이용하여 작업 평면을 생성하는 과정을 보여주는 것입니다.

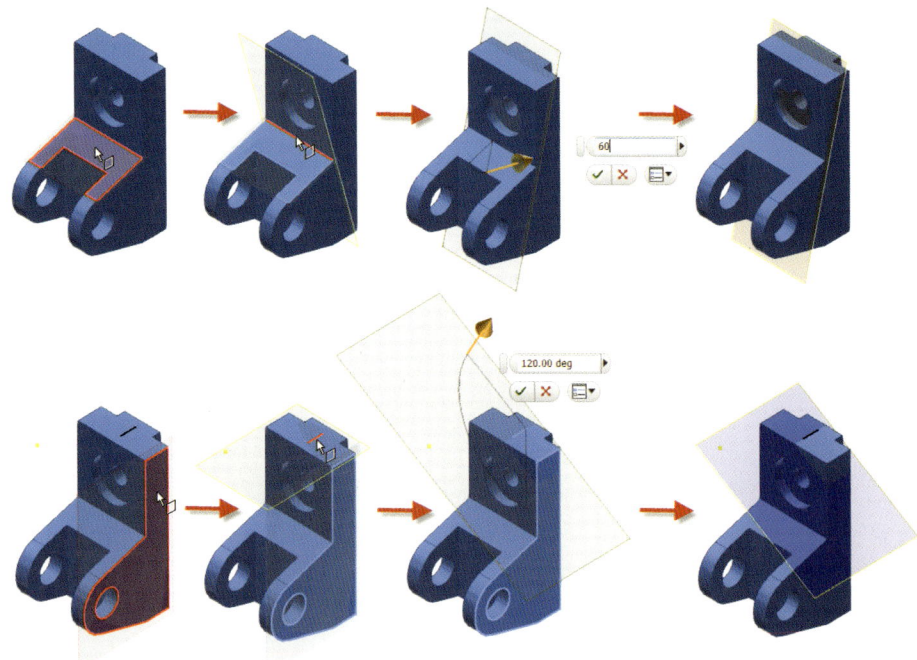

〈그림 5-20〉 모서리를 중심으로 평면에 대한 각도를 이용하여 작업 평면을 만드는 과정

Tip

미니 도구 모음을 사용하면 선택한 평면에 평행하거나 수직인 평면을 만들 수 있습니다.
- 선택한 평면과 평행한 평면을 만들려면 미니 도구 막대의 편집 창에 0deg를 입력하고 확인을 선택합니다.
- 선택한 평면과 수직인 평면을 만들려면 미니 도구 막대의 편집 창에 90deg를 입력하고 확인을 선택합니다.

3점을 이용하여 작업 평면 만들기

리본 메뉴/ 3D 모형 탭/ 작업 피쳐 패널/ 평면 드롭-다운 목록/ 3점

세 점을 통과하는 작업 평면을 작성할 수 있습니다. 이 점은 모델의 정점 또는 점/ 구멍 중심일 수 있습니다. 이러한 평면을 작성하려면 작업 피쳐 패널에서 3 점 도구를 선택한 다음 마우스 커서를 정점에 가깝게 이동합니다. 십자가가 있는 노란색 원이 스냅이 되어 정점을 선택할 수 있음을 나타냅니다. 임의의 3 개의 정점 또는 점을 선택합니다. 작업 평면이 작성됩니다. 〈그림 5-21〉은 3점 도구를 이용하여 작업 평면을 작성하는 과정을 보여주는 것입니다.

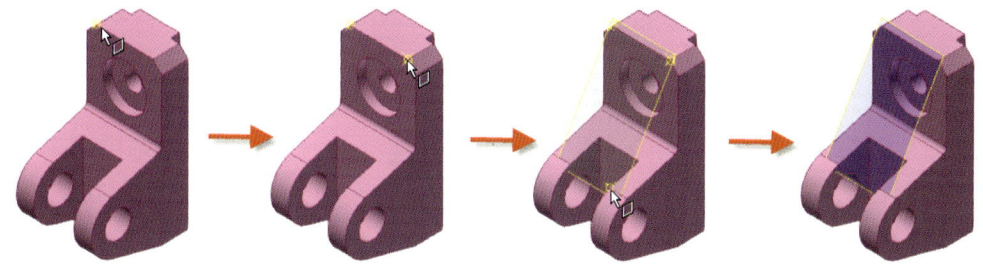

〈그림 5-21〉 3점 도구를 이용하여 작업 평면을 만드는 과정

두 개의 동일 평면상 모서리를 이용하여 작업 평면 작성하기

리본 메뉴/ 3D 모형 탭/ 작업 피쳐 패널/ 평면 드롭-다운 목록/ 두 개의 동일 평면상 모서리

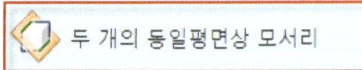
두 개의 동일 평면상 모서리를 사용하여 작업 평면을 작성할 수 있습니다. 이렇게 하려면 작업 피쳐 패널에서 두 개의 동일 평면상 모서리 도구를 선택한 다음 모델에서 두 개의 동일 평면 모서리, 축 또는 선을 선택합니다. 〈그림 5-22〉는 두 개의 동일 평면상 모서리 도구를 이용하여 작업 평면 생성을 작성하는 과정을 보여주는 것입니다.

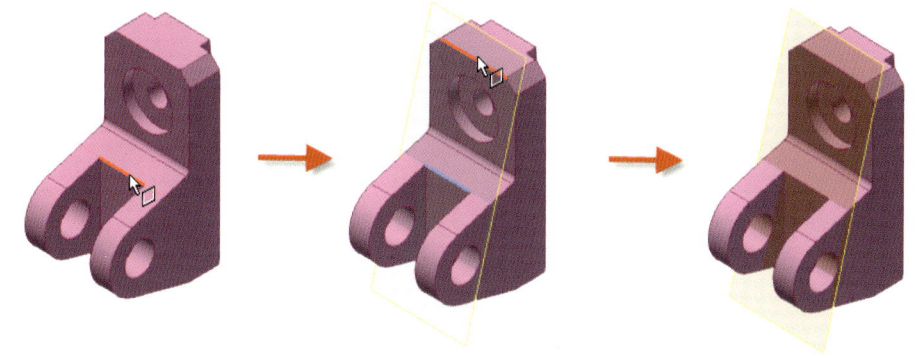

〈그림 5-22〉 두 개의 동일 평면상 모서리 도구를 이용하여 작업 평면을 만드는 과정

모서리를 통과하여 곡면에 접함을 이용하여 작업 평면 작성하기

리본 메뉴/ 3D 모형 탭/ 작업 피쳐 패널/ 평면 드롭-다운 목록/ 모서리를 통과하여 곡면에 접함

원통형 면에 접하고 선택한 모서리를 통과하는 작업 평면을 작성할 수 있습니다. 이렇게 하려면 작업 피쳐 패널에서 모서리를 통해 곡면에 접함 도구를 선택한 다음 가장자리 또는 축을 선택합니다. 그런 다음 원통형 면을 선택합니다. 선택한 모서리를 통과하고 원통형 면에 접하는 작업 평면이 작성됩니다. 〈그림 5-23〉은 모서리를 통과하여 곡면에 접함 도구를 이용하여 작업 평면을 만드는 과정을 보여주는 것입니다.

〈그림 5-23〉 모서리를 통과하여 곡면에 접함 도구를 이용하여 작업 평면을 만드는 과정

점을 통과하여 곡면에 접함을 이용하여 작업 평면 작성하기

리본 메뉴/ 3D 모형 탭/ 작업 피쳐 패널/ 평면 드롭-다운 목록/ 점을 통과하여 곡면에 접함

지정된 점을 통과하여 곡면에 접하는 작업 평면을 작성할 수 있습니다. 이렇게 하려면 작업 피쳐 패널에서 점을 통과하여 곡면에 접함 도구를 선택한 다음 점 또는 꼭지점을 선택하고, 이 점이 위치하고 있는 곡면를 선택하면 선택한 점을 통과하고 곡면에 접하는 작업 평면이 작성됩니다. 〈그림 5-24〉는 점을 통과하여 곡면에 접함 도구를 이용하여 작업 평면을 만드는 과정을 보여주는 것입니다.

〈그림 5-24〉 점을 통과하여 곡면에 접함 도구를 이용하여 작업 평면을 만드는 과정

chapter 05 매개변수를 활용한 3D 형상 모델링

곡면에 접하고 평면에 평행을 이용하여 작업 평면 작성하기

리본 메뉴/ 3D 모형 탭/ 작업 피쳐 패널/ 평면 드롭-다운 목록/ 곡면에 접하고 평면에 평행

원통형 면에 접하고 평면에 평행한 작업 평면을 작성할 수 있습니다. 이렇게 하려면 작업 피쳐 패널에서 곡면에 접함 및 평면에 평행 도구를 선택한 다음 원통형 면을 선택하고 작성할 작업 평면이 평행해야 하는 XY, YZ 또는 XZ 평면 또는 평면을 선택하면 곡면에 접하고 평면에 평행한 작업 평면이 작성됩니다. 〈그림 5-25〉는 곡면에 접하고 평면에 평행 도구를 이용하여 작업 평면을 만드는 과정을 보여주는 것입니다.

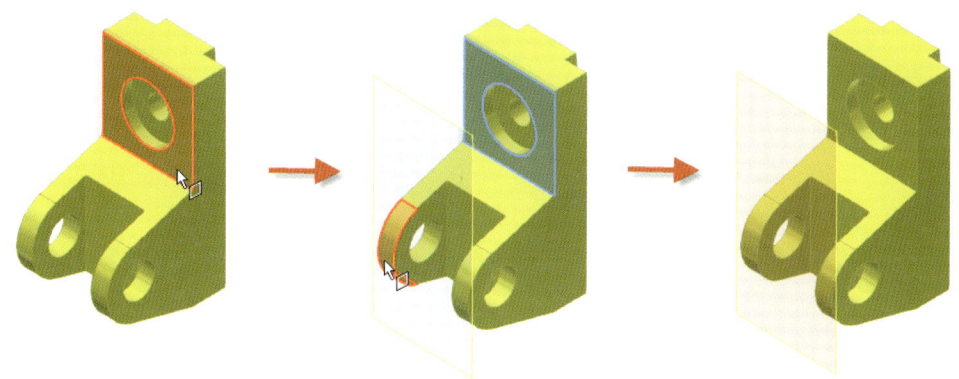

〈그림 5-25〉 곡면에 접하고 평면에 평행 도구를 이용하여 작업 평면을 만드는 과정

> **Tip**
>
> XY, YZ 및 XZ 평면을 선택하려면 검색기 막대에서 원점 노드의 왼쪽에 있는 (+) 기호를 클릭합니다. 세 개의 기본 평면과 세 개의 축과 중심점이 표시됩니다. 이제 브라우저 바에서 필요한 평면을 선택할 수 있습니다.

점을 통과하여 축에 수직을 이용하여 작업 평면 작성하기

리본 메뉴/ 3D 모형 탭/ 작업 피쳐 패널/ 평면 드롭-다운 목록/ 점을 통과하여 축에 수직

축에 수직이고 점을 통과하는 작업 평면을 작성할 수 있습니다. 축은 선, 모서리 또는 작업 축일 수 있으며 점은 모델의 임의의 정점, 스케치 된 점, 구멍 중심 또는 작업 점일 수 있습니다. 점을 통과하는 축에 수직 인 작업 평면을 작성하려면 작업 피쳐 패널에서 점을 통과하여 축에 수직 도구를 선택한 다음 임의의 순서로 점과 모서리를 선택하면 작업 평면이 생성됩니다. 〈그림 5-26〉은 점을 통과하여 축에 수직

241

도구를 이용하여 작업 평면을 만드는 과정을 보여주는 것입니다.

〈그림 5-26〉 곡면에 접하고 평면에 평행 도구를 이용하여 작업 평면을 만드는 과정

> **Note**
>
> 1. 작업 평면은 형상과 관련하여 구성된 평면입니다. 그래픽 화면에 표시되는 크기는 참고 용입니다. 작업 평면의 크기를 조정하려면 모서리 중 하나 위로 커서를 이동한 다음 클릭합니다.
> 2. 작업 평면을 이동하려면 커서가 양면 화살표로 바뀌면 마우스를 끕니다.
>
>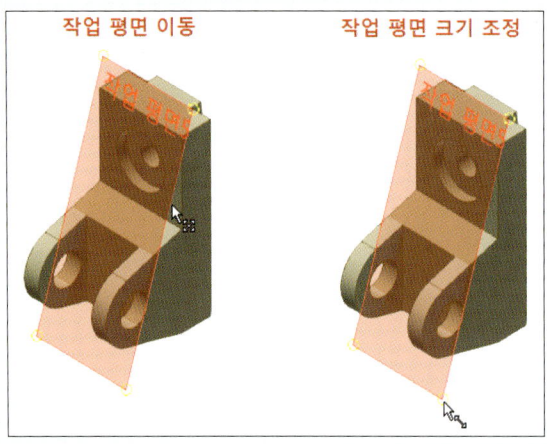

점에서 곡선에 수직을 이용하여 작업 평면 작성하기

리본 메뉴/ 3D 모형 탭/ 작업 피쳐 패널/ 평면 드롭-다운 목록/ 점에서 곡선에 수직

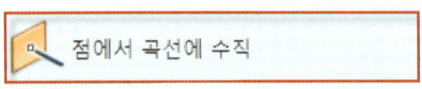

지정된 점에서 곡선에 수직인 작업 평면을 작성할 수 있습니다. 곡선은 선, 스플라인 또는 호일 수 있습니다. 점은 제어점 또는 곡선 또는 스플라인의 끝 점이 될 수 있습니다. 곡선에 수직인 작업 평면을 작성하려면 작업 피쳐 패널에서 점에서 곡선에 수직 도구를 선택한 다음 곡선을 선택하고 점을 선택합니다. 〈그림 5-27〉은 점에서 곡선에 수직 도구를 이용하여 작

업 평면을 만드는 과정을 보여주는 것입니다.

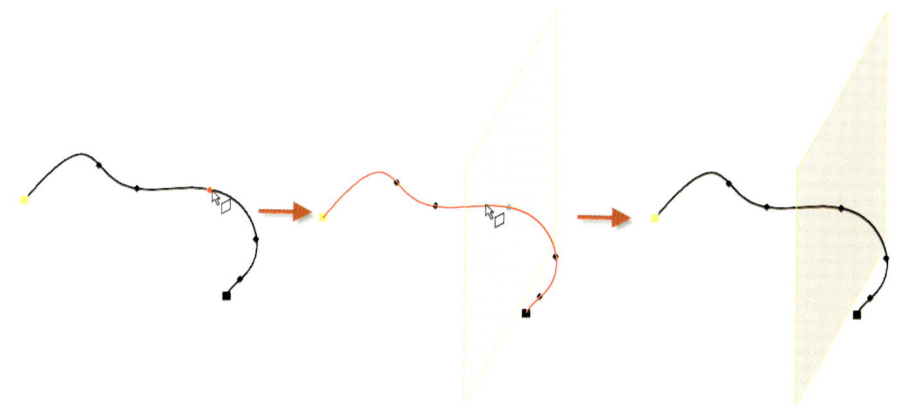

〈그림 5-27〉 점에서 곡선에 수직 도구를 이용하여 작업 평면을 만드는 과정

10 작업 축 생성하기

리본 메뉴/ 3D 모형 탭/ 작업 피쳐 패널/ 축 드롭-다운 목록

작업 축은 3D모델 또는 3D 피쳐 형상을 통과하는 파라메트릭 축이라고 할 수 있습니다. 이 축은 작업 평면, 작업 점 및 원형 패턴을 작성하기 위한 참조 형상으로 많이 사용하고 있습니다. 작업 축은 3D모델과 검색기 막대에 모두 표시됩니다. Autodesk Inventor & Inventor Professional 2019에는 작업 축을 생성하는 데 사용할 수 있는 8 개의 생성 도구가 있습니다.

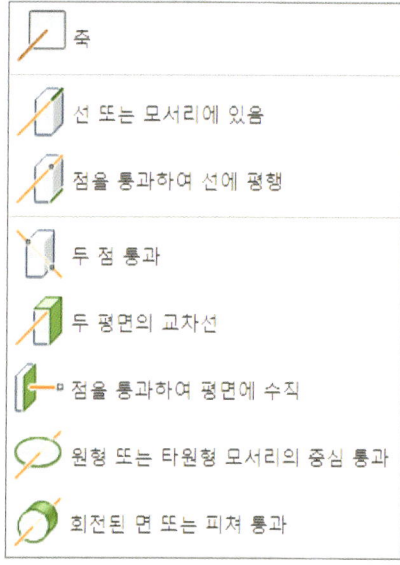

다음은 이러한 도구를 사용하여 작업 축을 만드는 과정에 대해 설명을 할 것입니다.

선 또는 모서리에 있는 작업 축 만들기

리본 메뉴/ 3D 모형 탭/ 작업 피쳐 패널/ 축 드롭-다운 목록/ 선 또는 모서리에 있음

선형 모서리 또는 스케치 선과 동일선 상에 있는 작업 축을 작성하는 방법입니다. 선형 모서리/ 스케치 선/ 3D 스케치 선을 따라 작업 축을 생성 할 수 있습니다. 이렇게 하려면 작업 피쳐 패널에서 선 또는 모서리 도구를 선택하고 아래와 같이 모형의 선형 모서리, 스케치 선 또는 3D 스케치 선을 선택합니다.

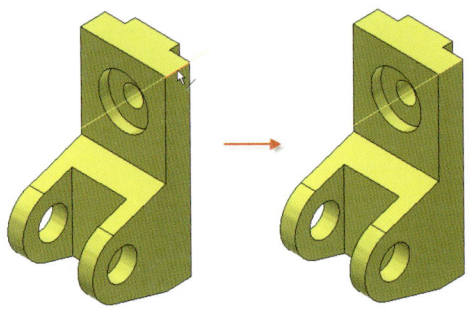

〈그림 5-28〉 선 또는 모서리에 있음 도구를 이용하여 작업 축을 만드는 과정

점을 통과하여 선에 평행한 작업 축 만들기

리본 메뉴/ 3D 모형 탭/ 작업 피쳐 패널/ 축 드롭-다운 목록/ 점을 통과하여 선에 평행

점을 통과하고 선형 모서리에 평행한 작업 축을 작성하는 방법입니다. 선형 모서리 또는 선에 평행하고 한 점을 통과하는 작업 축을 생성 할 수 있습니다. 이렇게 하려면 작업 피쳐 패널에서 점을 통과하여 선에 평행 도구를 선택합니다. 그런 다음 점을 선택한 다음 선 또는 선형 모서리를 선택합니다. 선택한 선이나 가장자리에 평행하고 선택한 점을 통과하는 축이 만들어집니다.

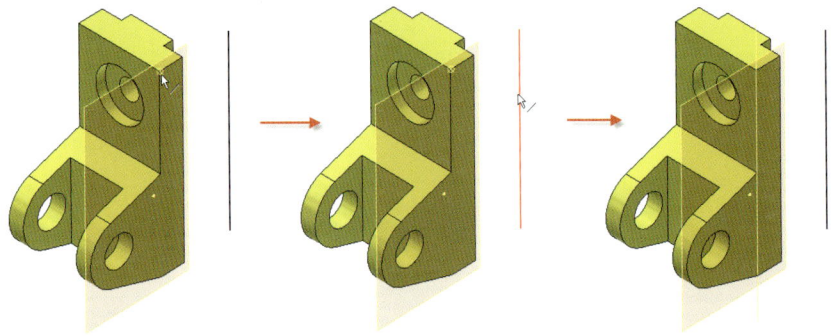

〈그림 5-29〉 점을 통과하여 선애 평행 도구를 이용하여 작업 축을 만드는 과정

두 점 통과를 이용하여 작업 축 만들기

리본 메뉴/ 3D 모형 탭/ 작업 피쳐 패널/ 축 드롭-다운 목록/ 두 점 통과

두 개의 지정된 점을 통과하는 작업 축을 생성 할 수 있습니다. 점은 꼭지점, 모서리의 중간 점, 스케치된 점, 구멍 중심 또는 작업 점일 수 있습니다. 두 점을 지나는 작업 축을 생성하려면 작업 피쳐 패널에서 두 점 통과 도구를 선택합니다. 그런 다음 드로잉 창에서 두 점을 선택합니다. 선택한 점을 지나는 축이 생성됩니다.

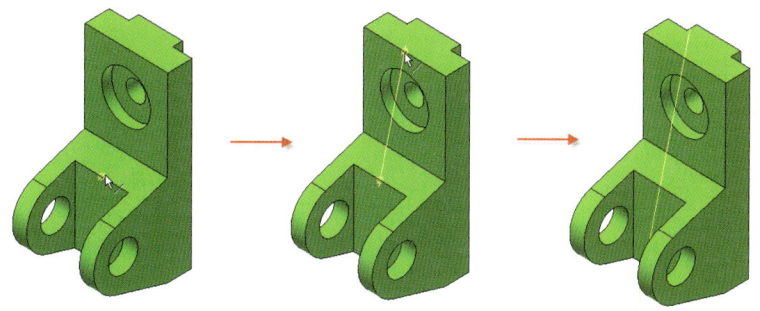

〈그림 5-30〉 두 점 통과를 이용하여 작업 축을 만드는 과정

두 평면의 교차 선을 이용하여 작업 축 만들기

리본 메뉴/ 3D 모형 탭/ 작업 피쳐 패널/ 축 드롭-다운 목록/ 두 평면의 교차선

두 평면 또는 평면 평면의 교차점을 통과하는 작업 축을 생성 할 수 있습니다. 이렇게 하려면 작업 피쳐 패널에서 두 평면의 교차 도구를 선택합니다. 다음으로 교차하는 두 개의 평면을 선택합니다. 교차점에 작업 축이 생성될 것입니다. 모델에서 교차하지 않지만 확장될 때 교차하는 두 개의 평면을 선택하면 생성되는 작업 축은 확장된 교차점을 통과합니다.

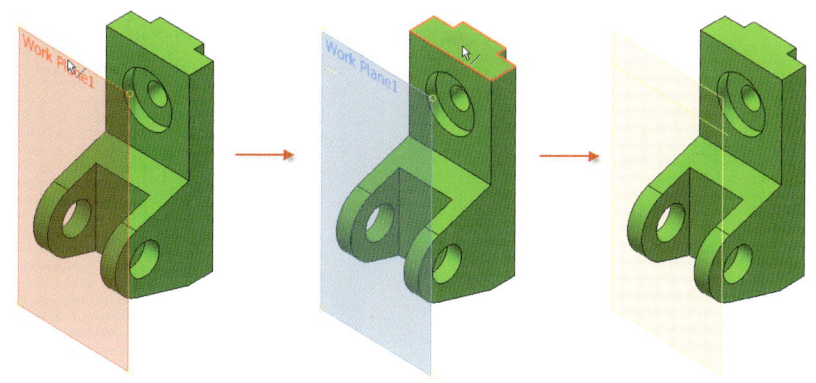

〈그림 5-31〉 두 평면의 교차선을 이용하여 작업 축을 만드는 과정

점을 통과하여 평면에 수직을 이용하여 작업 축 만들기

리본 메뉴/ 3D 모형 탭/ 작업 피쳐 패널/ 축 드롭-다운 목록/ 점을 통과하여 평면에 수직

평면이나 평면에 수직하고 지정된 점을 통과하는 작업 축을 생성 할 수 있습니다. 이렇게 하려면 작업 피쳐 패널에서 점을 통과하여 평면에 수직 도구를 선택합니다. 그런 다음 축이 생성이 될 평면을 선택하고 축이 통과할 점을 선택하면 작업 축이 생성될 것입니다. 반대로 점을 먼저 선택하고 평면을 선택해서 생성할 수도 있습니다.

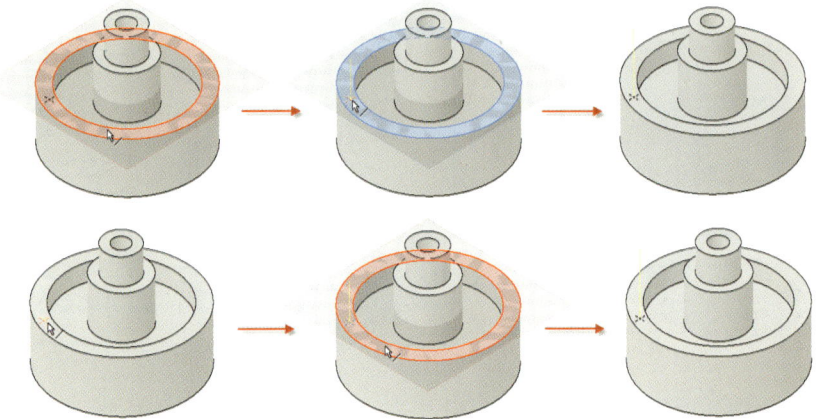

〈그림 5-32〉 점을 통과하여 평면에 수직을 이용하여 작업 축을 만드는 과정

원형 또는 타원형 모서리의 중심 통과를 이용하여 작업 축 만들기

리본 메뉴/ 3D 모형 탭/ 작업 피쳐 패널/ 축 드롭-다운 목록/ 원형 또는 타원형 모서리의 중심 통과

타원형, 원형 피쳐의 중심 또는 모깎기 모서리 중심 축과 일치하는 작업 축을 생성할 수 있습니다. 이렇게 하려면 작업 피쳐 패널에서 원형 또는 타원형 모서리 통과 도구를 선택합니다. 그런 다음 피쳐에서 원형, 타원형 또는 모깎기 모서리를 선택합니다. 선택한 모서리의 축과 일치하는 작업 축이 생성될 것입니다.

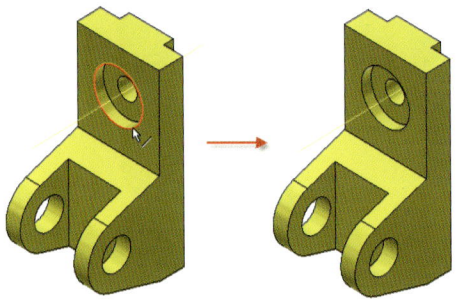

〈그림 5-33〉 원형 또는 타원형 모서리의 중심 통과를 이용하여 작업 축을 만드는 과정

회전된 면 또는 피쳐 통과를 이용하여 작업 축 만들기

리본 메뉴/ 3D 모형 탭/ 작업 피쳐 패널/ 축 드롭-다운 목록/ 원형 또는 타원형 모서리의 중심 통과

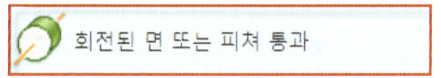

회전 또는 원통형 피쳐의 중심을 통과하는 작업 축을 생성 할 수 있습니다. 이렇게 하려면 작업 피쳐 패널에서 회전된 면 또는 피쳐 도구를 선택합니다. 드로잉 창에서 원통형 또는 회전된 피쳐 형상을 선택합니다. 선택한 형상의 중심을 통과하는 작업 축이 생성될 것입니다.

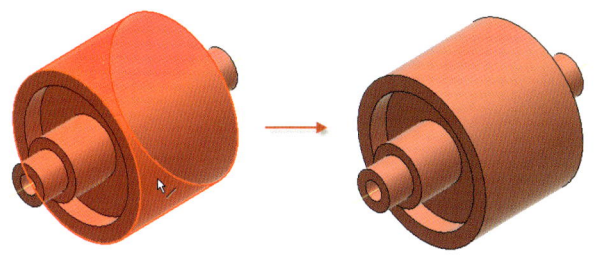

〈그림 5-34〉 회전된 면 또는 피쳐 통과를 이용하여 작업 축을 만드는 과정

11 작업 점 생성하기

리본 메뉴/ 3D 모형 탭/ 작업 피쳐 패널/ 점 드롭-다운 목록

작업 점은 기존 모델에서 만들 수 있는 매개 변수 점입니다. 이 점은 작업 평면, 작업 축 또는 기타 피쳐를 만드는 데 도움이 됩니다. Autodesk Inventor & Inventor Professional 2019에는 작업 점을 만드는 데 사용할 수 있는 9 개의 도구가 있습니다.

다음은 이러한 도구를 사용하여 작업 점을 만드는 절차에 대해 설명합니다.

점 도구를 이용하여 작업 점 만들기

리본 메뉴/ 3D 모형 탭/ 작업 피쳐 패널/ 점 드롭-다운 목록/ 점

선택한 참조 객체와 선택한 순서에 따라 다양한 유형의 작업 점을 작성할 수 있습니다. 이렇게 하려면 작업 피쳐 패널에서 점 도구를 선택한 다음 드로잉 창에서 모델에서 필요한 객체 요소를 선택합니다.

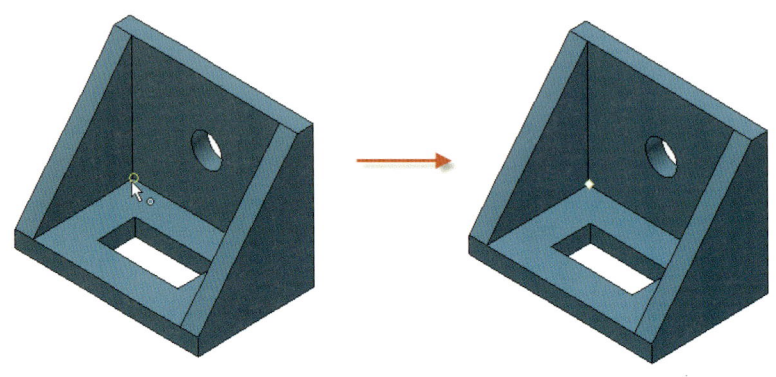

〈그림 5-35〉 점 도구를 이용하여 작업 점을 만드는 과정

고정 점 도구를 이용하여 작업 점 만들기

리본 메뉴/ 3D 모형 탭/ 작업 피쳐 패널/ 점 드롭-다운 목록/ 고정 점

고정 점 도구를 사용하여 고정 점을 만들 수 있습니다. 고정된 점을 만들려면 정점이나 작업 점을 선택하여 점의 초기 위치를 지정한 다음 점 드롭-다운 메뉴에서 고정 점 도구를 선택합니다. 해당 축을 클릭하고 끌어 트라이어드를 원하는 방향으로 이동할 수 있습니다. 트라이어드를 축에 대해 회전 할 수도 있습니다. 고정된 점의 위치와 방향을 지정한 후 확인 버튼을 선택합니다. 고정된 점은 지정된 위치에 배치됩니다.

chapter 05 매개변수를 활용한 3D 형상 모델링

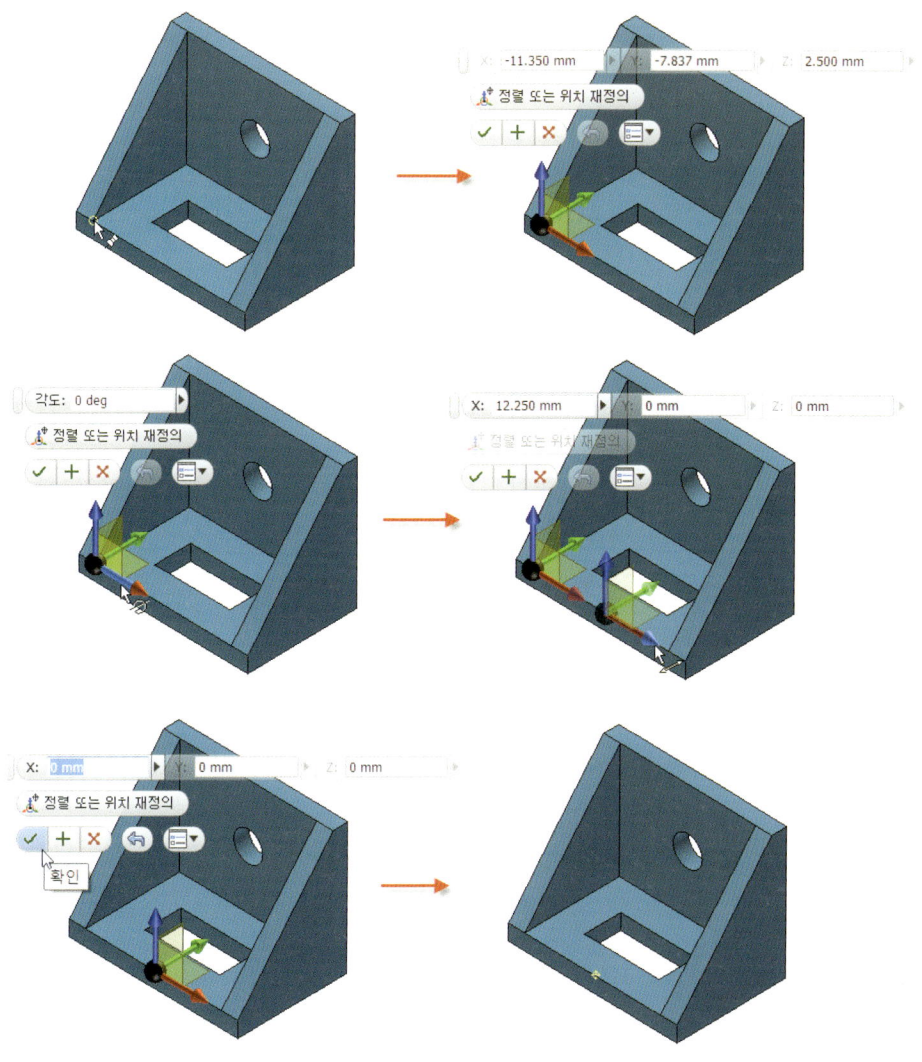

〈그림 5-36〉 고정 점 도구를 이용하여 작업 점을 만드는 과정

꼭지점, 스케치 점 또는 중간 점에 있음 도구를 이용하여 작업 점 만들기

리본 메뉴/ 3D 모형 탭/ 작업 피쳐 패널/ 점 드롭-다운 목록/ 꼭지점, 스케치점 또는 중간 점에 있음

3D 모형의 모든 꼭지점 또는 모서리의 중간 점에서 작업 점을 작성할 수 있습니다. 이렇게 하려면 작업 피쳐 패널에서 꼭지점, 스케치 점 또는 중간 점 도구를 선택합니다. 다음으로, 모델의 꼭지점을 선택합니다. 선택된 꼭지점에 새로운 작업 점이 생성될 것입니다. 모서리의 중간 점에서 작업 점을 만들려면 커서를 모서리의 중간 점 가까이로 이동합니다. 중간 점이 강조 표시됩니다. 다음으로 중간 점을 선택하면 작업 점이 생성됩니다.

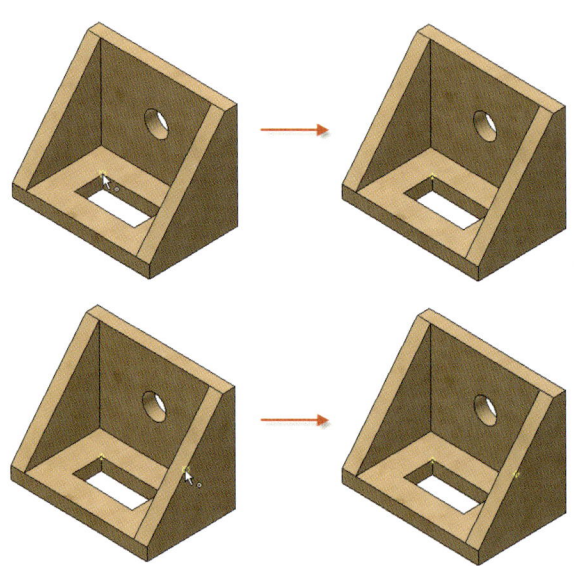

〈그림 5-37〉 꼭지점, 스케치 점 또는 중간 점 도구를 이용하여 작업 점을 만드는 과정

세 평면의 교차점 도구를 이용하여 작업 점 만들기

리본 메뉴/ 3D 모형 탭/ 작업 피쳐 패널/ 점 드롭-다운 목록/ 세 평면의 교차점

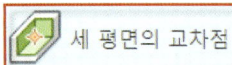

세 평면 또는 평면형 면의 교차점에 작업 점을 작성할 수 있습니다. 이렇게 하려면 작업 피쳐 패널에서 세 평면의 교차 도구를 선택합니다. 세 개의 평면 또는 평평한 면을 선택합니다. 교차점에 작업 점이 생성될 것입니다.

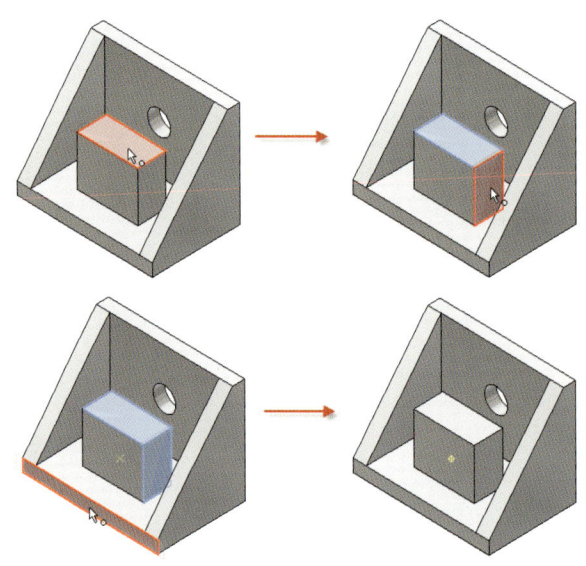

〈그림 5-38〉 세 평면의 도구를 이용하여 작업 점을 만드는 과정

두 선의 교차점 도구를 이용하여 작업 점 만들기

리본 메뉴/ 3D 모형 탭/ 작업 피쳐 패널/ 점 드롭-다운 목록/ 두 선의 교차점

두 모서리 또는 축의 교차점 또는 확장 교차점에 작업 점을 작성할 수 있습니다. 이렇게 하려면 작업 피쳐 패널에서 두 선의 교차점 도구를 선택합니다. 두 개의 교차하는 모서리 또는 축을 선택합니다. 교차점에 작업 점이 생성될 것입니다.

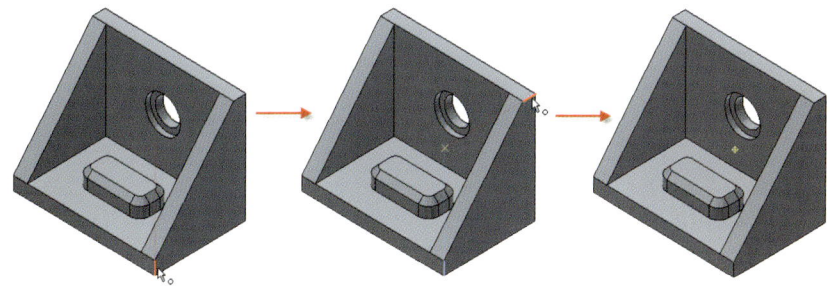

〈그림 5-39〉 두 선의 교차점 도구를 이용하여 작업 점을 만드는 과정

평면/ 곡면과 선의 교차점 도구를 이용하여 작업 점 만들기

리본 메뉴/ 3D 모형 탭/ 작업 피쳐 패널/ 점 드롭-다운 목록/ 평면-곡면과 선의 교차점

평면 또는 평면형 면과 모서리 또는 축의 교차점에 작업 점을 작성할 수 있습니다. 이렇게 하려면 작업 피쳐 패널에서 평면/ 곡면과 선 교차 도구를 선택합니다. 다음으로 평면 또는 평면형 면을 선택한 다음 임의의 순서로 그 평면에 수직인 선 또는 선형 모서리를 선택합니다. 교차점에 작업 점이 생성될 것입니다.

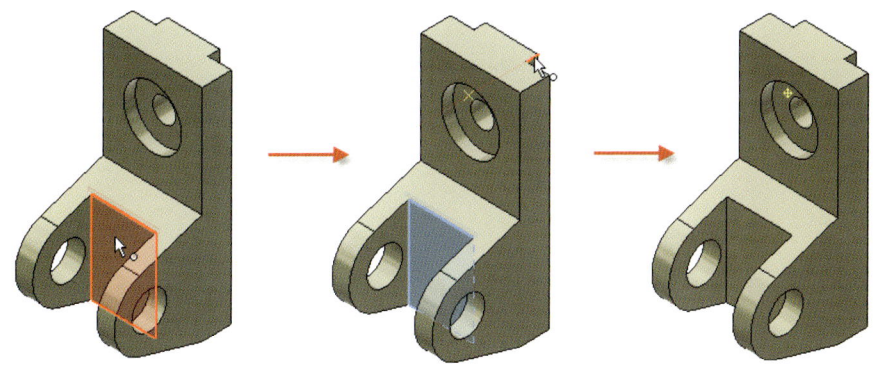

〈그림 5-40〉 평면/ 곡면과 선의 교차점 도구를 이용하여 작업 점을 만드는 과정

모서리 루프의 중심점 도구를 이용하여 작업 점 만들기

리본 메뉴/ 3D 모형 탭/ 작업 피쳐 패널/ 점 드롭-다운 목록/ 모서리 루프의 중심점

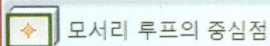

피쳐의 모서리가 닫힌 루프의 중심점에 작업 점을 만들 수 있습니다. 이렇게 하려면 작업 피쳐 패널에서 모서리 루프의 중심점 도구를 선택합니다. 그런 다음 다른 모서리와 함께 닫힌 루프를 형성하는 모서리를 선택합니다. 선택한 모서리의 루프 중심점에 작업 점이 생성될 것입니다. 작업 점을 만들기 위해 모서리를 선택하기 전에 마우스 오른쪽 버튼을 클릭한 다음 바로 가기 메뉴에서 루프 선택 옵션을 선택해야 합니다.

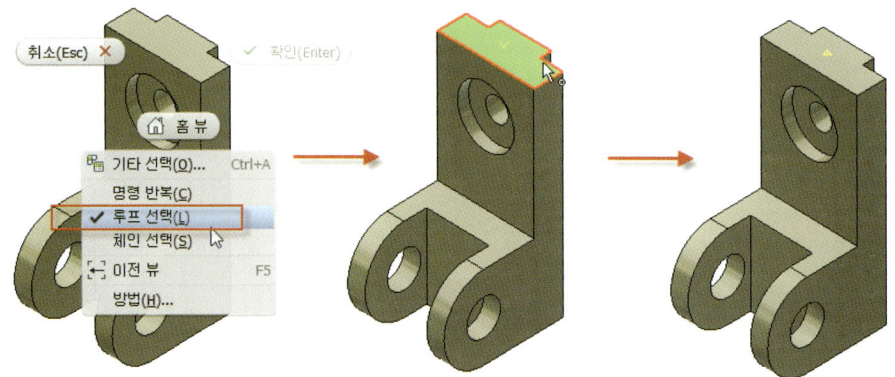

〈그림 5-41〉 모서리 루프 중심점 도구를 이용하여 작업 점을 만드는 과정

원환의 중심점 도구를 이용하여 작업 점 만들기

리본 메뉴/ 3D 모형 탭/ 작업 피쳐 패널/ 점 드롭-다운 목록/ 원환의 중심점

원환의 중심 또는 중간 면을 통과하는 작업 점을 작성할 수 있습니다. 이렇게 하려면 작업 피쳐 패널에서 원환의 중심점 도구를 선택합니다. 커서를 원환 형상의 객체로 이동합니다. 작업 점의 미리 보기가 표시되면 원환을 선택합니다. 작업 점이 중심 또는 중간 면에서 생성될 것입니다.

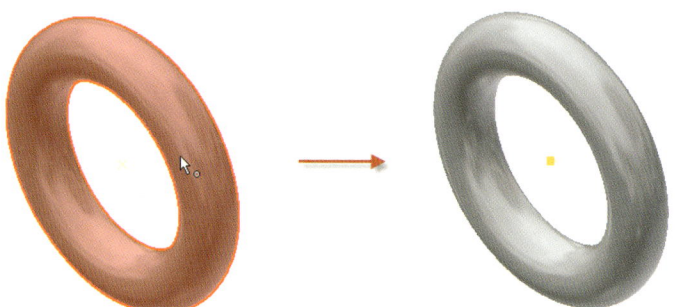

〈그림 5-42〉 원환의 중심점 도구를 이용하여 작업 점을 만드는 과정

chapter 05 매개변수를 활용한 3D 형상 모델링

구의 중심점 도구를 이용하여 작업 점 만들기

리본 메뉴/ 3D 모형 탭/ 작업 피쳐 패널/ 점 드롭-다운 목록/ 구의 중심점

구의 중심 또는 중간 면을 통과하는 작업 점을 작성할 수 있습니다. 이렇게 하려면 작업 피쳐 패널에서 중심점 도구를 선택합니다. 다음으로 구 형상의 객체를 선택합니다. 작업 점은 중심 또는 중간 면에서 작성됩니다. 도면 영역에서 볼 수 없는 경우 중심점을 보려면 보기 스타일을 와이어 프레임으로 변경해 봅니다.

〈그림 5-43〉 구의 중심점 도구를 이용하여 작업 점을 만드는 과정

Tip

축, 작업 기준면 또는 작업 점의 기하학적 종속성을 이해하려면 검색기 막대 또는 그래픽 창에서 작업 점, 작업 축 또는 작업 기준면을 선택하고 마우스 오른쪽 버튼을 클릭하면 바로 가기 메뉴가 표시됩니다. 바로 가기 메뉴에서 입력 표시 옵션을 선택합니다. 작업 평면, 작업 축 또는 작업 점을 작성하는 데 사용된 형상이 그래픽 창에서 강조 표시됩니다.

Tip

작업 피쳐를 인 라인으로 작성할 수도 있습니다. 인라인 피쳐는 다른 피쳐를 작성하는 과정에서 작성됩니다. 예를 들어 작업 축을 작성하는 동안 마우스 오른쪽 버튼을 클릭하면 바로 가기 메뉴가 표시됩니다. 이 바로 가기 메뉴를 사용하여 작성된 작업 기준면 및 작업 점은 인 라인 작업 피쳐입니다. 모든 인 라인 기능은 상위 기능에 종속됩니다.

검색기 막대에 표시되는 인 라인으로 생성되는 작업 피쳐: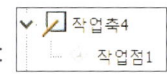

253

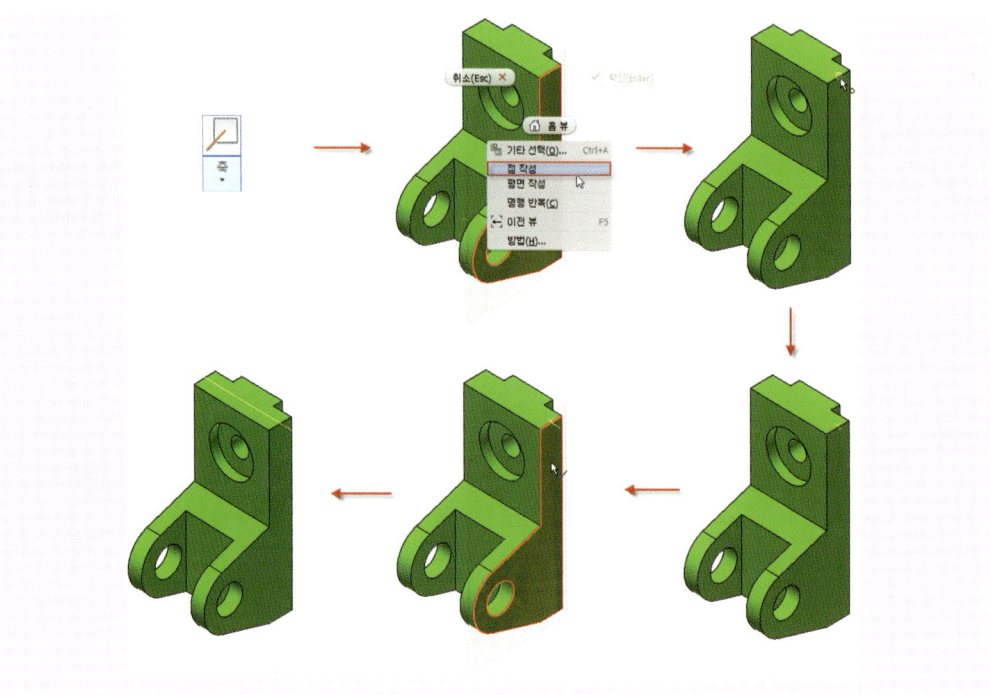

12 기타 돌출 옵션

스케치 환경에서 기본 피쳐가 작성될 때까지 돌출 대화 상자를 호출하여 표시할 수 없습니다. 스케치 환경에서 기준 피쳐를 작성하고 마킹 메뉴에서 스케치 완료 옵션을 선택하면 자동으로 리본 메뉴/ 3D 모형 탭으로 이동하게 됩니다. 이 탭에서 돌출 도구를 선택하면 돌출 대화 상자가 표시됩니다. 돌출 대화 상자의 일부 옵션은 기본 피쳐를 작성해야 사용할 수 있도록 처음에는 비활성화 되어 있습니다. 기본 피쳐가 작성되면 이 대화 상자의 탭에 있는 모든 옵션을 사용할 수 있습니다.

다음은 이러한 옵션에 대한 설명입니다. 아래의 내용을 연습하기 위해 SJS_Picture 5-44.ipt 파일 열기를 합니다.

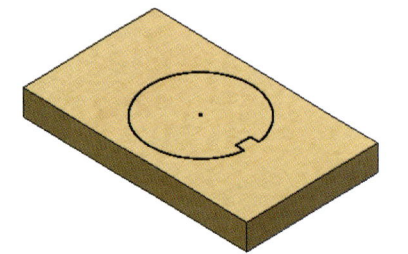

〈그림 5-44〉 기타 돌출 옵션에 관한 연습 파일

- **쉐이프 탭**

  돌출 대화 상자의 모양 탭에 있는 옵션이 다음에 강조 표시됩니다.

  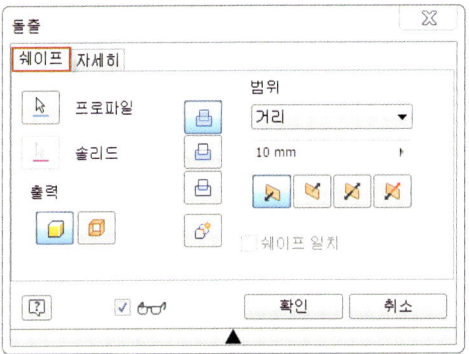

- **합집합(결합)**

   이 버튼은 확장 영역의 왼쪽에 있는 첫 번째 버튼으로, 기존 피쳐에 새 피쳐를 추가하여 돌출 피쳐를 작성하는 데 사용됩니다. 이 버튼은 기본 기능을 만든 후에만 활성화됩니다. 미니 도구 막대에서 이 버튼을 선택할 수도 있습니다.

  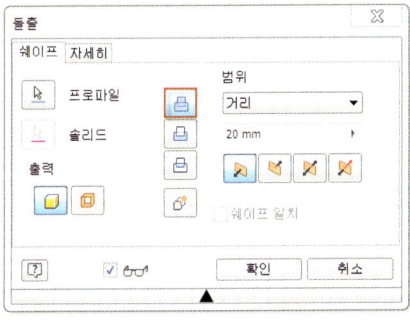 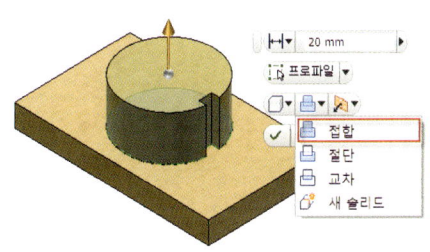

- **차집합(절단)**

   범위 영역 왼쪽에 있는 두 번째 버튼으로, 기본 피쳐를 생성한 후에 만 사용할 수 있습니다. 절단 옵션은 기존 형상에서 다른 형상을 제거하여 돌출 형상을 작성하는 데 사용됩니다. 돌출 도구를 호출할 때 표시되는 미니 도구 모음에서 이 옵션을 선택할 수도 있습니다. 제거할 형상은 사용자가 그렸던 스케치의 모양에 의해 정의됩니다.

  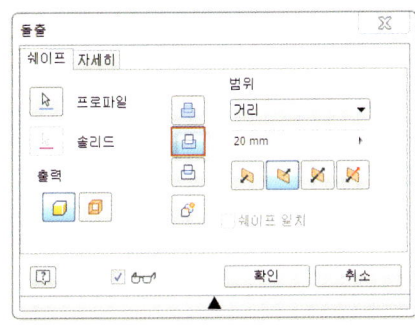 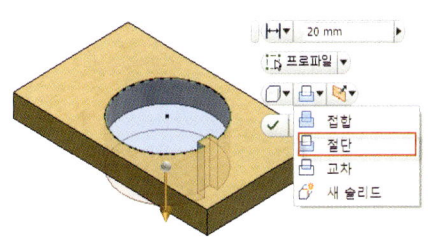

- **교집합(교차)**

  이 버튼은 절단 버튼 아래에서 사용할 수 있으며 기존 피쳐와 스케치 모두에 공통인 형상을 사용하여 돌출 피쳐를 생성하는 데 사용됩니다.

  새 솔리드

  이 버튼을 선택하면 결과물이 새로운 솔리드 본체가 됩니다. 이렇게 생성된 새 솔리드 본체는 기존 솔리드 본체와 독립적이며 검색기 막대의 솔리드 본체 노드에 나열됩니다.

  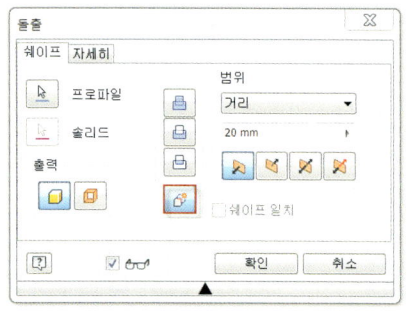 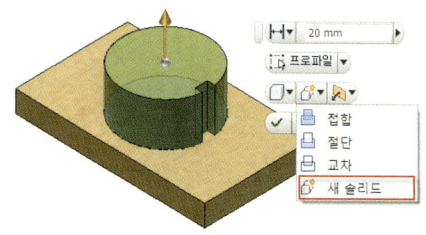

  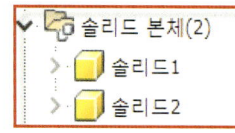

- **범위 영역**

  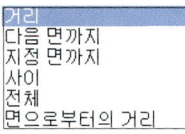

  범위 영역은 돌출할 형상의 종료 옵션을 지정하는 데 사용됩니다. 미니 도구 막대에서 전체 선택 옵션을 선택하여 이 옵션을 호출 할 수도 있습니다.

  파일 SJS_Picture 5-45.ipt를 열어서 범위 영역에 대한 옵션을 확인해 봅니다.

  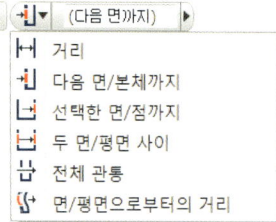

chapter 05 매개변수를 활용한 3D 형상 모델링

• 거리

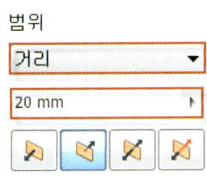

이 옵션은 기본적으로 한 방향으로만 돌출시키도록 설정되어 있습니다. 시작과 끝 평면 사이에 돌출의 깊이를 설정하는 것입니다. 기준 피쳐에 대해 돌출 프로파일의 음수 또는 양수 거리 또는 입력된 값을 표시합니다. 돌출 끝 면은 스케치 평면에 평행합니다. 다른 방향을 클릭하여 돌출 방향을 반전시킬 수도 있습니다. 대칭 및 비 대칭을 통해 스케치가 있는 기준 면을 기준으로 양방향으로 거리 값을 같게 하거나 다르게 설정하여 돌출할 수도 있습니다.

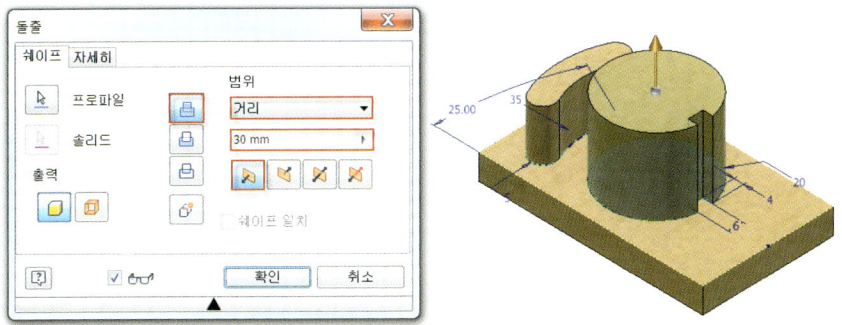

• 다음 면까지

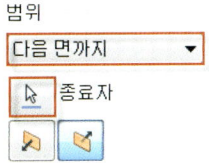

이 옵션은 첫 번째 평면 또는 지정된 방향으로 오는 첫 번째 면에서 돌출된 피쳐를 종료하는 데 사용됩니다. 이 옵션을 선택하면 범위 영역에 종료자 버튼이 나타납니다. 이 버튼은 돌출 피쳐의 끝을 정의하는 데 사용됩니다.

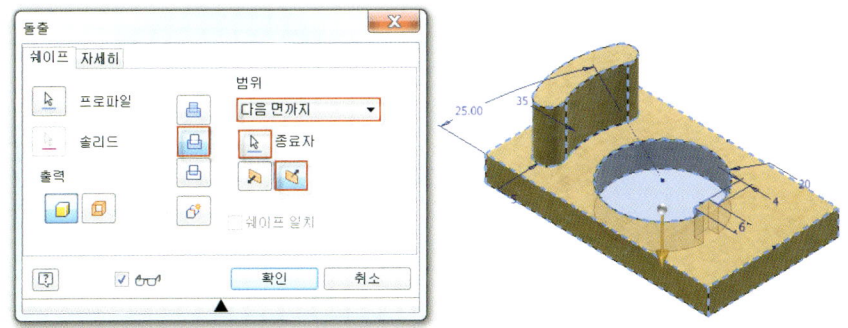

• 지정 면까지

이 옵션은 부품 돌출에 대해 돌출을 종료할 끝점, 꼭지점, 면 또는 평면을 선택합니다. 점 및 꼭지점의 경우 선택된 점 또는 꼭지점을 통과하는 스케치 평면과 평행한 평면에서 부품 피쳐를 종료합니다. 면 또는 평면의 경우 선택된 면 또는 종료 평면을 벗어나 연장된 면에서 부품 피쳐를 종료합니다. 종료 평면을 벗어나 연장되는 면에서 부품 피쳐를 종료하려면 면을 확장하여 피쳐를 종료할 것인지 선택합니다.

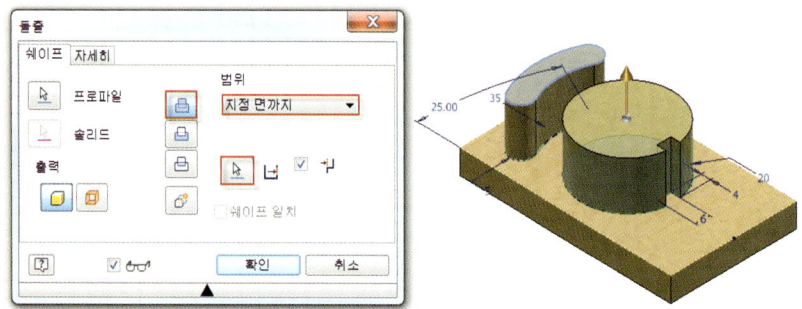

- 사이

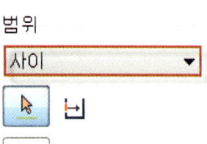

이 옵션은 기준 피쳐에 대해서는 사용할 수 없습니다. 부품 돌출에 대해 돌출을 종료할 시작 면과 끝 면 또는 평면을 선택합니다.

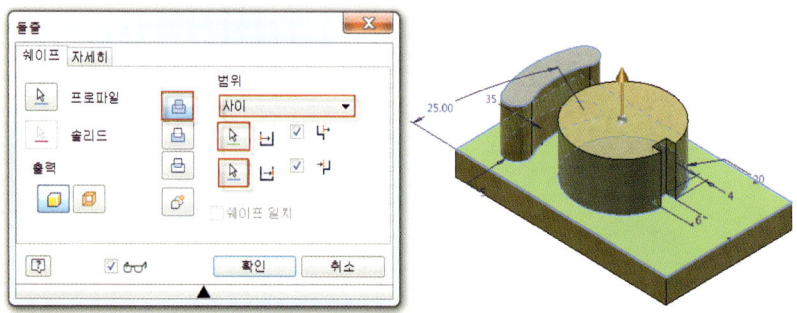

- 전체

이 옵션은 스케치를 가져오는 모든 피쳐를 통해 돌출시켜서 피쳐를 생성하는데 사용됩니다. 미니 도구 막대에서 전체 선택 옵션을 선택하여 이 옵션을 호출 할 수도 있습니다. 범위 영역의 방향 버튼을 사용하여 현재 스케치 평면의 양방향으로 스케치를 돌출시킬 수 있습니다. 대칭 버튼을 선택하여 현재 스케치 평면의 양방향으로 스케치를 돌출시킬 수도 있습니다.

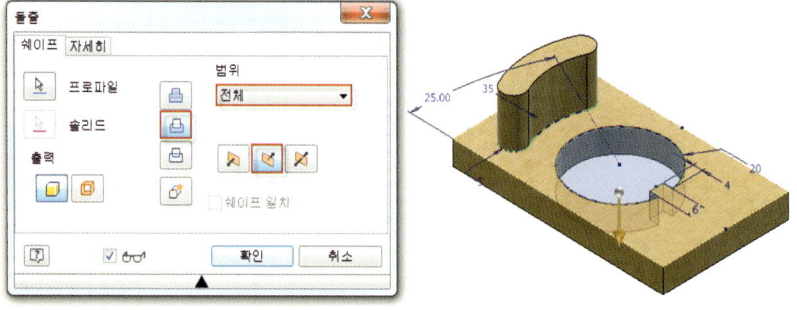

chapter 05 매개변수를 활용한 3D 형상 모델링

• **면으로부터 거리**

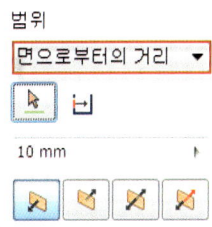

돌출을 시작할 면, 작업 평면 또는 곡면을 선택합니다. 면 또는 평면의 경우 선택한 면에서 부품 피쳐를 종료합니다. 종료 평면을 벗어나 연장되는 면에서 부품 피쳐를 종료하려면 면을 확장하여 피쳐를 종료할 것인지 선택을 선택합니다.

※ 주: **면 또는 평면에서 돌출을 종료하는 경우 원통이나 불규칙 곡면에서와 같이 종료 옵션이 모호해질 수 있습니다**

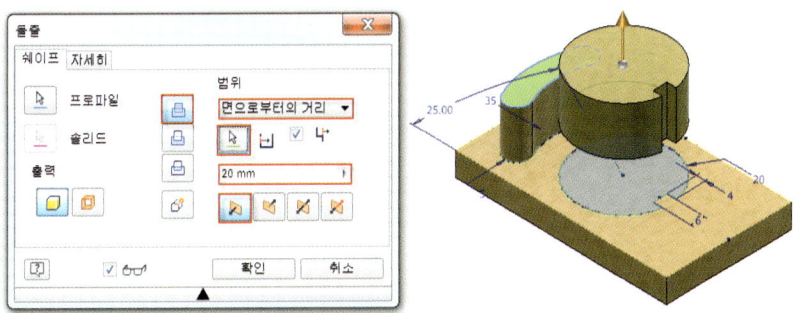

• **쉐이프 일치**

이 확인란은 열린 루프가 있는 스케치를 돌출 할 때만 사용할 수 있습니다. 이 확인란을 선택하면 열린 루프가 있는 스케치가 돌출된 모형의 마지막 면까지 확장되도록 돌출됩니다. 스케치는 모든 형상의 재료를 모델의 마지막 면까지 채웁니다. 아래 모델의 이 스케치는 모델의 바닥 면으로부터 간격 띄우기가 된 평면에 그려집니다. 돌출 도구를 선택하고 이 열린 프로파일을 선택하면 그림과 같이 양면 중 하나로 돌출시킬 수 있습니다. 파일 SJS_Picture 5-46.ipt를 열어서 아래의 옵션을 확인해 봅니다.

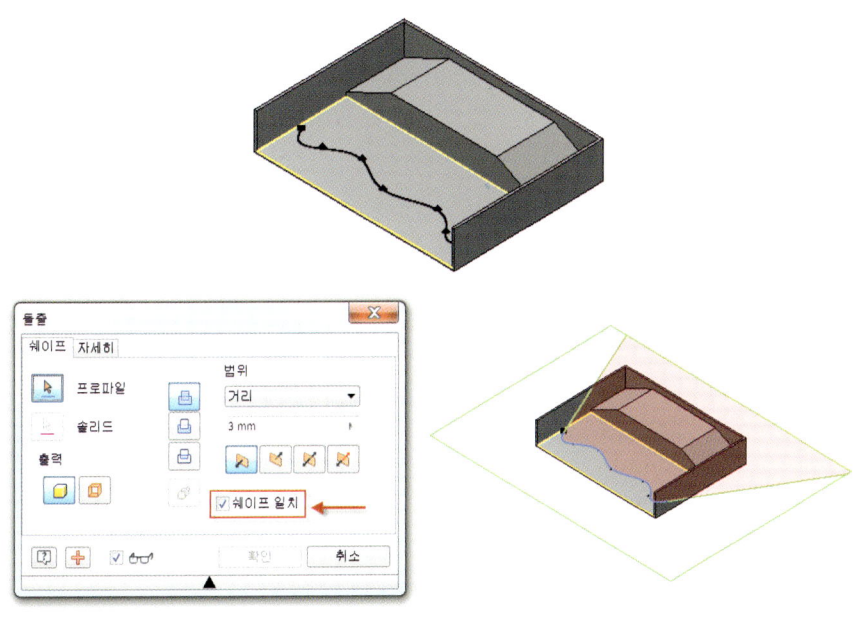

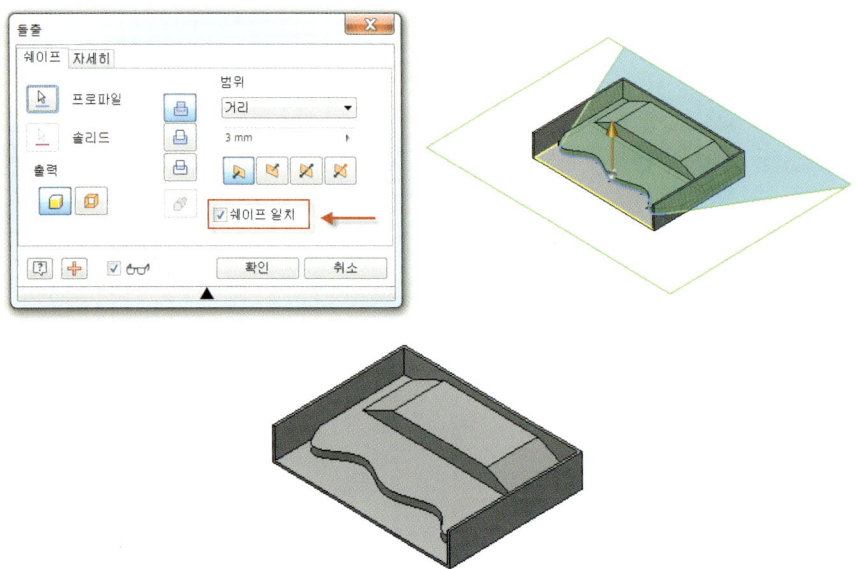

쉐이프 일치의 체크 확인란을 해제하면 아래와 같이 형상이 생성됩니다. 이 그림에서 알 수 있듯이 피쳐를 생성하는 동안 스케치의 모양이 유지되지 않습니다.

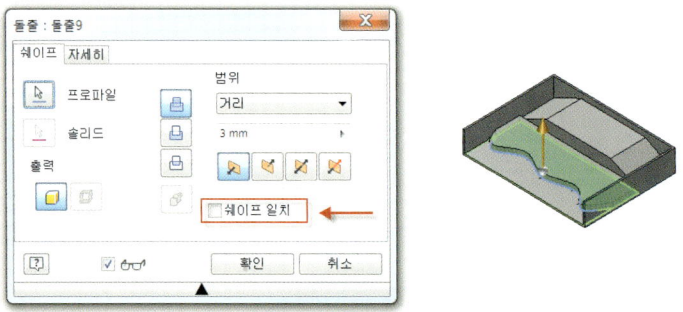

확인 버튼을 클릭하여 생성되는 쉐이프 일치를 확인합니다.

〈그림 5-46〉 쉐이프 일치 옵션 적용 후의 생성된 돌출 형상

※ 돌출 면을 선택하는 동안 스케치가 면을 찾아서 피쳐를 종료하는 방향으로 돌출시킬 때만 피쳐 생성이 성공하므로 주의해야 합니다. 이 경우, 기능을 종료하기 위해 정면 방향으로 사용할 수

chapter 05 매개변수를 활용한 3D 형상 모델링

있는 면이 없기 때문에 아래와 같이 표시된 면을 선택하면 피쳐가 작성되지 않습니다.

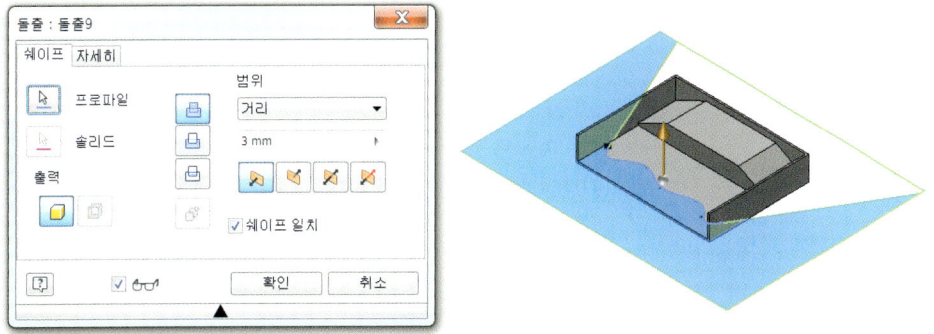

- **자세히 탭**

기본 피쳐를 작성한 후 피쳐를 작성하는 동안 아래에 표시된 자세히 탭의 나머지 옵션을 사용할 수도 있습니다. 다음은 이러한 옵션에 대한 설명입니다.

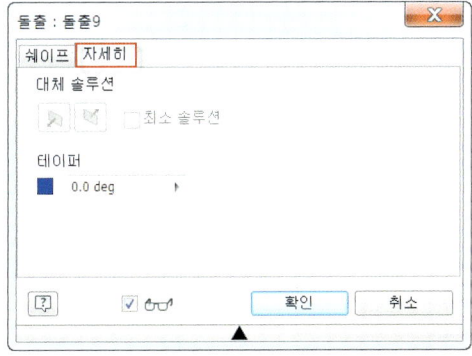

- **대체 솔루션 영역**

대체 솔루션 영역의 옵션은 끝 및 다음 끝 옵션과 함께 사용됩니다. 이 옵션은 곡선 면에서 끝나는 돌출된 피쳐를 작성하는 데 사용되며 둘 이상의 가능한 솔루션이 만들어집니다. 다음은 이러한 옵션에 대한 설명입니다.

※ **법선 반전:** 법선 반전은 스케치를 작성한 면이 +면이 아닌 -면인 경우 면의 방향을 뒤집는데 사용됩니다.

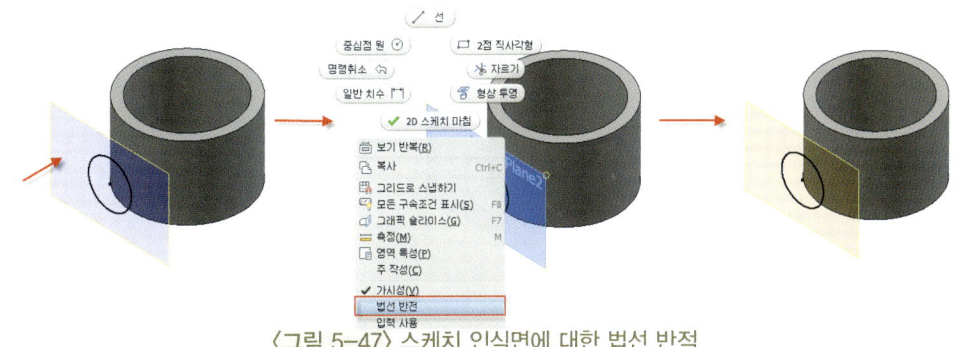

〈그림 5-47〉 스케치 인식면에 대한 법선 반적

● 최소 솔루션

두 개 이상의 솔루션이 있는 경우 기본적으로 돌출 피쳐는 스케치에서 최대 거리에 있는 면에서 종료됩니다. 최소 솔루션이 활성화 되려면 범위 영역이 지정 면까지, 사이, 면으로부터 거리일 때만 가능합니다. 돌출된 피쳐가 종료될 스케치와 면을 보여줍니다. 〈그림 5-47〉에 표시된 결과를 확인해 보면 피쳐가 스케치에서 최대 거리에 있는 면까지 늘어납니다. 그러나 최소 솔루션 확인란을 선택하면 스케치에서 최소 거리에 있는 면에서 피쳐가 종료됩니다.

● 파일

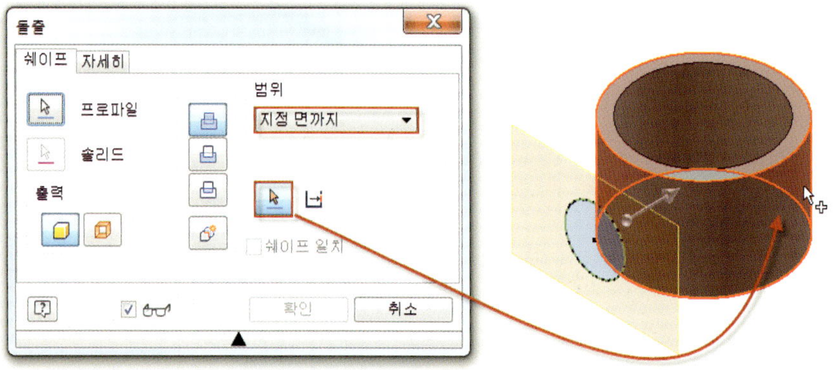

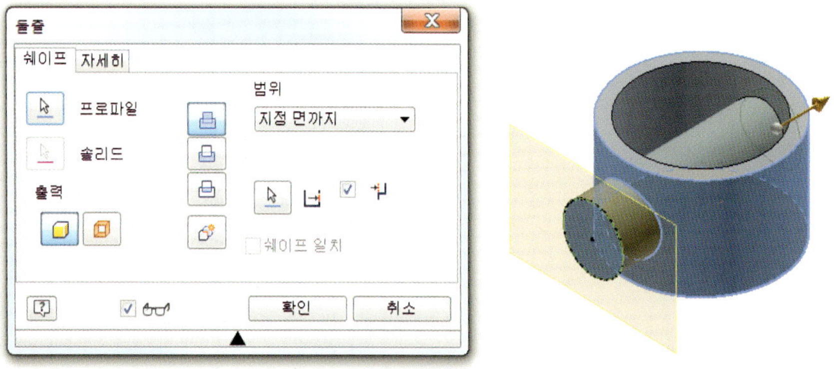

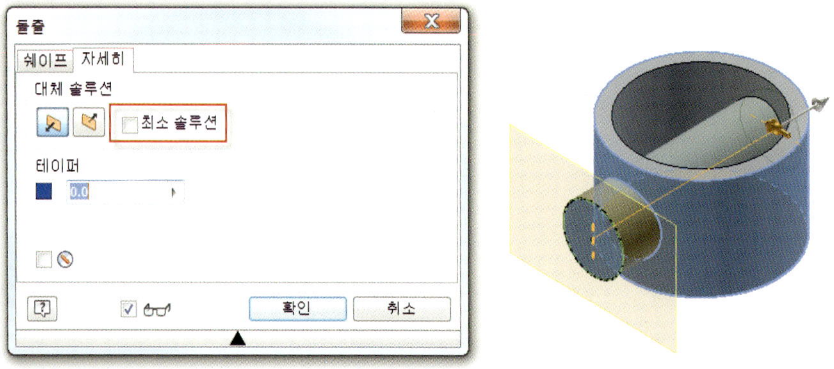

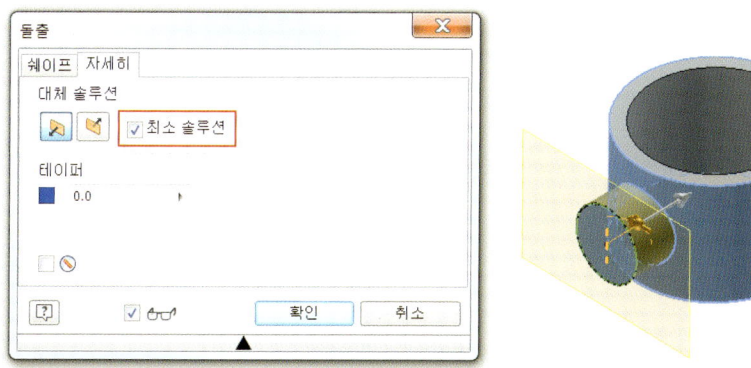

- **iMates 추정**

 iMates는 구성 요소를 조립하기 전에 평면, 곡면, 축, 모서리 등과 같은 결합 참조를 정의할 수 있게 해주는 참조입니다. iMate를 솔리드의 모서리에 적용하려면 자세히 탭의 iMates 추론 확인란을 선택합니다. 이러한 목적으로 원통형 형상의 모서리만 선택할 수 있습니다.

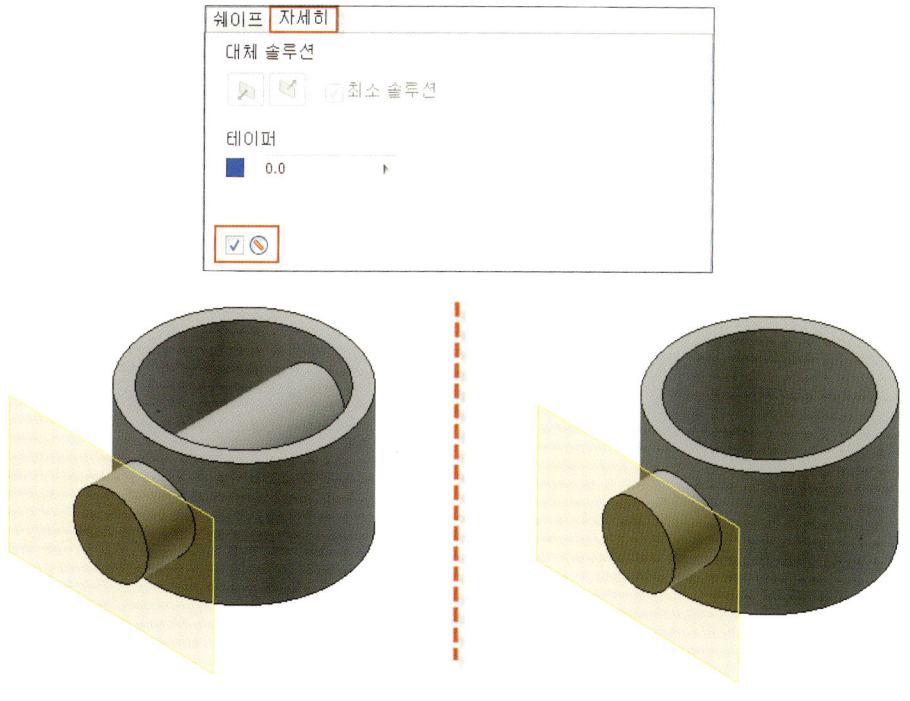

〈그림 5-47〉 최소 솔루션의 적용 전과 적용 후

솔리드 모델링 완성을 위한 다양한 피처 명령어

이 장을 마치면 다음과 같은 명령어를 활용하여 3D 모델링 작업을 수행 할 수 있습니다.
- 구멍: 다양한 유형의 구멍을 생성할 수 있는 명령어입니다.

- 모깎기: 모델에 부드러운 모서리를 생성할 수 있는 명령어입니다.
- 모따기: 모델의 모서리를 비스듬하게 생성할 수 있는 명령어입니다.
- 미러: 피쳐나 솔리드 모델에 대한 미러링을 하여 대칭되는 피쳐를 생성하는 명령어입니다.
- 직사각형 패턴: 직사각형의 형태로 피쳐를 생성하는 명령어입니다.
- 원형 패턴: 원형 패턴의 형태로 피쳐를 생성하는 명령어입니다.
- 리브: 리브 형상을 생성할 수 있는 명령어입니다.
- 두껍게 하기/ 간격 띄우기: 면이나 퀼트에 두께를 주거나 간격 띄우기를 하여 새 곡면 피쳐를 생성하는 명령어입니다.
- 엠보싱: 피쳐에 스케치된 요소를 양각이나 음각으로 조각하여 피셔를 생성하는 명령어입니다.
- 전사: 모델의 표면에 이미지를 적용할 수 있는 명령어입니다.

고급 모델링 도구

Autodesk Inventor & Inventor Professional 2019에는 디자인을 만드는 데 도움이 되는 여러 고급 모델링 도구가 있습니다. 이러한 고급 모델링 도구는 모델에서 피쳐를 생성하는데 소요되는 시간을 크게 줄여줄 수 있기 때문에 설계 시간을 많이 단축시킬 수 있습니다. 예를 들어, 원통형 형상에 구멍을 작성하려면 원통형 형상을 스케치하는 동안 구멍을 스케치하는 옵션도 있습니다. 그러나 구멍의 치수를 편집하려면 전체 스케치를 편집해야 합니다. 또한 구멍이 원통형 피쳐의 스케치와 함께 그려지면 동일한 거리로 돌출됩니다. 그러나 구멍이 원통형 피쳐의 끝 부분보다 먼저 종료되도록 하려면 다른 스케치를 그려야 합니다. 그러나 구멍 도구를 사용하여 구멍을 작성하는 경우 깊이 도구와 다른 매개 변수를 지정할 수 있습니다.

Autodesk Inventor & Inventor Professional 2019에서 사용되는 고급 모델링 도구는 다음과 같습니다.

1. 구멍
2. 모깎기
3. 모따기
4. 미러
5. 직사각형 패턴
6. 원형 패턴
7. 리브
8. 두껍게 하기/ 간격 띄우기
9. 엠보싱
10. 전사
11. 스윕
12. 로프트
13. 코일
14. 쉘
16. 제도
17. 분할

> **Note**
> 고급 모델링 도구를 사용하여 생성 된 모든 피쳐는 사실상 매개 변수이며 언제든지 수정할 수 있습니다.

13 구멍 만들기

리본메뉴/ 3D 모형 탭/ 수정 패널/ 구멍

 구멍은 기존 형상에 작성되는 원형 절단 형상입니다. 구멍은 일반적으로 조립품 내에서 체결류를 체결할 수 있도록 가공하는 것입니다. 구멍 도구를 사용하여 드릴, 카운터 보어, 스폿 서페이스 및 카운터 싱크 구멍을 만들 수 있습니다. 이 도구를 호출하면 〈그림 5-48〉과 같이 구멍 대화 상자가 표시됩니다. 또는 기존 피쳐에 작성된 스케치를 선택합니다. 그래픽 도구 모음에 미니 도구 모음이 표시됩니다. 미니 도구 모음에서 구멍 생성 도구를 선택하여 구멍 도구를 실행할 수도 있습니다. 그리고 그래픽 창에서 마우스 오른쪽 버튼을 클릭 할 때 표시되는 마킹 메뉴에서 구멍 도구를 호출 할 수도 있습니다. 구멍 대화 상자의 옵션을 사용하여 구멍이 단순형, 탭형, 테이퍼 탭 또는 간극 구멍인지 여부를 지정할 수도 있습니다.

Autodesk Inventor & Inventor Professional 2019에서는 이 구멍 명령어에 대한 UI가 완전히 새롭게 바뀌었습니다.

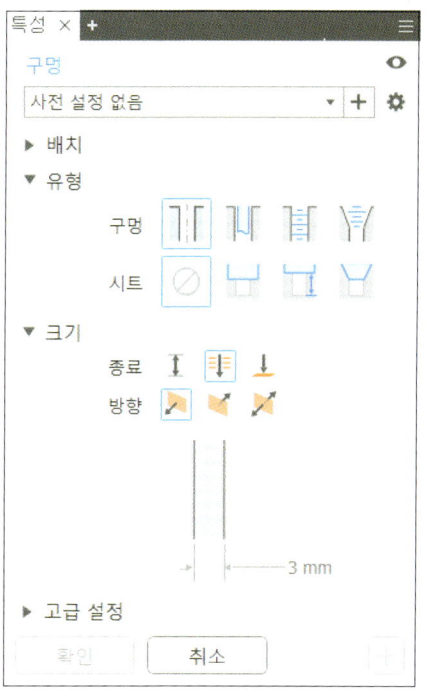

〈그림 5-48〉 구멍 대화 상자

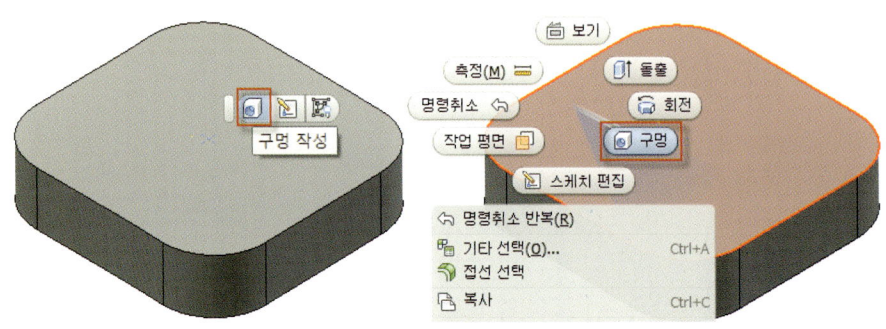

- **사전 설정**

⚙ 　사전 설정을 사용하여 신속하게 구멍을 배치하거나 특성 패널을 사용하여 구멍 치수, 드릴 점, 종료 및 스레드 유형 옵션을 지정합니다.

- **배치 영역**

  이 영역의 옵션은 구멍의 위치를 지정하는 데 사용됩니다. 다음은 이러한 옵션에 대한 설명입니다.

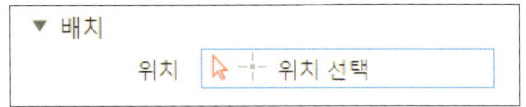

- **위치 선택**

  면 및 위치, 스케치 점 또는 작업점을 클릭하여 구멍 중심 배치

  기존 스케치는 필요하지 않습니다. 구멍 위치에 유효한 입력은 면, 스케치 점(끝 또는 중간) 또는 작업 점이 포함됩니다. 면을 클릭하여 면과 연결된 본체를 선택하고 스케치를 작성한 다음 구멍 중심을 배치합니다. 점을 클릭하여 구멍 중심을 배치한 다음 면, 평면 또는 선형 모서리를 선택하여 구멍 방향을 정의합니다.

  스케치를 편집하려면 특성 패널 맨 위의 경로 액세스를 사용합니다. 둘 이상의 구멍 중심이 있는 스케치가 표시되면 연관된 구멍 없는 모든 구멍 중심이 선택됩니다.

  - 다음을 실행하여 구멍 위치를 지정합니다.
    - 평면형 면에서 아무 곳이나 클릭합니다. 구멍 중심이 클릭하는 위치입니다. 구속되지 않은 구멍 중심을 끌어 위치를 변경할 수 있습니다.
    - 점을 선택한 다음 선형 모서리(구멍 축에 평행) 또는 면/작업 평면(구멍 축에 직각)을 선택합니다.
  - 참조 선을 클릭하여 치수를 배치합니다. 구멍 명령을 사용하는 동안 선형 배치 치수를 선택, 편집 또는 삭제할 수 있습니다. 치수를 선택하고 값을 변경하거나 Delete 키를 사용하여 치수를 제거합니다.

- 동심 구멍을 작성하려면 구멍 중심을 배치하고 구멍과 동심 상태를 유지할 모형 모서리 또는 곡선 면을 클릭합니다.
- 선택 항목에서 구멍 중심을 제거하고 스케치에서는 그대로 유지하려면 Ctrl 키를 누른 채로 클릭하고 구멍 중심을 선택합니다. 구멍 및 구멍 중심을 제거하려면 구멍 중심점을 선택한 후 삭제합니다.
- 선택을 취소하려면 선택한 항목 끝에 있는 **선택 지우기** 버튼 ⊗ 을 사용합니다.

• **솔리드**
부품 파일에 두 개 이상의 솔리드 본체가 있는 경우 솔리드 선택자를 클릭하여 포함된 솔리드 본체를 선택합니다.

Tip
설계 워크플로우가 다양한 크기의 구멍에 대해 여러 구멍 중심을 갖는 하나의 스케치를 사용하는 경우 **배치** 섹션의 **위치** 리스트 맨 끝에서 **선택 지우기** 버튼 ⊗ 을 사용하여 선택한 모든 구멍 중심을 빠르게 선택 취소할 수 있습니다.

Note
잠금 아이콘을 사용하면 입력된 값을 그대로 유지하는 데 도움이 됩니다. 참조를 따라 구멍을 이동할 수 없습니다.

Tip
스케치에서 옵션을 선택한 경우 Shift 키 또는 Ctrl 키를 누른 채 구멍 중심을 다시 선택하여 선택 대상에서 제외시킵니다. 구멍의 미리 보기가 표시되지 않습니다. 구멍 중심이 선택 세트에서 제거되고 구멍이 생성되지 않을 것입니다.

• **유형 선택**

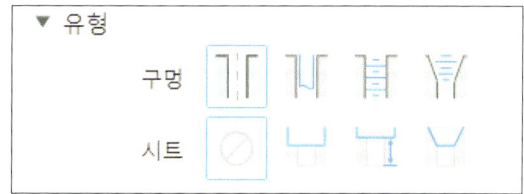

• **구멍 유형**
- **단순** 구멍은 스레드가 없는 단순 구멍을 작성합니다. 추가 설정이 필요하지 않습니다.

- **틈새** 구멍은 특정 조임쇠에 일치되는 탭 구멍이 아닌 표준(대개 관통) 구멍입니다. 틈새 구멍을 사용하여 표준 조임쇠 데이터의 라이브러리를 기반으로 표준 조임쇠의 틈새 구멍을 작성합니다. 주: 조임쇠 정보는 도면의 구멍 주에 포함될 수 있습니다.

  틈새 데이터를 관리하기 위해 Autodesk Inventor에서는 Microsoft Excel 스프레드시트 파일인 Clearance.xls를 사용합니다. 이 파일은 Design Data 폴더에 있습니다. 응용프로그램 옵션 또는 프로젝트 설정은 스프레드시트 파일의 위치에 영향을 줍니다. 가장 자주 사용하는 틈새가 먼저 표시되도록 파일에서 순서를 변경할 수 있습니다. 틈새 스프레드시트를 편집하고 각 시트의 B1 셀에서 정렬 순서 번호(1에서 n까지)를 변경하여 우선순위를 일치시킵니다. 새 정렬 순서를 활성화 하려면 프로그램을 다시 시작합니다.

- **탭** 구멍은 정의한 스레드를 사용하여 구멍을 작성합니다. 탭 구멍은 영국식 또는 미터법 표준 크기 중 하나로 지정합니다. 부품 구멍 피쳐의 경우 리스트에서 공통 스레드 크기를 선택하면 지름이 계산됩니다.

- **테이퍼 탭** 구멍은 정의한 테이퍼 스레드를 사용하여 구멍을 작성합니다. 스레드 유형 및 크기와 오른쪽 또는 왼쪽 방향을 지정하면 Autodesk Inventor에서 자동으로 지름, 테이퍼 각도 및 스레드 깊이를 계산합니다. 테이퍼 탭 구멍은 영국식 또는 미터법 표준 크기 중 하나로 지정합니다.

• **시트 유형**

단순한 드릴 구멍을 정의하려면 ⊘ 없음을 사용합니다. 이 유형은 지정된 지름을 가지며 평면형 면과 플러쉬 됩니다.

- **카운터 보어** 구멍은 지정된 지름, 카운터보어 지름 및 카운터보어 깊이를 가집니다. 테이퍼 탭 구멍을 카운터보어와 함께 사용할 수 없습니다.

- **접촉 공간** 구멍은 지정된 지름, 접촉 공간 지름 및 접촉 공간 깊이를 가집니다. 구멍 및 스레드 깊이는 접촉 공간의 맨 아래 곡면에서부터 측정합니다. 부품 파일에서 접촉 공간 구멍의 보어 깊이에 대한 값으로 0을 지정할 수 있습니다. 따라서 본체의 종료 면에 접촉 공간 구멍을 배치할 수 있습니다.

- **카운터 싱크** 구멍은 지정된 지름, 카운터싱크 지름 및 카운터 싱크 깊이를 가집니다.

• **종료**

- **거리**는 구멍의 종료 방법을 정의합니다. 구멍 깊이에 대해 양의 값을 사용합니다. 평면형 면 또는 작업 평면에서 수직인 깊이를 측정합니다.

- **전체 관통**은 모든 면을 관통하여 구멍을 연장합니다.

- ⬇ **지정 면**까지는 구멍을 지정된 평면형 면에서 종료합니다. 구멍을 종료할 곡면을 선택합니다.
  - **표면** 선택 버튼을 클릭하여 선택한 곡면 또는 면에서 구멍을 종료합니다.
  - 꺼진 경우 종료 면 또는 본체가 구멍 피쳐와 교차하지 않으면 연장 대상을 선택합니다.
  주: **연장 대상**의 기본 설정이 켜져 있습니다.

- **방향**
  방향은 거리 및 전체 관통 종료 옵션을 사용할 경우에 사용할 수 있습니다.
  - **방향 1**(기본값)은 선택한 면을 향하는 구멍 방향을 지정합니다.
  - **방향 2**는 구멍 방향을 반대로 합니다.
  - **대칭**은 드릴 - 단순 구멍 - 전체 관통 구멍 유형에만 사용 가능합니다. 양방향으로 돌출되는 대칭 구멍 유형이 작성됩니다.

- **드릴 점**
  - **플랫**은 플랫 드릴 점을 작성합니다.
  - **각도**는 각도 점을 작성하거나, 드롭다운 리스트에서 각도 치수를 지정하거나, 모형에서 형상을 선택하여 사용자 각도를 측정하거나 치수를 표시합니다. 각도의 양의 방향은 구멍 축에서 반시계 방향으로 측정되며 평면형 면에 수직입니다.

- **스레드**
  스레드는 탭 또는 테이퍼 탭 구멍 유형이 선택되면 사용으로 설정됩니다. 구멍 매개변수를 지정합니다.
  - **유형**은 스레드 유형을 지정합니다. 표준 스레드 리스트에서 선택합니다.
    - ANSI 통합 나사 스레드는 인치 기반 스레드 유형의 예입니다. ANSI 미터법 M 프로파일은 밀리미터 기반 스레드 유형의 예입니다. NPT는 인치 기반 스레드 유형의 예입니다. ISO 테이퍼 내부는 밀리미터 기반 스레드 유형의 예입니다.
  - **크기**는 스레드 크기를 지정합니다. 선택된 스레드 유형에 대한 공칭 크기 리스트에서 선택합니다.
    - 각 공칭 크기는 하나 이상의 사용 가능한 피치를 가집니다. 각 공칭 크기와 피치 결합은 하나 이상의 사용 가능한 클래스를 가집니다.
  - **지정**은 스레드 피치를 지정합니다.
    - 피치는 나사산의 점에서 축과 평행하게 측정되는 다음 스레드의 일치점까지 거리를 정의합니다.
    - 주: 영국식 단위를 사용하는 경우 피치는 1을 인치당 스레드 수로 나눈 것과 동일합니다.
  - **지름**은 구멍 피쳐 유형의 지름 값을 표시합니다. 이 값은 도면 뷰가 스레드를 표시하는 방법과 관련이 있습니다.
    - 이 값을 변경하려면 도구 ▶ 옵션 ▶ 문서 설정 ▶ 모형 탭으로 이동합니다. 탭 구멍 지름 값을 변경합니다. 구멍 지름은 Thread.xls의 스레드 지정을 기준으로 자동으로 설정됩니다.

- **클래스**는 내부 스레드에 대한 맞춤 클래스를 지정합니다.

> **Tip**
>
> 영국식 스레드를 선택한 경우 A는 외부 스레드를 나타내며 B는 내부 스레드를 나타냅니다. 요구 조건에 좀 더 정확하고 밀접하게 일치하는 높은 수를 사용합니다. 예를 들어 나사, 볼트, 너트 및 기타 일반 용도에는 2B를 사용하고 높은 정확성과 맞춤 요구 사항에 대해서는 3B를 사용합니다.

- **전체 깊이**는 스레드 구멍의 전체 깊이를 지정하거나 탭 구멍에 대해서만 지정될 수 있습니다.
- **방향**은 스레드 감기 방법을 지정합니다.
  - ⓛ 왼쪽은 스레드가 반시계 방향으로 돌다가 구멍 축에 수직으로 보일 때 뒤쪽으로 감깁니다. 왼쪽 스레드 볼트는 반시계 방향으로 돌리면 너트 안으로 들어갑니다.
  - Ⓡ 오른쪽은 스레드가 시계 방향으로 돌다가 구멍 축에 수직으로 보일 때 뒤쪽으로 감깁니다. 오른쪽 스레드 볼트는 시계 방향으로 돌리면 너트 안으로 들어갑니다.

틈새 구멍 유형이 지정되면 조임쇠가 사용으로 설정됩니다.
- **표준**은 표준 조임쇠를 지정합니다. 리스트에서 선택합니다.
- **조임쇠** 유형은 조임쇠 유형을 지정합니다. 리스트에서 선택합니다.
- **크기**를 사용하여 리스트에서 조임쇠 크기를 선택합니다.
- **맞춤**에서는 선택한 조임쇠를 기준으로 틈새 구멍 맞춤(일반, 중간 또는 헐거움)을 기준으로 조임쇠를 선택할 수 있습니다.

고급 설정은 다음 사항이 포함된 추가 옵션입니다.
- **iMate**: 작성 중인 구멍에 iMate를 자동으로 배치하려면 선택합니다.
- **시작 연장**: 구멍의 시작 면을 대상 본체와 교차하지 않는 첫 번째 위치로 연장하려면 선택합니다. 시작 연장을 수행하면 구멍 작성으로 인해 생성되는 조각이 제거됩니다. 결과가 적절하지 않은 경우에는 시작 연장을 선택 취소하여 결과를 명령 취소합니다.

- **새 구멍 작성(적용 버튼 적용 방식)**

  확인을 클릭하거나 현재 정의가 있는 다른 구멍을 작성하려면 새 구멍 작성 ➕을 클릭하고 구멍 명령을 사용하여 계속 진행합니다. 확인을 클릭하지 않고 Ctrl+Enter 키를 사용할 수 있습니다.

- **구멍 피쳐 편집**

  모형 검색기에서 다음 중 하나를 수행하여 구멍 피쳐를 편집합니다.
  - **피쳐 노드를 두 번 클릭합니다.**
  - **피쳐 노드를 마우스 오른쪽 버튼으로 클릭한 다음 피쳐 편집**을 선택합니다.

  특성 패널이 표시되며 구멍 피쳐 매개변수를 수정할 수 있습니다. 스케치 경로 텍스트를 클릭하여 새 구멍 중심을 추가한 다음 구멍 경로를 클릭하면 구멍이 추가됩니다. 키보드 입력을 사용하여 구멍 치수를 편집할 때 다른 명령을 클릭하여 조작기를 선택하지 않고도 마우스 및 조작기 사용 방식으로 전환할 수 있습니다. 연산자는 다음과 같습니다.

- **측정** - 측정 명령을 활성화하고 측정된 값을 필드의 입력으로 사용합니다.
- **참조 치수** - 해당 치수를 선택하려는 피쳐를 클릭하여 선택하고 사용하려는 치수를 선택합니다. 선택한 치수 매개변수가 값 필드에 지정됩니다.
- **공차** - 사용할 수 있게 피쳐 공차 대화상자가 표시됩니다.

드릴 (시트 없음)

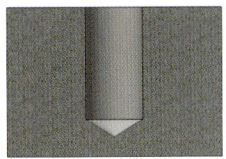 드릴 구멍은 길이에 걸쳐 균일한 직경을 가진 구멍입니다. 구멍 직경과 깊이는 이 대화 상자의 아래에 있는 크기에 있는 미리 보기 창에서 지정해야 합니다.

SJS_Picture 5-49.ipt 파일을 열어 단순 드릴 가공을 확인해 봅니다.

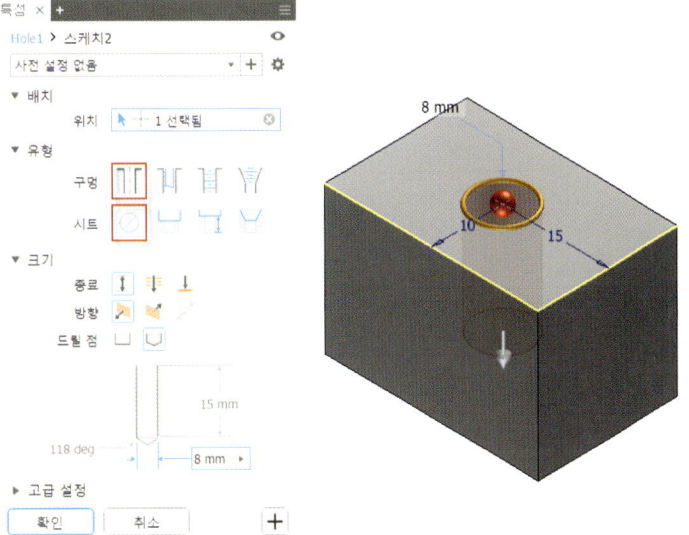

〈그림 5-49〉 드릴 단순 구멍 가공

카운터 보어

카운터 보어 구멍은 계단 모양의 구멍이며 두 개의 지름을 갖습니다. 더 큰 지름과 작은 지름입니다. 더 큰 직경은 카운터 보어 직경이라고 부르며 더 작은 직경은 드릴 직경이라고 합니다. 이 유형의 구멍에서는 두 개의 깊이도 지정해야 합니다. 첫 번째 깊이는 카운터 보어 깊이입니다. 카운터 보어 깊이는 더 큰 지름이 정의되는 깊이입니다. 두 번째 깊이는 카운터 보어 깊이를 포함하여 구멍의 깊이입니다. 이 모든 값은 이 대화 상자의 아래에 있는 크기에 있는 미리 보기 창에서 지정해야 합니다.

SJS_Picture 5-50.ipt 파일을 열어 카운터 보어 가공을 확인해 봅니다.

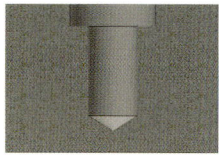

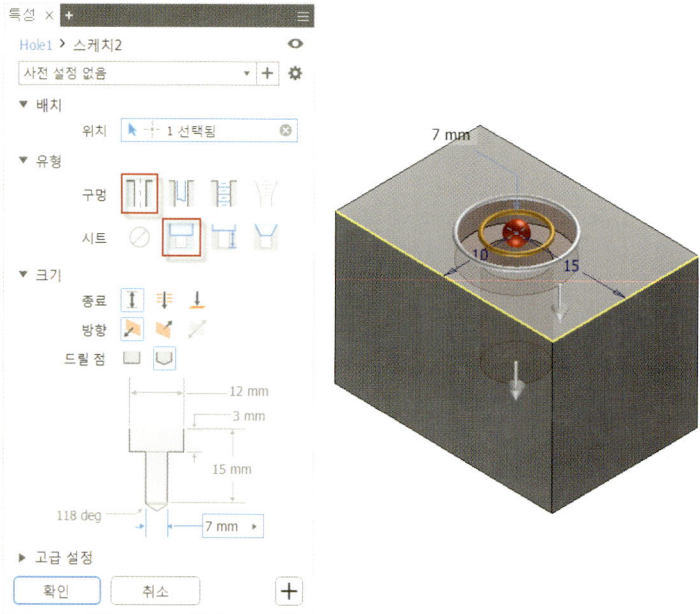

〈그림 5-50〉 카운터 보어 단순 구멍 가공

접촉 공간

 지정된 지름, **접촉 공간** 지름 및 **접촉 공간** 깊이를 가집니다. **구멍** 및 스레드 깊이는 **접촉 공간**의 맨 아래 곡면에서부터 측정합니다.

SJS_Picture 5-51.ipt 파일을 열어 접촉 공간 가공을 확인해 봅니다.

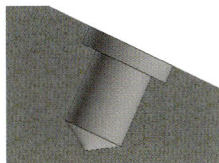

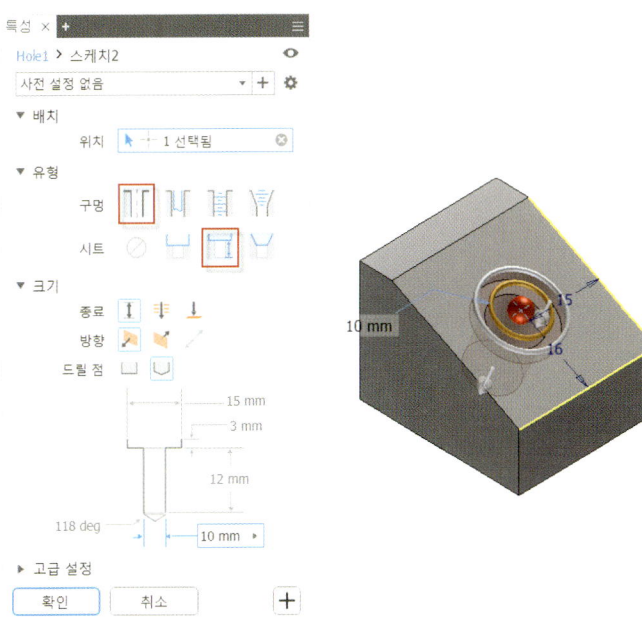

〈그림 5-51〉 접촉 공간 단순 구멍 가공

카운터 싱크

 카운터 싱크 구멍도 2 개의 지름을 갖지만 더 큰 지름과 더 작은 지름 사이의 전이는 원뿔 형태입니다. 카운터 싱크 직경, 드릴 직경, 홀 깊이 및 카운터 싱크 각도를 정의해야 합니다. SJS_Picture 5-52.ipt 파일을 열어 카운터 보어 가공을 확인해 봅니다.

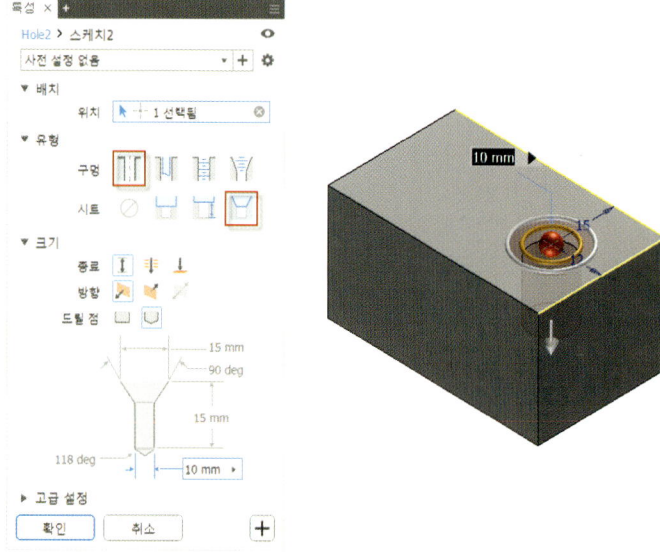

〈그림 5-52〉 카운터 싱크 단순 구멍 가공

- **드릴 점 영역**

드릴 점 영역의 옵션은 구멍의 끝이 평평한 면인지 테이퍼 면인지 지정하는데 사용됩니다. 다음은 이러한 옵션에 대한 설명입니다.

- 플랫: 구멍의 끝이 평면이 됩니다.
- 각도: 구멍의 끝이 가늘어지고 한 지점으로 수렴됩니다.

- **단순 구멍**

  단순 구멍은 간단한 구멍을 만드는 데 사용됩니다.

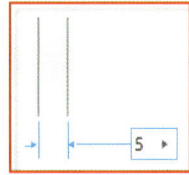

- **틈새 구멍**

  틈새 구멍은 표준 조임쇠를 수용할 수 있는 여유 구멍을 만들도록 선택됩니다. 이 옵션 버튼을 선택하면 구멍 대화 상자가 확장되어 조임쇠 관련 영역이 표시됩니다. 이 영역에는 탭 구멍을 만드는 옵션이 있습니다.

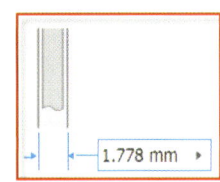 

- **표준**

  표준 드롭-다운 목록은 구멍에 고정할 조임쇠의 표준을 선택하는데 사용됩니다.

- **조임쇠 유형**

  조임쇠 유형 드롭-다운 목록은 구멍에 수용할 조임쇠 유형을 선택하는데 사용됩니다.

- **크기**

  이 드롭-다운 목록은 조임쇠의 크기를 선택하는데 사용됩니다.

- **맞춤**

  이 드롭-다운 목록은 구멍 맞춤 유형을 지정하는 데 사용됩니다.

- **탭 구멍**

  탭 구멍은 나사 구멍을 만들 때 사용하는 옵션입니다. 이 옵션 버튼을 선택하면 구멍 대화 상자가 확장되어 스레드 영역이 표시됩니다. 이 영역에는 탭 구멍을 만드는 옵션이 있습니다.

- **유형**

  스레드 유형 드롭-다운 목록은 스레드 유형을 선택하는데 사용됩니다.

- **크기**

  이 드롭-다운 목록은 스레드의 공칭 크기를 선택하는데 사용됩니다. 지정 및 클래스 값은 공칭 크기에 따라 달라집니다.

- **지정**

  이 드롭-다운 목록은 스레드 프로파일의 지정을 지정하는데 사용됩니다.

- **클래스**

  클래스 드롭-다운 목록은 스레드 클래스를 선택하는데 사용됩니다. 또한 이 드롭-다운 목록의 숫자 값이 높을수록 피팅이 더 정확한 것입니다.

- **전체 깊이**

  전체 깊이 확인란을 선택하면 스레드가 구멍의 길이만큼 실행됩니다. 이 확인란을 선택하지 않으면 스레드를 만들 깊이를 지정해야 합니다.

- **방향**

  방향 영역의 옵션은 스레드의 방향을 지정하는 데 사용됩니다.
  - **왼손**: 왼손 나사 법칙 스레드를 만드는 데 사용됩니다. 왼쪽 나사는 너트를 반 시계 방향으로 돌리면 너트에 들어가는 것입니다.
  - **오른손**: 오른 나사 법칙은 오른 손잡이 스레드를 만드는데 사용됩니다. 오른쪽 나사는 너트를 시계 방향으로 돌리면 너트에 들어가는 것입니다.

- **테이퍼 탭 구멍**

   테이퍼 탭 구멍은 테이퍼 나사 구멍을 만듭니다. 이 옵션 버튼을 선택하면 구멍 대화 상자가 확장되어 스레드 영역이 표시됩니다. 이 영역에는 다양한 유형의 테이퍼 나사 구멍을 만드는 옵션이 있습니다.

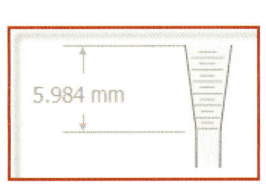 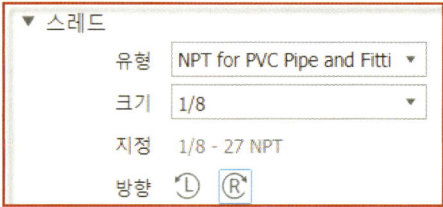

- **유형**

  스레드 유형 드롭-다운 목록은 스레드 유형을 선택하는데 사용됩니다. 이 드롭 다운 목록에서 기본 스레드 유형을 선택할 수 있습니다.

- **크기**

  이 드롭-다운 목록은 스레드의 공칭 크기를 선택하는 데 사용됩니다. 지정 및 클래스 값은 공칭 크기에 따라 달라집니다.

- **지정**

  이 드롭-다운 목록은 스레드 프로파일의 지정을 지정하는 데 사용됩니다.

- **클래스**

  클래스 드롭-다운 목록은 스레드 클래스를 선택하는데 사용됩니다. 또한 이 드롭-다운 목록의 숫자 값이 높을수록 피팅이 더 정확한 것입니다.

- **전체 깊이**

  전체 깊이 확인란을 선택하면 스레드가 구멍의 길이만큼 실행됩니다. 이 확인란을 선택하지 않으면 스레드를 만들 깊이를 지정해야 합니다.

- **방향**

  방향 영역의 옵션은 스레드의 방향을 지정하는 데 사용됩니다.
  - **왼손**: 왼손 나사 법칙 스레드를 만드는 데 사용됩니다. 왼쪽 나사는 너트를 반 시계 방향으로 돌리면 너트에 들어가는 것입니다.
  - **오른손**: 오른 나사 법칙은 오른 손잡이 스레드를 만드는데 사용됩니다. 오른쪽 나사는 너트를 시계 방향으로 돌리면 너트에 들어가는 것입니다.

> **Note**
>
> 카운터 보어 구멍을 연삭하는 경우에는 구멍 대화 상자의 테이퍼 탭 구멍 버튼이 활성화되지 않습니다.

- **종료**

  이 영역의 옵션은 구멍의 종료 부분을 정의하는데 사용됩니다.

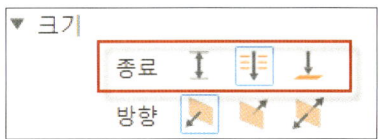

- **거리**

  이 옵션은 깊이를 특정 거리까지 정의하여 구멍을 만드는 데 사용됩니다.

- **전체 관통**

  전체 관통 옵션은 모든 요소를 통해 구멍을 만드는 데 사용됩니다. 이 옵션을 선택하면 지정된 방향의 모든 피쳐를 절단하여 구멍이 자동으로 만들어 집니다.

- **끝**

  끝 옵션은 지정된 평면, 평면형 면 또는 확장된 면에서 구멍 형상을 종료하는 데 사용됩니다. 이 버튼을 사용하여 면을 선택하여 구멍 피쳐를 종료 할 수 있습니다.

- **시작 연장**

  구멍의 시작 면을 대상 본체와 교차하지 않는 첫 번째 위치로 연장하려면 선택합니다. 시작 연장을 수행하면 구멍 작성으로 인해 생성되는 조각이 제거됩니다.

SJS_Picture 5-53.ipt 파일을 열어 카운터 보어 가공을 확인해 봅니다.

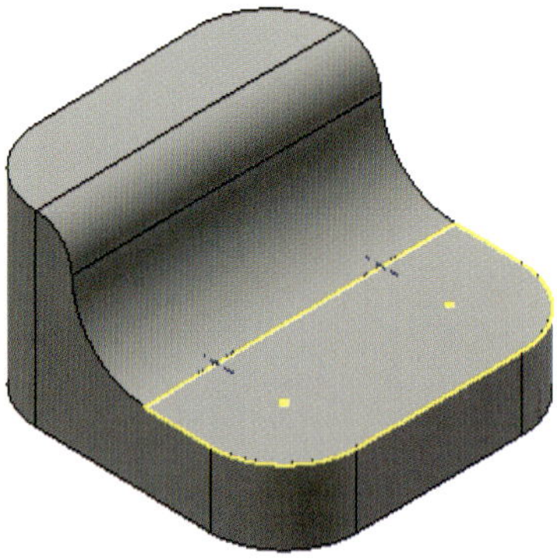

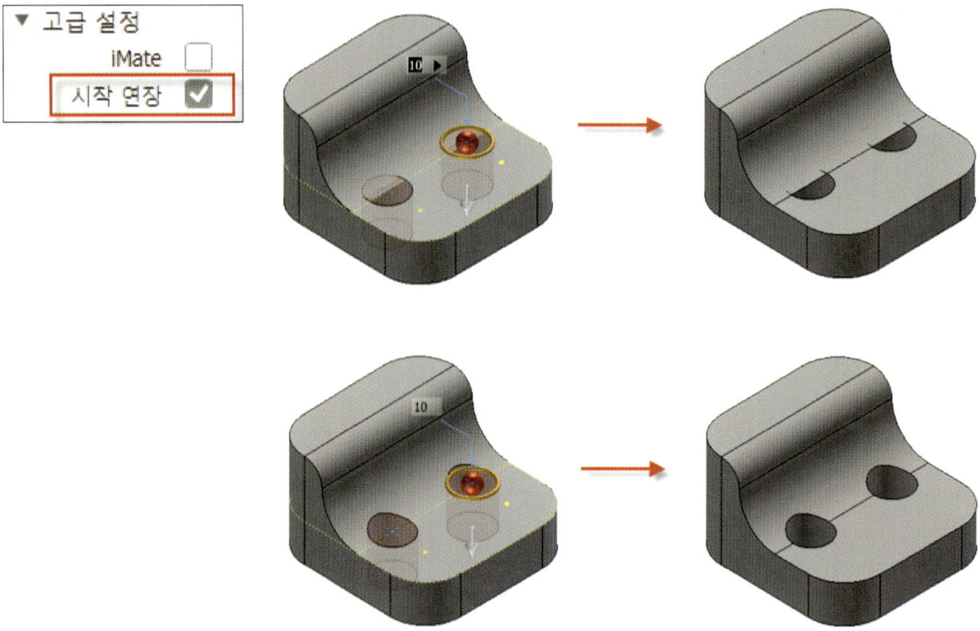

〈그림 5-53〉 구멍 고급 설정에서 시작 연장 적용전과 후의 형태

14 모깎기 만들기

리본 메뉴/ 3D 모형 탭/ 수정 패널/ 모깎기

　　　　Autodesk Inventor & Inventor Professional 2019에서는 모깎기 도구를 사용하여 모깎기 또는 라운드를 추가 할 수 있습니다. 모깎기는 일반적으로 모델의 내부 모서리에 커브를 적용하고 재료를 추가하여 오목한 면과 볼록한 면을 만드는 것입니다. 반올림은 일반적

으로 외부 모서리에 곡선을 적용하고 재료를 제거하여 볼록한 표면을 만듭니다.

Autodesk Inventor & Inventor Professional 2019에서는 다양한 유형의 모깎기를 작성할 수 있습니다.

- **모서리 모깎기 만들기**

   모서리 모깎기를 작성하려면 모깎기 도구를 선택하면 아래와 같이 모깎기 대화 상자가 표시됩니다.

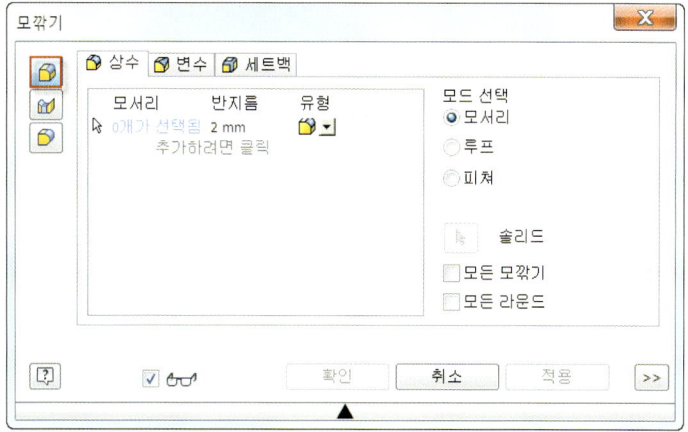

모깎기 도구를 호출하는 방법은 3D 모델에서 모깎기를 할 가장자리를 선택할 때 표시되는 미니 도구 모음에서 모깎기 만들기 도구를 선택하여 모깎기 대화 상자를 호출합니다.

기본적으로 가장자리 모깎기 버튼은 모깎기 대화 상자에서 선택됩니다. 결과적으로 모서리 모깎기를 만드는 옵션이 표시됩니다. 모깎기 대화 상자와 모델에서의 미리 보기가 〈그림 6-7〉과 같이 선택된 가장자리에 표시됩니다. 미니 도구 모음의 편집 상자에 모깎기 반지름을 입력하고 확인을 선택하여 모깎기를 생성 할 수 있습니다.

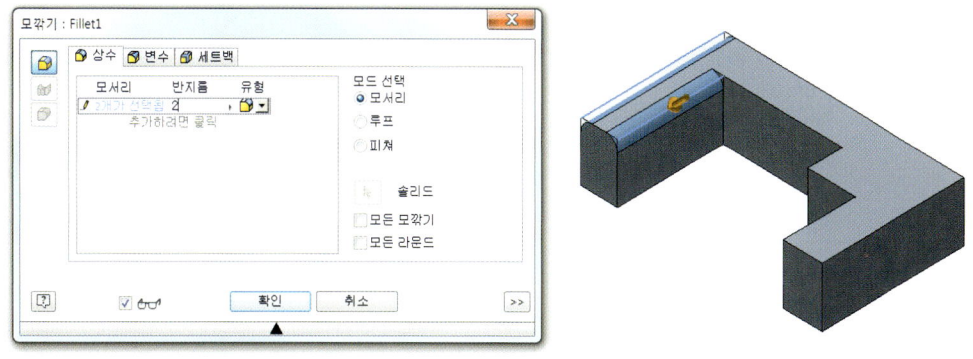

〈그림 5-54〉 구멍 고급 설정에서 시작 연장 적용전과 후의 형태

다음은 모깎기 대화 상자의 여러 탭에서 사용할 수 있는 옵션에 대해서 설명할 것입니다.

- **상수 탭**

이 탭 아래의 옵션은 선택한 모서리의 길이에 걸쳐 일정한 반지름을 갖도록 모서리를 모깎기를 하는데 사용됩니다. 그러나, 다른 모서리는 다른 모깎기 반지름을 가질 수 있습니다.

- **모서리**

이 열은 선택한 모서리 수를 표시합니다. 그러나 선택한 모든 모서리는 동일한 모깎기 반지름을 갖습니다. 일부 모서리에 다른 모깎기 반지름을 지정하려면 텍스트를 클릭하여 추가합니다. 다른 행이 추가됩니다. 이제 모서리를 선택하면 두 번째 행에 표시됩니다. 두 번째 행에 다른 모깎기 반지름을 지정할 수 있습니다.

- **반지름**

이 열에서 선택한 모서리의 모 깎기 반지름을 지정할 수 있습니다. 다른 행은 다른 반지름을 가질 수 있습니다. 미니 도구 모음의 편집 상자에 반지름 값을 입력하거나 화살표 조작자를 드래그하여 선택한 모서리의 모깎기 반지름을 지정할 수도 있습니다.

- **유형**

이 드롭-다운 목록은 반지름 열의 오른쪽에서 사용할 수 있습니다. 이 드롭-다운 목록에서 접선 모깎기 또는 부드러운 (G2) 모깎기를 적용하는 옵션을 선택할 수 있습니다.

- **모드 영역 선택**

이 영역 아래의 옵션은 모깎기에 대한 선택 우선 순위를 설정하는 데 사용됩니다.

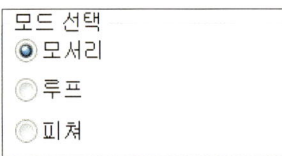

- **모서리**

모서리 라디오 버튼을 선택하면 모깎기를 위해 모델의 개별 모서리를 선택할 수 있습니다. 커서를 모서리 가까이로 이동하면 가장자리가 강조 표시됩니다.

- **루프**

  루프 라디오 버튼은 피쳐 면의 모든 모서리를 선택하는데 사용됩니다. 이 옵션을 사용하려면 루프 라디오 버튼을 선택하고 커서를 면의 가장자리 가까이로 이동합니다. 모든 모서리가 강조 표시됩니다. 면에 있는 모든 모서리를 선택하려면 이 단계를 클릭합니다. 이 옵션을 사용하여 선택한 모서리는 동일한 모깎기 반지름을 갖습니다.

- **피쳐**

  피쳐 라디오 버튼을 선택하면 선택한 피쳐의 모든 모서리가 모깎기로 선택됩니다. 이 경우 선택된 모든 모서리도 동일한 모깎기 반지름으로 적용됩니다.

• **솔리드**

솔리드 버튼은 결과로 모깎기 피쳐가 본체의 일부가 되도록 다중 본체 환경에서 본체를 선택하는데 사용됩니다. 이 버튼을 선택하면 선택한 본체의 모든 모서리에 라운드 또는 모깎기를 만들 수 있습니다. 이 옵션 버튼은 다중 본체 환경에서만 활성화됩니다.

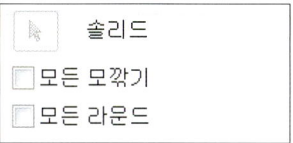

• **모든 모깎기**

  가능한 모든 모서리에 오목한 모양 모깎기를 만들려면 모든 모깎기 확인란을 선택합니다. 모깎기 반지름은 모든 위치에서 동일합니다. 〈그림 5-54〉는 모든 모깎기가 적용되는 모델을 보여줍니다.

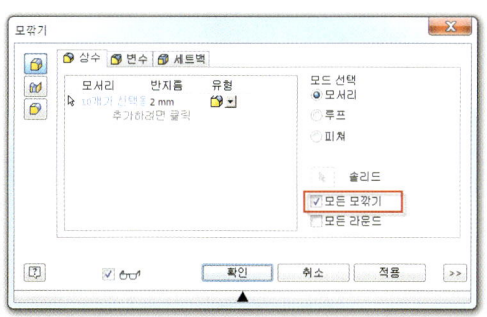 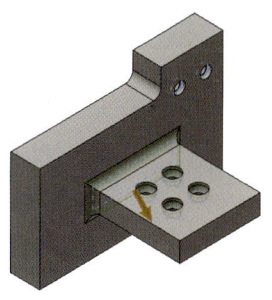

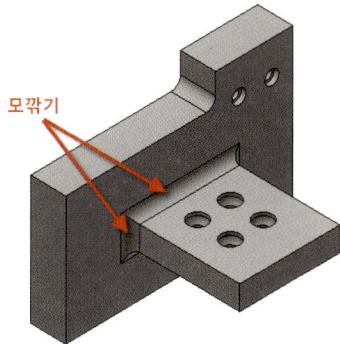

〈그림 5-54〉 모든 모깎기 적용

• **모든 라운드**

가능한 모든 모서리에서 볼록한 모깎기를 작성하려면 모든 라운드 확인란을 선택합니다. 이 확인란을 선택하면 모든 외부 모서리도 구부러집니다. 모든 라운드의 반지름은 같습니다. 〈그림 5-55〉는 모든 라운드가 적용되는 모델을 보여줍니다.

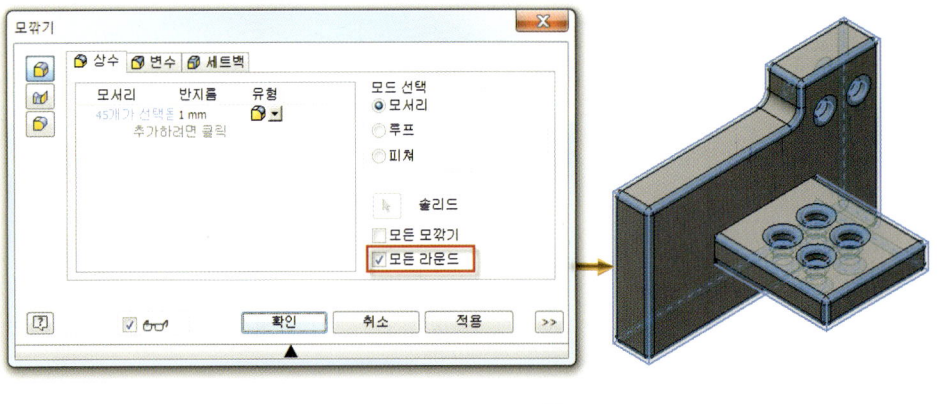

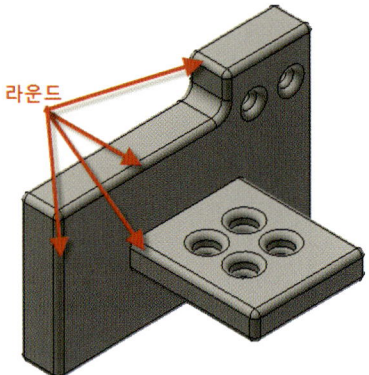

〈그림 5-55〉 모든 라운드 적용

◆ **피쳐 미리 보기 사용/ 사용 안함**

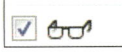 이 확인란은 모깎기 피쳐의 미리 보기를 사용 또는 사용 안하는 데 사용됩니다. 이 확인란을 선택하면 모깎기의 미리 보기가 도면 윈도우에 표시됩니다.

Note

Autodesk Inventor & Inventor Professional 2019에서 모깎기 선택 세트의 모서리 중 하나라도 지정된 반경의 모깎기를 만들 수 없는 경우에 지정된 반경에서 모깎기를 할 수 없는 모서리 수를 포함하여 성공적인 혼합 승인을 할 것인지에 대한 대화 상자가 표시됩니다.

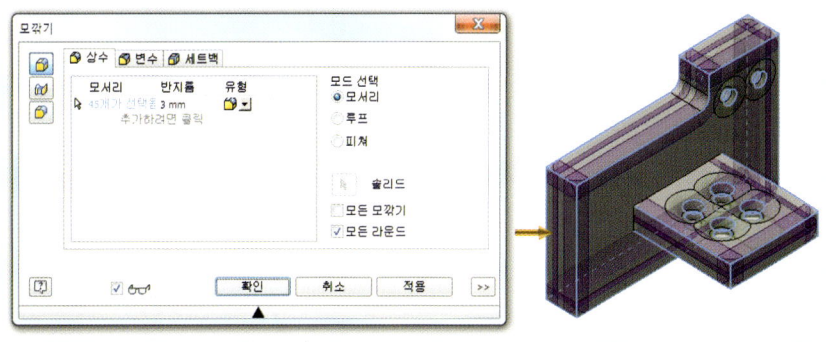

- 성공적인 혼합 승인을 체크하면 모깎기가 오류 없이 완성됩니다.

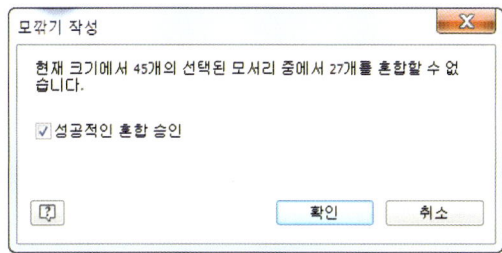

- 반대로 성공적인 혼합 승인을 체크하지 않으면 모깎기를 구축할 수 없다는 메시지 창이 뜹니다.

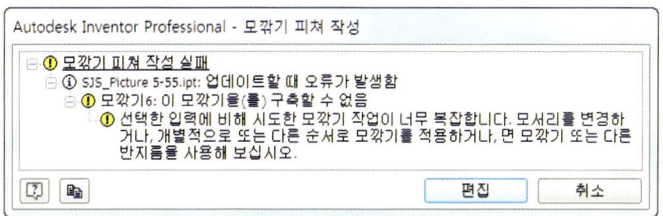

- **변수 탭**

변수 탭의 옵션은 아래와 같이 선택된 모서리를 모깎기하여 길이에 따라 다른 반경을 적용할 수 있습니다. 선형 또는 곡선 가장자리를 선택하면 가장자리에 시작점과 끝점에 두 개의 점이 생깁니다. 그러나 원형 모서리를 선택하면 점이 정의되지 않습니다. 가장자리에 원하는 위치를 지정하여 점을 추가할 수 있습니다.

• 모서리

이 열은 모서리 잡이로 선택된 모서리 수를 표시합니다. 클릭하여 추가 옵션을 클릭하여 더 많은 가장자리를 선택할 수 있습니다.

• 연속성 드롭-다운 목록

   이 드롭-다운 목록은 모깎기의 유형을 지정하는데 사용됩니다. 다음은 드롭-다운 목록의 옵션에 대해 설명합니다.

• 접선 모깎기

   드롭-다운리스트에서 접선 모깎기 옵션을 선택하면 결과 모깎기 피쳐가 인접한 면과 접선 연속성 (G1)을 유지합니다.

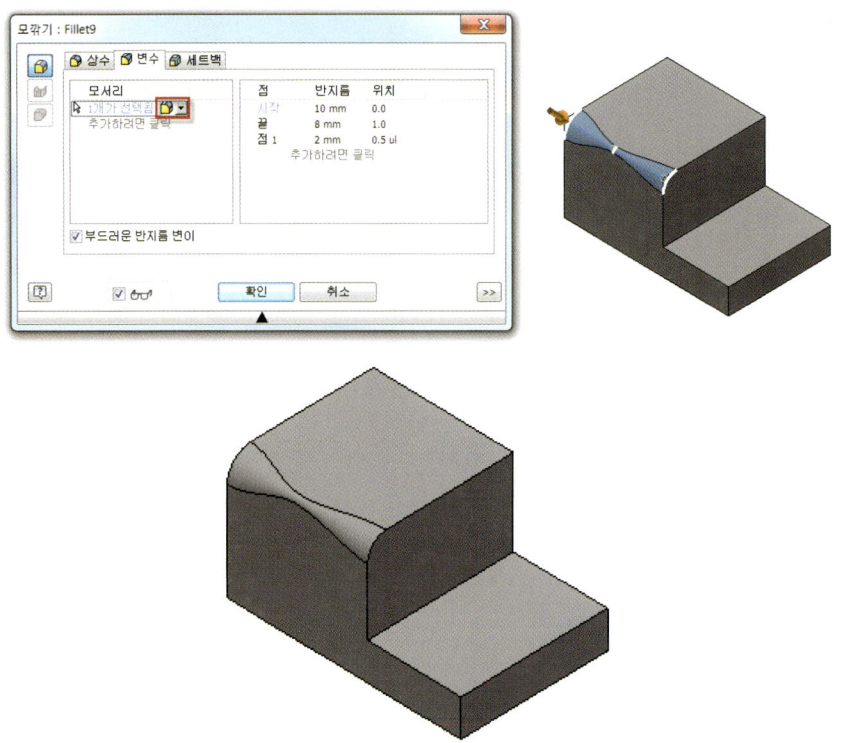

〈그림 5-56-A〉 접선 G1 변수 모깎기

• 부드러운 (G2) 모깎기

드롭-다운에서 부드러운 (G2) 모깎기 옵션을 선택한 경우 인접한 면과의 부드러운 연속성 (G2)을 유지합니다. 이 옵션을 선택하면 곡률이 점차적으로 적용되므로 결과 모깎기를 보다 부드럽게 만듭니다.

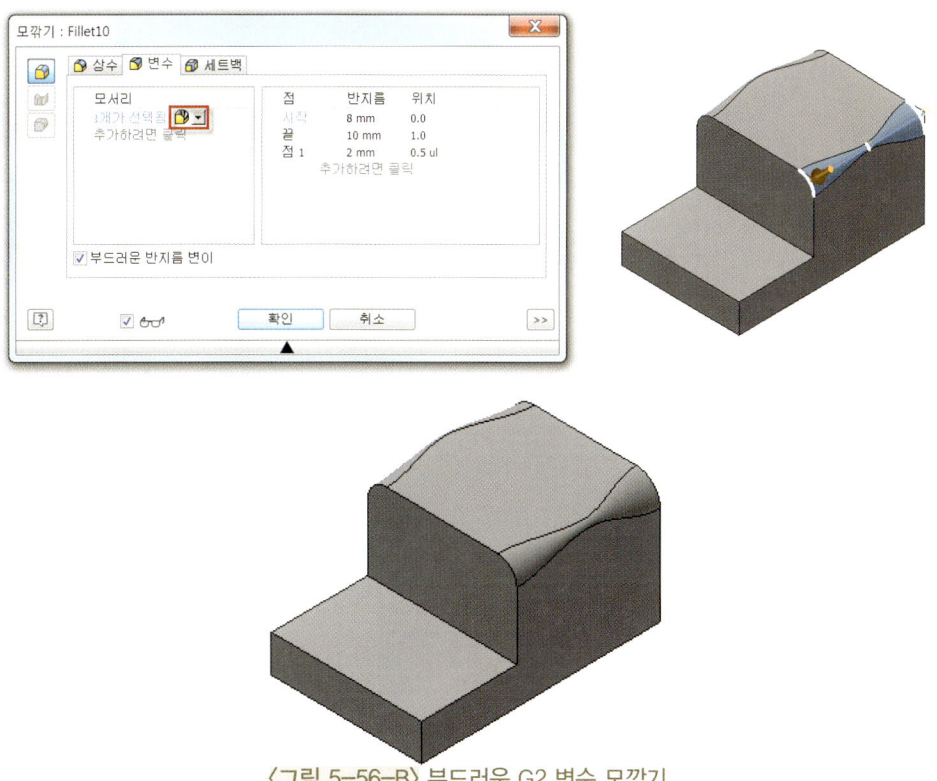

〈그림 5-56-B〉 부드러운 G2 변수 모깎기

- **점**

  이 열은 모서리에 선택된 점을 표시합니다. 기본적으로 이 열에는 시작 및 종료라는 두 개의 점만 있습니다. 이 두 점은 선형 또는 곡선 모서리의 시작 및 끝점을 나타냅니다. 점을 추가하려면 마우스 커서를 모서리로 이동합니다. 해당 지점의 미리 보기가 표시됩니다. 점을 배치하려면 클릭하고, 모서리에 위치를 지정하여 점을 추가하면 이 열에 추가됩니다. 마찬가지로 모서리에 필요한 만큼의 점을 추가할 수 있습니다. 앞서 언급했듯이, 가변 모깎기를 추가하기 위해 원형 모서리를 선택하면 기본적으로 점이 추가되지 않습니다. 모서리를 클릭하여 수동으로 모든 점을 추가해야 합니다.

- **반경**

  반경 열은 모서리에서 선택한 점의 반지름을 표시합니다. 이 열의 값 필드를 클릭하면 편집 상자로 바뀝니다. 또한 가장자리에서 선택한 점이 점 열 아래에 표시됩니다. 반경 편집 상자에서 해당 값 필드를 선택하고 새 값을 입력하여 점의 반경 값을 변경할 수 있습니다. 더 작고 사용하기 쉬운 미니 도구 모음을 사용하여 이전에 설명한 모든 옵션에 접근할 수 있습니다.

- **위치**

  이 편집 상자는 모서리에 지정된 점의 위치를 정의하는데 사용됩니다. 위치는 선택한 모서리의 백분율로 정의됩니다. 이 편집 상자는 모서리의 기본 점 이외의 점을 선택할 때까지 사용할 수 없습니다. 선택된 모서리의 길이는 1 (100 %)로 취해지며 새 점의 위치는 0과 1 사이의 임의의 위치에 정의됩니다. 예를 들어 0.5 값은 점이 모서리의 중간 점에 배치되었음을 나타내는 것입니다.

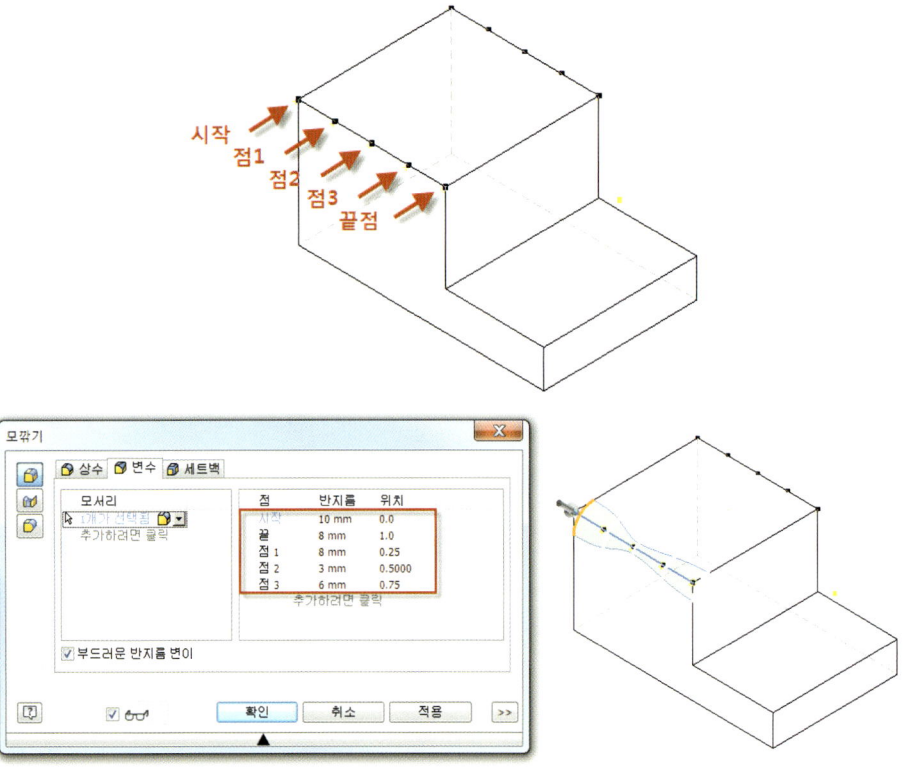

• 부드러운 반지름 변이

☑ 부드러운 반지름 변이   이 확인란은 모서리에 정의된 모든 점 사이를 부드럽게 전환할 수 있도록 선택됩니다. 이 확인란을 체크하면 〈그림 5-57-A〉와 같이 모든 점 사이의 부드러운 혼합이 있게 됩니다.

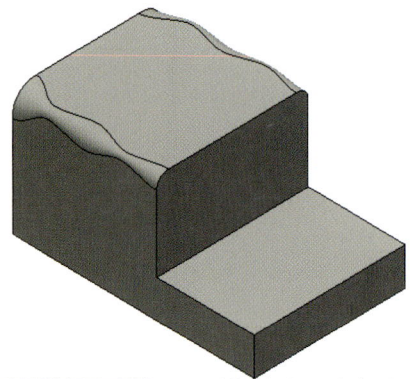

〈그림 5-57-A〉 부드러운 반지름 전이 체크

☐ 부드러운 반지름 변이   이 확인란의 체크를 해제하면 블렌딩은 〈그림 5-57-B〉와 같이 선형이 됩니다.

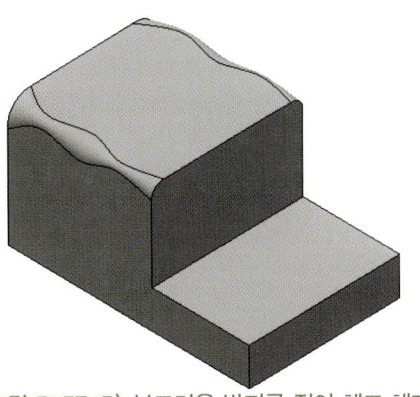

〈그림 5-57-B〉 부드러운 반지름 전이 체크 해제

• **세트백**

　세트백 탭의 옵션은 정점을 구성하는 세 모서리 사이에서 변이의 세트백을 지정하는 데 사용됩니다. 세트백은 선택한 모서리와 모깎기로 정의한 정점 사이의 변이면을 부드럽게 혼합합니다. 세트백 모깎기를 추가하려면 먼저 상수 탭을 사용하여 모서리에서 교차하는 세 모서리를 선택한 다음 세트백 탭을 선택해야 합니다.

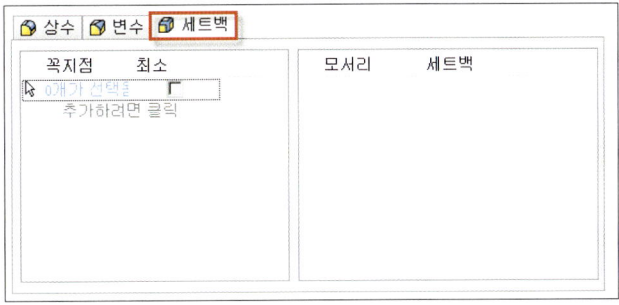

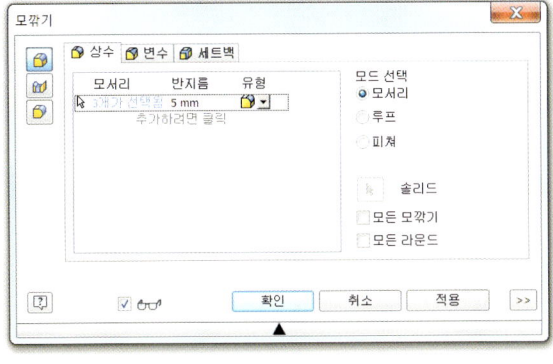
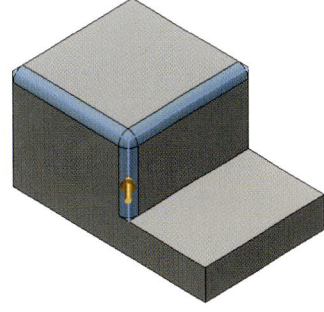

- **꼭지점**

  세 모서리를 선택하고 상수 탭을 사용하여 모깎기 반지름을 설정한 후 세트 탭을 선택합니다. 셋업을 추가하기 위해 공통 꼭지점을 선택하라는 메시지가 표시됩니다. 선택한 세 모서리에 공통인 정점을 선택합니다. 선택한 꼭지점이 이 열에 표시됩니다. 추가하려면 클릭을 클릭한 다음 추가 정점을 추가할 수도 있습니다.

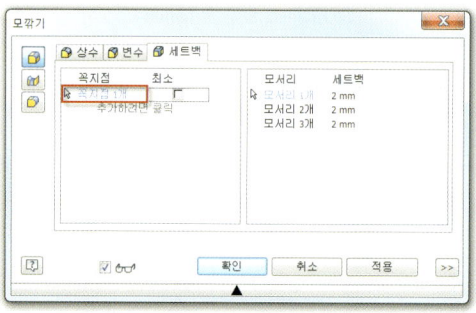 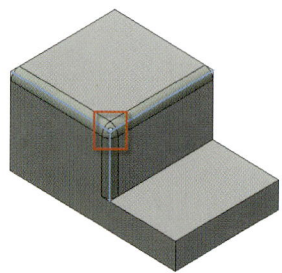

- **최소**

  이 확인란은 주어진 정점에 대한 최소 허용 세트백을 정의하기 위해서 선택하는 것입니다. 이 옵션을 사용하면 가장 부드러운 변이로 어려운 꼭지점 모깎기를 해결할 수 있습니다.

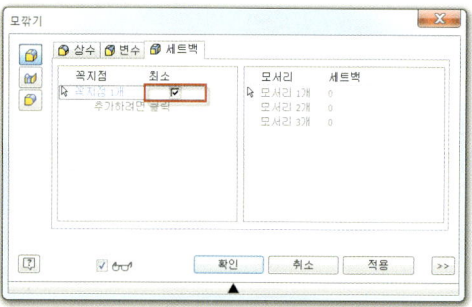 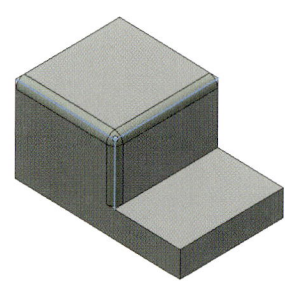

- **모서리**

  이 열은 모델에서 선택된 꼭지점에 공통인 모서리를 표시합니다. 앞쪽에 화살표가 있는 모서리가 도면 윈도우에서 강조 표시됩니다.

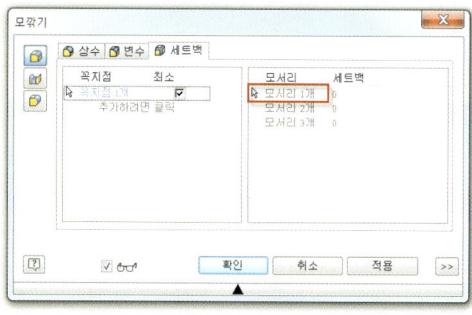 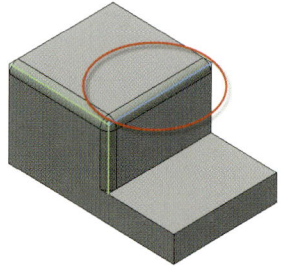

- **세트백**

이 칼럼은 선택한 모서리를 따라 변이에 대한 세트백 값을 표시합니다. 이 값을 클릭하여 수정할 수 있습니다. 수정하려면 최소 체크 박스를 선택 해제해야 합니다. 그림 6-31과 6-32는 서로 다른 세트백 값을 사용하여 생성된 모깎기를 보여줍니다.

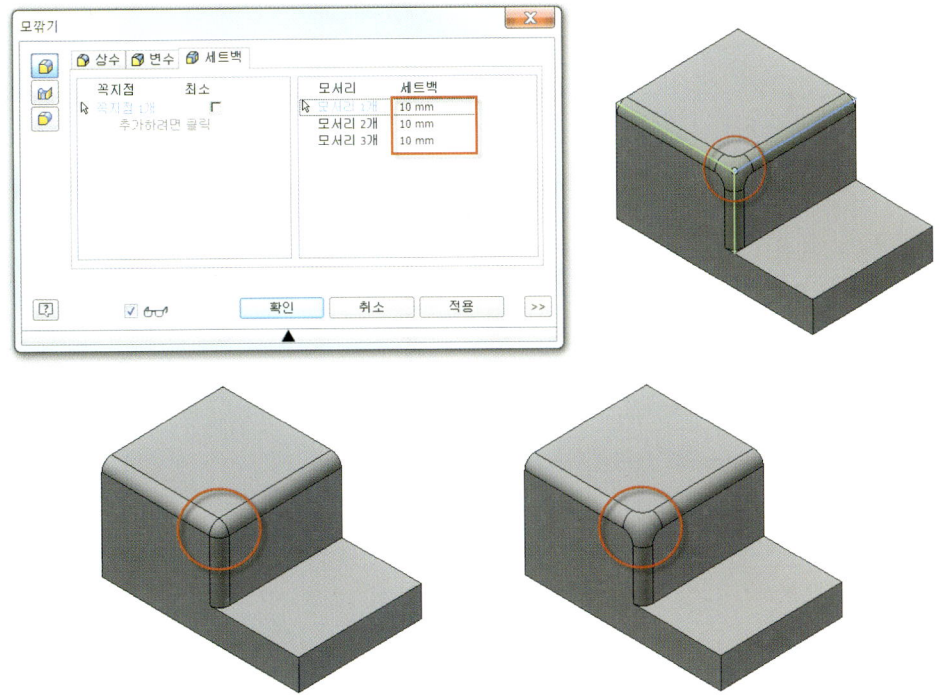

〈그림 5-58〉 왼쪽은 최소 값이 적용된 모깎기이고 오른쪽은 서로 다른 세트백 값=10 mm을 가지는 모깎기.

Note

모서리에 대한 기본 반지름은 세트백 탭을 사용하여 설정할 수 없습니다. 모서리를 선택한 상수 탭에서 설정됩니다.

- **자세히 버튼**

이 버튼은 모깎기 대화 상자의 오른쪽 아래 구석에서 사용할 수 있습니다. 이 버튼을 선택하면 모깎기 대화 상자가 확장되어 더 많은 옵션이 표시됩니다.

• 뾰족한 모서리를 따라 굴림

이 확인란은 인접한 면의 모서리의 모양과 선명도를 유지하기 위해서 모깎기 반지름을 수정하기 위해 선택됩니다. 이 확인란의 선택을 취소하면 모깎기 반지름이 현재 면에서 조정할 수 있는 것보다 큰 경우 인접한 면이 확장됩니다. 그림 6-34는 날카로운 모서리 롤 확인란이 선택되지 않은 상태에서 작성된 모깎기를 표시하고 그림 6-35는이 확인란을 선택하여 작성한 모깎기를 표시합니다.

〈그림 5-59〉 왼쪽은 뾰족한 모서리를 따라 롤 체크 해제 오른쪽은 뾰족한 모서리를 따라 롤 체크 선택

• 가능한 곳에서 볼 롤링

이 확인란은 가능한 경우 롤링 모깎기를 만들 때 선택됩니다. 이 확인란의 선택을 취소하면 뾰족한 모서리에서 변이가 계속 접하게 됩니다. 이 옵션을 사용하려면 단일 모깎기 시퀀스에서 모든 모서리를 선택해야 합니다.

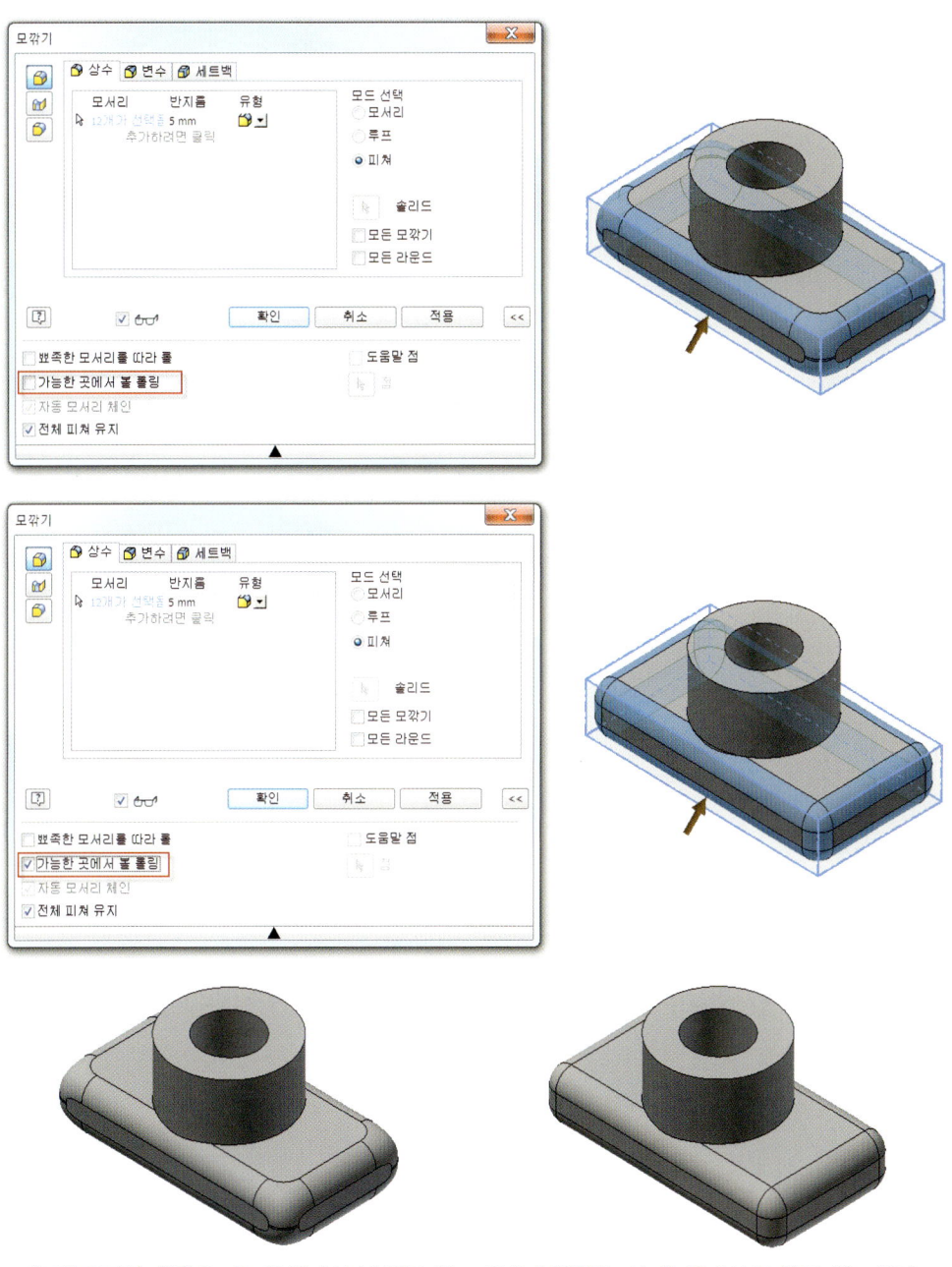

〈그림 5-60〉 왼쪽은 가능한 곳에서 볼 롤링 체크 해제 오른쪽은 가능한 곳에서 볼 롤링 체크 선택

• 자동 모서리 체인

이 확인란을 선택하면 모깎기를 적용할 모서리를 선택할 때 모든 접선 모서리도 선택됩니다.

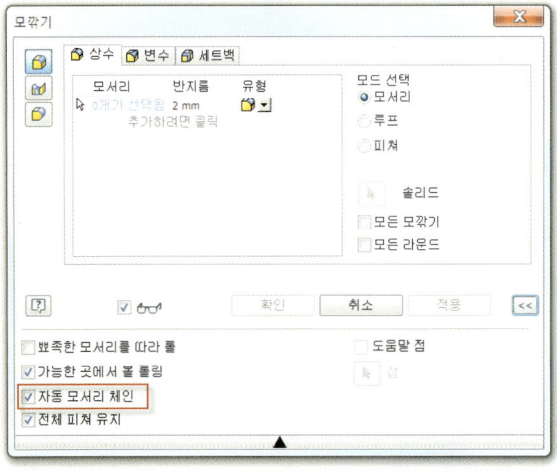
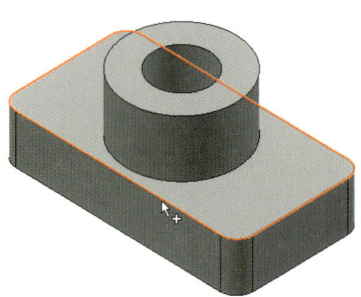

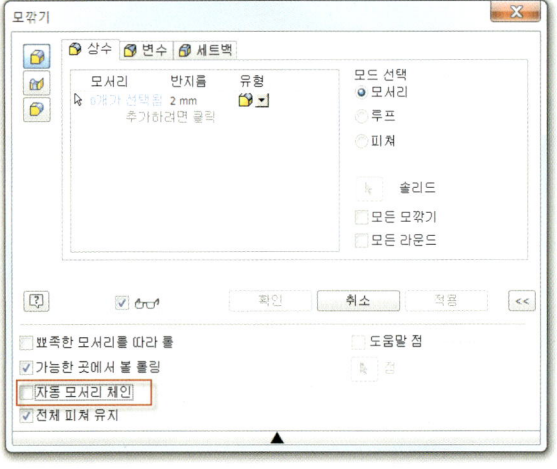

• 전체 피쳐 유지

이 확인란은 모깎기와 교차하는 모든 피쳐의 교차점을 계산하도록 선택됩니다. 이 확인란의 선택을 취소하면 모깎기의 일부인 모서리만 교차됩니다

면 모깎기 만들기

 면 모깎기 도구를 사용하여 면 모깎기를 작성할 수 있습니다. 이 도구를 사용하여 모깎기를 작성하면 모깎기를 수용하기 위해 기하학적 조건에 따라 재료가 완전히 추가되거나 제거됩니다. 두 면 사이에 모깎기를 작성하려면 모깎기 대화 상자에서 모서리 모깎기 단추 아래에 있는 면 모깎기 버튼을 선택합니다.

chapter 05 매개변수를 활용한 3D 형상 모델링

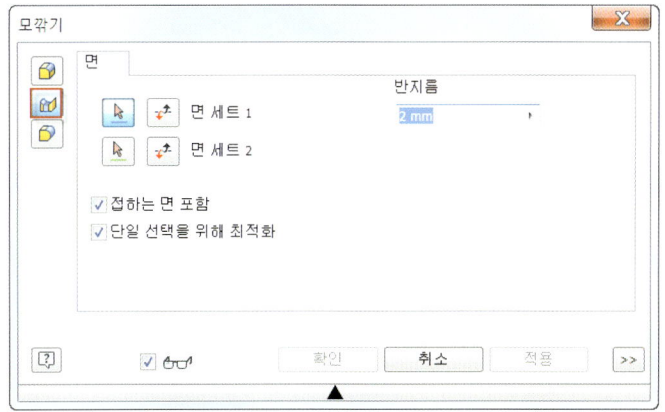

다음은 면 모깎기를 만드는 데 사용되는 옵션에 대해 설명입니다.

• **면 세트 1**

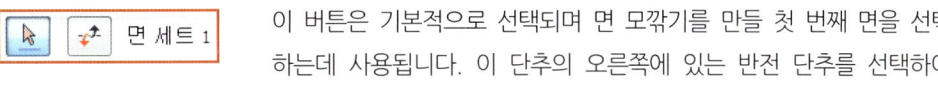

이 버튼은 기본적으로 선택되며 면 모깎기를 만들 첫 번째 면을 선택하는데 사용됩니다. 이 단추의 오른쪽에 있는 반전 단추를 선택하여 모깎기가 작성될 방향을 바꿀 수 있습니다. 반전 버튼은 두 평면사이에 면 모깎기를 만드는 경우에만 활성화됩니다. 첫 번째 면을 선택하자마자 파란색으로 강조 표시되고 면 세트 2 버튼이 선택됩니다. 모깎기를 작성하기 위해 여러 면을 선택해야 하는 경우에는 이 대화 상자에서 사용할 수 있는 단일 선택 최적화 확인란의 선택을 취소해야 합니다.

• **면 세트 2**

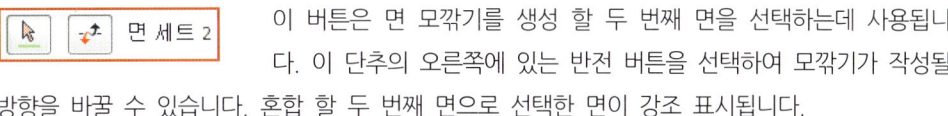

이 버튼은 면 모깎기를 생성 할 두 번째 면을 선택하는데 사용됩니다. 이 단추의 오른쪽에 있는 반전 버튼을 선택하여 모깎기가 작성될 방향을 바꿀 수 있습니다. 혼합 할 두 번째 면으로 선택한 면이 강조 표시됩니다.

• **반지름 영역**

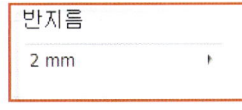

이 영역에서 사용할 수 있는 편집 상자는 면 모깎기 반지름을 지정하는 데 사용됩니다. 이 입력란에 지정된 기본 값이 모깎기를 작성하는 데 유효한 경우 면 세트 2를 선택하자 마자 모깎기의 미리 보기도 표시될 것입니다.

• **접하는 면 포함**

☑ 접하는 면 포함

이 확인란을 선택하면 선택한 면 세트에 접하는 모든 면도 모깎기를 작성하도록 선택됩니다.

• **단일 선택 최적화**

☐ 단일 선택을 위해 최적화

이 확인란을 선택하면 첫 번째 면을 선택하면 면 세트 2 버튼이 자동으로 선택됩니다. 이 확인란의 선택을 취소하면 여러 면을 선택할 수 있습니다.

• 자세히 버튼

이 버튼은 모깎기 대화 상자의 오른쪽 아래 구석에서 사용할 수 있습니다. 이 버튼을 선택하면 모깎기 대화 상자가 확장되어 더 많은 옵션이 표시됩니다.

• 도움말 점 영역

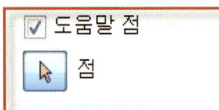

이 영역은 모깎기 대화 상자에서 자세히 버튼을 선택하면 사용할 수 있습니다. 이 확인란을 선택하면 포인트 버튼이 활성화됩니다. 이 버튼을 사용하면 여러 모깎기 솔루션이 있는 경우 모깎기가 될 면 중 하나에 도움말 점을 배치 할 수 있습니다. 〈그림 5-61〉은 면 모깎기를 생성하기 위해 면을 선택하여 완성된 최종면 모깎기를 표시합니다.

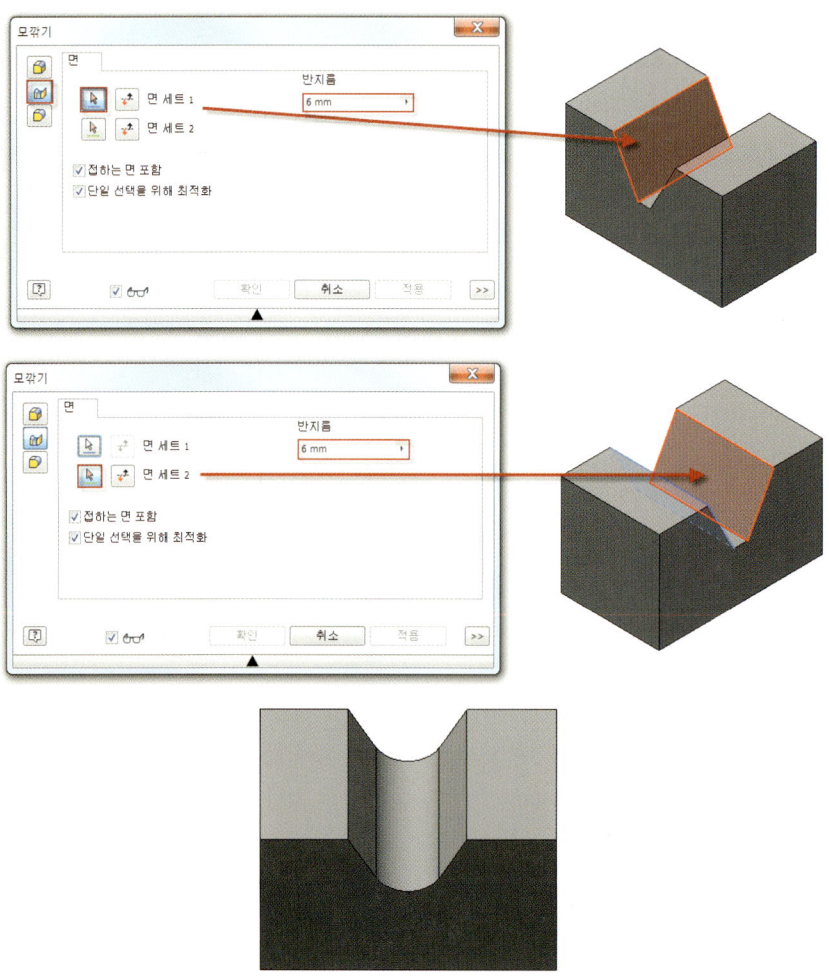

〈그림 5-61〉 면 모깎기

chapter 05 매개변수를 활용한 3D 형상 모델링

> **Note**
>
> 그래픽 창에 표시된 미니 도구 모음을 사용하여 다른 유형의 모깎기를 적용할 수도 있습니다.
>
>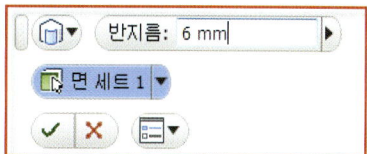
>
> 미니막대 도구는 **리본 메뉴/ 뷰 탭/ 창 패널/ 사용자 인터페이스** 도구의 플라이 아웃 메뉴를 클릭하면 제어할 수 있습니다.
>
>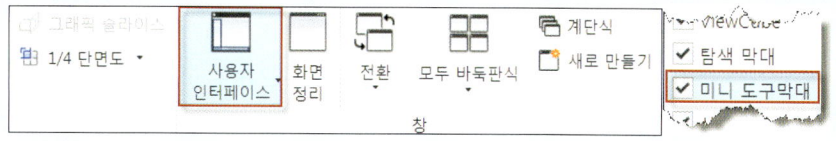

전체 라운드 모깎기 만들기

전체 둥근 모깎기는 중심 면으로 분리된 두 측면 사이에 만들어진 반원 모깎기입니다. 이 경우 시스템은 측면 및 중심 면을 기준으로 필요한 반지름 값을 결정합니다. 이 유형의 모깎기를 만들려면 모깎기 대화 상자의 면 모깎기 버튼 아래에 있는 전체 라운드 버튼을 선택합니다. 그림 6-43과 같이 전체 라운드 모깎기를 생성하기 위한 옵션이 대화 상자에 표시됩니다.

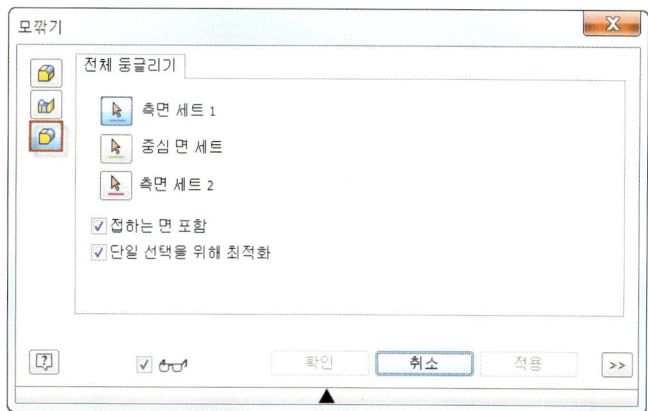

- **측면 세트 1**

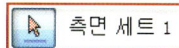

이 버튼은 기본적으로 선택되며 첫 번째 측면을 선택하는데 사용됩니다. 첫 번째 측면을 선택하자 마자 가운데면 설정 버튼이 선택됩니다. 측면 1이 강조 표시됩니다.

- **중심 면 세트**

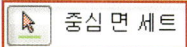

이 버튼은 둥근 모 깎기의 중앙 면을 지정하기 위해 선택됩니다. 이면은 모깎기에서 제거됩니다. 가운데 측면을 선택하면 측면 세트 2 버튼이 선택됩니다.

295

가운데 면이 강조 표시됩니다.

- **측면 세트 2**

  이 버튼은 두 번째 측면을 지정하기 위해 선택됩니다. 두 번째 측면을 선택하면 모깎기의 미리 보기가 표시됩니다. 측면 2가 강조 표시됩니다.

〈그림 5-62〉는 전체 둥근 모깎기를 작성하기 위해 면을 선택하여 완성된 모깎기를 표시합니다.

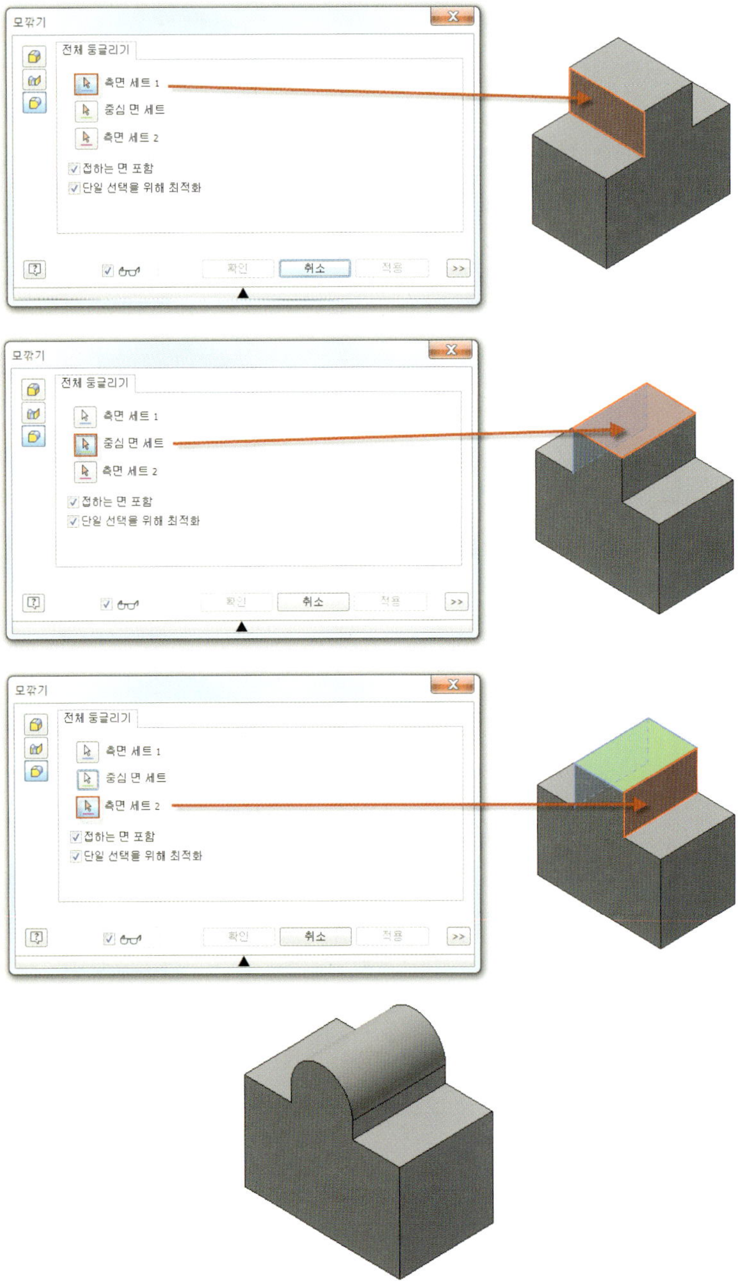

〈그림 5-62〉 전체 둥근 모깎기

15 모따기 만들기

리본메뉴/ 3D 모형 탭/ 수정 패널/ 모따기

 모따기를 작성하려면 3D 모형 탭의 수정 패널에서 모따기 도구를 선택합니다. 그림 6-46과 같이 모따기 대화 상자가 표시됩니다. 또는 모따기 할 모서리를 선택할 때 표시되는 미니 도구 모음에서 모따기 작성 도구를 선택합니다. 모따기 대화 상자에서 모서리 버튼이 기본적으로 활성화됩니다.

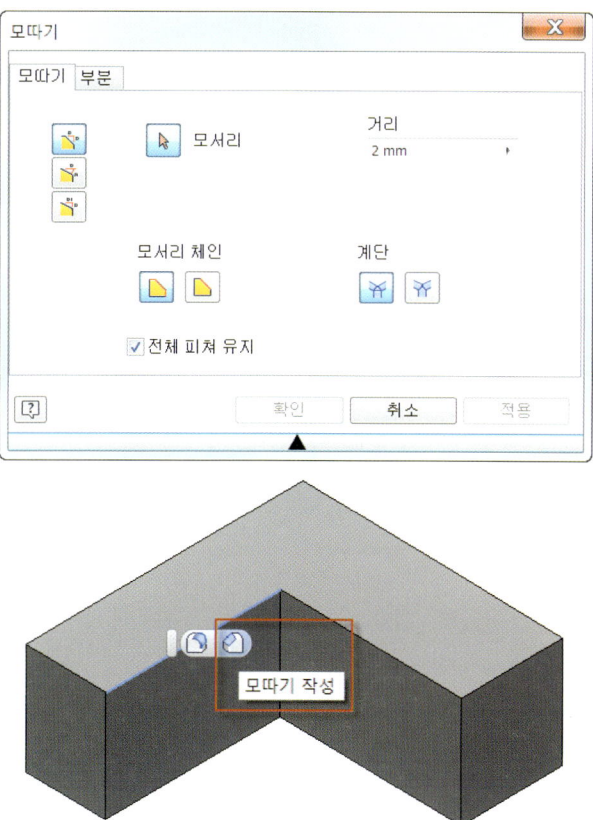

- **거리**

이 대화 상자의 첫 번째 단추이며 모따기 대화 상자의 왼쪽 위 모서리에 있습니다. 이 버튼은 선택한 모서리가 양면에서 등거리가 되도록 모따기를 작성하도록 선택됩니다. 이렇게 생성된 모따기는 45도 각도가 됩니다. 따라서 두 거리 값이 같으므로 거리 영역에는 편집 상자가 하나만 있습니다. 그 안에 모따기 거리를 지정할 수 있습니다.

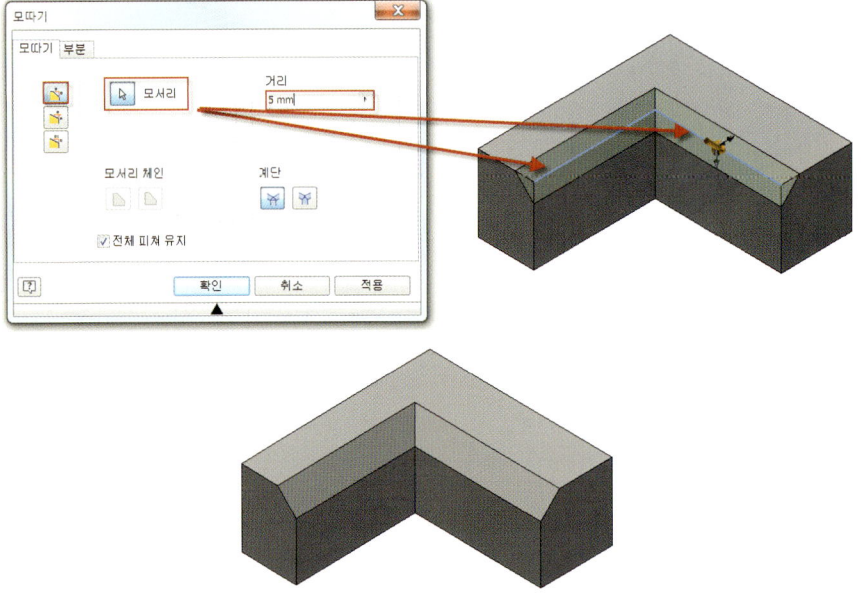

〈그림 5-63〉 동일한 거리 값을 적용한 모서리 모따기

• **거리 및 각도**

이것이 모따기를 만드는 두 번째 방법입니다. 이 옵션은 모따기 거리와 각도를 정의하여 모따기를 작성하는 데 사용됩니다. 이 버튼을 선택하면 모따기할 면을 선택하라는 메시지가 표시됩니다. 각도가 계산되는 면입니다. 면을 선택한 후 모서리를 선택하라는 메시지가 나타납니다. 모따기할 모서리를 선택합니다. 거리 값과 각도 값은 대화 상자의 각 편집 상자에서 지정할 수 있습니다.

chapter 05 매개변수를 활용한 3D 형상 모델링

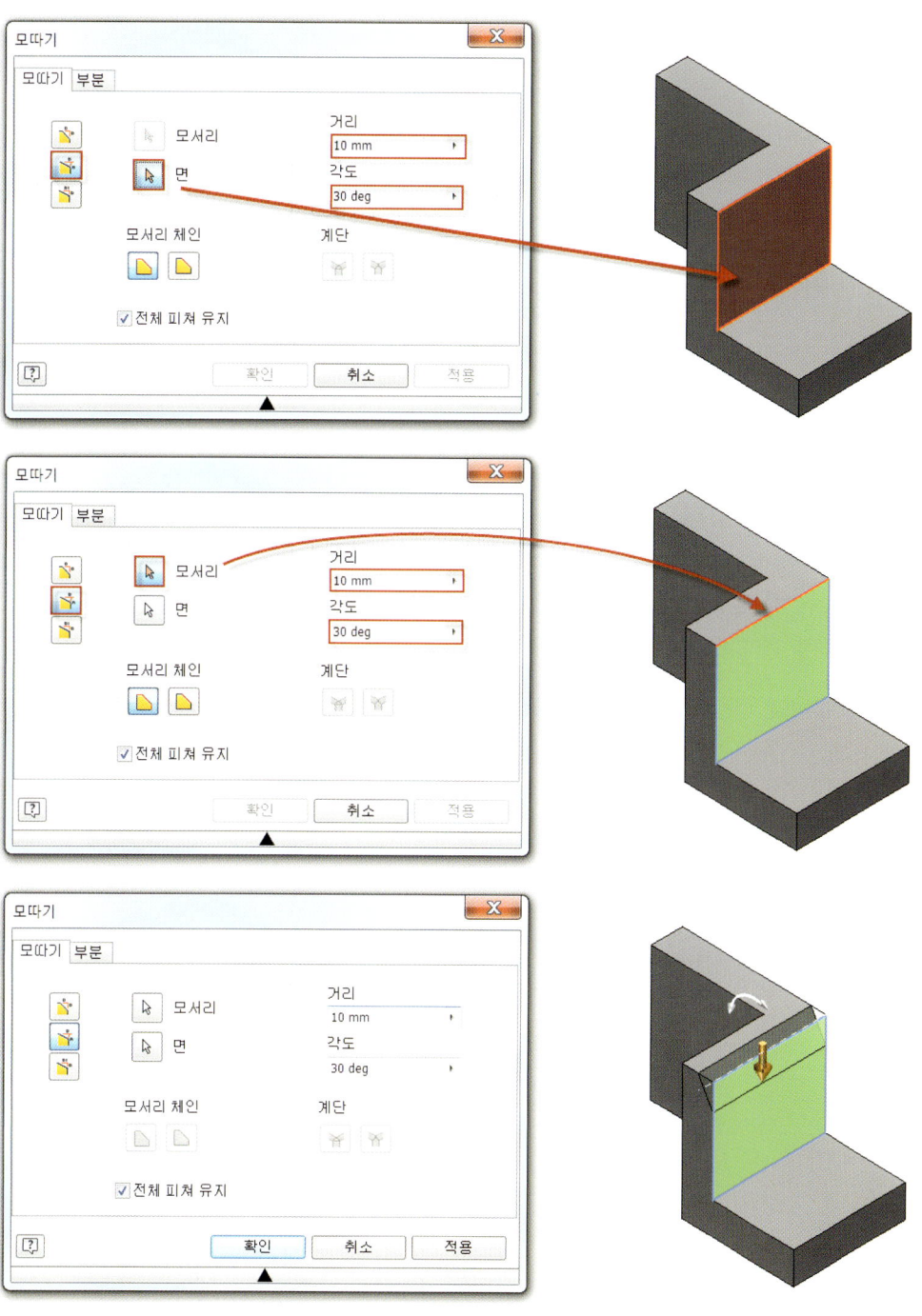

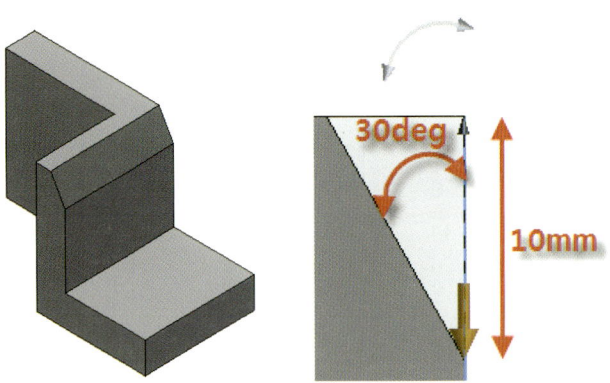

〈그림 5-64〉 거리와 각도 값을 적용한 모서리 모따기

• **두 거리**

이 버튼은 두 개의 서로 다른 거리를 사용하여 모따기를 작성히기 위해 선택됩니다. 거리 값은 거리1 및 거리2 입력란에 지정할 수 있습니다. 이 버튼을 선택하면 이 편집 상자가 표시됩니다. 미니 도구 모음에서 해당 조작기를 드래그하여 모따기 거리를 지정할 수도 있습니다. 거리 값은 모서리 버튼 아래에 있는 반전 버튼을 선택하여 바꿀 수 있습니다.

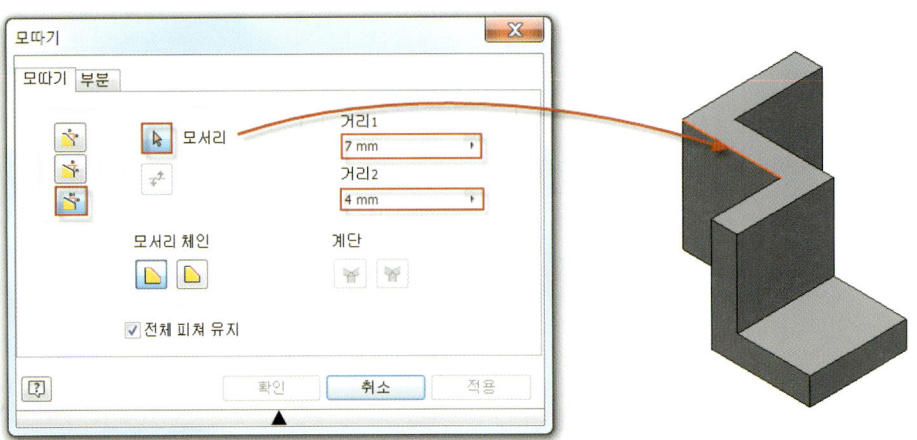

chapter 05 매개변수를 활용한 3D 형상 모델링

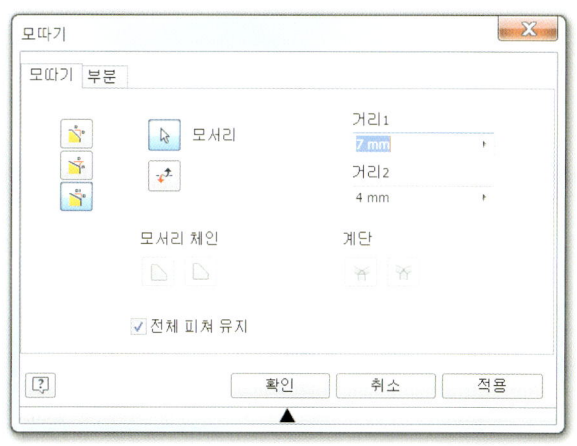
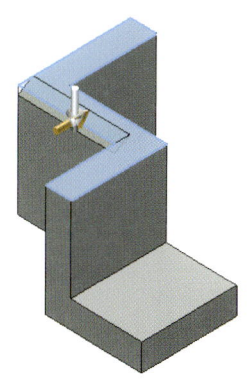

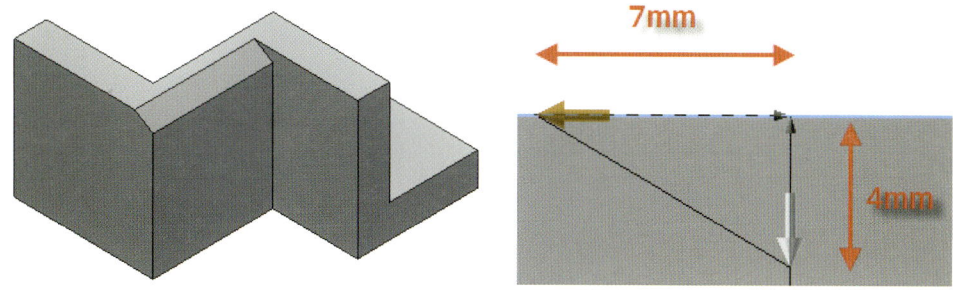

〈그림 5-65〉 두 거리 값을 적용한 모서리 모따기

- **모서리 체인 영역**

이 영역의 버튼을 사용하여 모따기 할 모서리를 선택하는 우선 순위를 설정합니다.

 모두 접하도록 연결된 모서리 버튼을 선택하면 선택한 모서리에 접하는 모든 모서리도 모따기를 위해 선택됩니다.

 단일 모서리 버튼을 선택하면 접선 모서리가 무시됩니다.

- **계단 영역**

이 영역의 버튼은 세트 백이 모델에 적용되는지 여부를 지정하는데 사용됩니다.

 세트 백 버튼을 선택하면, 세트 백이 적용되고 정점이 평탄화됩니다.

 세트 백 없음 버튼을 선택하면 세트 백이 적용되지 않고 정점이 지정됩니다.

301

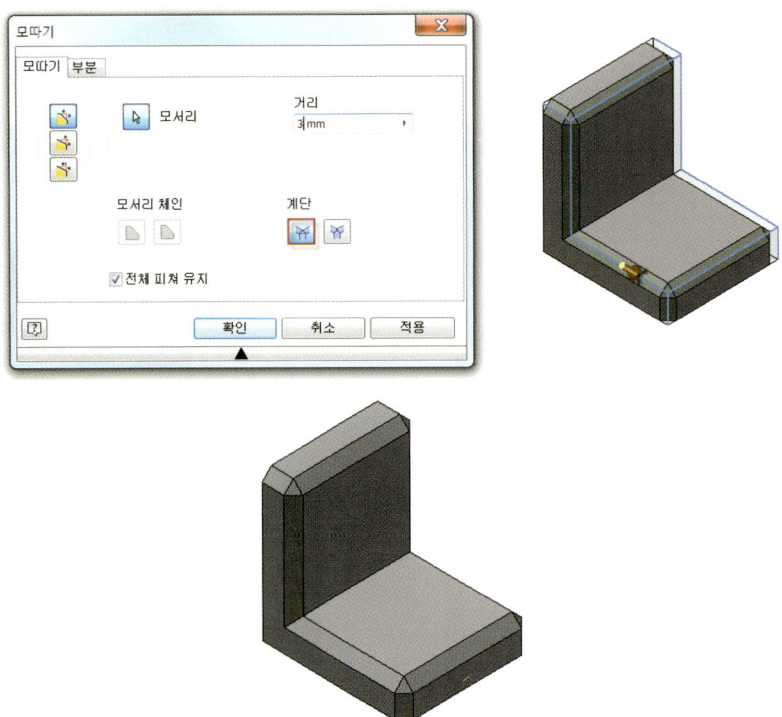

〈그림 5-66〉 세트 백이 적용된 모서리 모따기

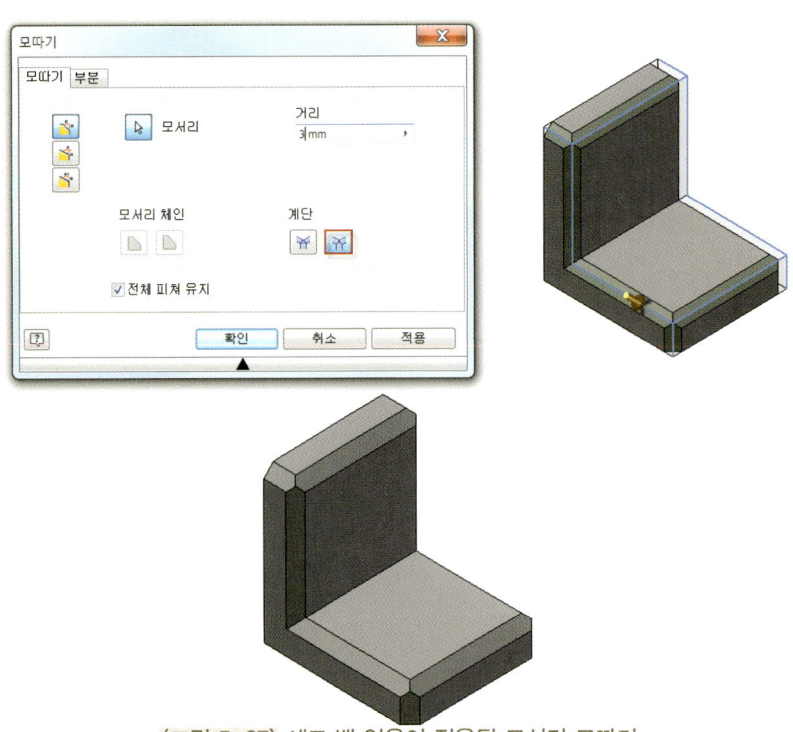

〈그림 5-67〉 세트 백 없음이 적용된 모서리 모따기

● **부분 모따기**

기존 모따기 모서리를 따라 시작 꼭지점과 끝 꼭지점의 위치를 정의하여 부분 모따기를 작성합니다. 부분 탭의 설정을 사용하면 한 모서리를 따라 특정 거리에서 모따기를 종료할 수 있습니다. 기존 모따기 모서리를 따라 시작 꼭지점과 끝 꼭지점의 위치를 정의하여 부분 모따기를 작성할 수 있습니다.

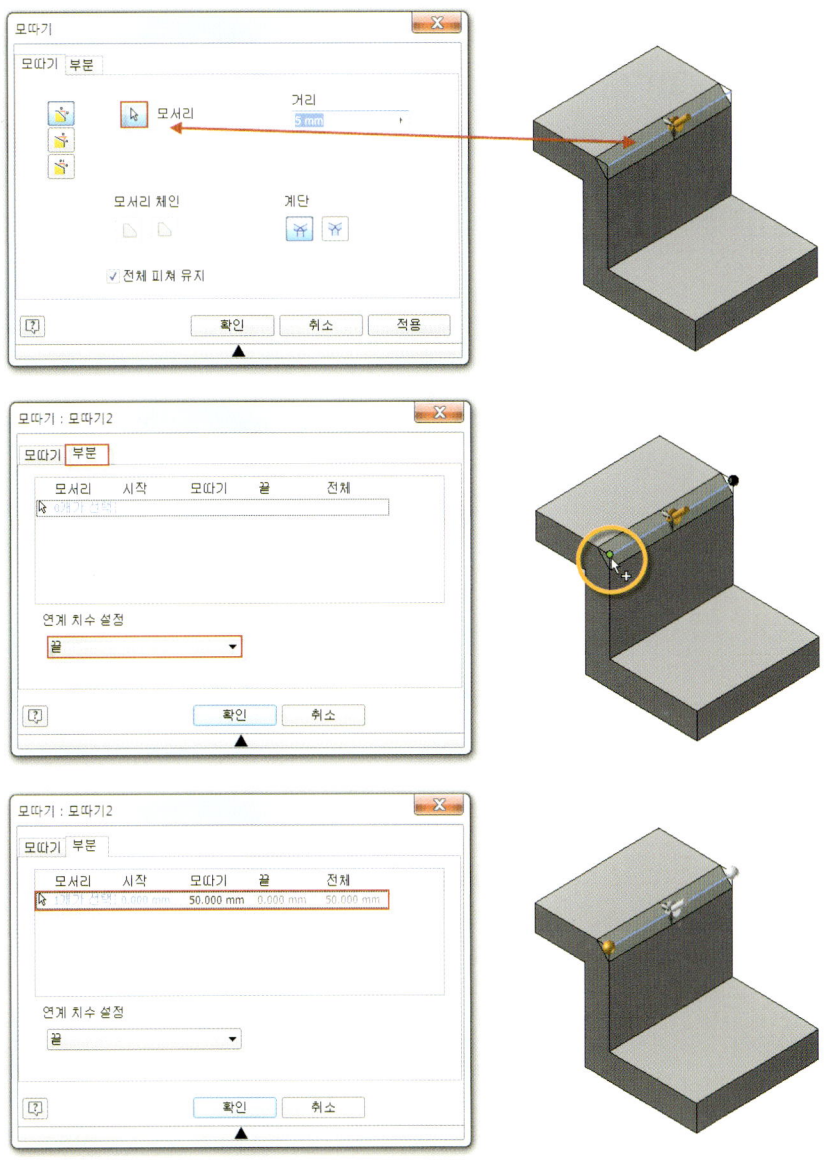

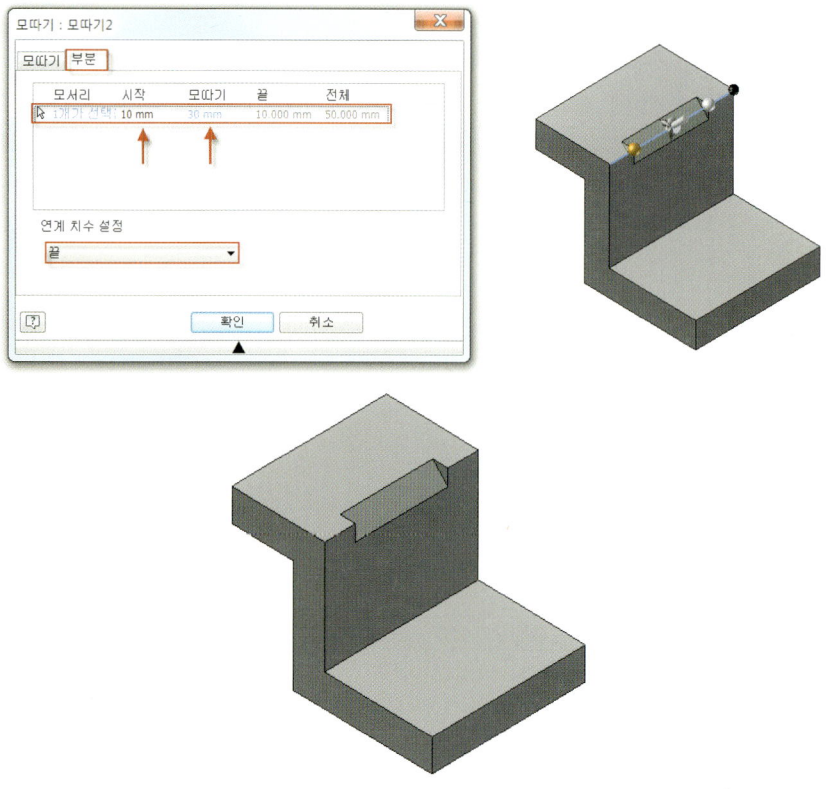

〈그림 5-68〉 부분 모따기가 적용된 모서리 모따기

- 연계 치수 설정 영역

- **끝**은 모서리 끝부터 모따기 끝까지의 거리입니다. 시작 및 모따기 길이가 고정되며 모서리 길이가 변경되어도 변경되지 않습니다. 끝 길이만 업데이트됩니다.
- **모따기**는 모따기 길이입니다. 시작 및 끝 길이가 고정되며 모서리 길이가 변경되어도 변경되지 않습니다. 모따기 길이만 업데이트됩니다.
- **시작**은 모서리 시작부터 모따기 시작까지의 거리입니다. 끝 및 모따기 길이가 고정되며 모서리 길이가 변경되어도 변경되지 않습니다. 시작 길이만 업데이트됩니다.
- **전체**는 모서리의 전체 길이입니다. 이 값은 참조에만 사용할 수 있습니다.

> **Note**
> 1. 모든 기능 유지 확인란은 모깎기 대화 상자에서 설명한 것과 동일합니다.
> 2. 세트 백 영역은 모따기 대화 상자에서 거리 버튼을 선택한 경우에만 활성화됩니다.

16 미러 활용하기

리본 메뉴/ 3D 모형 탭/ 패턴 패널 미러

미러 도구는 선택한 피쳐의 대칭 사본을 작성하거나 미러 평면을 사용하여 전체 모델을 미러링하는데 사용됩니다. 형상을 미러링하는데 사용할 수 있는 평면은 평면 또는 작업 평면일 수 있습니다. 이 도구를 사용하면 선택한 요소의 정확한 복제 본이 미러 평면에서 대칭되는 다른 면에 생성됩니다.

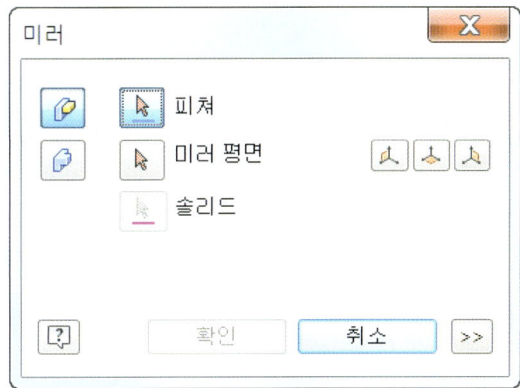

• **대칭 기능**

　Autodesk Inventor & Inventor Professional 2019에서는 미러 도구를 사용하여 대칭 모델을 만들 수 있으며, 대칭 모델에서 모깎기가 된 피쳐도 대칭을 할 수 있습니다. 모깎기 피쳐를 미러링하려면 대칭 대화 상자에서 개별 피쳐 미러링 버튼을 선택합니다. 개별 피쳐 미러링 버튼이 활성화되고 미러링을 할 기능을 선택하라는 메시지가 표시됩니다. 아래 그림과 같이 모깎기가 된 피쳐를 선택합니다. 그런 다음 미러 대화 상자에서 미러 평면 버튼을 선택한 다음 미러 피쳐를 만들려는 중간 평면을 지정합니다. 확인을 선택하여 미러를 적용하고 미러 대화 상자를 종료합니다.

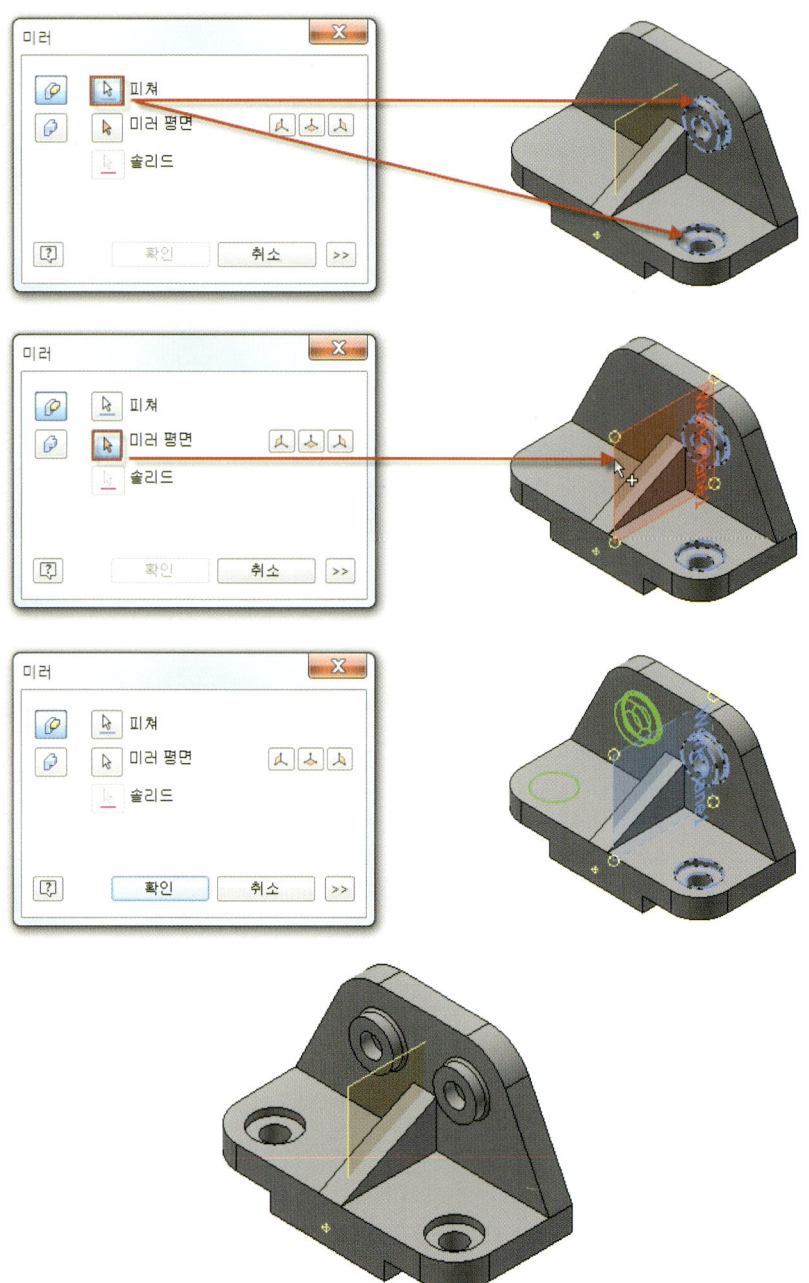

〈그림 5-69〉 중간 작업 평면에서 대칭된 피쳐

〈그림 5-69〉는 중간 작업 평면의 대칭된 피쳐를 보여줍니다. 검색기 막대에서 중간 작업 평면의 가시성을 끌 수 있습니다. 이렇게 하려면 작업 평면을 선택하고 마우스 오른쪽 버튼을 클릭합니다. 바로 가기 메뉴가 표시됩니다. 바로 가기 메뉴에서 가시성 옵션을 선택하면 됩니다. 작업 평면이 보이지 않게 될 것입니다. 가시성 옵션을 다시 선택하여 작업 평면의 가시성을 켤 수 있습니다.

chapter 05 매개변수를 활용한 3D 형상 모델링

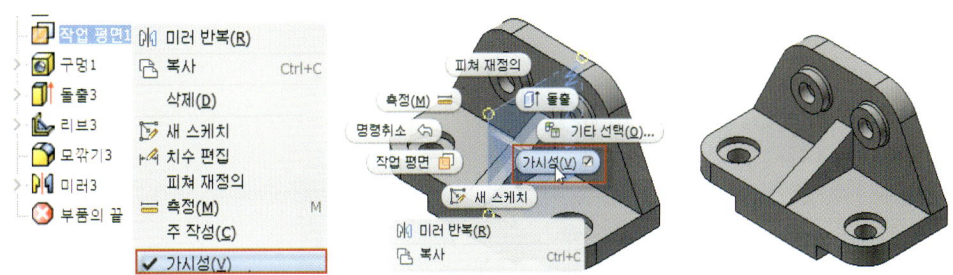

• **개별 피쳐 미러**

피쳐 별 선택을 할 수 있는 옵션입니다.

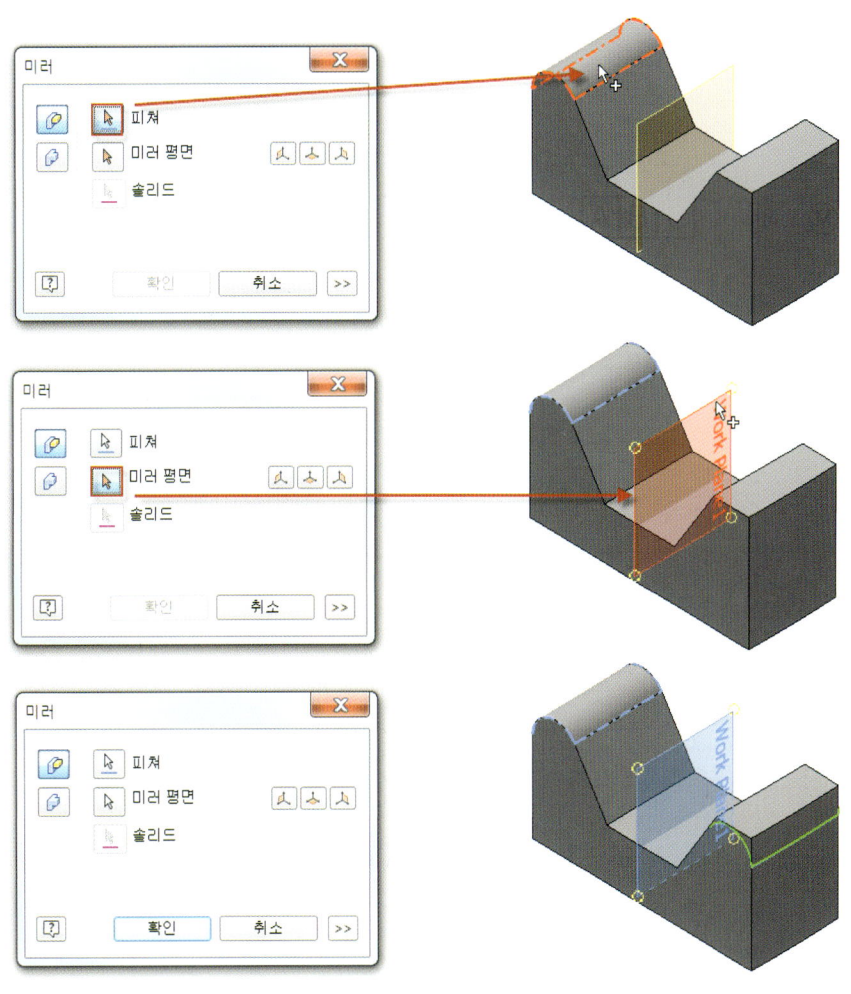

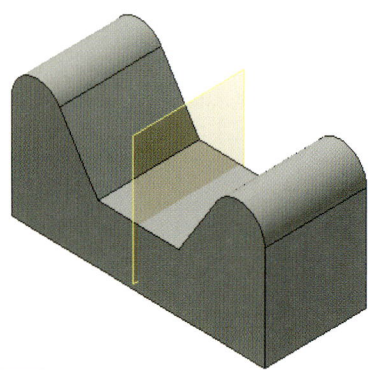

〈그림 5-70〉 개별 피쳐 미러를 통한 모깎기 피쳐의 대칭

• 솔리드 미러

전체 모델을 미러링 하려면 미러 대화 상자에서 미러 솔리드 버튼을 선택합니다. 전체 모델이 선택되고 강조 표시됩니다. 또한 미러 평면 버튼이 선택되고 미러링을 할 평면을 선택하라는 메시지가 표시됩니다. 작업 피쳐/ 곡면 피쳐 포함 버튼을 선택하여 미러링을 할 작업 피쳐를 선택할 수 있습니다. 미러 대화 상자에서 솔리드 버튼을 선택하여 여러 솔리드 본체 세트에서 하나의 본체를 선택하여 패턴을 지정할 수 있습니다. 결합 단추를 선택하여 선택한 솔리드 본체를 패턴에 병합합니다.

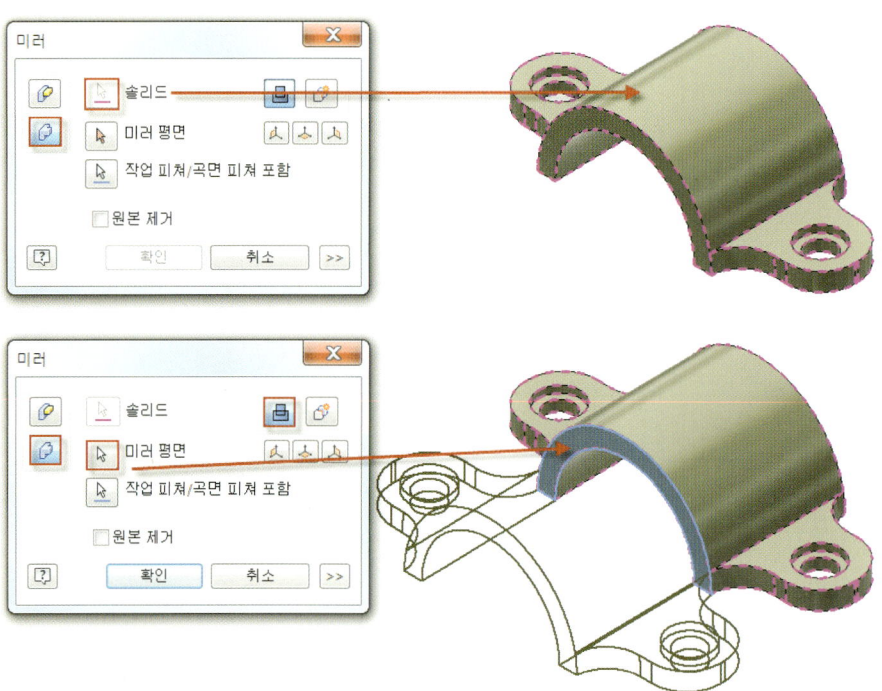

chapter 05 매개변수를 활용한 3D 형상 모델링

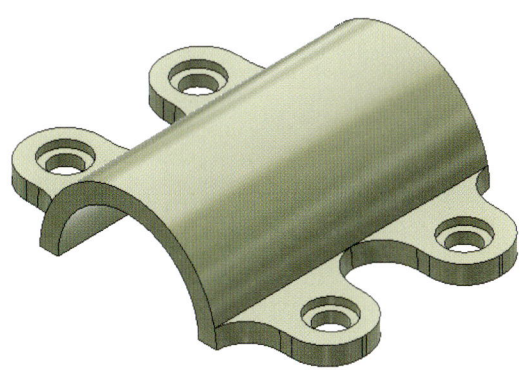

〈그림 5-71〉 솔리드 미러를 이용한 솔리드 본체의 대칭

※ 원본 제거 확인란을 선택하면 원래 모델이 미러가 된 후 제거를 할 수 있습니다.

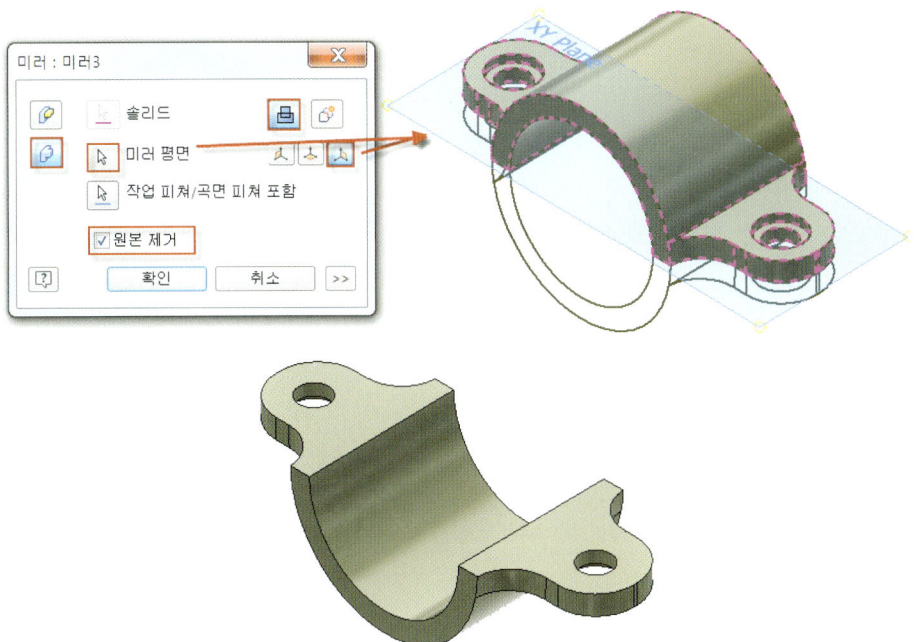

- **자세히 버튼**

  이 버튼은 미러 대화 상자의 오른쪽 하단에 있습니다. 이 버튼을 선택하면 미러 대화 상자가 확장되어 다른 옵션을 표시합니다.

309

- **최적**

  이 라디오 버튼은 모델을 원본의 직접 복사로 대칭을 하도록 선택됩니다. 모델을 겹쳐서 표시하지 않습니다.

- **동일**

  이 라디오 단추는 다른 기능과 교차하는 경우에도 원래 기능과 정확히 같은 대칭된 기능을 만들도록 선택됩니다. 이 라디오 버튼은 기본적으로 활성화되어 있습니다.

- **조정**

  이 라디오 버튼은 피쳐를 대칭하는 경우에만 사용할 수 있으며, 대칭할 피쳐가 모델의 면에서 종료되는 경우 선택됩니다. 이 경우 대칭 피쳐가 모델에서 조정되도록 종료 기능을 수정합니다.

17 직사각형 패턴 만들기

리본 메뉴/ 3D 모형 탭/ 패턴 패널/ 직사각형 패턴

직사각형 패턴 도구를 사용하여 선택한 피쳐 또는 곡면 또는 전체 모형의 직사각형 패턴을 생성 할 수 있습니다.

이 도구를 선택하면 직사각형 패턴 대화 상자가 아래와 같이 나타납니다.

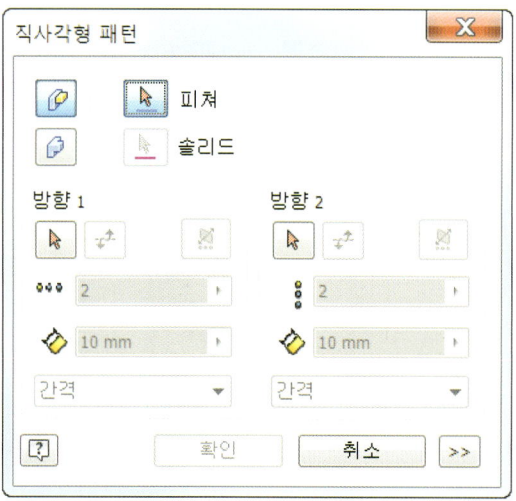

- **개별 피쳐 패턴**

   이 버튼은 선택된 피쳐의 패턴을 생성하기 위해 선택됩니다. 이 버튼의 오른쪽에 있는 피쳐 버튼을 사용하여 피쳐를 선택할 수 있습니다.

• 솔리드 패턴

이 버튼은 패턴을 생성하기 위해 전체 모델을 선택하기 위해 선택됩니다. 이 버튼 오른쪽에 있는 작업 피쳐/ 곡면 피쳐 포함 버튼을 선택하여 모델 패턴에 포함할 작업 피쳐를 선택할 수 있습니다.

• 방향 1 / 방향 2 영역

방향 1 및 방향 2 영역의 옵션은 대부분 스케치 환경의 직사각형 패턴 대화 상자에서 설명한 것과 유사합니다. 그러나 몇 가지 추가 옵션에 대해서는 아래에서 설명할 것입니다.

• 중간 평면

 이 버튼은 원본 피쳐의 양면에 대칭 적으로 항목을 배치하도록 선택됩니다. 패턴에 짝수 개의 항목이 있으면 추가 항목이 방향 화살표가 가리키는 쪽에 배치됩니다.

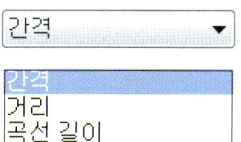

• 간격

기본 선택 옵션 인 간격 옵션은 개별 항목 사이의 간격으로 항목 사이의 거리를 지정하는 데 사용됩니다.

• 거리

거리 옵션은 특정 방향으로 패턴될 형상의 첫 번째 객체와 마지막 객체 사이의 총 거리를 지정하는 데 사용됩니다.

• 곡선 길이

곡선 길이 옵션은 패턴의 모든 항목간 거리로 방향 1 또는 2를 정의하도록 선택된 모서리의 길이를 선택하는 데 사용됩니다. 이 옵션을 선택하면 간격 편집 상자가 활성화되지 않습니다.

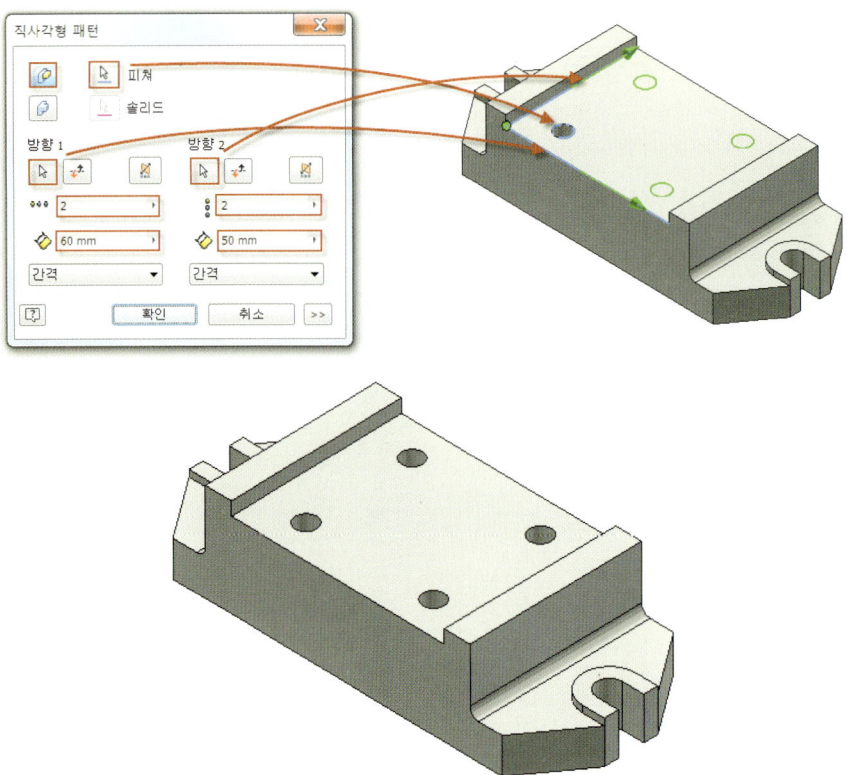

〈그림 5-72〉 구멍 피쳐를 간격을 통한 직사각형 패턴을 적용한 개별 피쳐 패턴

- **자세히 버튼**

>>   이 버튼은 대화 상자가 확장되어 더 많은 옵션을 표시합니다.

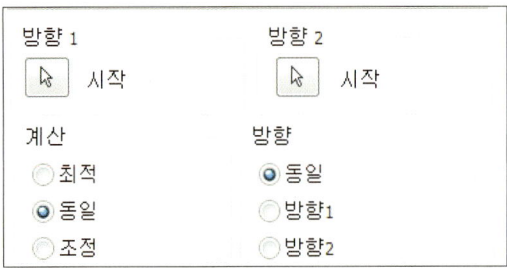

- **방향 1/ 방향 2 영역**

    이 영역의 시작 버튼은 첫 번째 또는 두 번째 방향을 따라 경로의 시작점을 지정하는 데 사용됩니다. 이 옵션은 곡선 길이 옵션과 함께 사용할 수 있습니다. 예를 들어 모서리를 사용하여 첫 번째 및 두 번째 방향을 정의하면 모서리에 두 개의 녹색 점이 표시됩니다. 이 점들은 두 방향을 따라 경로의 시작점을 지정합니다. 이제 방향 1과 방향 2 영역에서 사용할 수 있는 드롭-다운 목록에서 곡선 길이 옵션을 선택한 다음 방향 1과 방향 2에서 시작점을 선택합니다. 선택한 피쳐가 지정된 시작점에서 패

턴을 시작합니다.

- **계산 영역**

  계산
  ○ 최적
  ● 동일
  ○ 조정

  이 영역의 옵션에 대해서는 다음에 설명합니다.

  - **최적**

    패턴 객체가 일부 다른 피쳐와 교차할 때와 같은 복잡한 패턴에 적용.

  - **동일**

    패턴이 지정된 피쳐가 다른 피쳐와 교차하는 경우에도 원래 피쳐와 정확히 같게 하려면 동일 라디오 버튼이 선택됩니다.

  - **조정**

    패턴화된 피쳐 중 하나가 모델의 면에서 끝나면 조정 라디오 버튼이 선택됩니다. 이 경우 패턴이 지정된 피쳐가 모델에서 조정되도록 수정됩니다. 그러나 이러한 경우 패턴 계산 시간이 길어집니다.

- **방향 영역**

  방향
  ● 동일
  ○ 방향1
  ○ 방향2

  이 영역의 옵션에 대해서는 다음에 설명합니다.

  - **동일**

    패턴이 지정된 항목의 방향을 원래 항목의 방향과 동일하게 지정하려면 동일한 라디오 단추가 선택됩니다.

  - **방향1**

    방향1 라디오 버튼은 첫 번째 방향을 기준으로 항목을 방향 지정하기 위해 선택됩니다.

  - **방향2**

    방향 2 라디오 버튼은 두 번째 방향을 기준으로 항목을 방향 지정하기 위해 선택됩니다.

> **Note**
>
> 직사각형 패턴의 모든 객체는 직사각형 패턴 이름과 접미사가 붙은 검색기 막대 표시 줄에 배열됩니다. 숫자는 특정 패턴이 작성된 순서를 나타냅니다. 피쳐 패턴을 억제하려면 검색기 막대에서 피쳐 패턴을 마우스 오른쪽 버튼으로 클릭하고 피쳐 억제를 선택합니다.

방향 옵션을 더 잘 이해하려면 아래와 같이 예제를 통해 확인해 봅니다.

첫 번째 방향으로만 패턴을 만들고 원형 모서리를 사용하여 첫 번째 방향을 정의합니다. 이제 하나씩 방향을 동일하게 설정하고 방향을 1로 설정하고 항목 방향의 차이를 확인합니다.

아래 예제는 두 가지 옵션 모두에서 패턴의 첫 번째 방향은 원형 모서리를 사용하여 정의하는 예입니다.

아래 〈그림 5-73_A〉는 방향 영역에서 동일 옵션을 사용하여 지향된 직사각형 패턴의 미리 보기입니다.

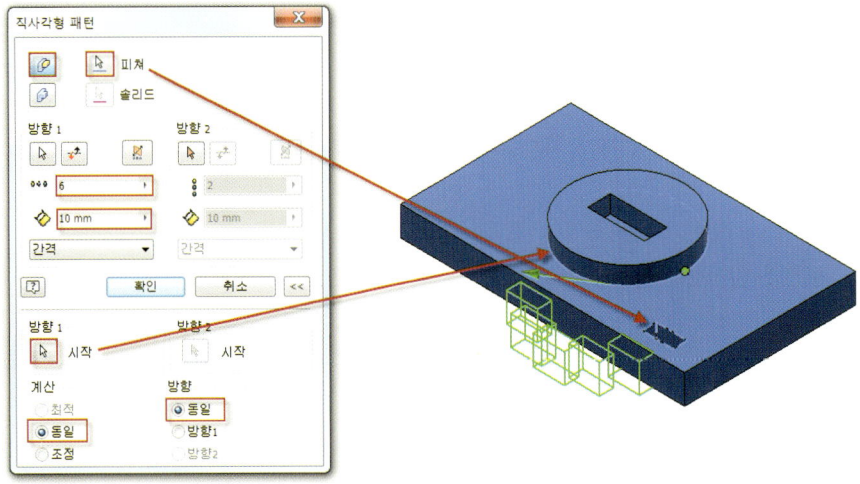

〈그림 5-73_A〉 방향1을 동일 옵션을 적용한 경우

〈그림 5-73_B〉은 방향 영역에서 방향1 옵션을 사용하여 지향된 직사각형 패턴의 미리 보기를 보여줍니다.

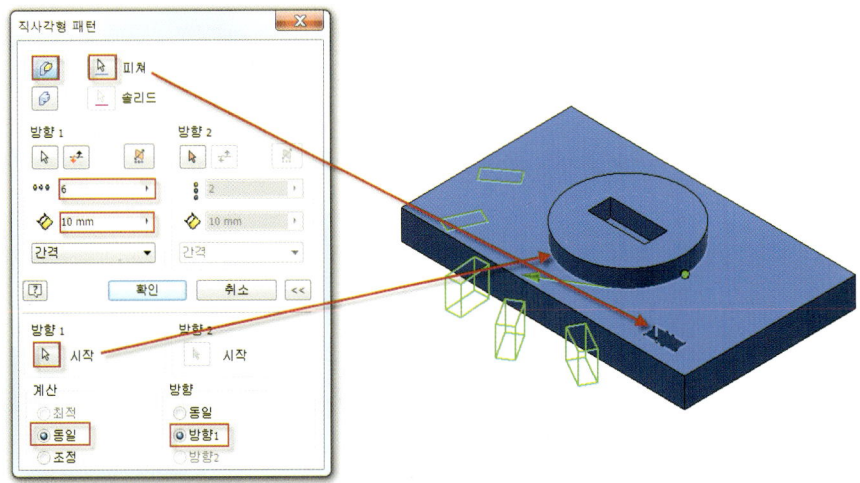

〈그림 5-73_B〉 방향1을 동일한 옵션을 적용한 경우

Note

위 〈그림 5-73_A〉 및 〈그림 5-73_B〉에서 시작 방향이 원통형 피쳐의 원형 모서리로 정의되면 한 방향을 따라서만 패턴이 작성됩니다.

18 원형 패턴 만들기

리본 메뉴/ 3D 모형 탭/ 패턴 패널/ 원형 패턴

원형 패턴 도구를 사용하여 선택한 형상을 가상 원통 주위로 배열하여 원형 패턴을 만들 수 있습니다.

이 도구를 선택하면 원형 패턴 대화 상자가 아래와 같이 나타납니다.

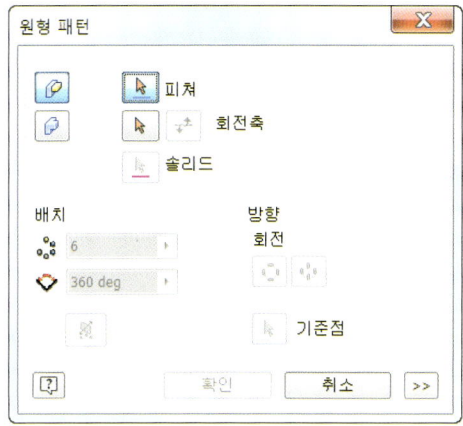

배치 및 위치 지정 방법 영역의 대부분 옵션은 스케치 환경에서 설명한 것과 유사합니다. 이 대화 상자의 나머지 옵션은 다음에 설명합니다.

- **개별 피쳐 패턴**

이 버튼은 기본적으로 선택되며 원형 패턴을 생성하기 위한 개별 피쳐를 선택하는데 사용됩니다.

- **솔리드 패턴**

이 버튼은 전체 솔리드를 패턴 화하기 위해 선택됩니다. 작업 피쳐/ 곡면 피쳐 포함 버튼을 선택하여 솔리드와 함께 패턴화할 작업 피쳐를 선택할 수도 있습니다.

- **회전축**

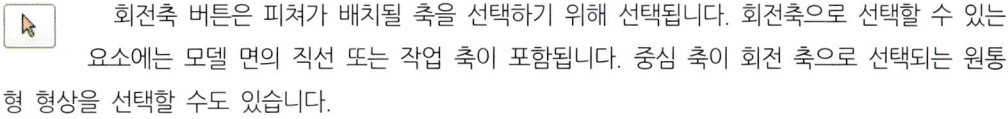
회전축 버튼은 피쳐가 배치될 축을 선택하기 위해 선택됩니다. 회전축으로 선택할 수 있는 요소에는 모델 면의 직선 또는 작업 축이 포함됩니다. 중심 축이 회전 축으로 선택되는 원통형 형상을 선택할 수도 있습니다.

- **배치 영역**

- **발생 개수**

  원형 패턴의 개수를 지정합니다.

- **발생 각도**

  원형 패턴의 각도를 지정합니다.

- **중간 평면**

   이 버튼은 원본 피쳐의 양면에 대칭 적으로 항목을 배치하도록 선택됩니다. 패턴에 짝수 개의 항목이 있으면 추가 항목이 방향 화살표가 가리키는 쪽에 배치됩니다.

- **방향 영역**

- **회전**

  축을 중심으로 이동될 때 본체 또는 피쳐 세트의 방향이 변경되도록 하려면 회전을 선택합니다.

- **고정**

  축을 중심으로 이동될 때 본체 또는 피쳐 세트의 방향을 상위 선택 항목과 동일하게 유지하려면 고정을 선택합니다.

- **기준점**

  필요한 경우 기준점을 선택하고 꼭지점 또는 점을 선택하여 고정 패턴 기준점을 재정의합니다.

chapter 05 매개변수를 활용한 3D 형상 모델링

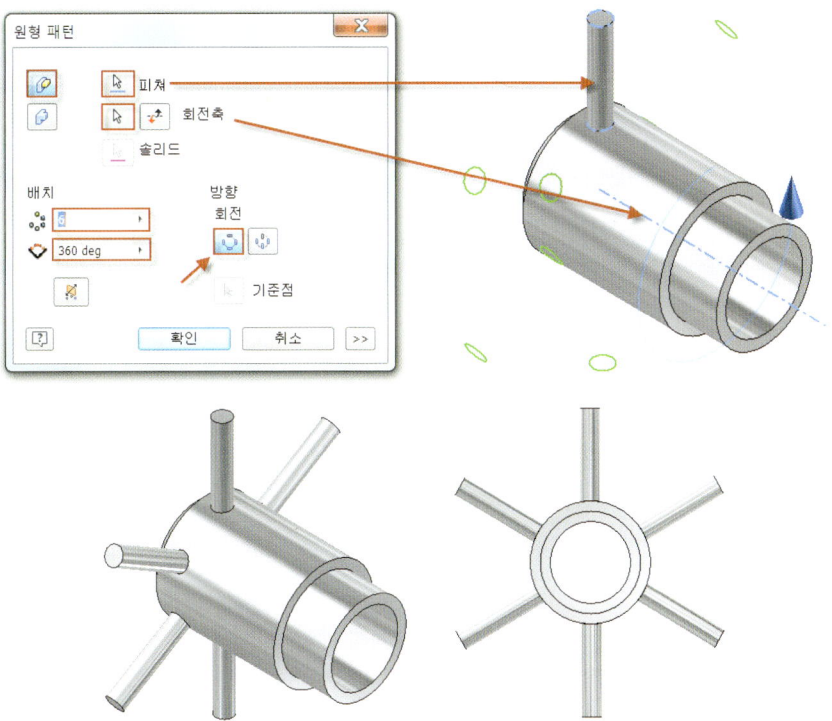

〈그림 5-73〉 6개의 개수와 360deg 각도를 배치하여 회전 방향을 적용한 원형 패턴 - I

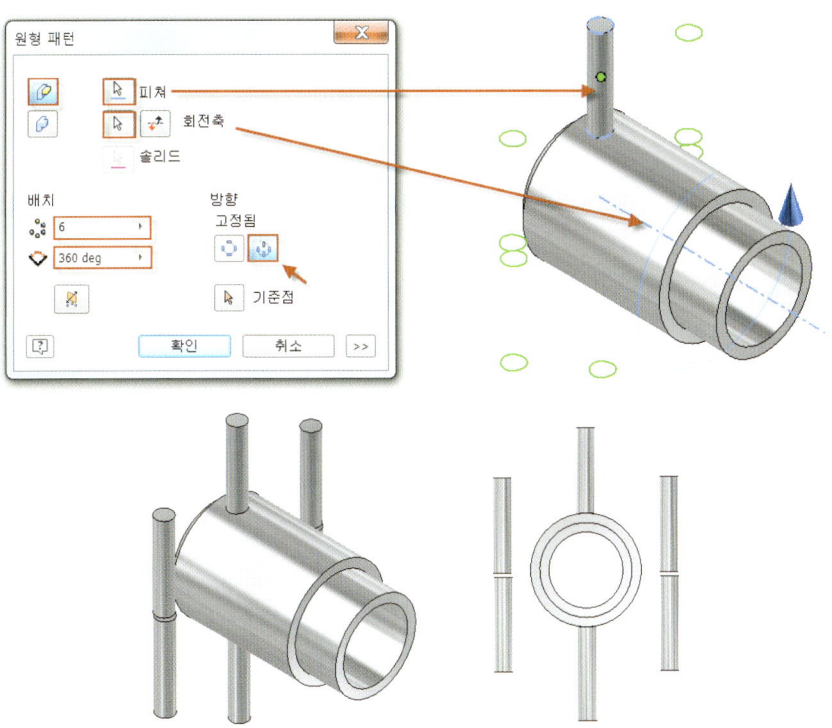

〈그림 5-74〉 6개의 개수와 360deg 각도를 배치하여 고정 방향을 적용한 원형 패턴 - II

- **자세히 버튼**

       이 대화 상자의 오른쪽 하단 구석에 있는 두 개의 화살표가 있는 버튼을 선택한 면이 영역 아래의 옵션이 표시됩니다.

    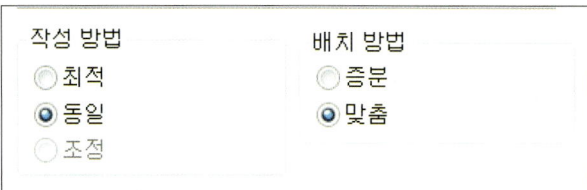

- **작성 방법**

    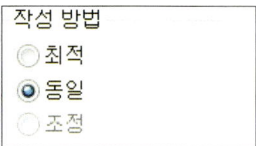

    - **최적**

        최적 라디오 버튼은 더 적은 계산 시간으로 최적화된 패턴 객체를 생성하는데 사용됩니다. 이 옵션은 패턴 객체가 다른 기능과 교차되는 경우와 같이 복잡한 패턴에서 작업하는 경우에는 유용하지 않습니다.

    - **동일**

        패턴이 지정된 피쳐가 다른 피쳐와 교차하는 경우에도 원래 피쳐와 정확히 같게하려면 이 라디오 버튼을 선택합니다.

    - **조정**

        모델의 면에서 패턴화된 피쳐가 끝나면 이 라디오 버튼이 선택됩니다. 이 경우 패턴이 지정된 피쳐가 모델에서 조정되도록 수정됩니다.

- **배치 방법**

    이 영역은 피쳐들의 객체간 간격을 정의하는 데 사용됩니다. 이 영역의 옵션은 각도 편집 상자와 함께 작동합니다.

    - **증분**

        이 옵션은 이전 패턴과 관련하여 각 패턴의 방향을 결정하는 데 사용됩니다. 이 라디오 버튼을 선택하면 각도 편집 상자에 지정한 각도가 패턴 사이의 증분 각도로 간주됩니다. 따라서 두 항목 사이의 각도가 각도 편집 상자에 지정된 각도와 같도록 원형 패턴이 작성됩니다.

    - **맞춤**

        이 라디오 버튼을 선택하면 모든 항목이 각도 편집 상자에 지정된 각도 내에 맞도록 원형 패턴이 작성됩니다. 이 라디오 버튼은 원형 패턴 대화 상자에서 기본적으로 선택됩니다.

chapter 05 매개변수를 활용한 3D 형상 모델링

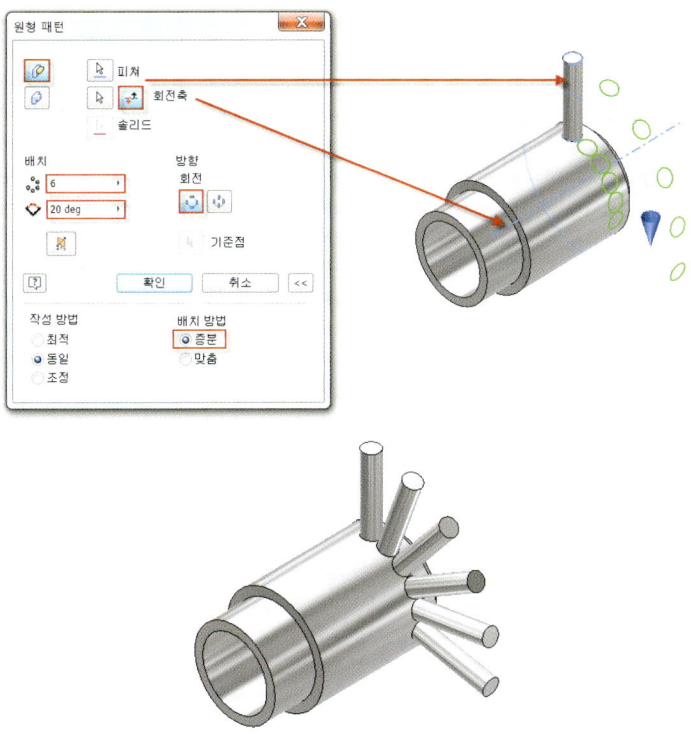

〈그림 5-74_A〉 6개의 개수와 20deg 각도를 배치하여 증분 배치 방법 옵션을 적용한 원형 패턴

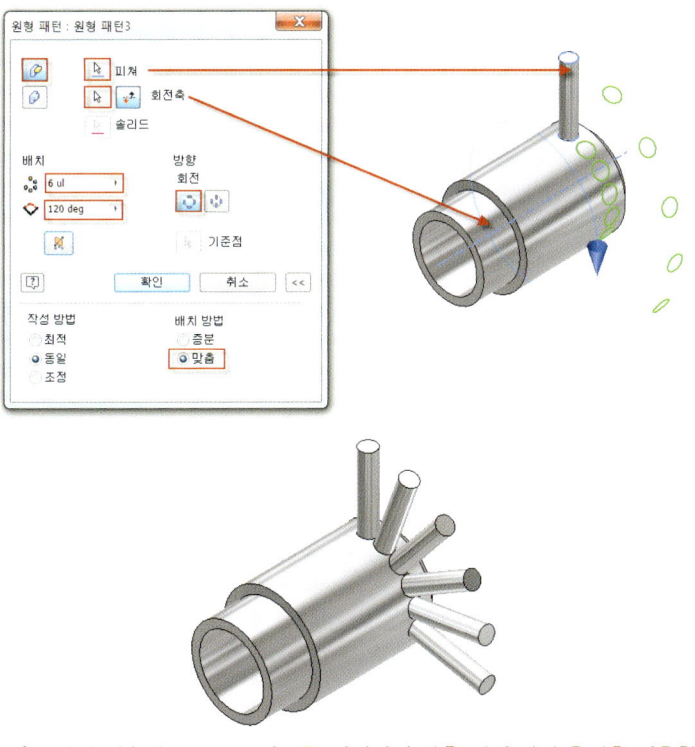

〈그림 5-74_B〉 6개의 개수와 120deg 각도를 배치하여 맞춤 배치 방법 옵션을 적용한 원형 패턴

19 스케치 연계 패턴 활용하기

리본 메뉴/ 3D 모형 탭/ 패턴 패널/ 스케치 연계

중복 피쳐, 솔리드 또는 본체를 작성하여 이를 2D 또는 3D 스케치 점에 배열하는 기능입니다. 스케치가 여러 개가 있으면 그래픽 창 또는 검색기 막대에서 원하는 스케치를 선택합니다. 원본을 제외한 개별 발생 부분을 억제할 수 있습니다.

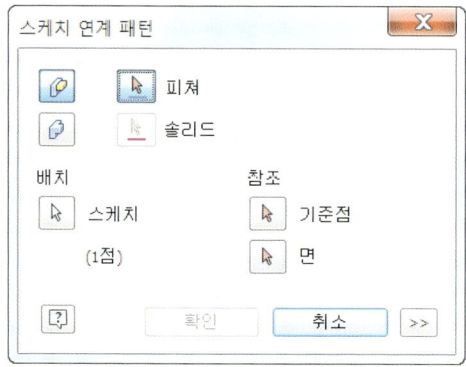

- **개별 피쳐 패턴**

이 버튼은 기본적으로 선택되며 원형 패턴을 생성하기 위한 개별 피쳐를 선택하는데 사용됩니다.

- **솔리드 패턴**

이 버튼은 전체 솔리드를 패턴 화하기 위해 선택됩니다. 작업 피쳐/ 곡면 피쳐 포함 버튼을 선택하여 솔리드와 함께 패턴화할 작업 피쳐를 선택할 수도 있습니다.

- **피쳐**

패턴화를 시킬 원본 피쳐를 선택하는데 사용합니다.

- **배치**

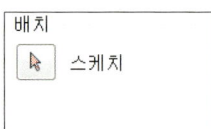
배치하고자 참조할 수 있는 스케치를 선택하는데 사용합니다.

- **참조**

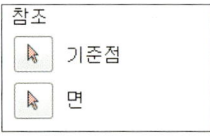
피쳐를 배차하려는 스케치 점 또는 작업 점을 참조 기준점으로 선택하고, 피쳐 배치를 위해 참조 면을 선택하는데 사용합니다.

- **자세히 버튼**

  >> 이 대화 상자의 오른쪽 하단 구석에 있는 두 개의 화살표가 있는 버튼을 선택한 면이 영역 아래의 옵션이 표시됩니다.

- **작성 방법**

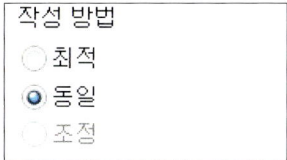

- **최적**

  최적 라디오 버튼은 더 적은 계산 시간으로 최적화된 패턴 객체를 생성하는데 사용됩니다. 이 옵션은 패턴 객체가 다른 기능과 교차되는 경우와 같이 복잡한 패턴에서 작업하는 경우에는 유용하지 않습니다.

- **동일**

  패턴이 지정된 피쳐가 다른 피쳐와 교차하는 경우에도 원래 피쳐와 정확히 같게 하려면 이 라디오 버튼을 선택합니다.

- **조정**

  모델의 면에서 패턴화된 피쳐가 끝나면 이 라디오 버튼이 선택됩니다. 이 경우 패턴이 지정된 피쳐가 모델에서 조정되도록 수정됩니다.

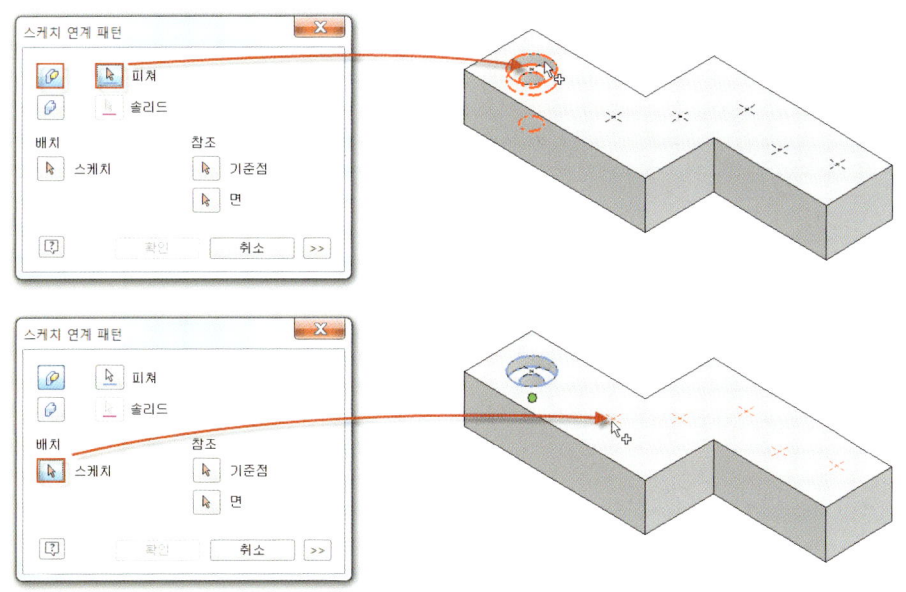

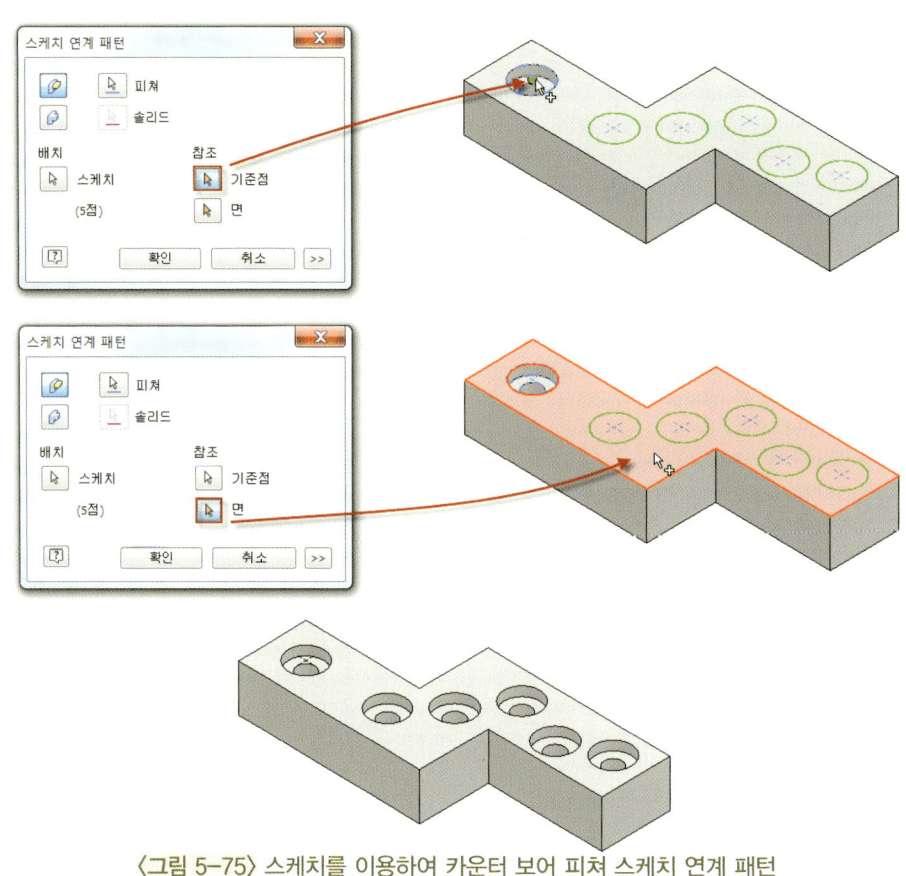

〈그림 5-75〉 스케치를 이용하여 카운터 보어 피쳐 스케치 연계 패턴

20 리브 만들기

리본 메뉴/ 3D 모형 탭/ 작성 패널/ 리브

리브는 접합 부분을 서로 결합하여 증가된 하중으로 파손되지 않도록 하는데 사용되는 얇은 벽체 형태의 구조물로 정의할 수 있습니다. 리브는 전체적으로 구조의 강성을 높이는데 사용됩니다. Autodesk Inventor & Inventor Professional 2019에서 열린 프로파일을 사용하여 리브를 생성합니다 리브 도구를 사용하기 전에 사용하지 않은 스케치가 있어야 한다는 것을 반드시 알아야 합니다.

chapter 05 매개변수를 활용한 3D 형상 모델링

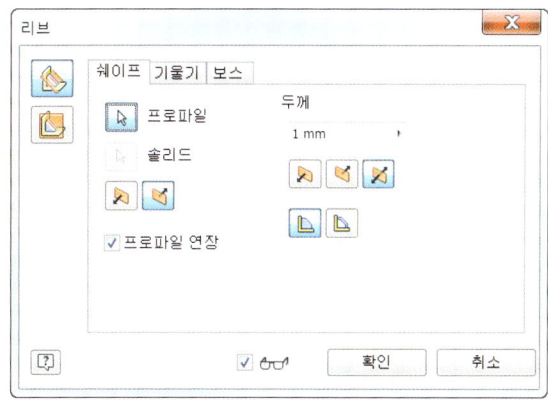

- **유형 지정 영역**

  이 영역은 리브 대화 상자의 가장 왼쪽에 있습니다. 두 가지 옵션이 있습니다.

- **스케치 평면에 수직**

  이 버튼은 기본적으로 선택됩니다. 이 옵션을 선택하면 리브 스케치가 스케치 평면에 수직으로 돌출되고 리브 피쳐의 두께가 스케치 평면에 평행하게 추가됩니다. 또한 이 버튼을 선택하면 리브 대화 상자에서 쉐이프, 기울기 및 보스의 세 가지 탭을 사용할 수 있습니다.

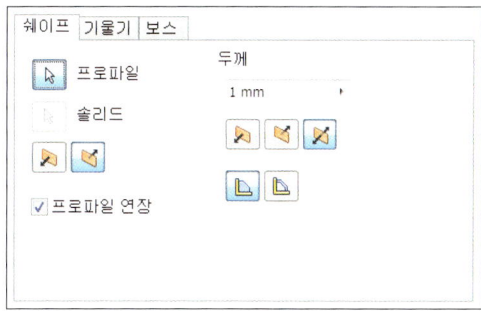

- **스케치 평면에 평행**

  이것은 리브 대화 상자의 유형 지정 영역에서 사용할 수 있는 두 번째 버튼입니다. 이 버튼을 선택하면 리브 스케치가 스케치 평면과 평행하게 돌출되지만 리브의 두께는 스케치 평면에 수직으로 추가됩니다. 이 버튼을 선택하면 리브 대화 상자에서 쉐이프 탭만 사용할 수 있습니다.

◆ 쉐이프 탭

- 프로파일

 　　프로파일 버튼은 리브 피쳐의 스케치를 선택하기 위해 선택됩니다. 소비되지 않은 단일 스케치가 있는 경우, 리브 도구를 호출 할 때 자동으로 선택됩니다.

- 솔리드

 　　이 버튼은 그래픽 창에 솔리드 본체가 여러 개인 경우에만 활성화됩니다. 리브 피쳐를 생성하기 위해 그래픽 창에서 필요한 본체를 선택하려면 이 버튼을 선택합니다.

- 방향1/ 방향2

 　　방향1/ 방향2 버튼은 리브 피쳐가 생성될 방향을 정의하도록 선택됩니다. 이 피쳐는 선택한 스케치의 법선 방향 또는 평행 방향으로 생성할 수 있습니다. 리브 피쳐에 대한 스케치를 선택한 후 방향1 또는 방향2 버튼을 선택하면 리브 돌출 방향이 그에 따라 변경됩니다. 결과 피쳐의 동적 미리 보기도 방향과 함께 볼 수 있습니다. 리브 형상은 기존 모델 면과 교차하는 방향으로 작성된 경우에만 성공합니다.

- 두께 영역

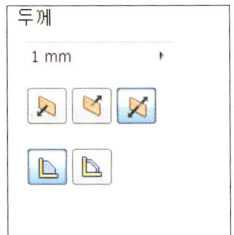

　　이 영역 아래의 옵션은 리브 피쳐의 두께를 정의하는데 사용됩니다. 두께는 두께 입력란에 지정됩니다.

　　이 영역에는 두께를 적용할 방향을 정의하는데 사용되는 세 개의 버튼이 있습니다.

- 방향

 　　스케치의 양쪽에 두께를 적용하거나 양쪽에 동일하게 두께를 적용할 수 있습니다.

- 넓이

 　　이 영역의 버튼은 피쳐를 다음 면 또는 지정된 거리로 확장할지 여부를 지정하는데 사용됩니다. 다음은 이 영역의 두 버튼에 대한 설명입니다.

- 다음 면까지

이 버튼을 선택하면 리브 피쳐가 다음 면과 병합되도록 생성됩니다.

- 유한

지정된 거리에 리브 피쳐를 생성하려면 유한 버튼을 선택합니다. 이 거리는 유한 버튼을 선택할 때 이 영역에 표시될 연장 편집 상자에 지정됩니다. 방향은 모양 영역의 방향 버튼을 사용하여 제어됩니다.

• 프로필 연장

스케치에 평행한 두께를 적용할 방향을 선택하거나 범위 영역에서 유한 버튼을 선택하면 프로파일 연장 확인란이 활성화됩니다. 리브 피쳐의 스케치가 모형의 면과 교차하지 않고, 이 확인란을 선택하면 리브 피쳐가 모델의 면과 교차하도록 연장됩니다.

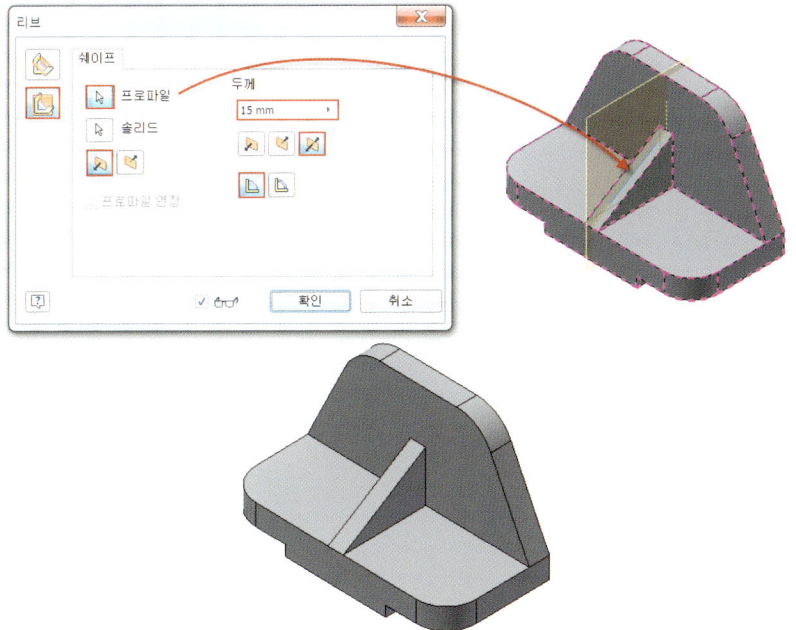

〈그림 5-75_A〉 다음 면까지 옵션 프로파일 연장 리브

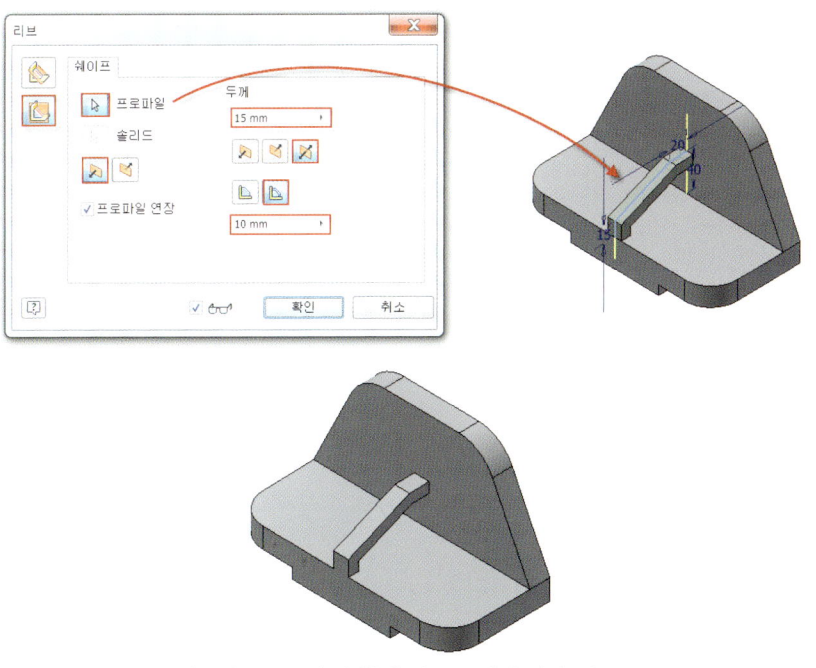

〈그림 5-75_B〉 유한 옵션 프로파일 연장 리브

- **기울기 탭**

이 탭은 리브 대화 상자에서 평면 스케치 버튼을 선택한 경우에만 사용할 수 있습니다. 기울기 탭에서 사용 가능한 옵션은 피쳐에 구배 각도를 제공하는 데 사용됩니다. 부품에 구배 각도가 적용되면 제품을 손상 없이 금형에서 꺼내기가 더 쉬워집니다.

- **두께 유지 영역**

이 영역에는 맨 위에서 및 루트에서 라는 두 개의 라디오 버튼이 있습니다. 이 라디오 버튼은 기울기 각도의 원점을 제어하는데 사용됩니다. 맨 위에서 라디오 버튼을 선택하면 기울기가 리브 피쳐의 상단에 적용되지만 루트에서 라디오 버튼이 선택되면 기울기가 피쳐의 하단에 적용됩니다. 스케치의 하단은 리브 피쳐가 끝나는 점입니다. 맨 위에서와 루트에서 라디오 버튼이 선택되었을 때, 초안의 미리 보기가 아래 그림에 표시됩니다. 기울기 각도 편집 상자는 리브 피쳐에 적용할 기울기 각도를 지정하는 데 사용됩니다.

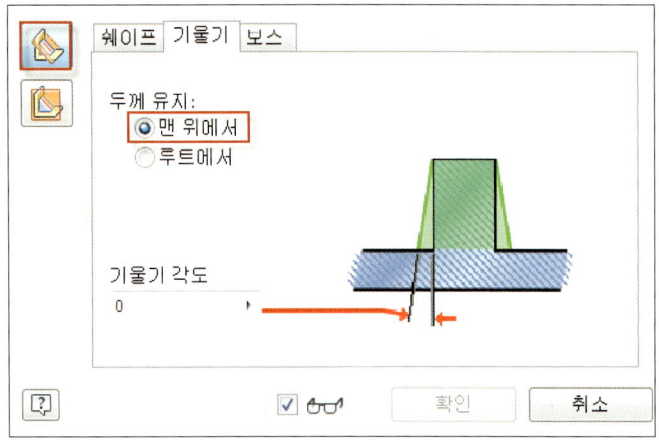

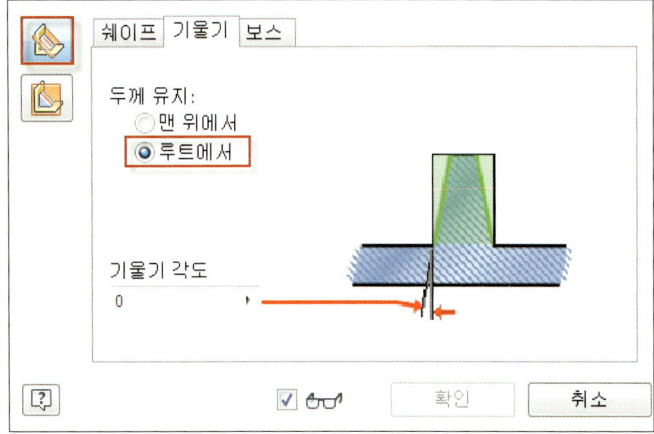

> **Note**
>
> 기울기를 적용하는 동안 기울기의의 방향이 항상 수직이므로 모든 각도가 수직 축에 적용됩니다.

• 보스 탭

리브 대화 상자의 보스 탭은 리브 대화 상자의 유형 지정 영역에서 평면 스케치 버튼을 선택할 때만 사용할 수 있습니다. 대부분의 사출 성형 부품에서 장착 보스는 내부 부품과 외부 부품을 함께 고정하는 데 사용됩니다.

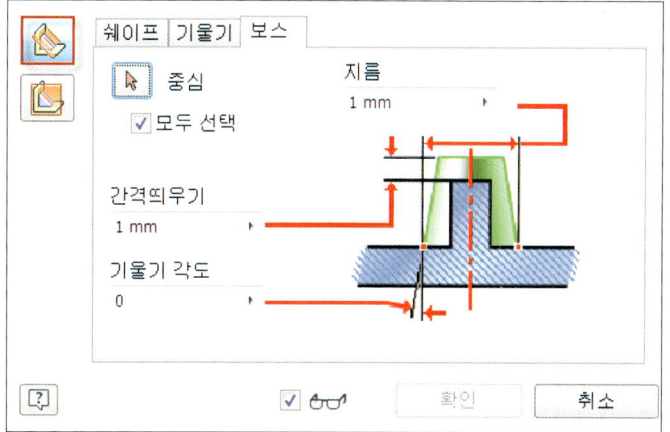

• 중심

중심은 기본적으로 선택됩니다. 이 버튼은 기울기의 중심을 선택하는데 사용됩니다.

• 지름

이 편집 상자는 생성될 보스 피쳐의 지름을 지정하는 데 사용됩니다.

• 간격 띄우기

이 편집 상자는 보스 피쳐의 간격 띄우기 거리를 지정하는데 사용됩니다.

• 기울기 각도

이 편집 상자는 보스 피쳐에 적용할 구배 각도를 지정하는데 사용됩니다.

21 두껍게 하기/ 간격 띄우기 활용하기

리본 메뉴/ 3D 모형 탭/ 수정 패널/ 두껍게 하기-간격 띄우기

두껍게 하기/ 간격 띄우기 도구를 사용하여 지정된 면을 두껍게 만들거나 간격 띄우기를 할 수 있습니다. 결과물을 솔리드 면 또는 곡면으로 얻을 수 있습니다. 이 도구를 사용하여 곡면을 간격 띄우기하거나 두껍게 만들 수도 있습니다. 결과 피쳐는 지정된 두께의 곡면 또는 솔리드 면일 수 있습니다.

◆ 두껍게 하기/ 간격 띄우기 탭

• 선택

선택 단추는 두껍게 하거나 간격 띄우기를 할 면이나 곡면을 선택하기 위해 선택됩니다. 기본적으로 이 버튼은 선택되어 있고 면을 선택하면 됩니다.

• 솔리드

선택한 면이나 면을 간격 띄우기를 하기 위해 그래픽 창에서 필요한 다중 본체를 선택하려면 이 버튼을 선택합니다.

• 필터 영역

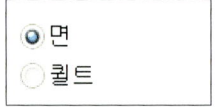

이 영역은 두껍게 하기/ 간격 띄우기 대화 상자의 오른쪽 상단에서 사용할 수 있으며 두 개의 라디오 버튼을 제공합니다.

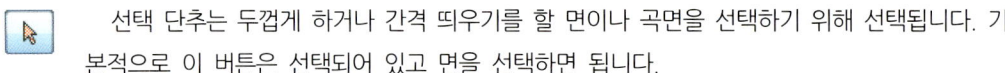 면 선택 버튼이 선택되어 솔리드 모델의 면으로 제한됩니다.

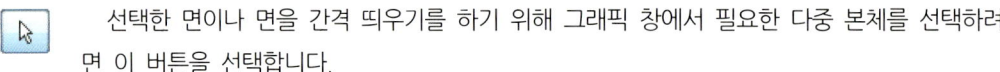 퀼트 라디오 버튼은 곡면으로 선택을 제한하기 위해 선택됩니다.

면 라디오 버튼을 선택하면 면을 선택할 수도 있습니다. 이것은 곡면이 또한 면으로 간주되기 때문입니다.

• 거리

거리 편집 상자는 결과 피쳐의 간격 띄우기 거리 또는 두께 값을 지정하는 데 사용됩니다. 선택한 면이나 거리가 없는 곡면을 간격 띄우기하여 동일한 위치에서 복사본을 만들 수 있습니다. 그러나 이 경우 출력은 표면일 수 있습니다.

• 출력 영역

출력 영역의 두 버튼은 두껍게 하기/ 간격 띄우기 도구를 사용하여 출력을 지정하는데 사용됩니다. 솔리드를 선택하면 결과 모양이 솔리드로 나타납니다. 곡면 버튼을 선택하면 결과 피쳐가 곡면이 됩니다.

• 방향 구역

세 개의 버튼이 있는 이 영역은 거리 편집 상자 아래에 있습니다. 이 영역의 버튼은 결과 피쳐가 생성될 방향을 지정하는 데 사용됩니다.

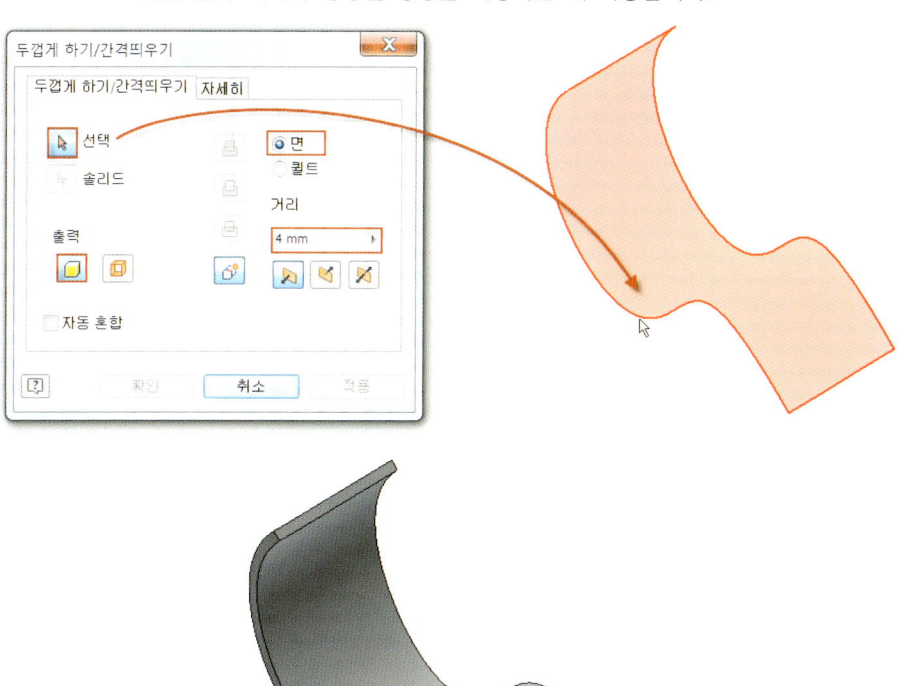

〈그림 5-76〉 솔리드 4mm로 면 두껍게 하기

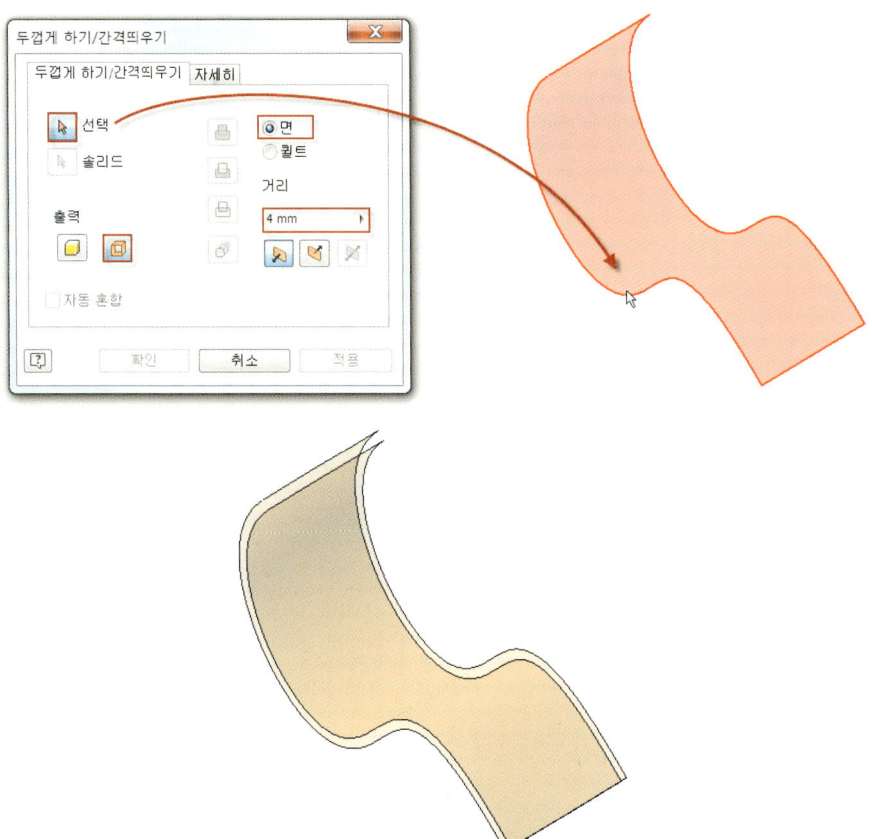

〈그림 5-76〉 곡면 4mm로 면 두껍게 하기

　작업 영역은 출력 영역의 오른쪽에 있으며 네 개의 버튼이 있습니다. 두껍게 하기/ 간격 띄우기 도구를 사용하여 수행할 결과 작업을 지정하기 위해 이 합집합, 차집합, 교집합 및 새 솔리드 버튼 4 개를 사용합니다. 이 도구의 출력이 표면인 경우 이 버튼을 사용할 수 없습니다. 이 버튼의 기능은 돌출 대화 상자에서 설명한 것과 같습니다. 이 버튼을 사용하려면 자동 혼합을 체크 해제해야 합니다. 합집합 버튼은 결합 피쳐를 작성하기 위해 선택되고, 차집합 버튼은 절단 피쳐에 대해 선택됩니다. 교집합 피쳐의 교차 버튼이 있습니다. 새 솔리드 버튼은 그래픽 창에서 다른 솔리드 본체와 독립적인 새 솔리드를 만드는 데 사용됩니다.

chapter 05 매개변수를 활용한 3D 형상 모델링

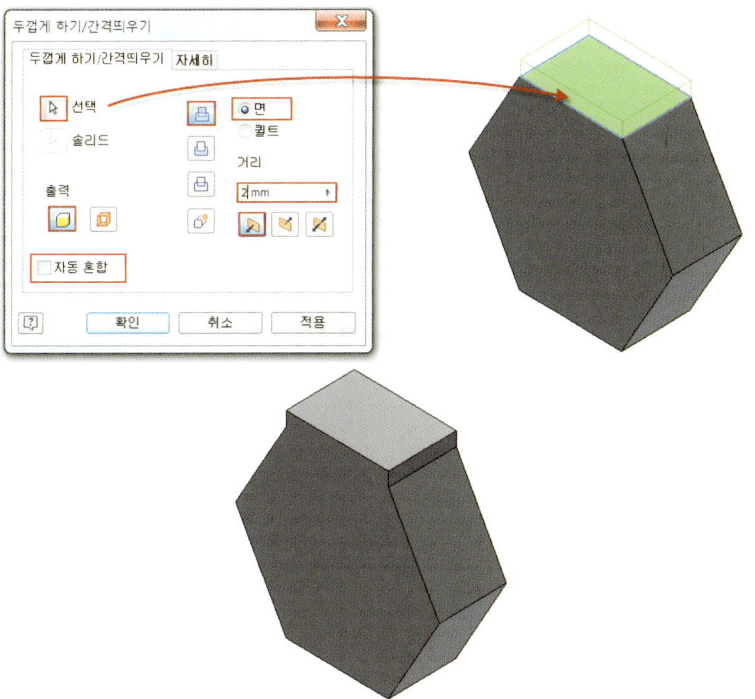

〈그림 5-77_A〉 솔리드 윗 면을 선택하여 2 mm 두껍게 하기를 적용하여 기존 솔리드에 결합하기

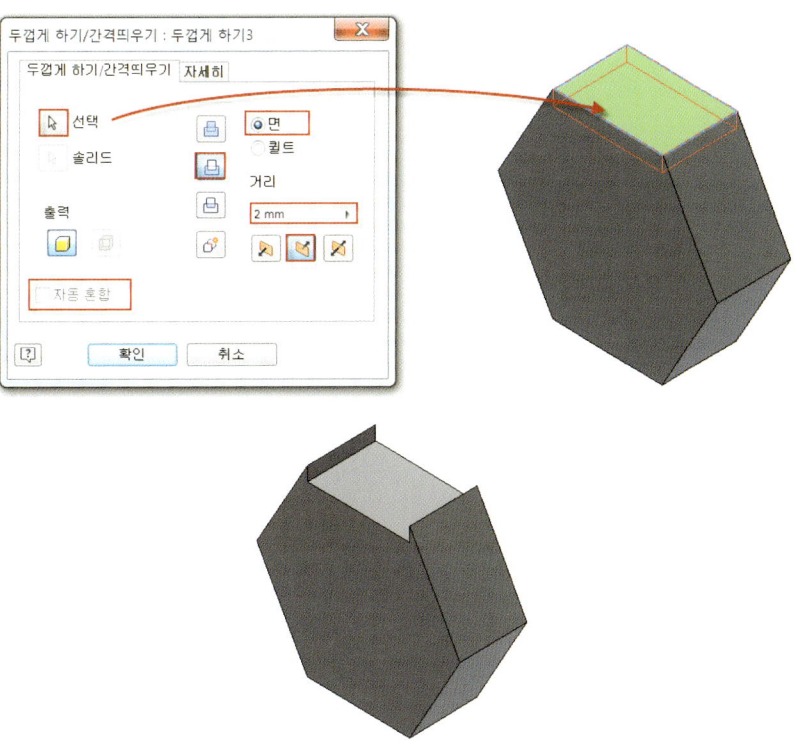

〈그림 5-77_B〉 솔리드 윗 면을 선택하여 2 mm 두껍게 하기를 적용하여 기존 솔리드에서 절단하기

> **Note**
> 위 그림에서 결과 피쳐는 선택된 면이나 곡면에 항상 수직임을 알 수 있습니다.

- **자세히 탭**

아래 그림은 자세히 탭의 옵션에 관한 것입니다.

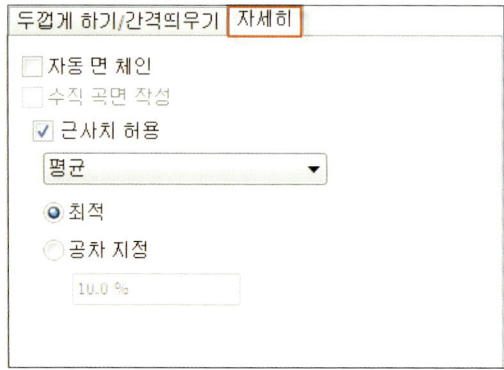

- **자동 면 체인**

✅자동 면 체인 이 확인란은 선택한 면이 있는 체인을 형성하는 모든 접평면을 자동으로 선택하는 데 사용됩니다. 이 확인란을 선택하고 두껍게 하기/ 간격 띄우기 탭의 선택 버튼을 사용하여 면을 선택합니다. 선택한 면과 체인을 이루는 모든 접하는 면이 자동으로 선택됩니다.

- **수직 곡면 작성**

✅수직 곡면 작성 이 확인란은 내부 곡면의 수직 변을 만드는 데 사용됩니다. 이 도구의 출력이 표면인 경우에만 이 옵션을 사용할 수 있습니다. 또한 간격 띄우기가 되도록 선택된 원본 면이 표면인 경우에만 작동합니다. 이 경우에 간격 띄우기가 되도록 선택된 원래 곡면은 제거됩니다.

- **근사치 허용**

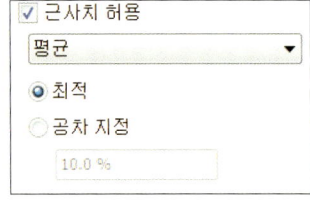

이 확인란은 모델의 정확한 두께 또는 옵셋 솔루션을 결정할 수 없는 경우 Autodesk Inventor & Inventor Professional 2019 에서 일부 가정을 하도록 선택됩니다. 이 확인란을 선택하면 이 영역의 옵션이 활성화됩니다. 이 영역의 드롭-다운 목록은 수행할 근사디 유형을 지정하는데 사용됩니다.

이 드롭-다운 목록에서 너무 얇지 않음, 너무 두껍지 않음 및 평균 옵션을 선택할 수 있습니다.

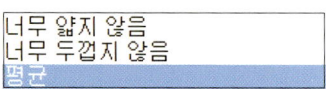

- **최적 라디오 버튼**

이 버튼은 최소 시간이 요구되는 최적의 근사값을 만들기 위해 선택됩니다.

- **공차 지정 라디오 버튼**

이 버튼을 선택하면 근사값을 만드는데 사용할 공차를 지정할 수 있습니다. 허용 오차가 더 크

면 기능을 계산하는 데 필요한 시간이 증가합니다.

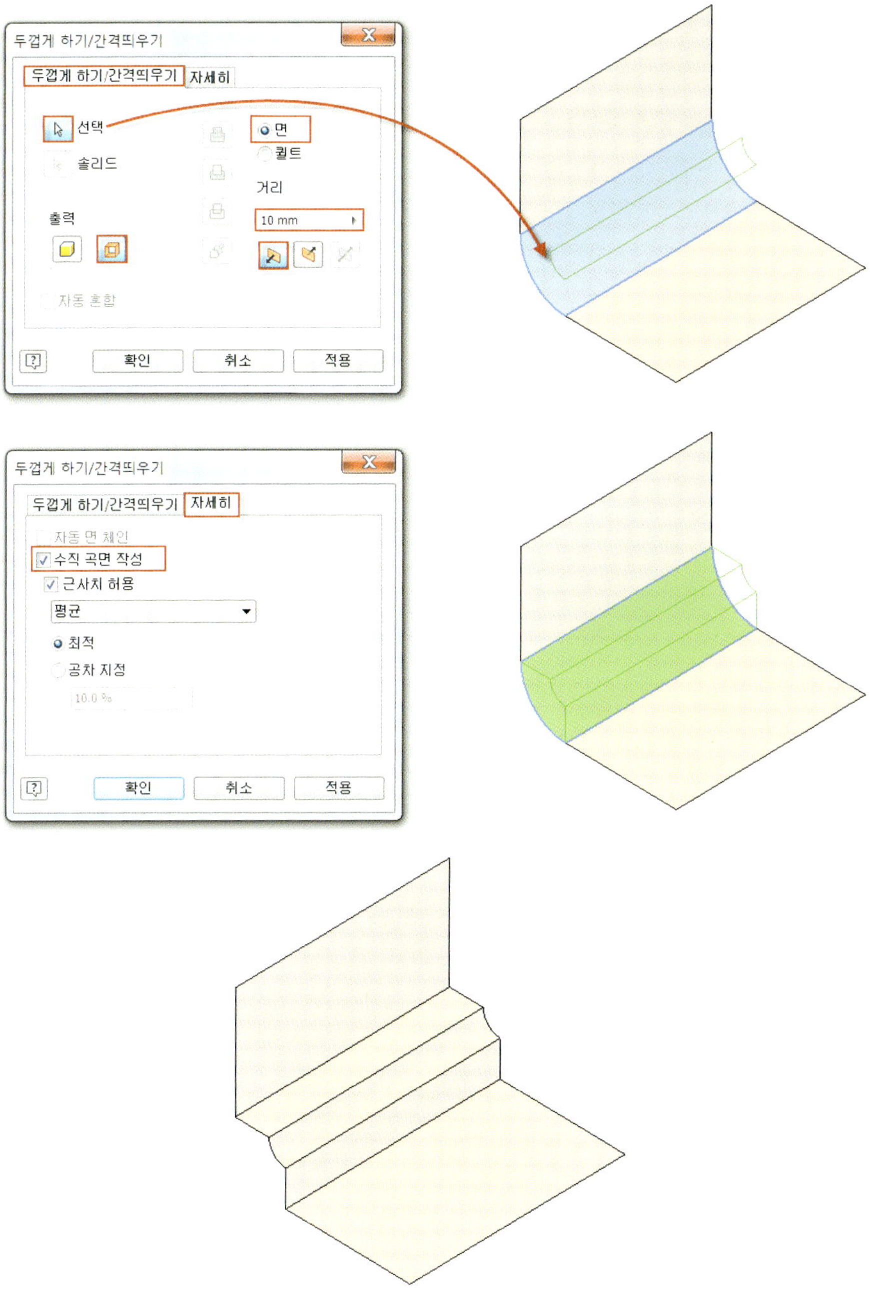

〈그림 5-78〉 선택한 곡면에 대한 수직 곡면 작성

22 엠보싱 만들기

리본 메뉴/ 3D 모형 탭/ 작성 패널/ 엠보싱

 엠보싱 도구를 사용하여 엠보싱 또는 조각된 피쳐를 만들 수 있습니다. 일반적으로 이 도구는 기존 피쳐의 문자를 엠보싱 또는 조각하기 위해 사용됩니다. 이 도구는 그래픽 창에서 스케치 또는 텍스트를 사용할 수 있을 때까지 비활성 상태로 유지됩니다.

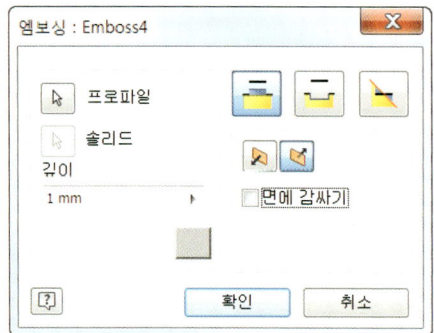

- **프로파일**

  프로파일 버튼은 조각하거나 엠보싱할 스케치 프로파일이나 텍스트를 선택하기 위해 선택됩니다. 이 대화 상자를 호출하면 이 버튼이 자동으로 선택되고 프로필을 선택하라는 메시지가 나타납니다.

- **솔리드**

  이 버튼은 선택한 면이나 표면을 간격 띄우기를 하기 위해 그래픽 창에서 필요한 본체를 선택하는데 사용됩니다.

- **깊이**

   깊이 입력란은 엠보싱 또는 조각할 피쳐의 깊이를 입력하는데 사용됩니다.

- **맨 윗면 모양**

   깊이 입력란 아래에 있는 맨 윗면 모양 버튼은 엠보싱 또는 조각할 피쳐의 윗면에 다른 색상을 지정하기 위해 선택됩니다. 이 버튼을 선택하면 모양 대화 상자가 표시됩니다. 이 대화 상자에는 새 피쳐의 윗면에 지정할 색상을 선택하는 데 사용할 수 있는 드롭-다운 목록이 있습니다.

- **면으로부터 엠보싱**

  양각 기능을 생성하는 데는 양면에서 엠보싱 버튼을 사용합니다. 선택한 스케치 프로파일 또는 텍스트가 면에 투영된 다음 결합 피쳐가 작성됩니다. 결합 피쳐의 모양은 엠보싱되도록 선택된 스케치 프로파일 또는 텍스트를 사용하여 정의됩니다. 정의한 깊이는 스케치 평면이 아닌 형상이 작성된 평면에서 계산됩니다.

- **면으로부터 오목**

  면으로부터 오목 버튼은 조각 피쳐를 생성하는데 사용됩니다. 선택한 스케치 프로파일 또는 텍스트가 면에 투영되고 절단 피쳐가 생성됩니다. 스케치 프로파일 또는 텍스트의 모양과 동일한 재료가 투영된 피쳐에서 제거됩니다.

- **평면으로부터 엠보싱/ 조각**

  평면으로부터 엠보싱/ 조각 버튼은 엠보싱 및 조각 기능을 생성하는데 사용됩니다. 스케치 프로파일 또는 텍스트가 스케치 평면의 양방향으로 돌출됩니다. 이 옵션을 선택하면 테이퍼 편집 상자가 엠보싱 대화 상자에 나타납니다. 엠보싱/ 새 그레이브 피쳐의 테이퍼 값을 입력할 수 있습니다. 이 버튼을 선택하면 깊이 편집 상자가 표시되지 않습니다.

- **방향**

  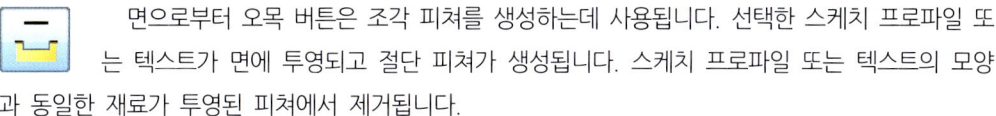

  방향 버튼은 엠보싱 또는 새겨진 피쳐의 방향을 반전하는 데 사용됩니다.

- **면에 감싸기**

   면에 감싸기 확인란은 회전된 피쳐의 면과 같은 엠보싱(양각) 또는 조각(음각) 피쳐를 곡면으로 둘러싸기 위해 선택됩니다. 이 확인란을 선택하면 면 버튼이 사용 가능하게 됩니다. 이 버튼을 사용하여 피쳐가 양각되거나 음각되는 면을 선택할 수 있습니다.

〈그림 5-79〉 텍스트 문자를 면에 엠보싱 하기

chapter 05 매개변수를 활용한 3D 형상 모델링

〈그림 5-80〉 텍스트 문자를 면에 조각 하기

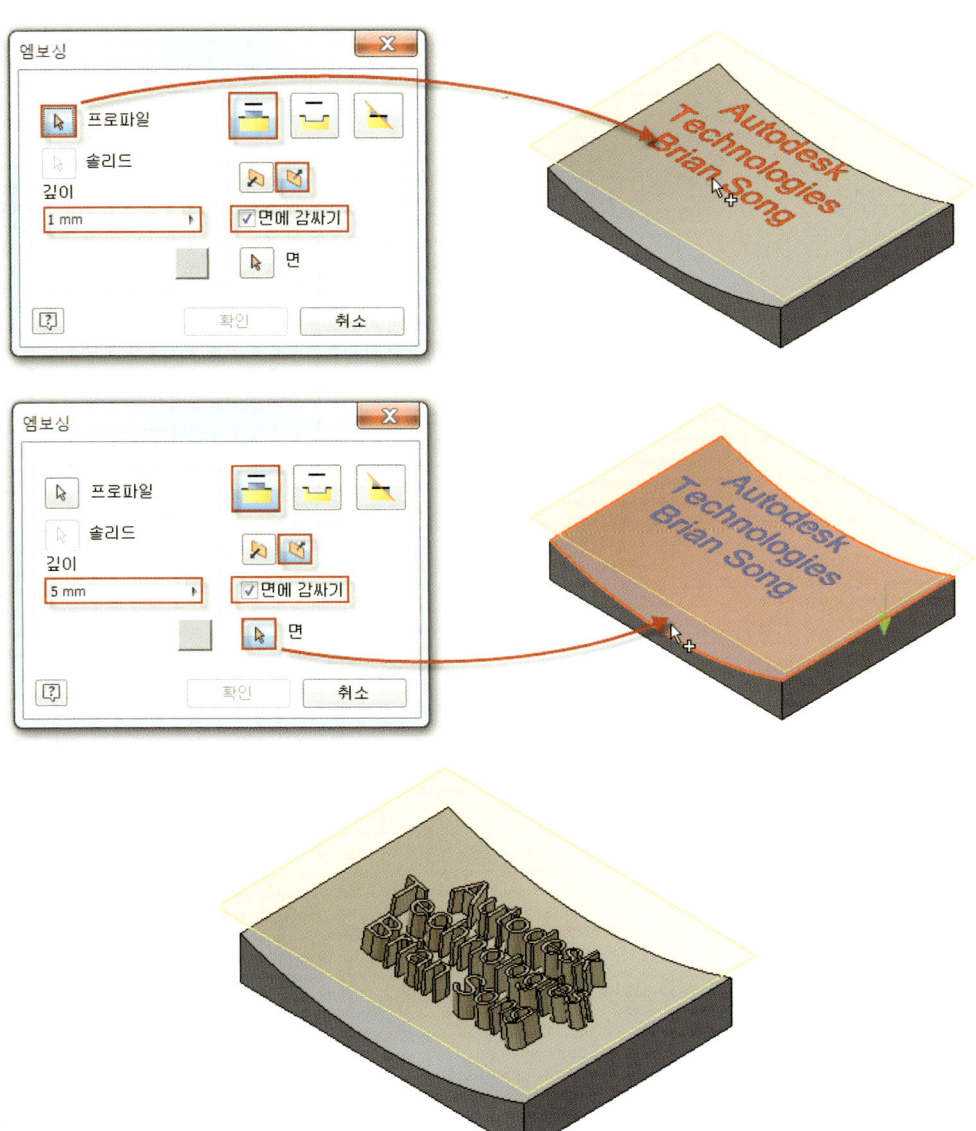

〈그림 5-81〉 텍스트 문자를 평면으로부터 엠보싱/ 조각

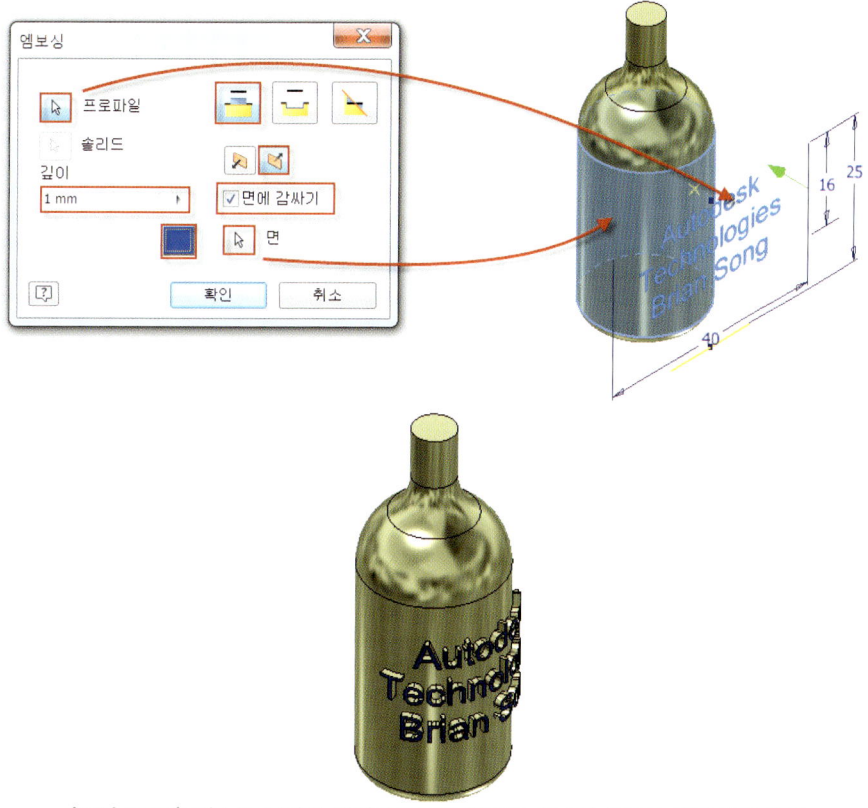

〈그림 5-82〉 텍스트 문자를 평면으로부터 곡면에 엠보싱 하면서 색깔 변경하기

23 전사 활용하기

리본 메뉴/ 3D 모형 탭/ 작성 패널/ 전사

제품을 설계하는 동안 제품에 이미지를 적용해야 할 수 있습니다. 이미지는 회사 레이블, 바코드, 구성 요소를 처리하는 명령 등이 될 수 있습니다. 이러한 이미지는 전사 도구를 사용하여 피쳐에 적용할 수 있습니다.

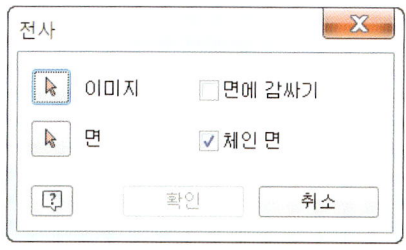

- **이미지**

 이미지 단추는 기본적으로 선택되며 기능에 적용할 이미지를 선택하는데 사용됩니다. 전사 도구를 호출하기 전에 스케치 탭의 삽입 패널에서 이미지 삽입 도구를 사용하여 스케치에 이미지를 삽입해야 합니다.

- **면**

 면 버튼은 이미지가 적용될 면을 선택하기 위해 선택됩니다.

- **면에 감싸기**

☐면에 감싸기 면에 감싸기 확인란을 선택하면 원형 면을 기준으로 이미지를 감싸는 것입니다. 원형이 아닌 면을 선택하면 이 확인란이 활성화되지 않습니다.

- **체인 면**

☑체인 면 체인 면 버튼은 이미지를 전송하기 위해 접선으로 연결된 모든 체인 면을 선택하기 위해 선택됩니다.

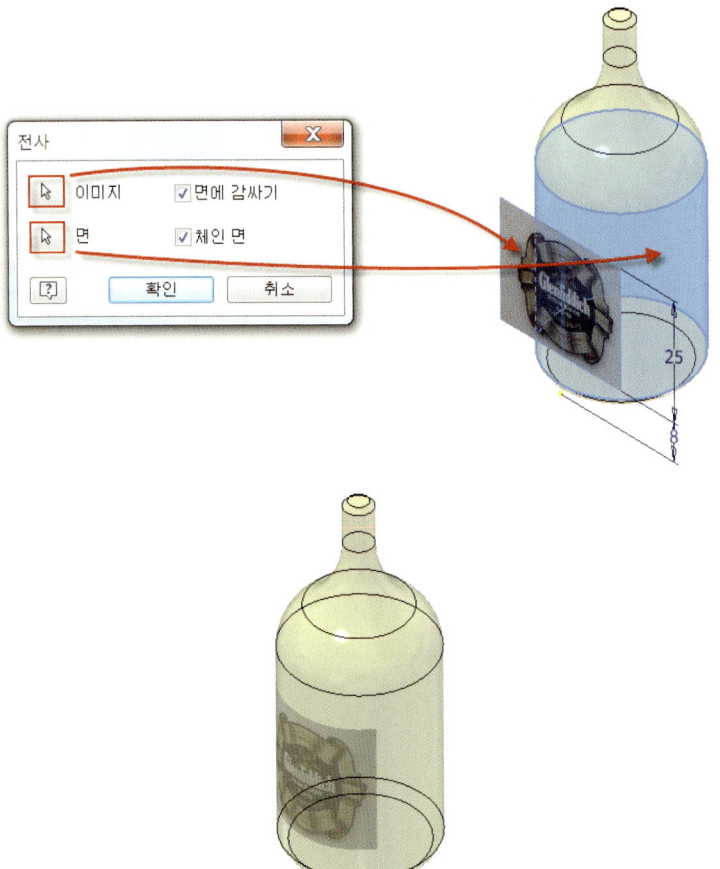

〈그림 5-83〉 이미지 파일을 원형 면에 감싸서 면에 입히기

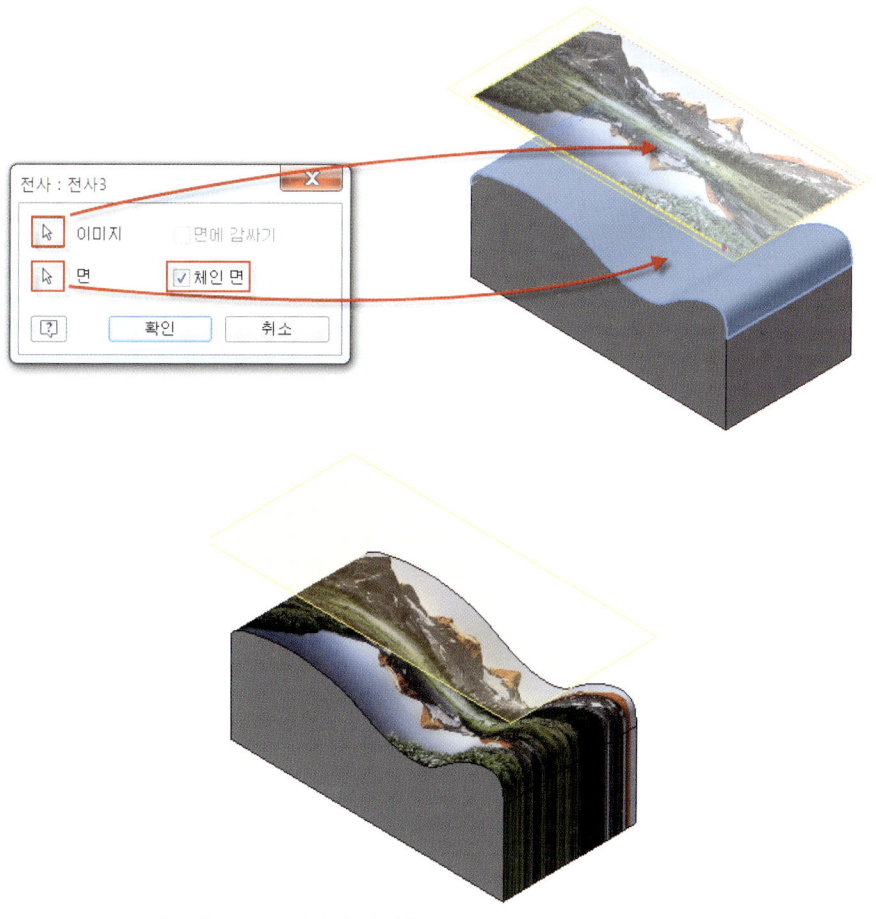

〈그림 5-84〉 이미지 파일을 체인 면에 감싸서 면에 입히기

24 스윕 활용하기

리본 메뉴/ 3D 모형 탭/ 작성 패널/ 스윕

　　　　스윕 도구를 사용하여 스윕 피쳐를 만들 수 있습니다. 스윕 피쳐는 닫힌 스케치 프로파일이 열린 경로 또는 닫힌 경로를 따라 스윕될 때 작성됩니다. 따라서 스윕 피쳐를 작성하려면 닫힌 스케치 프로파일과 경로라는 두 개의 사용되지 않은 스케치가 필요합니다. 경로를 따라 스윕될 때 프로파일이 자체 교차 섹션을 생성하지 않도록 경로를 생성하는 것이 좋습니다. 프로파일 커브가 자체 교차 섹션을 만들면 스윕 피쳐가 생성되지 않고 피쳐 생성 실패에 대한 메시지 상자가 표시됩니다.

　　스윕 피쳐의 경로는 스케치를 만드는 일반적인 방법을 사용하여 만듭니다. 선, 호, 원, 스플라인 및 타원과 같은 스케치 요소의 조합이 될 수 있습니다. 프로파일은 경로에 대해 수직이어야 합니다. 따라서 경로 그리기를 마친 후에는 경로의 법선이고 시작 점에 있는 작업 기준 평면을 작성해야 합니다. 작업 기준 평면에 프로파일을 작성합니다.

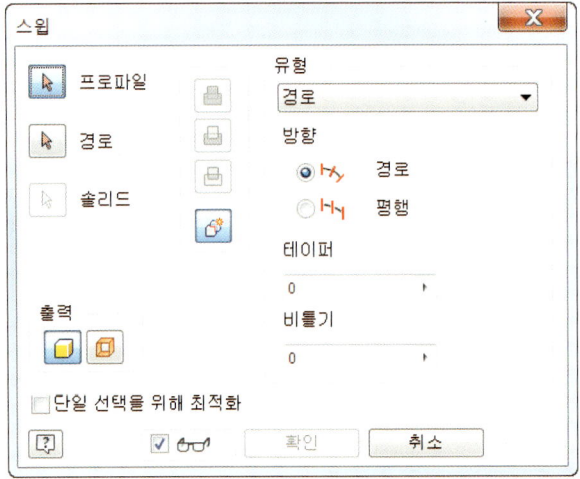

- **프로파일**

 프로파일 버튼은 스윕 피쳐 작성에서 닫힌 스케치 프로파일을 선택하는데 사용됩니다. 솔리드 스윕 피쳐를 생성하려면 프로파일이 닫힌 루프여야 합니다. 프로파일이 닫힌 루프가 아닌 경우 결과 스윕 피쳐는 곡면이 됩니다. 스윕 대화 상자를 호출하면 기본적으로 프로필 버튼이 선택됩니다.

- **경로**

 경로 버튼은 스윕 피쳐의 경로를 선택하는데 사용됩니다.

- **고형물**

 솔리드 버튼은 솔리드 본체의 여러 부분을 선택하는데 사용됩니다. 이 버튼은 그래픽 창에 솔리드 본체가 여러 개인 경우에만 활성화됩니다.

- **출력 영역**

 출력 영역의 버튼은 스윕 도구의 출력 유형을 지정하기 위해서 선택됩니다. 선택한 프로파일이 닫혀 있는 스케치면 솔리드 버튼이 기본적으로 선택됩니다. 결과적으로 솔리드 스윕 피쳐가 생성됩니다. 곡면 버튼을 선택하면 곡면 기능이 됩니다. 열려있는 프로파일을 선택하면 곡면 버튼이 자동으로 선택됩니다.

- **작업 영역**

이 영역에는 다음과 같은 버튼이 있습니다.

- **합집합(결합)**

이 버튼은 모양 영역의 오른쪽에 있는 첫 번째 버튼으로, 결합 버튼은 모양 영역의 오른쪽에 있는 영역에 제공된 첫 번째 단추입니다. 이 버튼은 재질을 모델에 추가하여 스윕 피쳐를 작성하는 데 사용됩니다.

- **차집합(절단)**

범위 영역 왼쪽에 있는 두 번째 버튼으로, 기본 피쳐를 생성한 후에 만 사용할 수 있습니다. 절단 버튼은 결합 버튼 아래에 제공되며 스윕을 만드는 데 사용됩니다. 모델에서 재료를 제거하여 피쳐를 제거합니다. 스윕 피쳐가 첫 번째 피쳐일 경우 이 버튼은 활성화되지 않습니다.

- **교집합(교차)**

교차 버튼은 절단 버튼 아래에 있으며 기존 기능이 있는 경우에만 사용됩니다. 즉, 스윕 피쳐가 모델의 첫 번째 피쳐일 경우 이 버튼이 활성화되지 않습니다. 이 작업은 프로파일과 기존 피쳐에 공통된 재료가 유지되도록 스윕 피쳐를 작성하는 데 사용됩니다. 남아있는 재료가 모델에서 제거됩니다.

- **새 솔리드**

이 버튼을 선택하면 결과물이 새로운 솔리드 본체가 됩니다. 이렇게 생성된 새 솔리드 본체는 기존 솔리드 본체와 독립적이며 검색기 막대의 솔리드 본체 노드에 나열됩니다.

Note

기본 스윕 피쳐를 만드는 동안 각 대화 상자에서 합집합(결합), 차집합(절단) 및 교집합(교차) 버튼이 활성화되지는 않습니다.

- **단일 선택 최적화**

 이 확인란을 선택하면 첫 번째 선택을 완료한 후 다음 선택 단계가 자동으로 활성화됩니다. 예를 들어, 하나의 스케치를 프로파일로 선택하자 마자 경로 버튼이 자동으로 선택됩니다. 이 확인란의 선택을 취소하면 중첩된 스케치를 프로파일로 선택할 수 있습니다.

- **유형 영역**

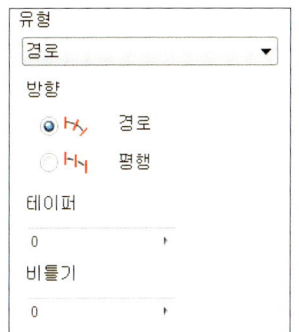

이 영역에서 사용할 수 있는 옵션을 사용하면 경로만 사용, 경로 및 안내 레일 사용, 경로 및 안내 곡면 사용과 같은 세 가지 유형의 스윕을 만들 수 있습니다.

이 모든 스윕 유형을 생성하는 절차는 다음에 설명할 것입니다.

- 경로

이 라디오 버튼은 기본적으로 선택됩니다. 프로파일이 모든 점에서 경로에 대해 일정하게 유지되도록 합니다.

- 평행

이 라디오 버튼은 스케치를 스케치 평면에 평행하게 유지하도록 합니다.

- 테이퍼

이 편집 상자는 스윕 피쳐의 테이퍼 각도를 정의하는데 사용됩니다. 양의 테이퍼 각도는 스윕 피쳐를 바깥쪽으로 테이퍼하고 음의 테이퍼 각도는 스윕 피쳐를 안쪽으로 테이퍼합니다. 프로파일과 경로가 서로 교차하지 않는 경우에도 스윕 피쳐를 작성할 수 있습니다.

- 경로 곡선을 사용하여 스윕 피쳐 생성

기본적으로 경로 옵션은 유형 영역의 드롭-다운 목록에서 선택됩니다. 결과적으로 경로 곡선을 사용하여 스윕 피쳐를 작성하는 옵션이 활성화됩니다. 이 옵션을 사용하면 지정된 경로를 따라 스윕 기능을 만들 수 있습니다. 프로파일의 방향이 경로에 대해 일정하거나 스케치 평면에 평행하게 될지 여부를 지정할 수 있습니다.

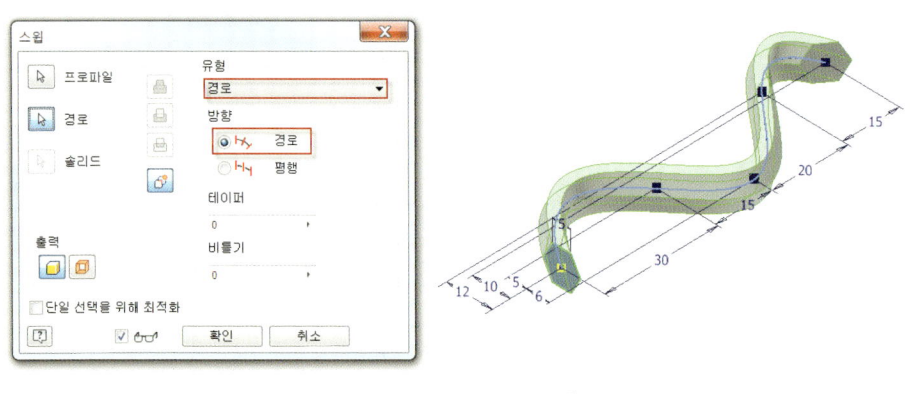

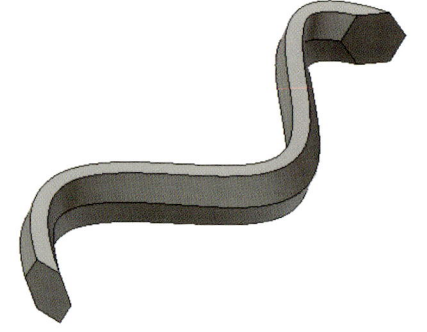

〈그림 5-85〉 경로 유형과 경로 방형으로 생성되는 스윕

chapter 05 매개변수를 활용한 3D 형상 모델링

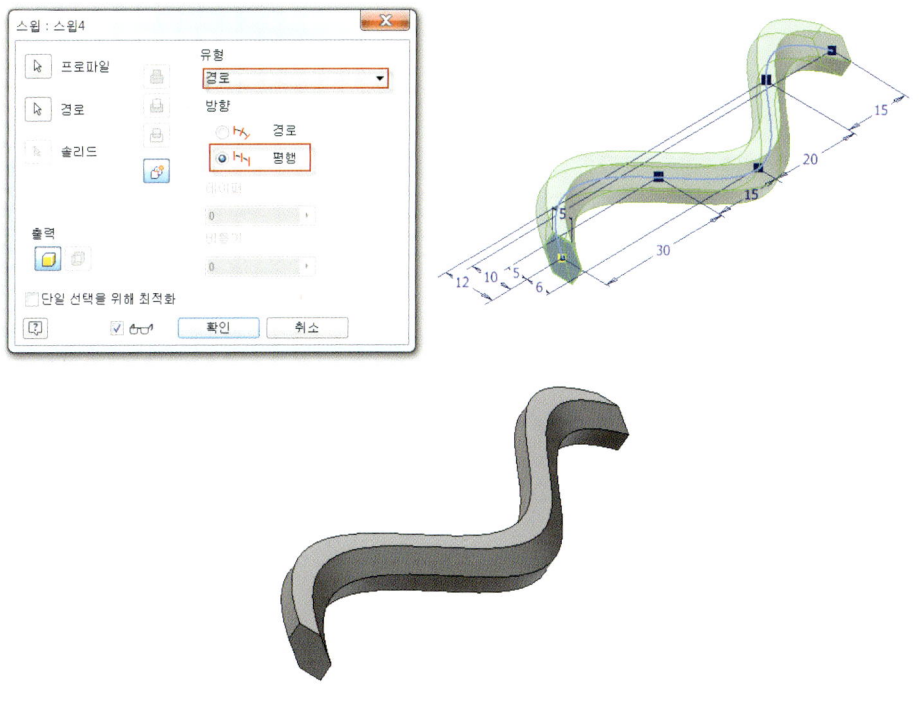

〈그림 5-86〉 경로 유형과 평행 방향으로 생성되는 스윕

• **경로 및 안내 레일을 사용하여 스윕 피쳐 생성**

경로 및 안내 곡선을 사용하여 스윕 피쳐를 작성하려면 경로 및 안내 레일을 선택합니다. 유형 영역의 드롭-다운 목록에서 경로 및 안내 레일 옵션을 선택합니다.

• **안내서 레일**

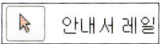
이 버튼은 스윕 피쳐를 생성하기 위한 안내 곡선을 선택하는데 사용됩니다.

• **프로파일 축척**

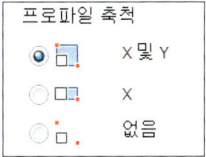
이 영역에서 사용할 수 있는 라디오 버튼은 경로와 안내 곡선을 사용하여 스윕되는 프로파일의 크기 조정 방법을 지정하는 데 사용됩니다.

345

X 및 Y 라디오 버튼을 선택하면 스윕 피쳐가 X 및 Y 방향으로 축척이 됩니다.

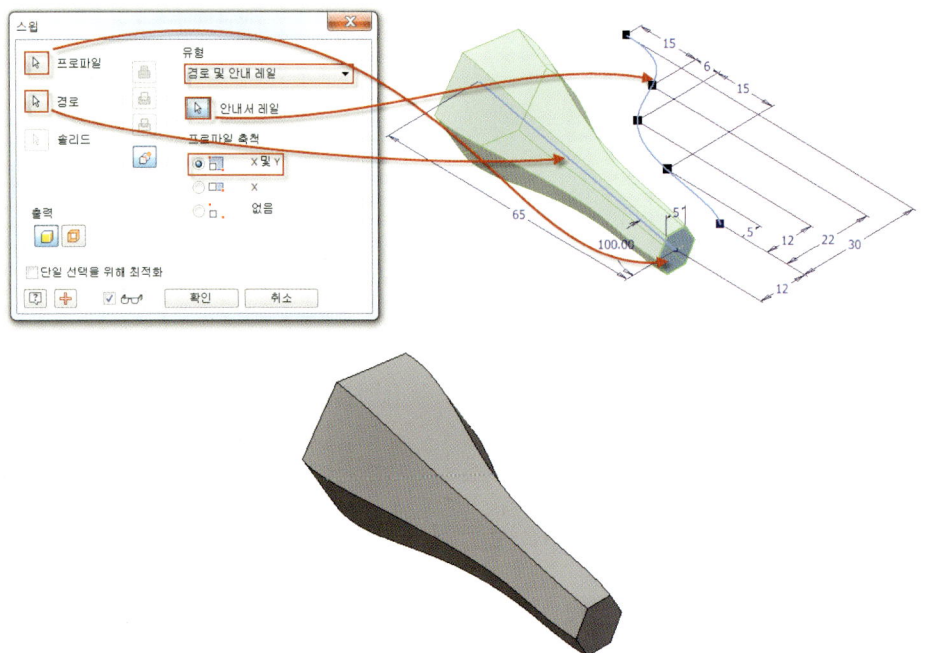

〈그림 5-87〉 경로 곡선 및 안내 레일과 X 및 Y 방향으로 프로파일 축척을 사용하여 생성되는 스윕

X 라디오 버튼을 선택하면 스윕 피쳐가 X 방향으로만 조정됩니다.

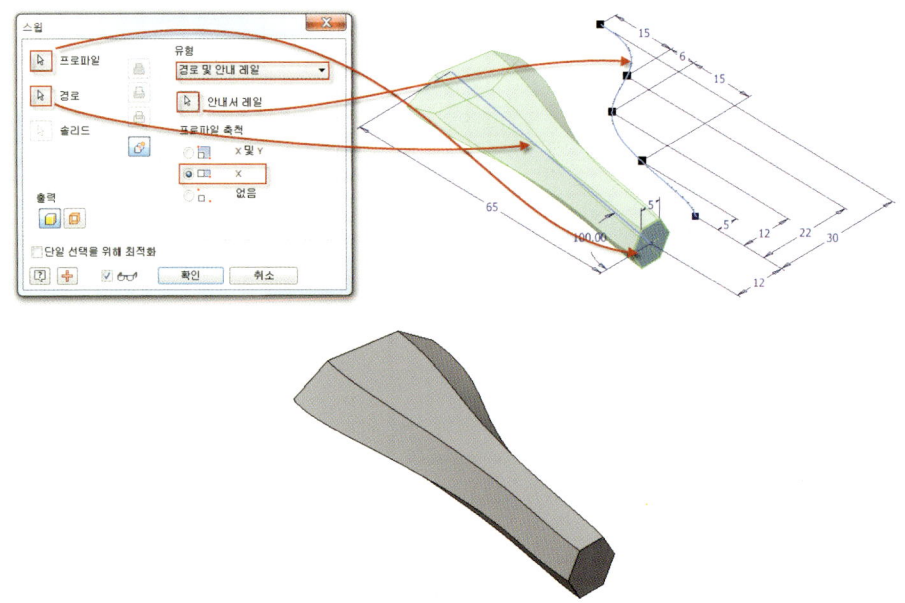

〈그림 5-88〉 경로 곡선 및 안내 레일과 X 방향으로 프로파일 축척을 사용하여 생성되는 스윕

없음 라디오 버튼을 선택하면 스윕 피쳐에 스케일링이 적용되지 않습니다. 그러나 안내 레일에 회전이 있으면 스윕 피쳐에 반영됩니다.

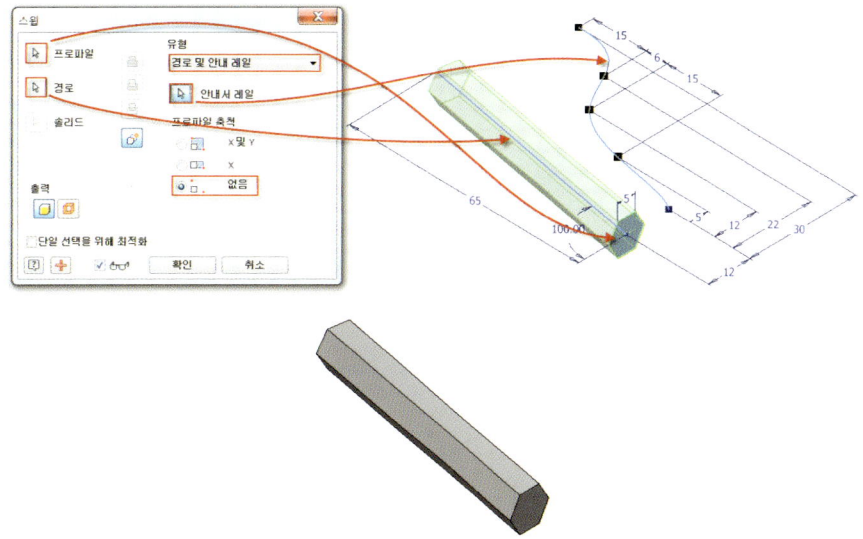

〈그림 5-89〉 경로 곡선 및 안내 레일과 프로파일 축척 없음을 사용하여 생성되는 스윕

• 경로 및 안내 곡면을 사용하여 스윕 피쳐 생성

이 옵션을 호출하려면 유형 영역의 드롭-다운 목록에서 경로 및 안내 곡선 옵션을 선택합니다.

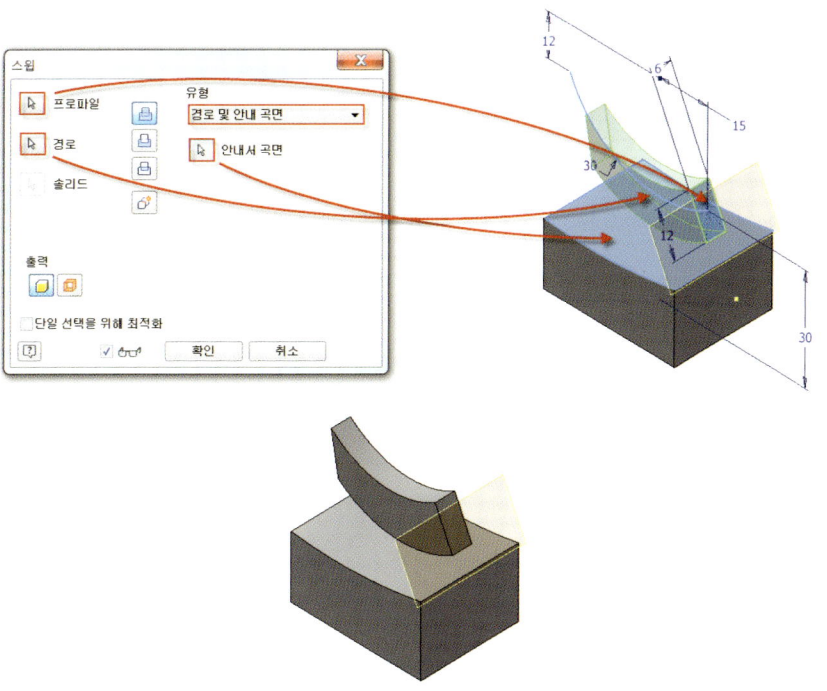

〈그림 5-90〉 경로 및 안내 곡면을 사용하여 생성되는 스윕

- **비틀기**

이 편집 상자는 스윕 피쳐의 비틀림 각도를 정의하는데 사용됩니다. 비틀기 각도가 양수이면 시계 방향으로 비틀기가 되는 스윕 피쳐가 생기고 음수인 경우에는 반 시계 방향으로 비틀기가 되는 스윕 피쳐가 생성됩니다. 이 편집 상자는 경로 옵션을 사용하여 스윕 피쳐를 만드는 경우에만 사용할 수 있습니다.

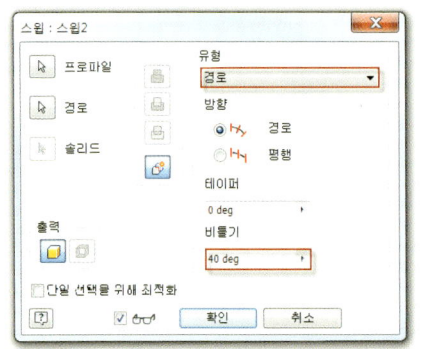 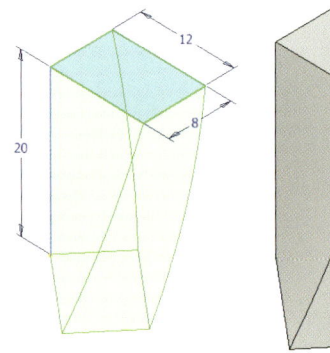

〈그림 5-91〉 양수 비틀기 각도를 사용하여 생성되는 스윕

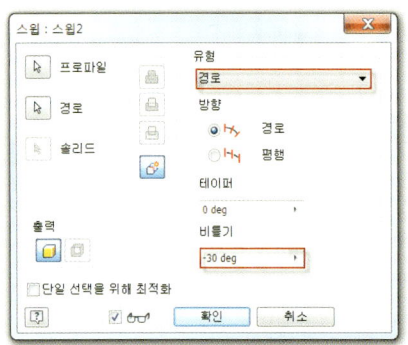 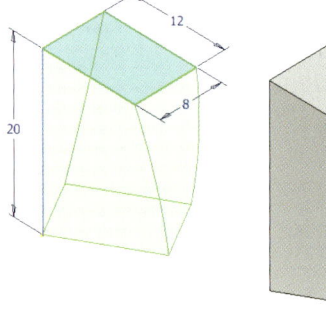 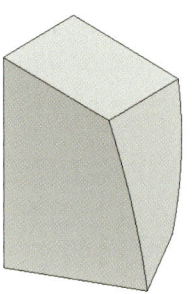

〈그림 5-92〉 음수 비틀기 각도를 사용하여 생성되는 스윕

chapter 05 매개변수를 활용한 3D 형상 모델링

• 자체 교차 스윕 피쳐 생성

Autodesk Inventor & Inventor Professional 2019 에서는 굽힘 반경이 상대적으로 작은 경로를 따라 큰 프로파일을 가지고 스윕 피쳐를 생성할 수 있습니다.

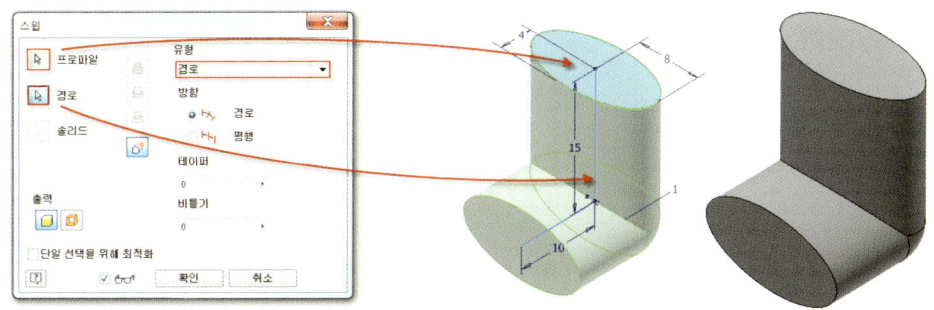

〈그림 5-93〉 자체 교차가 되어도 생성되는 스윕

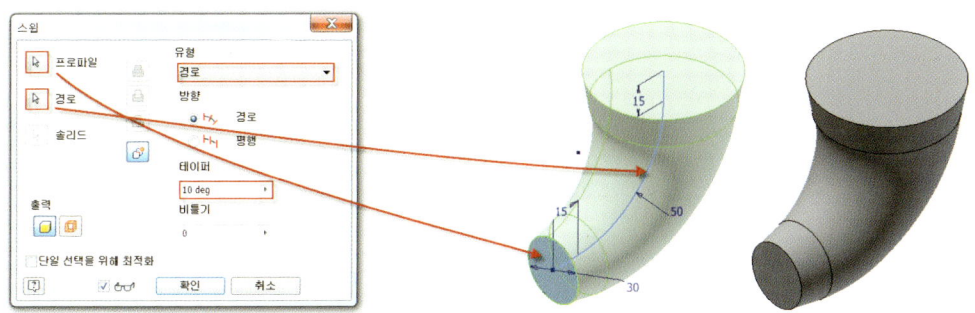

〈그림 5-94〉 양수 각도 테이퍼가 적용되어 생성되는 스윕

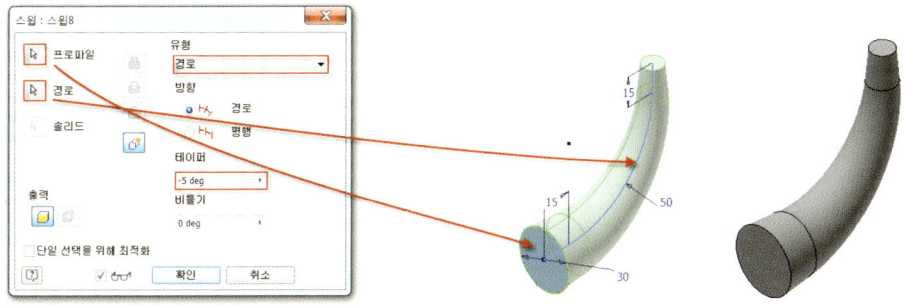

〈그림 5-95〉 음수 각도 테이퍼가 적용되어 생성되는 스윕

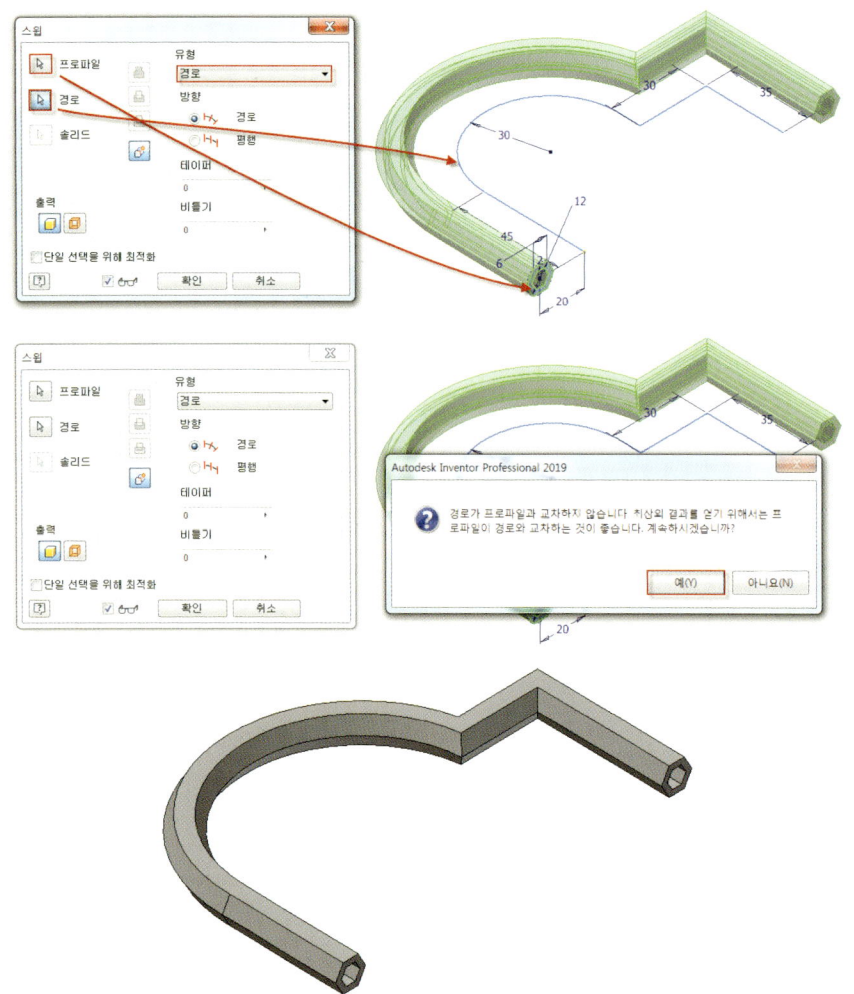

〈그림 5-96〉 프로파일이 경로로부터 거리가 떨어져 있어도 생성되는 스윕

• 접하는 모서리 또는 접선 형(G0) 경로를 따라가는 스윕

　Autodesk Inventor & Inventor Professional 2019 에서는 전체 모서리 또는 루프를 따라 프로파일을 스윕을 통해 형상을 생성할 수 있습니다. 이렇게 하면 경로 스케치를 구체적으로 작성할 필요가 없으므로 스윕을 쉽게 만들 수 있습니다. 모서리를 따라 스윕을 작성하는 절차는 경로를 따라 스윕을 작성하는 절차와 유사합니다. 스윕 경로 프로파일에 대한 별도의 경로 스케치를 작성하는 대신 스윕 피쳐를 작성할 기존 모서리를 선택할 수 있습니다. 전체 모서리를 따라 프로파일을 스윕하려면 연속성이 있는 모서리를 선택해야 합니다. 만약 경로를 선택하는 동안 모서리의 모든 요소가 선택되지 않은 경우 각 프로파일을 개별적으로 선택해야 합니다.

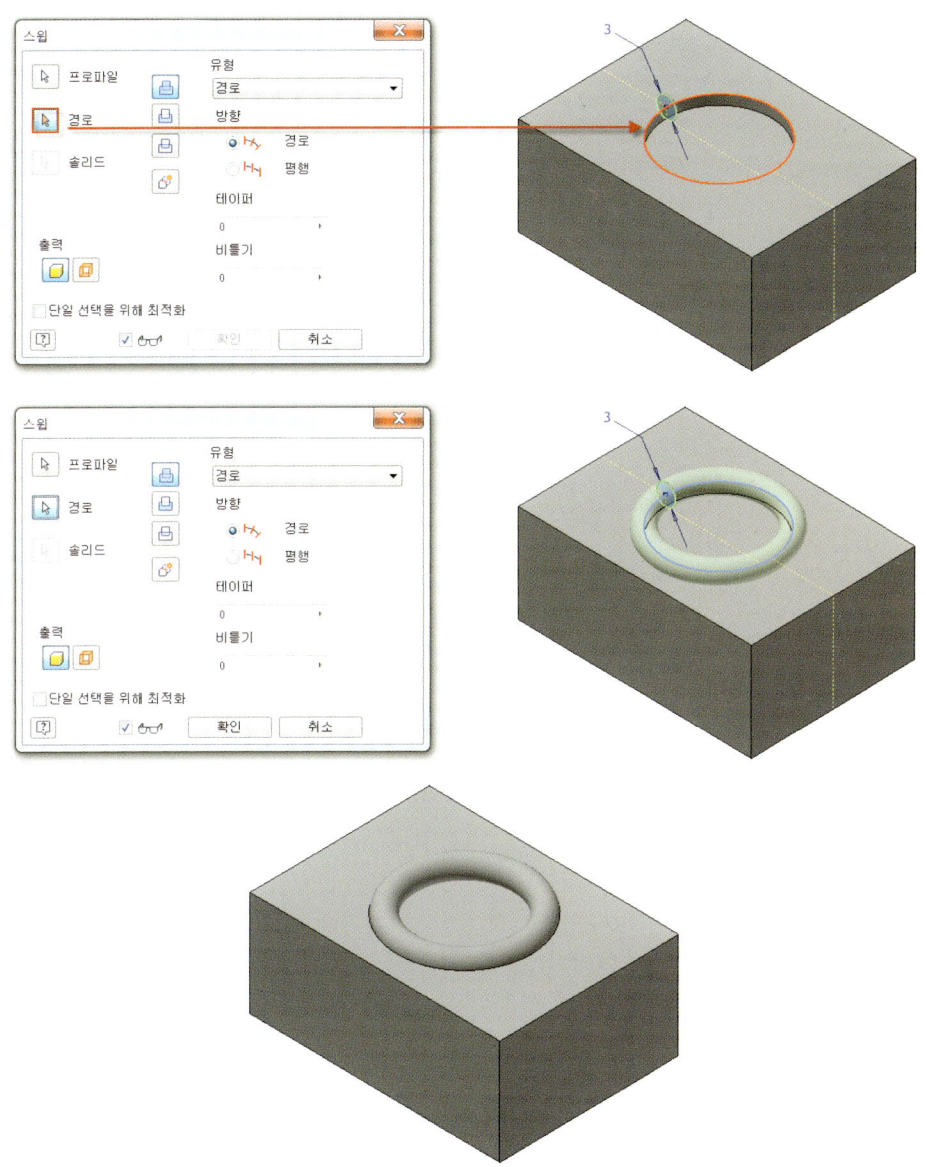

〈그림 5-97〉 경로 스케치 없이 모서리를 선택하는 스윕

- **비 접선 형 스케치 경로를 따라가는 스윕**

Autodesk Inventor & Inventor Professional 2019 에서는 G0 연속성 요소가 서로 접하지 않은 경로를 따라 프로파일을 스윕을 할 수 있습니다. 이 경우 경로에 수직인 프로파일을 작성해야 합니다.

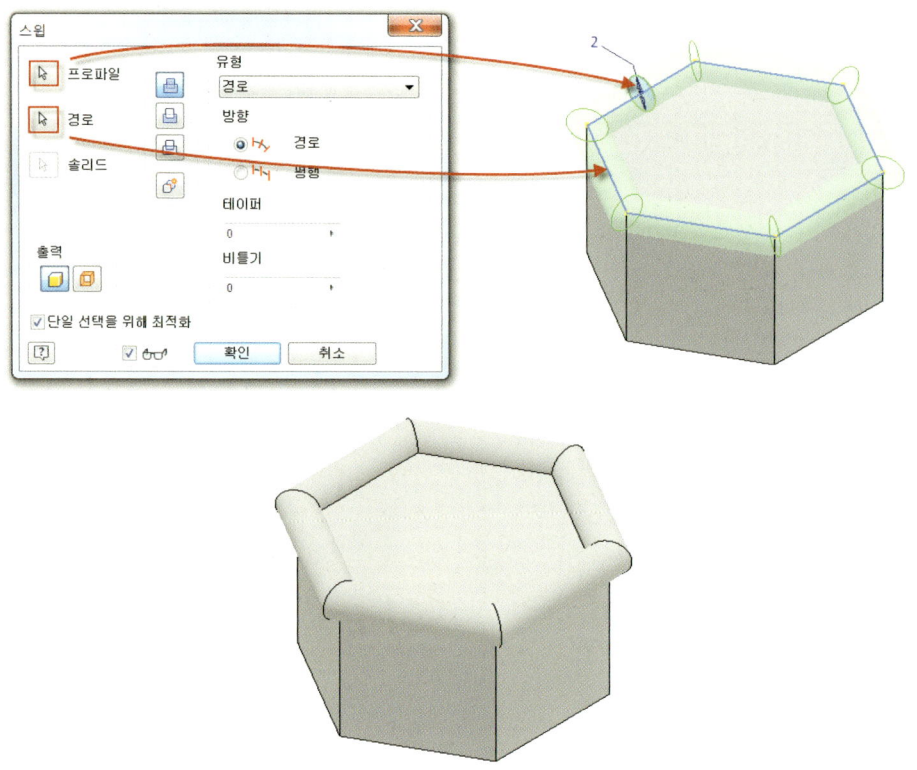

〈그림 5-98〉 비 접선형 스케치 경로를 사용한 스윕

• Tip

접선 형(G0) 경로를 사용하는 스윕과 함께 비 접선 형 스윕을 작성하는 절차는 경로를 따라 스윕을 작성하는 절차와 매와 유사합니다.

25 로프트 활용하기

리본 메뉴/ 3D 모형 탭/ 작성 패널/ 로프트

로프트 피쳐는 둘 이상의 기하학적 스케치를 함께 혼합하여 만드는 것입니다. 기하학적 스케치는 서로 평행 할 수도 있고 그렇지 않을 수도 있습니다. 솔리드 로프트 피쳐의 스케치는 닫힌 프로파일 또는 점이어야 합니다. 그러나 곡면 모델의 경우 스케치는 열린 프로파일 일 수 있습니다.

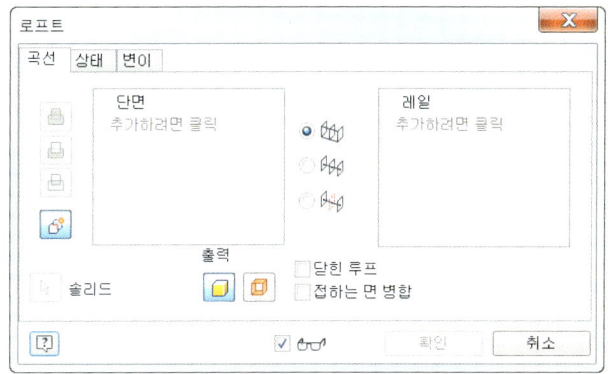

- **곡선 탭**

  곡선 탭의 옵션은 로프트 피쳐를 만들기 위한 스케치, 레일 및 중심선을 선택하는데 사용됩니다.

- **작업 영역**

  이 영역에는 다음과 같은 버튼이 있습니다.

- **합집합(결합)**

   이 버튼은 확장 영역의 왼쪽에 있는 첫 번째 버튼으로, 기존 피쳐에 새 피쳐를 추가하여 돌출 피쳐를 작성하는 데 사용됩니다. 이 버튼은 기본 기능을 만든 후에만 활성화됩니다. 미니 도구 막대에서 이 버튼을 선택할 수도 있습니다.

- **차집합(절단)**

   범위 영역 왼쪽에 있는 두 번째 버튼으로, 기본 피쳐를 생성한 후에 만 사용할 수 있습니다. 절단 옵션은 기존 형상에서 다른 형상을 제거하여 돌출 형상을 작성하는 데 사용됩니다. 돌출 도구를 호출할 때 표시되는 미니 도구 모음에서 이 옵션을 선택할 수도 있습니다. 제거할 형상은 사용자가 그렸던 스케치의 모양에 의해 정의됩니다.

- **교집합(교차)**

  이 버튼은 절단 버튼 아래에서 사용할 수 있으며 기존 피쳐와 스케치 모두에 공통인 형상을 사용하여 돌출 피쳐를 생성하는 데 사용됩니다.

- **새 솔리드**

  이 버튼을 선택하면 결과물이 새로운 솔리드 본체가 됩니다. 이렇게 생성된 새 솔리드 본체는 기존 솔리드 본체와 독립적이며 검색기 막대의 솔리드 본체 노드에 나열됩니다.

- **단면 영역**

  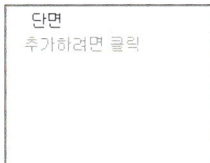 로프트 대화 상자를 호출하면 로프트 피쳐 생성을 위한 스케치를 선택하라는 메시지가 표시됩니다. 단면 영역은 스케치된 항목을 선택하라는 메시지를 표시하고 목록 상자에 표시합니다. 스케치를 선택하면 그래픽 화면에 로프트 피쳐의 경로를 나타내는 녹색 화살표가 나타납니다.

예를 들어 스케치1, 스케치2 및 스케치3의 세 개의 스케치를 동일한 순서로 선택하면 그래픽 화면에 두 개의 화살표가 나타납니다. 첫 번째 화살표는 스케치1에서 스케치2를 가리키고 두 번째 화살표는 스케치2에서 스케치3을 가리 킵니다. 이것은 결과 로프트 피쳐가 스케치1에서 스케치2까지 및 스케치2에서 스케치3으로 혼합되었음을 나타냅니다.

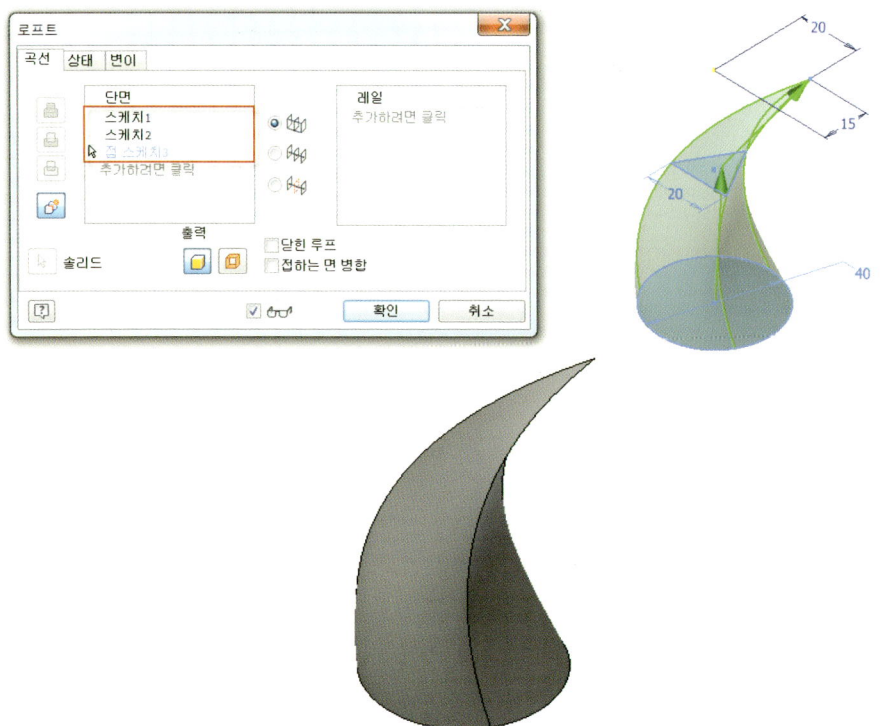

〈그림 5-99〉 스케치1, 스케치2, 스케치3 을 혼합하여 생성하는 로프트

Tip

단면 영역을 사용하여 스케치가 선택된 순서를 수정할 수도 있습니다. 순서를 수정하려면 이 영역에서 스케치를 선택하고 다른 스케치의 위 또는 아래로 끕니다. 화살표 방향은 모델 미리 보기에서도 자동으로 변경됩니다.

- **출력 영역**

출력 영역의 옵션은 로프트 도구의 출력을 지정하는 데 사용됩니다. 혼합할 닫힌 루프를 선택하면 이 영역에서 솔리드 버튼이 선택됩니다. 결과적으로 솔리드 로프트 피쳐가 생성됩니다. 곡면 버튼을 선택하면 결과 로프트가 곡면이 됩니다.

chapter 05 매개변수를 활용한 3D 형상 모델링

> **Tip**
>
> 로프트의 모양을 안내하는 데 사용되는 레일은 로프트의 모든 섹션과 교차해야 합니다. 레일이 섹션과 교차하지 않으면 오류 메시지가 표시됩니다. 레일의 스케치 평면에 섹션을 투영 한 다음 레일과 투영 된 섹션 사이에 일치 조건을 추가하여 레일의 스케치가 섹션을 교차하는지 확인할 수 있습니다. 스케 칭 환경을 종료하기 전에 투영된 요소를 구성 요소로 변환해야 합니다.

• 닫힌 루프

□ 닫힌 루프   닫힌 루프 확인란을 선택하면 끝 단면과 시작 단면을 결합하여 로프트 피쳐를 닫을 수 있습니다. 이 확인란은 로프트 대화 상자에서 레일 라디오 버튼을 선택한 경우에만 작동합니다.

• 접하는 면 병합

□ 접하는 면 병합   이 확인란을 선택하면 접하는 면이 함께 병합되고 로프트 피쳐의 접하는 면 사이에 모서리가 생기지 않습니다.

• 레일 로프트

섹션 영역의 오른쪽에서 사용할 수 있는 첫 번째 레일 라디오 버튼이며 기본적으로 선택되어 있습니다. 결과적으로 레일 영역은 로프트 대화 상자에 표시됩니다. 이 영역의 옵션을 사용하여 로프트 피쳐의 레일을 선택할 수 있습니다. 레일은 로프트 전체 본문의 모양을 제어 하는데 사용됩니다. 로프트의 모양을 제어하기 위한 열린 스케치를 레일로 사용할 수 있습니다. 레일은 로프트로 선택된 모든 섹션과 교차해야 하며 연속적으로 접해야 합니다. 레일을 추가하려면 클릭을 클릭하여 레일 영역에 추가한 다음 레일을 선택합니다. 선택한 레일의 이름이 이 영역에 표시됩니다.

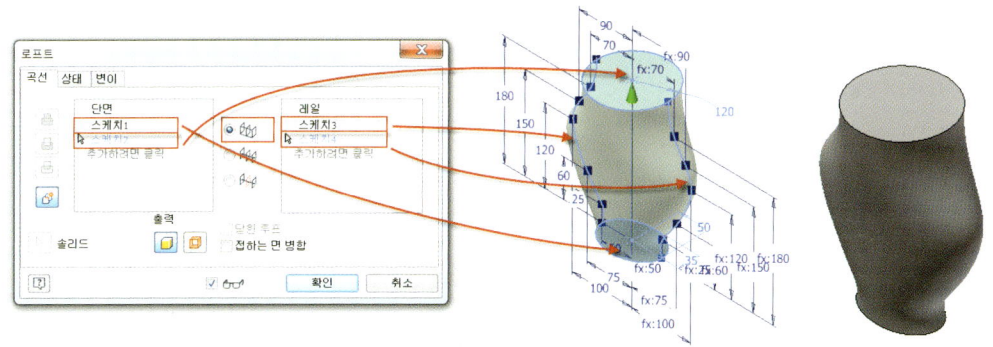

〈그림 5-100〉 단면 스케치1, 2와 레일 스케치3, 4를 이용하여 생성하는 로프트

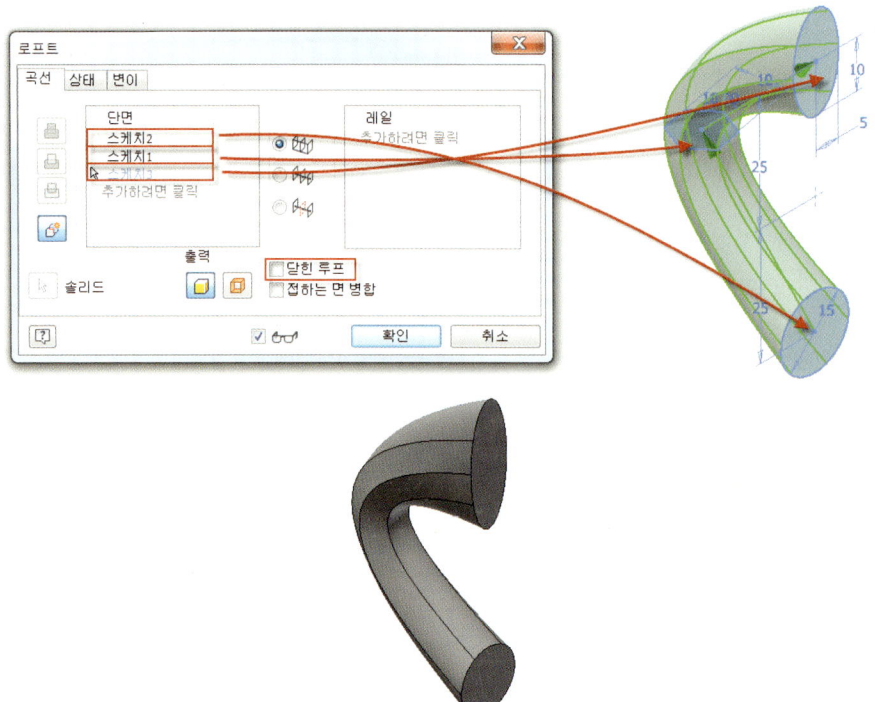

〈그림 5-101〉 단면 스케치1, 2, 3를 이용한 끝이 열린 루프 로프트

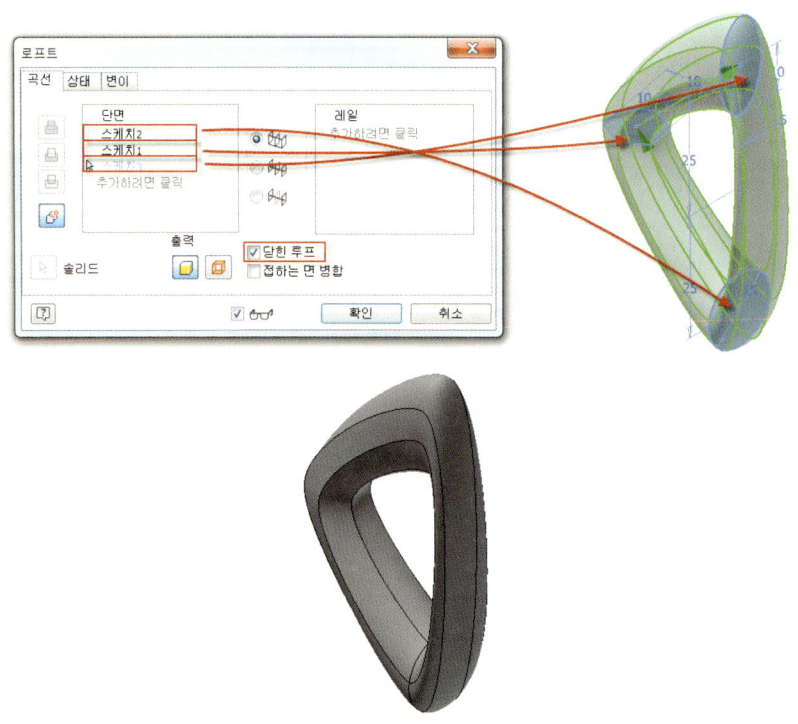

〈그림 5-102〉 단면 스케치1, 2, 3를 이용한 끝이 닫힌 루프 로프트

• 중심선 로프트

이 라디오 버튼은 레일 라디오 버튼 아래에 있습니다. 이 라디오 버튼을 선택하면 로프트 피쳐의 중심선을 선택하는 중심선 영역이 로프트 대화 상자에 표시됩니다. 중심선은 결과 로프트 피쳐가 모든 점에서 정상인 곡선입니다. 중심선은 단면과 교차하거나 교차하지 않을 수 있습니다.

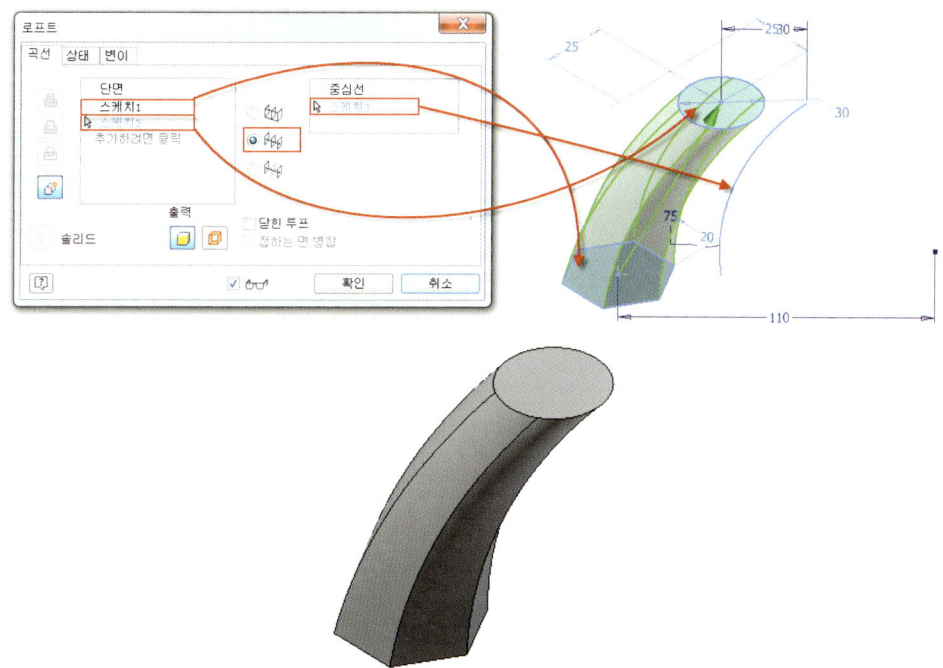

〈그림 5-103〉 중심선과 단면 스케치 프로파일이 교차하지 않는 중심선 로프트

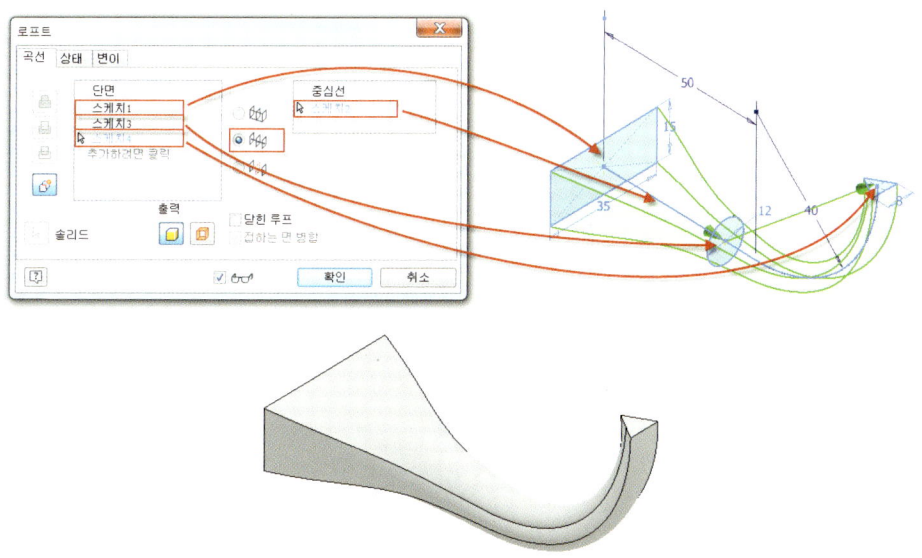

〈그림 5-104〉 중심선과 단면 스케치 프로파일이 교차하는 중심선 로프트

• 면적 로프트

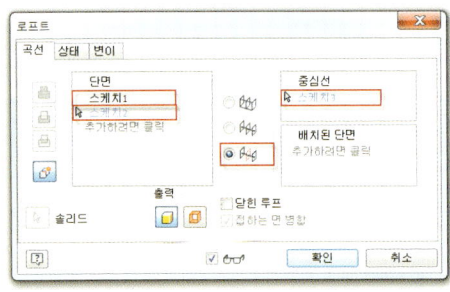 이 라디오 버튼은 중심선 라디오 버튼 아래에서 사용할 수 있으며 중심선의 필수 점에서 다양한 교차 단면을 갖는 로프트 피쳐를 작성하는데 사용됩니다. 로프트 피쳐의 단면을 지정한 후 면적 로프트 라디오 버튼을 선택합니다. 로프트 대화 상자의 중심선 목록 상자에서 한 번 클릭한 다음 그래픽 창에서 중심선을 선택합니다. 로프트 피쳐의 미리 보기가 중심선의 시작과 끝 부분에 정의된 섹션의 위치와 영역을 표시하는 콜 아웃과 함께 표시됩니다.

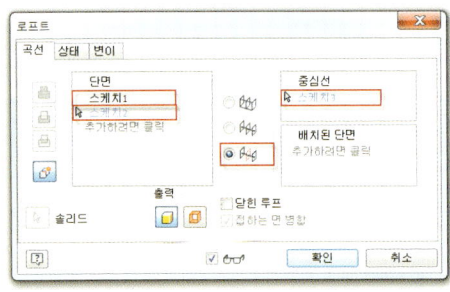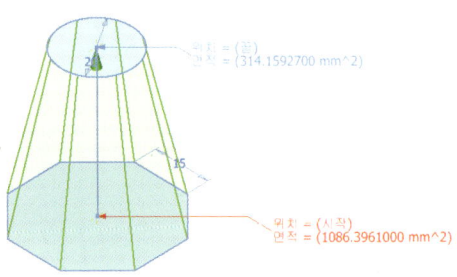

커서를 가운데 선으로 이동하면 커서가 노란색 점에 첨부됩니다. 중심선에서 원하는 위치를 클릭합니다. 그 위치에 새로운 횡단면이 생성되고 횡단면의 위치와 면적을 표시하는 콜 아웃이 표시될 것입니다. 또한 해당 단면 치수 대화 상자가 표시됩니다. 이 대화 상자를 사용하여 새 단면의 치수와 위치를 편집할 수 있습니다. 이렇게 하면 새로 추가된 섹션의 이름이 배치 섹션 목록 상자에 표시됩니다. 매개 변수를 수정한 후 단면 치수 대화 상자에서 확인 버튼을 선택합니다.

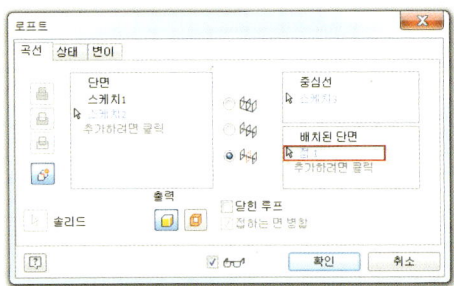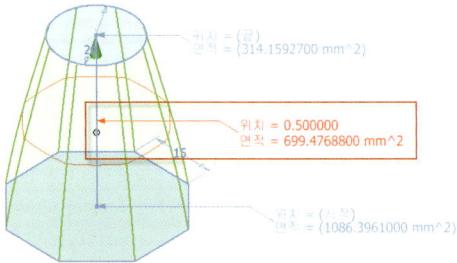

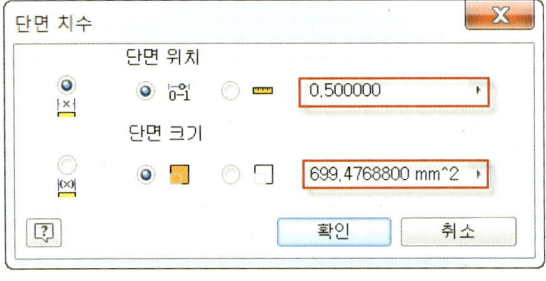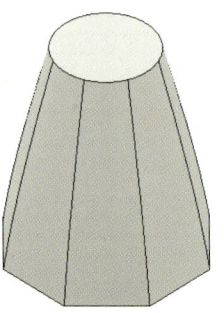

〈그림 5-105〉 중심선과 단면 스케치 프로파일이 교차하는 중심선 로프트

위 〈그림 5-105〉는 8각형 단면과 원형 단면 사이에 만들어진 로프트 피쳐를 보여줍니다. 이 기능은 로프트 대화 상자에서 면적 로프트 라디오 버튼을 선택하여 만듭니다. 단면 치수 대화 상자에서 수정된 매개 변수를 사용하여 새 단면을 정의할 수도 있습니다. 아래 그림은 단면 치수 대화 상자에서 단면 위치 매개 변수와 단면 크기를 축척 계수 매개 변수를 수정하여 면적 로프트를 수정하는 과정을 보여주는 것입니다.

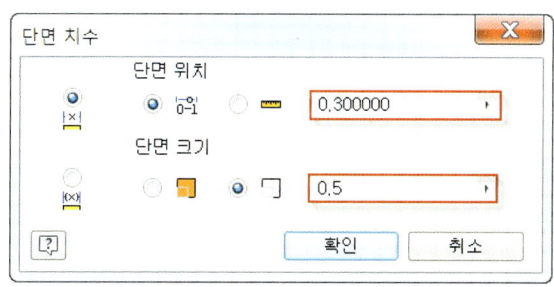

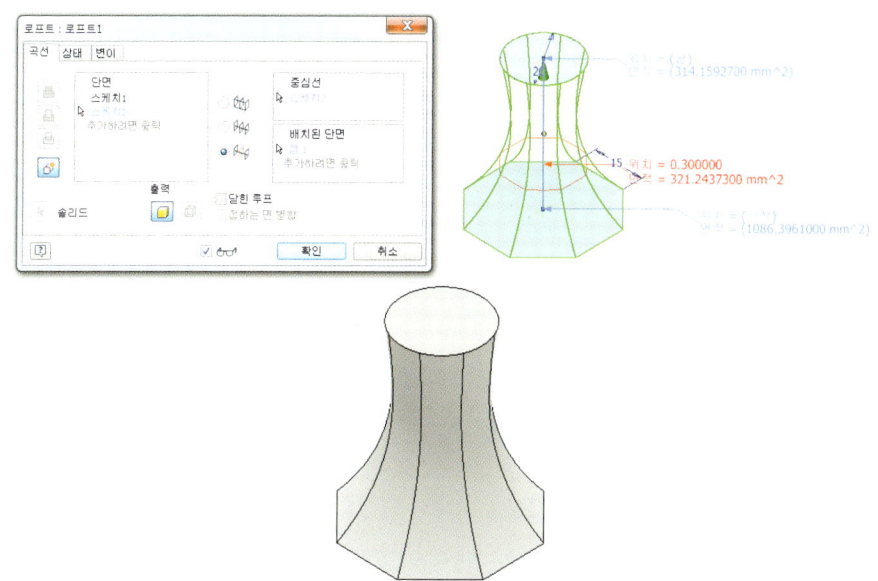

- **상태 탭**

상태 탭의 옵션은 두 끝의 섹션에 끝 조건을 적용하여 로프트된 형상의 모양을 제어하는데 사용됩니다. 로프트 피쳐를 생성하기 위해 선택한 두 끝 단면 또는 모서리가 이 탭의 목록 상자에 표시됩니다. 각도 열의 왼쪽에 있는 필드를 클릭할 때 사용할 수 있는 드롭-다운 목록을 사용하여 여러 유형의 종료 상태를 적용할 수 있습니다.

- **자유 상태**

자유 상태 옵션을 선택하면 로프트 피쳐의 끝 단면에 끝 조건이 적용되지 않습니다. 이 유형의 종료 조건에서는 각도 및 가중치 열을 사용할 수 없습니다. 여기서 상단 부분은 육각형이고 하단 부분은 원통의 상단 면의 원통형 모서리입니다.

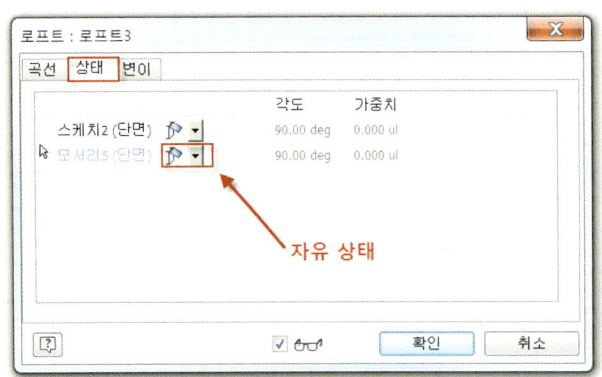 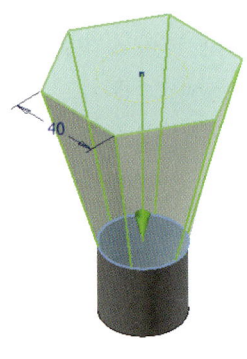

이 미리 보기에서 자유 상태 옵션을 선택하면 끝 조건이 적용되지 않습니다.

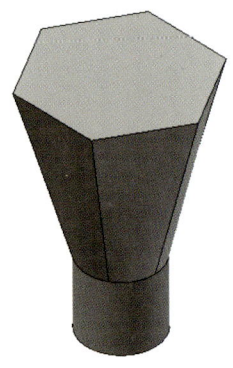

〈그림 5-106〉 단순 로프트에서의 자유 상태

• 접하는 상태

접하는 상태 옵션은 시작 단면 또는 끝 단면이 기존 형상의 평면인 경우에만 사용할 수 있습니다. 이 옵션을 선택하면 결과 로프트 피쳐가 끝 단면 중 하나로 선택된 평면의 인접한 면에 접합니다. 여기서 상단 부분은 육각형이고 하단 부분은 원통의 상단 면의 원통형 모서리입니다. 이 미리 보기에서 접하는 상태 옵션을 선택하면 끝 조건에 접선 조건이 적용됩니다. 그러면 로프트 피쳐는 접선 조건 때문에 시작 부분의 기본 원통에 접하게 됩니다.

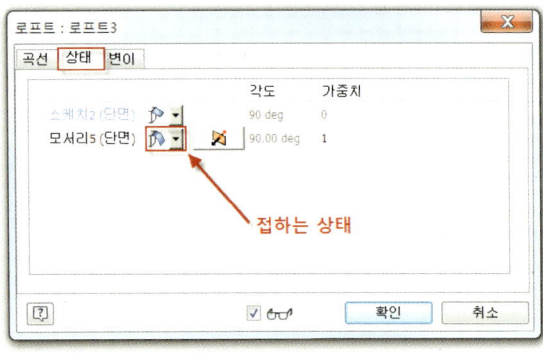 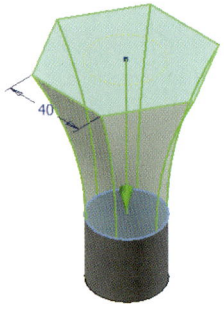

chapter 05 매개변수를 활용한 3D 형상 모델링

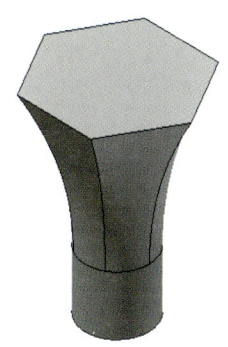

〈그림 5-107〉 단순 로프트에서의 접하는 상태

Tip
90도보다 큰 각도 값은 로프트 피쳐에 둔각 섹션을 작성합니다. 마찬가지로 90도 미만의 각도 값은 로프트 피쳐에 예각 섹션을 생성합니다.

• 부드러운 (G2)

이 옵션은 접선 조건 옵션 아래에서 사용할 수 있습니다. 이 옵션을 선택하면 결과 로프트 피쳐는 아래와 같이 평면형 면의 인접한 면과 곡률 연속성 (G2 연속성)을 갖게 됩니다. 검사 탭의 분석 패널에서 Zebra 도구를 사용하여 곡률 연속성을 시각화 할 수 있습니다.

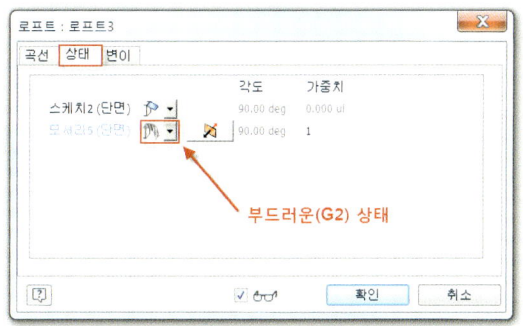
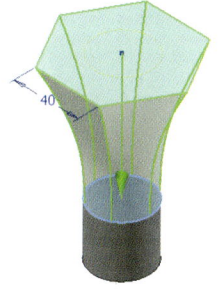

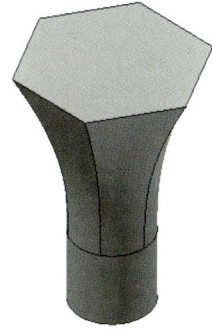

〈그림 5-108〉 단순 로프트에서의 부드러운(G2) 상태

361

• 방향 상태

방향 상태 옵션은 각도 및 무게 입력 상자를 사용하여 최종 조건을 정의하도록 선택됩니다. 이 유형의 종료 조건은 로프트 피쳐의 단면 또는 단면이 2D 단면인 경우에만 사용할 수 있습니다.

각도 입력란의 값이 0보다 큰 경우에만 각도 입력 상자가 활성화됩니다. (기본값) 이 편집 상자는 로프트의 시작 및 끝 부분에서 각도를 정의하는데 사용됩니다. 이 각도는 단면 또는 레일 평면과 작성된 로프트 피쳐의 면 사이의 변이를 지정합니다. 중간 스케치에 대한 각도를 정의할 수 없다는 것을 기억해야 합니다. 시작 섹션에서 각도 값을 지정하려면 상태 영역에서 첫 번째 스케치를 선택한 다음 이 편집 상자에 값을 설정합니다. 마찬가지로 끝 단면에서 각도 값을 지정하려면 상태 영역에서 마지막 스케치를 선택한 다음이 편집 상자에 값을 설정합니다. 아래 그림은 로프트의 시작과 끝 부분의 각도를 정의하는 것입니다.

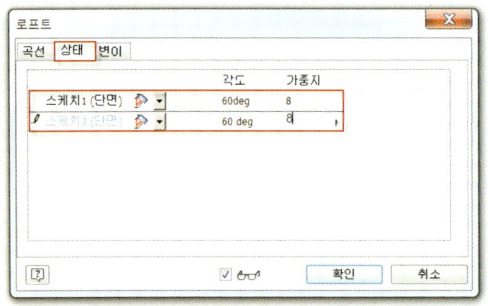
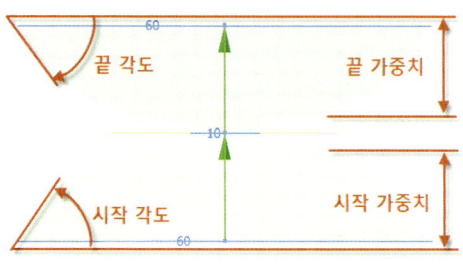
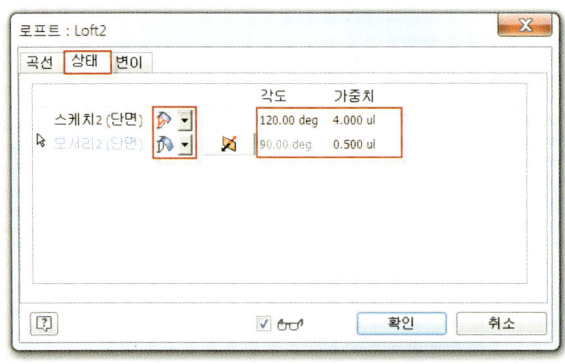
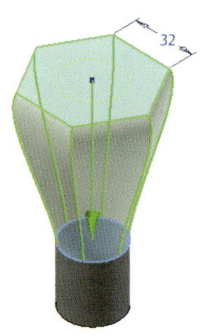
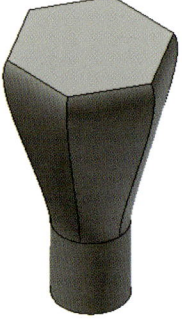

〈그림 5-109〉 로프트 각도 및 가중치 변화

> **Note**
> 곡선 탭에서 레일 라디오 버튼을 선택하면 각도 옵션이 활성화된 상태로 유지됩니다.

- **변이 탭**

변이 탭의 옵션은 혼합하는 동안 다양한 섹션의 세그먼트에 대한 매핑 옵션을 설정하는 데 사용됩니다.

- **자동 매핑**

☑ 자동 매핑   이 확인란은 로프트 대화 상자를 호출 할 때 기본적으로 선택됩니다. 결과적으로 다양한 섹션의 모든 세그먼트는 기본 옵션을 사용하여 서로 매핑되며 로프트 피쳐에 꼬임이 없거나 전혀 없습니다.

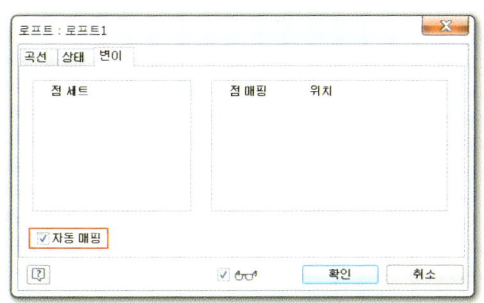 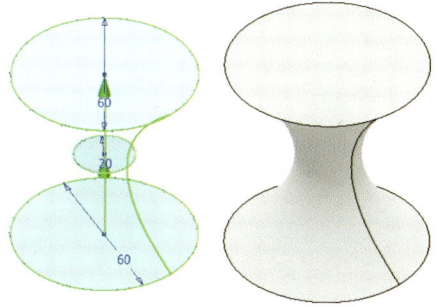

〈그림 5-110〉 자동 매핑을 선택하여 생성된 로프트 피쳐

이 확인란의 선택을 취소하면 아래 그림과 같이 변이 탭의 나머지 영역이 활성화됩니다.

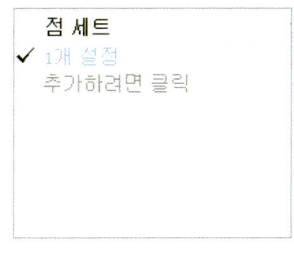 

☐ 자동 매핑

- **점 세트**

점 세트 영역은 자동 매핑 확인란을 선택 해제한 경우에만 활성화됩니다. 이 영역에는 로프트 피쳐의 여러 섹션의 점과 세그먼트를 매핑하는데 사용되는 모든 점 집합이 표시됩니다. 이 영역의 점 집합 수는 로프트 피쳐의 미리 보기에서 녹색 선의 수와 같습니다. 첫 번째 점 집합이 미리 보기에 표시됩니다. 마찬가지로 이 영역에서 클릭한 점 집합이 미리 보기에서 빨간색으로 표시됩니다. 로프트 피쳐에 꼬임을 적용하려면 이 영역의 모든 점을 클릭하고 DELETE 키를 눌러 삭제합니다. 점 세트를 추가

하려면 추가하려면 클릭을 클릭하여 추가합니다. 포인트를 선택하라는 메시지가 나타납니다. 단면 스케치의 점을 선택합니다. 마찬가지로 두 번째 점 집합을 만들려면 클릭을 클릭하여 모든 섹션에서 점 집합을 추가한 다음 선택합니다. 이 절차에 따라 필요한 수의 세트를 만든 다음 로프트 대화 상자에서 확인을 선택합니다. 로프트 피쳐는 매핑되는 점에 의해 생성된 경로를 따릅니다. <그림 5-110>은 점 세트 매핑 후 로프트 피쳐의 미리 보기를 보여줍니다. 이 그림의 정점에 있는 선은 혼합하는 동안 다양한 세그먼트와 점들이 서로 어떻게 매핑이 되는지를 보여주는 것입니다.

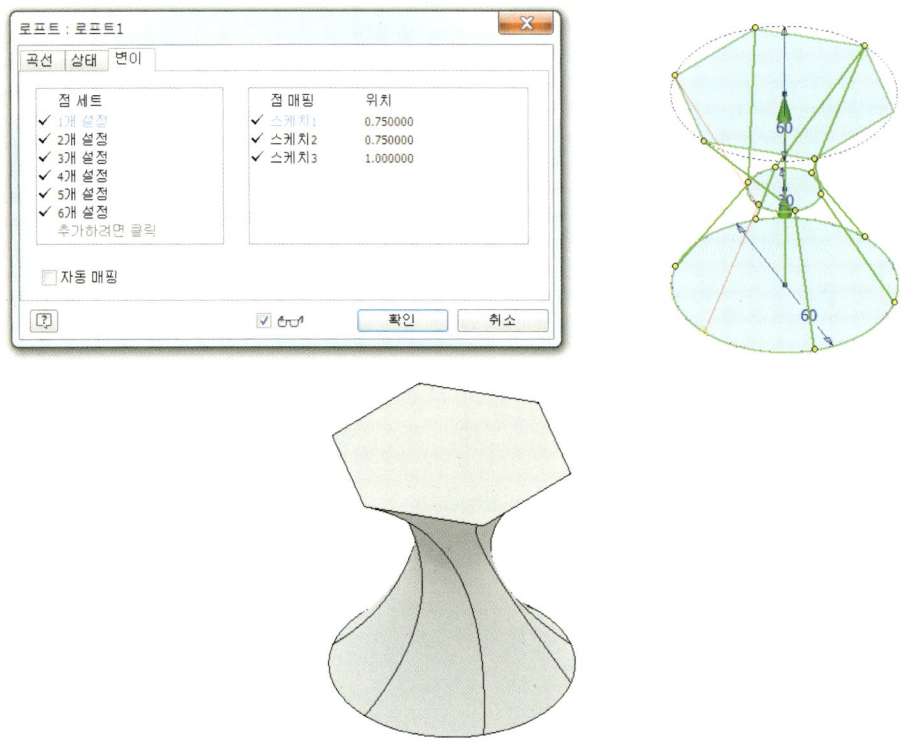

<그림 5-111> 변이 점 세트 매핑 후 생성된 로프트 피쳐

• **점 매핑 영역**

　점 매핑 영역에는 점 세트 영역에서 선택한 점 세트에 해당하는 섹션 포인트가 표시됩니다. 예를 들어 이 영역의 스케치1은 점 세트 영역에서 선택한 점 집합에 해당하는 첫 번째 섹션의 매핑 점을 나타냅니다. 이 영역의 항목 수는 로프트의 섹션 수에 따라 다릅니다.

• **위치 영역**

　위치 영역은 사다리꼴 가장자리의 길이로 매핑 점의 위치를 표시합니다. 점이 있는 모서리의 전체 길이는 1로 간주됩니다. 결과적으로 매핑 점이 모서리의 시작점에 있으면 그 위치는 0으로 간주되므로 이 영역에 0으로 표시됩니다. 마찬가지로 매핑 점이 모서리의 끝점에 있으면 이 위치에 해당 위치가 1로 표시됩니다. 가장자리의 중간 점이나 스케치를 선택하여 매핑 점의 위치를 정의 할 수 있습니다.

chapter 05 매개변수를 활용한 3D 형상 모델링

26 코일 생성하기

리본 메뉴/ 3D 모형 탭/ 작성 패널/ 코일

코일 형상은 나선형 경로에 대한 프로파일을 스윕하여 생성됩니다. 코일 형상의 예로는 스프링, 전구 필라멘트, 스크류 등이 있습니다. 코일 피쳐를 생성하려면 단면 스케치 프로파일과 축이 필요합니다. 표준 X, Y, Z 축 또는 새로운 작업 축을 선택하여 코일 피쳐를 생성할 수도 있습니다. 코일 피쳐는 코일 대화 상자의 다양한 탭을 사용하여 작성됩니다. 코일 대화 상자에 지정된 매개 변수에 따라 나선형 경로가 만들어지고 그 경로를 따라 스케치 프로파일이 스윕됩니다. 따라서 코일 피쳐를 작성하려면 코일 섹션의 프로파일을 정의하는 사용되지 않은 스케치가 하나만 필요합니다.

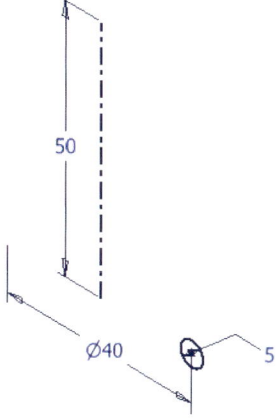

〈그림 5-112〉 닫힌 스케치 프로파일과 회전 축으로 사용할 중심선 스케치 – 코일 대화 상자

◆ 코일 쉐이프 탭

- **모양 영역**

  이 영역의 옵션은 코일의 프로파일과 축을 선택하는 데 사용됩니다.

  - **프로파일**

     프로파일 버튼은 코일의 프로파일을 선택하기 위해 선택됩니다. 도면이 사용되지 않은 단일 스케치로 구성된 경우 자동으로 코일 피쳐의 프로파일로 선택됩니다.

  - **축**

     축 형상 버튼을 선택하여 코일 형상을 생성할 축을 선택합니다. 축을 선택하면 그래픽 창에서 선택한 축을 중심으로 가상의 나선형 경로가 표시됩니다. 코일 피쳐를 생성하기 위한 축으로 선택할 수 있는 요소는 작업 축, 모형의 선형 모서리, 직선 스케치 등입니다. 축 단추의 오른쪽에 제공된 반전 버튼을 선택하여 경로의 방향을 바꿀 수 있습니다.

  - **반전 버튼**

     축 방향을 바꾸는데 사용됩니다.

- **작업 영역**

  이 영역에는 다음과 같은 버튼이 있습니다.

  - **합집합(결합)**

     이 버튼은 모양 영역과 회전 영역 사이의 영역에서 첫 번째 단추입니다. 이 작업은 소재를 모델에 추가하여 코일 피쳐를 생성하는 데 사용됩니다.

  - **차집합(절단)**

     결합 버튼 아래에 제공되며 모델에서 재질을 제거하여 코일 피쳐를 생성하도록 선택됩니다.

  - **교집합(교차)**

     이 버튼은 절단 버튼 아래에서 사용할 수 있으며 기존 피쳐와 공통인 형상을 생성하는 데 사용됩니다.

  - **새 솔리드**

    이 버튼을 선택하면 결과물이 새로운 솔리드 본체가 됩니다. 이렇게 생성된 새 솔리드 본체는 기존 솔리드 본체와 독립적이며 검색기 막대의 솔리드 본체 노드에 나열됩니다.

> **Note**
>
> 코일이 첫 번째 피쳐일 경우 합집합, 차집합 및 교집합 버튼이 있는 영역을 사용할 수 없습니다.

chapter 05 매개변수를 활용한 3D 형상 모델링

〈그림 5-113〉 합집합/ 차자밥/ 교집합 작업을 통한 형상

Note

코일 도구의 절단 작업을 사용하여 모델에 내부 스레드 또는 외부 스레드를 생성 할 수 있습니다. 그러나 직접 스레드를 작성하려면 스레드 도구를 사용하는 것이 좋습니다.

- **출력 영역**

이 영역은 결과 코일이 솔리드 피쳐인지 곡면 피쳐인지를 지정하는데 사용됩니다.

- **회전 영역**

시계 방향과 반 시계 방향으로 코일이 돌아가는 방향을 지정하는데 사용됩니다.

- **코일 크기 탭**

이 탭의 옵션은 코일을 생성하는데 사용할 방법과 기타 매개 변수를 정의하는 데 사용됩니다.

- **유형**

  유형 드롭-다운 목록은 코일 피쳐 생성 방법을 선택하는데 사용됩니다.

  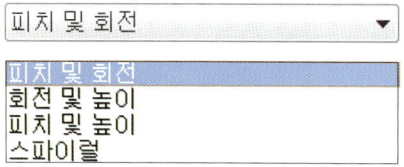

- **피치와 회전**

  피치와 회전 방법은 코일의 피치와 회전 수를 정의하여 코일을 생성하는 데 사용됩니다. 피치 값은 피치 입력란에서 지정할 수 있으며, 회전 수는 회전 입력란에서 지정할 수 있습니다. 테이퍼 편집 상자에서 코일 피쳐의 테이퍼 각도를 정의할 수도 있습니다. 양수의 테이퍼 각은 코일을 외측으로 테이퍼하고, 음수의 테이퍼 각은 코일을 내측으로 테이퍼하는 것입니다.

  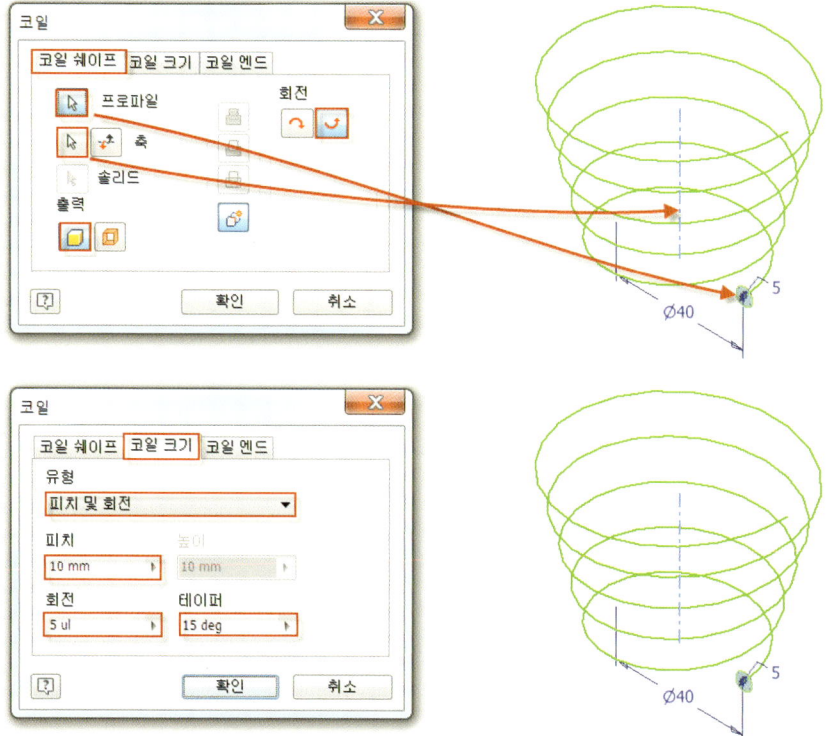

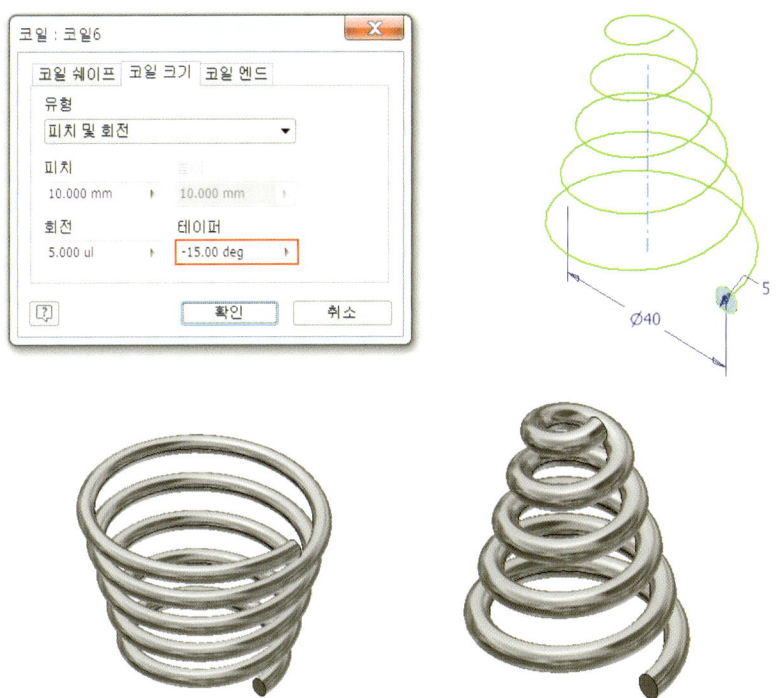

〈그림 5-114〉 양수와 음수 테이퍼 각도 적용 후의 피치 및 회전 수 유형의 코일

- **회전과 높이**

    회전과 높이 방법은 회전 수와 전체 높이를 정의하여 코일을 만드는데 사용됩니다. 회전은 회전 수 입력란에서 정의할 수 있으며 높이는 높이 입력란에 정의할 수 있습니다.

- **피치 및 높이**

    피치 및 높이 방법은 코일의 피치와 코일의 전체 높이를 정의하여 코일을 생성하는데 사용됩니다. 피치의 값은 피치 입력란에서 정의할 수 있으며 높이는 높이 입력란에서 정의할 수 있습니다.

- **스파이럴**

    스파이럴 방법은 단일 평면에 스파이럴 코일을 만드는데 사용됩니다. 스파이럴 코일은 코일의 피치와 코일의 회전 수를 사용하여 생성할 수 있습니다. 스파이럴 코일이 단일 평면에서 작성되므로 이 방법을 사용할 때는 높이 입력란을 사용할 수 없습니다. 또한 스파이럴 코일의 테이퍼 각도를 정의할 수 없으므로 테이퍼 입력란을 사용할 수 없습니다.

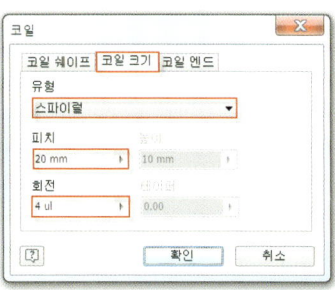 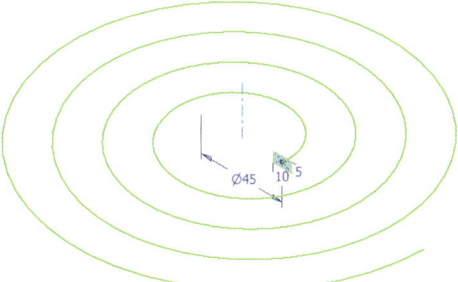

〈그림 5-115〉 스파이럴 코일

- **코일 엔드 탭**

이 탭의 옵션은 코일을 생성하는데 사용되는 가상 나선형 경로의 끝 유형을 지정하는데 사용됩니다.

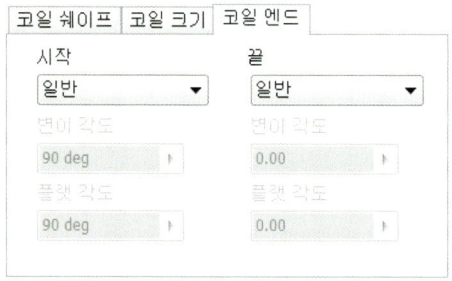

- **시작 영역**

시작 영역의 옵션은 가상 나선형 경로의 시작 부분에서 끝 유형을 지정하는데 사용됩니다. 시작 부분의 유형은 이 영역의 드롭-다운 목록에서 선택할 수 있습니다.

- **일반**

일반 옵션이 기본적으로 선택됩니다. 결과적으로 시작 영역에 다른 옵션이 활성화되지 않습니다.

- **플랫**

플랫 옵션을 선택한 경우 나선 경로의 다른 시작 부분을 지정할 수 있습니다. 시작 영역의 다른 옵션은 이 옵션을 선택한 경우에만 활성화됩니다.

- **변이 각도**

변이 각도 입력란은 코일의 시작 부분에서 코일의 변이 각도를 지정하는데 사용됩니다. 이 옵션은 코일의 회전 수와 관련되어 작동하며 일반적으로 1 회전 미만의 코일에 사용됩니다. 변이 각도의 값은 0도에서 360도까지 다양합니다.

- **플랫 각도**

플랫 각도 입력란은 코일이 코일의 시작 부분에서 변이를 넘어 연장되는 각도를 지정하는데 사용됩니다. 변이 각도의 값은 0도에서 360도까지 다양합니다.

• **끝 영역**

끝 영역의 옵션은 시작 영역에서 설명한 옵션과 유사합니다. 유일한 차이점은 이러한 옵션을 사용하여 가상 나선형 경로의 끝 섹션에서 끝 유형을 지정하는 것입니다.

- **일반**

일반 옵션이 기본적으로 선택됩니다. 결과적으로 끝 영역에 다른 옵션이 활성화되지 않습니다.

- **플랫**

플랫 옵션을 선택한 경우 나선 경로의 다른 끝 부분을 지정할 수 있습니다. 끝 영역의 다른 옵션은 이 옵션을 선택한 경우에만 활성화됩니다.

- **변이 각도**

변이 각도 입력란은 코일의 끝 부분에서 코일의 변이각도를 지정하는데 사용됩니다. 이 옵션은 코일의 회전 수와 관련되어 작동하며 일반적으로 1 회전 미만의 코일에 사용됩니다. 변이 각도의 값은 0도에서 360도까지 다양합니다.

- **플랫 각도**

플랫 각도 입력란은 코일이 코일의 끝 부분에서 변이를 넘어 연장되는 각도를 지정하는데 사용됩니다. 변이 각도의 값은 0도에서 360도까지 다양합니다.

27 스레드 생성하기

리본 메뉴/ 3D 모형 탭/ 수정 패널/ 스레드

　　　　Autodesk Inventor & Inventor Professional 2019를 사용하면 3D 모델에 직접적으로 내부 스레드 또는 외부 스레드를 생성할 수 있습니다. 내부 스레드는 형상의 내부 표면에 작성됩니다. 예를 들어, 실린더 내부의 구멍에 생성된 스레드를 내부 스레드라고 합니다. 외부 스레드는 피쳐 또는 모형의 외부 표면에 작성됩니다. 예를 들어, 볼트의 외부에 생성된 스레드를 외부 스레드라고 합니다

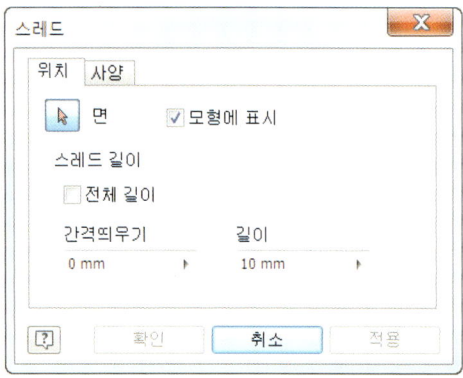

- **위치 탭**

위치 탭의 옵션은 나사의 위치, 길이 및 옵셋을 정의하는 데 사용됩니다.

- **면**

 　면 버튼은 스레드가 생성될 면을 선택하기 위해 선택됩니다. 스레드 도구를 실행하면 이 버튼은 자동으로 선택됩니다.

- **모형에 표시**

생성되지만 모형에는 표시되지 않습니다. 검색기 막대에만 표시됩니다.

- **스레드 길이 영역**

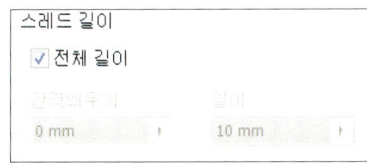

스레드 길이 영역의 옵션은 스레드 길이를 지정하는데 사용됩니다.

- **전체 길이**

 전체 길이 확인란을 사용하여 선택한 면의 길이를 통해 스레드를 만듭니다. 기본적으로 이 확인란이 선택되어 있습니다. 결과적으로 스레드 길이 영역에서 다른 옵션이 활성화되지 않습니다. 이 확인란의 선택을 취소하면 이 영역의 나머지 옵션이 활성화됩니다.

- **간격 띄우기**

 간격 띄우기 편집 상자는 스레드를 생성하기 위해 선택한 면의 시작 모서리에서 스레드의 간격 띄우기 거리를 정의하는데 사용됩니다. 기본적으로 간격 띄우기 거리 값은 0입니다. 간격 띄우기 값을 지정하면 스레드의 시작점이 스레드를 위해 선택한 면의 시작 점에서 멀리 이동합니다.

- **길이**

길이 편집 상자는 선택된 면에서 스레드가 생성될 길이를 지정하는데 사용됩니다.

Note

스레드의 길이 또는 스레드의 간격 띄우기에 대해 음의 값을 정의할 수 없습니다. 스레드를 반대 방향으로 생성하려면 마우스 커서를 반대 쪽으로 움직여서 선택합니다. 방향이 자동으로 바뀝니다.

- **사양 탭**

이 탭의 옵션은 생성될 스레드 유형과 이러한 스레드와 관련된 다른 매개 변수를 정의하는 데 사용됩니다.

- 스레드 유형

  ISO Metric profile

  스레드 유형 드롭-다운 목록은 사전 정의된 스레드 유형을 선택하는데 사용됩니다. 이러한 사전 정의된 스레드 유형은 Microsoft Excel 스프레드 시트로, 이 스프레드 시트는 Thread.xls라는 이름으로 경로에 저장되어 있습니다. 이 스프레드 시트에서 사용자 정의 스레드 유형을 추가하여 모델에서 사용할 수도 있습니다.

ANSI Unified Screw Threads	JIS Taper External
ANSI Metric M Profile	Din Taper
ISO Metric profile	DIN Pipe Taper External
ISO Metric Trapezoidal Threads	DIN Pipe Threads
Inch Tapping Threads	BSP Pipe Threads
Metric Forming Screw Threads	BSP Taper External
NPT for PVC Pipe and Fitting	GB Metric profile
NPT	GB Pipe Threads
ISO Pipe Threads	AFBMA Standard Locknuts
ISO Taper External	GOST Self-tapping Screw Thread
JIS Pipe Threads	DIN Wood Screw Thread

- 크기

  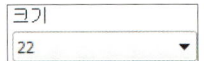

  크기 드롭-다운 목록은 나사산의 공칭 지름을 선택하는데 사용됩니다. 스레드 유형 드롭-다운 목록에서 선택된 스레드 유형에 따라 이 드롭-다운 목록의 값이 변경됩니다. 이 드롭-다운 목록에서 스레드 지름의 필수 값을 선택할 수 있습니다.

- 지정

  지정 드롭-다운 목록은 필요한 스레드의 지정을 선택하는데 사용됩니다. 지정은 스레드의 유형과 크기에 따라 다릅니다.

- 클래스

  클래스 드롭-다운 목록은 스레드가 생성될 면에 따라 미리 정의된 스레드 클래스를 선택하는데 사용됩니다.

- 오른쪽/ 왼쪽

  이 라디오 버튼은 결과 스레드가 오른쪽 방향 스레드인지 왼쪽 방향 스레드인지 여부를 지정하도록 선택됩니다. 오른쪽 나사는 시계 방향으로 회전할 때 나사를 조일 수 있게 해주는 방법입니다. 왼쪽 나사는 반 시계 방향으로 회전할 때 나사를 조일 수 있도록 하는 방법입니다.

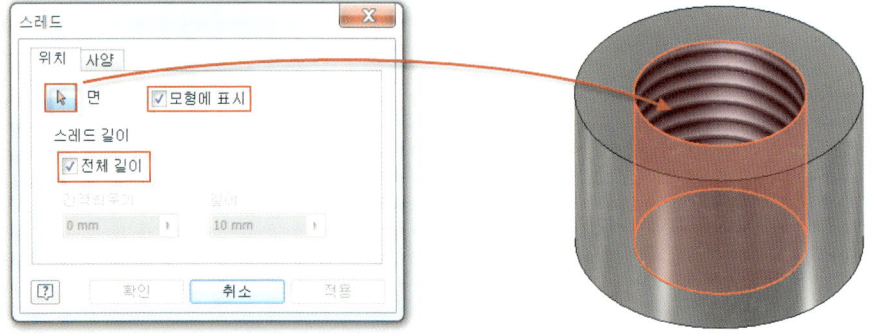

chapter 05 매개변수를 활용한 3D 형상 모델링

〈그림 5-116〉 내부 스레드

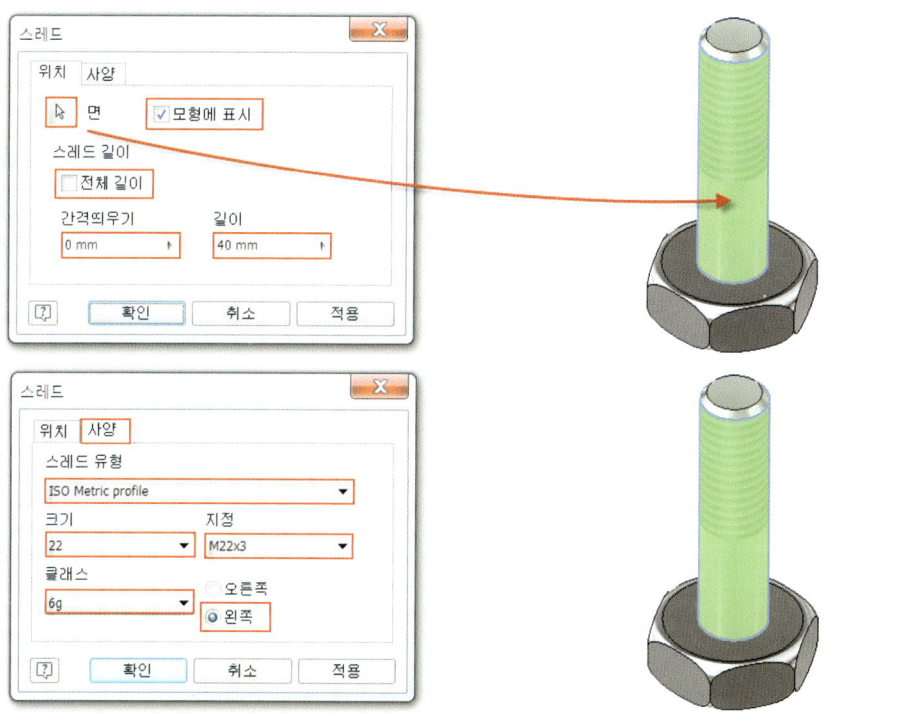

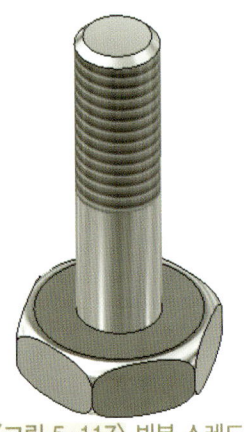

〈그림 5-117〉 뵈부 스레드

※ 마우스 커서의 위치에 따라 모형에 스레드 표시의 위치가 달라집니다.

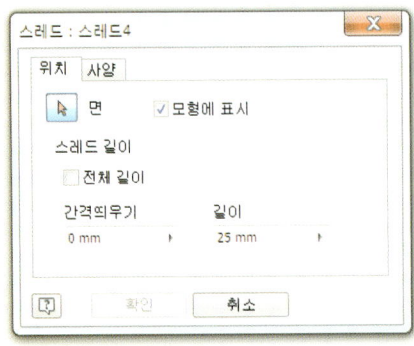 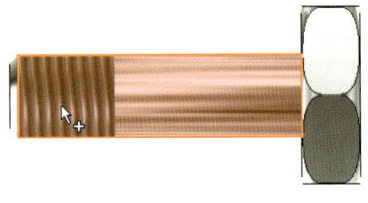

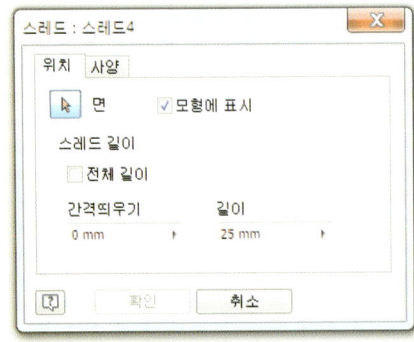 

Note

일부 스레드 유형의 경우에는 지정 및 클래스 드롭-다운 목록을 사용할 수 없습니다.

chapter 05 매개변수를 활용한 3D 형상 모델링

28 쉘 생성하기

리본 메뉴/ 3D 모형 탭/ 작성 패널/ 코일

쉘은 모형에서 재료를 긁어내어 그것을 속이 비우는 과정입니다. 결과 모델은 캐비티가 있는 벽의 구조가 됩니다. 모델의 일부 면을 제거하거나 일부 벽면에 다른 벽 두께를 적용할 수도 있습니다. 그림 8-73은 일정한 포격과 전면이 제거 된 모델을 보여줍니다. 쉘 도구는 쉘 피쳐를 만드는데 사용됩니다.

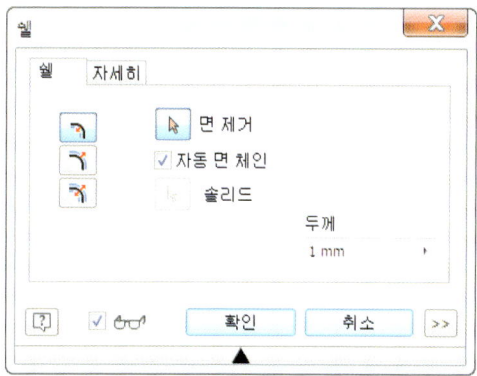

- 면 제거

 면 제거 버튼은 모델에서 제거할 면을 선택하는데 사용됩니다. 쉘 대화 상자를 호출하면 이 버튼이 기본적으로 선택됩니다. 선택한 면이 강조 표시됩니다.

- 자동 면 체인

 자동 면 체인 확인란을 선택한 상태에서 면을 선택하면 선택한 면에 접선으로 연결된 모든 면이 자동으로 선택됩니다.

- 솔리드

 솔리드 버튼은 그래픽 창에서 여러 부분 본체에서 본체를 선택하는데 사용됩니다.

- 두께

두께 편집 상자는 결과 쉘 모델의 벽 두께를 지정하는데 사용됩니다.

- 내부

내부 버튼은 쉘 대화 상자의 쉘 탭 왼쪽에 제공된 영역의 첫 번째 단추입니다. 이 버튼은 모델의 외부 면을 기준으로 내부 벽 두께를 정의하기 위해 선택됩니다. 이 경우 모델의 외부 면은 생성되는 쉘 피쳐의 외부 벽으로 간주됩니다.

- **외부**

     외부 버튼은 내부 버튼 아래에 제공되며 바깥쪽 면을 기준으로 모델 바깥쪽 벽 두께를 정의하기 위해 선택됩니다. 이 경우, 모델의 외부면은 쉘 피쳐의 내부 벽으로 간주됩니다.

- **양쪽**

     양쪽 버튼은 외부 버튼 아래에 제공되며 모델 외부 면 기준으로 안쪽 및 바깥쪽 두 방향 모두에서 벽 두께를 똑같이 계산하도록 선택됩니다.

- **자세히 버튼**

  이 버튼에는 두 개의 화살표가 있으며 쉘 대화 상자의 오른쪽 아래 구석에 제공됩니다. 이 버튼을 선택할 때 Shell 대화 상자가 확장되어 고유면 두께 영역을 표시합니다. 이 영역의 옵션을 사용하여 면을 선택하고 서로 다른 벽 두께를 적용할 수 있습니다.

- **자세히 탭**

  아래 그림은 자세히 탭의 옵션에 관한 것입니다.

- **근사치 허용**

  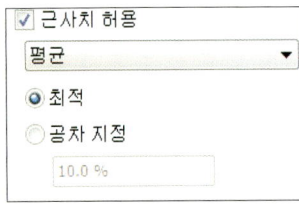 이 확인란은 모델의 정확한 두께 또는 옵셋 솔루션을 결정할 수 없는 경우 Autodesk Inventor & Inventor Professional 2019에서 일부 가정을 하도록 선택됩니다. 이 확인란을 선택하면 이 영역의 옵션이 활성화됩니다. 이 영역의 드롭-다운 목록은 수행할 근사치 유형을 지정하는데 사용됩니다.

  이 드롭-다운 목록에서 너무 얇지 않음, 너무 두껍지 않음 및 평균 옵션을 선택할 수 있습니다.

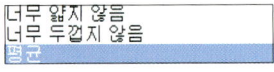

- **최적 라디오 버튼**

  이 버튼은 최소 시간이 요구되는 최적의 근사값을 만들기 위해 선택됩니다.

• **공차 지정 라디오 버튼**

이 버튼을 선택하면 근사값을 만드는데 사용할 공차를 지정할 수 있습니다. 허용 오차가 더 크면 기능을 계산하는 데 필요한 시간이 증가합니다.

• **내부 면 제거**

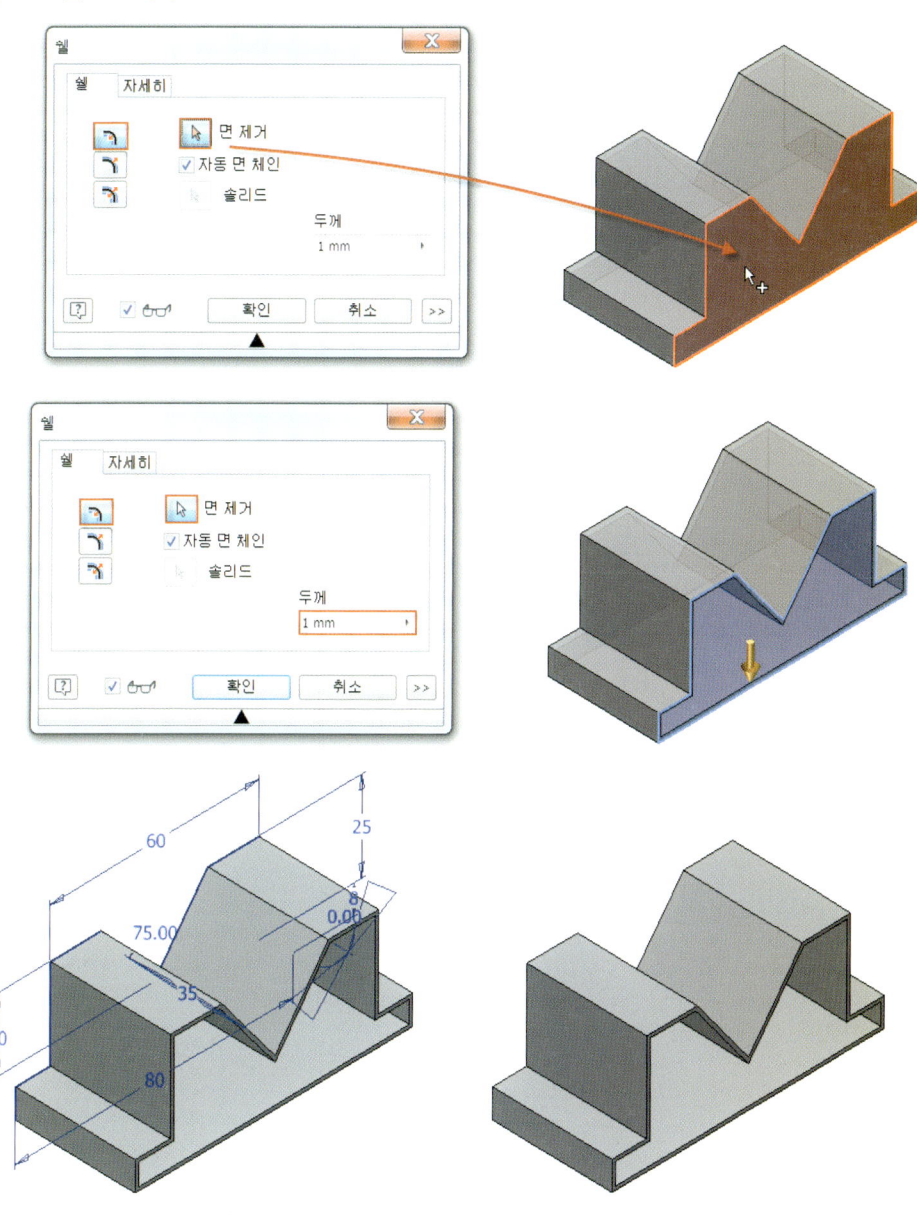

〈그림 5-118-A〉 내부 면 제거를 통한 쉘 작업

• 외부 면 제거

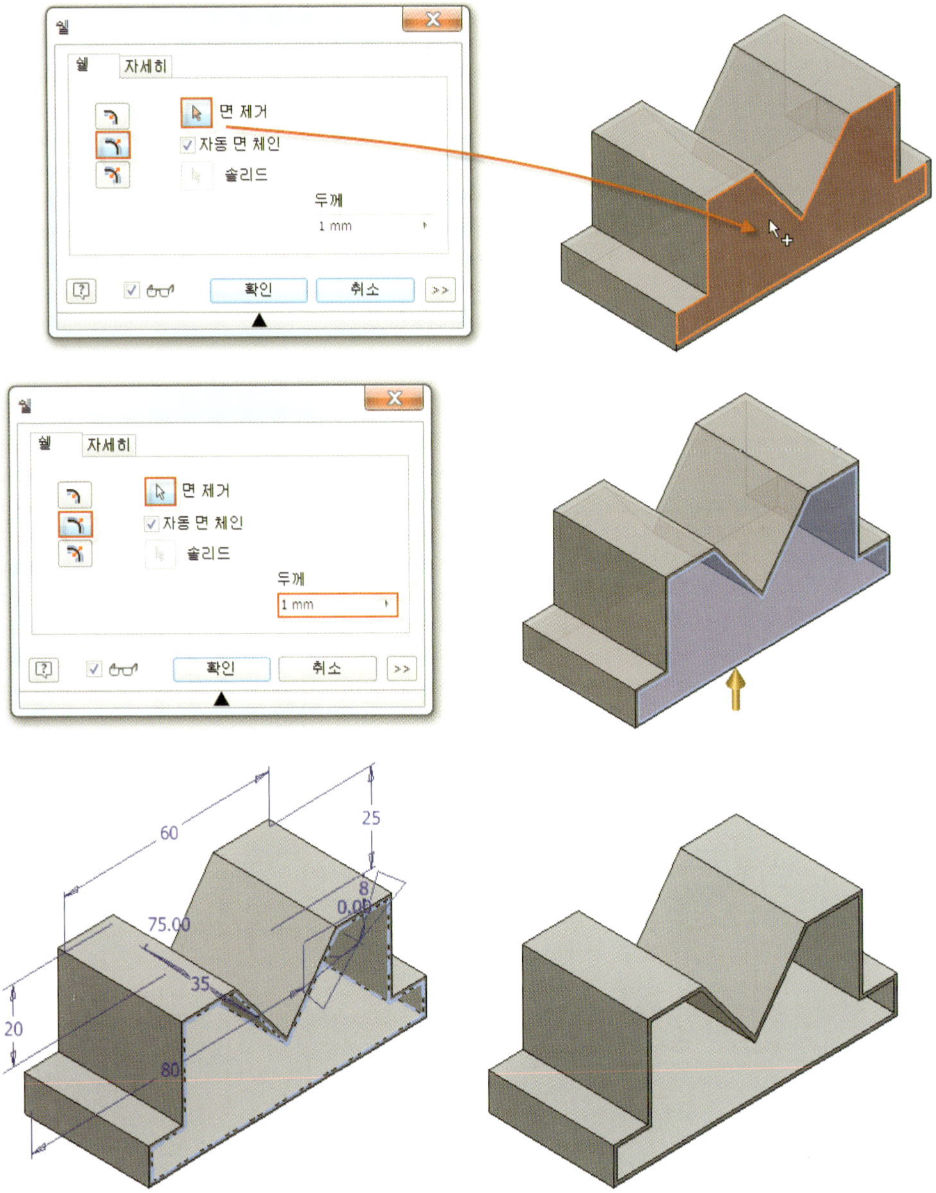

〈그림 5-118-B〉 외부 면 제거를 통한 쉘 작업

chapter 05 매개변수를 활용한 3D 형상 모델링

• 양쪽 면 제거

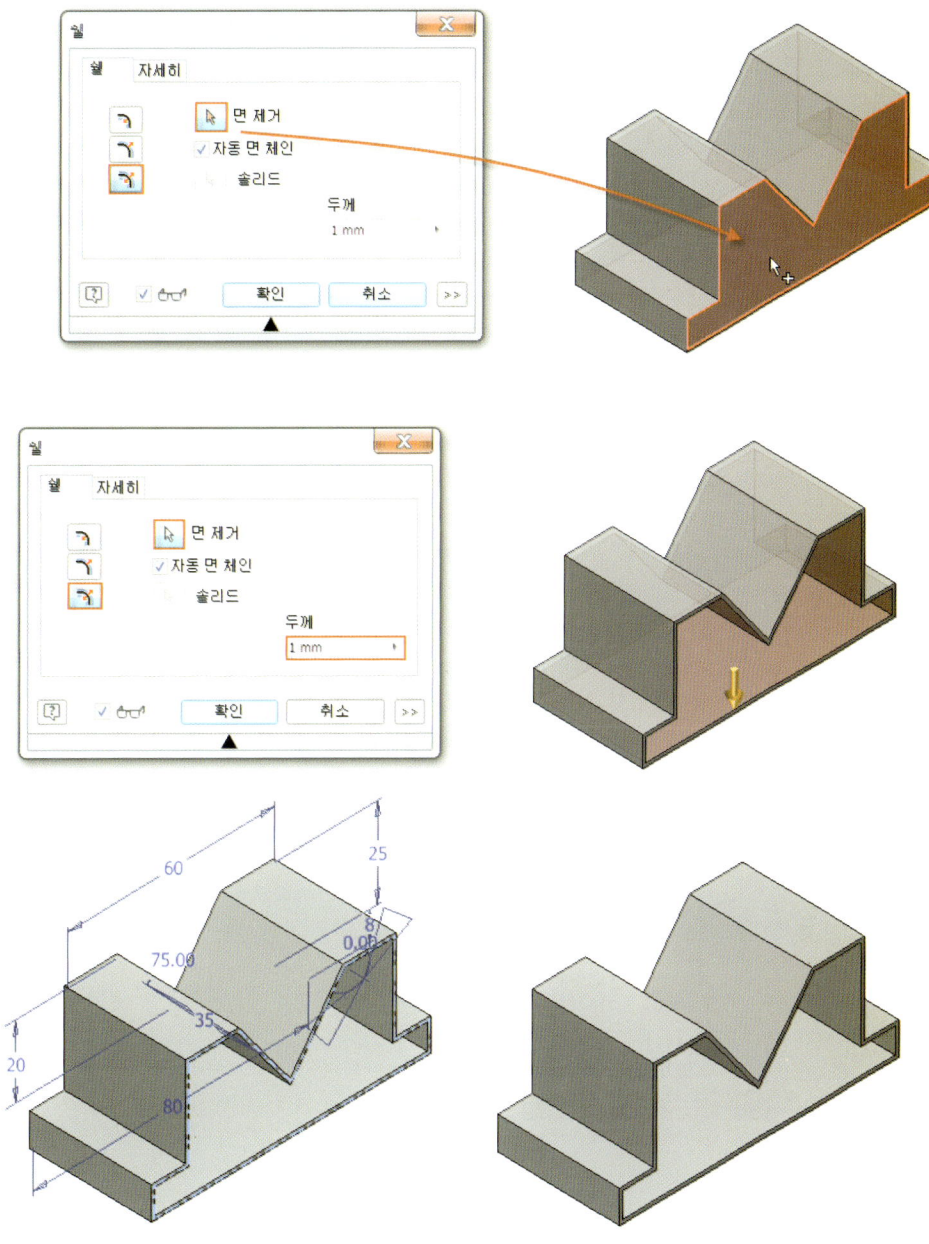

〈그림 5-118-C〉 양쪽 면 제거를 통한 쉘 작업

• 고유 면 두께 적용

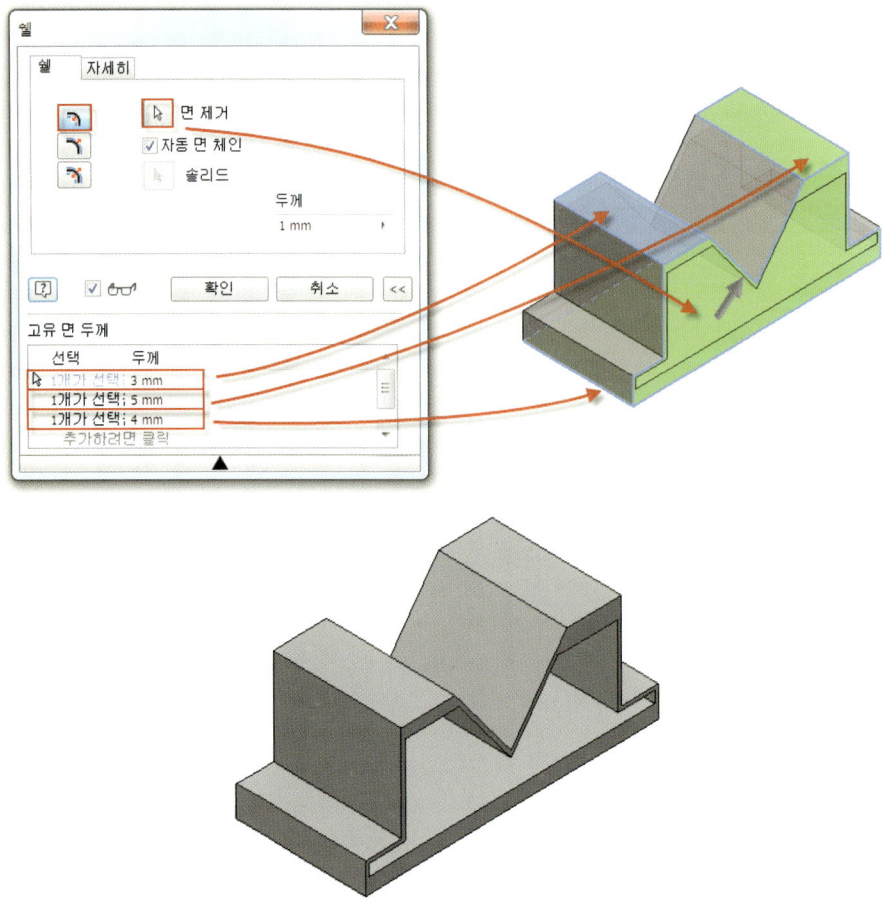

〈그림 5-118-D〉 고유 면 두께 적용을 통한 쉘 작업

29 제도(면 기울기) 활용하기

리본 메뉴/ 3D 모형 탭/ 수정 패널/ 제도

제도는 제조 과정에서 캐스팅을 쉽게 제거 할 수 있도록 모델 외면에 테이퍼를 주는 과정입니다. 제도 도구를 사용하여 면 기울기를 추가할 수 있습니다.

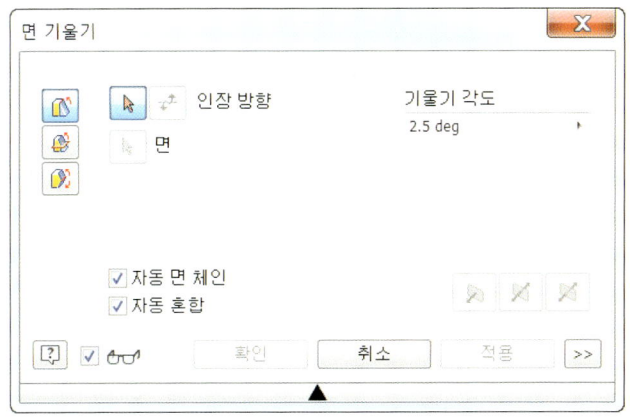

- **고정된 모서리**

  이것은 제도 대화 상자의 왼쪽에 있는 첫 번째 버튼입니다. 고정 모서리 버튼은 모서리를 사용하여 면 기울기를 할 때 선택됩니다. 면 기울기를 생성하기 위해 선택한 모서리에 접하는 모든 모서리가 자동으로 선택됩니다.

- **고정된 평면**

  고정된 평면 버튼은 고정된 모서리 버튼 아래에 있습니다. 이 버튼은 고정된 평면을 사용하여 면 기울기를 생성하는데 사용됩니다.

- **분할선**

  분할선 기울기가 모델에 적용되고 분할 선을 가로 질러 기울기가 되는 것입니다. 그림 8-83은 분리 선 단추가 선택된 Face Draft 대화 상자를 보여줍니다.

- **인장 방향/ 고정된 평면**

  이것은 제도 대화 상자의 중앙에 있는 영역에서 사용할 수 있는 첫 번째 단추입니다. 고정 모서리 또는 고정 평면 버튼 중 어떤 것을 선택 하느냐에 따라 이 버튼의 이름은 인장 방향 또는 고정된 평면이 됩니다. 이 버튼은 고정 모서리인 경우에는 인장 방향으로. 고정된 평면의 경우에는 기울기 면을 정의하는데 사용됩니다. 인장 방향은 면 기울기를 적용할 평면에 의해 정의된 방향입니다. 선택한 면의 기울기 각도는 인장 방향을 정의하기 위해 선택한 평면을 사용하여 계산됩니다. 인장 방향을 정의하기 위해서 평면이나 모서리를 선택하면 화살표가 표시됩니다. 이 화살표는 기울기 각도를 적용하기 위한 인장 방향을 정의합니다. 인장 방향 버튼의 오른쪽에 제공된 반전 방향 버튼을 선택하여 인장 방향을 바꿀 수 있습니다. 또는 조작자를 원하는 방향으로 당길 수 있습니다.

- **면**

  면 버튼은 기울기 각도가 적용될 면을 선택하기 위해 선택됩니다. 선택한 면에 접하는 평면이있는 경우면 기울기 적용을 위해 선택됩니다. 인장 방향을 선택하면 이 버튼이 자동으로 선택되며 면 및 고정 모서리를 선택하여 면 기울기를 적용합니다. 커서를 면 가까이에 놓으면 강조 표시되고 해당 면을 선택할 때 화살표가 표시됩니다. 이 화살표는 기울기 각도가 적용될 방향을 정의합니다. 면을 선택하는데 사용되는 점에 따라 인장 방향과 평행한 가장 가까운 모서리가 선택됩니다. 이 모서리는 고정 모서리로 정의됩니다. 기울기 각도의 방향은 이 고정 모서리를 사용하여 계산됩니다.

- **기울기 각도**

  기울기 각도 입력란은 선택한 면의 기울기 각도를 지정하는데 사용됩니다. 기울기 각도의 값은 90도 미만이어야 합니다.

- **자동 면 체인/ 자동 혼합**

  자동 면 체인

  면이 다른 면에 접하면 접하는 모든 면이 강조 표시됩니다. 개별 면을 선택하려면 자동 면 체인을 사용하지 않도록 설정합니다.

- **자동 혼합**

  모깎기 등의 인접 혼합 피쳐를 유지하려면 자동 혼합을 선택합니다. 기울기에 혼합 피쳐가 포함되지 않도록 하려면 자동 혼합을 끕니다.

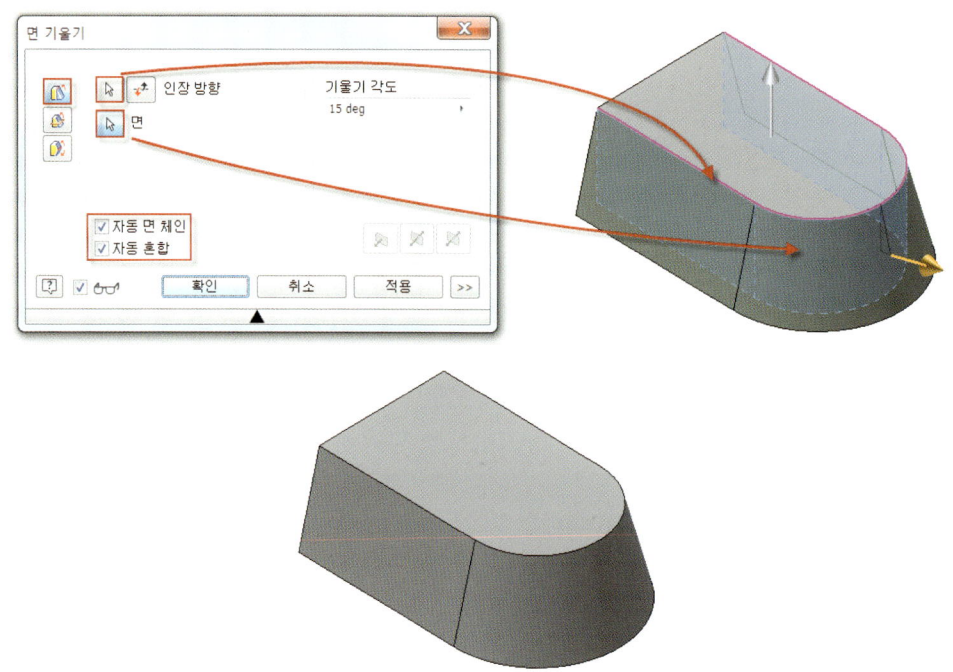

〈그림 5-119-A〉 고정된 모서리를 기준으로 면 기울기

chapter 05 매개변수를 활용한 3D 형상 모델링

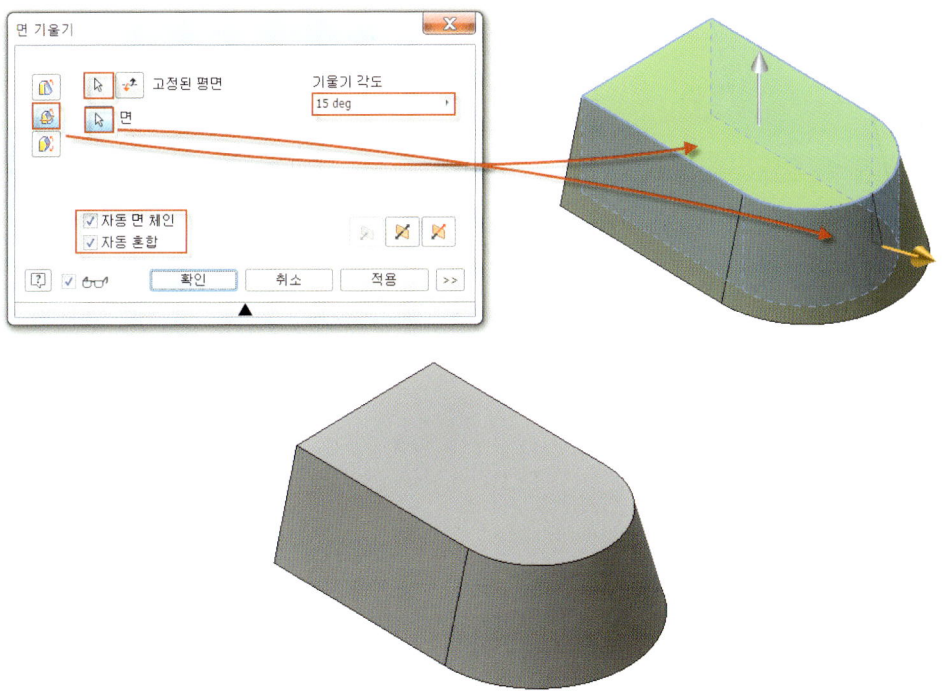

〈그림 5-119-B〉 고정된 면을 기준으로 면 기울기

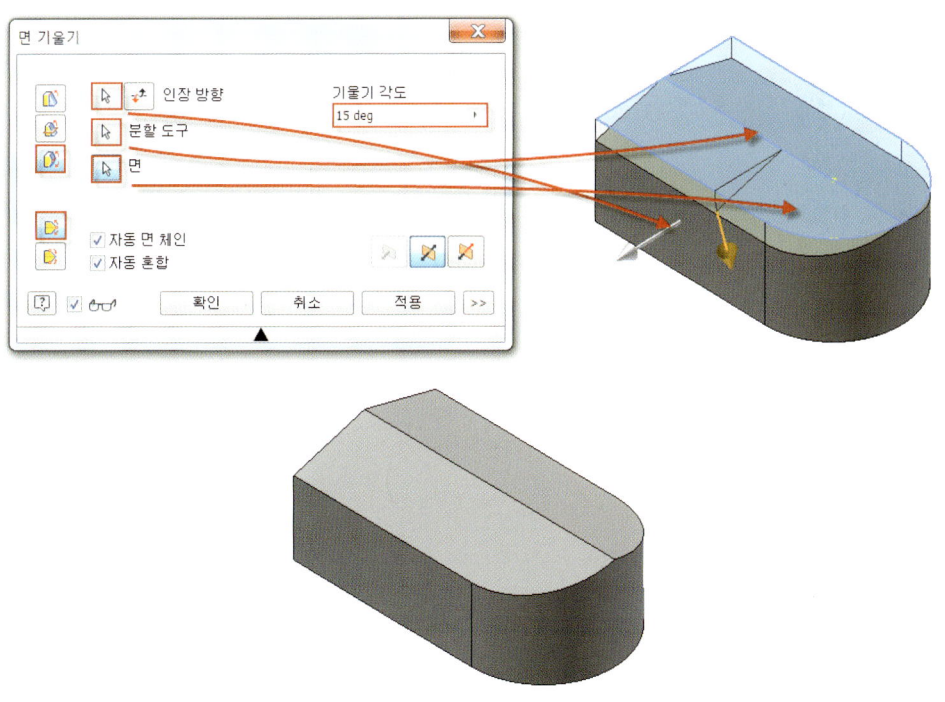

〈그림 5-119-C〉 분할 선을 기준으로 15도 면 기울기

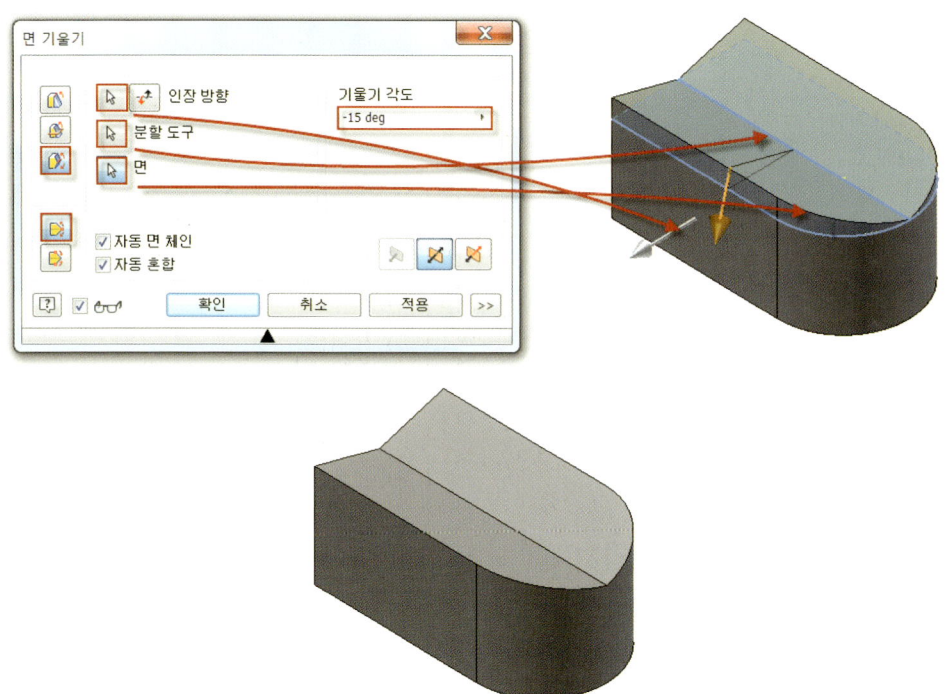

〈그림 5-119-D〉 분할 선을 기준으로 -15도 면 기울기

30 분할 활용하기

리본 메뉴/ 3D 모형 탭/ 수정 패널/ 분할

분할 도구는 전체 파트 또는 부품의 면을 분할하는 데 사용할 수 있습니다.

● 면 분할

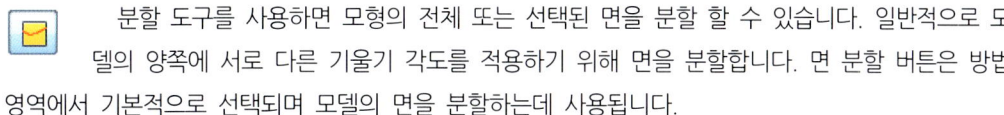 분할 도구를 사용하면 모형의 전체 또는 선택된 면을 분할 할 수 있습니다. 일반적으로 모델의 양쪽에 서로 다른 기울기 각도를 적용하기 위해 면을 분할합니다. 면 분할 버튼은 방법 영역에서 기본적으로 선택되며 모델의 면을 분할하는데 사용됩니다.

● 분할 도구

분할 도구 버튼은 모델의 면을 분할하는데 사용할 도구를 선택하기 위해 선택됩니다. 면을 분할하는데 사용할 수 있는 도구는 스케치 선, 모델의 기존 면, 곡면 또는 작업 평면입니다.

Tip

스케치 된 선을 사용하여 모형의 면을 분할하려면 스케치된 선이 현재 형태로 분할할 면과 교차하거나 스케치된 면에 수직으로 투영될 때를 확인해야 합니다.

● 면

이 버튼은 분할할 면을 선택하기 위해 선택됩니다.

● 면 영역

이 영역의 옵션은 분할할 모델의 모든 면을 선택하거나 분할할 면을 지정하는데 사용됩니다.

 전체: 모든 면 전체를 분할하는 것입니다.
 선택: 선택한 면만 분할하는 것입니다.

● 솔리드 자르기

면 분할 이외에도 분할 대화 상자를 사용하여 솔리드를 자를 수 있습니다. 이렇게 하려면 분할 대화 상자에서 솔리드 자르기 버튼을 선택한 다음 자를 부품을 선택합니다. 그런 다음 필요한 스케치, 평면 또는 곡면을 분할 도구로 선택한 다음 확인을 선택하면 솔리드가 분할이 됩니다.

● 분할 도구

분할 도구 단추는 자르기 도구로 사용될 요소를 선택하기 위해 선택됩니다.

● 솔리드

이 버튼은 그래픽 창에서 여러 본체의 피쳐 생성에 참여하는 본체를 선택하기 위해 선택됩니다.

- **제거**

   이 영역의 버튼은 분할하는 동안 제거할 모델 부분을 선택하는데 사용됩니다. 분할 도구를 선택하면 화살표가 모델에 나타납니다. 이 화살표는 분할 후 제거할 모델 부분을 가리킵니다. 모델에서 다른 부분을 제거하려면 제거 영역에서 다른 버튼을 선택합니다.

- **솔리드 분할**

   솔리드 분할 도구는 솔리드를 분할하는데 사용됩니다. 분할 대화 상자에서 솔리드 분할 버튼을 선택하면 됩니다. 이 버튼을 선택할 때 부품 분할과 관련된 옵션이 표시됩니다.

- **분할 도구**

   분할 도구 단추는 자르기 도구로 사용될 요소를 선택하기 위해 선택됩니다.

- **솔리드**

   이 비튼은 그래픽 창에서 여러 본체의 피쳐 생성에 참여하는 본체를 선택하기 위해 선택됩니다.

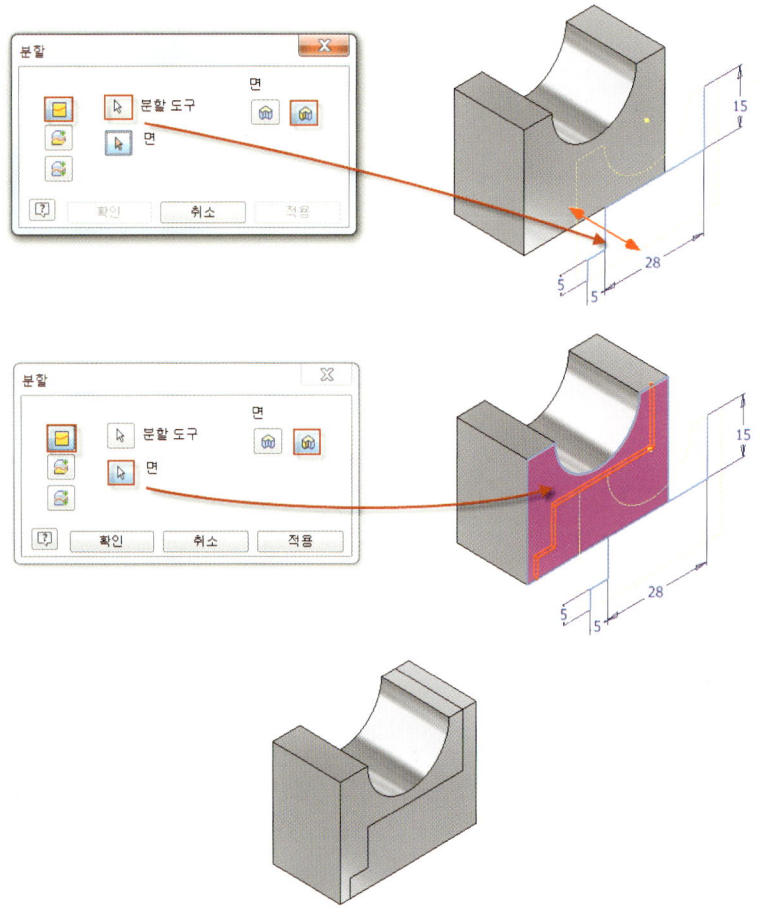

〈그림 5-120-A〉 면 분할 도구를 이용한 선택 면 분할하기

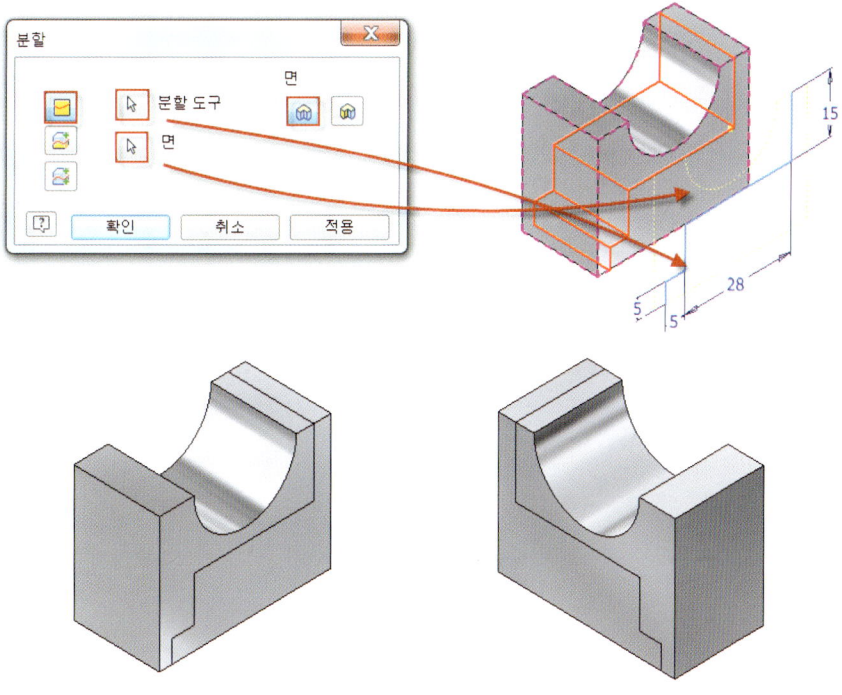

〈그림 5-120-B〉 면 분할 도구를 이용한 면 전체 분할하기

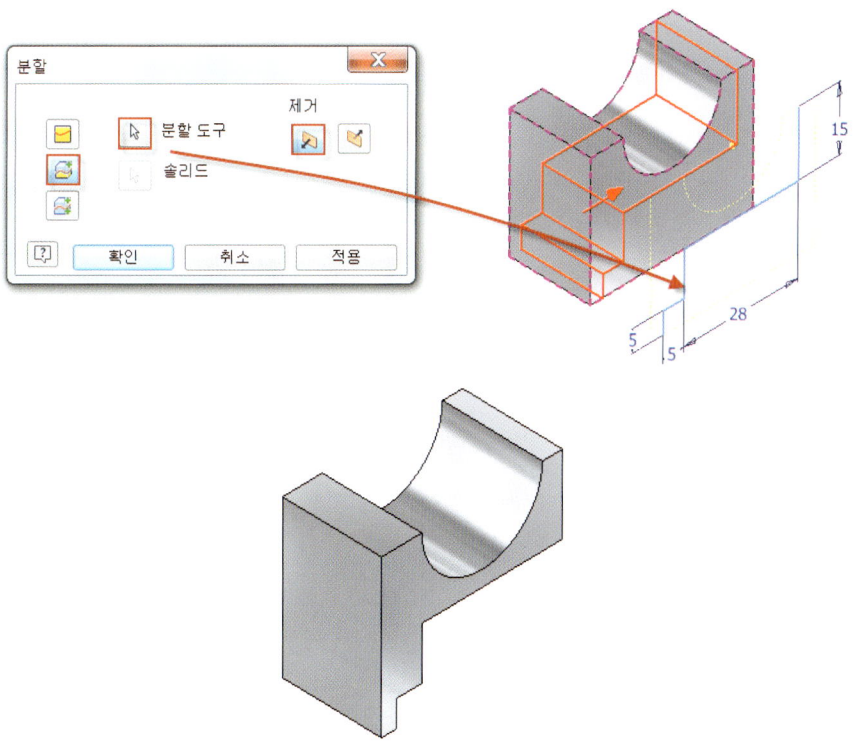

〈그림 5-120-C〉 솔리드 자르기 도구를 이용한 솔리드 분할하기

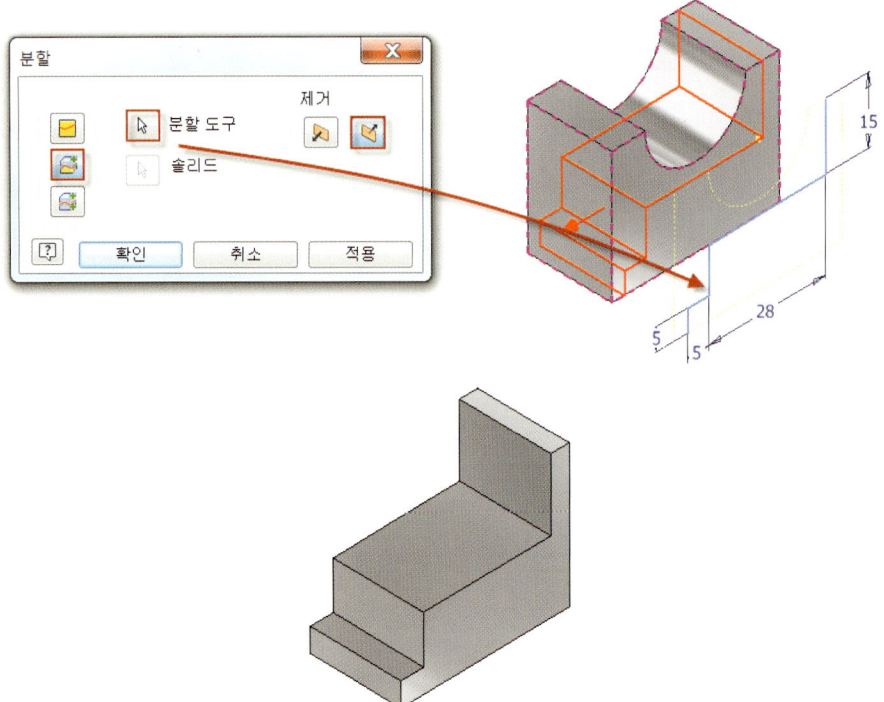

〈그림 5-120-C〉 솔리드 자르기 도구를 이용한 솔리드 분할하기(방향 반대)

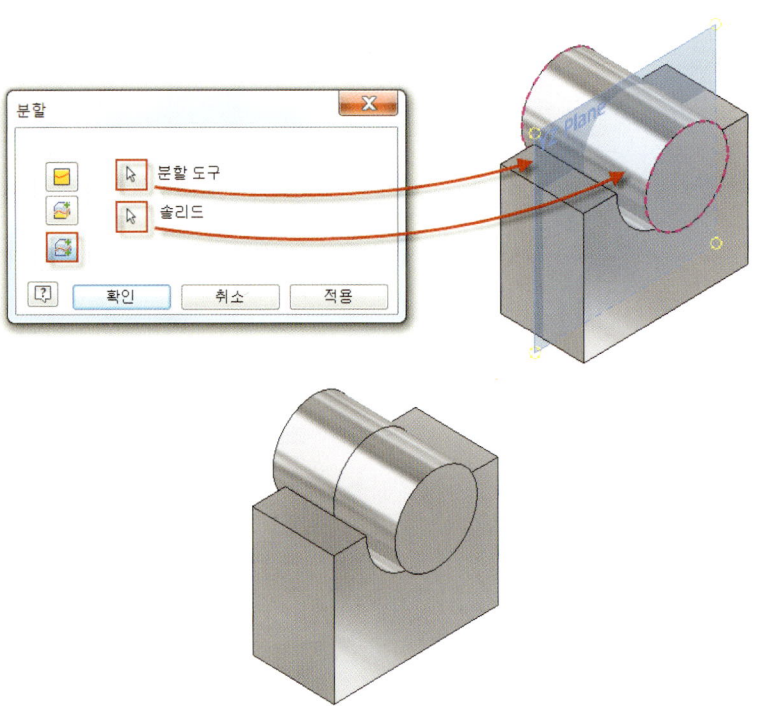

〈그림 5-120-D〉 솔리드 분할 도구를 이용한 솔리드 분할하기

31 자르기 활용하기

리본 메뉴/ 3D 모형 탭/ 곡면 패널/ 자르기

자르기 도구는 다른 곡면, 교차하지 않는 스케치, 작업 평면 또는 기존 모델의 면을 사용하여 곡면을 자르는데 사용됩니다. 이 도구를 클릭하면 곡면 자르기 대화 상자가 표시됩니다.

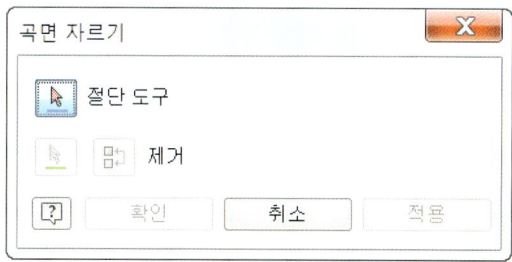

- **절단 도구**

 절단 도구로 사용할 곡면, 작업 평면 또는 스케치를 선택합니다..

- **제거**

 절단 도구를 클릭한 다음 제거할 면을 선택합니다. 제거할 면 위로 커서를 이동하면 커서가 강조 표시됩니다. 면을 클릭하여 선택하고, 선택한 곡면 부분이 초록색으로 강조 표시됩니다. 반전 버튼을 선택하여 절단 도구의 다른 면에 있는 곡면 부분을 선택할 수 있습니다.

- **선택 반전 버튼**

선택 반전 버튼은 제거 버튼의 오른쪽에 있으며 제거 할 면을 선택한 후에 활성화됩니다.

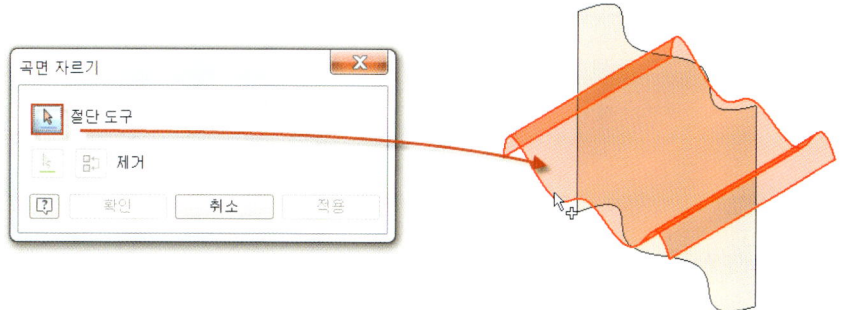

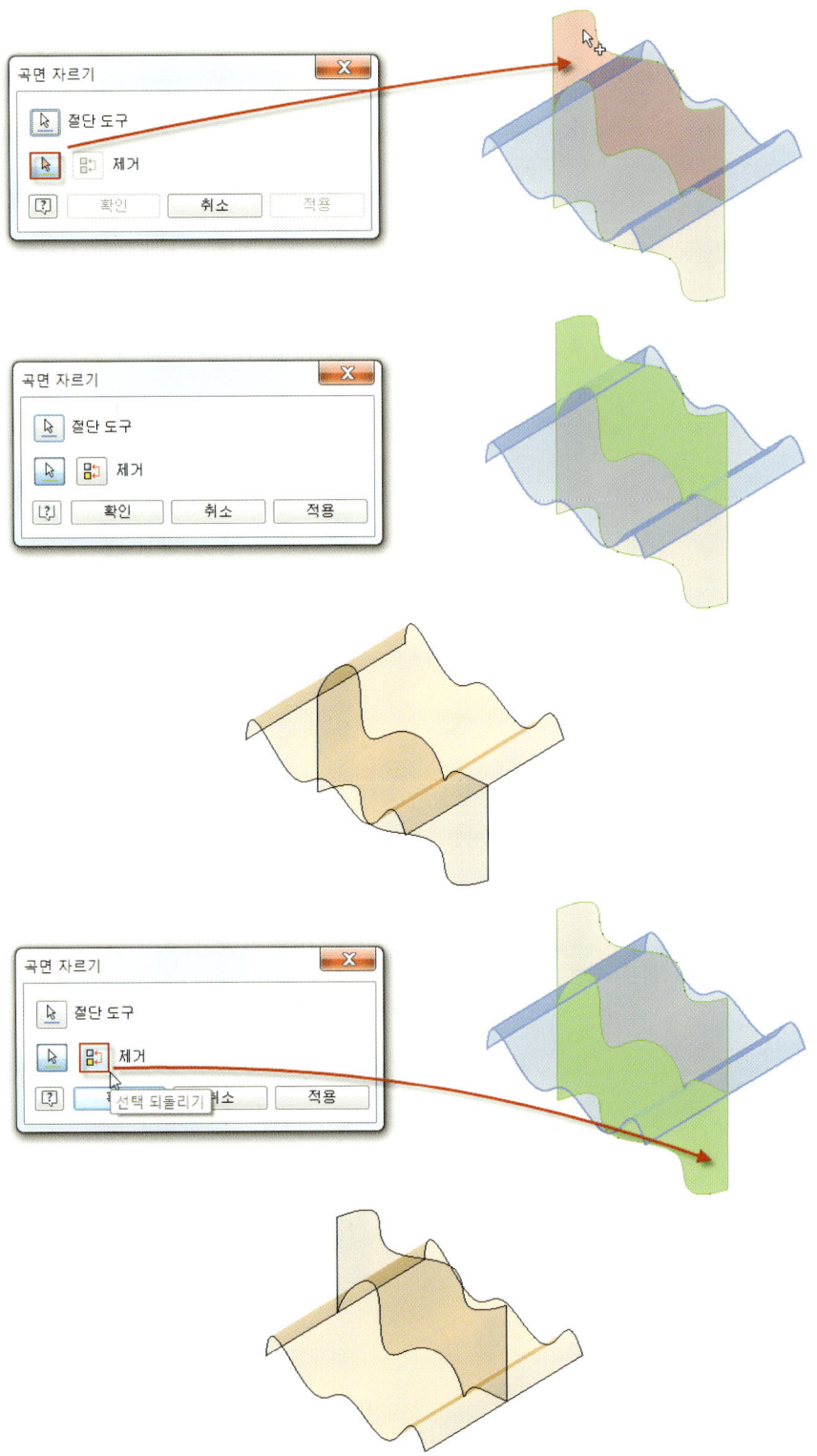

〈그림 5-121〉 곡면을 절단 도구로 사용하여 곡면 자르기

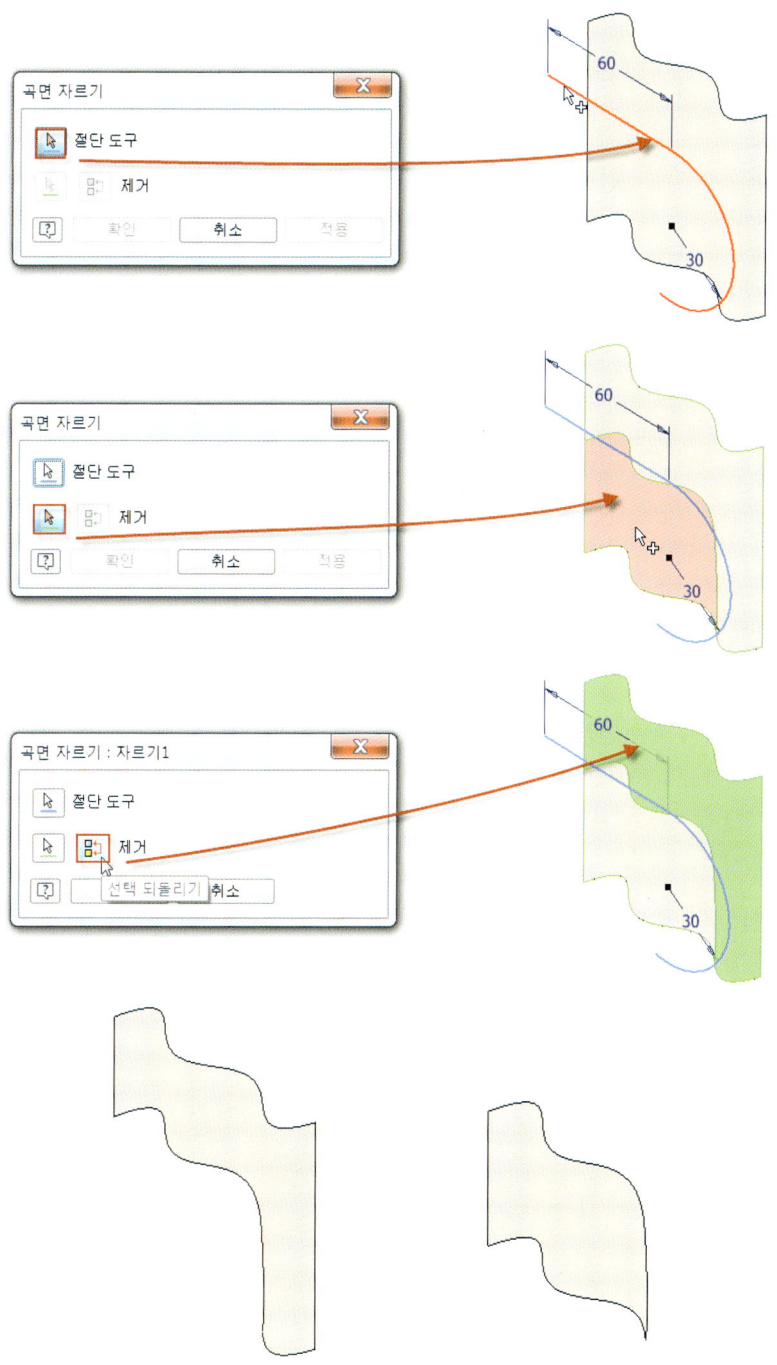

〈그림 5-122〉 스케치를 절단 도구로 사용하여 곡면 자르기

32 곡면 연장 활용하기

리본 메뉴/ 3D 모형 탭/ 곡면 패널/ 곡면 연장

곡면 연장 도구를 사용하여 곡면의 가장자리를 연장하거나 늘일 수 있습니다. 이 도구를 호출하면 곡면 연장 대화 상자가 표시됩니다.

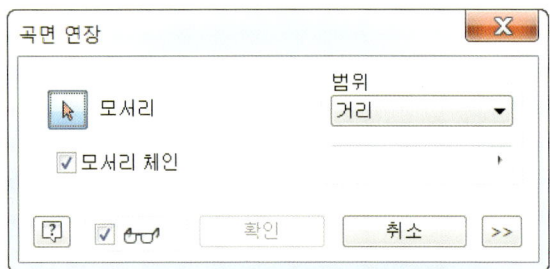

- **모서리**

이 버튼은 곡면 연장 대화 상자를 호출할 때 기본적으로 선택됩니다. 늘이거나 늘일 모서리를 선택하는데 사용됩니다. 모서리를 선택하면 화살표와 함께 확장 프로그램의 미리 보기가 표시됩니다. 확장을 지정하려면 화살표를 드래그하면 됩니다. 또는 범위 드롭-다운 목록 편집 상자에 연장을 지정합니다.

- **모서리 체인**

이 확인란을 선택하면 선택한 모서리에 접선 방향으로 연결된 모든 모서리도 선택됩니다.

- **범위**

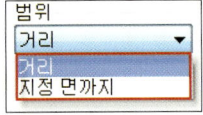
이 영역에는 연장된 곡면이나 늘려진 곡면의 값을 지정하는 옵션이 있습니다. 이 영역의 드롭-다운 목록에서 거리 또는 지정 면까지 옵션을 선택할 수 있습니다.

- **자세히 버튼**

이 버튼은 대화 상자의 오른쪽 하단에 있습니다. 이 버튼을 클릭하면 곡면 연장 확장 대화 상자가 확장되어 모서리 확장 영역을 표시합니다.

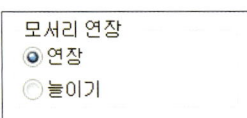

- **연장**

이 라디오 버튼은 기본적으로 선택됩니다. 결과적으로, 곡면은 선택된 모서리에 인접한 모서리의 방향을 따라 연장됩니다. 모서리는 곡면의 상부 모서리에 인접한 수직 모서리들의 방향을 따라 연장됩니다.

- **늘이기**

이 라디오 버튼은 3D 공간에서 펼쳐서 곡면을 연장하기 위해 선택됩니다. 모서리가 3D 공간에서 비례적으로 확장됩니다.

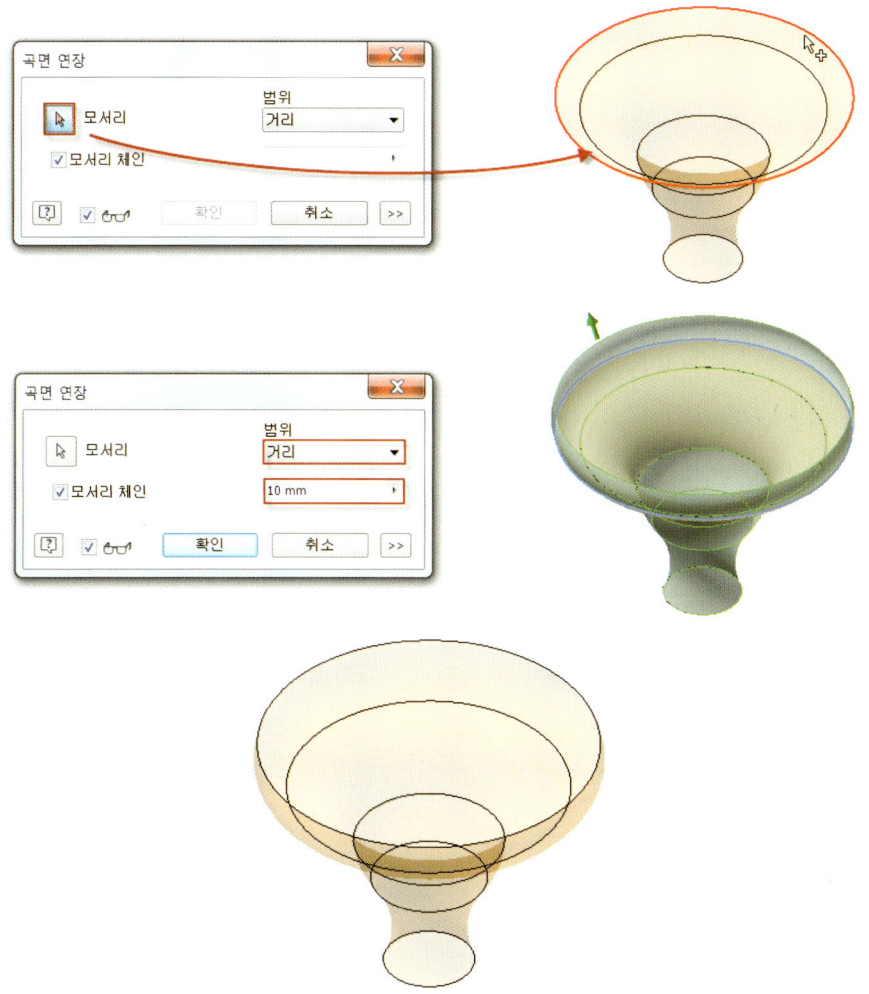

〈그림 5-123〉 곡면 연장 도구를 사용하여 곡면 연장하기

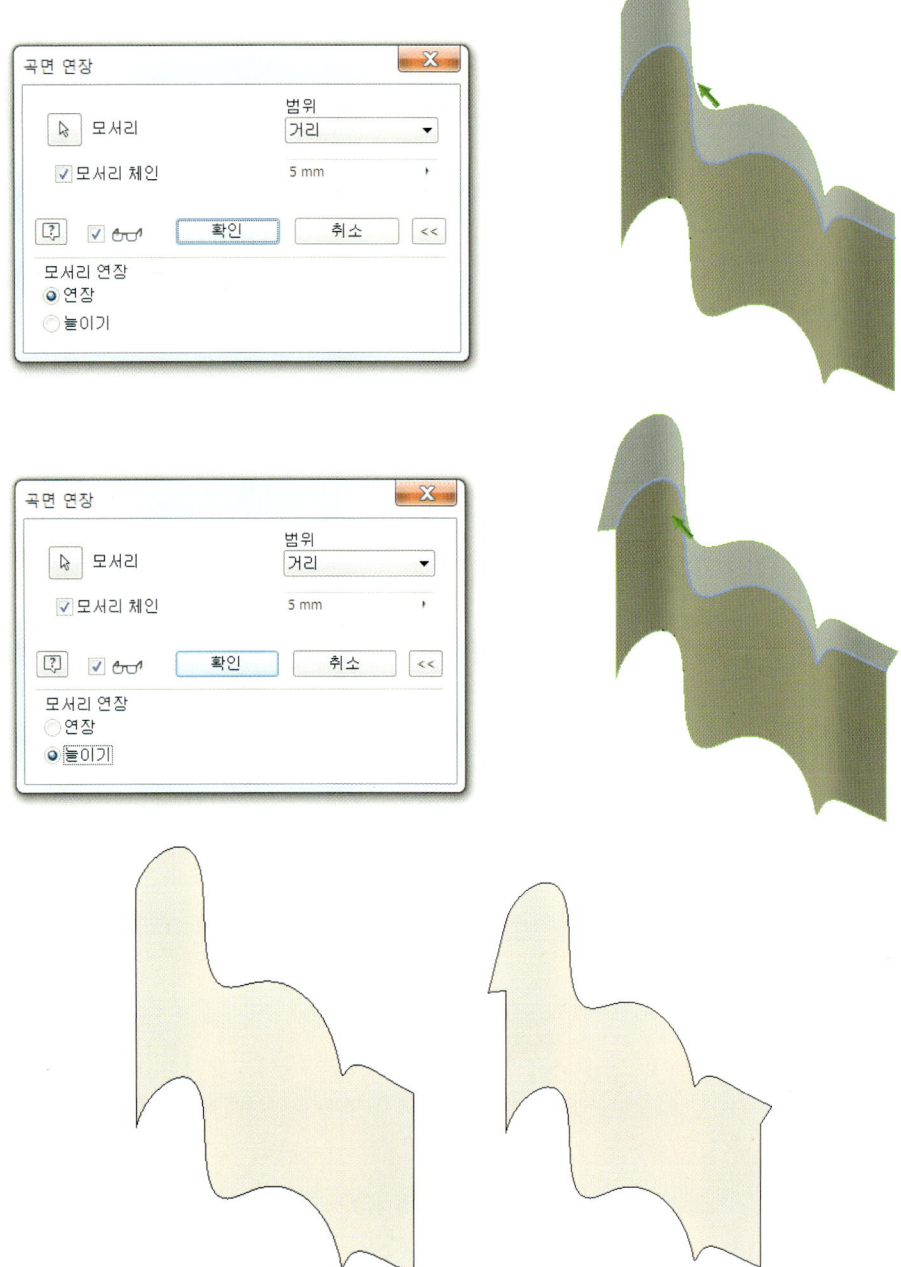

〈그림 5-124〉 모서리 연장 또는 늘이기 옵션을 사용하여 곡면 연장하기

33 면 삭제 활용하기

리본 메뉴/ 3D 모형 탭/ 수정 패널/ 면 삭제

모델이나 곡면에서 하나 이상의 평면 또는 비 평면 덩어리를 삭제할 수 있습니다. 삭제하도록 선택된 면에 따라 결과 모델이 곡면으로 변환됩니다. 인접 면을 연장하고 교차시켜 곡면이 치유되도록 할 수도 있습니다. 이 도구는 면을 제거하지 않고 쉘 도구를 사용하여 작성한 중공 모델을 채울 때도 사용할 수 있습니다.

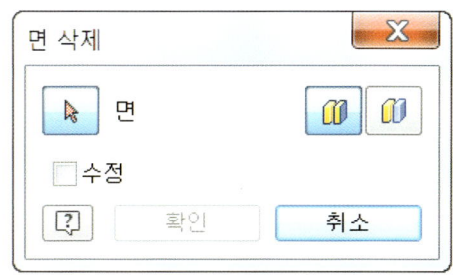

- 면

면 버튼은 삭제할 면을 선택하는 데 사용됩니다.

- 개별 면 선택

개별 면 선택 버튼은 삭제할 개별 면을 선택하기 위해 선택됩니다.

- 덩어리 또는 보이드 선택

덩어리 또는 보이드 선택 버튼은 덩어리 또는 보이드를 선택하는 데 사용됩니다. 일반적으로 이 버튼은 개별적으로 삭제할 수 없는 덩어리 또는 빈 면을 삭제하는 데 사용되는 것입니다.

- 수정

수정 확인란을 선택하면 인접한 면이 연장되고 만나서 삭제된 면이 수정됩니다. 예를 들어, 모 깎기 또는 모따기된 면을 삭제하고 이 확인란을 선택하면 모깎기 또는 모따기를 형성하는 인접 면이 연장되어 손실된 면을 복구하는 것입니다. 면을 수정할 때 모델은 곡면 모델로 변환되지 않습니다.

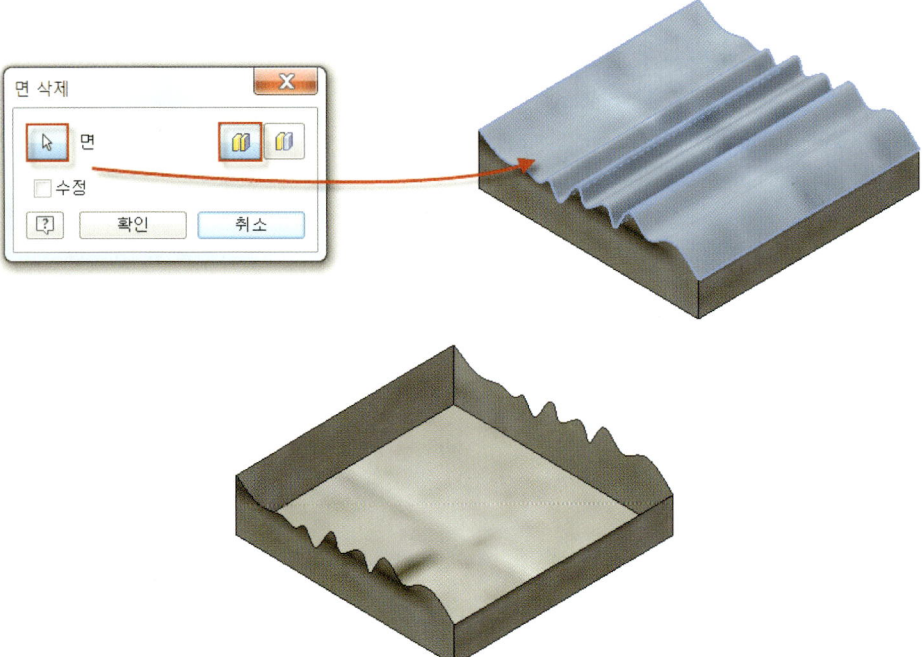

〈그림 5-125〉 분할된 윗면을 선택하여 면 삭제하기

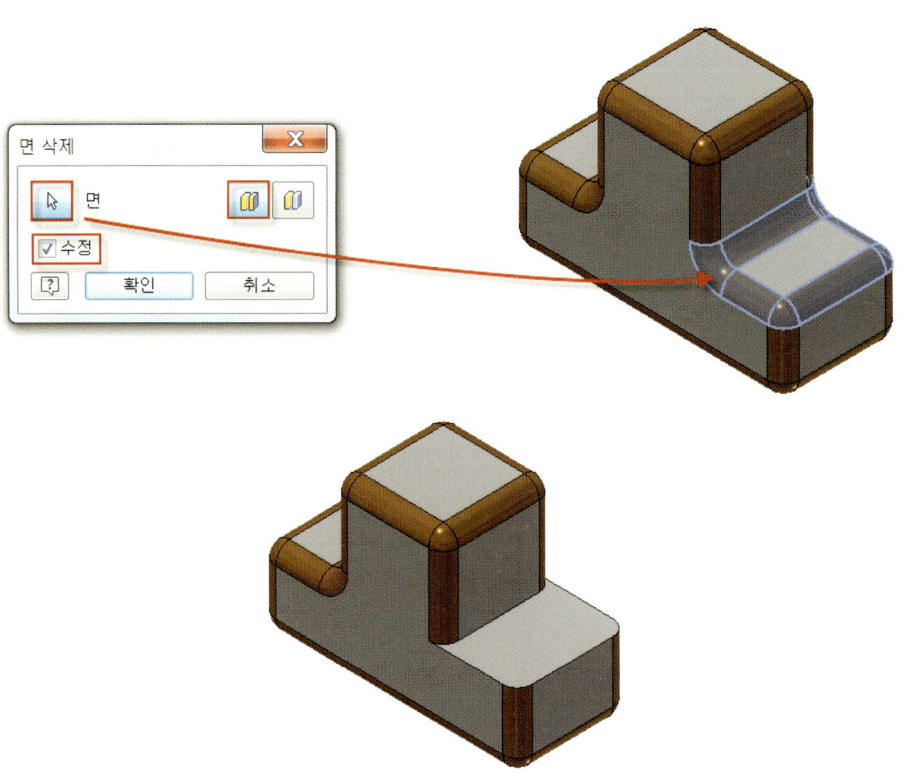

〈그림 5-126〉 수정 체크 후 모깎기가 된 면을 선택하여 면 삭제하기

chapter 05 매개변수를 활용한 3D 형상 모델링

34 면 대체 활용하기

리본 메뉴/ 3D 모형 탭/ 곡면 패널/ 면 대체

모델의 선택된 면을 하나 이상의 선택된 곡면 또는 작업 평면으로 대체할 수 있습니다. 곡면은 대체 할 전체 면과 교차해야 합니다. 이 도구는 모형에서 형상을 제거할 뿐만 아니라 모형의 프로파일과 일치하도록 모형에 형상을 추가하는데도 사용됩니다. 이것은 곡면을 사용하여 부품을 분할하는 것과 면을 대체하는 것의 기본적인 차이입니다. 반면에 부품을 분할하는 것은 모델에 형상만 제거할 뿐 형상을 추가하지는 않습니다. 면을 대체하기 위해서는 면을 하나 이상 선택해야만 합니다.

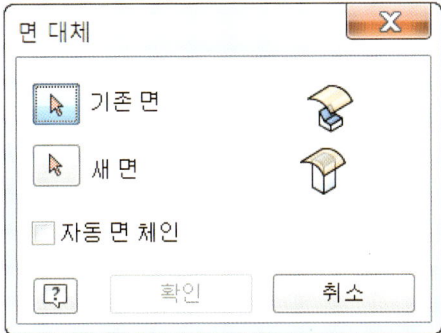

• 기존 면

  기존 면 버튼은 대체할 모델의 면을 선택하기 위해 선택됩니다. 면 대체 대화 상자를 호출하면 이 버튼이 기본적으로 선택됩니다.

• 새 면

새로운 면 단추는 선택한 면을 대체할 면을 선택하기 위해 선택됩니다. 곡면은 선택한 면과 완전히 교차하거나 그 너머까지 연장되어야 합니다. 곡면이 면과 교차하지 않으면 피쳐가 만들어지지 않고 오류 메시지가 표시됩니다.

• 자동 면 체인

자동 면 체인 확인란을 선택하면 선택한 면이 연속 체인을 형성하는 모든 접하는 면이 자동으로 선택됩니다.

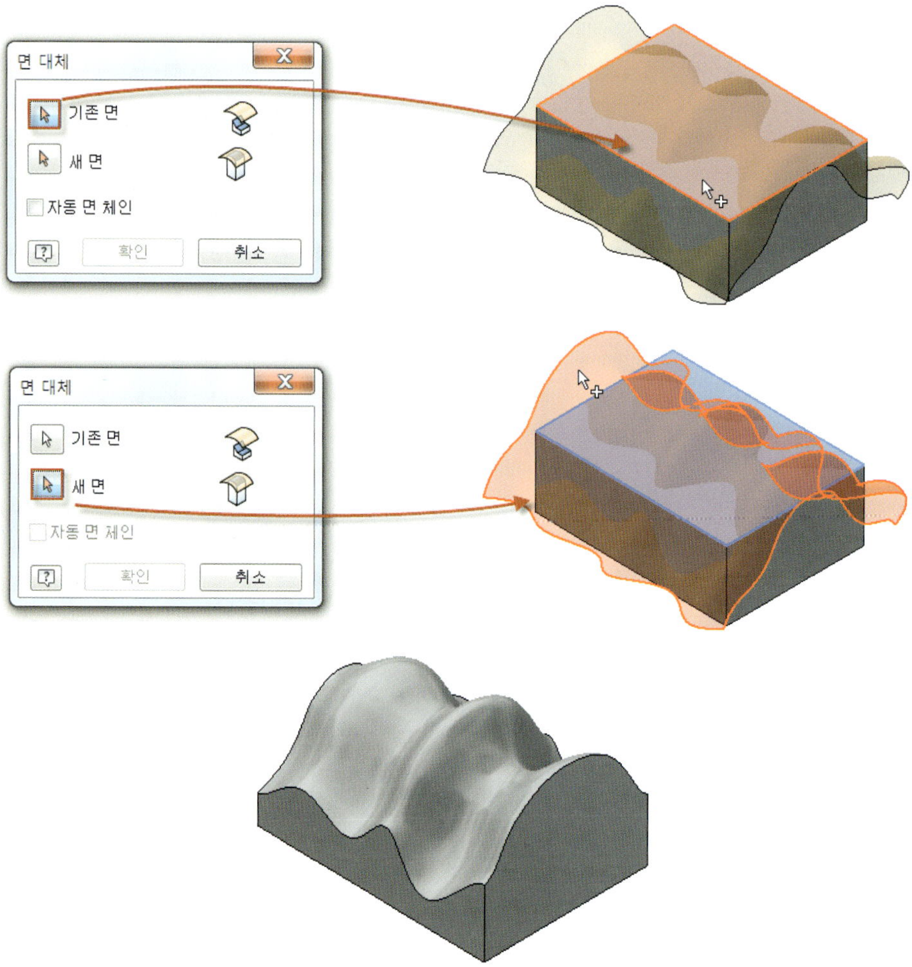

〈그림 5-127〉 스윕 곡면 작성 후 면 대제 하기

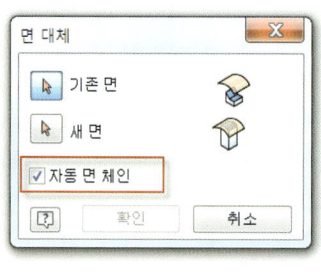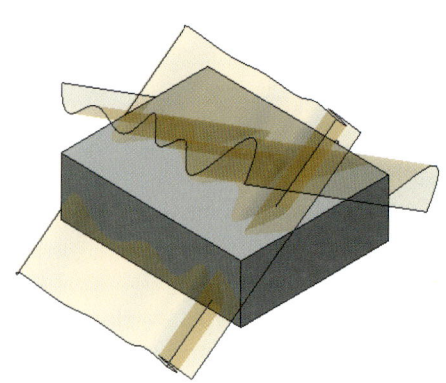

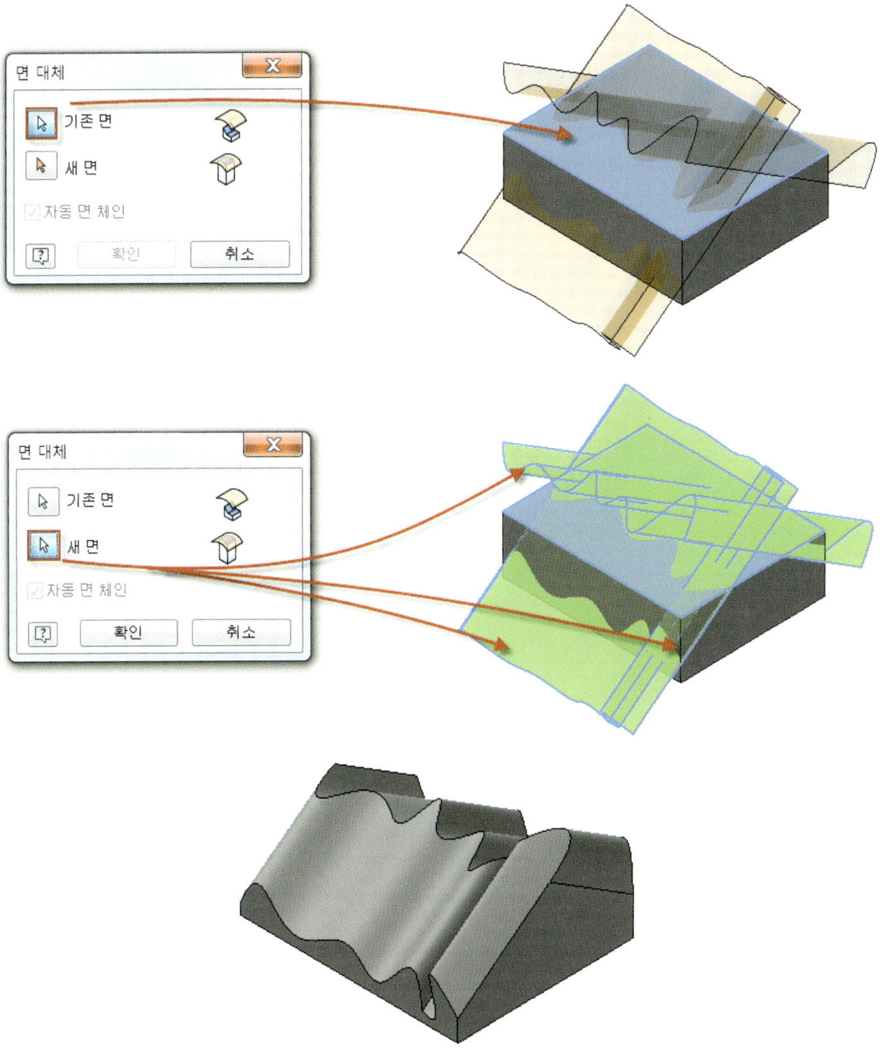

chapter 05 매개변수를 활용한 3D 형상 모델링

〈그림 5-128〉 자동 면 체인 체크 후 면 대제 하기

35 경계 패치 활용하기

리본 메뉴/ 3D 모형 탭/ 곡면 패널/ 패치

경계 패치 도구를 사용하여 하나 이상의 닫힌 루프 또는 모서리에 평면형 경계 패치를 작성할 수 있습니다.

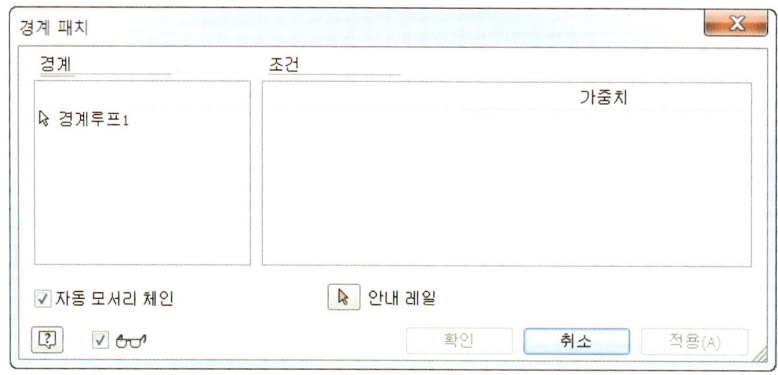

- **경계 영역**

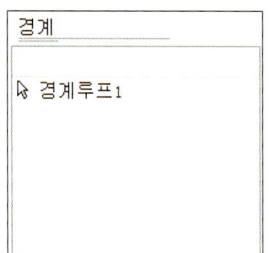

경계 영역에는 경계 패치를 작성하기 위해 선택한 닫힌 루프의 수가 표시됩니다.

- **조건 영역**

조건 영역은 경계 패치를 생성하기 위해 선택된 요소를 표시합니다. 모서리를 선택하면 경계를 만들기 위해 선택한 모든 모서리가 나열됩니다. 마찬가지로 스케치를 선택하면 이 영역에 스케치의 이름이 표시됩니다. 이 영역의 세 번째 열에는 경계 패치의 모서리조건을 지정하는 데 사용할 수 있는 드롭-다운 목록이 표시됩니다. 선택한 모서리에 따라 자유, 접선 또는 부드러운 (G2) 조건을 지정할 수 있습니다.

- **자동 모서리 체인**

 자동 모서리 체인 확인란을 선택한 다음 루프 모서리를 선택하면 해당 루프의 모든 모서리가 선택됩니다. 이 확인란의 선택을 취소하면 루프의 모서리를 개별적으로 선택할 수 있습니다.

chapter 05 매개변수를 활용한 3D 형상 모델링

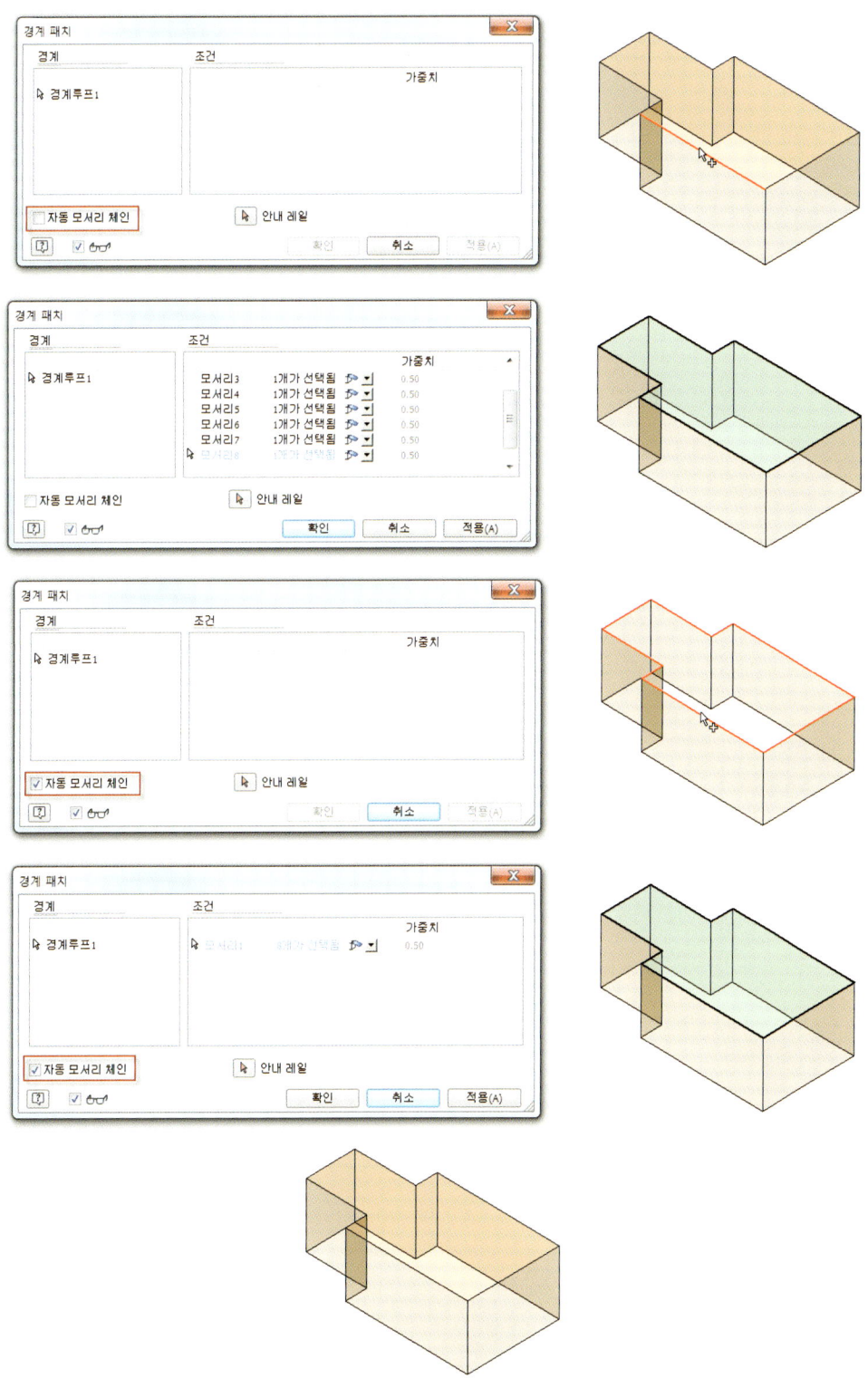

〈그림 5-129〉 자동 모서리 체인 체크 전/ 후 선택과 결과를 통한 경계 패치 하기

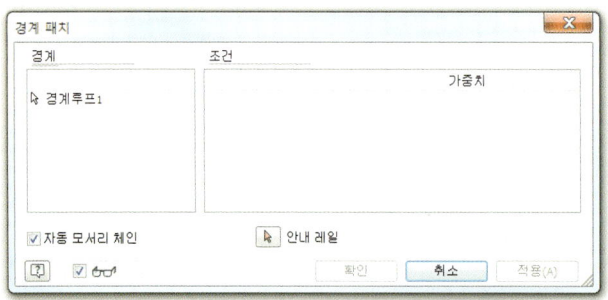 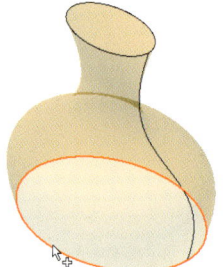

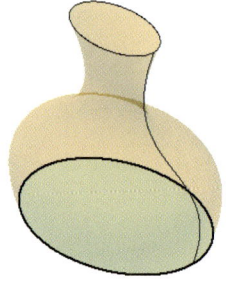

〈그림 5-130〉 곡면 모서리 선택 후 접촉/ 접선/ 부드럽게 적용 하기

-  접촉(G0). 기본값입니다.

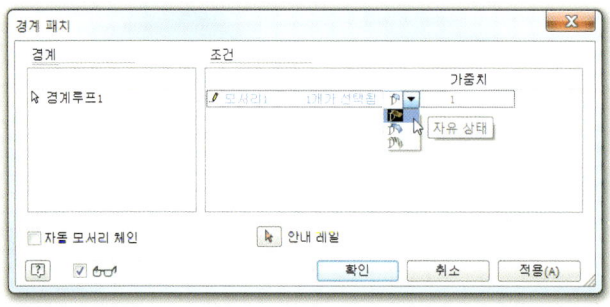

- 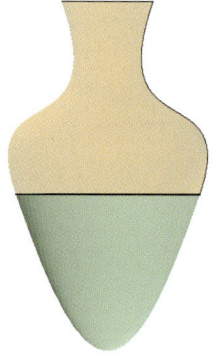 접선(G1).

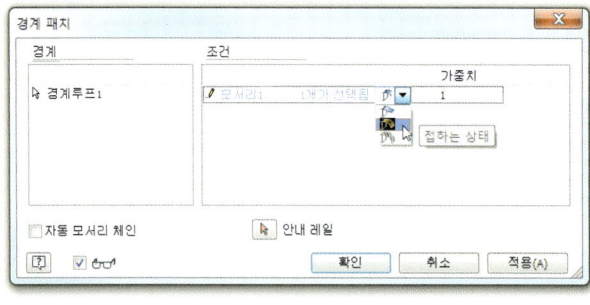

- 부드럽게(G2).

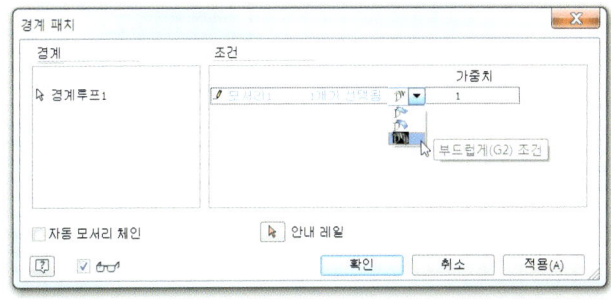
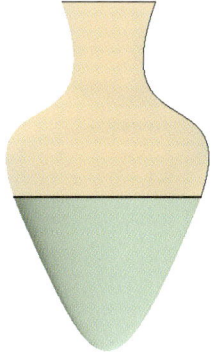

- 안내 레일

곡면의 모서리를 선택한 다음 하나 이상의 곡선 또는 점을 선택하여 패치 쉐이프를 형성할 수 있습니다.

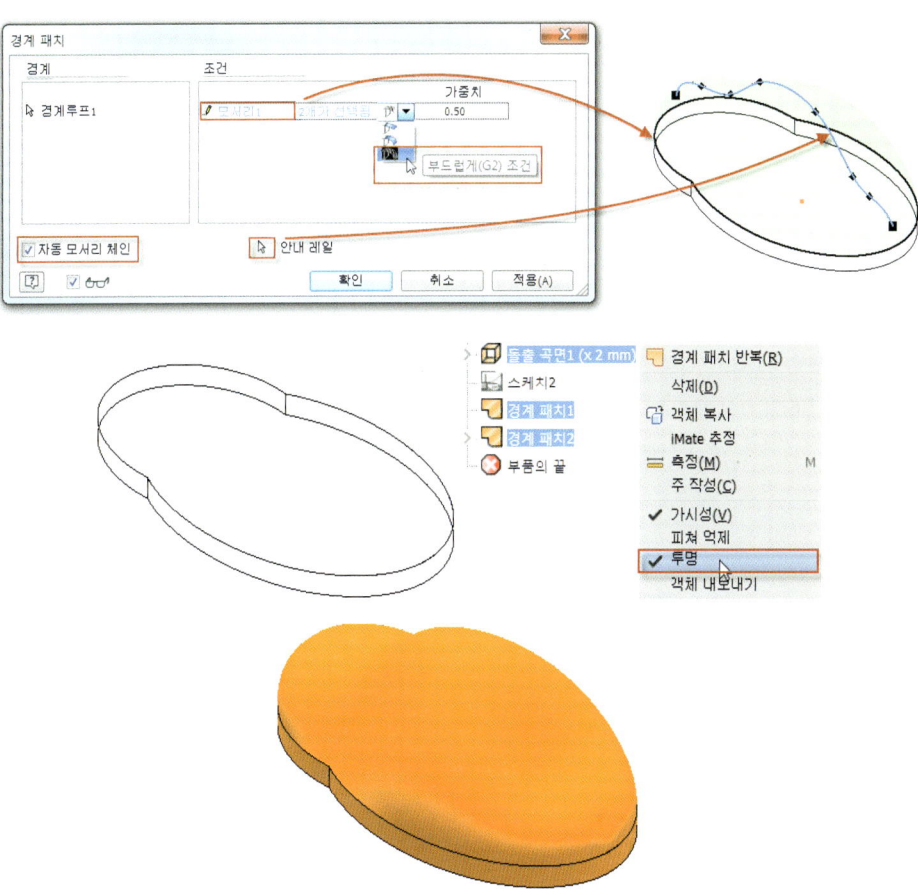

〈그림 5-131〉 안내 레일을 이용하여 경계 패치 하기

36 스티치 활용하기

리본 메뉴/ 3D 모형 탭/ 곡면 패널/ 스티치

때로는 부품을 분할하는 동안 하나 이상의 표면을 분할 도구로 사용해야 할 수도 있습니다. 분할 도구를 사용하면 한 면만 선택하여 부품이나 면을 분할할 수 있습니다. 이 경우 두 개 이상의 곡면을 결합하여 단일 곡면으로 형성할 수 있습니다. 스티치 도구를 사용하여 곡면을 스티칭을 할 수 있습니다.

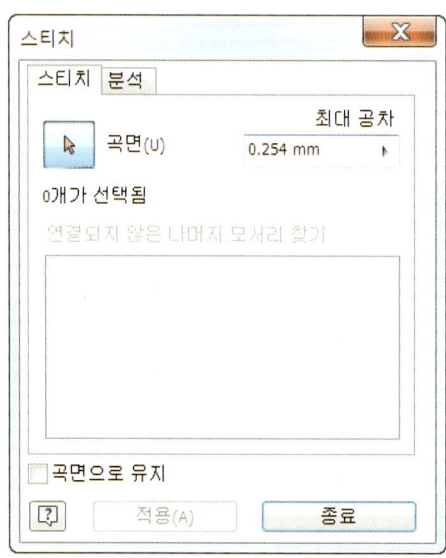

- **스티치 탭**

이 탭의 옵션은 스티치될 곡면을 선택하고 스티칭을 위한 공차를 지정하는데 사용됩니다. 기본적으로 곡면 버튼이 선택됩니다. 선택한 곡면들 사이에 작은 간격이 있으면 간격이 새 곡면으로 채워지고 스티칭이 된 곡면이 검색기 막대에서 스티칭 된 곡면으로 표시됩니다. 그래픽 창에서 스티칭 된 곡면을 볼 수는 없습니다. 최대 허용 오차 편집 상자에 값을 입력하여 자유 모서리 사이의 공차를 지정할 수 있습니다. 나머지 자유 모서리 찾기 및 나머지 공간 찾기 영역에서 공차 값을 볼 수 있습니다.

- **곡면**

 스티치를 할 곡면을 선택하는데 사용됩니다.

모든 곡면을 한꺼번에 선택하려면 마우스 오른쪽 버튼을 클릭하고 모두 선택을 클릭합니다. 하나 이상의 개별 곡면을 선택하려면 그래픽 창에서 해당 곡면을 클릭합니다.

- **최대공차**

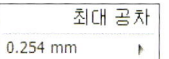 최대 공차 리스트에서 값을 선택하거나 입력합니다. 함께 스티칭을 할 나머지 모서리 쌍을 찾고 연관된 가장 작은 최대 간격 값을 식별합니다. 최대 간격 값은 스티치 명령에서 공차 모서리 만들기에 고려하는 최대 간격입니다. 최대 공차 값을 입력할 때 가장 작은 최대 간격 값을 안내서로 사용합니다. 예를 들면, 최대 간격이 0.00362인 경우 스티치에 성공하려면 최대 공차 리스트에 0.004 값이 입력되어야 합니다.

- **곡면으로 유지**

기본적으로 곡면으로 유지 확인란이 선택되어 있지 않습니다. 결과적으로, 닫힌 볼륨을 형성하는 곡면을 스티칭하면 결과 피쳐는 단색 피쳐가 됩니다. 그러나 이 확인란을 선택하면 닫힌 볼륨을 형성하는 곡면을 스티칭 한 후의 결과 피쳐가 곡면이 됩니다. 곡면으로 유지를 선택하면 닫힌 체적이 곡면으로 유지됩니다. 이 옵션을 선택하지 않는 경우 스티치 작업을 통해 발생한 닫힌 체적이 솔리드가 됩니다.

- **분석 탭**

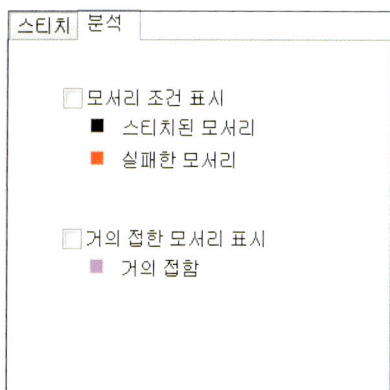 분석 탭의 옵션은 스티치가 된 곡면의 모서리, 모서리의 끝 조건 및 모서리와 관련된 오류를 분석하는 데 사용됩니다. 모서리 조건 표시 확인란을 선택하면 스티칭 된 가장자리가 검은 색으로 표시되고 스티치가 실패한 가장자리는 빨간색으로 표시됩니다. 가까운 접선 표시 확인란을 선택하여 서로 거의 접하는 모서리를 볼 수 있습니다. 이렇게하면 거의 접하는 모서리가 강조 표시됩니다.

- **모서리 조건 표시**

이 옵션을 선택하면 인접한 곡면에 스티치가 되는 곡면 모서리는 검은색으로 표시되고, 스티치가 되지 않은 곡면 모서리는 빨간색으로 표시됩니다.

- **거의 접한 모서리 표시**

이 옵션을 선택하면 거의 접하는 상태가 선홍색으로 표시됩니다. 거의 접한 모서리로 인해 쉘 작성과 같은 후속 설계 작업이 실패할 수 있습니다. 접하는 모서리 분석을 사용하면 시스템 성능이 저하됩니다.

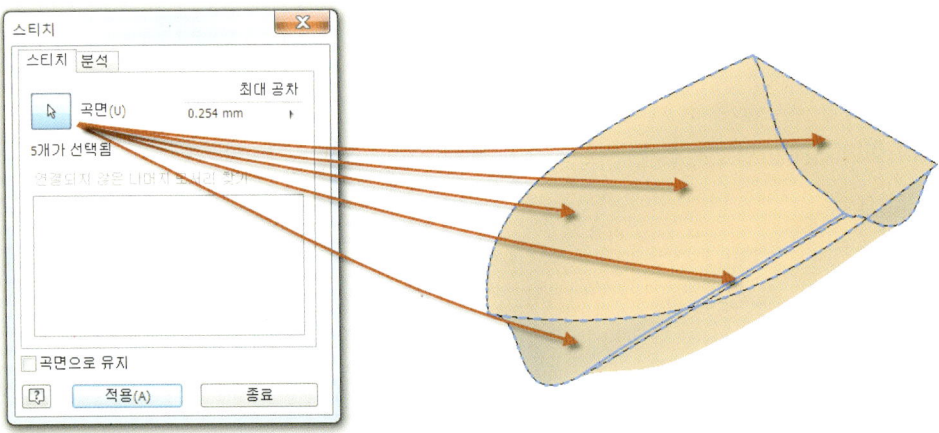

곡면 버튼을 클릭하여 그래픽 창에서 곡면을 개별적으로 선택힙니다. 또는 마우스 오른쪽 버튼을 클릭하여 모두 선택을 하면 스티칭을 하기 위한 곡면이 모두 선택됩니다.

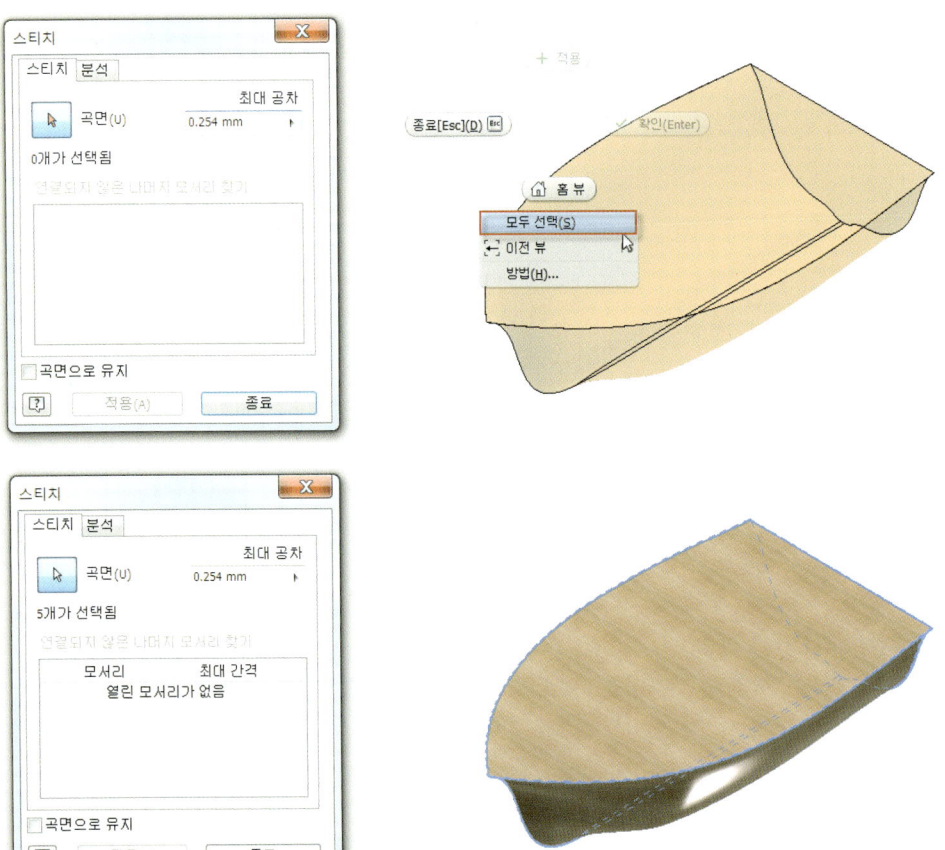

chapter 05 매개변수를 활용한 3D 형상 모델링

〈그림 5-132〉 스티치를 활용한 곡면을 솔리드 모델로 만들기

37 조각 활용하기

리본 메뉴/ 3D 모형 탭/ 곡면 패널/ 조각

   조각 도구는 곡면 또는 데이텀 평면을 사용하여 기존 모델에서 재료를 추가하거나 제거하는 데 사용됩니다. 기존 모델은 솔리드 모델 또는 곡면 모델일 수 있습니다. 기존 부품과 함께 곡면은 닫혀 있는 완전한 영역을 작성해야 합니다.

• 추가

   이 버튼은 기존 모델에 재질을 추가하는 데 사용됩니다. 추가된 재질의 모양과 크기는 선택한 곡면의 모양과 크기에 따라 결정됩니다.

• 제거

   이 버튼은 기존 모델에서 재료를 제거하기 위해 선택됩니다.

> **Note**
>
> 때로는 조각 도구를 사용하여 모델에서 재질을 제거하는 중에 오류 메시지가 표시 될 수 있습니다. 이 경우 조각 대화 상자의 자세히 버튼을 사용하여 제거할 면을 변경해야 합니다.

• 새 솔리드

   이 버튼을 선택하면 생성된 조각 기능이 새로운 솔리드 본체가 됩니다.

- **곡면**

   이 버튼은 조각 피쳐를 생성 할 곡면을 선택하기 위해 선택됩니다.

- **솔리드**

   조각은 암시적으로 기존의 솔리드 면을 사용하여 가능한 경계를 지정합니다.

- **기능 미리 보기 사용/ 사용 중지**

   이 확인란은 도면 윈도우에서 조각 피쳐의 동적 미리 보기를 활성화하거나 비활성화하려면 선택합니다.

- **자세히 버튼**

   이 버튼을 선택하면 조각 대화 상자가 펼쳐져 표시됩니다.

  - **면 선택 영역**: 조각 피쳐를 생성하기 위해 선택한 곡면이 이 영역의 곡면 열에 표시됩니다. 또한 선택된 곡면에 해당하는 아이콘이 곡면 이름의 오른쪽에 나타납니다. 이 아이콘을 클릭하면 드롭-다운 목록이 나타납니다. 이 드롭-다운 목록을 사용하여 조각 피쳐가 생성될 면을 지정할 수 있습니다.

  Note

  조각 도구의 제거 옵션을 사용하여 재질을 제거하는 동안 분홍색으로 변하는 모델면이 제거됩니다.

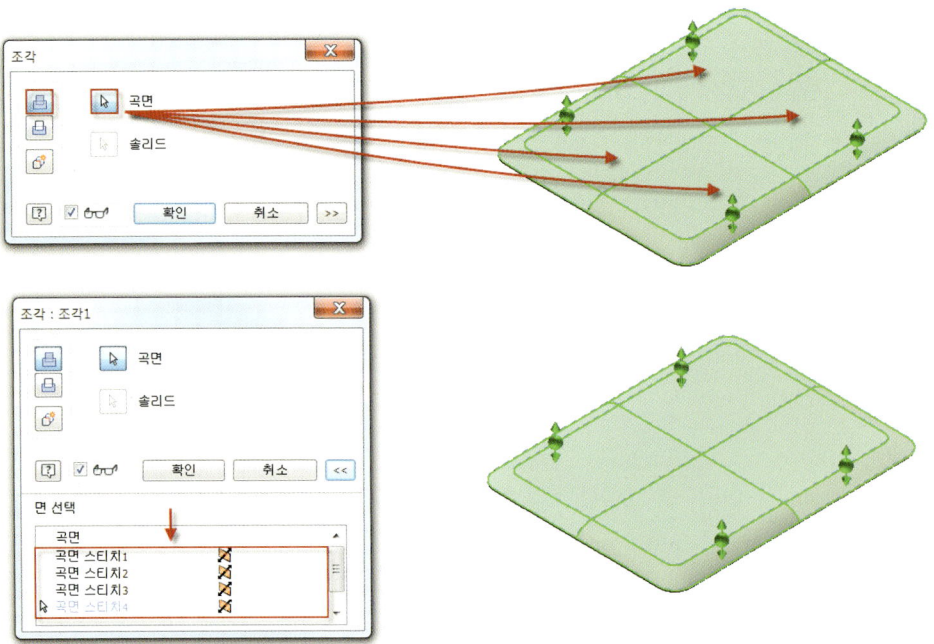

chapter 05 매개변수를 활용한 3D 형상 모델링

〈그림 5-133〉 조각 기능을 이용하여 곡면을 솔리드 모델로 만들기

38 굽힘 활용하기

리본 메뉴/ 3D 모형 탭/ 수정 패널/ 굽힘

굽힘 도구는 다른 옵션을 사용하여 구성 요소 또는 구성 요소의 일부를 구부리는데 사용됩니다. 구성 요소를 구부리려면 먼저 구성 요소를 구부릴 선을 스케치해야 합니다. 이 선을 절곡부 선이라고 합니다. 또한 구성 요소가 절곡부로 변하는 접선으로 정의할 수 있습니다. 절곡부 선과 구성 요소 사이의 접선 조건을 지정한 후 구부릴 부품의 측면, 굽힘의 방향과 각도 및 기타 매개 변수를 정의 할 수 있습니다. 굽힘 선은 원통형 구성 요소 또는 구부리기 위한 표면에 접선으로 스케치해야 합니다.

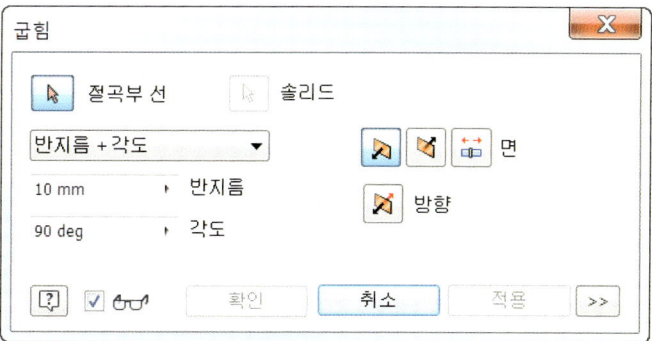

- **절곡부 선**

  이 버튼은 굽힘 대화 상자를 호출 할 때 기본적으로 선택되며 구성 요소를 절곡할 선을 지정할 수 있습니다. 굽힘 선은 구성 요소가 경첩하거나 접히는 선으로 정의할 수도 있습니다. 절곡부 선 버튼 아래의 드롭-다운 목록은 반지름 + 각도, 반지름 + 호 길이 및 호 길이 + 각도의 세 가지 방법으로 구성 요소를 구부리기 위해 사용됩니다. 이 세 가지 방법은 아래와 같습니다.

- **측면**

  측면 단추를 사용하면 세 개의 단추를 사용하여 굽힘 방향을 지정할 수 있습니다.

- **왼쪽 절곡부**

   이 버튼은 기본적으로 선택되며 절곡부 선 왼쪽에 있는 부분을 구부리기 위해 사용됩니다.

- **오른쪽 절곡부**

   이 버튼은 절곡부 선의 오른쪽에 있는 부분을 구부리기 위해 사용됩니다.

- **양쪽 절곡부**

  이 버튼을 선택하면 절곡부 선의 오른쪽과 왼쪽 부분이 구부러집니다.

- **방향**

   이 버튼은 중립 면의 왼쪽 또는 오른쪽으로 구부러진 방향을 반전시키는 데 사용됩니다. 절곡부 선을 작성하는데 사용된 평면은 굽힘을 작성하는 동안 중립 평면으로 작용합니다.

- **자세히 버튼**

   이 버튼을 선택하면 굽힘 대화 상자가 펼쳐져 최소 절곡부 확인란이 표시됩니다.

  ☑ 최소 절곡부 이 확인란은 기본적으로 선택되어 있습니다. 절곡부 선이 여러 점에서 구성 요소와 교차하는 경우 최소 절곡부 확인란을 선택하여 구부러질 구성 요소의 부분을 지정합니다.

- **반지름 + 각도**

  이 옵션은 기본적으로 선택되며 굽힘 반지름과 각도를 지정하여 구부리기 위해 사용됩니다.

〈그림 5-134-A〉 반지름과 각도를 이용하여 굽힘 적용하기

chapter 05 매개변수를 활용한 3D 형상 모델링

- **반지름 + 호 길이**

  이 옵션은 굽힘 반경과 호 길이를 지정하여 구성 요소를 구부리는데 사용됩니다.

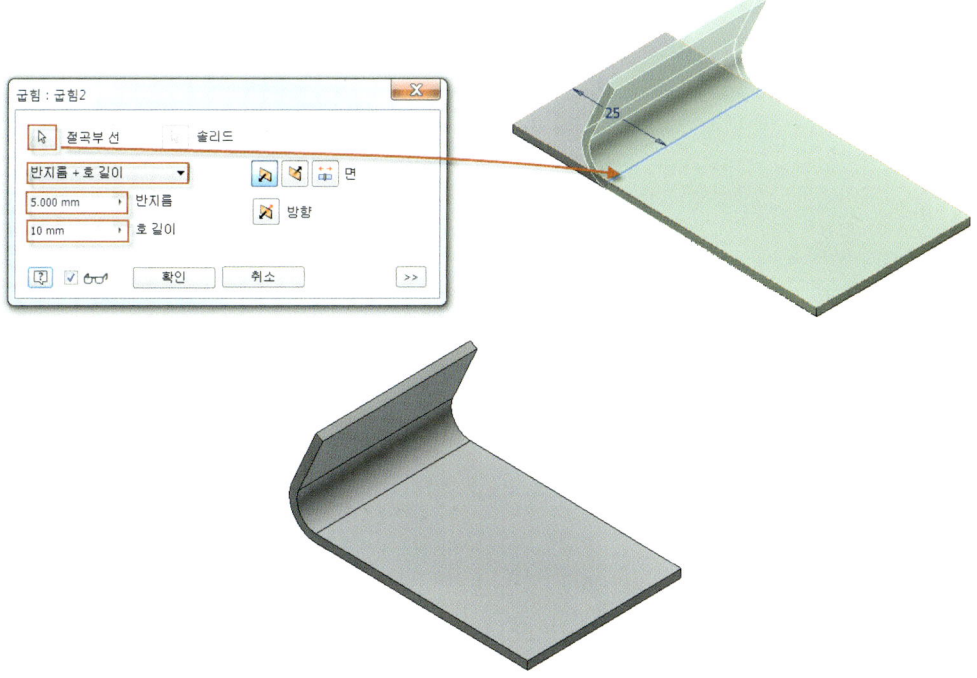

〈그림 5-134-B〉 반지름과 호길이를 이용하여 굽힘 적용하기

- **호 길이 + 각도**

  이 옵션은 호의 길이와 각도를 지정하여 구성 요소를 구부리기 위해 사용됩니다.

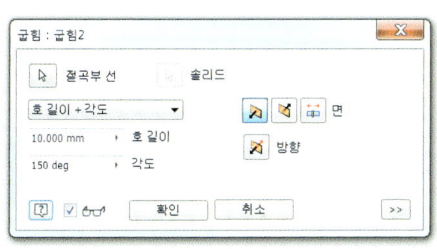 

413

〈그림 5-134-C〉 호길이와 각도를 이용하여 굽힘 적용하기

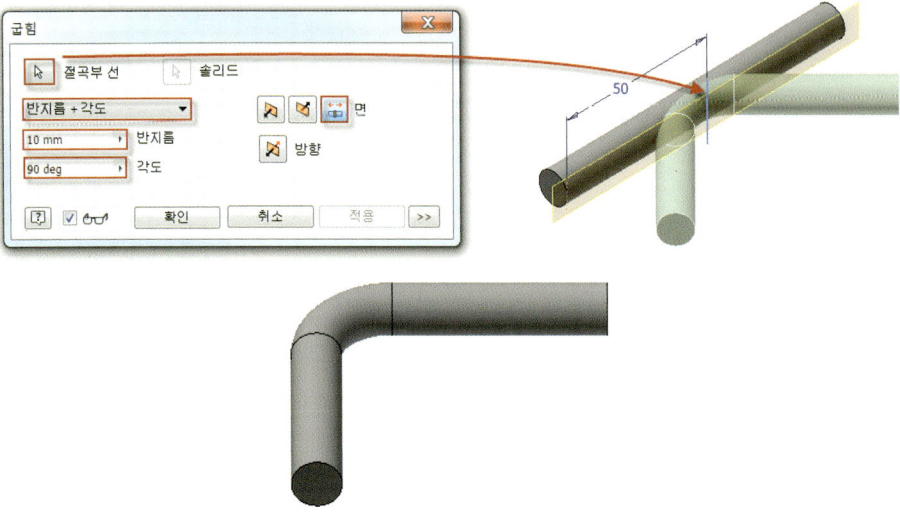

〈그림 5-134-D〉 양쪽 절곡부를 이용하여 굽힘 적용하기

Chapter 06

3D 모델에 기반한 치수(MBD)

01 기하학적 치수 및 공차

제조 공정 중에 부품의 정확성이 매우 중요한 요소가 있는 경우가 있습니다. 그러나 정확한 치수로 부품을 제조하는 것은 불가능한 경우가 많이 발생합니다. 따라서 도면에 치수를 적용하는 동안 허용 가능한 한도 내에 있는 몇 가지 치수 공차를 제공해야 합니다.

다음 〈그림 6-1〉은 도면에 적용된 치수 공차의 예를 보여주는 것입니다.

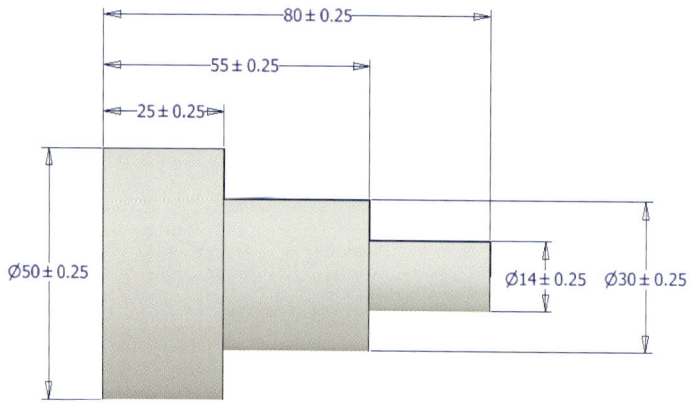

〈그림 6-1〉 도면에 적용된 치수 공차

치수 공차는 특정 크기 범위 내에서 구성 요소를 제조하는데 도움이 됩니다. 그러나 치수 공차는 부품 제조에 충분하지 않습니다. 공차 값을 모양, 방향 및 위치에 따라 제공해야 합니다.

다음 〈그림 6-2〉는 객체 모양에 부여된 공차 값을 설명하는데 사용되는 노트 메모입니다.

> **Note**
> 수직면은 수평면에서 0.08 이상 테이퍼가 되어서는 안됩니다.

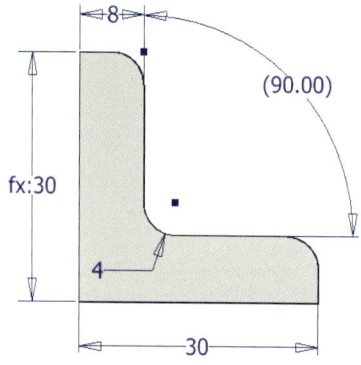

〈그림 6-1〉 객체 모양에 부여된 공차 값을 설명하는 메모

도면에 메모를 제공하면 혼동을 줄 수 있습니다. 이를 피하기 위해 기하학적 치수 및 공차 (GD & T) 기호를 사용하여 부품의 모양, 방향 및 위치에 대한 공차 값을 지정합니다. 다음 그림은 GD & T 기호를 사용하여 표현된 동일한 예를 보여줍니다. 이 그림에서 허용 오차 프레임이 연결되는 수직면은 0.08을 기준으로 기준면 (수평면)에 수직인 두 개의 평행한 평면 내에 있어야 한다는 것을 의미합니다.

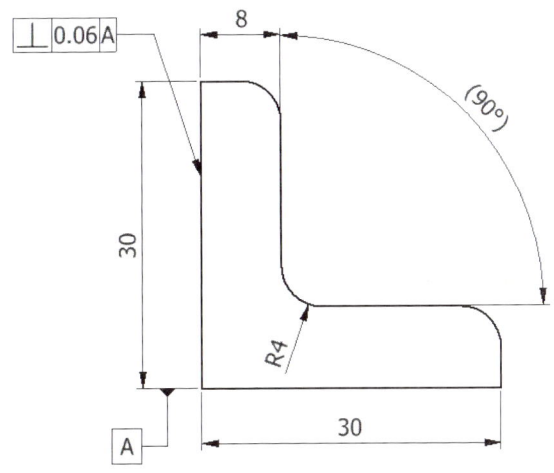

2D 도면에 GD & T를 제공하는 것이 일반적이며 잘 알려진 방법입니다. 그러나 3D 모델에도 GD & T 정보를 제공할 수 있습니다. 리본 주석 달기 탭에 있는 도구를 사용하면 ASME Y14.41-2003 및 ISO 16792와 같은 범용 표준을 기반으로 3D 모델에 GD & T 정보를 추가할 수 있습니다. 그러나 사용자 정의 표준을 기반으로 GD & T 정보를 추가할 수도 있습니다.

02 GD & T (기하 공차)

GD & T (Geometric Dimensioning and Tolerance)

기하 공차는 공학설계나 3D 솔리드설계(CAD)에 기본 치수와 허용 가능한 편차를 나타내는 기호입니다. 일반적으로 축약 형인 GD&T로 많이 사용된다. 기하공차는 부품이나 조립품의 기본 치수를 정의하는 데에 사용되고, 각 형상들의 크기나 허용 가능한 편차를 정의하며, 조립품의 경우 2개이상의 형상간의 허용 가능한 편차를 정의합니다.
치수와 공차와 기하공차는 각각 아래의 의미를 지닙니다.
- 치수는 설계하려는 대상물의 기본 치수를 의미합니다.
- 공차는 각 형상들의 허용 가능한 편차를 의미합니다.

기하 공차는 주로 공학 설계에 사용되는 것입니다. 세계적으로 GD&T를 표현하는 기호와 규칙은 여러 가지 표준이 있습니다. 일반적으로 ASME Y14.5M-1994의 표준을 주로 사용하고 있습니다. 각 표준 별로 사소한 점만 다르기 때문에 큰 차이는 없을 것입니다.

GD & T에서 형상 제어 프레임은 형상의 형상에 대한 조건 및 공차를 설명하는 데 필요합니다. 기능 제어 프레임은 다음 네 가지 정보로 구성됩니다.

- GD & T 기호 또는 제어 기호
- 공차 영역 유형 및 치수
- 공차 영역 수정 자: 크기, 돌출부의 특성 ...
- 데이텀 참조 (GD & T 기호가 필요한 경우)

이 정보는 부품에 어떤 기하학적 공차가 있어야 하는지, 그리고 부품이 규격에 있는지를 측정하거나 결정하는 방법을 결정하는 데 필요한 모든 것을 제공합니다.

기능 제어 프레임의 일 부분

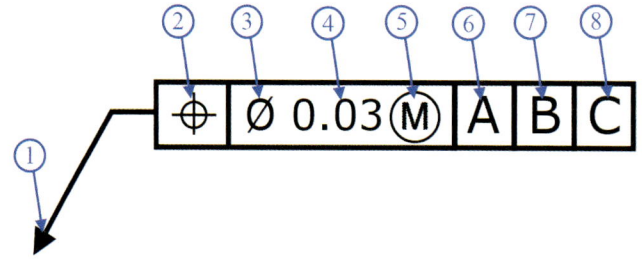

① 화살표: 이 화살표는 기하학적 제어가 배치된 피쳐를 가리키는 것입니다. 화살표가 표면을 가리키는 경우 표면은 GD & T에 의해 제어됩니다. 직경 치수를 가리키면 축은 GD & T로 제어된다는 것일 의미합니다. 화살표는 선택 사항이지만 제어되는 기능을 명확히 하는데 도움이 됩니다.
② 기하학적 기호: 기하학적 제어가 지정된 곳입니다.
③ 지름 기호 (필요한 경우): 기하학적 제어가 직경 공차인 경우 지름 기호 (∅)가 공차 값 앞에 표시됩니다.
④ 공차 값: 공차가 지름인 경우 직경 공차 영역을 나타내는 치수 옆에 ∅ 기호가 표시됩니다. GD & T의 허용 공차는 도면이 작성된 측정 단위에 관계없이 적용됩니다. GD 및 T 기본에 대한 모든 예는 미터법(Metric) 단위입니다.
⑤ 크기 또는 공차 수정 자의 특성 (필요한 경우): 형상 제어 틀에서 최대 재료 조건 또는 투영된 공차를 호출하는 곳입니다.
⑥ 기본 데이텀(필요한 경우): 데이텀이 필요한 경우 이 데이터는 GD & T 제어에 사용되는 주요 데이텀입니다. 문자는 부품의 어딘가에 동일한 문자로 표시되는 피쳐에 해당합니다. 부품을 측정할 때 먼저 구속해야 하는 데이텀입니다.

참고: 데이텀의 순서는 부품 측정에 중요합니다. 기본 데이텀은 일반적으로 자유도 3을 고정하기 위해 세 곳에서 유지됩니다.

⑦ 2 차 데이텀(필요한 경우): 2 차 데이텀이 필요한 경우 1 차 데이텀의 오른쪽에 위치합니다. 이 문자는 동일한 문자로 표시될 부분 어딘가에 있는 피쳐에 해당합니다. 측정 중에는 데이텀이 기본 데이텀 뒤에 고정됩니다.

⑧ 3차 데이텀(필요한 경우): 세 번째 데이텀이 필요한 경우 보조 데이텀의 오른쪽에 위치합니다. 이 문자는 동일한 문자로 표시 될 부분 어딘가에 있는 피쳐에 해당합니다. 측정하는 동안 데이터가 마지막으로 고정됩니다.

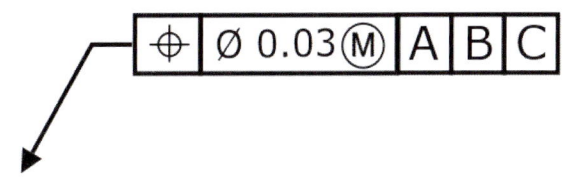

이 기능 제어 프레임은 다음과 같은 방식으로 읽습니다.

이 피쳐는 재료 조건이 A, B 및 C 인 데이텀을 기준으로 30 마이크론 공차의 실제 위치를 가집니다.

기하 공차 원리

일반적으로 우선 적용되어야 할 기본 원칙이 있습니다.
- 모든 치수는 공차가 명시되어야 합니다. 모든 제조 부품은 편차가 있으므로 허용 가능한 편차의 한계 값이 명시되어 있어야 합니다. 기본적인 치수의 경우 기하공차는 형상 관리 도구에 적용되는 경우도 있습니다. 공차가 최대, 최소로 적용되는 유일한 경우는 누적 공차이거나 참조 형상일 경우입니다.
- 치수와 공차는 기본 치수와 허용 편차를 적용하는데 쓰이고, 거리 측정과 확대, 축소는 특정한 경우를 제외하고 허용되지 않습니다.
- 공학 설계는 제품의 최종 결과에 대한 정의입니다. 모든 치수와 공차는 최종 결과에 표시되어야 하며, 만약 추가적인 치수가 도움이 될 경우(꼭 필요한 것은 아닐 때), 참조 치수라고 표기해야 합니다.
- 치수는 형상에 적용되어야 하며 형상의 기능을 표시할 수 있도록 정렬되어야 합니다
- 생산 방법에 대한 표기는 피해야 합니다. 치수는 특정 생산 방법을 의미하는 것이 아니라 제품에 대한 조건일 뿐입니다.
- 생산 과정 중에 필요한 치수 정보가 있을 경우(최종 제품에는 필요 없는 치수정보) '불필요 정보'

라고 표기해야 합니다.
- 모든 치수와 공차는 읽기 편하게 되어 있어야 하며, 보이는 선으로 가이드가 되어 있어야 합니다.
- 치수가 검사 도구의 크기에 영향을 받을 경우 치수는 검사 도구의 삽입 방향이 표기되어 있어야 합니다.
- 90°의 각도는 직선에 표기되어야 합니다.
- 치수와 공차는 따로 명기되지 않는 한 20°의 온도에서 적용됨을 의미합니다.
- 특별한 명시가 없을 경우 모든 치수와 공차는 자유 상태에서 유효합니다.
- 치수와 공차는 전체 형상의 폭, 길이, 깊이에 적용됩니다.
- 치수와 공차는 초기 설계 단계에서 명시되어야 합니다. 만약 제품기준이 설계 개선 단계가 아니라면 초기 설계 단계가 아니더라도 적용할 수 있습니다.

기호	설명	기하
∠	경사도	방향
◎	동심도	위치
⌀	원통도	형상
▱	평면도	형상
∥	평행도	방향
⊥	직각도	방향
⊕	위치도	위치
⌒	면 윤곽도	윤곽
⌒	선 윤곽도	윤곽
○	진원도	형상
↗	원주 흔들림	흔들림
—	직진도	형상
=	대칭도	위치
⌀⌀	전체 흔들림	흔들림

기호	수정사항
Ⓕ	자유상태
Ⓛ	최소재료조건
Ⓜ	최대재료조건
Ⓟ	공차영역투영
Ⓢ	형상크기무시
Ⓣ	직각평면
Ⓤ	편향

이 장에서는 주석 도구를 사용하여 부품 모델에 GD & T 정보를 추가하는 방법을 학습합니다. GD & T 정보를 추가하고 부품과 조립품을 완벽하게 정의하는 방법은 여러 가지가 있습니다. 설계에 가장 적합한 방법을 사용해야 합니다.

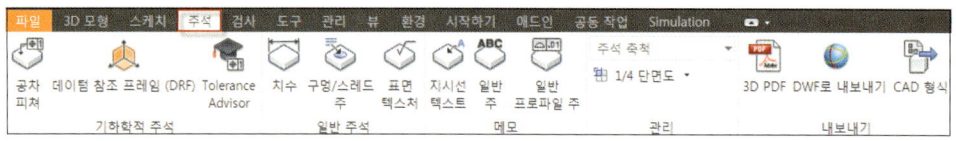

주석 탭에서 모든 주석 도구를 사용할 수 있으며, 기하학적 주석, 일반 주석 및 메모의 3 가지 설명 패널로 잘 나누어져 있습니다.

다음과 같이 7가지 유형의 3D 주석을 만들 수 있습니다.

03 공차 피쳐

리본 메뉴/ 주석 탭/ 기하학적 주석 패널/ 공차 피쳐

 공차 피쳐는 3D 모델의면에 GD & T 주석을 첨부하여 제조 과정에서 수용 가능한 크기 변동을 정확하게 정의합니다.

〈사용 방법〉

1. 부품에서 리본 메뉴/ 주석 탭/ 기하학적 주석 패널/ 공차 피쳐 를 클릭합니다.
2. 필요한 면을 하나 이상 선택하고 필요한 경우 옵션을 조정한 후에 확인을 클릭합니다.
3. 지시선을 필요한 위치로 끈 다음 클릭하여 지시선의 끝점을 배치합니다.
4. 팁: 지시선의 방향을 변경하려면 지시선 끝점을 배치하기 전에 마우스 오른쪽 버튼을 클릭하고 형상에 정렬을 선택합니다. 모서리나 축을 클릭하여 방향을 변경할 수 있습니다.
5. 공차 주석의 대화식 미리 보기가 미니 도구막대에 부착됩니다. 미니 도구막대에는 형상 또는 피쳐 유형을 선택하거나, 데이텀 식별자를 부착하거나, 형상 공차에 행을 추가하기 위한 옵션이 포함되어 있습니다. 선택한 형상이나 피쳐에 적합한 옵션이 리스트 상자에 표시됩니다.
6. 미리보기에서 요소를 클릭하여 주석에 표시된 특성 및 값을 편집합니다.
7. 확인을 클릭하여 공차 피쳐를 작성합니다.
8. 검색기에서 공차 피쳐 폴더에 주석이 추가됩니다.
9. 피쳐 정렬을 편집하려면 화면표시에서 피쳐를 선택하고 마우스 오른쪽 버튼을 클릭한 후에 형상에 정렬을 선택합니다. 모서리나 축을 선택하여 정렬을 변경합니다.
10. 공차 피쳐를 편집하려면 다음을 수행합니다.
    A. 화면표시나 검색기에서 피쳐를 선택하고 마우스 오른쪽 버튼을 클릭한 다음 상황에 맞는 메뉴에서 공차 피쳐 편집을 선택합니다.
    B. 화면표시나 검색기에서 피쳐를 두 번 클릭합니다.
11. 필요한 옵션을 변경한 다음 확인을 클릭합니다.

Tip

기준 피쳐 지정을 제거하려면 확인란을 선택 취소합니다.

04 치수 주석

리본 메뉴/ 주석 탭/ 일반 주석 패널/ 치수

치수 주석은 선택한 지오메트리에 대한 정확한 크기, 위치 및 허용 오차 값을 표시하고 시각적으로 식별합니다.

〈사용 방법〉

1. 리본 메뉴/ 주석 탭/ 일반 주석 패널/ 치수 ◯를 클릭합니다.
2. 치수기입할 형상을 선택합니다.
3. 필요한 경우 다음 작업 중 하나를 수행한 다음 클릭하여 치수를 배치합니다.
    A. 상황에 맞는 메뉴에서 주석 평면 선택을 클릭하거나 Shift 바로 가기 키를 사용하여 대체 주석 평면을 선택합니다.
    B. 상황에 맞는 메뉴에서 다음 후보 평면 선택을 클릭하거나 스페이스바 바로 가기를 사용하여 대체 평면 간을 순환합니다.
4. 미니 도구막대에서 드롭 리스트를 클릭하고 기본 등의 치수 스타일을 선택합니다.
5. 필요한 경우 다음 중 하나를 수행합니다.
    A. 커서를 값 상자에 놓고 값에 머리말이나 꼬리말을 추가합니다.
    B. 추가 옵션에 액세스하려면 미니 도구막대에서 치수 편집을 클릭하여 대화상자를 표시한 다음 필요한 사항을 변경합니다.
6. 확인을 클릭하여 치수를 추가합니다.
7. 치수를 편집하려면 다음을 수행합니다.
    A. 화면표시나 검색기에서 치수를 선택하고 마우스 오른쪽 버튼을 클릭한 다음 상황에 맞는 메

뉴에서 편집을 선택합니다.

B. 화면표시나 검색기에서 치수를 두 번 클릭합니다.

[8] 필요한 치수 값을 변경한 다음 확인을 클릭합니다.

기존 치수를 추출하려면

모형 기반 정의에 기존 치수를 포함하려면 다음을 수행합니다.

[1] 검색기에서 피쳐를 마우스 오른쪽 버튼으로 클릭하고 치수 표시를 선택합니다.

[2] 표시된 치수를 클릭하고 상황에 맞는 메뉴에서 승격을 선택하여 3D 주석을 작성합니다. 공차 정보가 모형 치수에 포함된 경우 승격된 치수에도 포함됩니다.

05 구멍/ 스레드 주

리본 메뉴/ 주석 탭/ 일반 주석 패널/ 구멍 스레드 주

구멍 / 나사 주석 주석은 구멍을 어떻게 제조할지 알려줍니다.

〈사용 방법〉

[1] 리본에서 주석 탭 ▶ 일반 주석 패널 ▶ 구멍/스레드 주 를 클릭합니다.

[2] 구멍 피쳐를 선택합니다.

[3] 필요한 경우 다음 작업 중 하나를 수행한 다음 클릭하여 구멍 주를 배치합니다.

A. 상황에 맞는 메뉴에서 형상에 정렬을 클릭한 다음 모서리나 축을 선택하여 텍스트의 방향을 지정합니다.

B. 상황에 맞는 메뉴에서 주석 평면 선택을 클릭하거나 Shift 바로 가기 키를 사용하여 대체 주석 평면을 선택합니다.

C. 상황에 맞는 메뉴에서 다음 후보 평면 선택을 클릭하거나 스페이스바 바로 가기를 사용하여 대체 평면 간을 순환합니다.

4 필요한 경우 다음 중 하나를 수행합니다.

A. 전역 정밀도 사용 확인란을 선택하거나 선택을 취소한 다음 드롭-다운 리스트 값을 클릭하여 정밀도를 변경합니다.

B. 부품 공차 사용 확인란을 선택하거나 선택을 취소한 다음 드롭 리스트 값을 클릭하여 공차를 변경합니다.

C. 추가 옵션에 액세스하려면 미니 도구막대에서 구멍 주 편집을 클릭하여 대화상자를 표시한 다음 필요한 사항을 변경합니다.

5 확인을 클릭하여 구멍/스레드 주를 추가합니다.

6 구멍/스레드 주를 편집하려면 다음을 수행합니다.

A. 화면표시나 검색기에서 구멍/스레드 주를 선택하고 마우스 오른쪽 버튼을 클릭한 다음 상황에 맞는 메뉴에서 편집을 선택합니다.

B. 화면표시나 검색기에서 구멍/스레드 주를 두 번 클릭합니다.

7 필요한 값을 변경한 다음 확인을 클릭합니다.

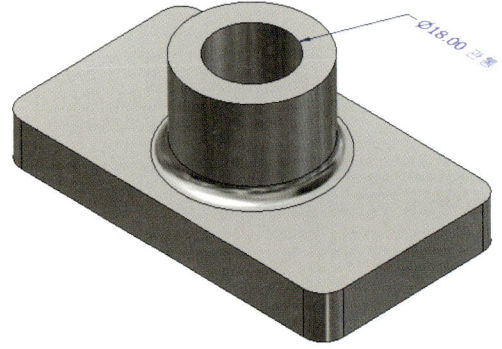

06 표면 텍스처

리본 메뉴/ 주석 탭/ 일반 주석 패널/ 표면 텍스처

표면 텍스처 주석은 모델의 면에 대한 특수 표면 처리를 전달합니다. 표면 텍스처 주석은 기본적으로 단일 세그먼트 지시선을 사용하여 작성됩니다. 추가 지시선 세그먼트를 작성하려면 명령을 시작하고 마우스 오른쪽 버튼을 클릭하고 단일 세그먼트 지시선을 클릭하여 선택 취소합니다.

〈사용 방법〉

1. 리본에서 주석 탭 ▶ 일반 주석 패널 ▶ 표면 텍스처 를 클릭합니다.
2. 모형 면을 선택합니다.
3. 필요한 경우 다음 작업 중 하나를 수행한 다음 클릭하여 표면 텍스처 주석을 배치합니다.
    A. 상황에 맞는 메뉴에서 형상에 정렬을 클릭한 다음 모서리나 축을 선택하여 텍스트의 방향을 지정합니다.
    B. 상황에 맞는 메뉴에서 다음 후보 평면 선택을 클릭하거나 스페이스바 바로 가기를 사용하여 대체 평면 간을 순환합니다.
4. 필요한 경우 다음 중 하나를 수행합니다.
    A. 드롭 리스트를 클릭하고 원하는 표면 텍스처 기호를 선택합니다.
    B. 가로선 붙임, 대부분 또는 온둘레 옆의 확인란을 클릭하여 기호를 수정합니다.
    C. 추가 옵션에 액세스하려면 미니 도구막대에서 표면 텍스처 기호 편집을 클릭하여 대화상자를 표시한 다음 필요한 사항을 변경합니다.
5. 문자를 클릭하여 값 상자를 사용하도록 설정하고 필요한 마감 값을 추가한 다음 확인을 클릭하여 기호를 작성합니다.
6. 표면 텍스처 기호를 편집하려면 다음을 수행합니다.
    A. 화면표시나 검색기에서 표면 텍스처 주석을 선택하고 마우스 오른쪽 버튼을 클릭한 다음 상황에 맞는 메뉴에서 편집을 선택합니다.
    B. 화면표시나 검색기에서 표면 텍스처 주석을 두 번 클릭합니다.
7. 필요한 값을 변경한 다음 확인을 클릭합니다.

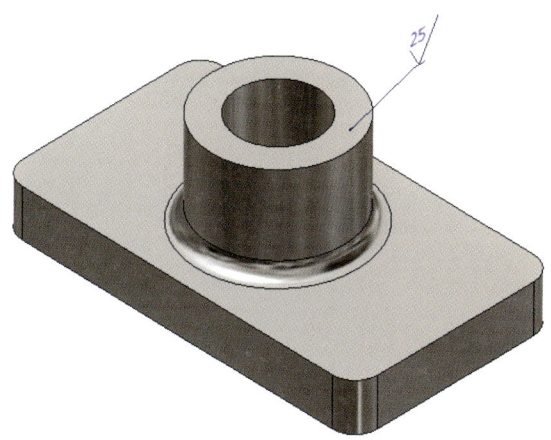

07 지시선 텍스트

리본 메뉴/ 주석 탭/ 메모 패널/ 지시선 텍스트

 지시선 텍스트는 추가 텍스트 기반 모델 정보를 전달합니다. 지시선 주석은 모형 기하학적 형상을 참조합니다. 지시선 텍스트는 기본적으로 단일 세그먼트 지시선과 함께 작성됩니다. 추가 지시선 세그먼트를 작성하려면 명령을 시작하고 마우스 오른쪽 버튼을 클릭하고 단일 세그먼트 지시선을 클릭하여 선택 취소합니다.

〈사용 방법〉

1 리본에서 주석 탭 ➤ 메모 패널 ➤ 지시선 텍스트 를 클릭합니다.
2 형상에서 앵커점을 선택합니다.
3 필요한 경우 마우스 오른쪽 버튼을 클릭하고 다음 중 하나를 수행합니다.
   A. 상황에 맞는 메뉴에서 형상에 정렬을 클릭한 다음 모서리나 축을 선택하여 텍스트의 방향을 지정합니다.
   B. 상황에 맞는 메뉴에서 다음 후보 평면 선택을 클릭하거나 스페이스바 바로 가기를 사용하여 대체 평면 간을 순환합니다.
4 클릭하여 지시선 끝점을 배치합니다.
5 텍스트 형식 대화상자에서 원하는 텍스트를 추가하고 확인 또는 적용을 클릭하여 작성합니다.
6 지시선 텍스트를 편집하려면 다음 중 하나를 수행합니다.
   A. 화면표시나 검색기에서 지시선을 선택하고 마우스 오른쪽 버튼을 클릭한 다음 상황에 맞는 메뉴에서 편집을 선택합니다.
   B. 화면표시나 검색기에서 지시선을 두 번 클릭합니다.
7 필요한 값을 변경한 다음 확인을 클릭합니다.

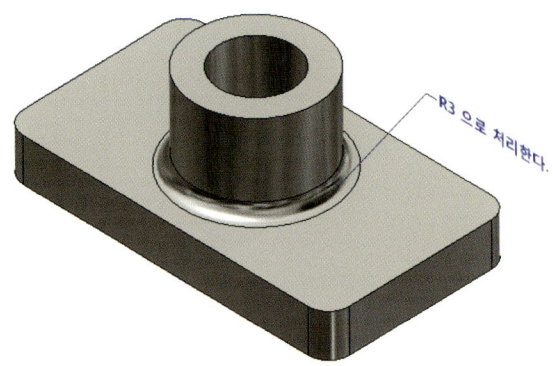

chapter 06 3D 모델에 기반한 치수(MBD)

08 일반 주

리본 메뉴/ 주석 탭/ 메모 패널/ 일반 주

반면, 일반 주석 주석은 네 개의 스크린 사분 면 중 하나에 추가됩니다.

〈사용 방법〉

1. 리본에서 주석 탭 ▶ 메모 패널 ▶ 일반 주 ABC 를 클릭합니다.
2. 화면표시에서 주를 배치할 사분점을 선택합니다.
3. 텍스트 형식 대화상자에서 원하는 텍스트를 추가하고 확인 또는 적용을 클릭하여 작성합니다. 주가 뷰에 수직으로 표시됩니다.

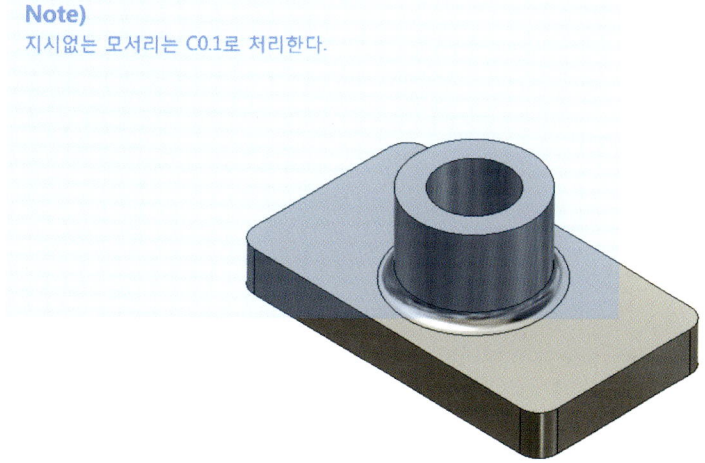

09 일반 프로파일 주석

리본 메뉴/ 주석 탭/ 메모 패널/ 일반 프로파일 주

일반 프로파일 주석 주석은 공차 기능이 명시적으로 지정되지 않은 면의 프로파일 공차를 지정하는 데 사용할 수 있습니다.

〈사용 방법〉

1. 부품 리본에서 주석 탭 ➤ 메모 패널 ➤ 일반 프로파일 주 를 클릭합니다.
2. 화면표시에서 주를 배치할 사분점을 선택합니다.
3. 메모 텍스트에서 <<GENERAL_PROFILE_TOL>>을 선택한 다음 주 삽입/편집 아이콘을 클릭하여 공차 값을 지정합니다.
4. 공차 값을 설정하고 텍스트 형식 대화상자에서 원하는 텍스트를 추가한 다음 확인 또는 적용을 클릭하여 작성합니다.
5. 주가 뷰에 수직으로 표시됩니다.

- **주 편집**

 일반 주 또는 일반 프로파일 주를 편집하려면 다음을 수행합니다.

 1. 검색기에서 주를 찾아 마우스 오른쪽 버튼으로 클릭한 다음 편집을 선택합니다.
 2. 필요한 값을 변경한 다음 확인을 클릭합니다.

> **Tip**
>
> QAT에서 선택 필터를 주석 선택으로 설정한 경우 화면표시에서 메모를 두 번 클릭하여 편집할 수 있습니다.

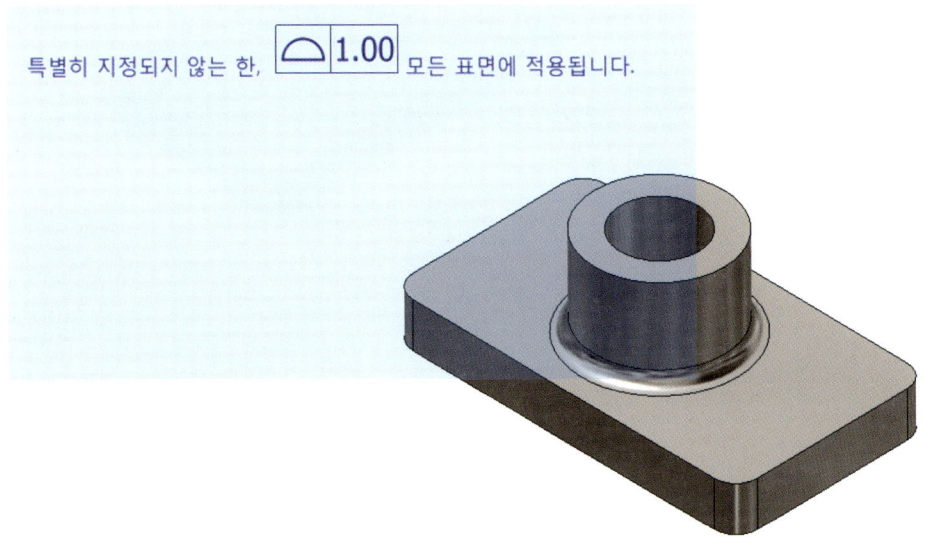

10 데이텀 참조 프레임

리본 메뉴/ 주석 탭/ 기하학적 주석 패널/ 데이텀 참조 프레임

DRF 작성을 사용하여 기존 데이텀을 기반으로 사용자 정의 데이텀 참조 프레임을 작성합니다.

〈사용 방법〉

1. 리본 메뉴/ 주석 탭/ 기하학적 주석 패널/ DRF 를 클릭합니다.
2. 데이텀 참조 프레임 대화상자의 사용 가능한 데이텀 리스트에서 원하는 1차, 2차 및 3차 데이텀을 선택합니다.
3. 원하는 수정자를 설정합니다.
4. 확인을 클릭하여 작업을 마칩니다.
5. 검색기에서 공차 피쳐 폴더에 주석이 추가됩니다.
6. 사용자 DRF를 편집하려면 검색기에서 DRF를 선택하고 마우스 오른쪽 버튼을 클릭한 후에 상황에 맞는 메뉴에서 DRF 편집을 선택합니다.
7. 필요한 옵션을 변경한 다음 확인을 클릭합니다.

11 Tolerance Advisor

리본 메뉴/ 주석 탭/ 기하학적 주석 패널/ Tolerance Advisor

공차 체계의 상태를 확인하는 것입니다. 공차 주석의 유효성이나 오류를 표시하는 Tolerance Advisor 검색기 창이 활성화 됩니다.

다음은 Tolerance Advisor 검색기 메시지와 각 메시지에 대한 설명입니다.

데이텀 객체가 없음

데이텀을 참조하는 데이텀 평면 또는 데이텀 축이 누락되었습니다. 데이텀 평면이나 축이 없으면 데이텀은 실패한 객체로 간주되며 모형의 실패한 객체 메시지도 표시됩니다. 문제를 해결하려면 데이

텀과 연관된 피쳐를 편집한 다음 해당 피쳐의 대상에서 데이텀을 재정의합니다.

치수 참조 피쳐가 유효하지 않음

이 치수의 참조 피쳐에 다음 문제 중 하나가 있습니다.
치수가 참조하는 피쳐가 누락되었습니다.
치수가 참조하는 피쳐가 더 이상 유효성 요구사항을 충족하지 않습니다. 예를 들어 해당 피쳐가 더 이상 간격띄우기 치수에 수직이 아닌 평면 표면입니다.
치수가 변경되어 모형을 재생성해야 합니다. 예를 들어 치수의 공차 모드가 한계로 설정되어 있으면 한계값의 평균이 더 이상 공칭 치수와 일치하지 않습니다. 이 경우 관리/ 전체 재생성을 선택하면 문제가 해결될 가능성이 높습니다.

또한 이 상황이 발생하면 치수가 실패한 객체로 간주되며, 이는 모형의 실패한 객체라는 추가 메시지로 표시됩니다. 일반적으로는 새 참조 피쳐를 선택하면 이 문제를 해결할 수 있습니다.

DRF 실패

데이텀이 참조하는 면이 더 이상 없으면 이 오류가 발생할 수 있습니다. 잘라내기를 통해 피쳐를 수정하여 데이텀이 참조하는 면을 제거하는 경우를 예로 들 수 있습니다. 이 오류를 해결하려면 데이텀 참조 프레임을 편집하거나 재정의 합니다.

DRF가 유효하지 않음

참조된 기준 피쳐가 유효한 DRF 사례를 나타내지 않습니다. 모형을 수정하여 데이텀의 상대 위치나 방향이 변경된 경우 이 문제가 발생할 수 있습니다. 또한 이 상황이 발생하면 DRF가 실패한 객체로 간주되며, 이는 모형의 실패한 객체라는 추가 메시지로 표시됩니다. DRF를 재정의하면 이 문제를 해결할 수 있습니다.

DRF가 참조되지 않음

DRF(데이텀 참조 프레임)를 참조하는 기하학적 공차가 없습니다. 참조되지 않는 DRF로 인해 모형의 하위 공정 사용자가 혼란을 느낄 수 있습니다. 이 메시지가 표시되는 문제를 해결하려면 모형에 공차 주석 추가를 완료한 후 참조되지 않는 데이텀 참조 프레임을 삭제하는 것이 좋습니다. 모형에서 DRF를 제거하려면 검색기에서 DRF를 마우스 오른쪽 버튼으로 클릭하고 상황에 맞는 메뉴에서 삭제를 선택합니다.

DRF의 반복성이 나쁠 수 있음

DRF(데이텀 참조 프레임)에서 참조되는 각 기준 피쳐가 DRF의 변환 또는 회전 DOF(자유도)를 하나 이상 구속합니다.

1. 변환 반복성 불량

축 또는 평면 기준 피쳐는 구속 대상 변환 DOF와 직교하는 것이 가장 좋습니다. 해당 각도가 너무 크거나 너무 작으면 DRF의 반복성이 나빠집니다. 각도가 150도보다 크거나 30도보다 작으면 이 메시지가 표시됩니다.

다음 이미지에는 DRF A|B의 기준 피쳐 B가 DRF의 X축을 따라 부품의 변환을 구속하는 두 가지 유사한 예가 나와 있습니다.

왼쪽의 예에서 기준 피쳐 B와 DRF X축 사이의 각도는 85도입니다. 이 각도는 90도보다 작으므로 DRF의 반복성이 저하됩니다.

오른쪽의 예에서 기준 피쳐 B와 DRF X축 사이의 각도는 25도입니다. 이 예에서는 이 Advisor 메시지와 연관된 테스트가 실패합니다.

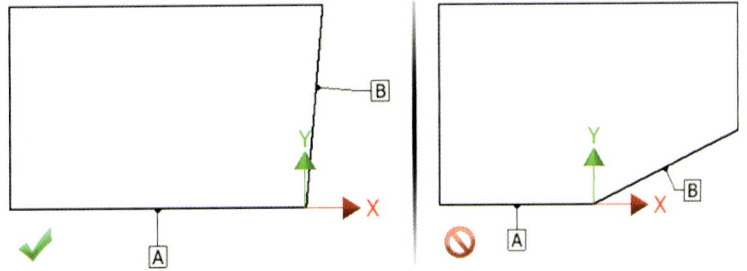

2. 각도 반복성 불량

평면 기준 피쳐는 구속 대상 회전 DOF의 회전축에 평행한 것이 가장 좋습니다. 해당 각도가 90도에 가까워지면 DRF의 반복성이 나빠집니다. 각도가 60도보다 크면 이 Advisor 메시지가 표시됩니다. 다음 이미지에는 DRF A|B|C의 기준 피쳐 C가 데이텀 A축에 대한 부품 회전을 구속하는 두 가지 유사한 예가 나와 있습니다. 왼쪽의 예에서 기준 피쳐 B와 데이텀 A DRF의 회전축은 평행합니다. 축 A와 기준 피쳐 C 사이의 각도는 90도에 가까우므로 DRF의 반복성이 나빠집니다. 오른쪽의 예에서 기준 피쳐 C와 A의 회전축 사이 각도는 65도입니다. 이 조건으로 인해 이 Advisor 메시지와 연관된 테스트가 실패합니다.

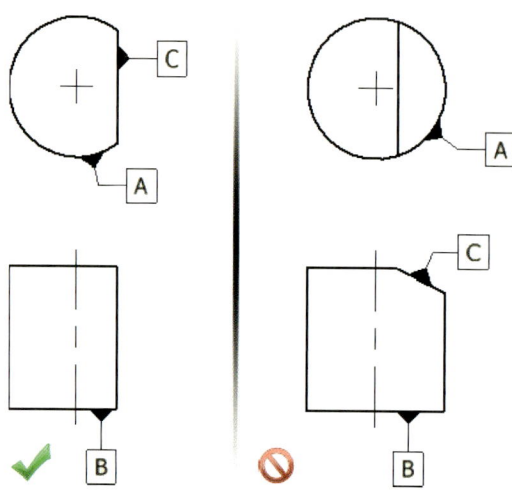

참조된 DRF가 유효하지 않음

기하학적 공차가 잘못된 DRF(데이텀 참조 프레임)를 참조합니다. 모형이 변경되어 DRF가 참조하는 기준 피쳐가 부적합해지면 이 문제가 발생할 수 있습니다. DRF는 잘못된 피쳐(피쳐에서 표면 참조가 누락됨)를 참조하여 부적합해지는 경우가 많습니다. 모형의 부적합한 DRF와 기하학적 참조는 대개 모형에서 부적합한 피쳐를 복구하는 방식을 통해 복구할 수 있습니다. 부적합한 객체가 포함된 모형을 복구하는 가장 좋은 방법은 다음과 같은 순서로 부적합한 객체를 복구하는 것입니다.
- 공차 피쳐
- DRF
- 기하학적 공차

DRF 사양이 불완전함

크기 기준 피쳐에 대해 재질 조건 수정자를 지정하지 않았습니다. 이 메시지가 표시되는 문제를 해결하려면 다음을 수행합니다.

1. Tolerance Advisor 검색기에서 메시지를 클릭하여 모형 검색기에서 피쳐를 교차 강조 표시합니다.
2. 모형 검색기 항목을 마우스 오른쪽 버튼으로 클릭하고 DRF 편집을 선택합니다.
3. 데이텀 참조 프레임 대화상자에서 기준 피쳐의 크기에 대한 재질 조건 수정자를 지정합니다.

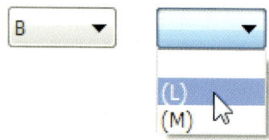

4 확인을 클릭합니다.

모형의 실패한 객체

평가할 수 없는 객체가 하나 이상 있습니다. 계산 문제는 다음과 같은 상황에서 발생합니다.
대상에서 데이텀이 파생될 때 다음 메시지 중 하나가 표시됨
- 대상 참조가 없음
- 데이텀 객체가 없음

DRF에서 다음 메시지 중 하나가 표시됨
- DRF가 유효하지 않음
- 2차 데이텀의 방향이 허용되지 않음
- 3차 데이텀의 방향이 허용되지 않음

기하학적 공차에서 GCS가 피쳐/DRF 조합에 대해 유효하지 않음 메시지가 표시됨
치수에서 치수 참조 피쳐가 유효하지 않음 메시지가 표시됨
특정 Advisor 메시지 도움말 페이지의 지침에 따라 실패한 객체 문제의 해결을 즉시 시도해야 합니다.

양식 공차 값은 작아야 함

- **양식 공차 값은 위치 또는 방향 컨트롤보다 작아야 함**

명시적으로 지정된 공차가 없는 간격 띄우기 치수(공차 유형 = 공칭)를 사용하여 구속된 평면 표면에 평평함 컨트롤을 적용하면 이 메시지가 표시됩니다. 평평함 컨트롤을 사용하여 평면 표면의 양식을 미세 조정할 때는 항상 간격 띄우기 공차를 명시적으로 지정하는 것이 좋습니다.

피쳐에 대해 지정된 위치 또는 방향 컨트롤은 해당 피쳐에 대한 양식 컨트롤을 나타냅니다. 양식 컨트롤을 명시적으로 지정할 때 해당 컨트롤의 공차 값은 피쳐에 대해 지정된 위치 또는 방향 컨트롤보다 작아야 합니다.

문제를 해결하려면 다음 중 하나를 수행합니다.
- 양식 공차 값을 위치 또는 방향 공차 값보다 작게 변경합니다.
- 위치 또는 방향 공차 값을 양식 공차 값보다 크게 변경합니다.

1. 양식 공차 값은 관련 양식보다 작아야 함

양식 공차 또는 프로파일 공차가 이 양식 공차와 같은 양식 측면을 이미 제어하는 경우 이 메시지가 표시됩니다. 지정된 양식 공차 값은 이전 세그먼트의 양식 또는 프로파일 공차 값보다 작아야 합니다.

2. 양식 공차 값은 크기 공차보다 작아야 함

이 메시지는 양식 공차 값(원형, 원통형, 평평함, 직선)이 크기 피쳐의 크기 치수 공차보다 작아야 함을 의미합니다. 이 오류를 해결하려면 필요에 따라 공차 값을 편집합니다.

양식이 완전히 구속되지는 않음

피쳐 또는 크기 피쳐에 적용된 공차가 양식의 모든 측면을 제어하지는 않습니다. 피쳐 또는 크기 피쳐의 양식은 다음 방식 중 하나로 구속할 수 있습니다.

- 크기 피쳐에 크기 치수를 적용합니다.
- 양식 기하학적 공차(평평함, 직선, 원형, 원통형)를 피쳐의 표면에 적용합니다.
- 비양식 기하학적 공차를 피쳐의 표면에 적용합니다. 예를 들어 평면 표면에 직각을 적용하면 해당 표면에 대해 같은 포함된 평평함이 적용됩니다. 그러나 접하는 평면 수정자는 기하학적 공차에 의해 적용되는 양식 컨트롤을 제거합니다.

모형의 각 표면에 대해 양식 한계를 명시적이나 암시적으로 지정하는 것이 좋습니다.

게이지 크기가 피쳐 범위를 벗어남

크기 치수는 물리적 피쳐 범위 내에 포함되어야 합니다. 지정된 크기 치수가 피쳐의 유효한 범위를 벗어납니다. 다음 그림에는 서로 다른 두 치수기입 체계를 사용하는 테이퍼된 샤프트의 예가 나와 있습니다.

왼쪽의 체계는 피쳐의 게이지 지름을 정의하는 데 적합한 방법입니다.

오른쪽의 체계에서는 참조 평면에 피쳐의 게이지 지름이 표시됩니다. 그러나 피쳐와 참조 평면 사이에는 모깎기가 있습니다. 이 모깎기는 지름이 지정되어 있는 모서리를 제거하므로 테이퍼된 샤프트의 실제 범위를 벗어납니다. 이 위치에서 크기를 정의하는 것은 잘못된 방법입니다. 작은 모따기로 인해 지름을 검사하기가 어렵기 때문입니다.

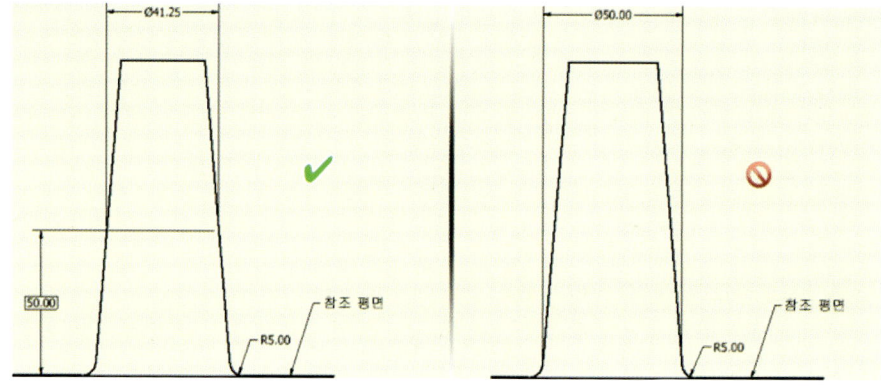

이 문제를 제거하려면 이 피쳐에 대해 모형의 매개 변수 치수기입 체계를 수정합니다.

GCS가 피쳐/DRF 조합에 대해 유효하지 않음

지정한 GCS(형상 특성 기호)가 피쳐 및 선택한 DRF에 적합하지 않은 형상 컨트롤을 나타냅니다. 모형 편집시 DRF에 대한 피쳐의 상대 위치 또는 방향이 변경되면 이러한 상황이 발생할 수 있습니다. 또한 이 상황이 발생하면 기하학적 공차가 실패한 객체로 간주되며, 이는 모형의 실패한 객체라는 추가 메시지로 표시됩니다.

일반적으로는 적절한 기하학적 특성 또는 호환 DRF를 선택하면 이 문제를 해결할 수 있습니다.

형상 참조가 유효하지 않음

참조되는 곡면이 누락되었거나 지정한 피쳐 유형을 형성하지 않습니다. 모형이 변경되면 이러한 상황이 발생할 수 있습니다. 형상이 삭제된 경우를 예로 들 수 있습니다. 또한 이 상황이 발생하면 피쳐가 실패한 객체로 간주되며, 이는 모형의 실패한 객체라는 추가 메시지로 표시됩니다.

이 문제를 해결하려면 피쳐를 편집하여 공차 피쳐를 재정의합니다. 피쳐를 삭제하여 모형을 복구할 수 있는 경우도 있습니다. 그러나 피쳐를 삭제하면 DRF와 같이 해당 피쳐를 참조하는 모든 객체도 삭제됩니다.

기하학적 공차가 과도하게 구속됨

유사한 기하학적 공차가 지정한 형상을 이미 구속하므로 이 공차는 불필요할 수 있습니다. 피쳐에 대해 기능적으로 필요한 경우에만 형상을 과도하게 구속해야 합니다.

단위 시스템이 공차 표준과 호환되지 않음

문서 설정 표준 탭에서 지정된 표준과 단위 탭에서 지정된 문서 단위가 일치하지 않으면 이 오류 메시지가 나타납니다. 예를 들어, DIN을 활성 표준으로 지정했으며 단위가 인치로 설정되어 있습니다.

활성 표준과 일치하도록 단위 설정을 변경하여 문제를 수정할 수 있습니다. 이전 예에서 단위를 mm로 변경하여 오류를 해결합니다.

※ 주: 단위와 일치하도록 활성 표준을 변경하면 모든 불일치 단위 주석이 제거될 수 있습니다.

크기 피쳐가 되기에 부족한 반대 영역

크기 피쳐의 특성 중 하나는 축, 중간평면, 중간선 또는 중심점이 있다는 것입니다. 그러나 충분한 반대 형상이 없으면 축, 중간평면 또는 중심점을 안정적으로 설정할 수 없습니다. 예를 들어 크기 피쳐를 정의하는 두 반대 평면의 경우 평면의 겹치는 영역에서만 중간평면을 안정적으로 설정할 수 있습니다. 평면 중 하나 또는 두 평면 모두와 비교할 때 겹치는 영역이 작은 경우 반대 평면이 크기 피쳐로 간주하기에 적합하지 않을 수도 있습니다.

위치가 완전히 구속되지는 않음

이 공차 피쳐에 적용된 공차가 위치의 모든 측면을 구속하지는 않습니다. 부품 요구사항을 완전히 정의하려면 모형 내 각 공차 피쳐의 위치를 구속해야 합니다. 오류를 해결하려면 공차 피쳐를 편집하여 DRF(데이텀 참조 프레임)로 구속해 보십시오. 충분히 구속된 DRF를 사용할 수 없으면 모형에 새 DRF를 추가할 수 있습니다.

모형에 외부 주석 요소가 포함되어 있음

모형에 일단 치수 또는 구멍 주와 같이 Tolerance Advisor가 평가하지 않는 주석 요소가 포함되어 있습니다.

Inventor에서는 모형의 공차 피쳐 주석(GD&T) 및 일반 3D 주석을 모두 지원합니다. Tolerance Advisor는 공차 피쳐 주석 및 일반 프로파일 메모를 사용하여 모형 공차 정보를 분석합니다. 일반 주석으로 인해 부품이 과도하게 구속되거나 잘못 구속된 상태가 될 수 있으므로, Advisor에서는 일반 주석을 보고합니다.

공차 피쳐 주석과 일반 주석을 모두 사용하려면 필요한 모든 공차 주석을 추가하고 Tolerance Advisor에 적절한 메시지가 표시되는지 확인한 후에 일반 3D 주석을 추가하는 것이 좋습니다.

이 메시지를 제거하려면 일반 주석을 삭제해야 합니다.

일부 부품 DOF가 구속되지 않음

모형에 구속되지 않은 DOF(자유도)가 있습니다. 부품의 피쳐를 올바르게 구속하려면 부품의 모든 DOF(자유도)를 구속할 수 있는 우세 DRF(데이텀 참조 프레임)를 설정합니다. 일반적으로 부품에는 6개 DOF를 모두 구속하는 우세 데이텀 참조 프레임이 필요합니다. 단, 단순 구 또는 단순 원통과 같이 부품이 대칭인 경우는 예외입니다. 이러한 경우에는 우세 DRF에 구속되지 않은 자유도가 남아 있을 수 있습니다. 이러한 자유도는 부품을 정의하는 데 필요하지 않기 때문입니다. 조립품에서 부품을 배치하거나 방향을 지정하는 부품 피쳐에 우세 참조 프레임을 적용해야 합니다. 또한 이러한 피쳐는 모형의 첫 번째 피쳐여야 합니다.

1차 기준 피쳐가 너무 작을 수 있음

1차 기준 피쳐는 일반적으로 부품 크기에 비해 매우 커야 합니다. 우세 데이텀 참조 프레임에서 참조될 때 1차 기준 피쳐는 기준 피쳐 시뮬레이터에 대해 부품의 위치와 방향을 구속합니다. 기준 피쳐가 충분히 크지 않으면 부품 방향에 대한 구속이 충분히 안정적이거나 반복 가능하지 않을 수 있습니다. 예를 들어 다음 이미지의 데이텀에서는 이 오류가 표시됩니다.

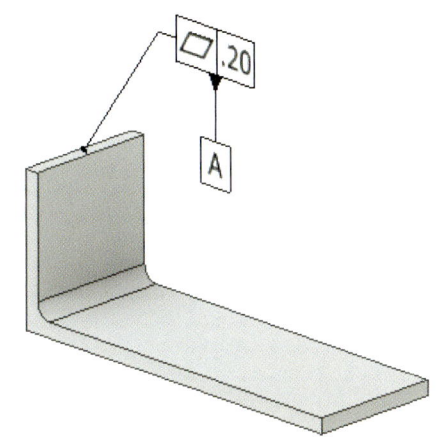

이 Advisor 메시지가 표시되면 더 큰 피쳐에서 1차 데이텀을 설정하는 것이 좋습니다. 이 예에서는 부품의 아래쪽 평면 표면을 1차 기준 피쳐로 선택하는 것이 가장 좋습니다.

투영된 공차 영역 값은 0보다 커야 합니다.

투영된 공차 영역 값이 0이거나 음수입니다.

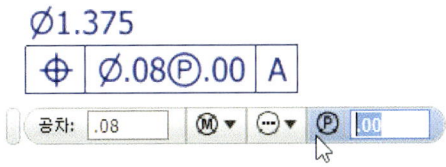

이 문제를 해결하려면 투영된 공차 영역 값을 편집하여 0보다 크게 설정하십시오.

🔹 하나 이상의 표면이 구속되지 않음

모형의 표면 하나 이상에 적용된 기하학적 공차가 없습니다. 완전한 치수기입 체계는 부품의 모든 표면에 대해 크기, 위치, 방향 및 양식 중 해당하는 항목의 사용 가능한 공차 한계를 지정해야 합니다. 피쳐는 적합한 기하학적 공차를 사용하여 명시적으로 구속해야 합니다.

일반 프로파일 주를 추가하여 나머지 표면을 구속하면 대개 이 오류를 해결할 수 있습니다.

🔹 방향이 완전히 구속되지는 않음

피쳐에 적용된 공차가 방향의 모든 측면을 구속하지는 않습니다. 피쳐 위치는 구속될 수도 있지만 해당 방향은 구속되지 않습니다. 불완전한 DRF(데이텀 참조 프레임)에 대한 위치 공차를 포함하는 샤프트를 예로 들 수 있습니다.

문제를 해결하려면 다른 데이텀 참조 프레임을 지정해 봅니다.

🔹 2차 데이텀의 방향이 허용되지 않음

대상에서 파생된 2차 데이텀의 방향이 DRF(데이텀 참조 프레임)의 주 참조에 직각이 아닙니다. 이 조건으로 인해 DRF가 실패한 객체로 간주되며 모형의 실패한 객체라는 메시지가 추가로 표시됩니다.

문제를 해결하려면 데이텀 참조 프레임을 재정의하거나 대상에서 데이텀을 재정의합니다.

🔹 3차 데이텀의 방향이 허용되지 않음

대상에서 파생된 3차 데이텀의 방향이 다음 기준 중 하나를 충족하지 않습니다.
- 1점 평면이 변환 DOF(자유도)를 구속하며 이 평면의 법선 벡터가 해당 DOF에 평행합니다.
- 1점 평면이 회전 DOF를 구속하며 평면이 회전축에 평행합니다.

3차 데이텀의 방향이 이러한 조건 중 하나를 충족하지 않으면 DRF는 실패한 객체로 간주되며 추가 메시지 모형의 실패한 객체가 표시됩니다.

문제를 해결하려면 데이텀 참조 프레임을 재정의하거나 대상에서 데이텀을 재정의합니다.

🔹 패턴이 유효하지 않음

다음 상황 중 하나 이상이 발생하여 패턴이 잘못된 것으로 간주됩니다.
- 패턴 멤버가 2개 미만임
- 하나 이상의 패턴 멤버 피쳐가 부적합함

- 패턴의 일부 멤버가 동일 유형의 크기 피쳐가 아님
- 일부 멤버의 크기가 일치하지 않음
- 패턴 멤버 중 하나에 대해 일부 크기 치수가 정의되지 않음
- 일부 패턴 멤버의 참조 피쳐가 동일하지 않음

모형을 편집하면 패턴이 부적합해질 수 있습니다. 문제를 해결하려면 패턴을 편집하여 패턴을 부적합하게 만드는 멤버를 제거해 보십시오. 경우에 따라서는 패턴을 삭제한 다음 유효한 크기 피쳐 집합을 선택해 패턴을 다시 작성해야 합니다.

기준 피쳐로 설정하거나 재정리해야 함

모형의 각 피쳐에는 고유한 DOF(자유도) 세트가 있습니다. 예를 들어 평면 표면에는 3개 DOF(변환 DOF 1개와 회전 DOF 2개)가 있고 단순 구멍에는 4개 DOF(변환 DOF와 회전 DOF 각 2개씩)가 있습니다. 모형 내 각 피쳐의 DOF는 모형에서 해당 피쳐 앞에 오는 피쳐에 상대적이어야 합니다. 모형에 기존 피쳐가 부족하여 피쳐의 모든 DOF를 구속할 수 없는 경우에는 피쳐를 기준 피쳐로 설정해야 합니다. 또는 해당 피쳐를 사용하여 데이텀 대상에서 데이텀을 설정할 수 있습니다.

예를 들어 모형에 첫 번째 피쳐를 추가할 때 새 피쳐를 구속할 수 있는 기존 피쳐가 없으면 해당 피쳐를 기준 피쳐로 설정해야 합니다. 기준 피쳐로 설정할 수 없는 피쳐 유형도 있지만, 그러한 피쳐는 데이텀 대상에서 데이텀을 설정하는 데 사용할 수 있습니다.

일반적으로 모형의 첫 번째 피쳐는 기준 피쳐로 설정되며 부품의 우세 DRF(데이텀 참조 프레임)를 설정하는 데 사용됩니다. 따라서 우세 DRF를 설정하는 데 사용되는 피쳐는 모형의 첫 번째 피쳐가 되도록 순서를 지정해야 합니다.

크기가 완전히 구속되지는 않음

피쳐에 적용된 컨트롤이 크기의 모든 측면을 구속하지는 않습니다. 패턴의 경우 이 메시지는 패턴의 간격이 구속되지 않았음을 나타낼 수 있습니다.

대상 참조가 없음

데이텀 대상이 참조하는 객체가 누락되었습니다. 이로 인해 데이텀이 실패한 객체로 간주되며 모형의 실패한 객체라는 메시지가 추가로 표시됩니다. 문제를 해결하려면 데이텀과 연관된 피쳐를 편집한 다음 해당 피쳐의 대상에서 데이텀을 재정의합니다.

공차 피쳐 실패

공차 피쳐가 참조하는 면이 더 이상 없으면 이 오류가 발생할 수 있습니다. 잘라내기를 통해 피쳐를 수정하여 참조되는 면을 제거하는 경우를 예로 들 수 있습니다.

공차 피쳐와 모델링 발생 수가 일치하지 않음

주석을 첨부한 후 패턴을 편집하고 발생 수를 변경하면 Inventor에서 수량을 다시 계산하지 않고 오류가 표시됩니다.

이 오류를 해결하려면 공차 주석을 삭제하고 새 주석을 만들어야 합니다.

공차 피쳐가 면을 공유합니다.

모형 변경 시 공차 피쳐 주석이 부착되어 있는 둘 이상의 면이 병합되었습니다. 병합된 면에는 중복되거나 충돌하는 공차 피쳐 주석이 포함되어 있습니다.

이 문제를 해결하려면 공차 피쳐 주석을 하나만 남겨 두고 모두 삭제합니다.

공차 지정사항이 불완전함

모형이 다음 조건 중 하나에 해당합니다.
- 공차 주석의 필수 공차 값이 0이거나 없습니다.
- 기하학적 공차에 대한 공차 영역 재질 조건 수정자가 필요한데 지정되지 않았습니다. 위치 공차의 경우를 예로 들 수 있습니다.

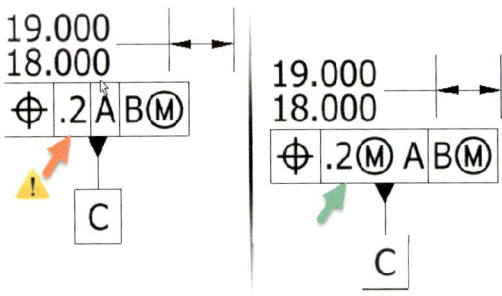

문제를 해결하려면 없는 공차 또는 수정자를 추가합니다.

공식 값은 이전 값보다 작아야 함

지정한 공차는 이전 세그먼트에서 기하학적 공차에 대해 지정된 공차보다 작아야 합니다.

피쳐에 대해 여러 기하학적 공차를 지정하는 경우 지정한 데이텀 참조 프레임에 따라 각 기하학적 공차는 이전 세그먼트에 있는 기하학적 공차를 미세조정한 공차로 간주되는 경우가 많습니다.

문제를 해결하려면 지정한 공차가 이전 세그먼트의 값보다 작도록 공차 값 중 하나를 변경합니다.

하위 피쳐의 공차는 관련 공차보다 작아야 함

하위 피쳐에 적용된 기하학적 공차의 값이 상위 피쳐보다 큽니다.

다중 곡면 피쳐에 적용한 기하학적 공차는 모든 하위 피쳐에 적용됩니다. 관련 기하학적 공차를 하위 피쳐에 적용할 때는 지정한 값이 상위 피쳐에 적용된 기하학적 공차 값보다 작아야 합니다.

문제를 해결하려면 하위 피쳐 공차 값을 상위 피쳐에 적용된 관련 공차의 값보다 작게 변경합니다.

동일하지 않게 배치된 프로파일 값이 유효한 범위 내에 없음

형상 공차의 프로파일 공차 값은 프로파일 공차의 총 폭입니다. 동일하지 않게 배치됨 기호 뒤의 값은 공칭에서 재질을 추가하는 공차의 양입니다.

다음 이미지에서는 수정자 값이 공차 값보다 더 크므로 유효하지 않아 오류 메시지가 표시됩니다.

이 문제를 해결하려면 값을 편집하여 0 이상이며 지정한 공차 값 이하의 값으로 설정합니다.

일부 치수에 대해 지정되지 않은 공차

설계를 완료하려면 모든 피쳐에 대해 변이 한계가 정의되도록 모든 치수에 대해 공차를 지정해야 합니다. 모형에 공칭 치수가 하나 이상 포함되어 있으면 이 메시지가 표시됩니다. 즉, 공차가 명시적으로 지정되지 않은 것입니다. 이 메시지가 표시되지 않도록 하려면 모든 공차 피쳐 공차가 기본값으로 설정되어 있지 않은지 확인합니다.

ASME Y14.41-2003(부품 7.2.2)에는 표시되는 크기 피쳐 치수에 항상 공차가 포함되어야 한다는 모형 요구사항이 있습니다. 공칭 치수는 허용되지 않습니다.

간격띄우기 또는 각도 치수와 같은 기타 치수 유형과 관련된 유사한 설명은 ASME Y14.41-2003에 포함되어 있지 않습니다. 모든 치수에 대해 공차를 명시적으로 지정하는 것이 좋다고 간주되기는 하지만, 크기 치수가 아닌 치수의 경우에는 공차를 반드시 명시적으로 지정하지 않아도 됩니다. 공칭 치수가 포함된 모형이 있으면 이 메시지가 표시됩니다. 이러한 치수에 대해서는 일반 주에 공차를 표시합니다.

값이 0인(또는 불일치) 공차는 허용되지 않음

크기 치수에 유효한 공차가 연관되어 있지 않습니다.
이 오류를 해결하려면 스케치 또는 피쳐 치수에 공차를 적용합니다.

기하학적 위치 공차에 대해 재질 조건이 없으면 이 오류가 발생할 수 있습니다. 이 경우 오류를 해결하려면 최대 또는 최소 재질 조건을 지정합니다.

12 MBD 연습문제

1 열기 버튼을 클릭하고 Chapter 06 폴더에서 SJS_Picture 6-3.ipt 선택하고 열기를 합니다.

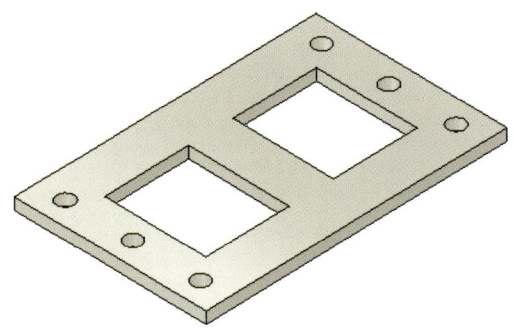

chapter 06 3D 모델에 기반한 치수(MBD)

2 리본 메뉴/ 도구 탭/ 옵션 패널/ 문서 설정 도구를 클릭하여 문서 설정 대화 상자를 엽니다.

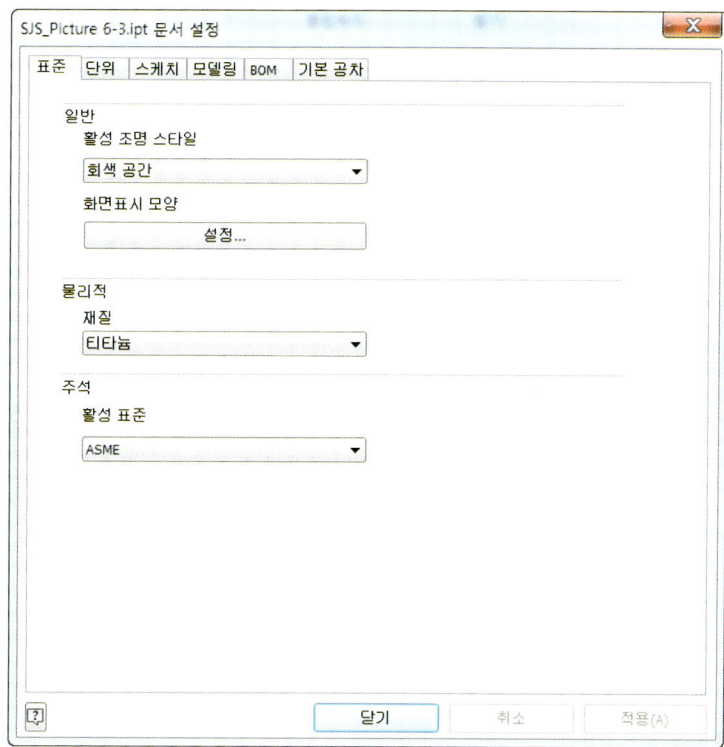

3 표준 탭을 클릭하고 활성 표준 드롭-다운에서 ASME를 선택합니다.

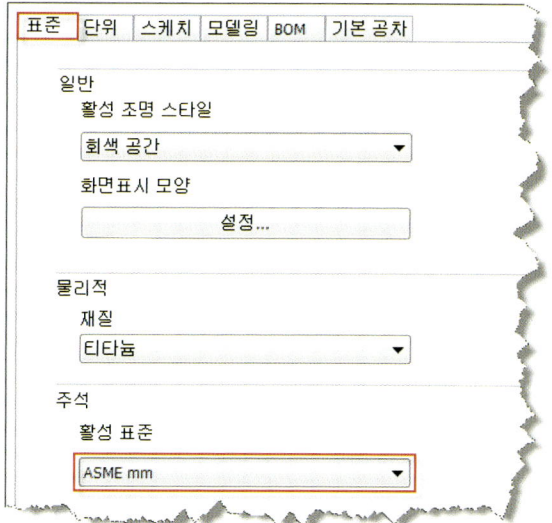

443

4 확인 버튼을 클릭합니다.

5 검색기 막대에서 보기 노드를 확장한 다음 등각 투영 뷰를 두 번 클릭합니다.

6 등각 투영 뷰를 마우스 오른쪽 버튼으로 클릭한 다음 주석 축척/ 자동을 선택합니다.

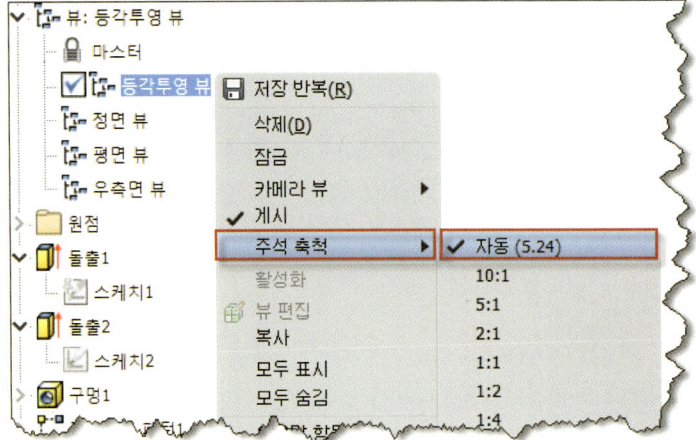

7 주석 리본 탭/ 관리 패널/주석 스케일 드롭-다운에서 주석 스케일을 변경할 수도 있습니다.

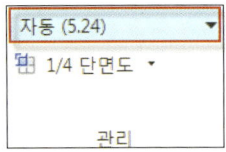

모델 치수에 공차 추가하기

1 검색기 막대에서 돌출1 피쳐를 마우스 오른쪽 버튼으로 클릭한 다음 치수 표시를 선택합니다.

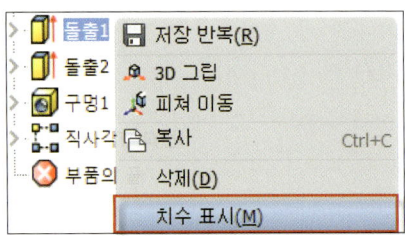

chapter 06 3D 모델에 기반한 치수(MBD)

2 피쳐의 치수가 아래와 같이 표시됩니다.

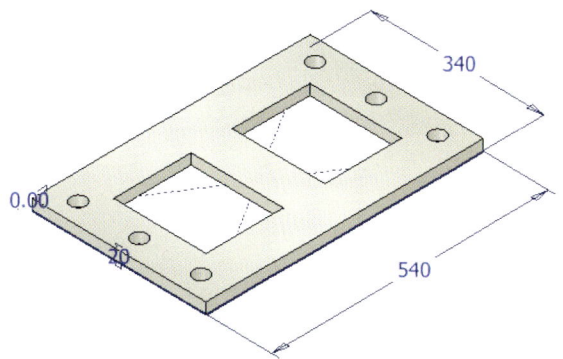

3 340 mm 치수를 두 번 클릭합니다.

4 치수 편집 대화 상자에서 오른쪽을 가리키는 화살표 버튼을 클릭한 다음 공차를 선택합니다.

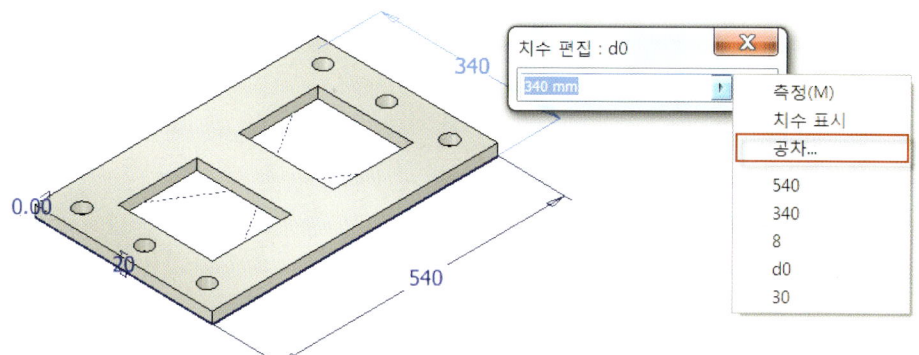

5 공차 대화 상자에서 유형/ 대칭을 선택합니다. 상한선 상자에 0.002를 입력합니다.

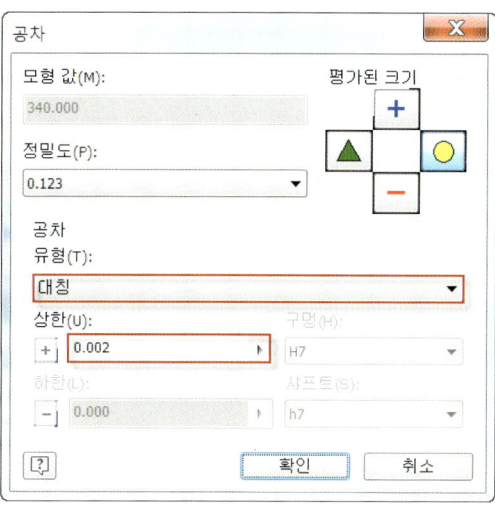

6 확인 버튼을 클릭합니다.

7 치수 편집 대화 상자에서 녹색 체크 버튼을 클릭합니다.

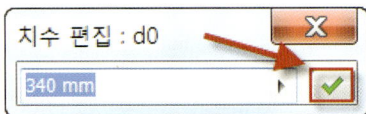

8 마찬가지로 아래 그림과 같이 나머지 치수에 공차를 추가합니다.

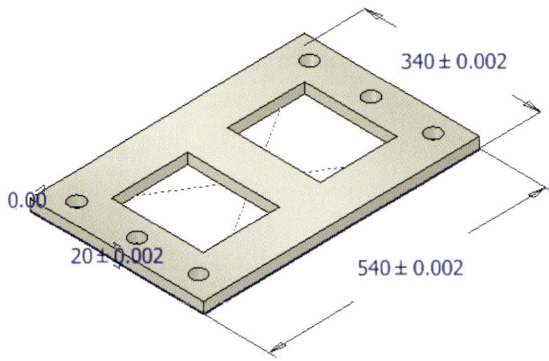

9 돌출 2 피쳐를 마우스 오른쪽 버튼으로 클릭한 다음 스케치 편집을 선택합니다.

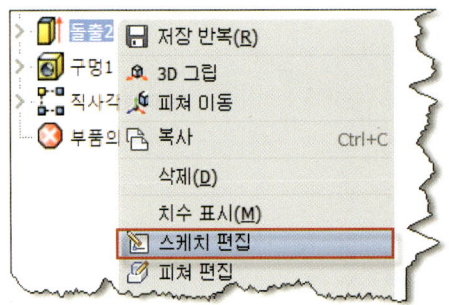

10 아래 그림과 같이 치수에 공차를 추가합니다.

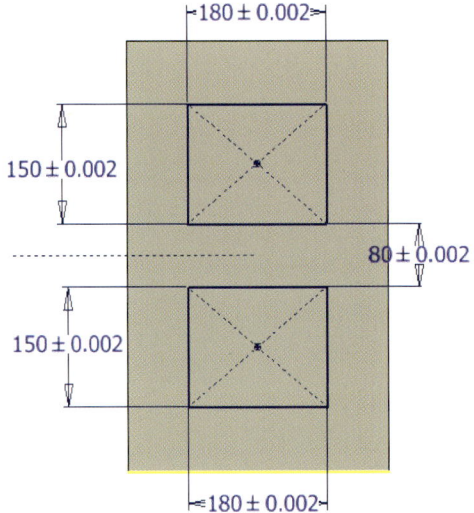

11 리본 메뉴/ 스케치 탭/ 종료 패널/ 스케치 마무리 도구를 클릭합니다.

12 검색기 막대에서 구멍 피쳐를 두 번 클릭하여 구멍 대화 상자를 표시합니다.

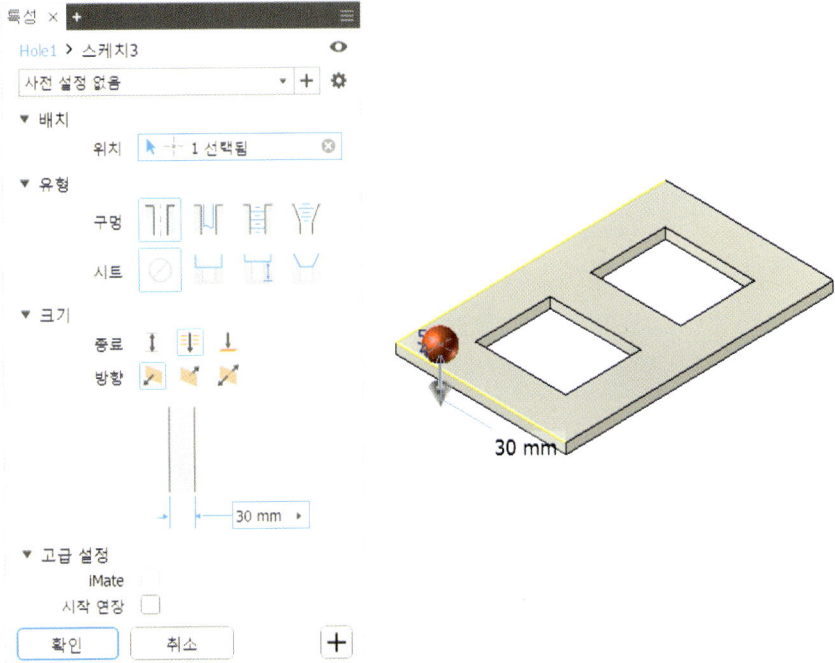

13 구멍 대화 상자에서 오른쪽을 가리키는 화살표를 클릭한 다음 공차를 선택합니다.

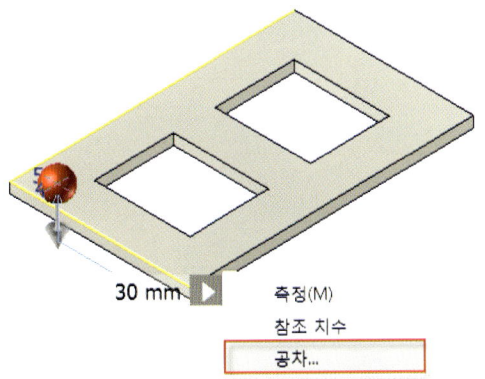

14 공차 대화 상자에서 유형/ 대칭을 선택합니다. 상한선 상자에 .002를 입력합니다.

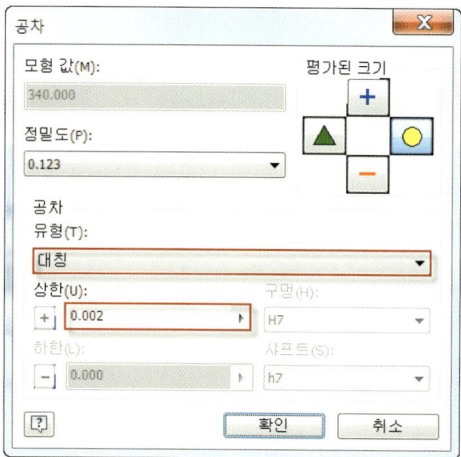

15 확인 버튼을 클릭합니다.

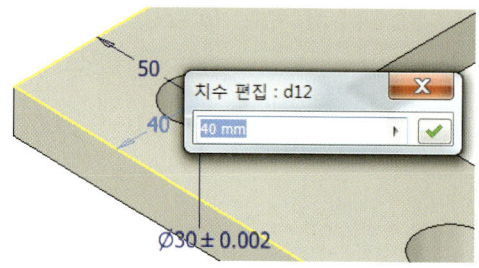

16 구멍 피쳐를 확대한 다음 그림과 같이 위치 치수를 클릭합니다.

17 오른쪽을 가리키는 화살표를 클릭하고 공차를 선택합니다.

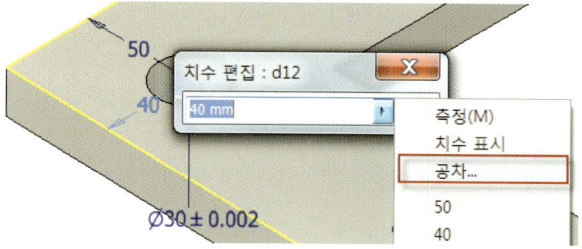

18 공차 대화 상자에서 유형/ 대칭을 선택합니다. 상한선 상자에 0.002를 입력합니다.

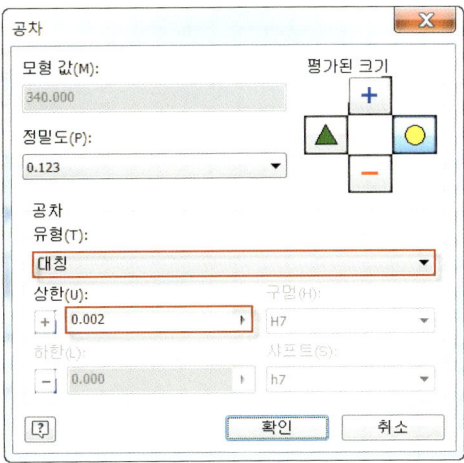

19 확인 버튼을 클릭합니다.

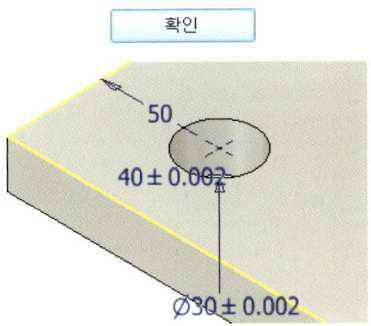

20 마찬가지로 나머지 위치 치수에 0.002 공차를 추가합니다. 공차 대화 상자에서 확인을 클릭합니다.

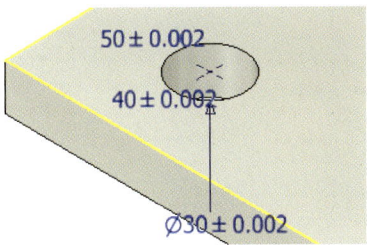

21 구멍 대화 상자에서 확인 버튼을 클릭합니다.

22 검색기 막대에서 직사각형 패턴1을 마우스 오른쪽 버튼으로 클릭한 다음 치수 표시를 선택합니다.

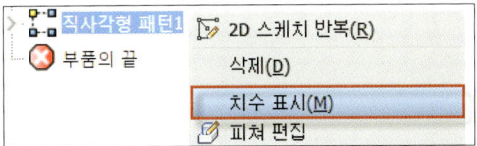

23 아래 그림과 같이 치수에 공차를 추가합니다.

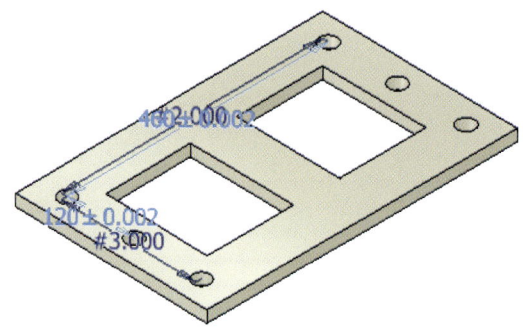

모델 치수 추출하기

1 검색기 막대에서 돌출1 피쳐를 마우스 오른쪽 버튼으로 클릭한 다음 치수 표시를 선택합니다.

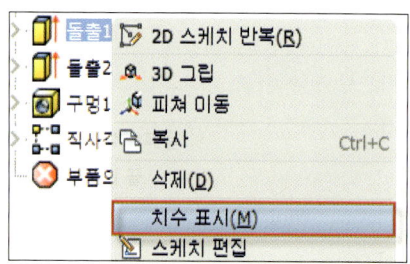

2 540 치수를 선택하고 마우스 오른쪽 버튼을 클릭한 다음 3D 주석 작성을 선택합니다.

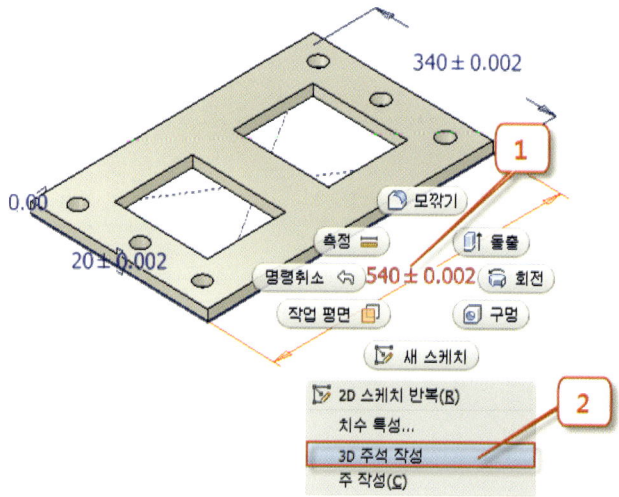

3 마찬가지로 돌출1 피쳐이 다른 두 치수를 똑같이 3D 주석 작성을 적용합니다.

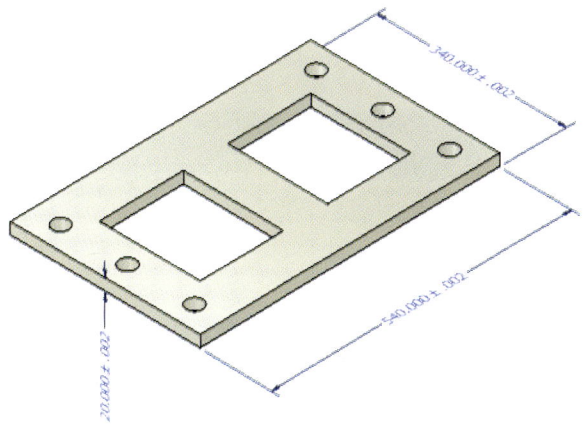

4 마찬가지로 돌출2, 구멍 및 직사각형 패턴 형상에서 치수를 추출합니다.

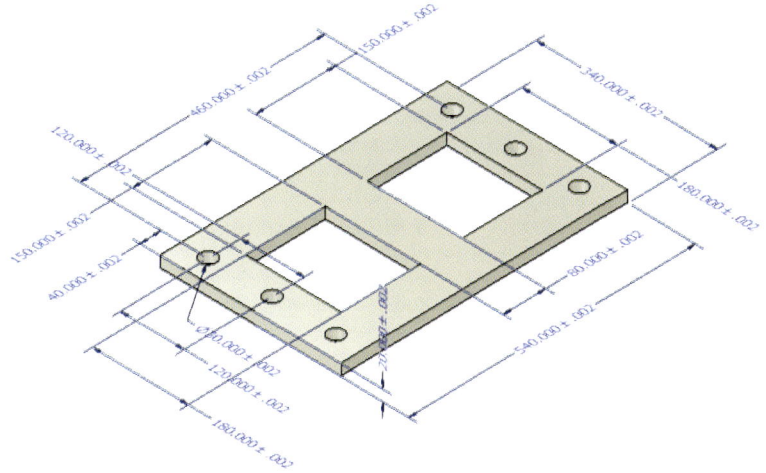

공차 피쳐 추가하기

1 리본 메뉴/ 주석 탭/ 기하학적 주석 패널/ 공차 피쳐 도구를 클릭합니다.

2 아래와 같이 모델의 윗면을 클릭합니다.

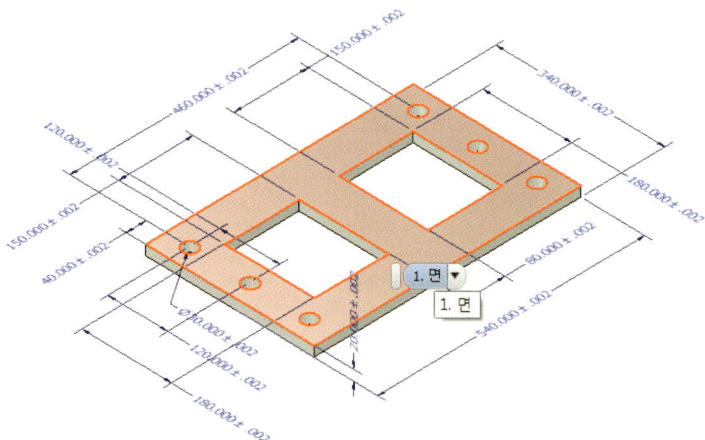

3 미니 도구 모음에서 평면 표면 옵션을 선택히고 확인 버튼을 클릭합니나.

4 마우스 포인터를 움직여서 클릭하여 공차 형상을 배치합니다.

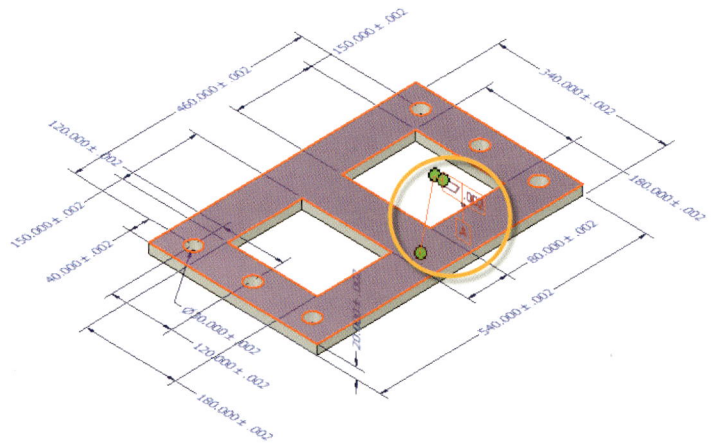

5 공차 특성. 공차 값을 클릭하고 공차 상자에 2.00 유형을 클릭한 다음 0.002를 입력합니다.

chapter 06 3D 모델에 기반한 치수(MBD)

6 확인 버튼을 클릭합니다.

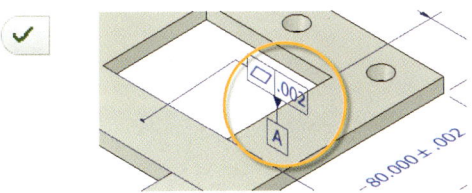

7 리본 메뉴/ 주석 탭/ 기하학적 주석 패널/ 공차 피쳐 도구를 클릭합니다.

8 아래와 같이 모델의 왼쪽 면을 클릭합니다.

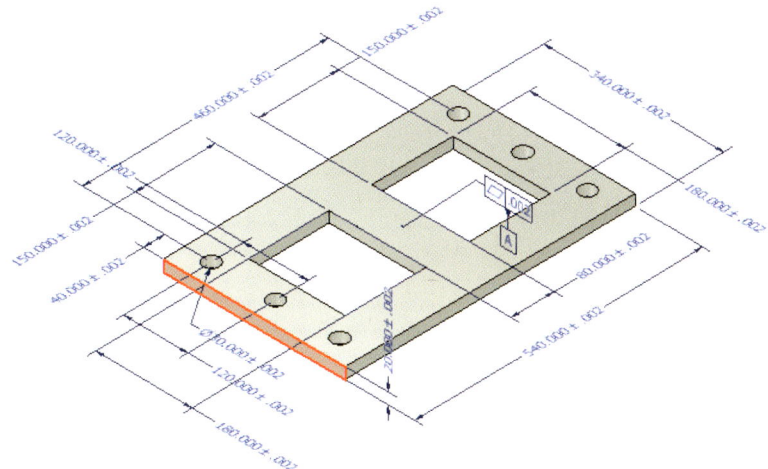

9 미니 도구 모음에서 평면 표면 옵션을 선택하고 확인 버튼을 클릭합니다.

10 마우스 포인터를 움직여서 클릭하여 공차 형상을 배치합니다.

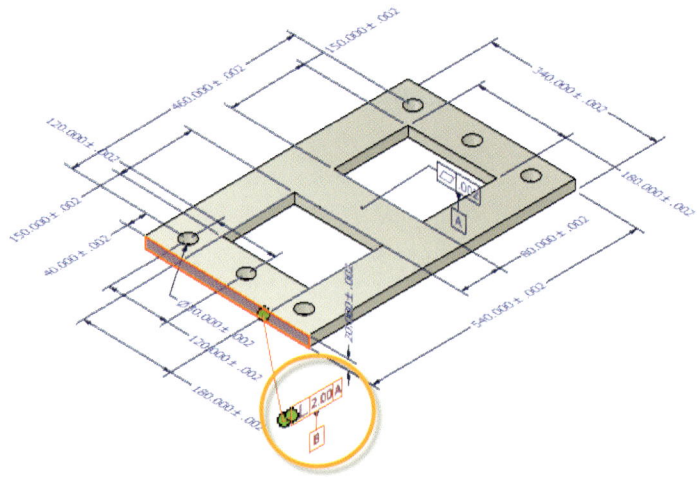

11 공차 특성. 공차 값을 클릭하고 공차 상자에 2.00 유형을 클릭한 다음 0.002를 입력합니다.

12 확인 버튼을 클릭합니다.

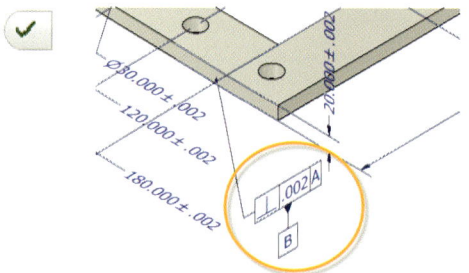

13 마찬가지로, 아래와 같이 다른 공차 특성을 생성합니다.

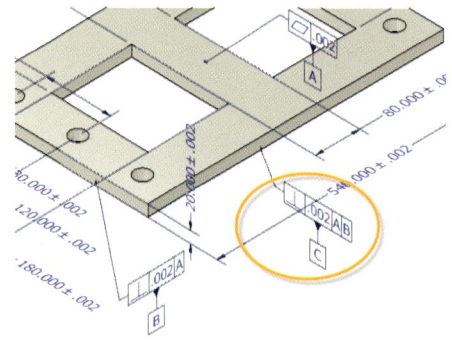

14 구멍 주석을 선택하고 키보드에서 Delete 키를 누릅니다.

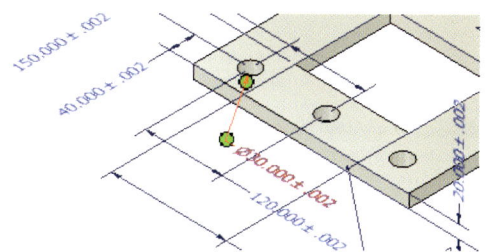

15 리본 메뉴/ 주석 탭/ 기하학적 주석/ 공차 피쳐 도구를 클릭합니다.

16 모델에서 구멍 피쳐를 선택합니다.

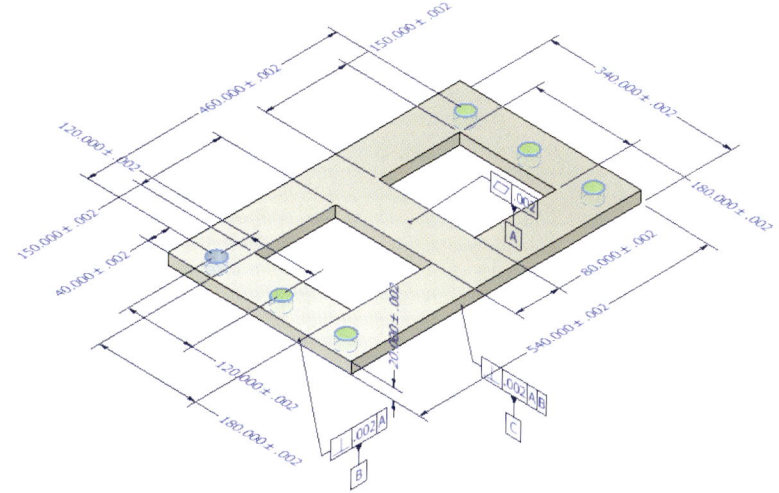

17 미니 도구 모음에서 단순 구멍 평행 축 패턴을 선택합니다.

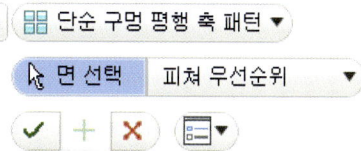

18 확인 버튼을 클릭합니다.

19 구멍 주석을 클릭하여 배치합니다.

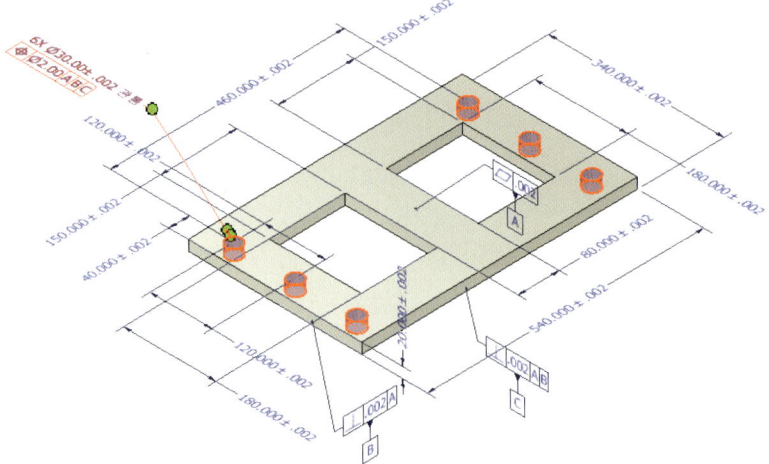

20 공차 값을 클릭한 다음 공차 상자에 .002를 입력합니다.

21 공차 상자 옆에 있는 드롭-다운에서 최대 재질 조건을 선택합니다.

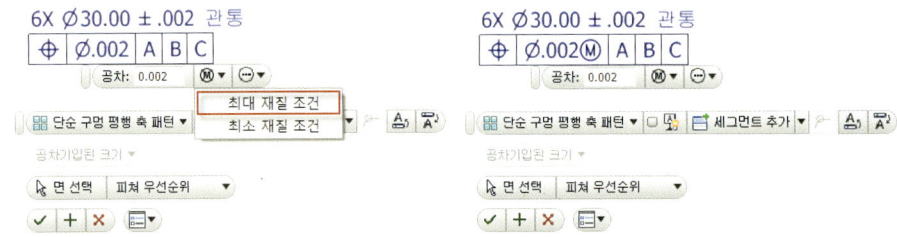

22 확인 버튼을 클릭합니다.

23 주석 및 공차 기능은 검색기 막대에 나열됩니다.

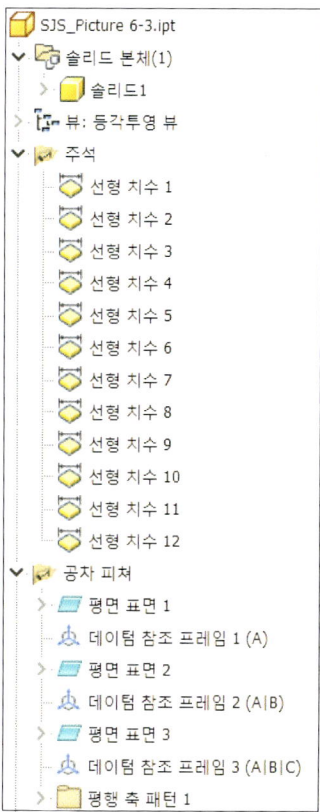

24 파일을 저장하고 닫습니다.

13　3D PDF로 내보내기

리본 메뉴/ 주석 탭/ 내보내기 패널/ 3D PDF로 내보내기

　　　　　템플릿 파일에서 3D PDF 파일을 작성합니다. 템플릿을 사용자화하여 필드를 추가하거나 삭제하고, 그래픽 요소의 위치를 사용자화하고, 추가 페이지를 작성할 수 있습니다.

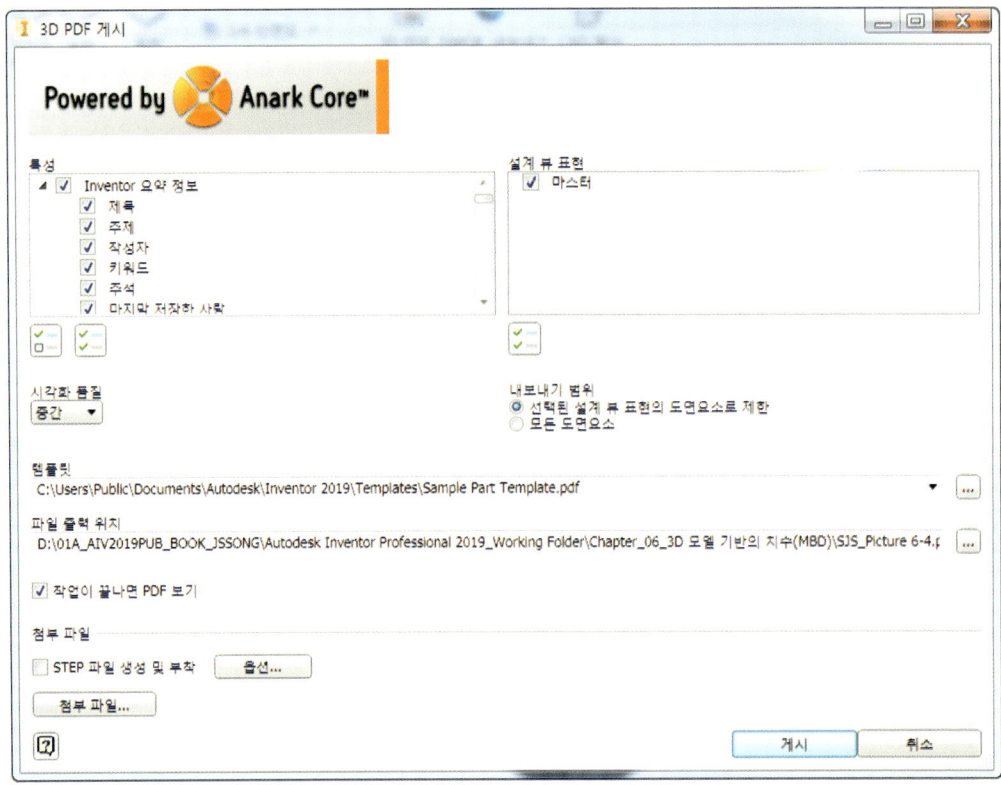

14 DWF로 내보내기

리본 메뉴/ 주석 탭/ 내보내기 패널/ DWF로 내보내기

파일을 DWF 파일 형식으로 내보냅니다.

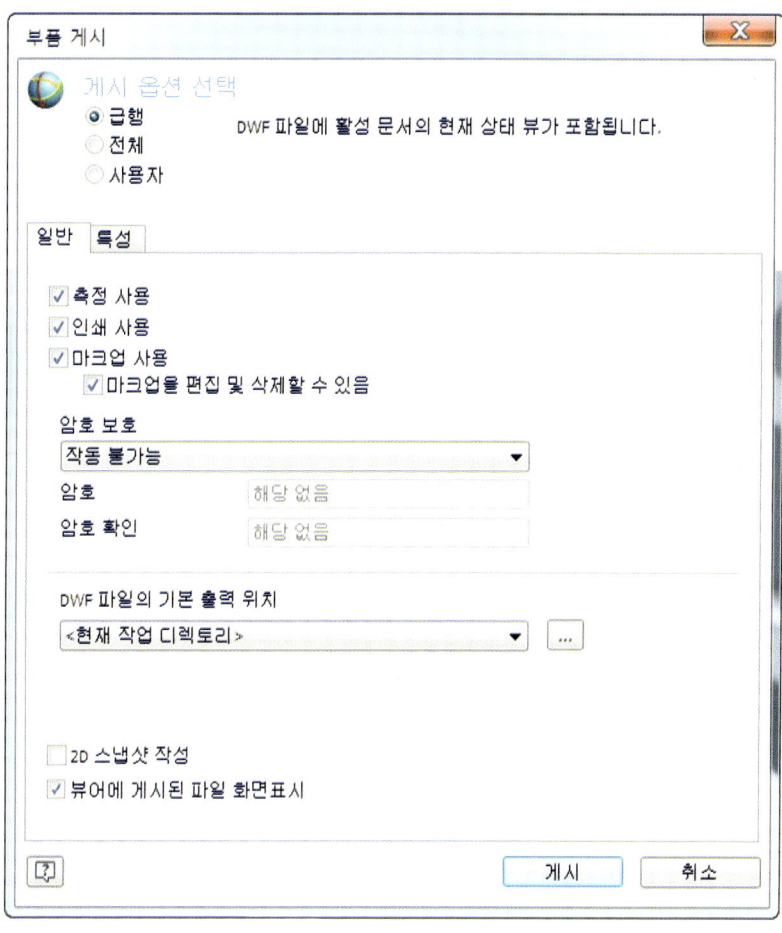

15 CAD 형식으로 내보내기

리본 메뉴/ 주석 탭/ 내보내기 패널/ CAD형식으로 내보내기

파일을 다른 CAD 파일 형식으로 내보냅니다.

Chapter 07

다양한 스케치와 3D 형상 편집 기능 활용하기

01 3D 모델링을 완성한 후 스케치와 3D 피쳐에 대한 다양하게 편집하는 방법

이 장을 마치면 다음과 같은 명령어를 활용하여 3D 모델링 데이터에 대한 수정 작업을 쉽게 수행할 수 있습니다.
- 3D 모델의 피쳐를 편집하기
- 편집 후 3D 모델을 업데이트하기
- 스케치된 피쳐의 스케치를 편집하기
- 형상의 스케치 평면을 재정의하기
- 기능을 표시하지 않고 해제하기
- 기능 복사 및 삭제하기
- 자동 치수를 스케치에 추가하기

02 편집 기능의 개념

편집은 설계에서의 가장 중요한 부분 중 하나입니다. 대부분의 설계는 제작 도중이나 제작 후 편집이 필요한 경우가 발생합니다. 앞서 언급했듯이 Autodesk Inventor & Inventor Professional 2019는 아주 강력한 피쳐 기반의 3D 솔리드 모델링 도구입니다. 결과적으로 Autodesk Inventor & Inventor Professional 2019 에서 생성된 모델은 다양한 피쳐 기능들의 조합을 통해 만들어집니다. 이러한 모든 피쳐 생성 기능은 개별 명령 요소이며 개별적으로 편집 할 수 있습니다.

예를 들어, 아래 그림은 피치 원형 지름이 (PCD)=30 mm으로 생성된 6 개의 카운터 싱크 구멍이 있는 원통형 부품입니다.

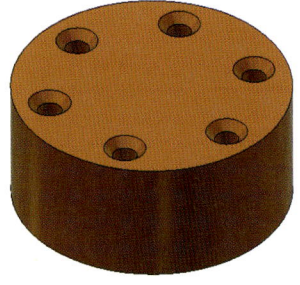

이제 카운터 싱크 구멍을 카운터 보어 구멍으로 변경하고 구멍 수를 늘릴 수 있도록 피쳐를 편집해야 하는 경우 두 가지의 편집 작업을 수행하면 됩니다. 첫 번째 편집 작업을 수행하면 구멍 대칭 구멍

을 수정하여 홀의 구멍을 보링할 수 있는 구멍 대화 상자가 열립니다. 이를 위해 이 대화 상자에서 카운터 보어 구멍에 대한 다양한 매개 변수를 지정할 수 있습니다. 이 대화 상자를 종료하면 여섯 개의 카운터 싱크 구멍이 모두 카운터 보어 구멍으로 수정됩니다. 〈그림 7-1〉 참조.

1 구멍 편집

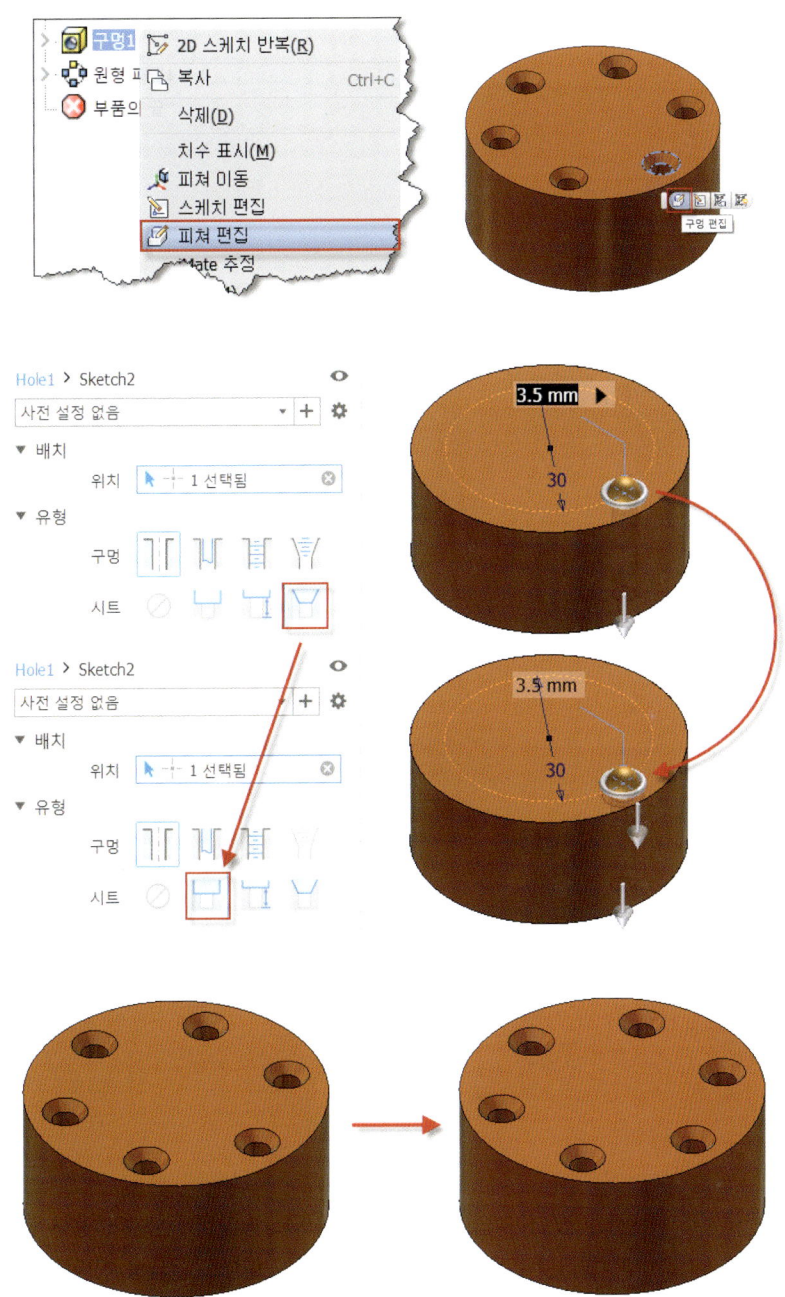

〈그림 7-1〉 카운터 싱크 구멍이 카운터 보어 구멍으로 변경

두 번째 편집 작업은 원형 패턴 대화 상자 열기를 합니다. 이 대화 상자에서 인스턴스 수를 8로 변경할 수 있습니다. 〈그림 7-2〉참조

2 원형 패턴 편집

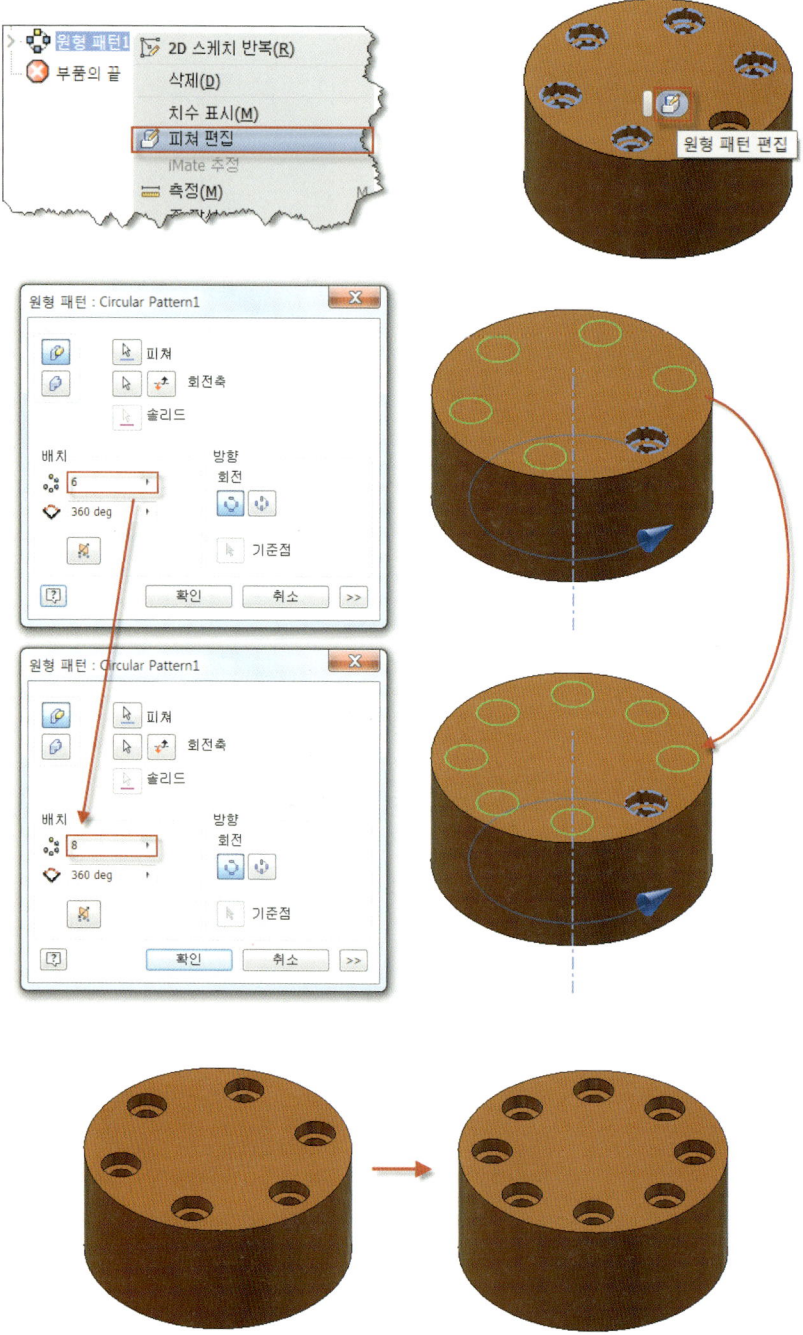

〈그림 7-2〉 카운터 보어 개수가 6개에서 8개로 변경

chapter 07 다양한 스케치와 3D 형상 편집 기능 활용하기

마찬가지로 스케치된 피쳐의 스케치 또는 작업 피쳐를 편집할 수도 있습니다. 작업 피쳐를 사용하여 작성된 피쳐는 작업 피쳐를 편집할 때 자동으로 수정됩니다. 예를 들어, 간격 띄우기가 100 mm인 작업 평면에 스케치를 작성하고 3D 형상 피쳐를 생선한 경우 작업 평면의 간격 띄우기 값을 변경할 때 스케치 및 3D 형상 피쳐의 위치가 자동으로 변경됩니다. Autodesk Inventor & Inventor Professional 2019에서는 모든 편집 작업이 기본적으로 검색기 막대를 사용하여 수행할 수 있습니다.

03 모델의 피쳐 편집하기

앞서 언급했듯이 모든 편집 작업은 검색기 막대를 사용하여 수행할 수 있습니다. 피쳐를 편집하려면 검색기막대에서 해당 피쳐를 선택합니다. 선택한 피쳐가 모델에서 강조되어 표시됩니다. 검색기 막대에서 선택한 피쳐를 마우스 오른쪽 버튼으로 클릭하면 바로 가기 메뉴가 표시됩니다. 그런 다음 피쳐 편집을 선택합니다. 편집을 위해 선택한 기능에 따라 대화 상자가 표시됩니다.

예를 들어 돌출 피쳐를 마우스 오른쪽 버튼으로 클릭하면 돌출 대화 상자가 표시됩니다. 또한 편집할 기능이 검색기 막대에서 굵게 강조 표시됩니다. 대화 상자에는 피쳐의 순서 번호도 표시됩니다. 즉, 모델에서 첫 번째 돌출 피쳐를 마우스 오른쪽 버튼으로 클릭하여 바로 가기 메뉴를 표시 한 다음 피쳐 편집을 선택하면 됩니다. 돌출 : 돌출1 대화 상자가 표시됩니다.

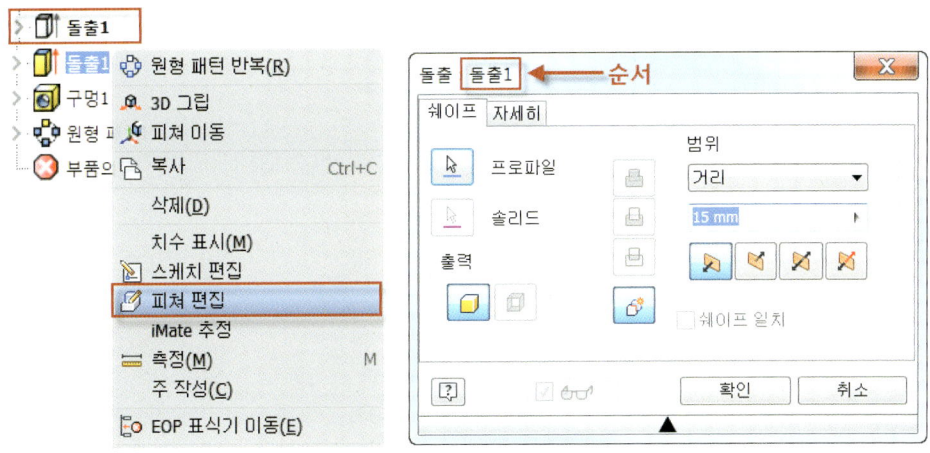

이 대화 상자를 사용하여 필요한 편집 작업을 수행할 수 있습니다. 이러한 작업에는 돌출할 스케치를 다시 선택하거나 테이퍼 각도를 수정하거나 작업 유형을 변경하는 작업 등이 포함됩니다. 마찬가지로 구멍 피쳐를 마우스 오른쪽 버튼으로 클릭한 다음 바로 가기 메뉴에서 피쳐 편집을 선택하면 그림 7-5와 같이 구멍 : 구멍 1 대화 상자가 표시됩니다. 또한 검색기 막대의 구멍 피쳐를 마우스 오른쪽 버튼으로 클릭한 다음 바로 가기 메뉴에서 치수 표시 옵션을 선택하여 구멍 피쳐를 편집할 수도 있습

니다. 치수가 모두 포함된 구멍이 그래픽 윈도우에 표시됩니다. 지름 치수를 두 번 클릭합니다. 그림 7-6과 같이 구멍 치수 대화 상자가 표시됩니다. 구멍 유형이 드릴, 카운터 싱크, 카운터 보어 또는 접 폭 공간인지 여부에 따라 이 대화 상자의 옵션을 사용할 수 있습니다. 〈그림 7-3〉은 드릴 구멍에 대한 구멍 치수 대화 상자를 보여주고 있습니다.

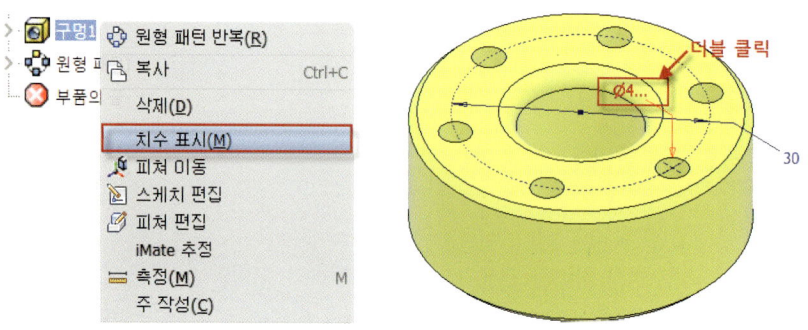

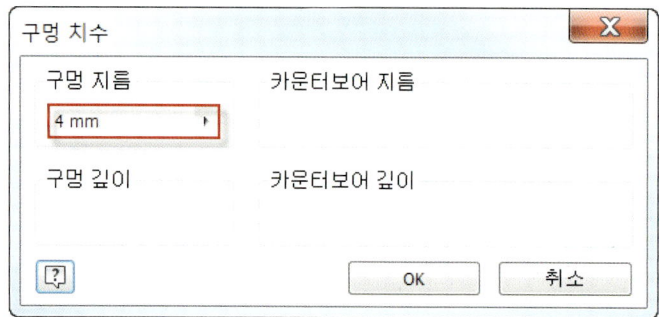

〈그림 7-3〉 드릴 구멍에 대한 구멍 치수 편집 대화 상자

04 편집된 피쳐 업데이트하기

검색기 막대를 사용하여 피쳐를 편집하는 경우 편집 작업의 효과를 보기 위해서는 피쳐를 업데이트 할 필요가 없습니다. 이는 편집 작업을 종료하자마자 해당 피쳐가 자동으로 업데이트되기 때문입니다. 그러나 치수를 사용하여 형상을 수정하는 경우 수동으로 형상을 업데이트해야 합니다. 편집 후에 기능이 업데이트될 때까지는 수정된 값이 표시되지는 않습니다. 수정된 값으로 업데이트하려면 빠른 실행 도구 막대에서 로컬 업데이트 버튼을 선택하면 됩니다. 이 로컬 업데이트 버튼은 피쳐의 크기를 수정할 때 활성화됩니다.

chapter 07 다양한 스케치와 3D 형상 편집 기능 활용하기

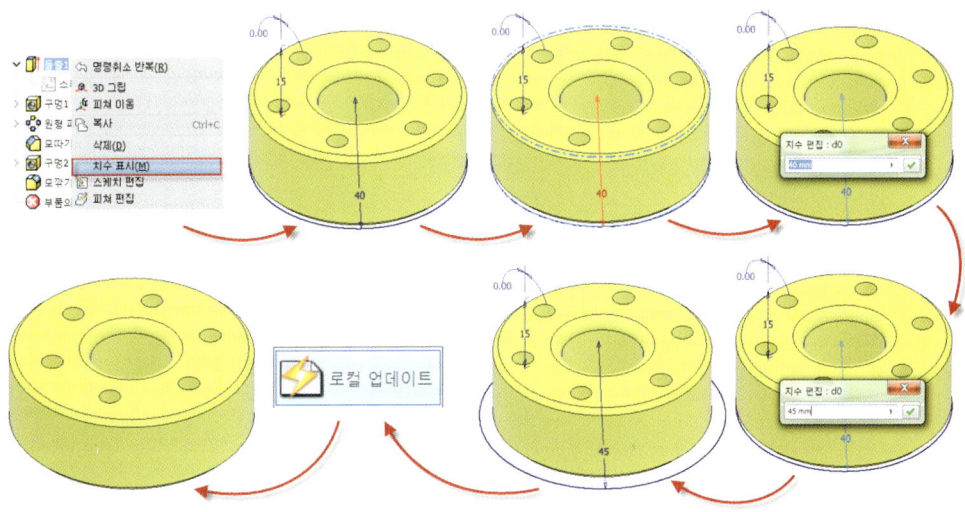

05 3D 그립을 사용하여 동적으로 피쳐 편집하기

동적 편집은 Autodesk Inventor & Inventor Professional 2019에서 편집을 쉽게 하기 위해 사용되는 유용한 편집 기술입니다. 동적 편집을 사용하면 돌출, 회전 또는 스윕 피쳐를 동적으로 편집 할 수 있습니다. 이 편집 도구를 사용하려면 검색기 막대 또는 그래픽 창에서 해당 3D형상 피쳐를 선택 후 마우스 오른쪽 버튼을 클릭한 다음 바로 가기 메뉴에서 3D 그립을 선택합니다. 피쳐의 원래 스케치가 표시됩니다. 이 3D 그립 기능은 와이어 프레임으로 표시되며 신뢰할 수 있는 모든 피쳐의 외관이 투명해집니다. 작은 원은 스케치 평면에 있는 모델을 제외한 모델의 모든 면에 표시됩니다. 이 작은 원은 스케치 평면에 수직인 모든 모서리에도 표시됩니다.

SJS_Picture 7-4.ipt파일을 열어서 3D 그립 기능을 수행해봅니다.

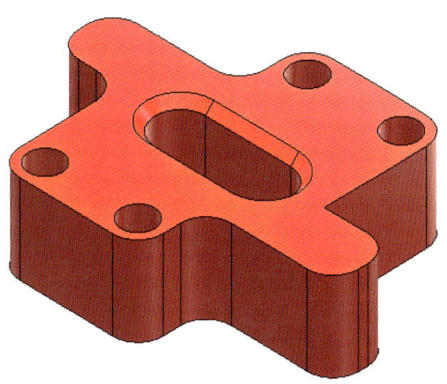

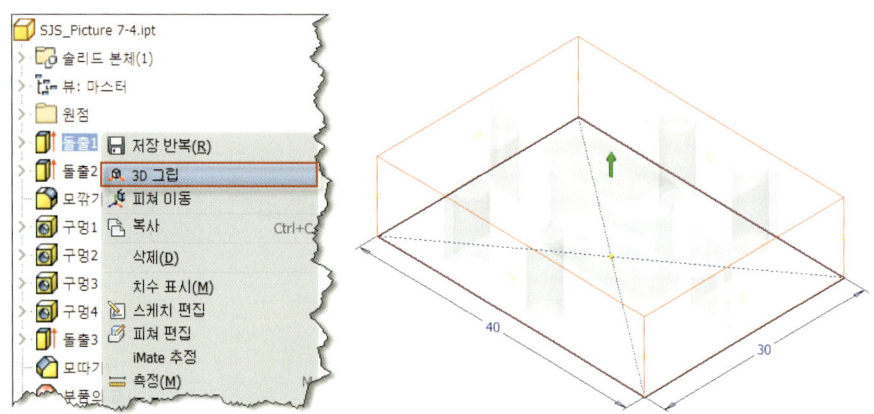

〈그림 7-4〉 돌출1 선택 후 3D 그립을 클릭한 형태

이 기능을 편집하려면 커서를 면이나 가장자리의 원 위에 놓습니다. 커서를 면의 원 위로 이동하면 면에 수직인 화살표가 원에 표시됩니다. 마우스 왼쪽 버튼을 누른 상태에서 화살표를 마우스로 드래그 합니다. 해당 되는 면이 법선을 따라 움직여지면서 크기가 조정되는 것을 확인하실 수 있습니다. 아래 그림은 정면에 수직으로 크기가 조정된 모델을 보여줍니다. 기능의 크기가 조정되는 값은 커서의 오른쪽에 표시됩니다.

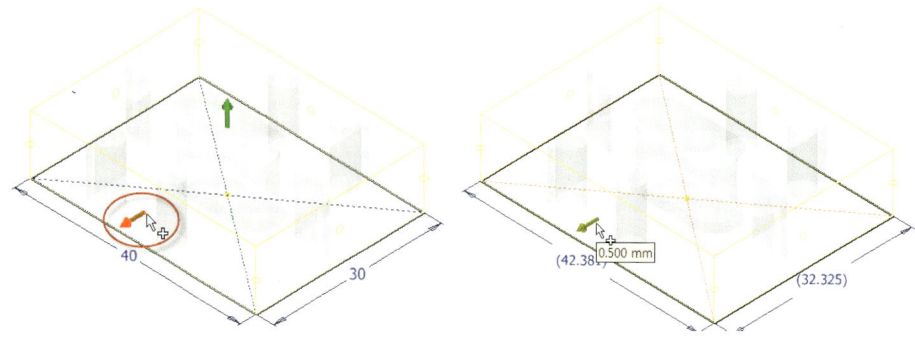

피쳐의 모서리에 표시된 원에 커서를 놓고 끌면 그림 7-9와 같이 피쳐가 스케치의 X 및 Y 방향을 따라 동시에 수정됩니다.

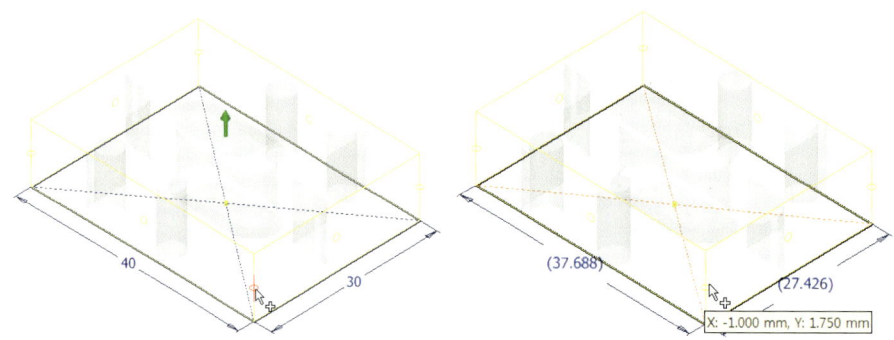

X 및 Y 축을 따라 형상의 크기가 조정되는 값이 커서 오른쪽에 표시됩니다. 3D 그립을 사용하여 기능을 동적으로 편집한 후 그래픽 창을 마우스 오른쪽 버튼으로 클릭하고 바로 가기 메뉴에서 적용 및 이동을 선택합니다. 모델은 확인 옵션 체크 버튼을 클릭한 후에만 업데이트됩니다.

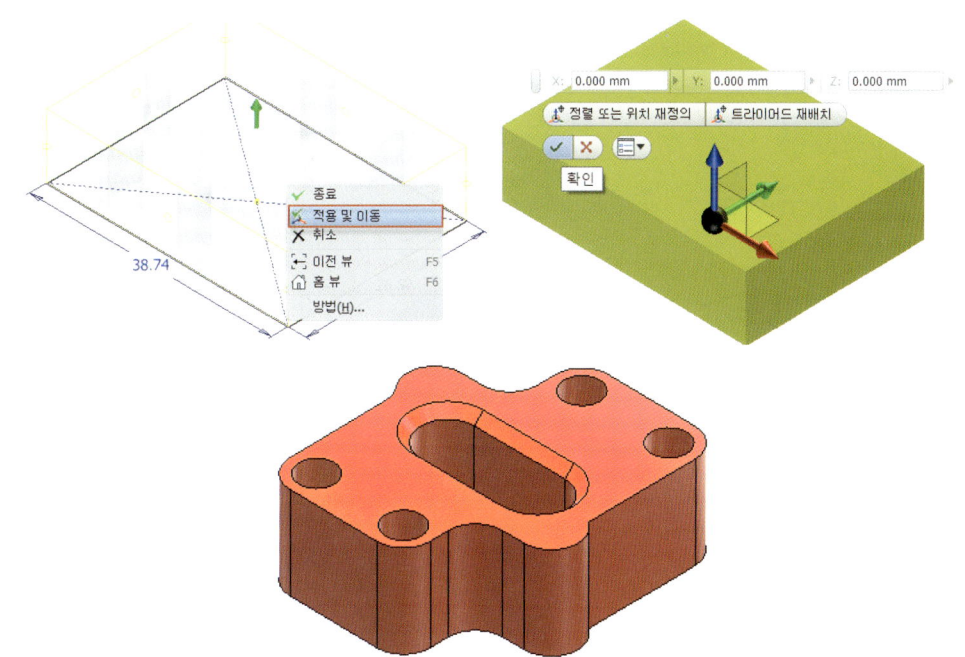

06 피쳐 안에 있는 스케치 편집하기

Autodesk Inventor & Inventor Professional 2019는 피쳐를 생성하는데 기준이 되는 스케치에 대하여 편집 유연성을 제공합니다. 스케치에 요소를 추가하거나 요소의 일부를 제거할 수 있습니다. 필요한 변경을 한 후에는 빠른 실행 도구 막대의 로컬 업데이트 버튼을 사용하여 스케치된 기능을 업데이트하면 됩니다. 그러나 편집 후 스케치가 닫힌 루프로 유지되는지에 대해서는 반드시 확인해야 합니다. 스케치가 닫힌 루프가 아닌 경우 Autodesk Inventor & Inventor Professional 2019 스케치 종료 모드 메시지 상자가 표시됩니다. 편집 후 루프를 복구 할 수 없다는 오류 메시지가 표시될 것입니다.

피쳐 안에 있는 스케치를 편집하려면 검색기 막대에서 스케치를 마우스 오른쪽 버튼으로 클릭하여 바로 가기 메뉴를 표시합니다. 이 바로 가기 메뉴에서 스케치 편집을 선택합니다. 스케치 환경이 활성화됩니다. 필요한 변경을 한 다음 빠른 실행 도구 막대에서 로컬 업데이트 버튼을 선택합니다.

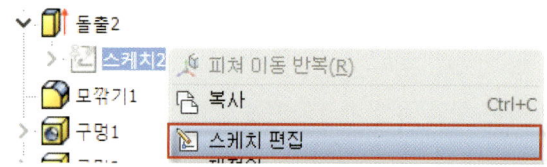

07 동적으로 이동 및 회전 기능

Autodesk Inventor & Inventor Professional 2019에서 돌출, 회전 또는 스윕 피쳐를 동적으로 이동하고 회전 시킬 수도 있습니다. 이렇게 하려면 검색기 막대에서 돌출, 회전, 또는 스윕 명령어로 생성된 피쳐를 마우스 오른쪽 버튼으로 클릭한 다음 표시된 바로 가기 메뉴에서 피쳐 이동을 선택합니다. 아래와 같이 3D 이동/ 회전 미니 도구 막대가 표시되면서 트라이어드가 표시됩니다.

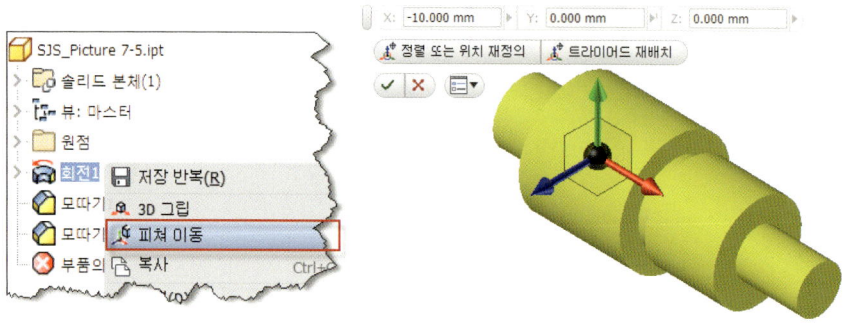

트라이어드를 클릭하는 위치에 따라 필요에 따라 모델을 이동하거나 회전 할 수 있습니다. 이 트라이어드를 사용하여 모델을 이동하거나 회전하는 방법에 대한 자세한 내용은 다음 섹션에서 설명합니다. 바로 가기 메뉴에서 피쳐 이동을 선택할 때 3D 이동/ 회전 미니 도구 막대가 표시되지 않는 경우 개체를 마우스 오른쪽 버튼으로 클릭하고 바로 가기 메뉴에서 트라이어드 이동을 선택하면 됩니다.

선택한 피쳐 이동하기

트라이어드를 사용하면 지정된 평면이나 3D에서 지정된 축의 방향을 따라 형상을 이동시킬 수 있습니다. 선택한 축의 방향을 따라 피쳐를 이동시키거나 지정된 피쳐의 방향으로 피쳐를 이동시키려면 미니 도구 막대에서 [트라이어드 재배치] 도구를 선택합니다. 그런 다음, 커서를 트라이어드의 축의 화살촉 위로 이동합니다.

chapter 07 다양한 스케치와 3D 형상 편집 기능 활용하기

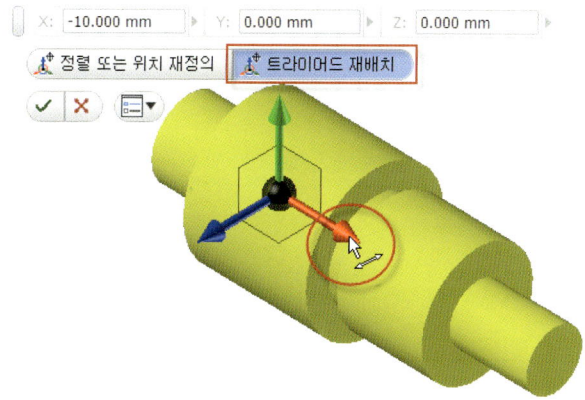

화살표가 강조 표시되면 선택합니다. 3D 이동/ 회전 미니 도구 막대에서 선택한 방향의 편집 상자가 활성화됩니다. 정확한 값을 입력하고 확인을 선택할 수 있습니다. 마우스를 드래그하여 선택한 방향으로 형상을 이동 한 다음 도면 창에서 오른쪽 클릭 할 수도 있습니다. 그런 다음 바로 가기 메뉴에서 확인 버튼을 선택합니다.

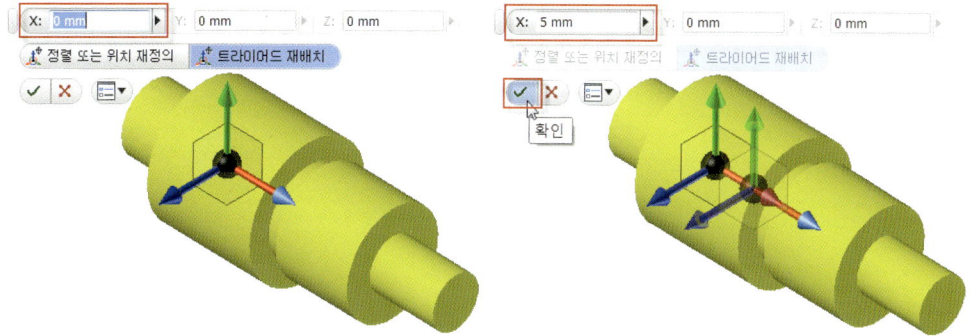

〈그림 7-5〉 피쳐 이동을 통해 선택한 피쳐 이동시키기

Tip

피쳐를 동적으로 이동하거나 회전하기 위한 기본 스냅 값을 수정할 수 있습니다. 이렇게 하려면 리본 메뉴/ 도구 탭 /문서 설정을 선택합니다. 문서 설정 대화 상자가 표시되면, 대화 상자에서 모델링 탭을 선택하고 거리 스냅 및 각도 스냅 편집 상자의 값을 수정합니다.

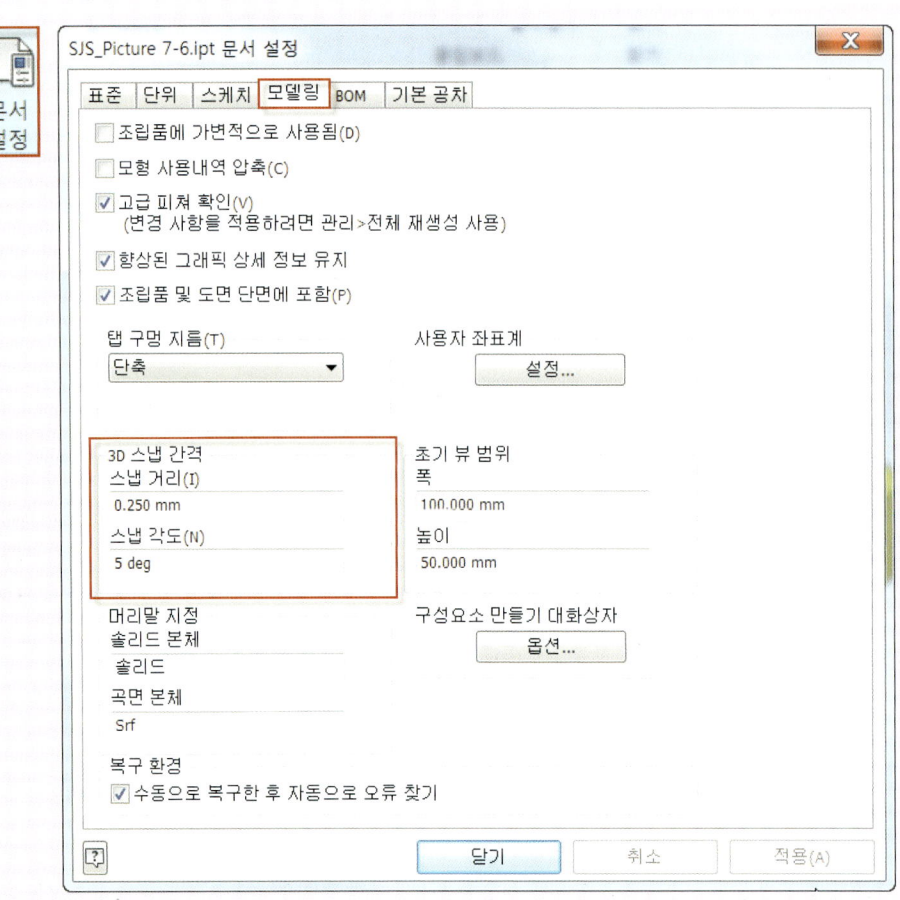

선택한 평면에서 피쳐를 이동

지정된 평면에서 피쳐를 이동하려면 아래 그림과 같이 트라이어드에 표시된 평면 중 하나를 선택합니다. 3D 이동/ 회전 미니 도구 막대에서 관련 편집 상자가 활성화됩니다. 선택한 평면에서 기능을 동적으로 이동하려면 편집 상자에 정확한 값을 입력하거나 마우스를 드래그하고 확인을 선택하여 편집 작업을 실행합니다.

chapter 07 다양한 스케치와 3D 형상 편집 기능 활용하기

08 3D 공간에서 자유롭게 피쳐 이동하기

3D 공간에서 피쳐를 이동하려면 아래 그림과 같이 트라이어드의 구를 선택합니다. 3D 이동/ 회전 미니 도구 막대에서 모든 세 축의 편집 상자가 활성화됩니다. 3D 공간에서 이 기능을 동적으로 이동하려면 편집 상자에 정확한 값을 입력하거나 마우스를 드래그하고 확인을 선택하여 편집 작업을 실행합니다.

 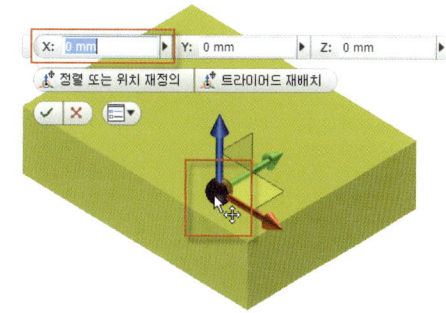

09 선택한 피쳐 회전하기

트라이어드의 세 축 중 하나에 대해 선택한 피쳐를 회전시킬 수 있습니다. 피쳐를 회전시키려면 마우스 커서를 트라이어드 축 중 하나 위로 이동하면 축이 강조 표시됩니다. 축을 선택합니다.

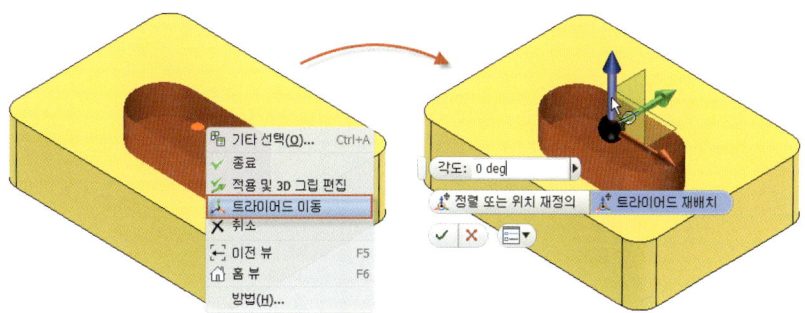

선택한 축에 해당하는 편집 상자가 3D 이동/ 회전 미니 도구 막대에서 활성화되면 편집 상자에 회전의 정확한 값을 입력하거나 마우스를 끌어 기능을 동적으로 회전시킬 수 있습니다. 미니 도구 막대에서 확인을 선택하여 편집 작업을 완료합니다.

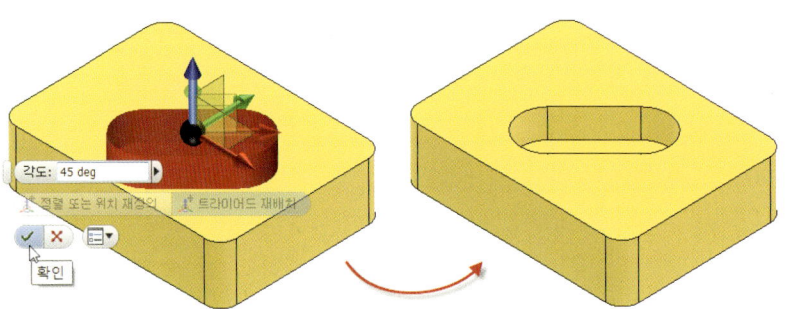

〈그림 7-6〉 피쳐 이동 기능을 통해 선택한 피쳐 회전시키기

10 스케치 평면의 재정의

때로는 평면 상에 그려진 스케치로 생성한 3D 피쳐 형상을 다른 평면으로 재배치해야 할 수도 있습니다. 예를 들어, XY 평면에 그려진 원통형 형상을 YZ 평면으로 재배치해야 할 수 있습니다. Autodesk Inventor & Inventor Professional 2019 를 사용하면 스케치 평면을 다시 정의하여 다른 평면에 형상을 재배치하기기 매우 쉽습니다. 다시 정의한 후에 필요한 3D 모델의 방향이 자동으로 변경됩니다. 예를 들어, XY 평면에 그려진 원통은 수직으로 나타납니다. 그러나 YZ 평면에 그려지는 동일한 실린더는 수평으로 놓여 있게 됩니다. 그래픽 창에서 작업 평면을 선택할 수 있습니다. 또는 검색기 막대에서 [원점] 탭을 확장한 다음 3D모델을 재배치 하고자 하는 평면을 선택할 수 있습니다. 스케치 프로파일의 스케치 평면을 재정의하려면 검색기 막대에서 스케치 프로파일의 왼쪽에 는 더하기 기호 (+)를 클릭합니다. 해당 피쳐의 스케치 이름이 검색기 막대의 스케치에 나타납니다. 스케치를 마우스 오른쪽 버튼으로 클릭하고 바로 가기 메뉴에서 재정의를 선택합니다. 스케치를 다시 정의하려면 작업 평면 또는 평면형 면을 선택하라는 메시지가 나타납니다. 스케치 프로파일의 새 작업 평면 또는 평면형 면을 선택합니다. 피쳐의 스케치가 새 평면에 재배치되며 새 매개 변수를 기반으로 모델의 방향이 바뀝니다. 또한 현재 기능을 참조하여 생성된 모든 기능이 자동으로 업데이트됩니다.

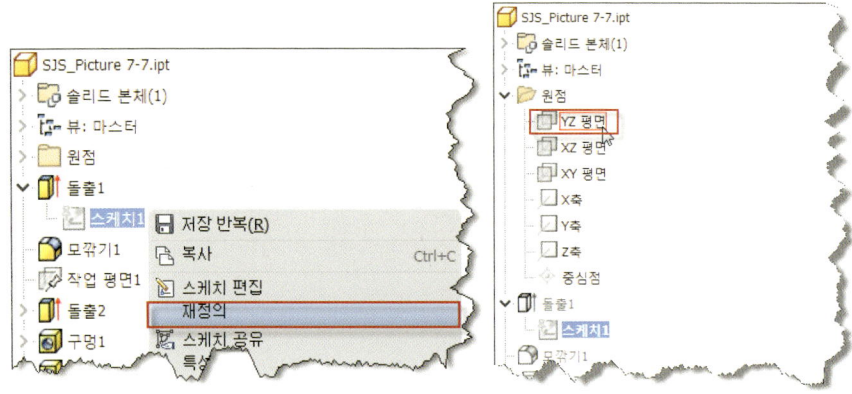

〈그림 7-7〉은 XY 평면에 작성된 기본 형상의 스케치 평면을 YZ 평면으로 재정의 한 후 모델을 보여주는 것입니다. 모델의 기본 형상과 다른 모든 형상은 새 스케치 평면을 기준으로 재배치되는 것을 알 수 있습니다.

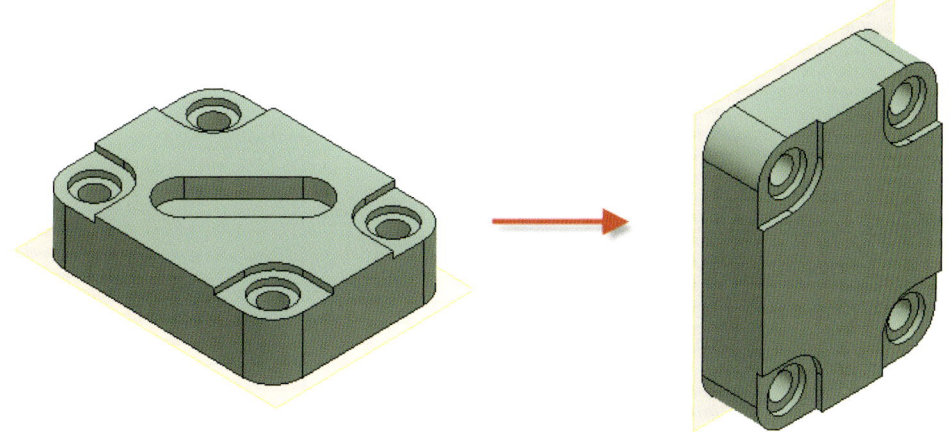

〈그림 7-7〉 스케치 프로파일을 XY 평면에서 YZ 평면으로 재정의한 모습

Note

스케치 평면을 재정의 한 후에 3D 모델에 하나 이상의 피쳐가 재배치되지 않으면 해결되지 않은 피쳐에 대한 정보를 제공하는 메시지 상자가 표시됩니다.

11 피쳐 억제 및 해제

3D 모델의 도면 뷰나 모델의 인쇄물에 일부 기능이 표시되지 않아야 하는 상황이 있을 수 있습니다. 비 형상 기반 솔리드 모델링 도구의 경우, 인쇄물을 가져온 후에 형상을 삭제하거나 생성해야 합니다. 그러나 Autodesk Inventor & Inventor Professional 2019에서는 필요없는 기능을 단순히 억제 할 수 있습니다. 피쳐가 억제되면 도면 뷰 또는 모형 인쇄물에 표시되지 않습니다. 이러한 경우 기능이 삭제되지 않고 임시로 사용 중지시키는 효과를 나타내게 됩니다. 선택한 기능에 종속된 모든 피쳐들도 표시되지 않습니다. 피쳐를 숨기려면 검색기 막대에서 피쳐를 마우스 오른쪽 버튼으로 클릭한 다음 바로 가기 메뉴에서 피쳐 억제를 선택하면 됩니다.

> Note

표시되지 않는 모든 피쳐들은 검색기기 막대 표시 줄에 밝은 회색의 색상으로 표시됩니다. 또한 검색기기 막대에 있는 피쳐의 이름에 선이 생깁니다.

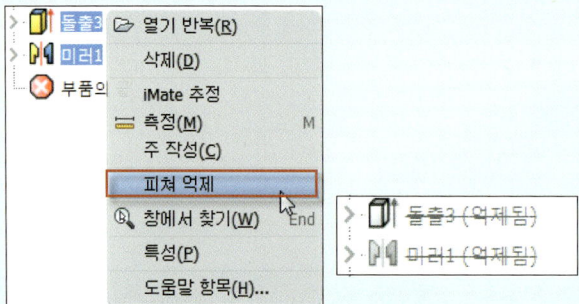

억제된 형상은 모델에서 다시 시작할 수 있습니다. 이렇게 하려면 검색기 막대의 표시 줄에서 억제된 기능을 마우스 오른쪽 버튼으로 클릭하여 바로 가기 메뉴를 표시합니다. 이 바로 가기 메뉴에서 기능 억제 해제를 선택하면 됩니다. 선택한 피쳐가 모델에 다시 표시될 것입니다.

> Tip

현재 모형의 도면 뷰를 생성 한 후 모델의 모든 형상을 억제하면 도면 뷰에 표시되지 않습니다. 그러나 형상을 억제 해제하면 즉시 도면 뷰에 표시됩니다.

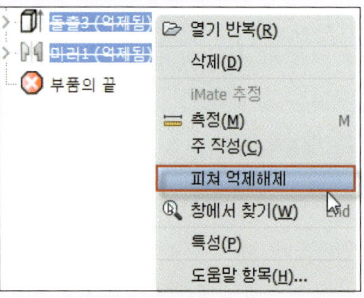

12 직접 도구를 사용하여 기능 편집

리본 메뉴/ 3D 모형 탭/ 수정 패널/ 직접

Autodesk Inventor Professional 2019 Professional 2019의 고유한 기능 중 하나는 모델의 선택된 면이나 피쳐를 이동, 크기 조정, 회전 또는 삭제할 수 있는 기능입니다. 이 기능은 가져온 모델을 편집할 때 광범위하게 사용됩니다. 모형의 면을 이동하려면 3D 모형 탭의 수정 패널에서 직접 도구를 선택합니다. 그러면 아래와 같이 미니 도구 막대가 표시될 것입니다.

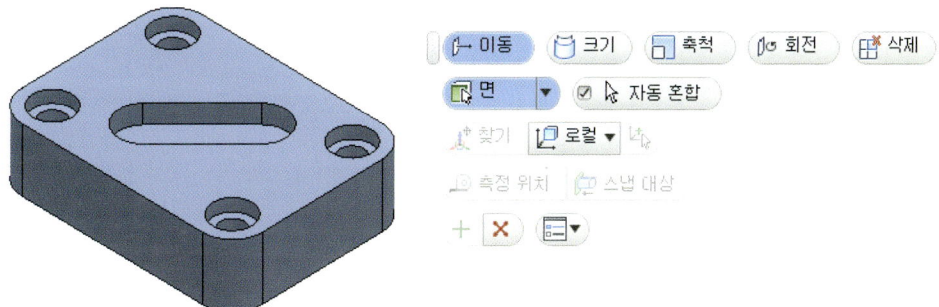

다음은 미니 도구 막대의 도구에 대해 설명합니다.

이동

기본적으로 이동 도구가 선택됩니다. 결과적으로 이동할 면이나 솔리드를 선택하라는 메시지가 나타납니다. 이동할 면을 선택합니다. 트라이어드가 선택한 면에 표시됩니다.

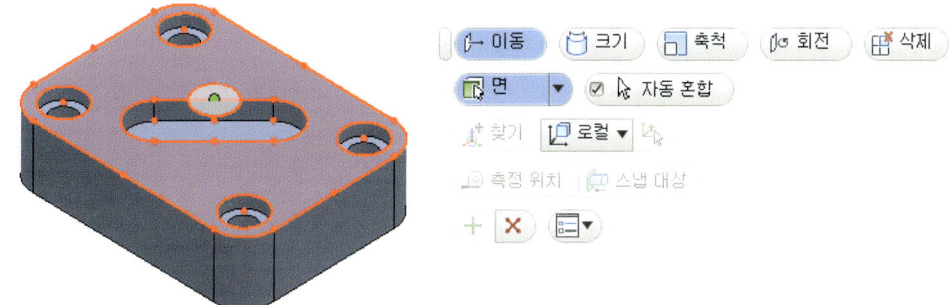

아래와 같이 트라이어드를 드래그하여 면을 이동합니다. 미니 도구 막대의 Align Triad to Geometry 버튼을 사용하여 삼각형의 방향을 정렬할 수 있습니다. 이렇게 하려면 모델에서 필요한 방향을 선택해야 합니다. 트라이어드는 선택한 방향으로 정렬이 됩니다.

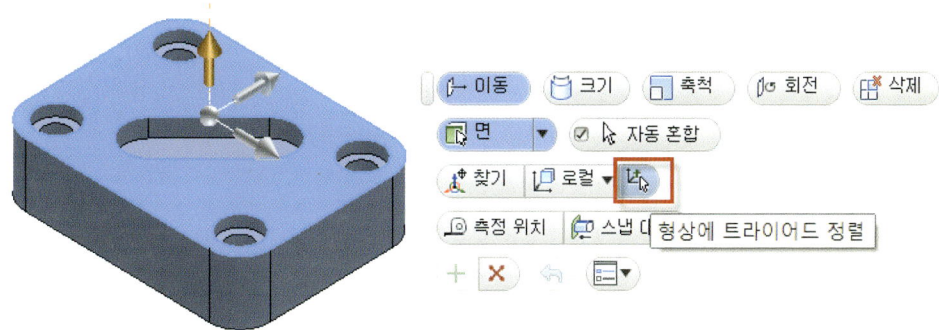

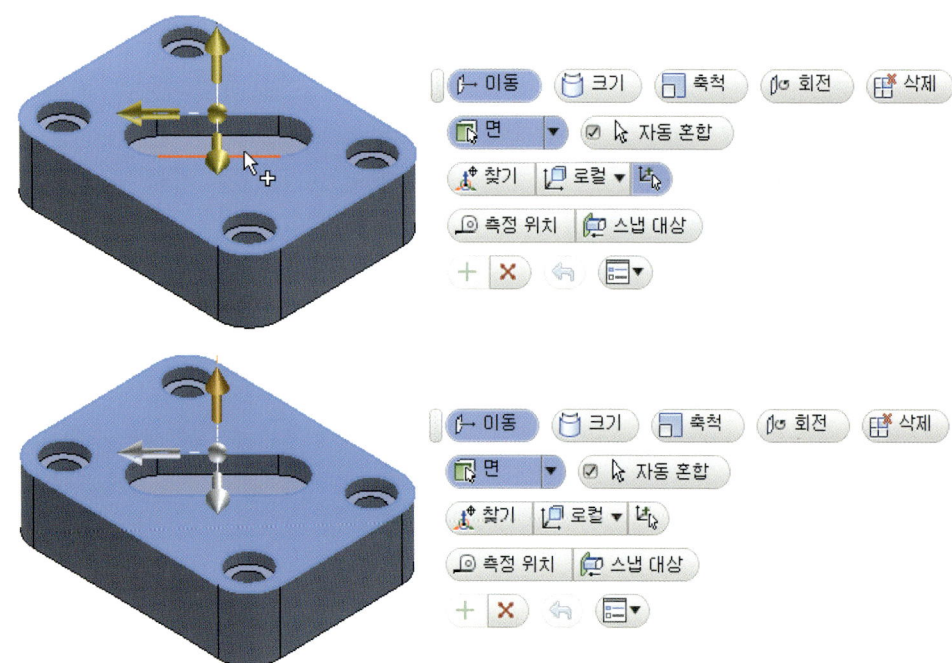

미니 도구 막대에서 측정 위치 및 스냅 대상 도구를 선택할 수 있습니다. 측정 시작 도구는 기존의 기하학적 형상을 참조로 선택하여 거리의 시작 위치를 제어하는 데 사용되며 스냅 도구는 다른 기하학적 형상과 정렬을 유지하는데 사용됩니다.

미니 도구 막대에서 필요한 옵션을 지정한 후에는 미니 도구 막대에서 적용 버튼을 선택해야 합니다.

여기서는 측정 위치로 면 이동에 대한 편집을 해보겠습니다.

1 측정 위치를 선택하고 아래와 같이 윗 면을 선택합니다.

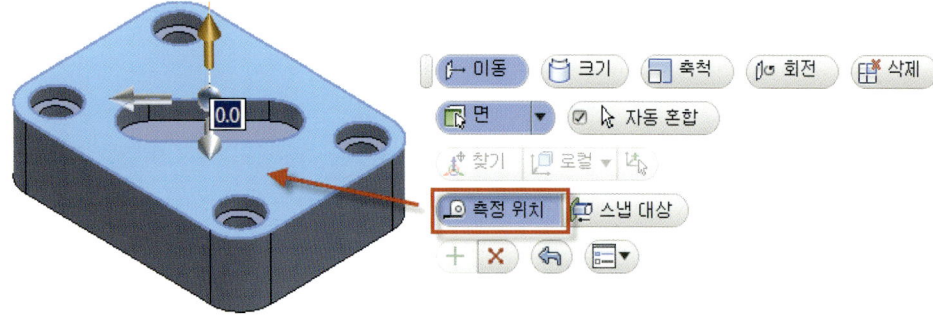

chapter 07 다양한 스케치와 3D 형상 편집 기능 활용하기

2 간격 띄우기 창에 5mm를 입력합니다.

3 적용 버튼을 클릭합니다.

4 면이 위로 5mm 이동한 것을 확인하실 수 있습니다.

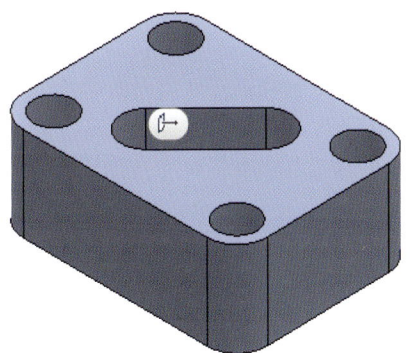

크기

크기 도구를 사용하여 선택한 면의 크기를 조절할 수 있습니다. 면의 크기를 조절하려면 크기 도구를 선택합니다. 그러면 눈금을 조정할 면을 선택하라는 메시지가 나타납니다. 이 때 필요한 면을 선택하면 트라이어드가 표시됩니다. 선택한 면을 특정 방향으로 축척하려면 해당 방향으로 삼각형을 드래

그합니다. 또는 편집 상자에 값을 입력합니다. 미니 도구 막대에서 필요한 옵션을 지정한 후 적용 버튼을 선택해야 합니다.

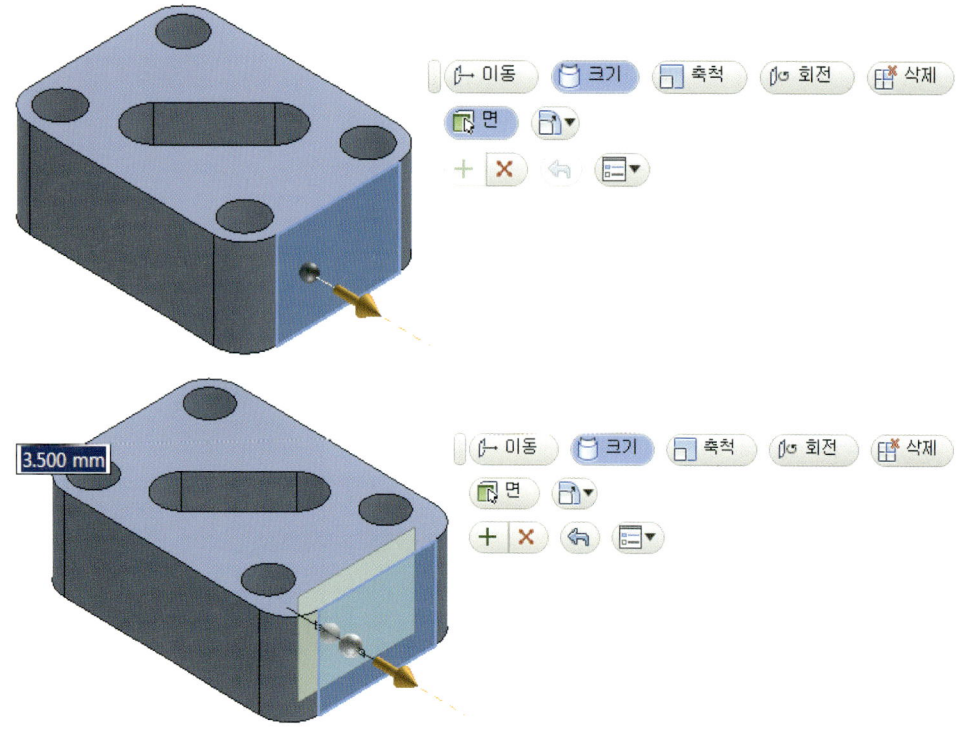

축척

축척 조정 도구를 사용하여 본체 또는 다중 본체의 크기를 조정할 수 있습니다. 솔리드 본체의 크기를 조절하려면 축척 도구를 선택합니다. 축척을 조정할 솔리드 버튼이 자동으로 선택됩니다. 원하는 솔리드 본체를 선택하면 트라이어드가 표시됩니다. 이제 트라이어드를 원하는 축으로 드래그하거나 편집 상자에 값을 입력하면 됩니다. 솔리드 본체가 그에 맞게 축척되고 미리 보기가 표시됩니다.

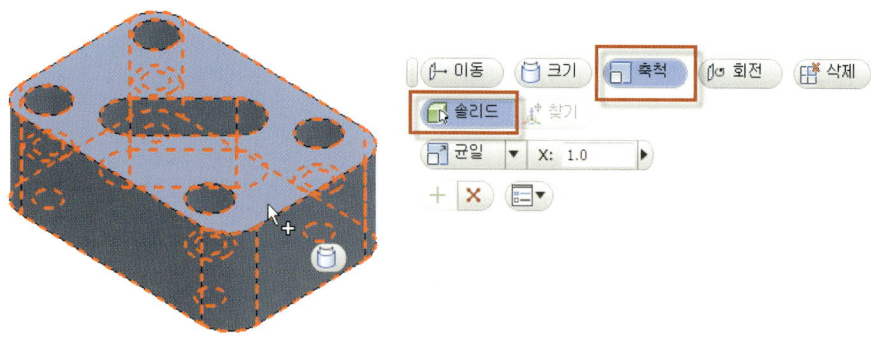

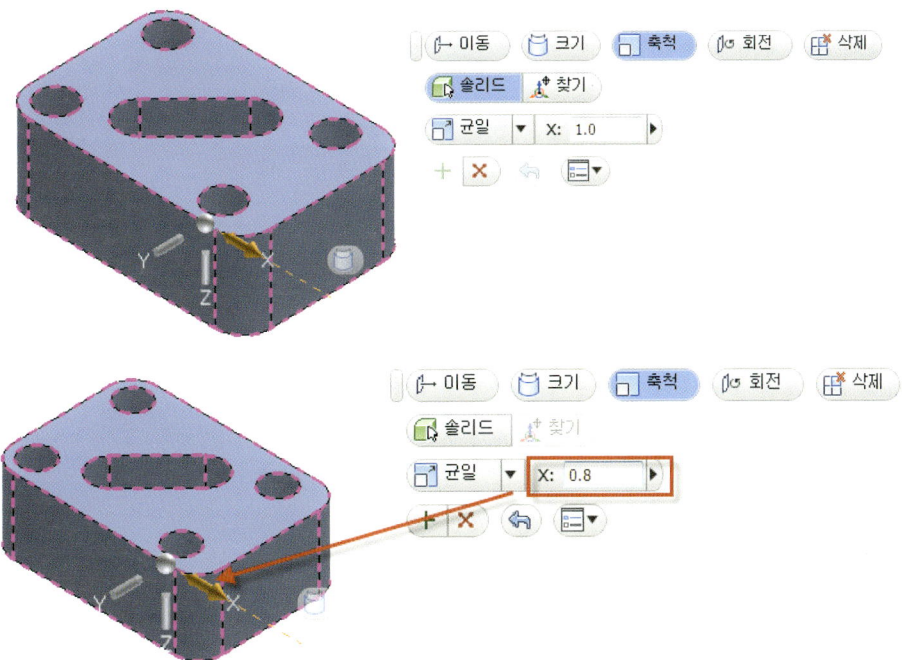

위치 지정 도구를 사용하여 트라이어드에 새 위치를 설정할 수도 있고, 균일 또는 비균일 버튼을 사용하여 선택한 본체 균일하게 또는 비균일하게 배율을 조정할 수 있습니다. 미니 도구 막대에서 필요한 옵션을 지정한 후에는 적용 버튼을 선택해야 합니다.

회전

회전 도구를 사용하면 모델의 선택된 면을 회전 할 수 있을 뿐만 아니라 솔리드 본체를 비스듬하게 회전 시킬 수 있습니다. 면을 회전하려면 회전 도구를 선택합니다. 회전할 면을 선택하면 트라이어드가 그 위에 표시됩니다. 트라이어드를 드래그하여 면을 회전시킵니다.

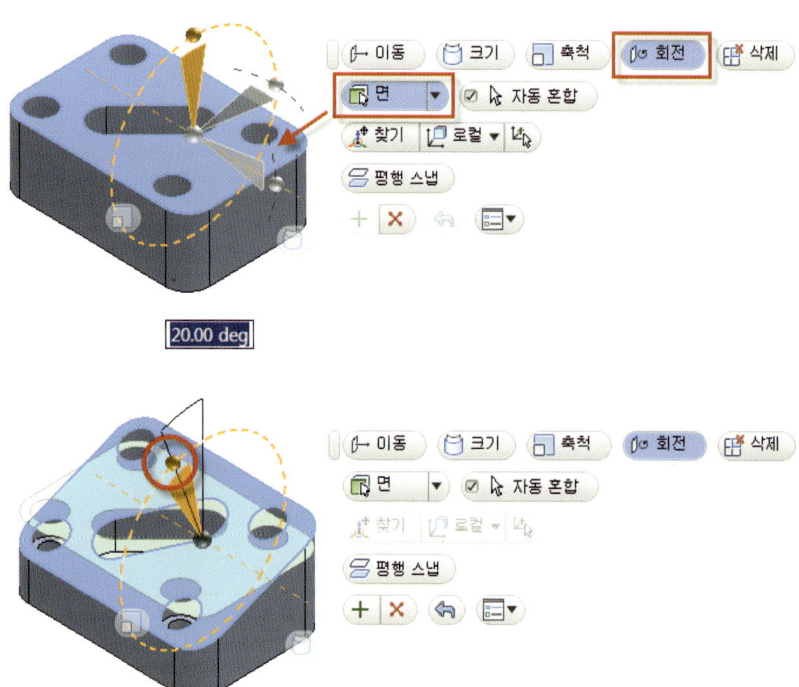

선택한 면을 기본 면 이외의 방향으로 회전시킬 수도 있습니다. 이렇게 하려면 [트라이어드를 도형에 정렬] 버튼을 선택한 다음에 가장자리 또는 점을 선택해야 합니다. 필요한 모서리를 선택합니다. 트라이어드는 선택된 모서리에 정렬됩니다. 이제 트라이어드의 필수 축을 드래그합니다. 선택한 면이 필요한 방향으로 회전합니다. 또는 미리 보기에 표시된 편집 상자에서 회전 각도 값을 지정한 다음 적용 버튼을 선택하십시오.

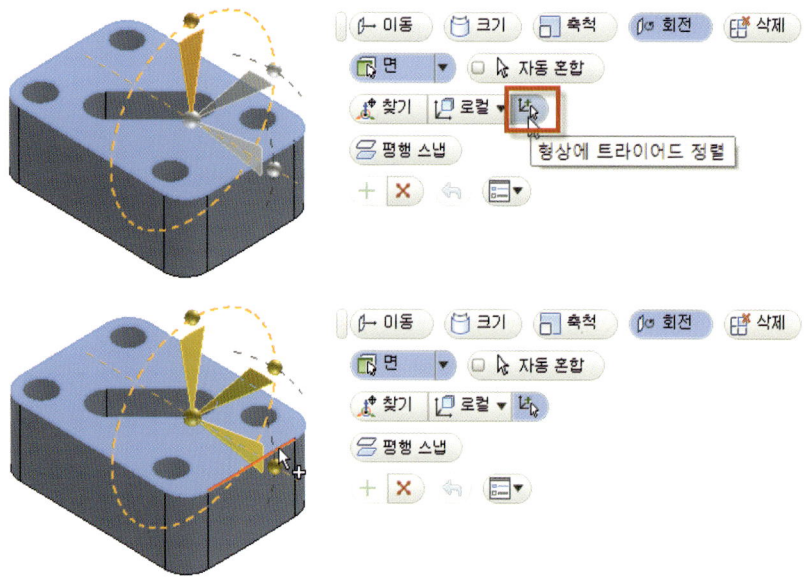

삭제

　삭제 도구를 사용하여 선택한 면을 삭제할 수 있습니다. 면을 삭제하려면 삭제 도구를 선택하고 삭제할 면을 선택합니다. 그림 7-25와 같이 선택된 얼굴이 삭제 된 얼굴의 미리보기로 강조 표시됩니다. 그런 다음 적용 버튼을 선택하여 얼굴을 삭제하십시오.

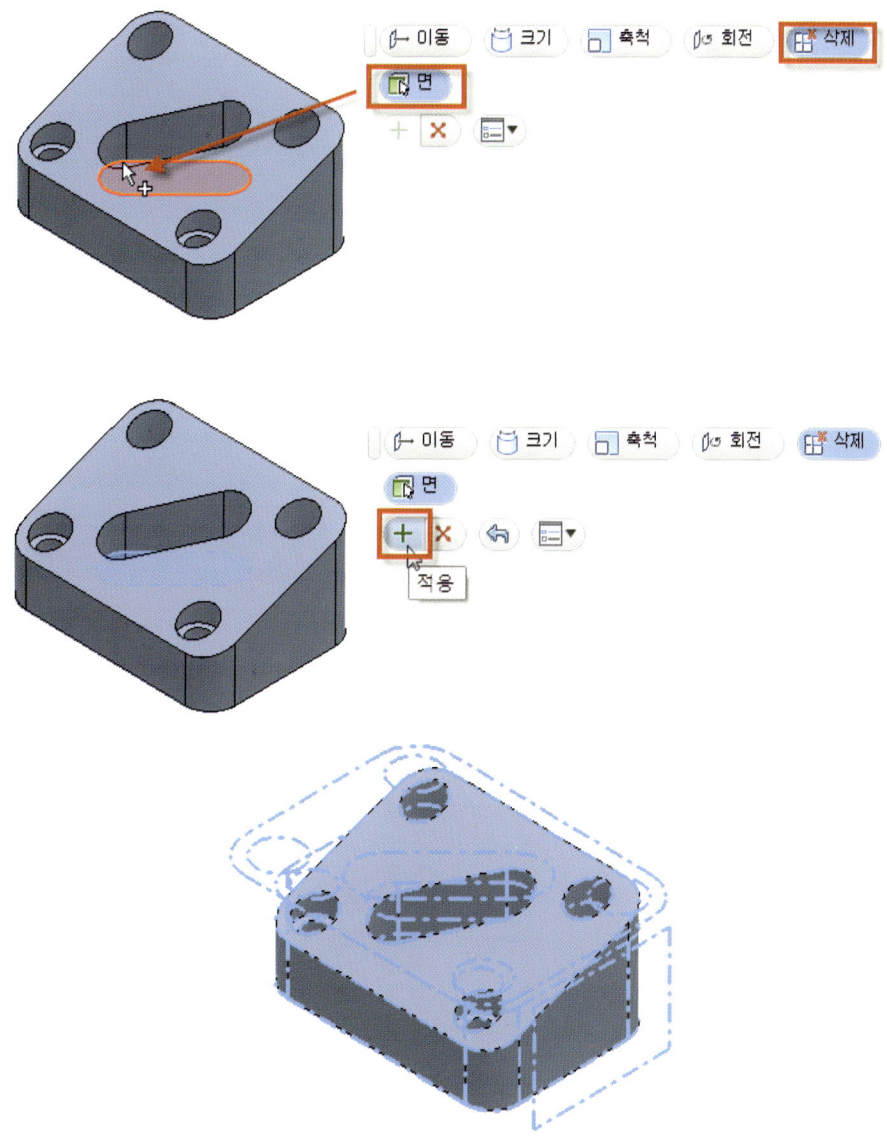

〈그림 7-8〉 직접 편집 도구를 이용한 이동, 크기, 축척, 회전, 삭제가 적용된 형상

13 삭제

　　모델에서 원하지 않는 모든 피쳐를 삭제할 수 있습니다. 이렇게 하려면 검색기 막대에서 삭제할 피쳐를 선택하고 마우스 오른쪽 버튼을 클릭합니다. 표시되는 바로 가기 메뉴에서 삭제 옵션을 선택합니다. 그림 7-26과 같이 기능 삭제 대화 상자가 표시됩니다. 이 대화 상자는 종속 피쳐와 스케치를 삭제할지 여부를 지정하라는 메시지를 표시합니다. 삭제를 위해 선택할 수 있는 옵션에는 사용된 스케치 및 피쳐, 종속 스케치 및 피쳐 및 종속 작업 피쳐가 포함됩니다. 선택한 기능에 적용할 수 없는 옵션은 이 대화 상자에서 비활성화됩니다. 예를 들어, 참조로 작성된 작업 피쳐가 없는 피쳐를 삭제하면 피쳐 삭제 대화 상자의 마지막 옵션이 비활성화됩니다.

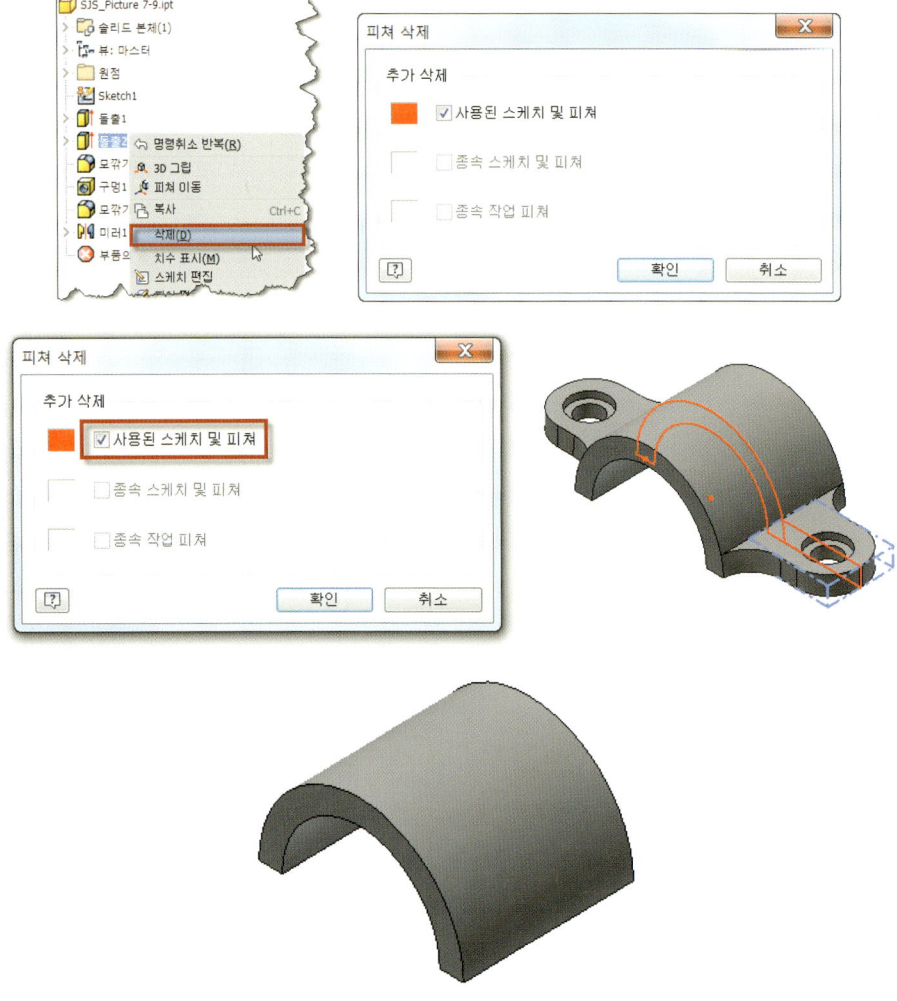

〈그림 7-8-2〉 피쳐 삭제시 사용된 스케 및 피쳐 체크박스 선택

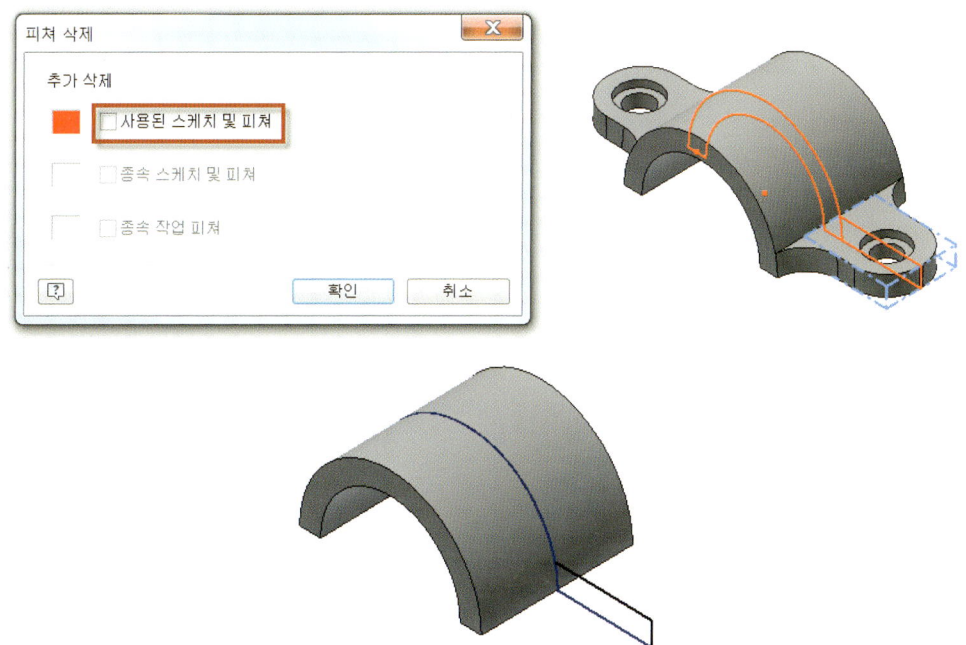

〈그림 7-8-2〉 피쳐 삭제시 사용된 스케 및 피쳐 체크박스 해제

14 피쳐 복사 및 붙여 넣기

　Autodesk Inventor & Inventor Professional 2019를 사용하면 스케치 기반 피쳐를 현재 파일에서 모든 파일 또는 동일한 파일의 다른 위치로 복사하여 붙여 넣기를 할 수 있습니다. 그러나 Autodesk Inventor & Inventor Professional 2019에서 피쳐를 복사하는 방법은 다른 솔리드 모델링 도구에서 피쳐를 복사하는 방법과 다릅니다. 피쳐를 복사하려면 검색기 막대에서 피쳐의 이름을 마우스 오른쪽 버튼으로 클릭한 다음 바로 가기 메뉴에서 복사를 선택합니다. 이 옵션은 스케치 기반으로 작성한 피쳐에서만 사용할 수 있고, 스케치가 없는 피쳐에서는 사용할 수 없습니다. 이제 다른 파일에 피쳐를 붙여 넣기를 하려면, 다른 기존 파일에 대해 열기를 합니다. 그리기 창에서 마우스 오른쪽 버튼을 클릭하여 마킹 메뉴를 표시한 다음 마킹 메뉴에서 붙여 넣기를 선택하면 됩니다. 〈그림 7-9〉과 같이 피쳐 붙여 넣기 대화 상자가 표시되고 피쳐의 동적 미리 보기가 도면 윈도우에 표시됩니다. 복사된 피쳐가 그래픽 창에 붙여 넣어집니다. 기본적으로 피쳐는 모형의 모든 평면에 연결됩니다. 그러나 피쳐 붙여 넣기 대화 상자의 옵션을 사용하여 원하는 피쳐에 복사한 피쳐를 부착할 수 있습니다.

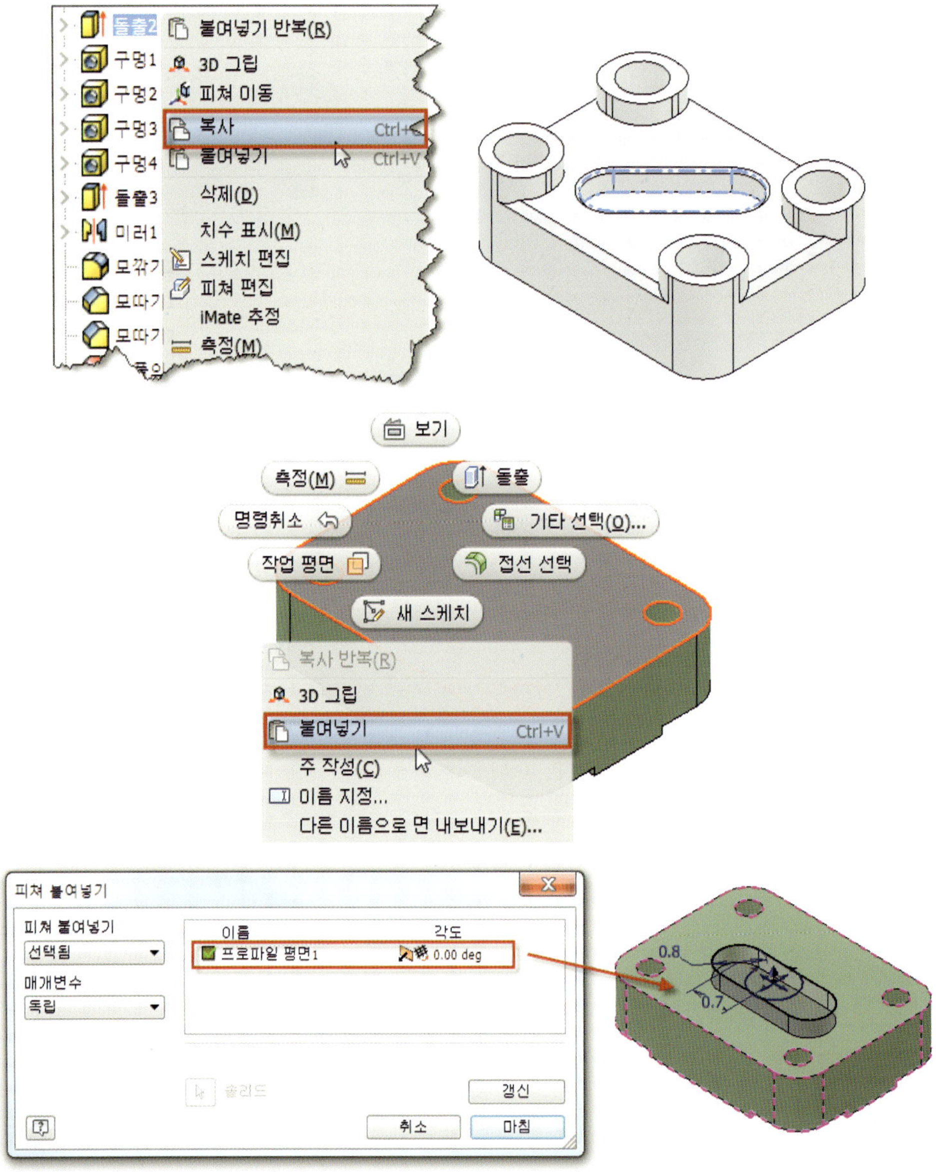

〈그림 7-9〉 피쳐 붙여 넣기 대화상자

● **피쳐 붙여 넣기**

이 드롭-다운 목록은 피쳐 붙여 넣기 옵션을 선택하는데 사용됩니다. 기본적으로 이 드롭-다운 목록에서 선택됨 옵션이 선택됩니다. 따라서 선택한 피쳐만 붙여 넣어지며 선택한 피쳐에 종속된 피쳐는 붙여 넣기가 되지 않습니다. 그러나 종속 피쳐를 모두 붙여 넣으려면 이 드롭-다운 목록에서 종속을 선택하면 됩니다.

• 매개 변수

이 드롭-다운 목록에서 필요한 옵션을 선택하여 기능의 매개 변수를 독립적으로 또는 종속으로 지정할 수 있습니다.

• 이름

이 열은 피쳐를 붙여 넣기 할 평면을 표시합니다. 피쳐 붙여 넣기 대화 상자를 호출하면 기본적으로 피쳐가 모든 평면에 임시로 붙여 넣어집니다. 마우스를 아무 평면으로 움직이면 피쳐가 일시적으로 해당 평면에 스냅이 됩니다. 모델의 동적 미리 보기에서 이 모든 것을 볼 수 있습니다. 피쳐를 붙여 넣기 할 평면을 선택하면 동적 미리 보기가 해당 평면에 고정됩니다. 검색기 막대에서 원점 탭을 확장하여 평면을 선택할 수 있습니다. 평면 1 옵션을 사용하여 평면을 변경하여 작업 중 언제든지 형상의 방향을 변경할 수도 있습니다. 이렇게 하려면 피쳐 붙여 넣기 대화 상자의 이름 열에서 평면 1 옵션을 선택한 다음 필요한 방향을 선택합니다. 피쳐를 붙여 넣을 평면을 선택할 때까지 아이콘이 이 열의 프로파일 평면 왼쪽에 표시됩니다. 이 아이콘은 상자의 면에 화살표를 표시합니다. 이 피쳐를 배치할 평면을 선택하지 않았음을 나타냅니다. 평면을 선택하면 이 아이콘이 피쳐를 배치할 평면이 선택되었음을 나타내는 체크 표시가 있는 상자로 바뀝니다. 형상 배치를 위해 평면을 변경하려면 이 열에서 프로파일 평면을 클릭 한 다음 필요한 평면을 선택하면 됩니다.

• 각도

이 열은 붙여 넣은 피쳐를 회전할 수 있는 각도를 지정하는 데 사용됩니다. 피쳐 미리 보기가 지정된 각도로 동적으로 회전됩니다.

• 갱신

 버튼은 피쳐를 붙여 넣기 할 평면을 선택한 후에만 활성화됩니다. 이 버튼은 선택한 평면에 맞게 피쳐를 갱신 위해 선택됩니다. 예를 들어, 피쳐에 모든 옵션을 사용하여 잘라낸 종속 피쳐가 있는 경우 모델의 미리 보기에는 피쳐가 붙여진 평면을 넘어서는 절단 피쳐가 표시될 것입니다. 그러나 갱신 버튼을 선택하면 절단된 형상이 선택한 평면을 넘어 확장되지 않도록 조정됩니다.

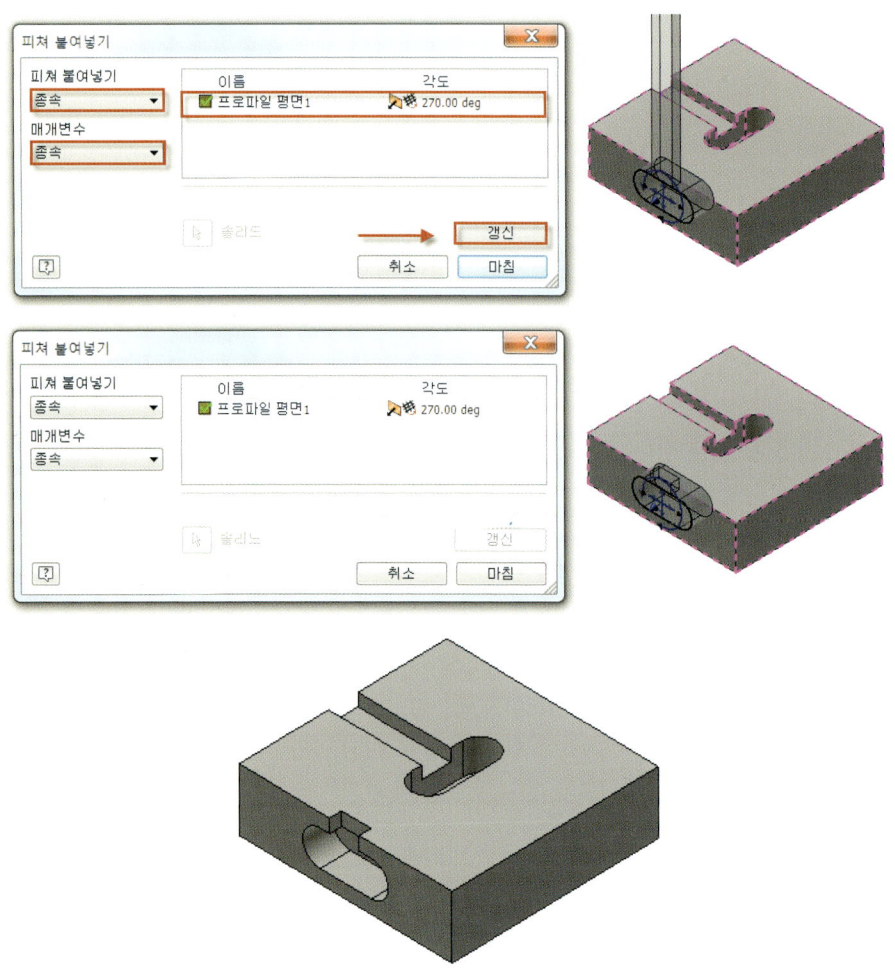

〈그림 7-10〉 피쳐 붙여 넣기 시 갱신 버튼 활용하기

Note

붙여 넣은 피쳐에 제공된 기호를 사용하여 선택한 면에서 피쳐의 위치를 이동하거나 방향을 변경할 수 있습니다. 이렇게 하려면 더하기(+) 기호 위로 커서를 이동하면 아래와 같이 빨간색으로 변합니다. 마우스를 새 위치로 드래그하고 마우스 버튼을 클릭하여 피쳐를 배치합니다. 붙여 넣기를 한 피쳐를 동적으로 회전 할 수도 있습니다. 이렇게 하려면 커서를 원형 기호 위로 이동하면 아래와 같이 빨간색으로 변합니다. 마우스를 드래그합니다. 그러면 드래그 방향에 따라 배치하려고 하는 피쳐가 회전합니다. 피쳐를 조정한 위치에서 배치하려면 마우스 버튼을 놓으면 됩니다.

chapter 07 다양한 스케치와 3D 형상 편집 기능 활용하기

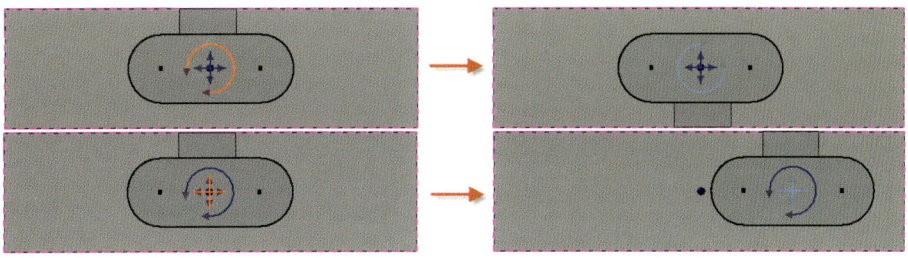

15 EOP(End of Part: 부품의 끝)로 조작하는 피쳐

EOP 표식기는 대개 검색기 막대 끝에 있습니다. Autodesk Inventor Professional 2019에서는 검색기 막대에서 EOP 표식기를 수동으로 드래그하여 피쳐의 위치 및 표시를 조작할 수 있습니다. Autodesk Inventor Professional 2019에서는 부품의 끝을 오른쪽 클릭하고 표시된 바로 가기 메뉴에서 필요한 옵션을 선택하여 솔리드 모델의 피쳐를 조작할 수도 있습니다.

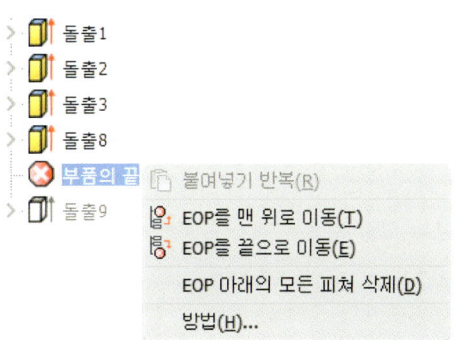

EOP를 맨 위로 이동을 선택하면 [부품의 끝] 표시가 검색기 막대에서 위쪽으로 이동하고 그래픽 창에 아무 것도 표시되지 않습니다. EOP를 끝으로 이동을 선택하면 검색기 막대 끝 부분에 부품의 끝 마커가 표시되고 모든 기능이 그래픽 창에 표시됩니다. EOP 아래의 모든 피쳐 삭제를 선택하면 부품 끝 마커 아래의 모든 기능이 삭제됩니다. 선택한 피쳐 아래에서 부품의 끝 마커를 직접 이동할 수도 있습니다. 이렇게 하려면 검색기 막대에서 피쳐를 선택하고 마우스 오른쪽 버튼으로 클릭한 다음 바로 가기 메뉴에서 EOP 표식기 이동을 선택합니다. EOP 표식기가 검색기 막대의 해당 기능 아래에 표시됩니다. End of Part 표시기가 검색기 막대의 맨 아래에 있는 경우 EOP 아래의 모든 기능 삭제 옵션을 사용할 수 없습니다.

16 스케치에 자동 치수 추가하기

리본 메뉴/ 스케치 탭/ 구속 패널/ 자동 치수 및 구속 조건

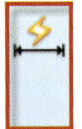
　　　Autodesk Inventor Professional 2019에서는 치수 및 구속 조건을 자동으로 추가 할 수 있습니다. 스케치에 필요한 모든 치수 및 구속 조건을 적용할 수 없는 경우에 유의해야 합니다. 치수는 스케치를 완전히 구속하기 위해 일반 치수와 연관되어 사용됩니다.
　　　Autodesk Inventor Professional 2019에서는 자동 치수 및 구속 조건 도구를 사용하여 자동 치수가 추가됩니다. 이 도구를 호출하면 아래와 같이 자동 치수기입 대화 상자가 표시됩니다.

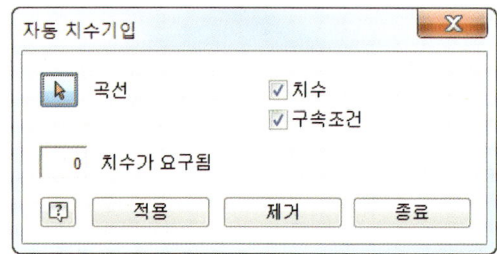

- **곡선**

　이 버튼은 자동 치수 적용을 위한 스케치를 선택하기 위한 버튼입니다. 기본적으로 스케치 전체의 치수가 지정되도록 선택됩니다. 결과적으로 스케치의 모든 요소의 치수가 지정됩니다. 그러나 선택한 스케치 요소 중 일부에 자동 치수를 추가하려면 이 버튼을 선택한 다음 그래픽 창에서 필요한 요소를 선택해야 합니다. 선택한 요소는 파란색으로 강조 표시됩니다. 적용 버튼을 선택하여 선택된 스케치 요소에 자동 치수를 적용합니다.

- **치수가 요구됨(필요한 치수)**

　필요한 치수 표시 상자에 스케치를 완전히 구속하는 데 필요한 치수의 숫자 표시됩니다. 이 상자의 값은 수정할 수는 없습니다.

- **치수**

　자동 치수 선택을 스케치에 추가하려면 치수 확인란을 선택합니다. 이 확인란의 선택을 취소하면 치수가 스케치에 추가되지 않습니다.

- **구속 조건**

　동 치수를 적용하는 동안 구속 조건을 스케치에 추가하려면 구속 조건 확인란도 선택해야 합니다. 이 확인란의 선택을 취소하면 구속 조건이 추가되지 않습니다.

> **Tip**
>
> 자동 치수 및 구속 조건 도구를 사용하여 사용자가 그린 스케치가 완전히 구속되는지 여부를 확인할 수 있습니다. 필요한 모든 치수 및 구속 조건을 추가 한 후 이 도구를 사용해야 합니다. 이렇게하면 자동 치수 대화 상자가 표시됩니다. 이 대화 상자에 0 치수가 필요하면 스케치가 완전히 구속되어 있다는 의미입니다.

- **적용**

  적용 적용 버튼은 선택한 스케치에 자동 치수를 적용하기 위해 선택됩니다. 자동 치수기입 대화 상자를 실행한 다음 이 버튼을 선택하여 치수를 추가합니다. 이 버튼을 선택할 때까지 자동 치수가 스케치에 적용되지 않습니다.

- **제거**

  제거 제거 버튼은 스케치에서 자동 치수를 제거하기 위해 선택하는 것입니다.

- **종료**

  종료 자동 치수기입 대화 상자를 종료하려면 종료 버튼을 선택하면 됩니다.

17 스케치 환경에서 스케치 요소를 형상 투영하기

리본 메뉴/ 스케치 탭/ 작성 패널/ 형상 투영 드롭-다운 메뉴

Autodesk Inventor Professional 2019에서는 스케치를 그리는 동안 기존 피쳐의 모서리를 그리고자 하는 스케치 평면에 투영할 수 있습니다. 투영된 모서리는 스케치의 요소로 변환되며 스케치의 일부로 사용할 수 있습니다. 형상의 선택된 모서리 또는 면을 투영하거나 스케치 평면으로 절단된 모형 부분을 투영 할 수 있습니다. 형상 투영 드롭-다운에서 사용할 수 있는 다양한 도구를 사용하여 요소를 현재 스케치에 투영할 수 있습니다. 다음은 형상 투영 드롭-다운에서 사용할 수 있는 도구들입니다.

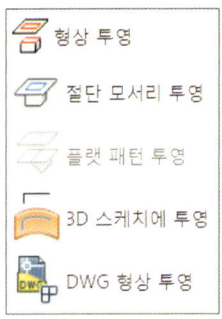

18 형상 투영 (모서리 또는 면 투영)

리본 메뉴/ 스케치 탭/ 작성 패널/ 형상 투영 드롭-다운/ 형상 투영

스케치 탭의 작성 패널에서 형상 투영 도구를 선택하여 스케치 평면에서 피쳐의 선택된 모서리 또는 면을 투영 할 수 있습니다. 면 위로 커서를 이동하면 커서가 강조 표시됩니다. 마찬가지로 커서를 가장자리 위로 이동하면 강조 표시됩니다. 투영될 형상을 선택합니다. 선택한 형상이 스케치된 요소로 현재 스케치 평면에 투영됩니다.

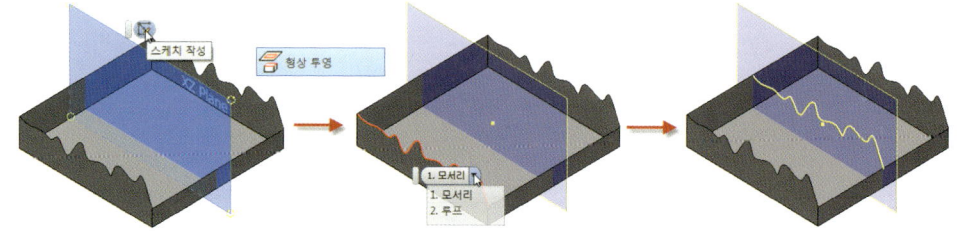

〈그림 7-11〉 형상 투영으로 모서리 투영하기

19 절단 모서리 투영

리본 메뉴/ 스케치 탭/ 작성 패널/ 형상 투영 드롭-다운/ 절단 모서리 투영

절단 모서리는 모델의 면이나 모델 내부에 스케치 평면을 정의할 때 작성되는 모형의 윤곽을 정의하기 위한 것입니다. 모델 내부에 스케치 평면을 정의하면 모델을 절단하여 절단 모서리를 형성합니다. 형상 투영 드롭-다운 메뉴에서 절단 모서리 투영 도구를 선택하면 스케치 평면에 의해 절단 된 모서리가 투영됩니다.

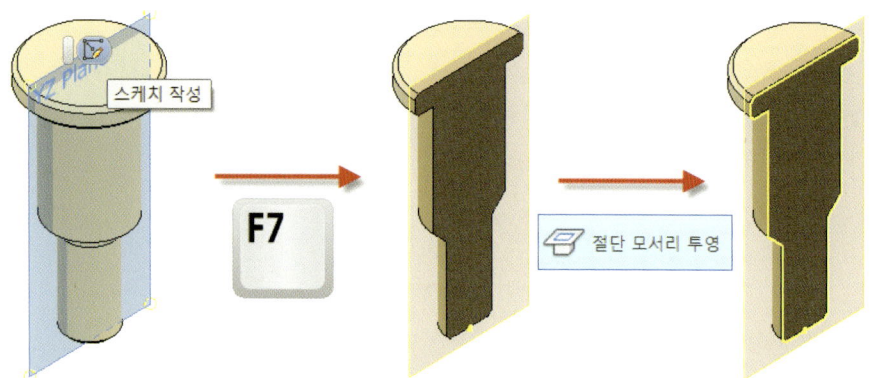

〈그림 7-12〉 절단 모서리 투영하기

chapter 07 다양한 스케치와 3D 형상 편집 기능 활용하기

20 3D 스케치에 투영

리본 메뉴/ 스케치 탭/ 작성 패널/ 형상 투영 드롭-다운/ 3D 스케치에 투영

Autodesk Inventor Professional 2019에서 3D 스케치에 투영 도구를 활용하여 3D 스케치를 3D 곡면에 투영 할 수 있습니다. 이렇게 하려면 형상 투영 드롭-다운 메뉴에서 3D 스케치에 투영을 도구를 선택합니다. 3D 스케치 투영 대화 상자가 표시됩니다.

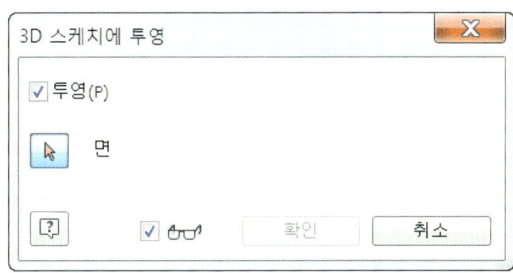

이 대화 상자에서 면 선택 버튼은 기본적으로 활성화되어 있습니다. 기본적으로 활성화되어 있지 않으면 투영 확인란이 체크 해제 되어 있을 것입니다. 이 투영 확인란은 선택하여 체크하면 됩니다. 그러면 면 선택 버튼이 활성화됩니다. 모델의 면 위로 커서를 움직이면 커서가 강조 표시됩니다. 2D 스케치를 투영할 면을 선택합니다. 선택한 면에 스케치가 투영됩니다. 3D 스케치 투영 대화 상자가 활성화되어 있는 동안 투영의 미리 보기를 볼 수도 있습니다. 2D 스케치를 투영하기 위해 둘 이상의 면을 선택할 수 있습니다. 이렇게 하면 투영될 스케치가 모델의 면을 감싸고 면에 감싸지는 모양이 됩니다.

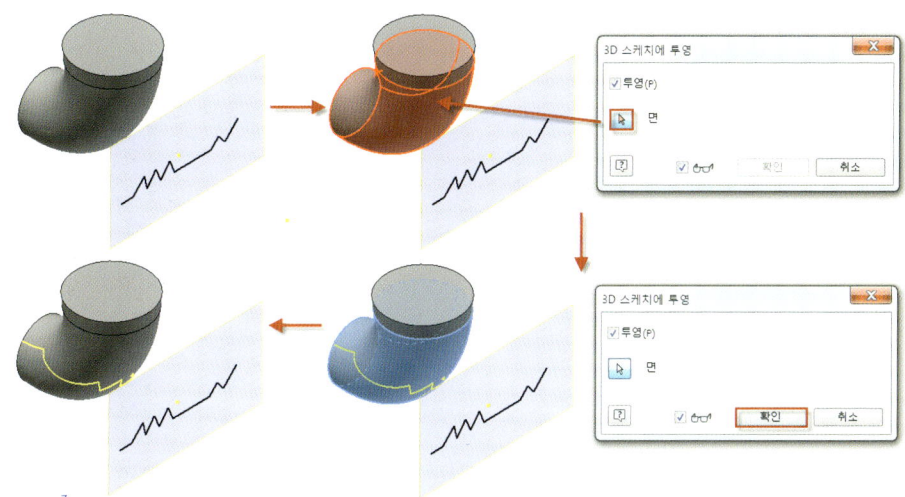

〈그림 7-13〉 3D 스케치 투영하기

21　DWG 형상 투영

리본 메뉴/ 스케치 탭/ 작성 패널/ 형상 투영 드롭-다운/ DWG 형상 투영

스케치 탭의 작성 패널에 있는 프로젝트 DWG 형상 투영 도구를 사용하여 DWG 형상을 투영 할 수 있습니다. DWG 형상 투영은 단일 형상, 연결된 형상, DWG 블록을 스케치에 투영하는 것입니다. 미니 도구 모음에서 해당 옵션을 선택하여 투영할 형상을 선택합니다. 선택한 형상이 스케치 평면이나 면에 투영됩니다.

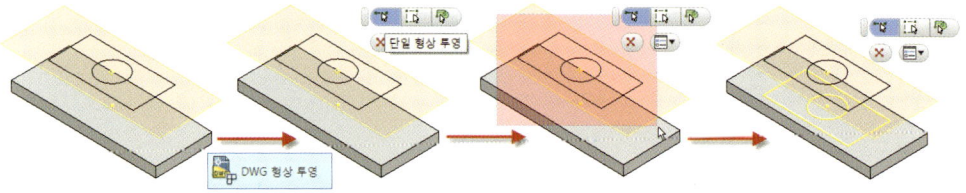

〈그림 7-14〉 DWG 형상 투영하기

Chapter 08

판금 설계

01 판금 설계 소개

Autodesk Inventor & Inventor Professional 2019에서의 판금 설계 기능은 생산성을 중시하고 제조 의도를 포착할 수 있는 매우 강력한 도구 기능이라고 할 수 있습니다. 처음 판금 모듈 환경에서 작업을 시작할 때 일반적인 부품 모델링 도구 및 방법을 통해 작업하는 방식에 익숙해져 있는 사용자는 판금 모듈을 사용하여 작업하는 방식의 모델링 방식에 익숙하지 않아 약간의 어려움 및 편리하지 않다는 느낌을 받을 수 있을 것입니다. 그러나 판금 모듈 모델링 도구의 기본 원리를 숙달하고 나면 Autodesk Inventor & Inventor Professional 2019의 판금 설계 모듈 기능을 통해 생성된 판금 부품이 실제 제조 환경과 쉽게 통합하여 정확한 제품을 제작할 수 있다는 사실을 알게 될 것입니다.

판금 이론

- **판금**: 일반적으로 12mm 이하의 두께를 가지는 철판을 절곡하여 가공하는 것입니다.
- **제관**: 12mm 이상의 두께를 가지는 철판을 절곡하여 가공하는 것입니다.
- **판재**: 열연강판(HR), 냉연강판(CR), PO, 아연도금강판(GI). EGI, SUS304, SUS303, 열에 강한 SUS316, 철판과 스테인리스(Stainless)가 혼합된 SUS16종(Stainless Steel)
- **가공 방법**: 레이저, NCT, 절단, 프레스, 워터 젯(Water Jet), 트위스트 절단기 등등을 사용합니다.
- **공정**: CAD설계> 레이저 가공> 프레스 가공> 절곡> 용접> 탭 가공-> 사사> 도장> 조립 및 Accessory 부착의 과정으로 진행됩니다.

전개 방법에 따라 제작 시간이 많이 달라지며 용접을 최대한 줄이고, 절곡 위주의 작업을 하는 것이 가장 효율적입니다.

판금 가공

속판(원판)을 소재로 하여, 구부리기, 접기, 구멍 뚫기, 절단 등의 작업을 통하여 원하는 모양의 제품을 만드는 금속 작업을 말하며, 별도로 준비된 공구 강으로 만든 틀에 대고 두드려서 그 모양에 맞춰 구부리는 경우에는 프레스라는 가압 공작 장치를 이용해서 판금을 틀에 눌러 성형하는 것이 있습니다.

판금 가공은 아래와 같이 크게 분류합니다.
1. **Blanking**: Punch와 Die 를 이용하여 판금 가공을 하는 것을 의미합니다.
2. **Bending and Forming**
   - **Bending**: 강판이나 형강을 곡면이나 곡선으로 굽히는 작업을 의미하는데, 넓은 의미로는 모든 성형 가공을 굽힘 가공을 의미합니다.

- **Forming**: 일반적으로 국부적인 형상의 성형 또는 전체적으로 단순한 형상에 쓰이는 공법으로 Drawing 처럼 재료의 가장 자리를 잡는 것이 아니고 직접적으로 상하 형 형상에 의해 성형 하는 것을 의미합니다.
3. **Drawing**: 전체적인 제품 성형(복잡한 형상)에 사용되며, 재료의 가장 자리를 잡고 프레스가 내려갈 때 재료의 유입을 조절하여 원하는 품질로 성형하는 것을 의미합니다.

Bending(굽힘)은 재료의 소성 변형과 모양의 변화에 의해 변형될 수 있는 금속 관련 제조 공정입니다. 재료는 항복강도 이상 최대 인장강도 이하면 응력을 받게 되지만 재료 표면 면적에 대한 변경은 거의 없습니다.
- **항복강도(Yield Strength)**: 소성 변형이 일어나는 시점의 응력
 (보통 0.2%의 소성 변형을 의미합니다.)
- **인장강도(Ultimate Tensile Strength)**: 재료가 감당할 수 있는 최대 응력

굽힘은 일반적으로 하나의 축에 대한 변형을 의미하며, 다양한 다른 모양을 표준 다이 세트 또는 굽힘 브레이크 사용을 통해 생산할 수 있는 유연한 프로세스로 재료가 다이(Die)위에 놓여지면 꺾쇠(Hold down)들로 잡아서 램(Ram)을 통해 압력을 가해 펀치나 V자 모양으로 굽혀지게 만드는 과정입니다.

굽힘 여유 값(Bend Allowance)

판금이 굽혀지게 되면 판금의 굽혀진 내부 표면은 압축이 되고 외부 표면은 인장이 됩니다. 금속의 두께 안의 어딘가에 있는 중심 축은 압축과 인장과 상관없이 금속 두께 안에 자리하고 있는 것입니다.

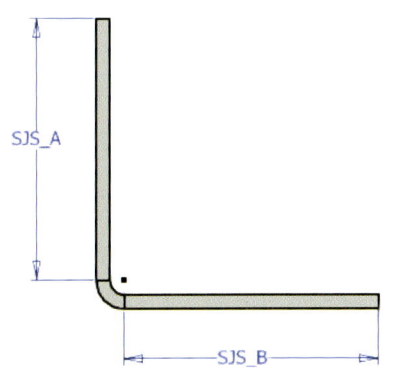 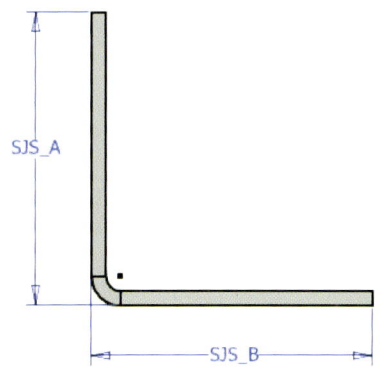

〈그림 8-1〉 굽힘 여유 값(Bend Allowance)　　〈그림 8-2〉 굽힘 공제 값(Bend Deduction)

> **Note**

① SJS_L : 전개된 형상의 전체 길이 값
② 굽힘 여유 값(SJS_BA) = SJS_L - SJS_A - SJS_B
③ 굽힘 공제 값(SJS_BD) = SJS_L - SJS_A - SJS_B

중립 라인(Neutral Line)의 위치는 소재 자체, 굽힘 반지름, 주위 온도, 물질 입자의 방향, 굽히는 방법에 따라 다릅니다. 이러한 중립 라인의 위치는 K factor(연신 률) 라는 부분과 연관하여 생각해야 합니다.

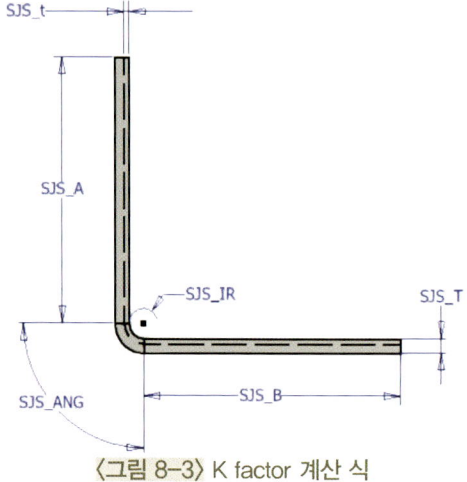

〈그림 8-3〉 K factor 계산 식

> **Note**

① 중립 라인 위치(SJS_t)
② 소재 두께(SJS_T)
③ K factor = 연신 률(SJS_K) = SJS_t / SJS_T
④ SJS_K = SJS_t / SJS_T
⑤ 굽힘 여유 값 = SJS_BA
⑥ 내부 굽힘 반지름 = SJS_IR
⑦ 굽힘 각도 = SJS_ANG
⑧ 계산 식
   SJS_BA = π*(SJS_IR+(SJS_K * SJS_T))*SJS_ANG/180

즉, 다시 말하면,

1. Bend Allowance

$$SJS_{BA} = SJS_{ANG} * \left(\frac{\pi}{180}\right) * (SJS_{IR} + SJS_K * SJS_T)$$

2. Bend Deduction

$$SJS_{BD} = 2 * (SJS_{IR} + SJS_T) * \text{Tan}\left(\frac{SJS_{ANG}}{2}\right) - SJS_{BA}$$

3. K-factor

$$SJS_K = \frac{-SJS_{IR} + \frac{SJS_{BA}*180}{\pi*SJS_{ANG}}}{SJS_T}$$

AIR Bending

이 굽힘 방법은 재료에 펀치 (상단 또는 상단 다이라고도 함)를 눌러 재료를 형성하여 이를 프레스에 장착 된 하단 V 다이에 강제로 넣습니다. 펀치는 펀치와 V의 측벽 사이의 거리가 재료 두께 (T)보다 커지도록 굽힘을 형성합니다. V 형 또는 정사각형 구멍 중 하나를 하단 다이에 사용할 수 있습니다. (다이는 종종 공구 또는 공구로 불립니다.) 프레스에서 생산 된 각 제품 또는 부품에 대해 상단 및 하단 다이 세트가 만들어집니다. 굽힘 힘이 덜 필요하기 때문에 공기 굽힘은 다른 방법보다 작은 공구를 사용하는 경향이 있습니다.

Bottoming

바닥을 내릴 때 시트는 하단 도구의 V 입구에 대해 강제로 움직입니다.

U 자형 구멍은 사용할 수 없습니다. 시트와 V 개구부의 바닥 사이에 공간이 남습니다. V 오프닝의 최적 폭은 약 3mm 두께의 시트에 대해 6T (T는 재료 두께를 나타냄)이고, 12mm 두께 시트에 대해서는 약 12T입니다. 강판의 굽힘 반경은 최소 0.8T ~ 2T 여야 합니다. 큰 굴곡 반경은 공기 굴곡에서 큰 반경과 거의 같은 힘을 요구하지만 반경이 작을수록 공기 굴곡보다 5 배 이상 큰 힘이 필요합니다. 바닥재의 장점에는 더 높은 정확도와 적은 스프링 백이 포함됩니다. 단점은 각 굽힘 각도, 시트 두께 및 재료마다 다른 공구 세트가 필요하다는 것입니다.

일반적으로 Air Bending이 더 선호되는 기술입니다.

Coining

소재 표면에 필요한 모양이나 무늬가 있는 형 공구를 눌러서, 비교적 얕은 요철(凹凸)이 생기게 하는 것인데 소성가공법의 하나이며 화폐 외에 메달·스푼·나이프·포크·장식품·금속부품 등의 가공에 이용된다. 재료는 보통 부드러울수록 가공하기 쉬우나 단단한 재료라도 풀림(어닐링)하면 가공할 수 있다. 형 공구로 꽉 누르기 때문에 소재의 흐름이 구속되므로 큰 가공압력이 필요하며 특히 완전 밀폐 형에 의한 압인에서는 한층 높아진다. 가공압력을 조금이라도 낮추기 위해 소재재질·소재형상·형의 설계 등에 세심한 배려를 한다. 가공압력은 형의 전진과 함께 증가하고 가공이 끝날 단계에서 급격히 증가한다. 변형량 및 스트로크가 일반적으로 짧기 때문에 압인가공용 프레스로서는 큰 에너지가 필요 없으나, 제품에 요철을 충분히 내기 위해서는 종속도가 느린 편이 바람직하다. 따라서 강성이 높은 토글프레스가 가장 적당하지만, 고속 프릭션 스크루 프레스나 해머류로도 가능하다. 외주의 형태에 정확성을 필요로 할 때에는 압인 후에 트리밍 등의 다듬질 가공을 하게 된다.

Rolling

조각된 형판이 붙은 한 조의 다이(die) 사이에 재료를 넣고 압력을 가하여 표면에 조각 도형을 성형시키는 가공법입니다.

Generic K-Factors	Aluminum		Steel
Radius	Soft Materials	Medium Materials	Hard Materials
Air Bending			
0 to Thickness	0.33	0.38	0.40
Thickness to 3 x Thickness	0.40	0.43	0.45
Greater than 3 x Thickness	0.50	0.50	0.50
Bottoming			
0 to Thickness	0.42	0.44	0.46
Thickness to 3 x Thickness	0.46	0.47	0.48
Greater than 3 x Thickness	0.50	0.50	0.50
Coining			
0 to Thickness	0.38	0.41	0.44
Thickness to 3 x Thickness	0.44	0.46	0.47
Greater than 3 x Thickness	0.50	0.50	0.50

02 판금 부품 이해

판금 부품에는 플랫 패턴 및 제조 관련 기능과 같이 매우 많은 고유한 요구 사항이 있으므로 수정된 부품 파일이 사용됩니다. 동일한 *.ipt 파일명 확장자가 판금 부품에 사용되지만, 특수 판금 기능과 데이터가 추가되어 판금 설계가 이루어지는 것입니다. 판금 부품을 생성하려면 판금 템플릿 파일을 사용하거나 표준 부품 파일의 환경 탭에서 판금으로 변환 버튼을 클릭하면 됩니다.

판금 부품이 어떻게 작동하는지 이해하려면 판금 설계가 제조 과정에서 고려해야 할 사항에 의해 추진된다는 점을 명심해야 합니다. 기본 판금 부품은 절 곡으로 연결된 평평한 면으로 구성됩니다. 비용 효율적인 제조를 위해, 모든 절곡부 및 코너 심은 일반적으로 동일한 반지름을 가지도록 합니다. 판금 템플릿 스타일은 룰 안에 판 두께, 굽힘 및 릴리프 정보를 포함하며, 스타일은 모델링 중에 사용됩니다. 이 기능은 미리 정의된 스타일의 설정을 자동으로 사용하기 때문에 설계하는 동안 상당한 시간을 절약 할 수 있습니다.

다른 재질 두께 또는 굴곡 반경과 같이 변경해야 하는 경우 다른 스타일을 선택하면 부품이 자동으로 업데이트됩니다. 이러한 판금 고유의 스타일을 판금 규칙이라고 합니다. 많은 판금 부품은 특정 조립품에 맞게 설계된 브라켓 또는 인클로저 부품입니다.

판금 도구는 모델 생성 및 업데이트 프로세스를 단순화합니다.

예를 들어, 검색기 막대에서 굽힘을 마우스 오른쪽 버튼으로 클릭하고 바로 가기 메뉴에서 모서리로 변경을 선택하면 굽힘을 모서리 심으로 변경할 수 있습니다.

03 판금 표준 설정 및 사용자 템플릿 만들기

판금 표준 설정이 적용된 사용자 템플릿을 만들기 위해 아래와 같은 경로에서 Sheet Metal.ipt 원본 파일을 엽니다.

방법1> 윈도우 탐색기 내의 Templates 폴더 경로를 활용

▶ 컴퓨터 ▶ OS (C:) ▶ 사용자 ▶ 공용 ▶ 공용 문서 ▶ Autodesk ▶ Inventor 2018 ▶ Templates ▶ 📒 Sheet Metal.ipt

방법2> Autodesk Inventor & Inventor Professional 2019 열기 대화 상자를 활용

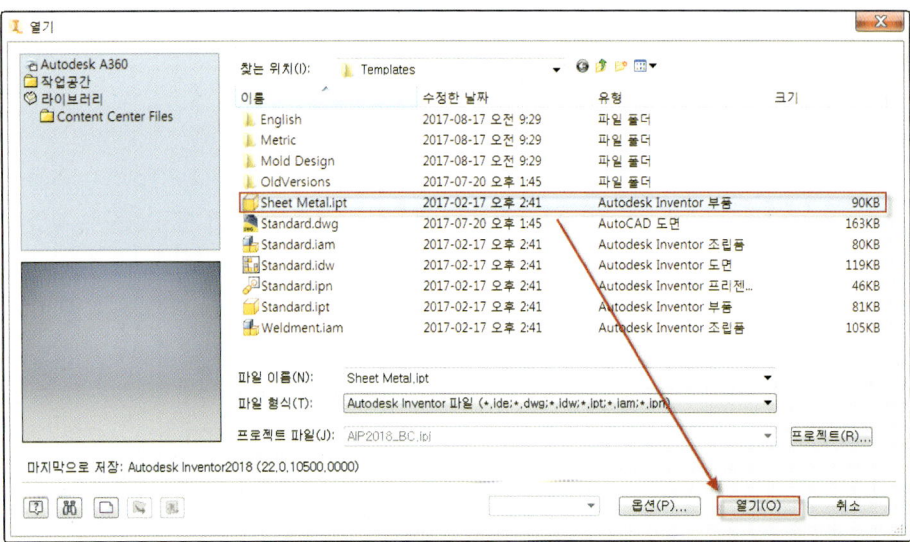

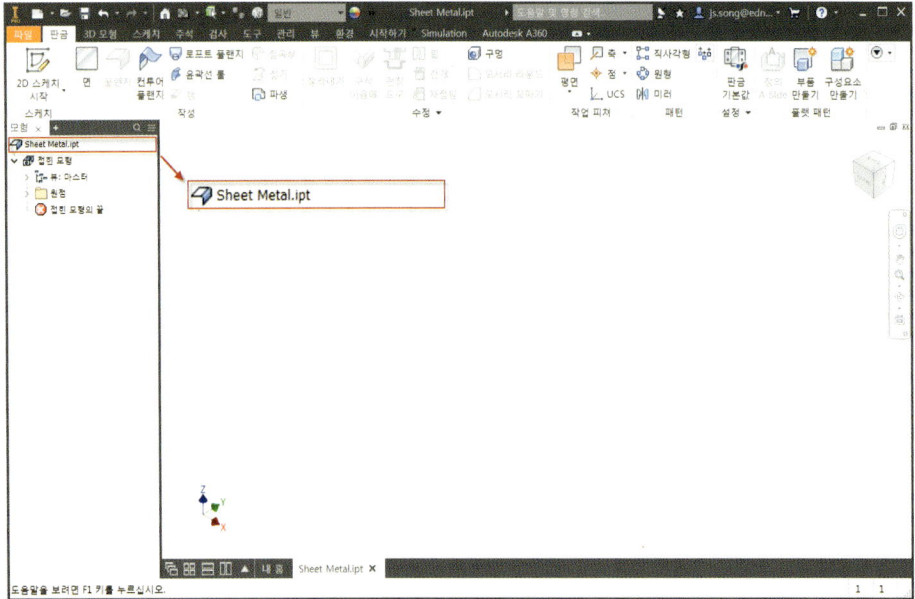

판금 기본값

리본메뉴> 판금 탭> 설정 패널> 판금 기본값

판금 기본값 대화 상자에서 활성 판금 부품에 대한 규칙, 두께 및 재질 스타일을 지정합니다. 활성 판금 스타일은 펀치에 대한 대체 플랫 패턴 표현과 전개, 절곡부 및 구석 릴리프 옵션을 정의합니다. 판금 피쳐를 작성하거나 편집할 때 이러한 각 옵션을 활성 스타일과 다르게 수정할 수 있지만, 공유 스타일을 편집하려면 스타일 및 표준 편집기를 사용해야 합니

다. 판금 기본 값은 판금 설계에서 가장 기본이 되는 값들을 설정하는 명령어입니다. 이 명령어를 실행하면 아래와 같은 창이 뜹니다.

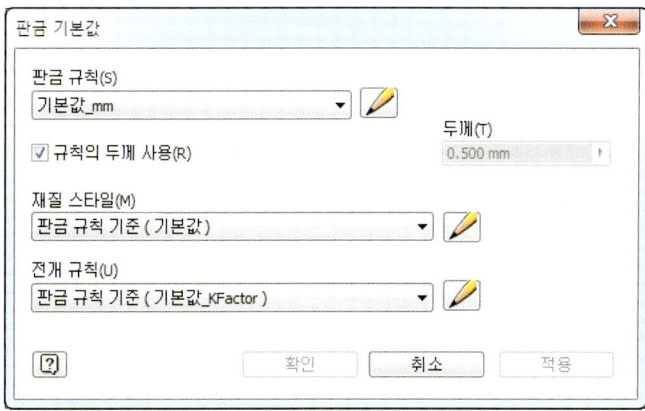

여기서 우리는 우리만의 판금 규칙, 재질 스타일, 전개 규칙 등을 정하여 표준화된 내용을 가지고 판금 설계를 해야 합니다. 따라서 위와 같은 창에서 판금 기본 값에 대한 설정을 사용자화하여 템플릿 파일을 만들어 사용할 것입니다.

판금 규칙은 판금 규칙 편집 드롭-다운 목록의 오른쪽에 있는 판금 규칙 편집 버튼 을 선택하여 설정합니다. 이 버튼을 선택하면 스타일 및 표준 편집기 [라이브러리 - 읽기/쓰기] 대화 상자가 아래와 같이 표시됩니다.

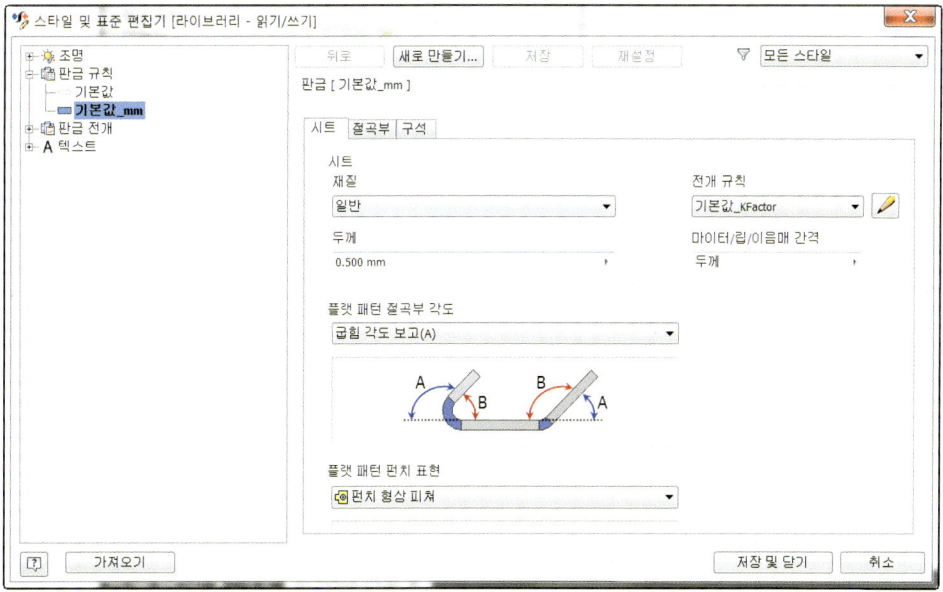

여기서 새로 만들기 버튼 을 선택합니다. 새 로컬 스타일 대화 상자가 표시되면, 새 규칙을 만들기 위해 이름을 입력하고 확인 버튼을 선택합니다. 여기서는 아래와 같이 SJS_Sheet Metal

Rule이라는 이름을 입력할 것입니다.

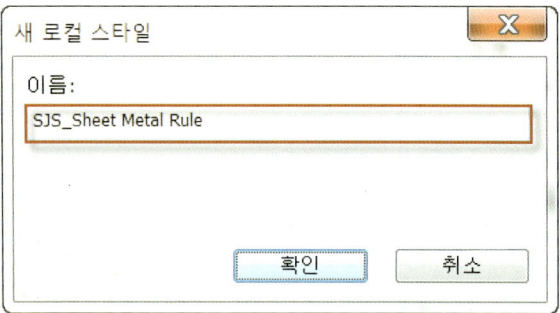

그러면 이 대화 상자의 왼쪽 창에 표시됩니다.

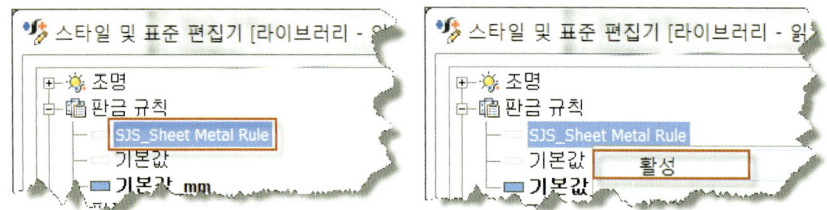

이름을 마우스 오른쪽 버튼으로 클릭하고 바로 가기 메뉴에서 활성을 선택하여 설정을 수정하면 선택한 이름으로 활성화 되어 저장됩니다. 선택한 이름과 관련된 옵션이 스타일 및 표준 편집기 [라이브러리 - 읽기/쓰기] 대화 상자의 오른쪽 창에 표시됩니다. 이 대화 상자는 판금 구성 요소의 매개 변수를 설정하는 세 개의 탭을 제공합니다.

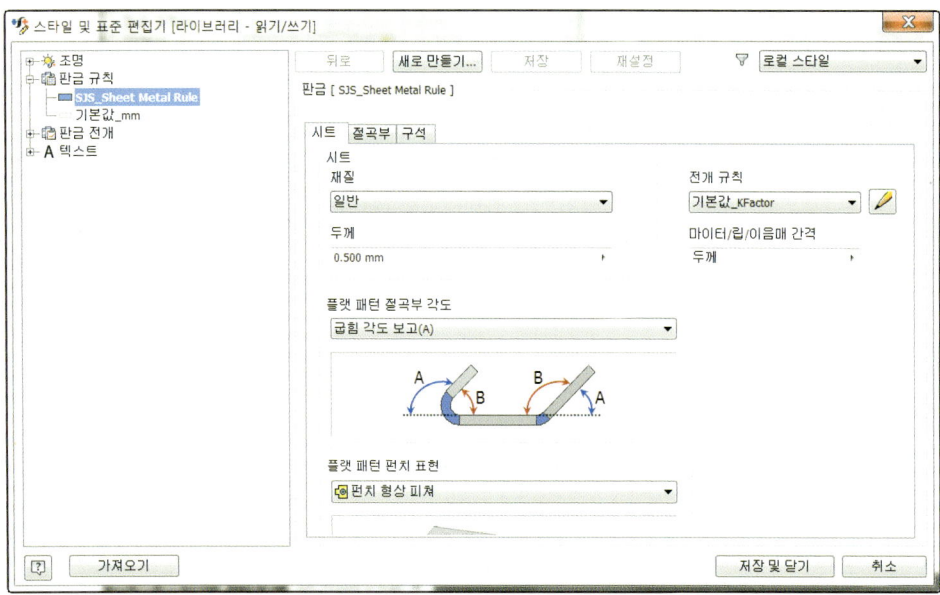

다음 세 탭의 옵션에 대해 설명할 것입니다.

 시트 탭

- **시트 영역**
  시트 영역의 옵션은 시트의 재질과 두께를 지정하는 데 사용됩니다.
  - **재질:** 재질 드롭-다운 목록은 시트의 재질을 지정하는 데 사용됩니다. 이 드롭-다운 목록에서 미리 정의된 재질을 선택할 수 있습니다.
  - **두께:** 두께 편집 상자는 시트의 두께를 지정하는 데 사용됩니다. 이 편집 상자에 시트 두께를 입력하거나 이 편집 상자의 오른쪽에 있는 화살표를 선택하여 미리 정의된 두께를 선택할 수 있습니다.
  - **노트:** 판금 기본값 대화 상자에서 규칙 두께 사용 확인란을 선택한 경우에는 두께 편집 상자에 입력한 값이 기본 두께로 사용됩니다. 두께를 변경하려면 규칙에서 두께 사용 확인란의 선택을 취소하고 두께 편집 상자에 새 값을 입력하면 됩니다. 또는 스타일 및 표준 편집기 [라이브러리 - 읽기/쓰기] 대화 상자의 시트 영역에 있는 두께 편집 상자에 새 값을 입력합니다.

- **전개 규칙 영역**
  이 영역의 드롭-다운 목록은 사전 정의된 전개 규칙을 선택하는 데 사용됩니다.
  - **마이터/ 립/ 이음매:** 이 편집 상자는 마이터/ 립 /이음매에 사용할 간격을 지정하는 데 사용됩니다. 기본적으로 두께 편집 상자에 지정된 두께 값은 판금 구성 요소의 마이터/ 립/ 이음매 값으로 사용됩니다. 간격 값을 변경하려면 이 입력란에 새 값을 입력하면 됩니다.

- **플랫 패턴 절곡부 각도 영역**
  이 영역의 옵션은 접힌 모델이 전개 패턴으로 표시될 때, 절곡이 되는 각도를 측정하는 방법을 결정하는 것입니다.
  - **굽힘 각도 보고 (A):** 이 옵션은 플랫 패턴 굽힘 각도 영역 아래의 드롭-다운 목록에서 기본적으로 선택됩니다. 결과적으로, 굽힘 각도는 선택된 면과 굽힘의 바깥 면 사이에서 측정됩니다.
  - **열린 각도 보고 (B):** 이 옵션을 선택하면 선택한 면과 굽힘 내면 사이의 굽힘 각도가 측정됩니다. 플랫 패턴 절곡부 각도 영역 아래에 표시된 창에서 보고된 절곡부 각도를 미리 볼 수 있습니다.

- **플랫 패턴 펀치 표현 영역**
  이 영역의 옵션에 따라 접힌 모형이 전개 패턴으로 표시될 때 판금 펀치 피쳐가 표시되는 방법이 결정됩니다.
  - **펀치 형상 피쳐:** 이 옵션을 선택하면 판금 펀치 피쳐가 3D 피쳐로 구성 요소의 전개 패턴에 표시됩니다.

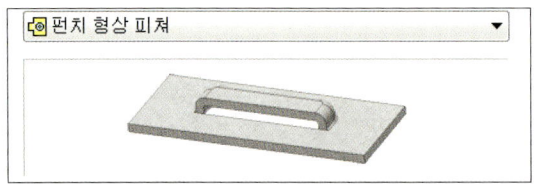

- **2D 스케치 표현:** 이 옵션을 선택하면 이전에 작성한 2D 스케치를 사용하여 판금 펀치 피쳐가 구성 요소의 전개 패턴에 표시됩니다.

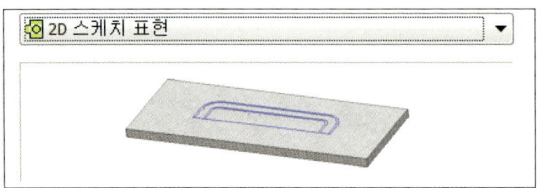

- **2D 스케치 표현 및 중심 표식:** 이 옵션을 선택하면 이전에 정의된 2D 스케치를 사용하여 판금 기호와 함께 판금 펀치 피쳐가 표시됩니다.

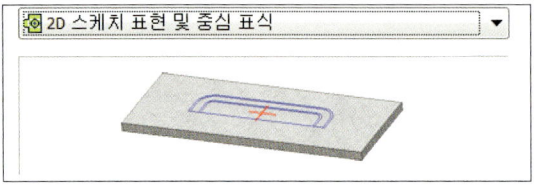

- **중심 표식만:** 이 옵션을 선택하면 구성 요소의 전개도가 표시될 때 스케치의 중심 표식만 사용하여 판금 펀치 피쳐가 표시됩니다. 매개 변수를 설정한 후 저장 버튼을 선택합니다.

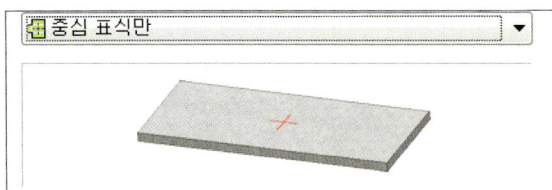

절곡부 탭

절곡부 탭의 옵션은 시트의 절곡부와 관련된 매개 변수를 설정하는 데 사용됩니다.

- **절곡부 릴리프 영역**
  이 영역의 옵션은 절곡부 릴리프 폭, 절곡부 깊이 등을 제어하는 데 사용됩니다.
  - **릴리프 쉐이프 (S):** 절곡부가 모서리 길이 전체에 걸쳐지지 않도록 판금 구성 요소를 구부리거나 접을 때마다 구부러진 끝 부분에 홈이 추가되어 판금 부품의 벽이 접히거나 펼쳐질 때 교차하지

않습니다. 이 홈을 릴리프라고 합니다. 릴리프 쉐이프 드롭-다운 목록은 릴리프 쉐이프를 선택하는 데 사용됩니다.

직선으로/ 라운드/ 찢어짐

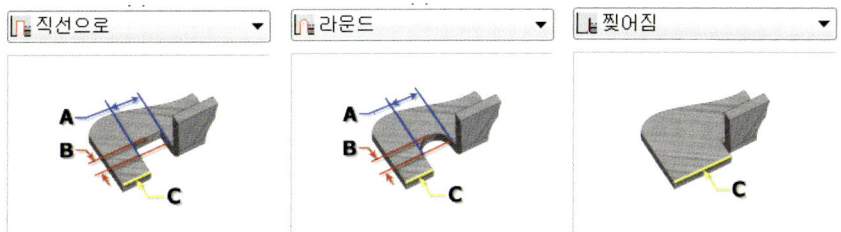

※ **단단한 절곡부가 필요한 경우에는 릴리프 쉐이프를 찢어짐으로 하는 것이 좋습니다.**

- **릴리프 폭 (W) (A):** 릴리프 폭의 값을 입력하는데 사용됩니다. 릴리프 폭의 기본값은 시트의 두께와 같습니다. 릴리프 폭의 값을 이 입력란에 입력 할 수 있습니다. 아래 그림은 두께가 1mm일 때 릴리프 폭의 입력란에 값을 1mm 입력한 판금 부품과 3mm 입력한 판금 부품을 비교한 것입니다.

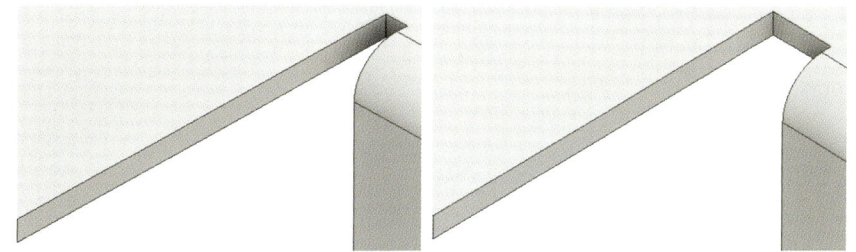

- **릴리프 깊이 (D) (B):** 이 편집 상자는 릴리프 깊이의 값을 지정하는 데 사용됩니다.
  최소 나머지 (M): 이 편집 상자는 절곡 또는 접힘으로 만들어진 릴리프와 판금 구성 요소 간의 모서리 사이의 재질 값을 설정하는 데 사용됩니다.

04 판금 기능 이해하기

　Autodesk Inventor & Inventor Professional 2019의 판금 설계 환경에는 판금 제조 지침 및 공정 제한을 따르는 구성 요소를 설계하는데 도움이 되는 다양한 특수 도구가 포함되어 있습니다. 다음 섹션에서는 기능에 대한 빠른 로드 맵을 제공 할 수 있는 일반적인 기능 분류 및 기능에 대해 설명할 것입니다. 기능의 작동 방식을 이해하면 설계 의도를 정확하게 포착하여 판금 모델을 작성할 수 있습니다.

판금 설계의 기본 기능

제공된 모든 판금 설계 도구 중에서 다음 네 가지 기능을 기본 피쳐 도구라고 합니다.
- 면
- 컨투어 플랜지
- 로프트 플랜지
- 윤곽선 롤

면

리본메뉴〉 판금 탭〉 작성 패널〉 면

면 도구는 가장 간단한 기본 기능입니다. 닫힌 프로파일을 사용하여 높이를 자동으로 두께 매개 변수 값으로 설정한 간단한 돌출 형상을 생성할 수 있습니다. 프로파일은 어떤 모양으로도 만들 수 있으며 〈그림 8-4〉와 같이 내부 프로파일을 포함 할 수도 있습니다. 면 형상의 프로파일은 종종 다른 부품 파일에 있는 평면이나 면의 모서리 투영을 통해 생성되며, 이 기능을 사용하면 다양한 조립품 기반에서의 작업 흐름과 파생 작업 흐름을 통해 판금 설계를 손쉽고 빠르게 수행 할 수 있습니다.

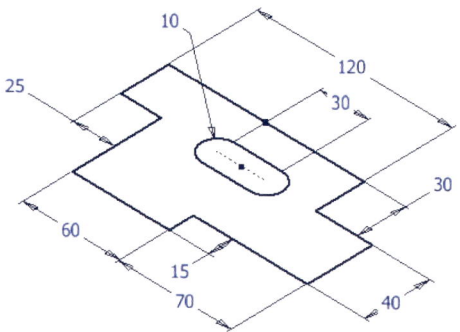

〈그림 8-4〉 내부 프로파일을 포함하는 스케치

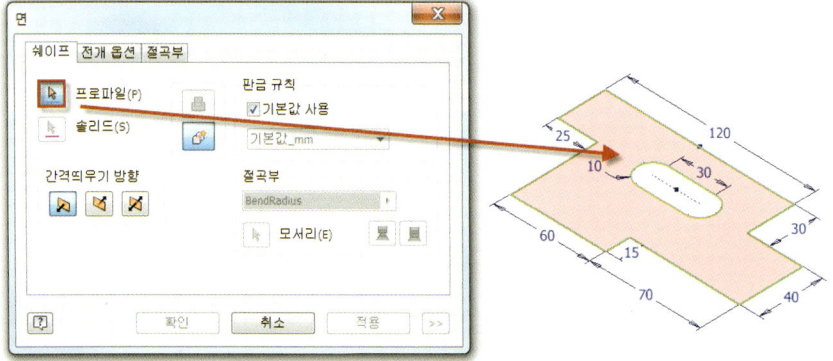

chapter 08 판금 설계

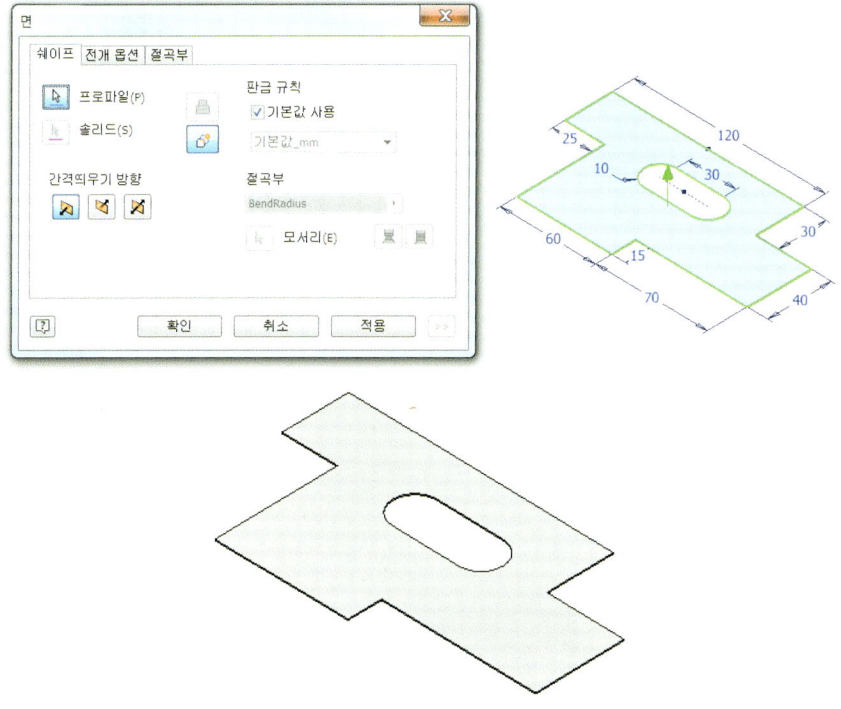

컨투어 플랜지

컨투어 플랜지 도구는 〈그림 8-5〉와 같이 단일 스케치의 결과로 여러 개의 평면형 면과 굴곡부를 생성 할 수 있는 스케치입니다. (개방형 프로파일 사용) 이 프로파일 스케치는 호와 선만 포함해야 합니다. 스케치 교차가 호에 의해 분리되지 않으면 BendRadius 매개 변수와 동일한 굴곡이 판금 규칙에 의해 결정되어 교차점에 자동으로 추가됩니다. 컨투어 플랜지에 기본 피쳐를 작성하려면 컨투어 플랜지에 거리라는 너비 범위 옵션이 있습니다. 이 옵션을 사용하면 두꺼운 모깎기 프로파일의 판금 조건 돌출을 생성하기 위해 간단한 개방 프로파일을 사용할 수 있습니다.

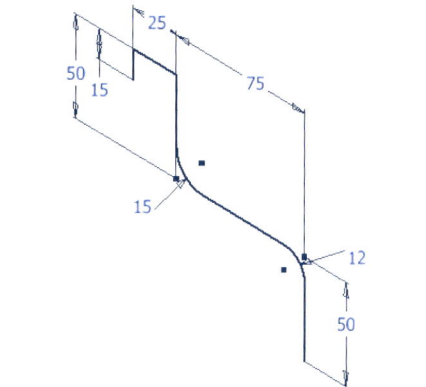

〈그림 8-5〉 윤곽선 프로파일을 포함하는 스케치

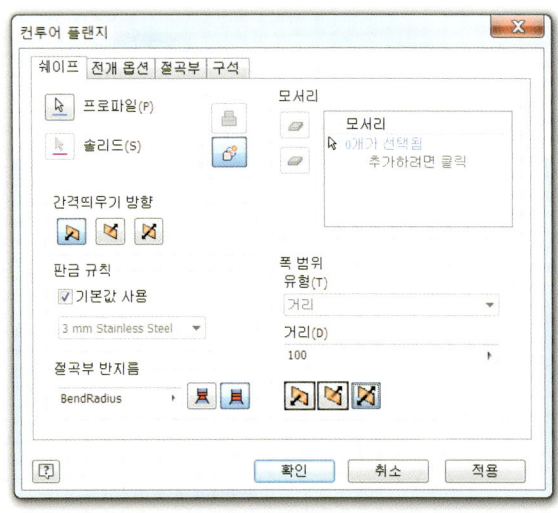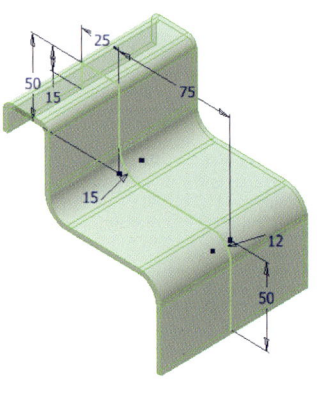

윤곽선 롤

 윤곽선 롤 도구는 컨투어 플랜지 도구의 변형이라고 할 수 있습니다. 윤곽선 롤을 작성하려면 열린 윤곽선을 스케치하되 윤곽선을 돌출시키지 말고 회전 시켜야 합니다. 스케치 형상은 선과 호로 제한되며 윤곽선 롤 도구는 선 교차점에 자동으로 굽힘을 추가합니다. 〈그림 8-6〉의 압연 형 형상은 간단한 스케치 형상을 사용하여 작성되었습니다.

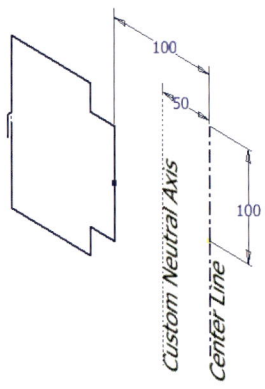

〈그림 8-6〉 윤곽선 프로파일과 중심선을 포함하는 스케치

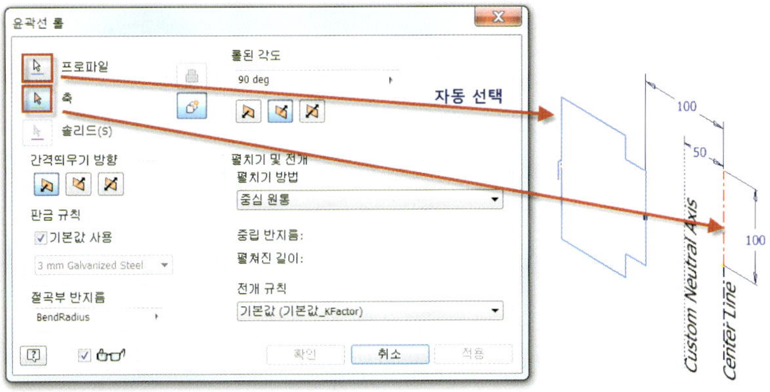

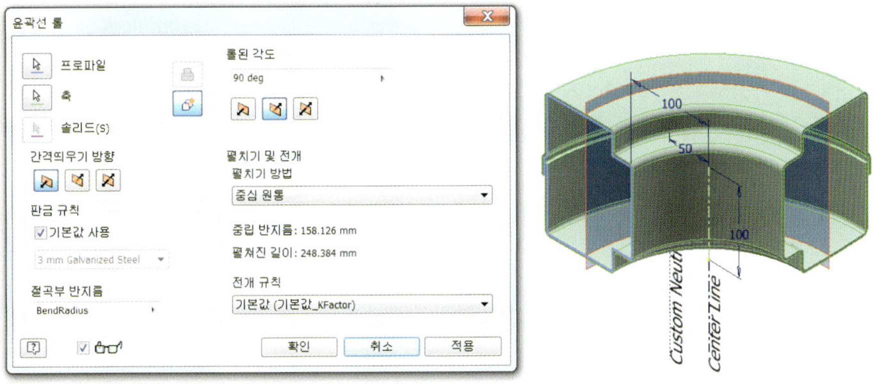

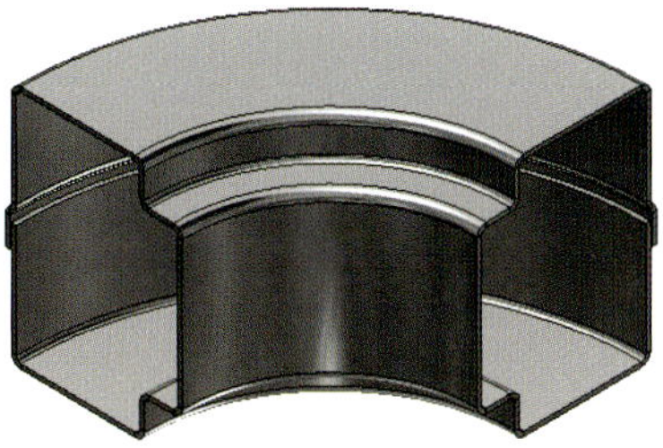

로프트 플랜지

로프트 플랜지 도구는 HVAC 및 호퍼 모델에서 일반적으로 볼 수 있는 판금 모양을 작성하는 것입니다. <그림 8-7>은 직사각형에서 원형으로의 천이 형상을 보여주고 있는 것입니다. 기본적으로 전환의 시작과 끝의 스케치를 작성한 다음 로프트 플랜지 도구를 사용하여 이 둘 사이를 전환하면 됩니다. 로프트 플랜지 도구는 다이 형태 또는 압력 브레이크 전환의 옵션을 제공합니다. 압력 브레이크 전환의 경우 코드 공차, 측면 각도 또는 측면 거리로 굽힘을 정의할 수 있습니다. 코드 공차는 각진 면과 이론적 곡면 사이의 거리입니다. 코드 공차가 줄어들면 더 많은 측면이 추가됩니다.

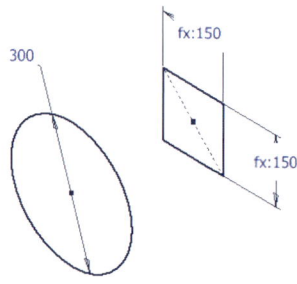

〈그림 8-7〉 두 개의 다른 스케치 포함하는 스케치

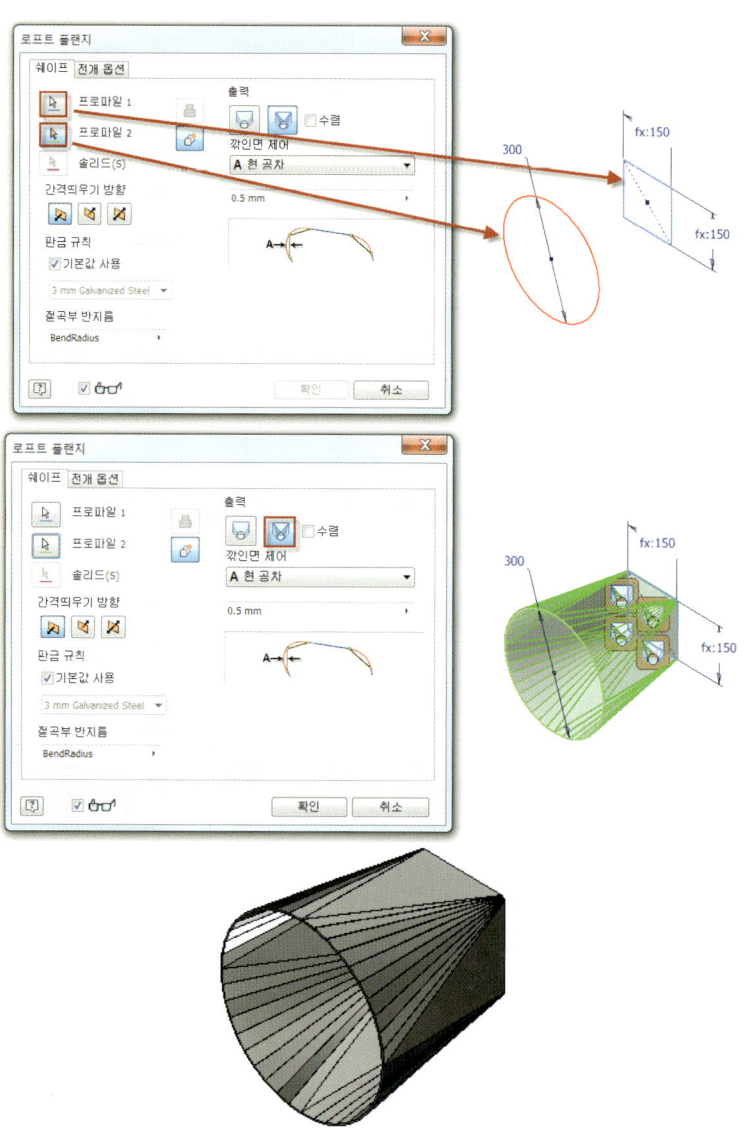

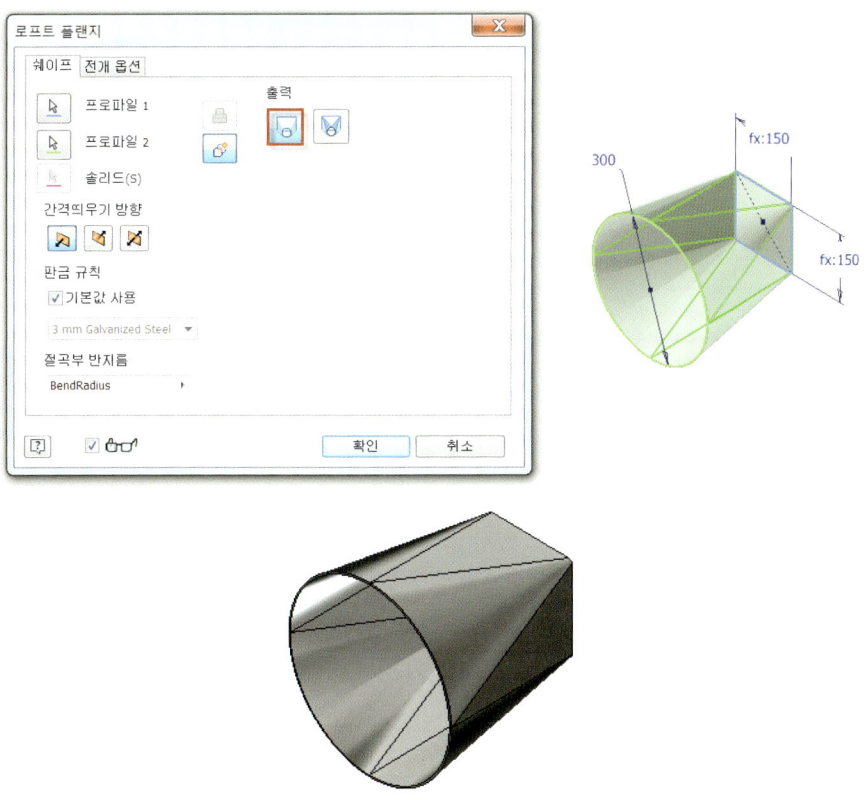

압력 브레이크 버튼을 클릭하고 깎인 면 드롭-다운을 사용하여 현 공차, 깎인 면 각도 및 깎인 면 거리 옵션을 변경해 가면서 옵션을 확인해 봅니다.

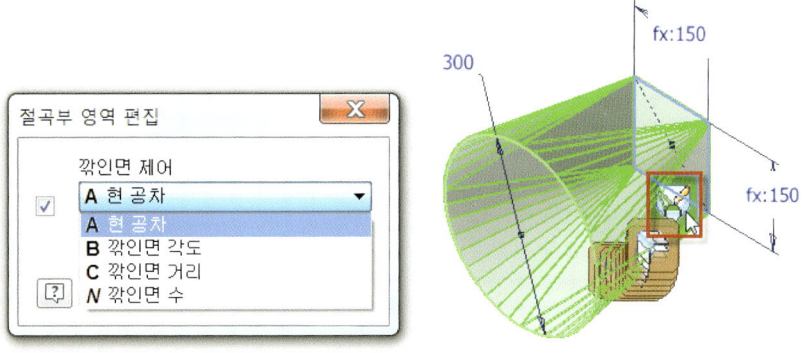

- **현 공차:** 이 값은 원호 세그먼트에서 코드 세그먼트까지의 최대 이격 거리를 설정합니다.
- **깎인 면 각도:** 이 값은 깎인 면의 꼭지점에서 현 세그먼트에 대한 최대 각도를 설정합니다.
- **깎인 면 거리:** 이 값은 코드 길이의 최대 너비를 설정합니다.

수렴 (Converge)이 확인란은 평면 단면의 굴곡을 단일 지점 근처로 수렴하도록 설정합니다.

이 옵션 중 어느 것을 사용할 지 결정하는 것은 주로 알고 있는 설계 입력과 부품을 만드는 데 사용되는 장비에 달려 있습니다.

플랜지

일단 기본 형상이 생성되면 보조 형상을 플랜지 형태로 추가할 수 있습니다. 플랜지는 벤드로 연결된 평면형이며 다양한 도구를 사용하여 만들 수 있습니다. 플랜지 도구는 플랜지와 선택한 면 사이에 자동으로 굽힘을 작성합니다. 컨투어 플랜지 도구를 사용하여 여러 플랜지를 한 번에 생성 할 수도 있습니다. 헴 (Hem) 도구를 사용하면 날카로운 모서리에 특수 플랜지를 만들거나 롤링된 플랜지 피쳐를 생성할 수 있습니다. 이 도구들과 함께 일반적으로 사용되는 또 다른 도구는 면 도구입니다. 선택한 도구에 따라 플랜지 옵션을 제어하거나 Inventor에서 사전 정의된 관계 및 값을 적용할 수 있습니다.

〈그림 8-8〉 면이 생성된 폴리곤 형상

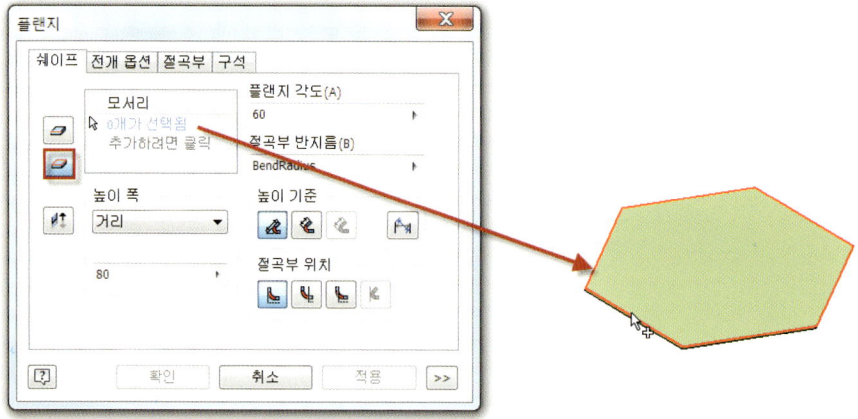

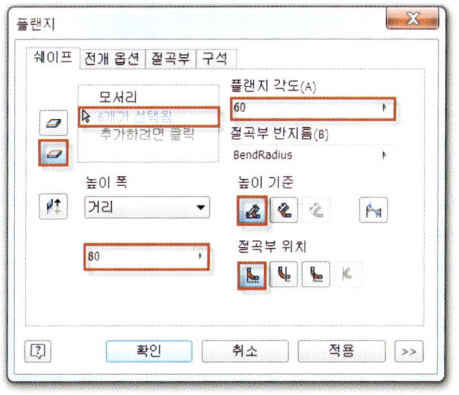
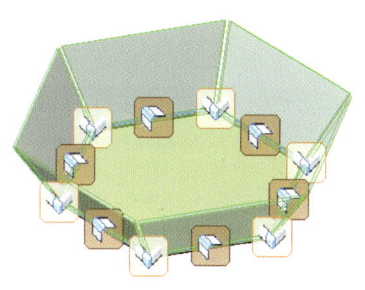
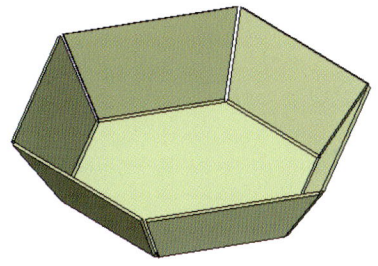

완성된 플랜지 모델에서 절곡부에 대해 개별 편집을 할 수 있습니다.

모델에서 절곡부 아이콘을 클릭하면 절곡부 편집 대화 상자가 나타나는데, 여기서 유형을 변경하여 편집할 수 있습니다.

폭 범위 설정에는 네 가지가 있습니다.
- **모서리:** 선택한 가장자리의 길이만큼 평면을 실행합니다.
- **폭:** 플랜지 폭을 지정하고 선택한 모서리의 중앙에 배치하거나 선택한 참조 점에서 간격 띄우기를 하여 배치할 수 있습니다.
- **간격 띄우기:** 선택한 가장자리의 양쪽 끝에서 간격 띄우기를 지정할 수 있습니다.
- **시작 면과 끝 면 지정:** 위치 플랜지 폭을 설정하기 위한 시작 및 끝 참조를 지정할 수 있습니다

실제 세계에서 사용하는 옵션은 달성하려는 결과와 사용 가능한 기존 형상에 따라 달라집니다. 여기서 폭 옵션을 사용합니다.

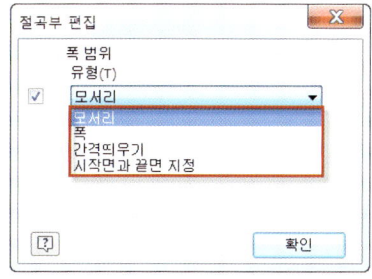

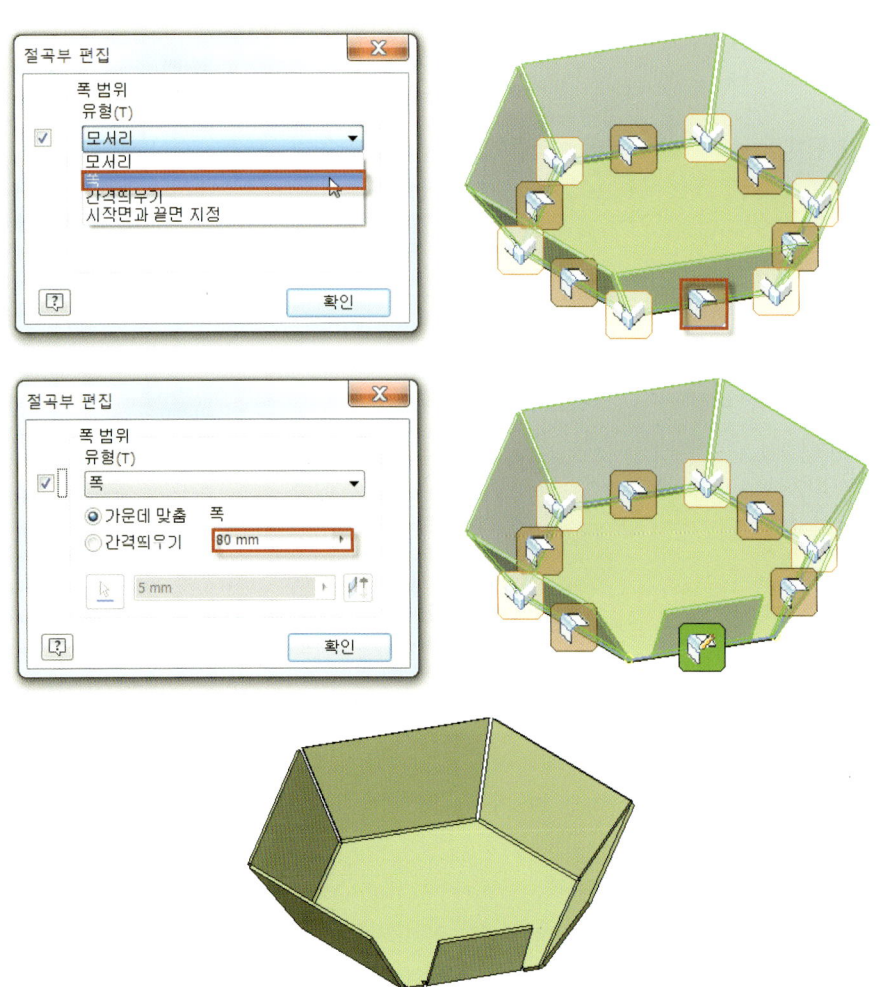

플랜지 폭 옵션은 처음에는 대화 상자의 기타 옵션 영역에 숨겨져 있기 때문에 간과하기 쉽지만 플랜지를 만들 때 이를 반드시 명심해야 합니다. 다음은 플랜지를 작성할 때 주의해야 할 매우 중요한 추가 옵션입니다.

플랜지 높이 기준: 세 가지 높이 데이텀 솔루션을 사용할 수 있습니다. 이 옵션은 높이 측정을 결정하는 데 사용되는 면을 제어합니다. 아래 그림의 각 옵션은 40mm 플랜지를 사용하여 표시된 것입니다.

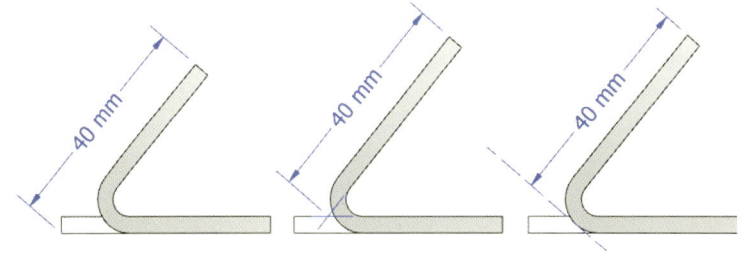

chapter 08 판금 설계

- **두 개의 외부 면 교차로부터의 절곡부**

    외부면 교차점으로부터 플랜지 높이를 측정합니다.

- **두 개의 내부 면 교차로부터의 절곡부**

    내부 면 교차점으로부터 플랜지 높이를 측정합니다.

- **플랜지 종료 상세 면에 평행**

    플랜지면에 평행하고 굽힘에 접하는 플랜지 높이를 측정합니다.

• **정렬 대 직교**

 토글 버튼을 사용하여 높이 측정이 플랜지면과 정렬되어 있는지 또는 기준면과 직각인지를 확인할 수 있습니다. 아래 그림에서 왼쪽 플랜지는 직각이며 오른쪽 측정은 정렬되어 있습니다.

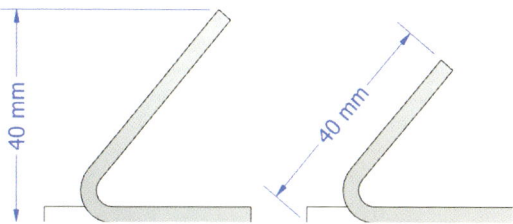

• **절곡 위치**

선택한 모서리의면을 기준으로 절곡 위치를 결정하기 위해 선택할 수있는 네 가지 옵션이 있습니다. 기본 피쳐의 선택된 모서리를 나타내는 파선으로 아래와 같이 네 가지 옵션을 비교합니다.

- **절곡부 면 범위 내부**

    맨 왼쪽에 표시된 것처럼 선택된 기준 부품의 전체 치수를 고려하여 플랜지를 배치합니다.

- **인접 면으로부터의 절곡부**

    선택한 모서리의 면을 왼쪽 중앙에 표시된 것처럼 굽힘의 시작 부분으로 선택합니다.

- **기준 면 범위 외부**

    오른쪽 중앙에 표시된 대로 플랜지의 안쪽 면이 선택한 모서리의 면 바깥에 위치하도록 배치합니다.

- **절곡부를 측면에서 접하게**

    맨 오른쪽에 표시된 대로 선택한 모서리의 면에 접한 벤드를 고정합니다.

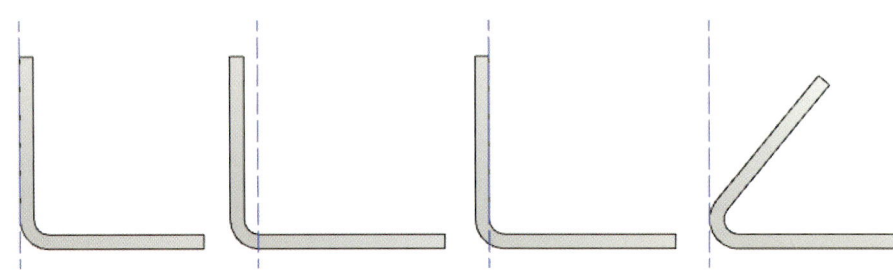

- **이전 방법**

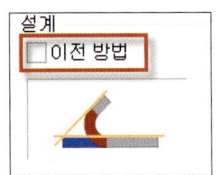

이 옵션을 선택하면 Autodesk® Inventor 2008 프로그램에 도입된 기능이 비활성화됩니다. 이전 버전에서 생성된 파일을 열면 이 기능이 선택됩니다. 상자를 선택 취소하여 사용 가능한 모든 옵션을 사용하도록 파일을 업데이트 할 수 있습니다. Inventor의 현재 버전으로 작성한 부품에서는 이 상자를 선택하지 않아도 됩니다.

- **절곡부 및 구석 편집 글리프**

여러 모서리의 플랜지를 단일 플랜지 피쳐로 종종 만들지만 그래픽 영역의 피쳐에 표시된 편집 글리프를 사용하여 절곡부 모서리 옵션을 개별적으로 제어 할 수 있습니다. 검색기 막대에서 플랜지 노드를 확장 한 다음 절곡부 또는 구석을 마우스 오른쪽 버튼으로 클릭하고 절곡부 편집 또는 모서리 편집을 선택하여 편집 글리프에 접근할 수 있습니다. 표시된 후에는 편집하고 편집하려는 절곡부 또는 구석에 대한 편집 글리프를 클릭하여 개별적으로 변경할 수 있습니다. 플랜지 작성 도중 편집 글리프를 클릭할 수 있습니다. 절곡부 또는 모서리를 편집 한 후에는 브라우저에서 플랜지 노드를 확장하고 절곡부 또는 모서리를 마우스 오른쪽 버튼으로 클릭 한 다음 모든 절곡부/ 구석 재설정을 선택하여 기본값으로 다시 설정 할 수 있습니다.

헴

헴 도구는 선택된 모서리에 대해 여러 개의 평면형 면과 절곡부를 생성할 수 있기 때문에 윤곽 플랜지와 유사하지만 사전 정의된 일반 헴 형상과 기하학적 관계로 제한됩니다.

chapter 08 판금 설계

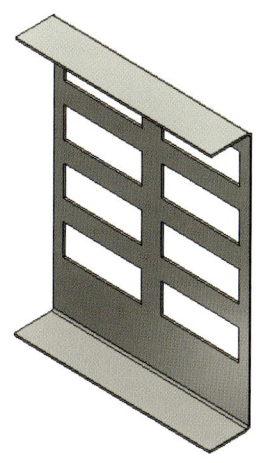

〈그림 8-9〉 헴 형상 준비 부품

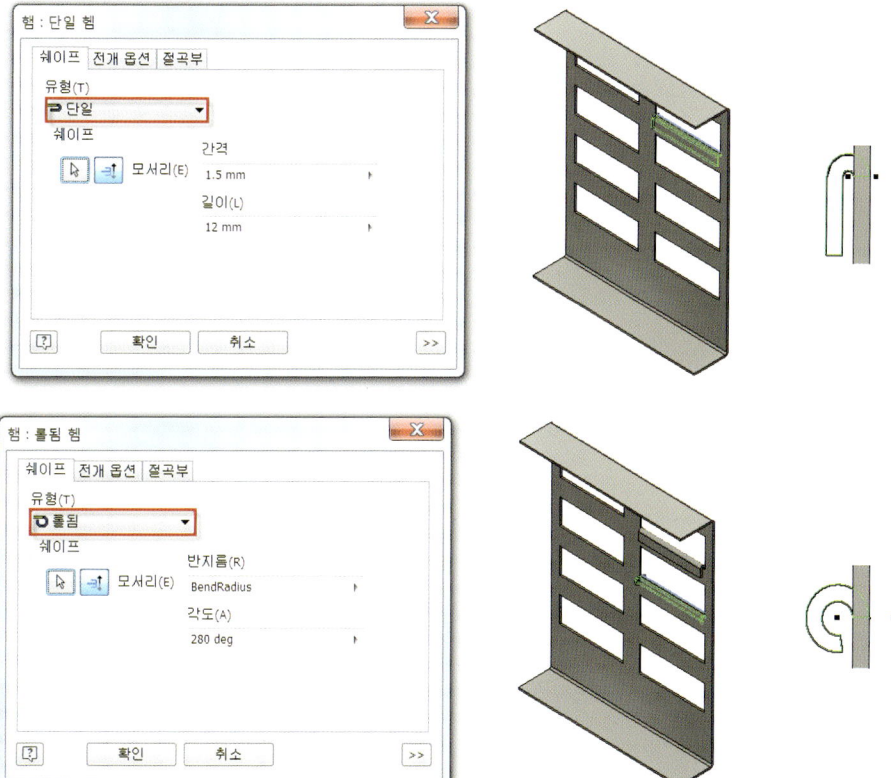

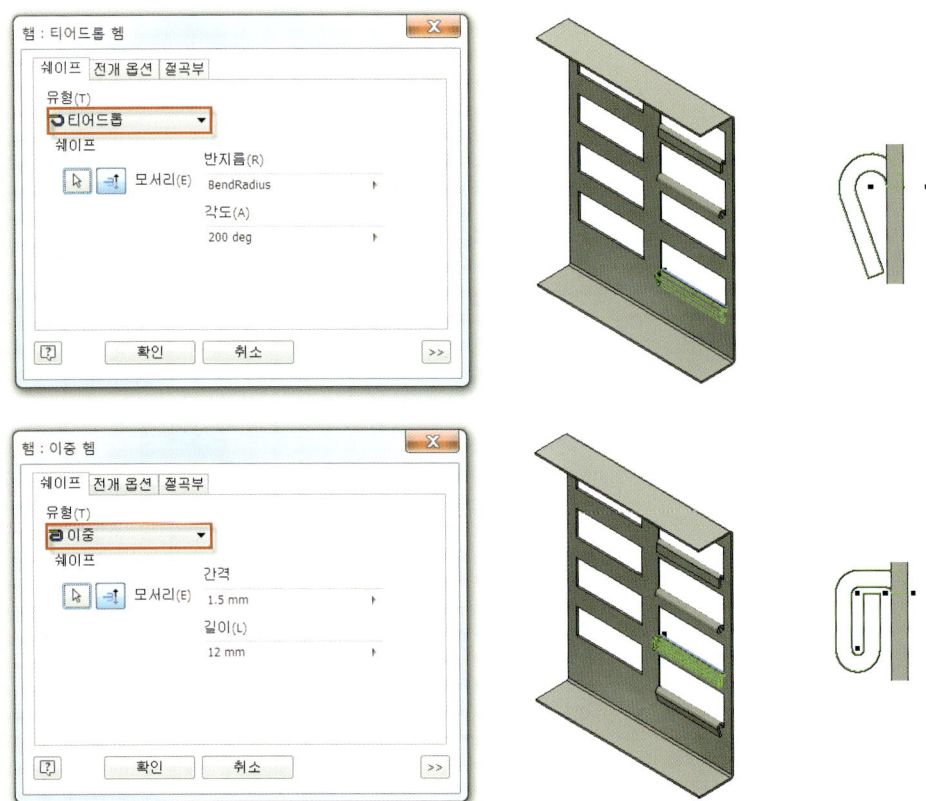

재질 추가, 제거 또는 변형

판금 구성 요소의 일반적인 모양이 거칠게 되면 대부분의 경우 재료를 제거, 변형 또는 추가해야 합니다. 대부분의 판금 제조 작업 (예: 펀치, 프레스)이 표면에 수직으로 피쳐를 생성하기 때문에 판금 부품을 추가, 제거 및 변형하는 프로세스를 최적화하기 위해 여러 판금 관련 기능이 만들어졌습니다. Inventor의 현재 판금 기능은 이러한 제조 작업이 접기 전에 수행되기 때문에 전개를 방해해서는 안 됩니다. (Inventor는 예를 들어 거셋(Gusset)과 같은 후 접기 제조 작업을 지원하지는 않습니다).

- **거셋(Gusset):** 강트러스(steel truss)구조 등에 있어서, 패널 포인트(panel point)에 놓이는 부재를 연결하기 위하여 사용하는 강판을 의미합니다.

chapter 08 판금 설계

잘라 내기

리본 메뉴/ 판금 탭/ 수정 패널/ 잘라 내기

 잘라 내기 도구는 특수한 판금 작업입니다. 스케치된 프로파일을 기반으로 구멍이 생깁니다. 잘라 내기 도구는 간격 매개 변수의 기본값이 두께이기 때문에 일반적으로 돌출 도구의 차집합(절단) 옵션을 단순화하는 데 도움이 되므로 판금 부품이 다른 재료 두께를 사용하도록 변경되면 절단 피쳐가 자동으로 업데이트됩니다. 절단이 재료 두께의 전체 깊이가 되도록 의도하지 않은 경우 두께 값/2와 같은 방정식을 입력하여 두께의 반으로 절단을 작성할 수 있습니다.

• **판금 절곡부를 가로 질러 잘라내기**

[잘라 내기] 도구는 아래 〈그림 8-10〉과 같이 평면형 면과 절곡부에 스케치 프로파일을 감싸게 할 수도 있습니다. 이 옵션은 0보다 크고 두께와 같거나 작은 값으로 여러 평면과 면에 걸쳐 균일 한 절단을 적용 할 수 있으므로 특히 유용합니다.

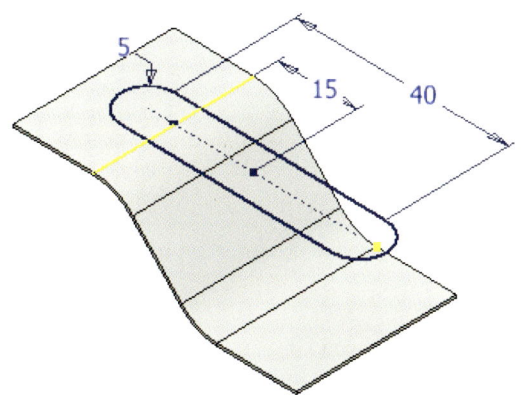

〈그림 8-10〉 잘라 내기 형상 준비 부품

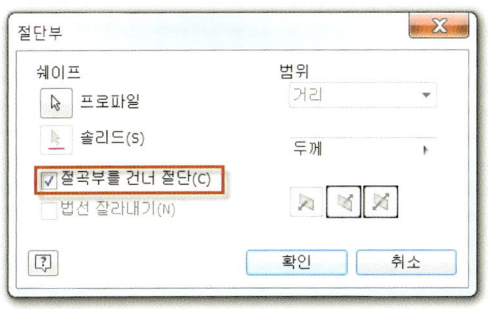
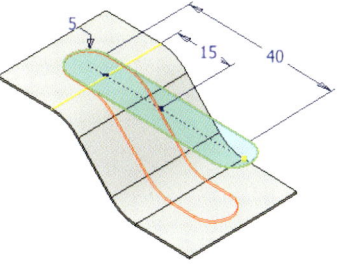

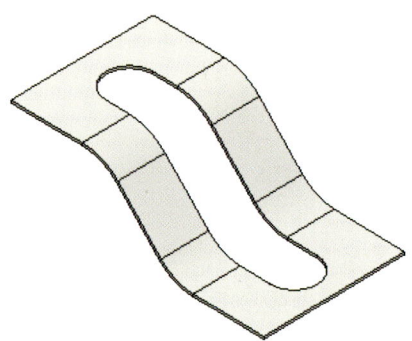

Note

❏ 잘라 내기 사용하기

판금 부품의 경우 기본 피쳐와 플랜지를 작성한 다음 필요에 따라 절단을 적용하는 것이 가장 좋습니다. 플랫 패턴을 만들 때보다 안정적인 모델을 제공하고 개별적으로 형상을 편집할 수 있습니다. 일반적으로 기본 스케치에 빈 공간(Void)을 작성하는 대신 가능하면 잘라 내기 도구를 사용하는 것이 더 좋습니다.

아래 예제에서는 잘라 내기 도구에서 절곡부를 건너 절단 및 법선 잘라 내기 옵션을 사용하는 방법을 보여줍니다. 일반적으로 판금 부품에서는 표준 부품 파일에서와 같이 돌출 도구가 아닌 잘라 내기 도구를 사용하여 판금 부품 파일에 컷 아웃을 작성해야 합니다.

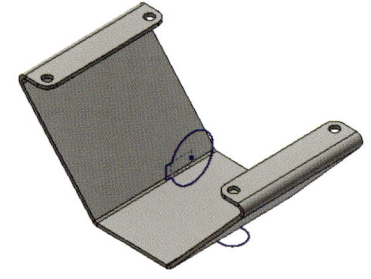

〈그림 8-11〉 절곡부를 건너 절단 하기/ 법선 잘라 내기

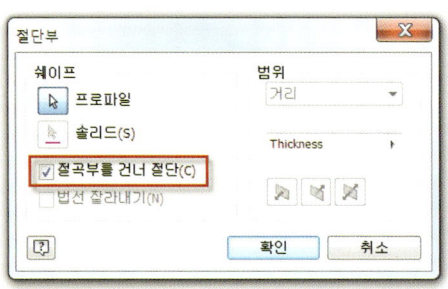
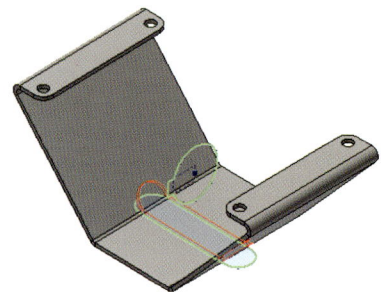

chapter 08 판금 설계

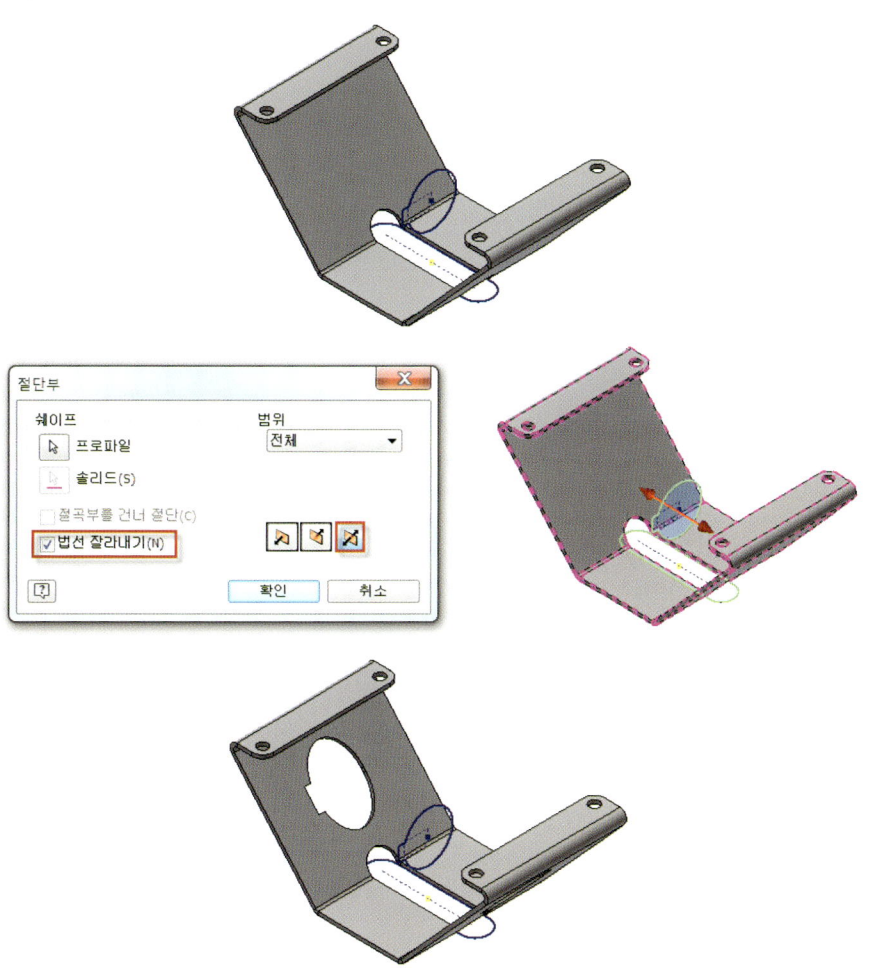

펀칭 도구

펀칭 도구를 사용하여 아래와 같이 사전 정의된 펀치 형상을 배치하여 재료를 제거하거나 변형할 수 있습니다. 펀치는 iFeature의 특수 버전이라고 할 수 있습니다. 추가 판금 제조 정보로 사전 정의될 수 있으며 다양한 표준 및 판금 기능을 사용하여 구축할 수 있습니다.

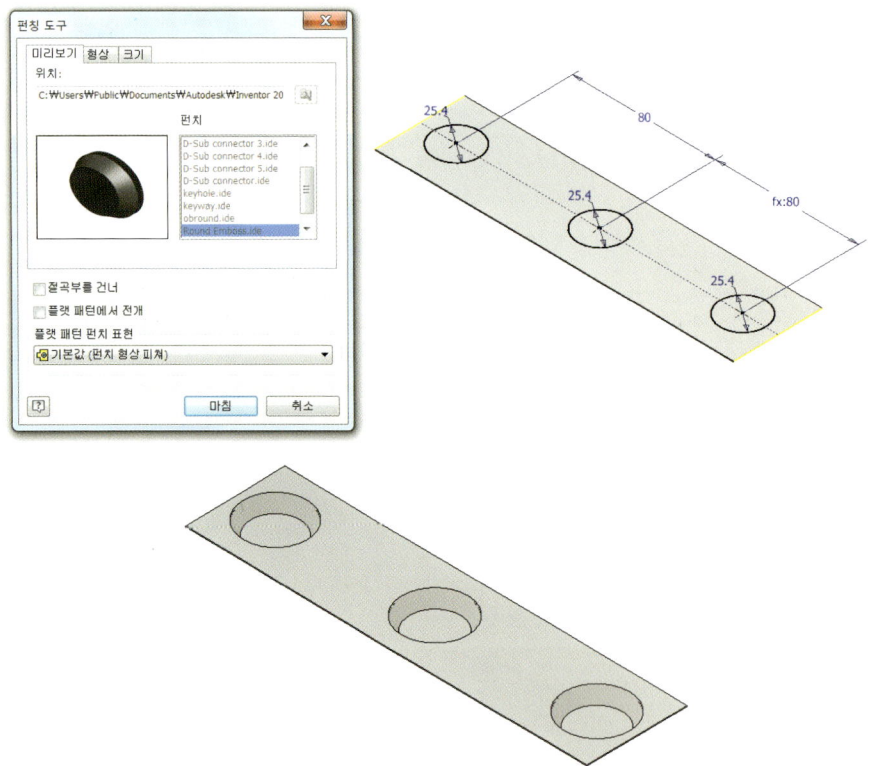

판금 펀치 도구 기본 위치 설정

기본적으로 Inventor는 로컬 드라이브의 설치 경로에서 펀칭 라이브러리를 찾도록 설정됩니다. 네트워크 공유 드라이브로 작업하는 경우 펀칭 도구가 자동으로 네트워크의 경로로 이동하게 할 수 있습니다. 이렇게 하려면 도구 탭/ 응용 프로그램 옵션/ iFeature 탭/ 판금 펀치 루트를 선택한 경로로 설정합니다.

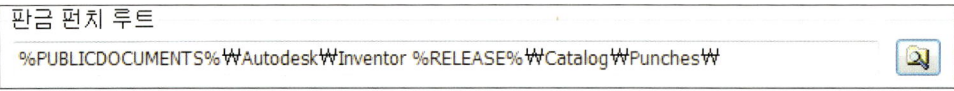

Note

❏ 윈도우 선택을 통한 다중 펀치 중심점 선택

윈도우 창 선택을 사용하여 한 번에 여러 펀치 중심점을 선택할 수 있습니다. 왼쪽에서 오른쪽으로 창을 선택하면 해당 창에 포함된 항목만 선택됩니다. 오른쪽에서 왼쪽으로 창을 선택하면 창을 터치하거나 창에 포함된 모든 항목이 선택됩니다. 이미 선택된 항목을 창 선택하면 선택 세트에서 제거됩니다. Ctrl 키를 누른 상태에서 빈 공간을 선택하여 선택한 설정을 지울 수도 있습니다.

모서리 라운드 및 모서리 모따기

  모서리 라운드 및 모서리 모따기는 모깎기 및 모따기와 유사하게 날카로운 모서리를 제거하거나 없앨 수 있는 특수 판금 도구입니다. 모서리 선택은 두 도구 내에서 최적화되었으므로 쉽게 적용할 수 있도록 시트 상단 면 및 하단 면에 수직이지 않은 모서리를 필터링 할 수 있습니다. 다음은 모서리 라운드 및 모따기 피쳐를 적용하는데 사용되는 방법과 옵션을 배울 것입니다.

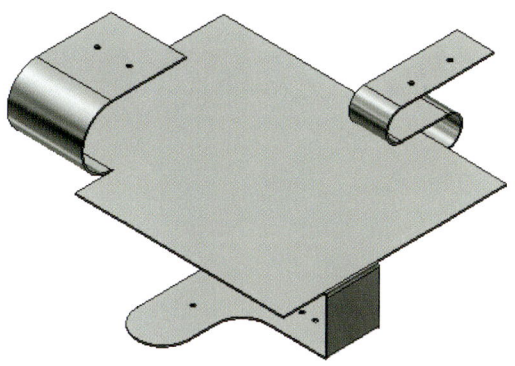

〈그림 8-12〉 모서리 라운드 및 모서리 모따기

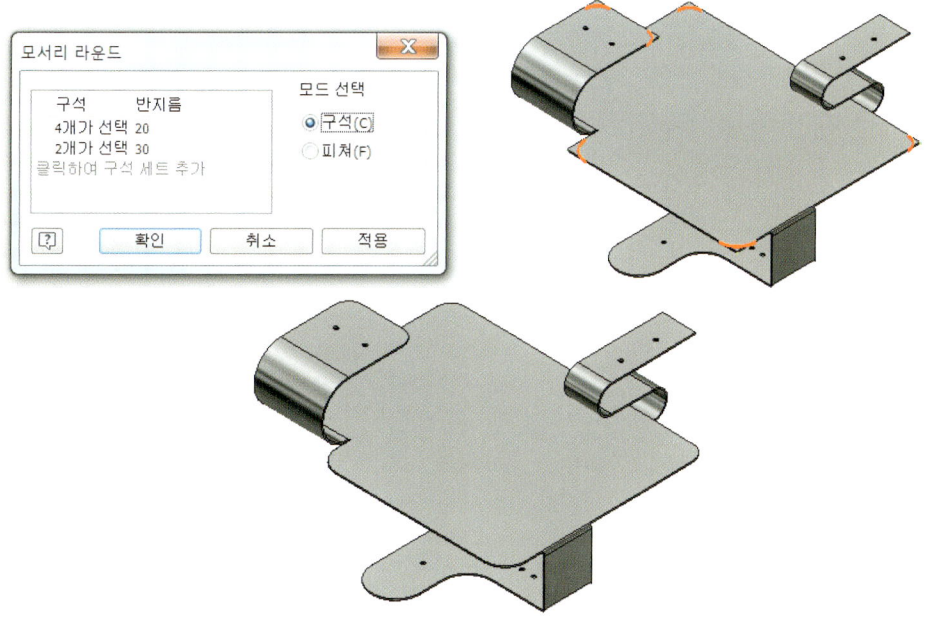

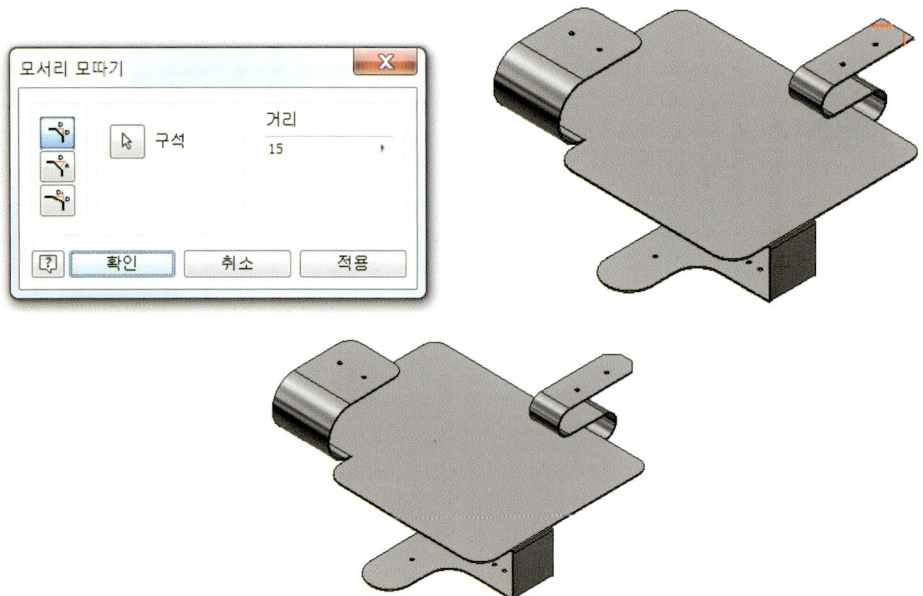

구석 이음매

구석 이음매 도구를 사용하면 〈그림 8-13〉과 같이 연장하거나 플랜지면을 트림하여 구석을 관리하고 모서리 릴리프 옵션을 선택할 수 있습니다. 구석 이음매 대화 상자에는 이음새를 지정하는 다양한 옵션이 포함되어 있으며 근본적으로 다른 두 가지 거리 정의 방법인 최대 간격 거리 방법과 면/ 모서리 거리 방법이 있습니다. 아주 오래 전 버전의 Inventor에서는 모서리 구석 이음매 도구에 면/ 모서리 거리 방법만 사용할 수 있었습니다. 면/ 모서리 거리 방법은 많은 상황에서 작동하지만 동일한 입력각을 갖지 않는 평면 사이에 일정한 이음매 간격을 유지할 수 없다는 단점이 있습니다. 최대 간격 거리 방법은 구석 이음매의 공칭 값이 모든 지점에서 입력된 값과 정확하게 일치하는 물리적 검사 게이지의 관점에서 개발되었지만, 구석 이음매를 통해 그릴 때 도구를 비틀어야 할 수도 있습니다.

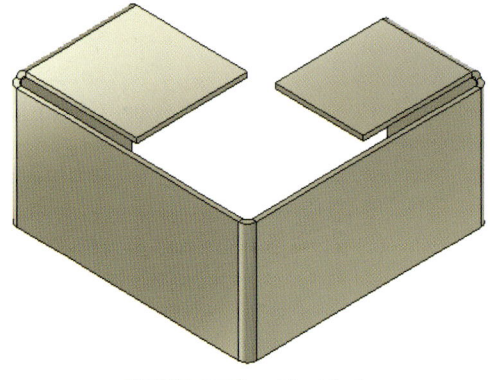

〈그림 8-13〉 구석 이음매

chapter 08 판금 설계

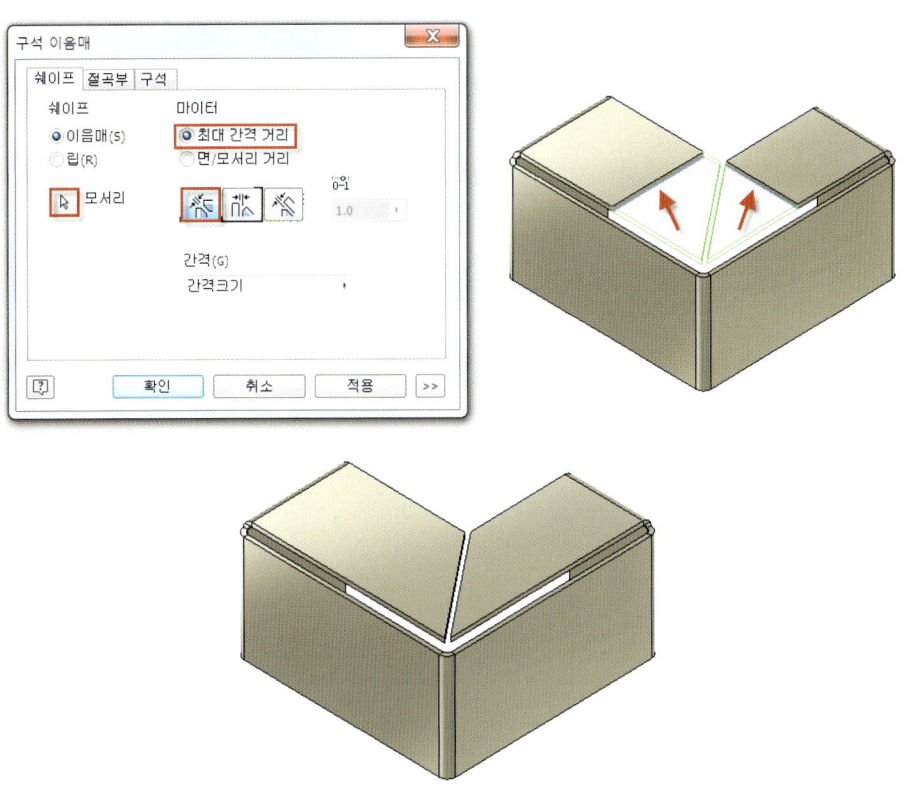

• 최대 간격 거리 입력에 따른 구석 이음매 마이터 형상

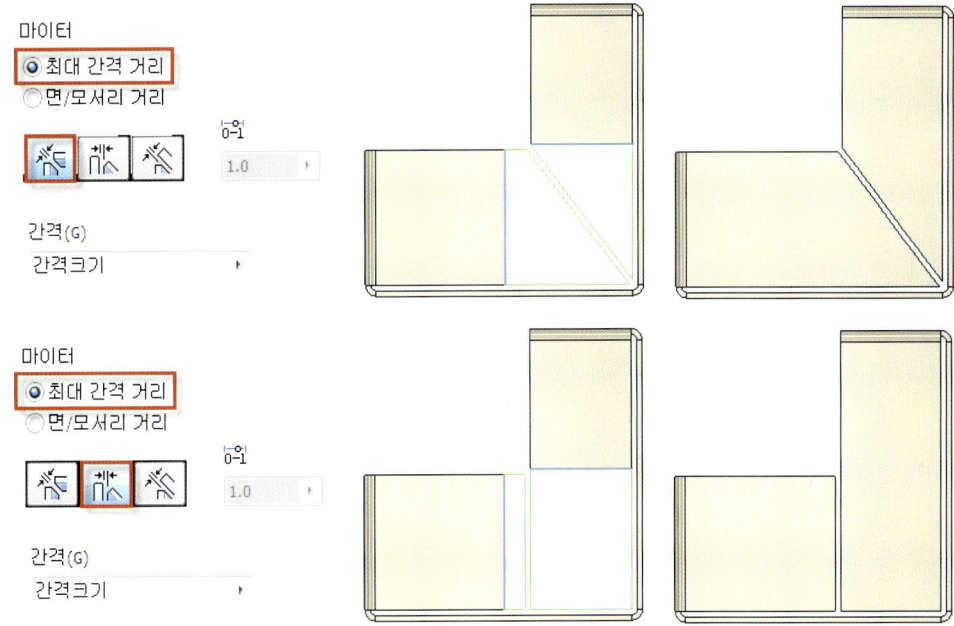

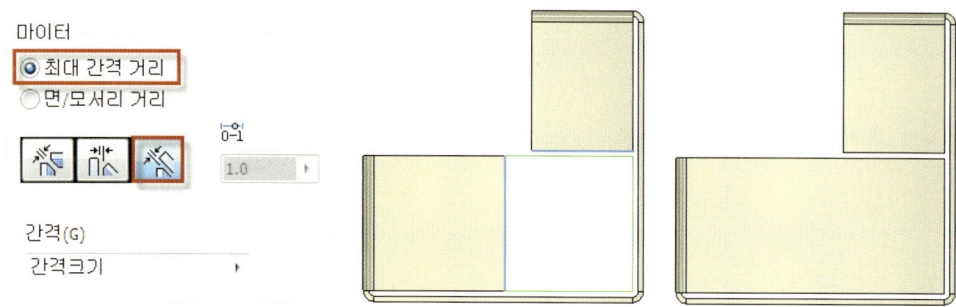

- 면/ 모서리 거리 입력에 따른 구석 이음매 마이터 형상

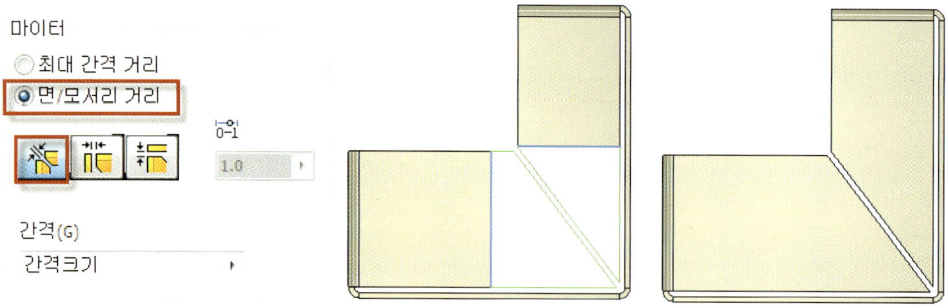

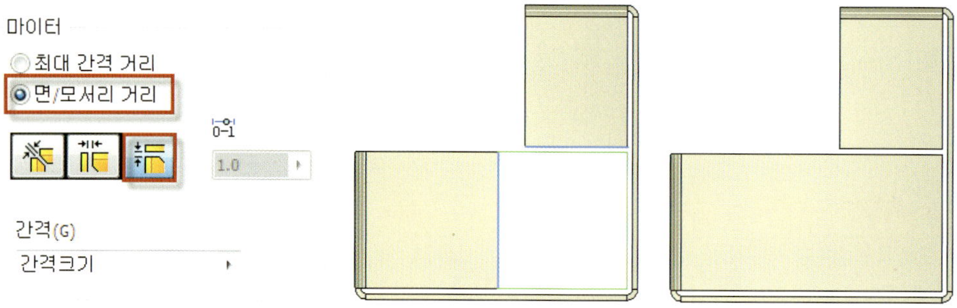

접기

접기 도구를 사용하면 평면형 면에서 절곡부 중심선의 위치를 스케치하고 〈그림 8-14〉 같이 스케치 선을 사용하여 부품을 접을 수 있으므로 고유한 프로파일이 있는 플랜지를 설계 할 수 있습니다. 이 도구는 스케치 소비 기능으로 절곡부로 연결된 두 개의 평면에 평면형 면을 정확하게 조작하는 방법을 지정하기 위한 수많은 컨트롤이 포함되어 있습니다. 스케치 벤드 중심선은 면 범위와 일치해야 하며 모서리를 투영하고 스케치를 제한해야 합니다. 접기 도구를 사용할 때, 이 기능은 다른 판금 피쳐의 반대 설계 관점에서 작동하며, 실제로 절곡부 여유가 사용되고 결과로 접힌 피쳐에 추가되지는 않습니다. 접기 도구를 면 도구와 결합하여 기존 2D 플랫 패턴을 가져온 다음 최종 모양으로 변형할 수 있습니다.

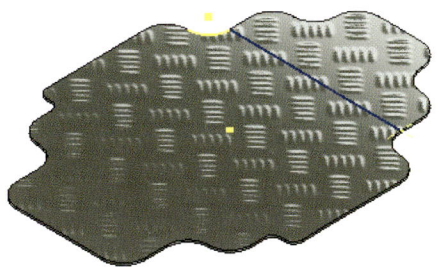

〈그림 8-14〉 접기

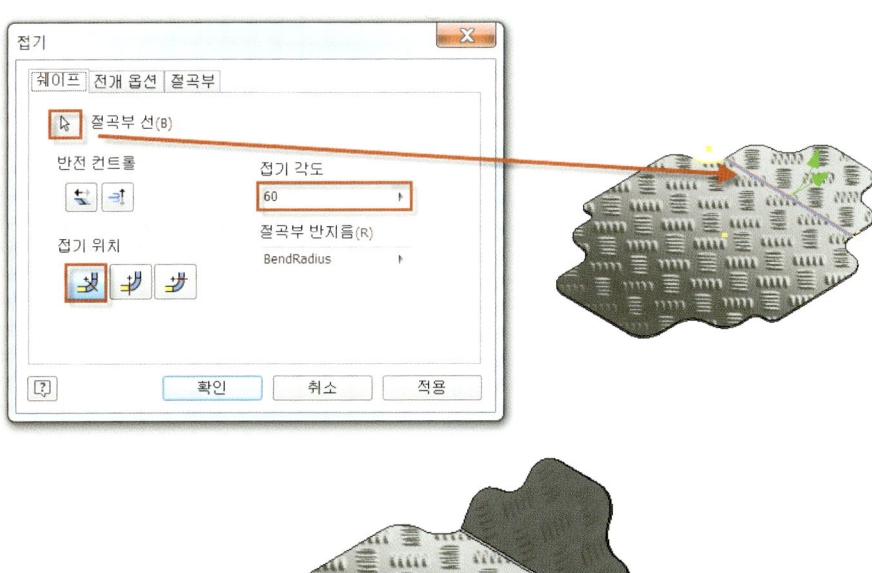

절곡부

절곡부 도구를 사용하면 한 쌍의 평행한 모서리를 선택하여 두 개의 평면을 연결할 수 있습니다. Inventor에서는 여러 개의 분리된 면을 모델링 할 수 있으므로 절곡부 도구는 선택한 항목의 수에 따라 단일 절곡부 또는 이중 절곡부 중 하나를 추가할 수 있습니다. 여러 개의 분리된 면이 생성 된 설계 상황에서 절곡부 도구는 면을 단일 몸체로 결합하는데 자주 사용됩니다. 모서리 및 선택한 옵션의 방향에 따라 4가지 가능한 이중 절곡부 결과가 있을 수 있습니다. 판금 모서리가 같은 방향을 향하면 도구는 완전한 원형 절곡부 또는 면과 연결된 두 개의 절곡부를 생성합니다. 판금 모서리가 반대 방향으로 향하면 두 개의 45도 절곡부와 한 개 또는 두 개의 모서리가 고정되고 각도가 계산된 조그가 생성됩니다. 두 경우 모두, 곡면을 만드는 데 필요에 따라 면을 확장하거나 다듬어서 절곡부를 생성하는 것입니다.

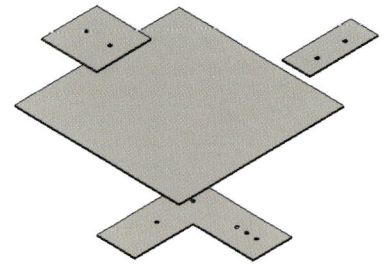

〈그림 8-15〉 절곡부

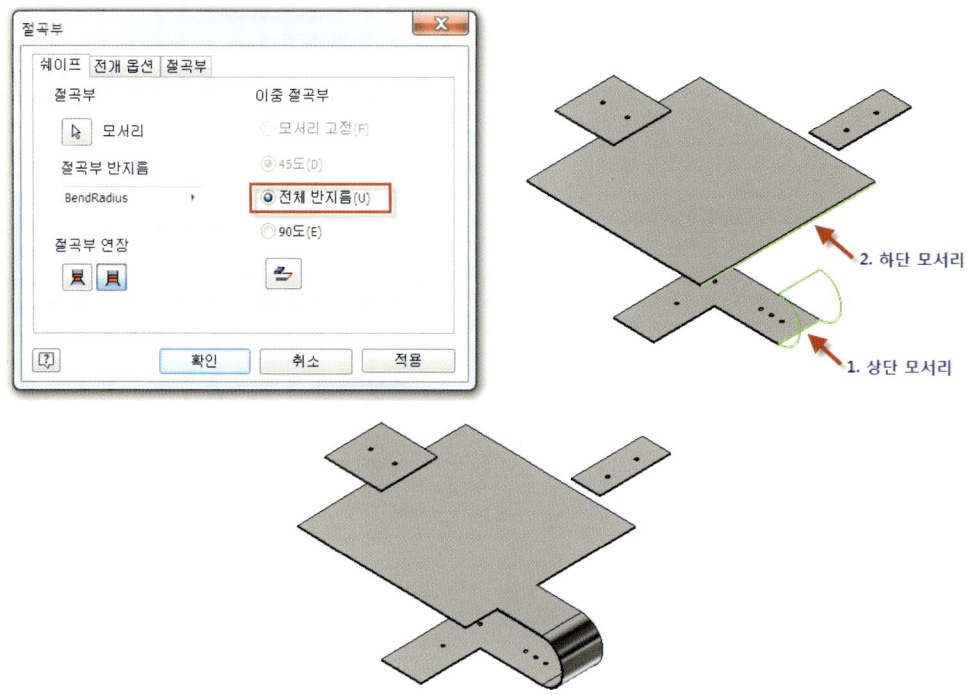

chapter 08 판금 설계

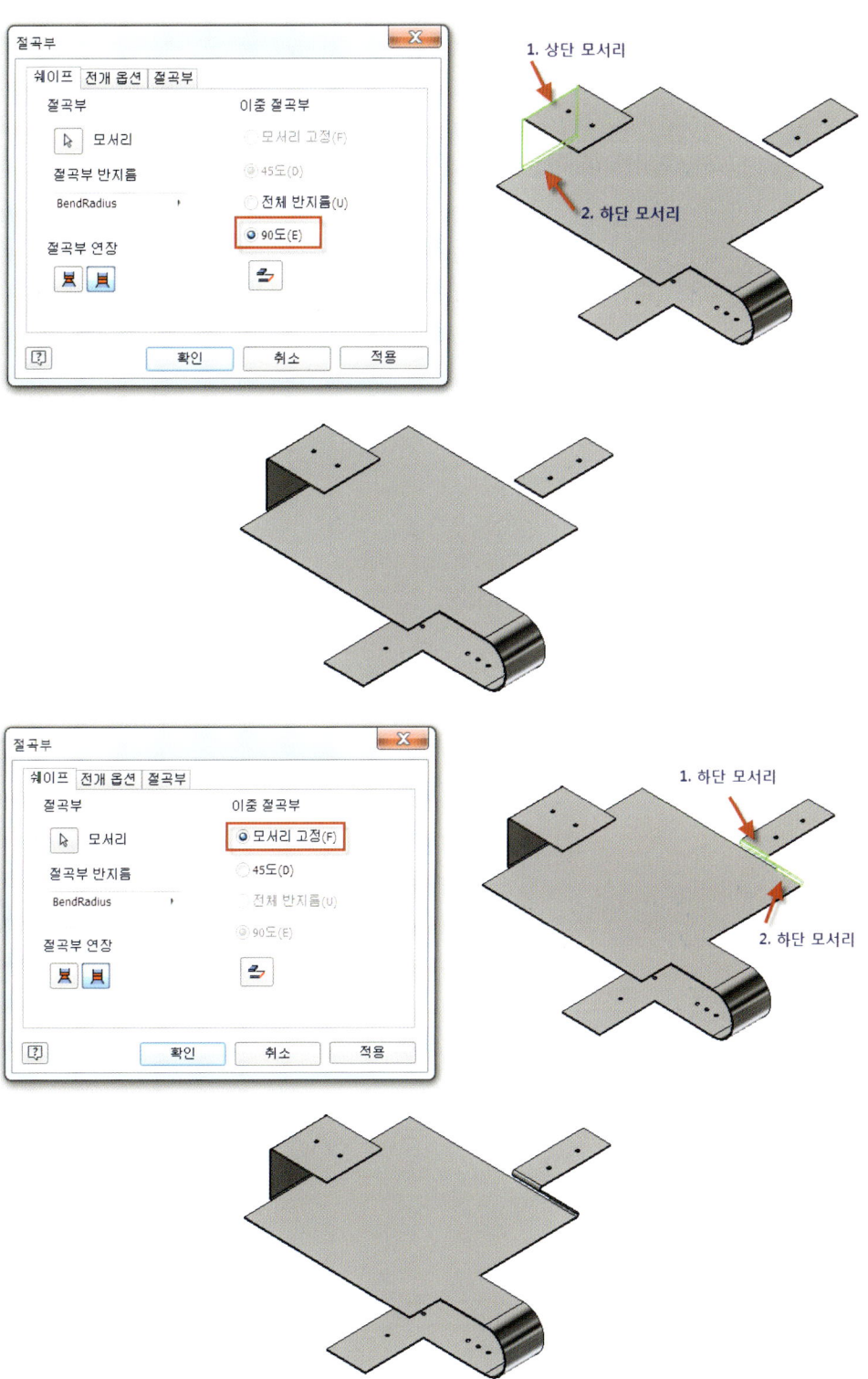

립

리본 메뉴/ 판금 탭/ 수정 패널/ 립

 립 도구는 판금 부품에 간격을 만듭니다. 일반적인 워크 플로우는 로프트 플랜지 도구로 트랜지션을 생성한 다음 립 피쳐를 추가하여 플랫 패턴 형상을 만들 수 있습니다. 추출 도구는 선택한 면에 대해 수직으로 자를 틈을 만듭니다. 립 도구의 인터페이스는 최소 입력으로 간단한 간격을 생성하도록 최적화되어 있습니다. Inventor에는 다음과 같이 립을 생성하는 세 가지 립 유형 옵션이 있습니다.

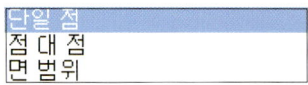

- **단일 점:** 면의 모서리가 단일 점으로 선택되면 립이 가장자리를 따라갑니다. 모서리에 있는 스케치 점을 선택하면 립이 모서리에 수직이 됩니다.
- **점 대 점:** 점 대 점의 경우 두 점 사이에 선형 립이 작성됩니다.
- **면 범위:** 선택된 면의 모든 모서리가 찢어집니다.

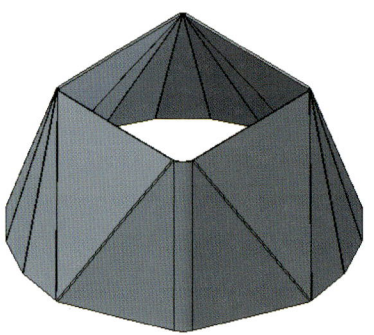

〈그림 8-16〉 립

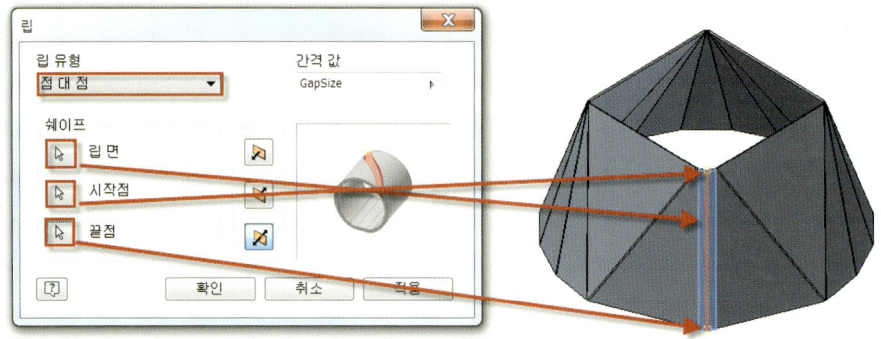

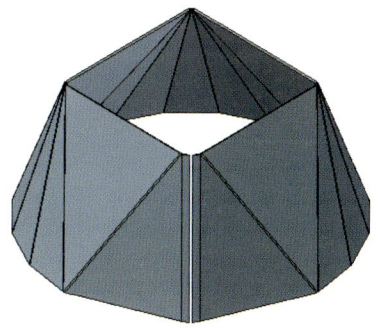

립 기능을 생성하면 빠르고 쉽게 펼쳐질 부품을 열 수 있습니다. 돌출 도구의 차잡합(절단) 기능을 사용하여 이 작업을 수행할 수도 있습니다. 그러나 대부분은 립 도구가 절개하는데 사용할 수 있는 최상의 도구입니다.

전개 및 재접힘

  전개 및 재접힘 도구는 모델을 전개한 다음 펼칠 수 있는 강력한 도구의 조합입니다.

이 작업을 수행해야 하는 몇 가지 이유는 다음과 같습니다.
- 펼쳐진 상태로 피쳐를 추가하기 위해
- 절곡 순서로 모델을 다시 접어서 부품의 제조 단계를 확인하기 위해
- 공간에서 접힌 모형의 방향을 변경하기 위해

Inventor 초기 버전의 한계 중 하나는 접힘 변형을 할 수 없다는 것입니다. 전개 또는 재접힘을 사용하여 절곡부 영역을 가로 지르는 변형을 추가한 다음 다시 접힘을 할 수 있습니다. 변형은 절곡부 주위에서 간단히 계산되기 때문에 절곡부 반경에 대해 변형이 큰 경우 왜곡 문제가 발생할 수 있습니다. 최상의 결과를 얻으려면 변형을 재료 두께로 제한해야 합니다. 전개 및 재접힘 도구의 또 다른 특징은 절곡 순서입니다. 많은 판금 부품은 여러 가지 절곡 순서로 복잡합니다. 전개 또는 재접힘을 사용하면 절곡 순서를 생각하여 부품을 제작하는 가장 좋은 방법이 될 수 있습니다. 모형을 펼칠 때 고정된 면을 선택합니다. 모델을 다시 접을 때 고정된 면도 선택해야 합니다. 전개한 것보다 재접힘에 대해 다른 고정된 면을 선택하면 완료 후에 모델의 기준되는 부분이 달라집니다.

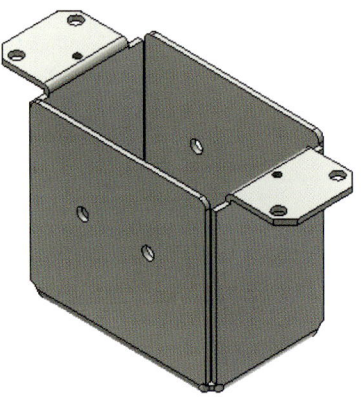

〈그림 8-17〉 전개 및 재접힘

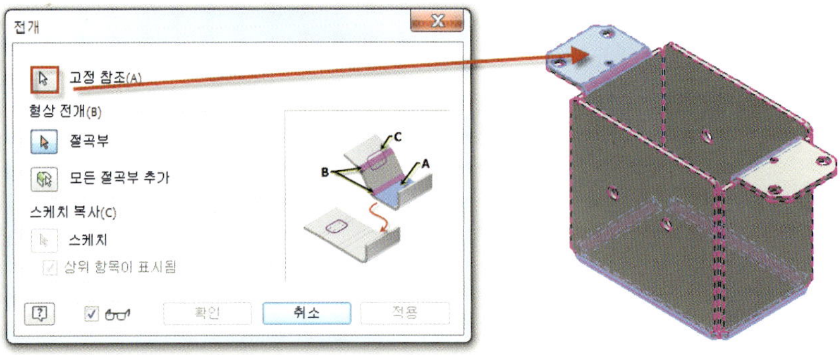

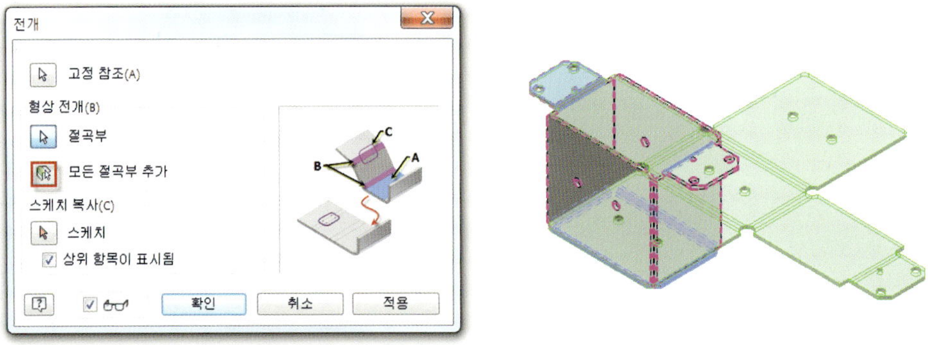

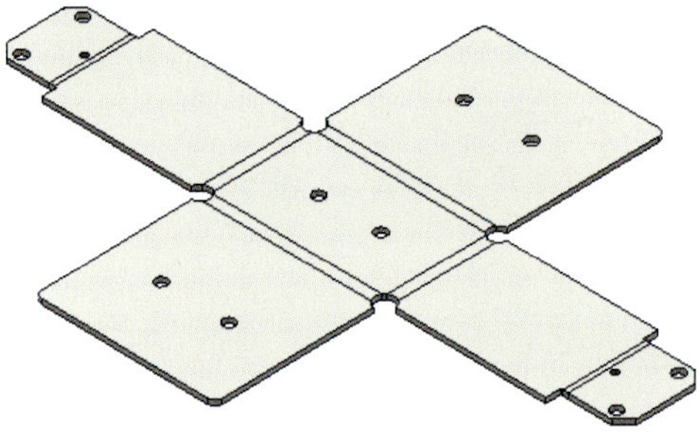

chapter 08 판금 설계

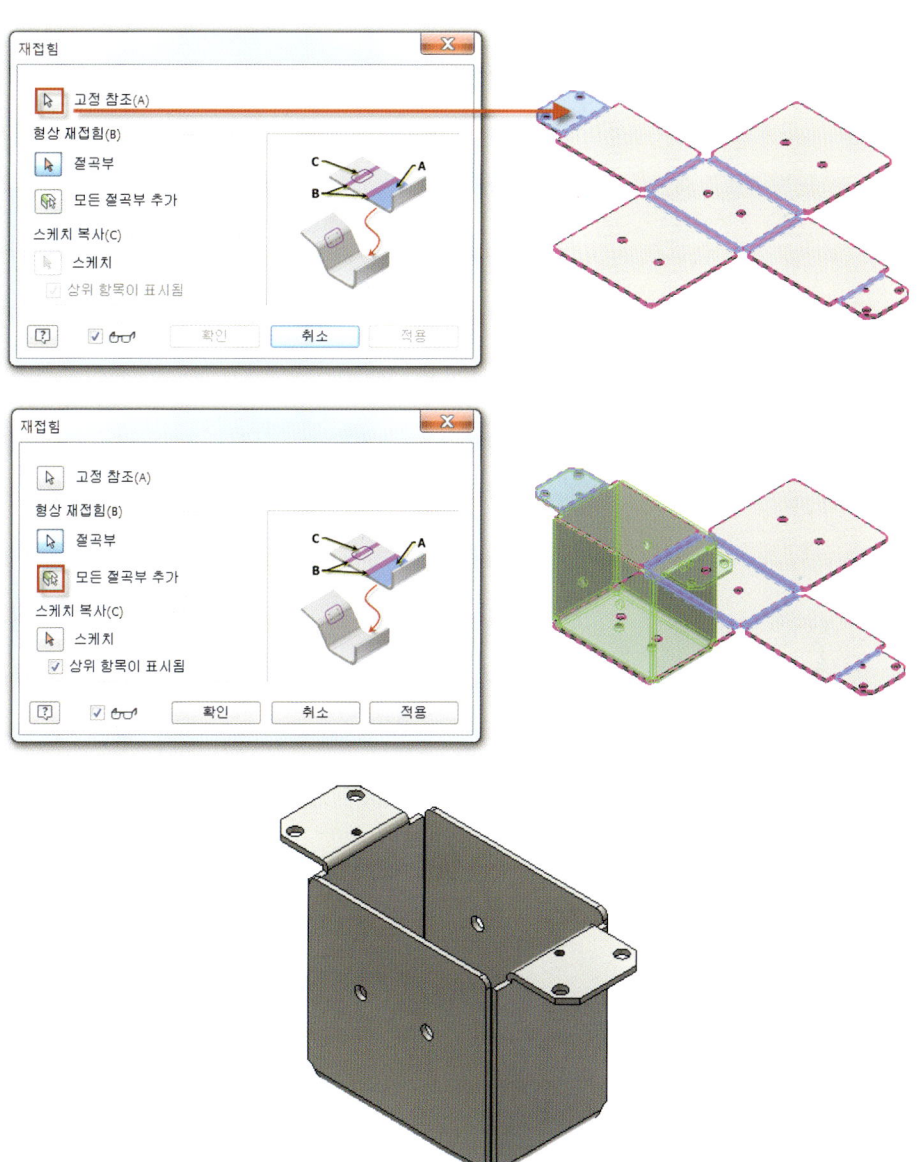

전개 VS 플랫 패턴

플랫 패턴은 도면화를 위해 완전히 평평한 부분을 보여주는 별도의 모델 객체입니다. 또한 플랫 패턴은 절곡 방향과 같은 제조 정보를 포함합니다. 전개 및 재접힘 기능은 도면에서 직접 접근할 수 없으므로 뷰에 같은 모델의 다른 여러 상태를 표시할 수 없습니다. 도면에서 중간 접힘 상태를 표시하려면 파생 부품 또는 iPart를 사용하여 형상을 다시 접은 다음 해당 모델의 뷰를 작성합니다.

플랫 패턴 투영

　판금 관련 기능의 잘 숨겨진 세그먼트는 플랫 패턴 투영(스케치 투영 플라이 아웃의 끝에 중첩 됨)이라고하는 특수한 스케치 투영입니다. 플랫 패턴 투영은 접힌 모델 환경에서 사용할 수 있으며 활성화된 스케치 평면을 기준으로 평평한 판금 구성 요소의 투영된 모서리를 포함하는데 사용됩니다. 이 옵션은 평평한 시트의 관점에서 매개 변수 치수와 구속된 관계를 만들 수 있기 때문에 곡선을 가로 지르는 커팅 옵션과 결합할 때 사용할 수 있는 강력한 옵션입니다. 플랫 패턴 투영 옵션을 사용할 때 모든 면을 선택할 필요는 없습니다. 연결된 모든 평면과 곡면이 자동으로 포함되기 때문입니다.

〈그림 8-18〉 플랫 패턴 투영

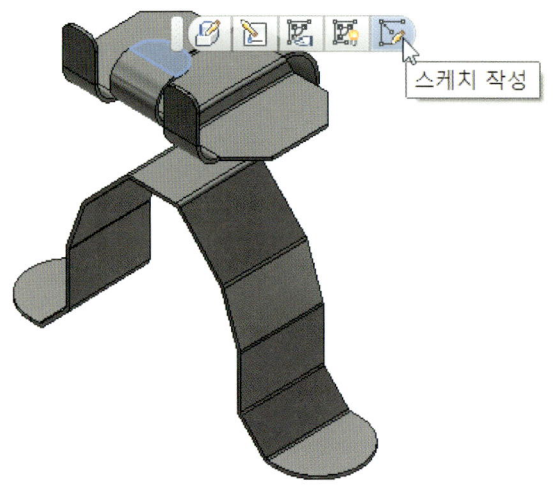

리본 메뉴/ 스케치 탭/ 수정 패널/ 플랫 패턴 투영

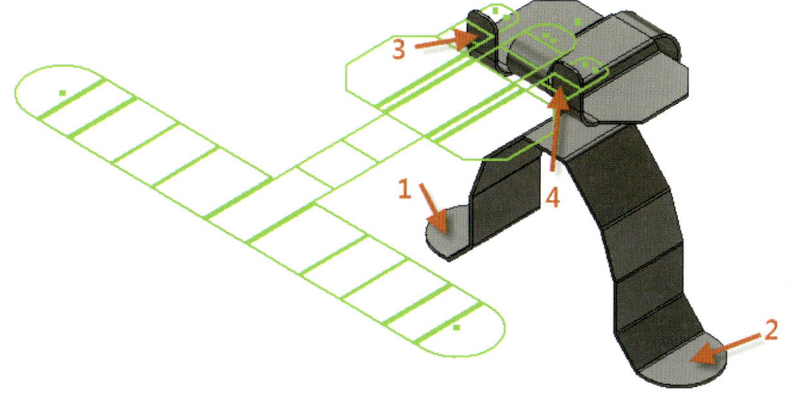

전개 규칙

작업 현장에서 판금 부품을 접을 때마다 절곡부 위치에서 약간의 재료 변형이 발생합니다. 절곡부의 바깥쪽으로 재료가 늘어나고 절곡부의 안쪽으로 재료가 압축됩니다. 각 절곡부에 대해 이 변형을 계산하기 위해 Inventor는 판금 전개 규칙을 사용합니다. 판금 전개 규칙은 접힌 판금 부품의 전개 패턴을 계산하는데 사용되는 전개 방법을 제어합니다. K- 팩터 또는 굽힘 테이블을 사용하여 펼쳐진 규칙을 만들 수 있습니다.

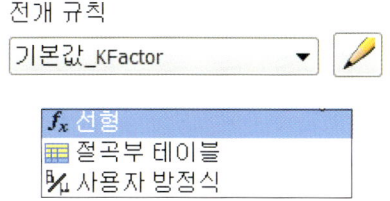

K-팩터 및 절곡부 테이블

플랫 패턴에 관해 가장 많이 제기되는 질문은 K-팩터와 절곡부 테이블의 사용에 관한 것입니다. 어떤 것을 사용할지는 제조 공정 및 기계의 성능에 달려 있습니다.

일반적으로 K-팩터는 공차가 큰 부품에 사용됩니다. K-팩터는 근사값이기 때문에 실제 값은 기계에 따라 다릅니다. 공차가 매우 가벼운 부품의 경우에는 기계의 굴곡 반경 및 각도, 재료 유형 및 두께에 대한 특정 보정 값을 알아야 합니다. 재료에 따라 다른 값이 필요할 수 있습니다. 특정 재질 유형의 허용 공차가 극도로 엄격한 경우 각 재질 출하에 대해 다른 값이 필요할 수도 있습니다.

플랫 패턴에 제조 정보 추가

플랫 패턴에 제조 정보를 추가할 수 있도록 특별히 고안된 두 가지 기능이 있습니다. 절곡부 순서 주석 도구를 사용하면 절곡부가 만들어지는 순서를 지정할 수 있습니다. 표면 중심선 도구는 가벼운 변형이 있는 교차 브레이크와 같은 절곡부 위치를 표시합니다.

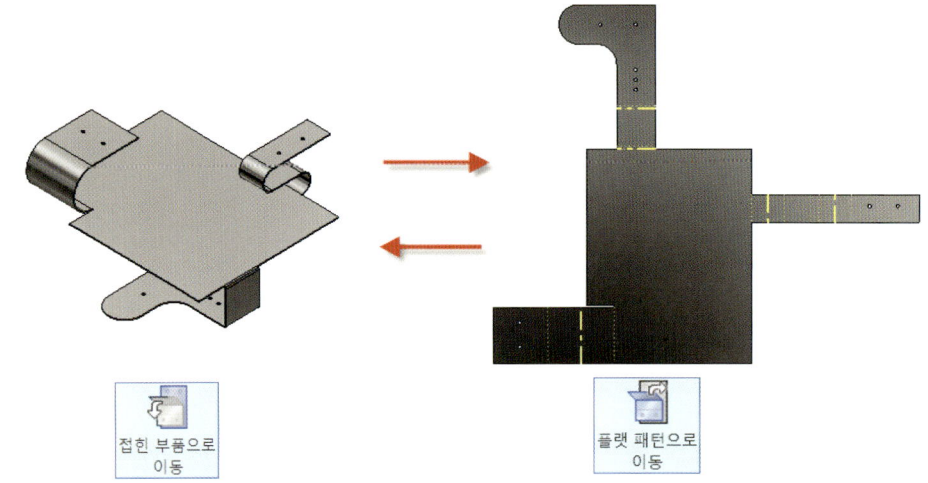

절곡부 순서 주석

관리 패널/ 절곡부 순서 주석 도구를 클릭하면 절곡부가 자동으로 매겨집니다. 숫자 글리프를 두 번 클릭하거나 마우스 오른쪽 버튼을 클릭하고 넘버링을 재정의하기 위한 두 가지 옵션 중 하나 인 지시된 재주문 및 순서 재주문을 선택하여 개별 굽은 번호의 번호를 다시 매길 수 있습니다.

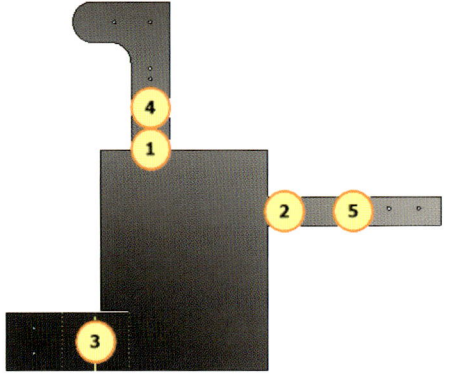

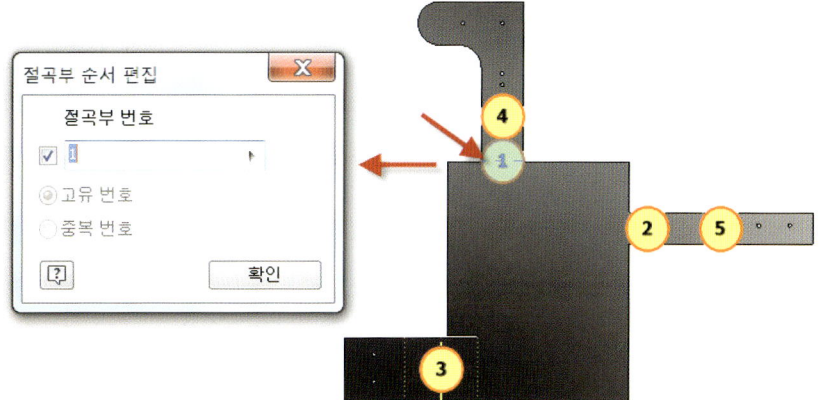

- **직접 재정리**

이 옵션을 사용하면 시작 글리프와 끝 글리프를 선택하라는 메시지가 표시됩니다. 알고리즘은 선택한 시작 및 끝 글리프 사이에 있는 굽힘 중심선의 번호를 다시 매기는 데 사용됩니다.

- **순차 재정리**

이 옵션을 사용하면 재정렬 순서에서 각 절곡부 중심선 글리프를 선택할 수 있습니다.

크로스 브레이크, 주름과 표면 중심선

HVAC 디자인과 같이 얇은 시트 재료로 만든 대형 부품을 사용하여 작업 할 때 교차 경계 정보를 표시해야 할 수 있습니다. 접힌 모델에 이러한 기능을 추가하는 것은 어려운 일이며 일반적으로 필요하지 않습니다. 대신, 표면 중심선의 형태로 교차 패턴 정보를 패턴에 추가 할 수 있습니다. 표면 중심선은 모형을 변경하지 않고 플랫 패턴의 절곡부 정보를 확인하는 것입니다.

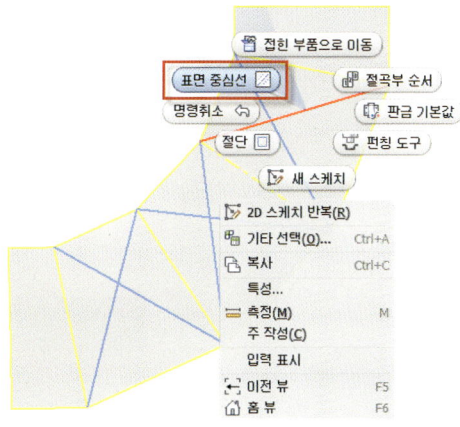

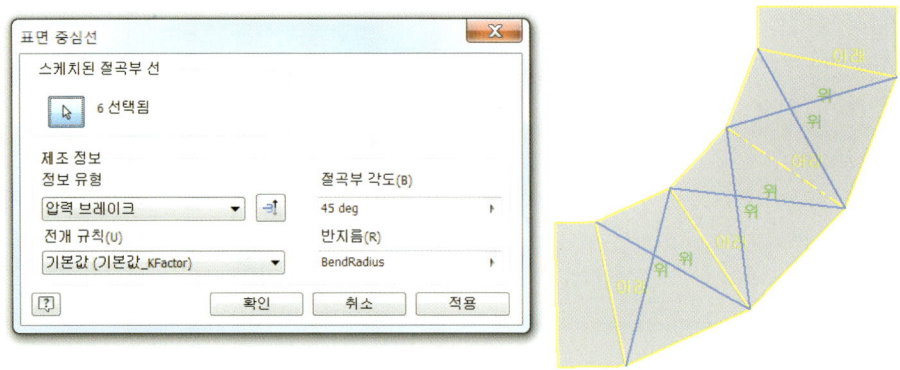

플랫 패턴 정의 대화 상자

그래픽 영역의 아무 곳이나 마우스 오른쪽 버튼으로 클릭하고 플랫 패턴 정의 편집을 선택하면 전개 모델을 조작 할 수 있습니다. 전개 장 정의 대화 상자를 사용하면 전개 장의 방향과 그 안에 저장된 정보의 여러 측면을 제어 할 수 있습니다.

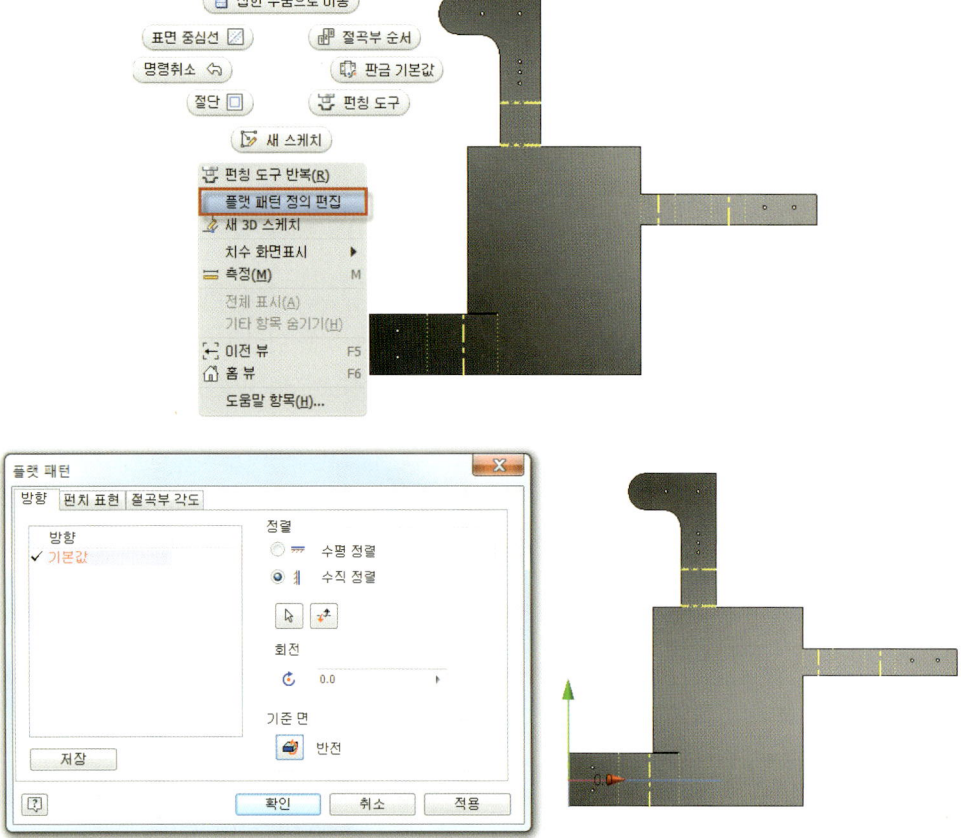

Chapter 09

일반 조립품 모델링

01 조립품 설계 작업 흐름

일반적인 조립품 파일은 포함된 구성 요소 및 조립품 관계에 대한 링크로 구성됩니다. 구성 요소는 개별 파일로 존재하는 부품 또는 하위 조립품입니다. 구성 요소를 조립품 파일에 배치하면 해당 개별 파일에 대한 링크가 조립품 파일에 만들어집니다. 처음에는 구성 요소가 자유롭게 움직이며 다른 구성 요소에 구속되는 위치에 고정되기도 합니다. 그러나 다른 구성 요소에 구속되지 않는다면 임의의 방향으로 이동하고 회전할 수 있습니다.

예를 들어서 간단하게 드릴 형태로 구멍 가공이 된 기본 평판 및 구멍에 삽입할 볼트 조립품을 만드는 경우 아래에 열거되는 것과 같은 세 개의 파일이 필요합니다.
- 조립품 파일 (확장자가 .iam 인 파일)
- 기본 평판 부품 파일 (파일 이름 확장자 .ipt)
- 볼트 부품 파일 (.ipt 확장명)

부품 파일이 조립품 파일에 배치되면 해당 파일의 위치에 링크가 만들어집니다. 기본 평판 부품의 구멍이 확대되면 조립품 파일이 부품 파일에 링크되어 있으므로 변경 내용을 반영하도록 조립품이 자동으로 업데이트됩니다. 평판과 볼트를 조립하려면 볼트의 샤프트와 평판의 구멍을 선택하여 최소한 하나의 조립 관계가 만들어지게 되는 것입니다. 조립품 관계는 구속 조건 도구 또는 조인트 도구를 사용하여 만들 수 있습니다.

조립품 관계에는 다음과 같은 두 가지 기능이 있습니다.
- 둘 이상의 구성 요소가 서로 어떻게 관련되는지를 정의합니다.
- 조립품 중 어느 한 구성 요소의 자유도를 제한합니다.

우수한 조립품 설계 작업 흐름 방식을 개발하는 것은 설계에서 성능, 유연성 및 안정성을 달성하는 데 가장 중요합니다. 이 장에서는 이러한 목표를 달성하기 위해 몇 가지 유형의 작업 흐름 방식을 살펴 볼 것입니다. 이 장에는 하위 조립품을 사용하여 성능을 향상시키는 방법에 대한 설명이 포함되어 있습니다. 설계 내에서 하위 조립품을 사용하면 성능을 크게 향상시킬 수 있습니다. 시스템에 충분한 메모리가 있는 한 구성 요소 수는 수십만 개를 구성할 수 있습니다.

이 장에서는 아래와 같은 것을 배울 것입니다.
- 구속 및 조인트 도구를 사용하여 조립품 관계 생성
- 구조화 된 서브 조립품을 사용하여 디자인 구성
- 적응 형 구성 요소 사용
- 조립품 레벨 기능 생성
- BOM (자재 명세서) 관리
- 위치 담당자와 유연한 조립품을 함께 사용하십시오.
- 재사용 및 구성을 위해 조립품 설계 복사

- 전체 하위 조립품에 대해 단일 부품으로의 대체
- 설계 가속기 및 생성기를 활용한 조립품 작업
- 설계계산기 사용

02 조립품 관계

구속 조건 및 조인트 도구를 사용하여 조립품 형성 관계를 만드는 방법을 배우고 익혀서 완전하게 마스터를 한다면 Autodesk Inventor & Inventor Professional 2019에서 조립품을 아주 손쉽고 빠르게 만들 수 있습니다. 따라서 조립품 관계에서 구속 조건과 조인트 도구는 매우 중요한 부분을 차지합니다. 조립 관계를 적절하게 사용하면 안정적인 조립품을 만들 수 있고, 스택-업 공차를 개발할 수 있으며, 작업 공정의 애니메이션을 보여 주기 위해 부품을 구동할 수 있습니다. 조립품 관계를 부적절하게 사용하는 경우 손상된 관계나 중복 관계로 인한 설계 상의 난관을 만들거나 조립품이 제대로 작동하지 못하게 하고, 조립품 성능을 손상시켜 다시 조립 작업을 유발할 수 있습니다. 조립품 관계가 조립품에서 어떻게 작동하는 방식을 제대로 이해하면 설계를 하고 편집하는 데 도움이 됩니다. 조립품 관계에 대한 또 다른 중요한 개념은 구성 요소의 자유도(D.O.F)를 제거하거나 없애가는 것입니다. 조립품 구성 요소 사이의 관계를 생성할 때는 실제 구성 요소를 조립할 때처럼 조립품에서 해당 구성 요소의 이동 방법도 변경됩니다.

03 조립품 모델링

조립품 설계는 각각의 작업 위치에서 조립된 두 개 이상의 구성 요소로 구성됩니다. Autodesk Inventor & Inventor Professional 2019에서 조립품의 구성 요소는 매개 변수 조립 구속 조건을 사용하여 조립할 수 있습니다. 조립 구속 조건은 본질적으로 매개 변수이므로 원하는 경우 언제든지 수정하거나 삭제할 수 있습니다. Autodesk Inventor & Inventor Professional 2019에서 조립품은 조립품 모듈에서 작성됩니다. 조립품 모듈은 다음과 같이 새 파일 생성 대화 상자를 호출하고 Standard.iam 파일을 열면 됩니다.

리본 메뉴/ 시작하기 탭/ 시작 패널/ 새로 만들기

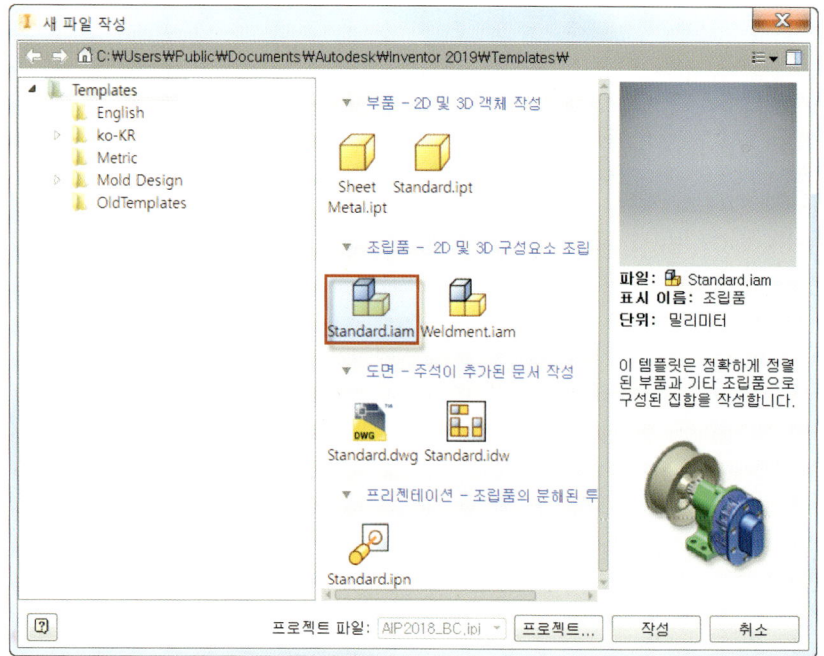

조립품 파일을 선택하면 조립품 환경이 활성화됩니다. 다음은 Autodesk Inventor & Inventor Professional 2019의 조립품 모듈 화면입니다.

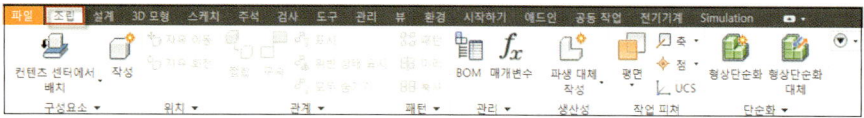

Note

조립품 모듈에 들어가면 조립 탭에서 일부 도구만 활성화되어 있음을 알 수 있습니다. 이 탭의 다른 도구는 구성 요소를 삽입하거나 만들 때만 활성화됩니다.

조립 방식의 유형

Autodesk Inventor & Inventor Professional 2019에서는 하향식 조립과 상향식 조립의 두 가지 유형의 조립품을 생성할 수 있습니다.

하향식 조립품

하향식 조립품은 조립품 파일 내에서 구성 요소가 작성된 조립품입니다. 이 유형의 조립품에서는 먼저 구성 요소가 조립품 파일에서 생성된 다음 조립품 구속 조건을 사용하여 조립되는 것입니다.

Autodesk Inventor & Inventor Professional 2019의 조립품 모듈에서 구성 요소를 작성하는 프로세스는 조립품 모듈에서 작성한 구성 요소를 개별 부품 또는 조립품 파일로 저장하는 방식으로 설계되었습니다. 이렇게 하면 조립품 파일에 오류가 있는 경우 개별 구성 요소가 손실될 위험이 없습니다. 또한 조립품 파일에는 조립품과 관련된 정보만 포함되어 있으므로 조립품 파일의 크기를 최소로 유지하는데 도움이 됩니다.

> **Note**
>
> 상향식 및 하향식 방식을 함께 사용하는 조립품을 미들 아웃 조립품이라고 합니다. 또한 조립품에서 참조된 구성 요소가 원래 위치에서 이동된 경우라면, 조립품을 열면 참조한 해당 구성 요소가 표시되지 않습니다. Autodesk Inventor & Inventor Professional 2019에서는 원래 저장된 폴더에서만 구성 요소를 찾습니다. 구성 요소가 원래 위치에서 발견되지 않으면 링크 해결 대화 상자가 표시됩니다. 이 대화 상자에서 구성 요소의 새 위치를 지정해야 합니다.

하향식 조립품 만들기

앞에서 언급했듯이 하향식 조립품에서는 모든 구성 요소가 조립품 파일 내에서 만들어집니다. 구성 요소를 작성하려면 스케치된 피쳐의 스케치를 그릴 수 있는 환경이 필요하며 스케치를 피쳐로 변환할 수 있는 환경이 필요합니다. 다시 말해서 조립품 파일에 구성 요소를 작성하려면 스케치 환경과 부품 모델링 환경이 필요합니다. Autodesk Inventor & Inventor Professional 2019는 만들기 도구를 사용하여 조립품 모듈에서 이러한 환경을 자유롭게 호출할 수 있습니다.

조립품 모듈에서 구성 요소 생성하기

리본 메뉴/ 조립 탭/ 구성 요소 패널/ 작성

Autodesk Inventor & Inventor Professional 2019에서는 조립품 모듈에 구성 요소를 생성할 수 있습니다. 조립품 모듈에서 구성 요소를 만드는 이점 중 하나는 이러한 구성 요소를 별도의 부품 파일 (.ipt) 또는 조립품 파일 (.iam)로 저장할 수 있다는 것입니다. 따라서 조립품 모듈에서 작성한 구성 요소가 다시 필요한 경우 개별 부품 또는 조립품 파일을 사용할 수 있습니다. 조립품 모듈의 구성 요소는 작성 도구를 사용하여 작성됩니다. 이 도구를 호출하면 아래와 같이 현재 위치 구성 요소 작성 대화 상자가 표시됩니다.

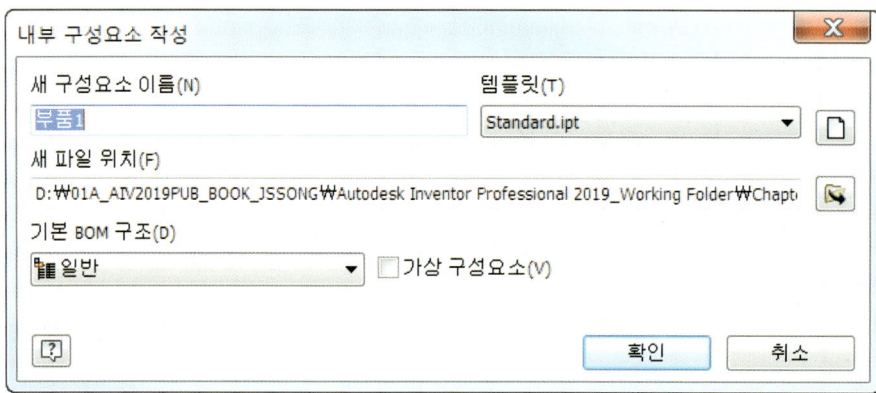

- 새 구성 요소 이름

  새 구성 요소 이름 텍스트 상자는 만들 구성 요소의 이름을 지정하는 데 사용됩니다.

- 템플릿

  템플릿 드롭-다운 목록은 새 파일의 템플릿을 선택하는데 사용됩니다. 이 드롭-다운 목록에는 Sheet Metal.ipt, Standard.iam, Standard.ipt 및 Weldment.iam이라는 네 가지 기본 템플릿이 있습니다. 템플리트 드롭-다운 목록의 오른쪽에 있는 템플릿 찾아보기 버튼을 선택하여 템플릿을 선택할 수도 있습니다. 이 버튼을 선택하면 아래와 같이 템플릿 열기 대화 상자가 표시됩니다.

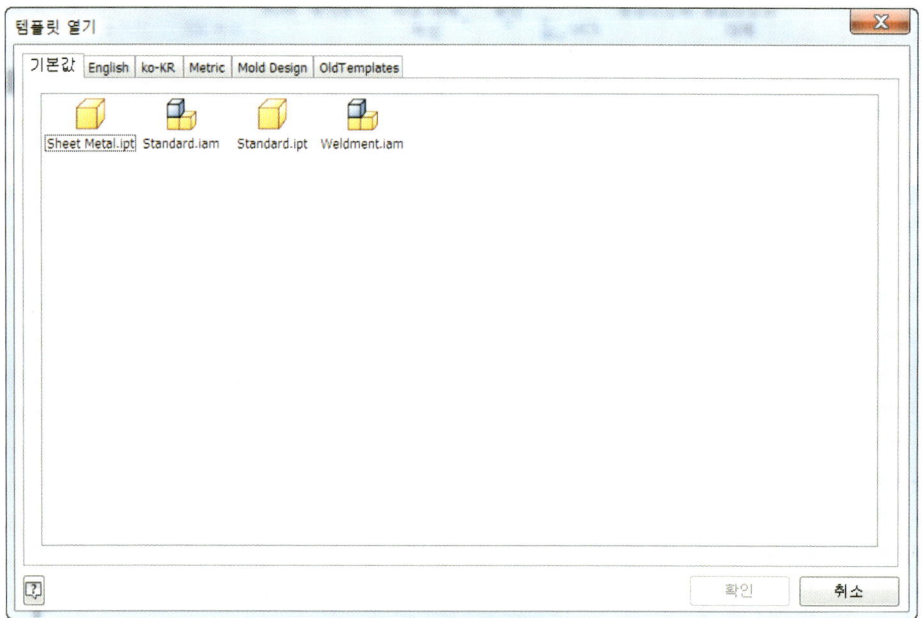

Standard.iam 템플릿을 선택한 다음 확인을 선택하여 새 조립품 파일을 시작합니다. 또는 Standard.iam 템플릿을 두 번 클릭하여 새 조립품 파일을 시작합니다.

> **Tip**
>
> 조립품 템플릿은 몇 개의 구성 요소로 구성된 작은 조립품을 만드는 데 사용됩니다. 이 작은 조립품은 나중에 별도의 조립품 파일로 조립하여 주 조립품을 형성 할 수 있습니다.

- **새 파일 위치**

  새 파일 위치 편집 상자는 새 파일을 저장할 위치를 지정하는데 사용됩니다. 이 편집 상자에서 위치를 지정하거나 편집 상자의 오른쪽에 있는 새 파일 위치 찾아보기 버튼을 선택하여 위치를 지정할 수 있습니다. 이 버튼을 선택하면 아래와 같이 다른 이름으로 저장 대화 상자가 표시됩니다. 이 대화 상자를 사용하여 새 파일을 저장할 폴더를 선택할 수 있습니다.

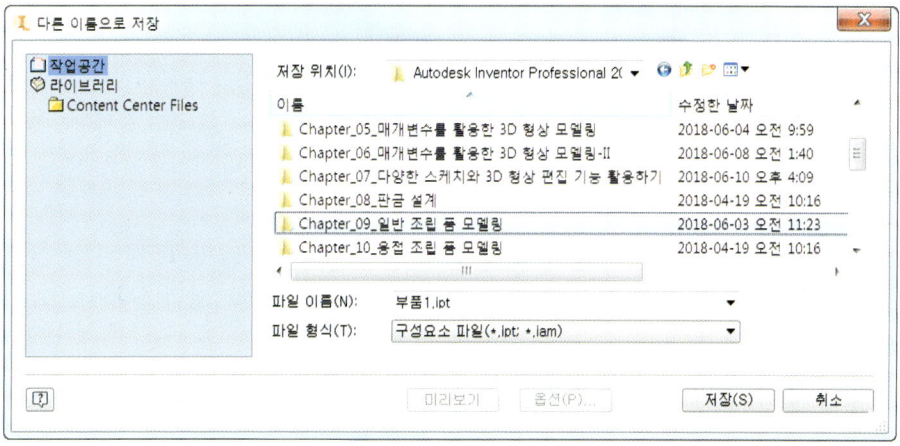

- **기본 BOM 구조**

  이 드롭-다운 목록은 새 구성 요소의 BOM (Bill Of Material) 구조 유형을 지정하는데 사용됩니다.

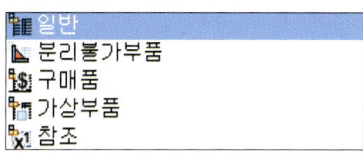

- **가상 구성 요소**

  이 확인란은 BOM 구조에 행을 추가하기 위한 목적으로만 가상 구성 요소를 생성하는데 사용됩니다.

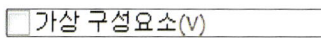

내부 구성 요소 작성 대화 상자에서 모든 옵션을 설정 한 후 확인을 선택합니다. 기준 피쳐 형상에 대한 스케치 평면을 선택하라는 메시지가 표시되면 평면을 선택합니다. 그러면 부품 모델링 환경으로 전환이 됩니다. 그런 다음 **3D 모형 탭/ 스케치 패널/ 2D 스케치 시작** 도구를 선택하여 스케치 환경을 호출한 다음 원하는 평면을 선택합니다. 그런 다음 모델의 기본 피쳐에 대한 스케치를 그립니다. 스케치를 생성한 후 마킹 메뉴에서 2D 스케치 완료 옵션을 선택하거나 스케치 탭의 종료 패널에서 스케치 완료 버튼을 선택합니다. 이렇게 하면 스케치 환경이 종료되고 부품 모델링 환경이 활성화됩니다.

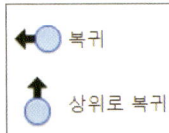

스케치 및 부품 모델링 환경을 사용하여 부품을 작성한 후 3D 모형 탭/ 복귀 패널/ 복귀 도구 아래의 아래쪽 화살표를 선택하여 조립품 모듈로 다시 전환 할 수 있습니다.

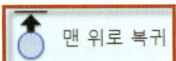

이렇게 하면 플라이 아웃이 표시됩니다. 플라이 아웃에서 맨 위로 복귀 옵션을 선택합니다. 3D 모델 탭이 조립 탭으로 바뀌고 이 탭의 모든 도구가 활성화됩니다.

부품 모듈에서 조립품 모듈로 전환하는 다른 방법은 빠른 실행 도구 막대를 사용하는 것입니다. 이 방법에서는 먼저 스케치를 작성한 다음 빠른 실행 도구 막대의 복귀 도구 오른쪽에 있는 아래쪽 화살표를 클릭해야 합니다.

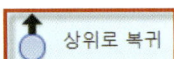

이렇게 하면 플라이 아웃이 표시됩니다. 플라이 아웃에서 상위로 복귀 옵션을 선택합니다. 부품 모델링 환경이 활성화됩니다. 구성 요소를 만든 다음 복귀 도구 오른쪽의 아래쪽 화살표를 다시 클릭합니다. 플라이 아웃이 표시됩니다. 플라이 아웃에서 위로 돌아가기 옵션을 선택하여 조립품 모듈로 다시 전환합니다.

Note

빠른 실행 도구 막대에 반환 도구를 추가하려면 빠른 실행 도구 막대 사용자 정의 드롭-다운 메뉴에서 선택해야 합니다. 이 방법으로 조립품에 원하는 만큼 많은 구성 요소를 생성할 수 있습니다. 모든 구성 요소가 만들어지면 조립품 구속 조건을 사용하여 조립을 시작할 수 있습니다.

Tip

검색기 막대에서 고정된 구성 요소와 고정되지 않은 구성 요소를 쉽게 구별할 수 있습니다. 고정된 구성 요소에는 검색기기 막대의 이름 왼쪽에 푸시 핀 아이콘이 있습니다. 접지된 구성 요소를 비 접지로 만들려면 검색기 막대에서 고정된 구성 요소를 마우스 오른쪽 버튼으로 클릭합니다. 바로 가기 메뉴의 고정 옵션 앞에 눈금이 표시됩니다. 구성 요소를 해제하려면 이 옵션을 선택합니다. 푸시 핀 아이콘이 원래 부품 아이콘으로 대체되어 구성 요소가 현재 고정되지 않았음을 나타냅니다.

상향식 조립품 만들기

앞에서 설명한 것처럼 상향식 조립품에서는 구성 요소가 별도의 부품 파일로 만들어집니다. 모든 개별 부품 파일은 조립품 파일에 삽입되고 조립품 구속 조건을 사용하여 조립됩니다. 조립품에 삽입된 첫 번째 구성 요소는 고정되고 원점은 조립품 파일의 구성 요소와 일치합니다. 또한 파트 파일의 세 기본 평면은 어셈블리 파일의 기본 평면과 동일한 방향으로 배치됩니다. 개별 구성 요소는 배치 도구를 사용하여 조립품 파일에 삽입됩니다.

chapter 09 일반 조립품 모델링

04 구속 조건을 사용하여 부품 조립하기

리본 메뉴/ 조립 탭/ 관계 패널/ 구속 조건

　　　　Autodesk Inventor & Inventor Professional 2019에서는 5가지 유형의 조립품 구속 조건, 2가지 유형의 모션 구속 조건 및 전환 구속 조건을 사용하여 구성 요소를 조립합니다. 이러한 모든 구속 조건은 구속 조건 배치 대화 상자에서 사용할 수 있으며, 구속 조건 도구를 선택할 때 표시됩니다. 이 대화 상자는 서로 다른 탭으로 구성되며 각 탭에는 하나 이상의 구속 조건 유형이 있습니다.

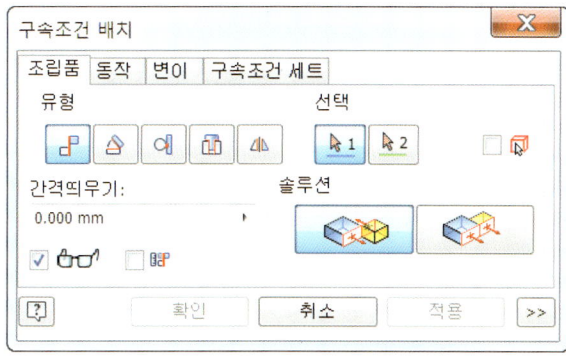

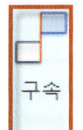 조립품 탭

　이 탭은 구속 조건 배치 대화 상자에서 기본적으로 활성화되어 있습니다. 이 탭을 사용하여 적용할 수 있는 구속 조건이 유형 영역에 표시됩니다. 이 영역에서 구속 조건을 선택하면 이 영역의 옵션도 변경됩니다. 유형 영역의 구속 조건과 다른 영역에 표시된 각 옵션에 대해서는 아래에 설명을 할 것입니다.

메이트 구속 조건

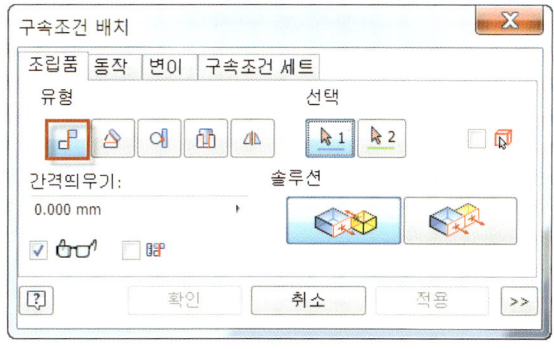

549

조립품 탭의 유형 영역에서 사용할 수 있는 메이트 버튼을 선택하여 메이트 구속 조건을 활용할 수 있습니다. 이 구속 조건은 선택한 평면형 면, 축 또는 구성 요소의 점을 다른 구성 요소의 면, 축 또는 점과 일치시키는 데 사용됩니다. 솔루션 영역에서 선택한 솔루션에 따라 구성 요소가 같은 방향 또는 반대 방향을 가리키는 면의 법선 방향으로 조립됩니다. 메이트 버튼을 선택하면 구속 조건 설정 대화 상자의 조립품 탭의 여러 영역에 다양한 옵션이 표시됩니다.

● **선택 영역**

이 영역의 옵션을 사용하여 메이트 구속 조건을 적용하기 위해 선택한 모델의 면, 축, 모서리 또는 점을 선택합니다.

Tip

F4 키를 누르면 모델링 보기를 회전하여 사용할 수 있습니다. 이 장의 뒷부분에서 개별 구성 요소의 보기를 회전하는 방법을 배우게 될 것입니다.

● **1 (첫 번째 선택)**

이 버튼은 메이트 구속 조건을 실행할 때 자동으로 선택됩니다. 이 버튼은 첫 번째 구성 요소에서면, 축, 모서리 또는 점을 선택하여 메이트 구속 조건을 적용하는데 사용됩니다. 커서를 선택하려는 구성 요소 가까이로 이동합니다. 커서가 선택할 면에 가까워지면 커서가 강조 표시되고 십자 기호와 함께 화살표가 표시됩니다. 이 화살표는 선택한 면의 법선 방향을 나타냅니다. 구성 요소는 면의 법선 방향을 따라 조립됩니다. 마찬가지로 커서를 모서리, 축 또는 점 근처로 이동하면 강조 표시됩니다.

● **2 (두 번째 선택)**

이 버튼은 첫 번째 구성 요소를 선택한 후에 자동으로 전환되어 선택 상태로 바뀝니다. 메이트 구속 조건을 적용하기 위해 두 번째 구성 요소에서면, 축, 모서리 또는 점을 선택하는데 사용됩니다. 두 구성 요소의 면에 적용되는 메이트 구속 조건을 보여줍니다. 두 구성 요소의 선택된 면에 표시된 화살표를 확인합니다. 이 화살표는 선택한 면의 법선 방향을 나타냅니다. 선택한 구성 요소는 이러한 면 방향으로 조립됩니다.

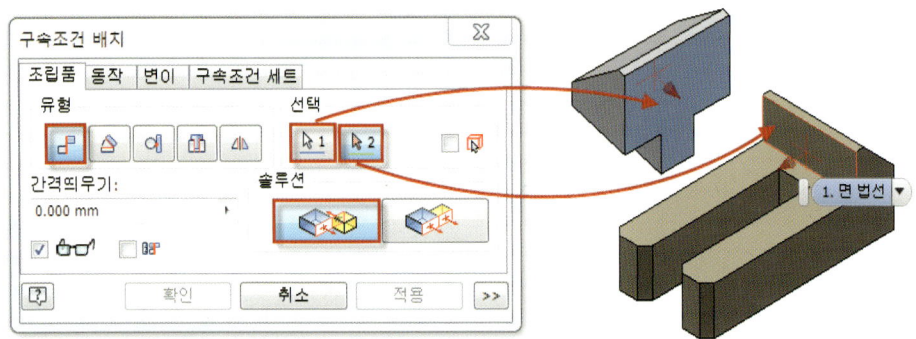

- **먼저 부품 선택**

  선택 부분 첫 번째 확인란은 선택 영역의 오른쪽에 제공됩니다. 이 확인란은 많은 수의 구성 요소가 있는 조립품에 사용되며 복잡성으로 인해 구성 요소 중 하나의 축, 모서리, 면 또는 점을 선택하기 어렵습니다. 이 확인란을 선택하면 먼저 구성 요소를 선택하고 해당 구성 요소의 요소를 선택하여 구속 조건을 적용해야 합니다.

Note

구속 조건을 적용하기 위해 두 구성 요소를 모두 선택한 후에는 화면에서 구성 요소의 조립품을 미리 볼 수 있습니다. 그러나 구속 조건 배치 대화 상자에서 적용 버튼을 선택하기 전까지는 구속이 실제로 적용되지는 않습니다.

- **간격 띄우기**

간격 띄우기 편집 상자는 메이트하는 구성 요소 사이의 간격 띄우기 거리를 지정하는데 사용됩니다. 간격 띄우기 거리가 0이면 메이트 구성 요소가 서로 메이트가 되어 조립이 됩니다. 메이트 구성 요소 사이에 간격 띄우기 거리가 있으면 서로 멀리 떨어져 배치됩니다. 〈그림 9-1〉은 간격 띄우기 거리가 0mm로 조립된 구성 요소를 보여주는 것입니다.

SJS_Picture 9-1.iam 파일을 열어 메이트 조립 조건을 확인해 봅니다.

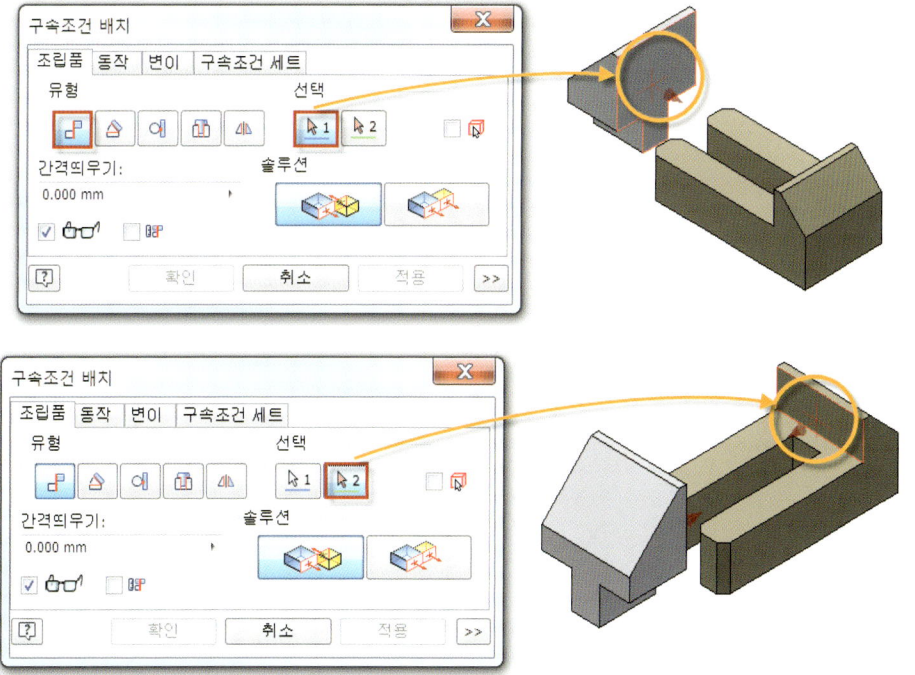

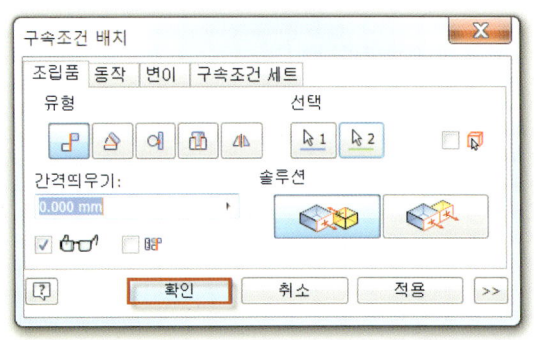 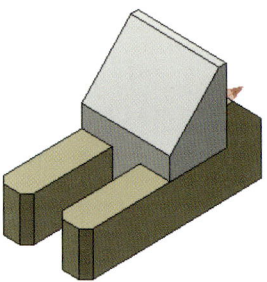

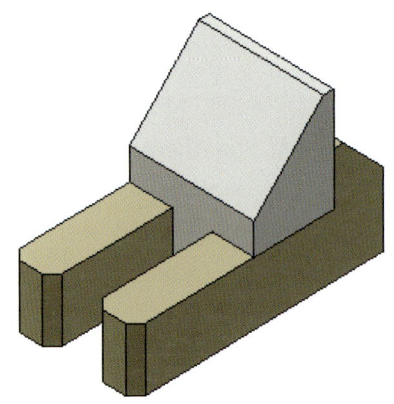

〈그림 9-1〉 메이트 조건을 활용한 면과 면의 조립

> **Tip**
> 일반적으로 구성 요소는 단일 제약 조건을 사용하여 조립되지 않습니다. 구성 요소에 따라 2 ~ 3 개의 구속 조건이 필요할 수 있습니다. 동일한 구속 조건을 여러 번 적용할 수도 있습니다.

• **미리 보기 표시**

미리 보기 표시 확인란을 선택하면 조립 된 구성 요소의 미리 보기가 표시됩니다. 구속 조건을 적용하기 위해 두 개의 구성 요소를 선택하면 적용 단추를 선택하지 않은 경우에도 조립품의 미리 보기가 그래픽 창에 표시됩니다. 이것은 미리 보기 표시 확인란이 선택되어 있기 때문입니다. 이 확인란의 선택을 취소하면 조립품의 미리 보기가 표시되지 않습니다.

• **간격 띄우기 및 방향 예측**

Autodesk Inventor & Inventor Professional 2019에서 선택한 구성 요소의 간격 띄우기 및 방향을 예측할 수 있도록 간격 띄우기 및 방향 예측 확인란이 선택됩니다. 예측된 간격 띄우기 값은 간격 띄우기 편집 상자에 자동으로 지정됩니다.

• **솔루션 영역**

솔루션 영역의 버튼을 사용하여 조립중인 구성 요소가 메이트 위치에 있는지 플러시 위치에 있는지 지정합니다.

• 메이트

구성 요소의 면을 서로 다른 방향의 법선 방향으로 배치하려면 이 버튼을 선택합니다. 또한 면은 서로 마주보면서 일치합니다.

• 플러시

면의 법선 방향이 같은 방향을 가리키는 방식으로 구성 요소의 면을 서로 옆에 배치하려면 플러시 버튼을 선택합니다.

각도 구속 조건

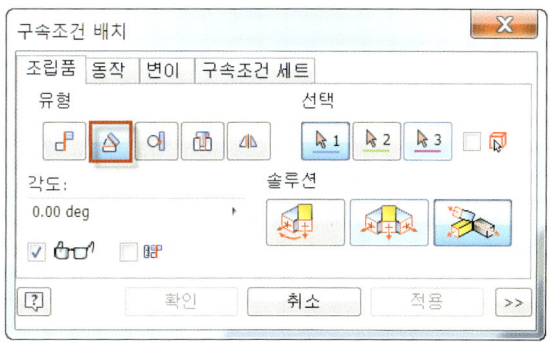

이것은 조립품 탭의 유형 영역의 왼쪽에서 두 번째에 있는 구속 조건입니다. 이 구속 조건은 선택한 평면 또는 두 구성 요소의 모서리의 각도 위치를 지정하는데 사용됩니다.

이 구속 조건의 일부 옵션은 메이트 구속 조건에서 설명한 옵션과 동일합니다.

• **선택 영역**

이 영역의 처음 두 버튼은 이전에 메이트 구속 조건에서 설명하였습니다.

• **3 (세 번째 선택)**

3 (세 번째 선택) 버튼은 솔루션 영역에서 명시적인 참조 벡터 버튼을 선택한 경우에만 활성화됩니다. 이 버튼은 각도 구속 조건을 적용하기 위해 면, 모서리, 축 또는 작업 기준면을 선택하는데 사용됩니다.

• **각도**

이 편집 상자는 선택한 평면형 면 또는 두 구성 요소의 모서리 사이의 각도를 지정하는데 사용됩니다. 구성 요소는 이 입력란에 지정된 각도 값으로 구분됩니다. 이 입력란에 양수 또는 음수 값을 지정할 수 있습니다.

- **솔루션 영역**

  유형 영역에서 각도 버튼을 선택할 때 표시되는 이 영역의 옵션에 대한 내용은 아래와 같습니다.

  - **지정 각도**

     반대 방향으로 각도를 적용하려면 지정 각도 버튼을 선택합니다.

    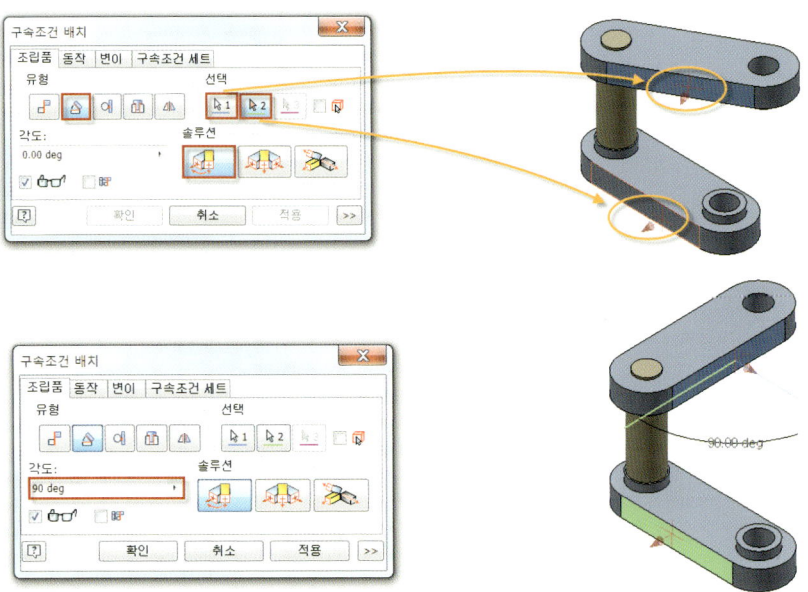

  - **미 지정 각도**

     각도 구속을 적용하는 동안 이 버튼을 사용할 수 있습니다. 이 버튼을 선택하면 기본 정렬에 대한 두 방향의 구성 요소 방향을 제한할 수 있습니다.

    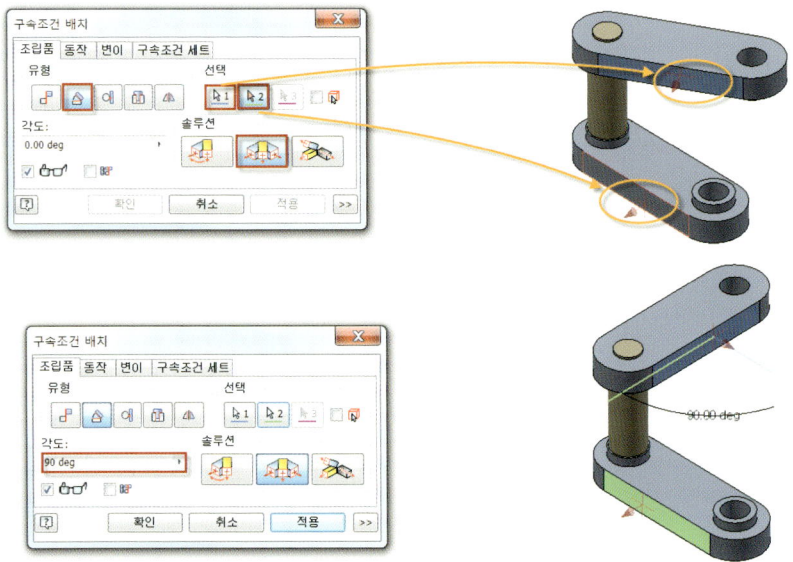

chapter 09 일반 조립품 모델링

- **명시적 참조 벡터**

   명시적인 Z 방향에서 구성 요소의 이동을 허용하려면 이 버튼을 선택합니다. 이 버튼을 선택하면 각도 구속이 다른 솔루션으로 전환되는 경향을 제한할 수 있습니다.

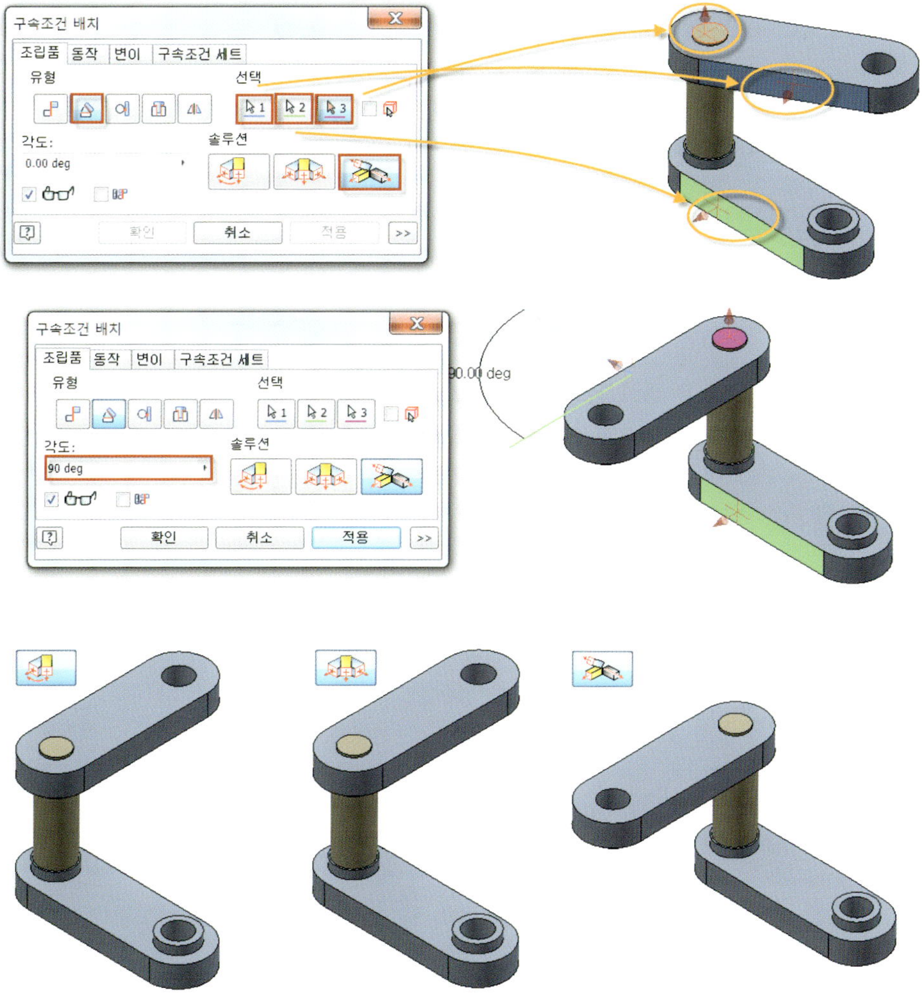

〈그림 9-2〉 각도 90도를 적용한 각도 구속 조건의 세가지 유형 결과

> **Note**
>
> 각도 구속 조건을 적용하기 위한 구속 조건 대화 상자의 옵션은 메이트 구속 조건에서 설명한 옵션과 동일합니다. 명시적 참조 벡터 버튼을 사용한 후 90도 각도로 구성 요소를 정렬합니다.

접선 구속 조건

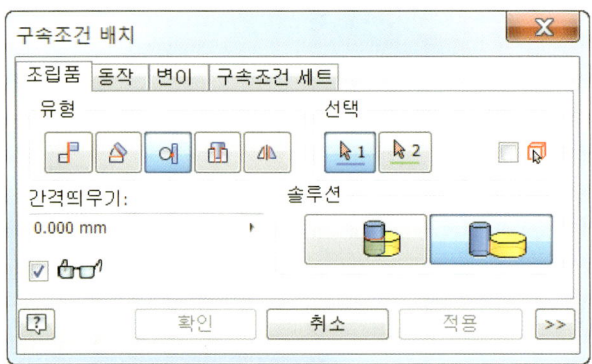

조립품 탭의 유형 영역에서 접선 버튼을 선택하여 접선 구속 조건을 사용할 수 있습니다. 이 구속 조건은 구성 요소의 선택된 원형 면이 다른 구성 요소의 원형 또는 평면에 접하도록 구속하는 것입니다.

- **솔루션 영역**

    솔루션 영역은 조립품 탭의 유형 영역에서 접선 구속 조건에 대한 내부 및 외부 버튼을 제공합니다.

    - **내부**

        이 버튼을 선택하면 먼저 선택한 구성 요소가 두 구성 요소에 접하는 지점에서 나중에 선택되는 구성 요소 안에 배치됩니다.

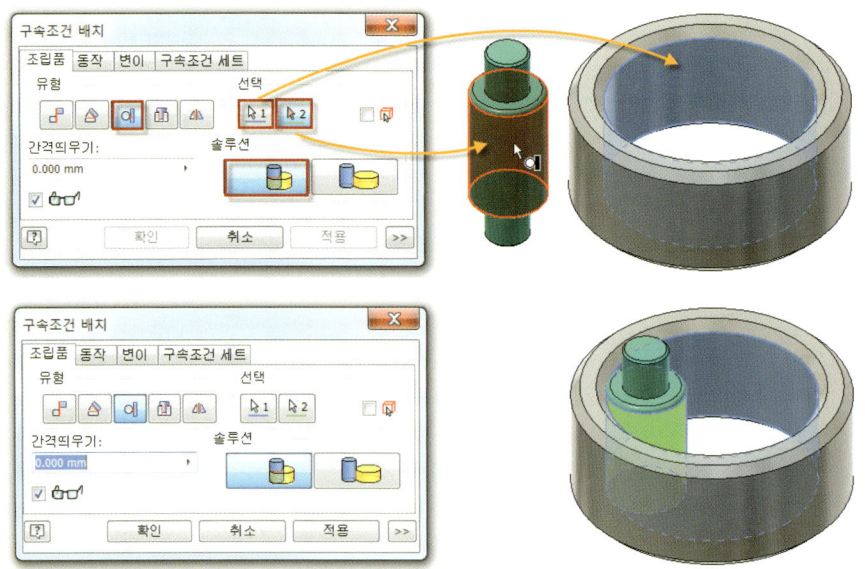

   - **외부**

        이 버튼을 선택하면 먼저 선택한 구성 요소가 두 구성 요소에 접하는 지점에서 나중에 선택되는

chapter 09 일반 조립품 모델링

구성 요소 외부에 배치됩니다.

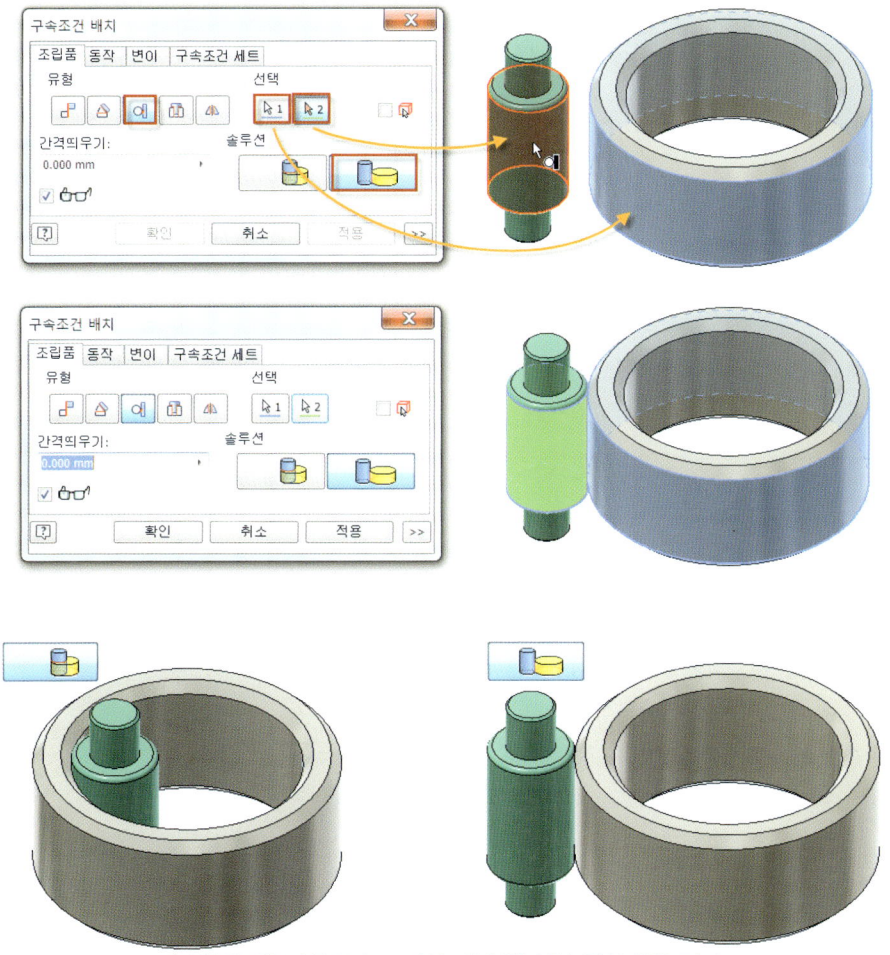

〈그림 9-3〉 접선 구속 조건의 내부 및 외부 접선 적용 결과

삽입 구속 조건

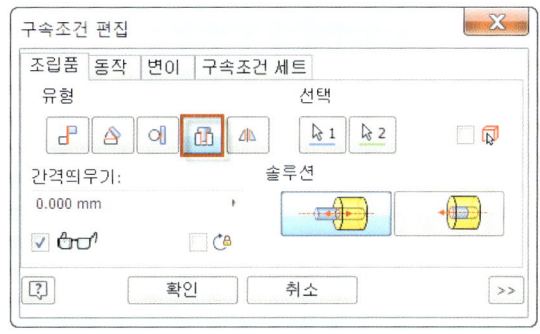

557

삽입 구속 조건을 적용하려면 조립 탭의 유형 영역에서 삽입 버튼을 선택합니다. 이 구속 조건은 두 개의 다른 원통형 또는 원뿔형 구성 요소 또는 구성 요소의 피쳐가 중심 축의 동일한 위치 및 방향을 공유하도록 구속하는데 사용됩니다. 이 구속 조건은 첫 번째 구성 요소의 선택된 면을 두 번째 구성 요소의 선택된 면과 동일하게 만들어 줍니다.

- **솔루션 영역**

솔루션 영역에 제공된 옵션을 사용하여 결합 면의 법선 방향이 같은 방향이나 반대 방향을 가리킬지에 대한 여부를 지정합니다. 다음은 삽입 구속 조건을 선택할 때 표시되는 이 영역에서 사용할 수 있는 옵션에 대한 내용입니다.

- **반대**

이 버튼을 선택하면 처음 선택한 구성 요소의 연결 방향이 반대로 바뀝니다. 또한 두 구성 요소에 한계와 정지 위치를 적용할 수 있습니다.

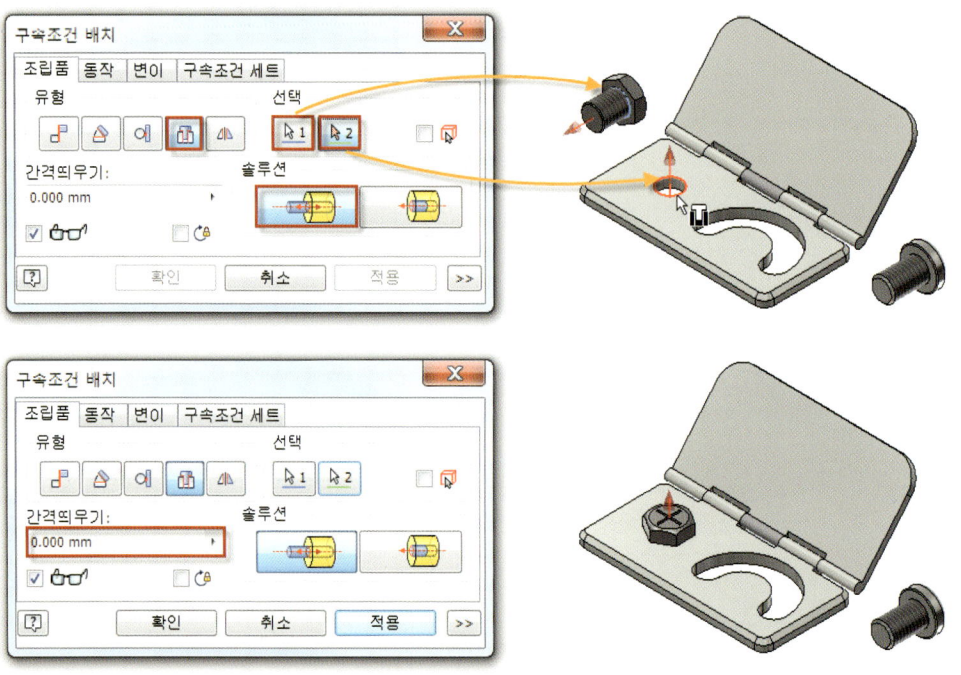

- **정렬**

이 버튼을 선택하면 두 번째로 선택한 구성 요소의 연결 방향이 반대로 바뀝니다. 또한 두 구성 요소에 한계와 정지 위치를 적용할 수 있습니다.

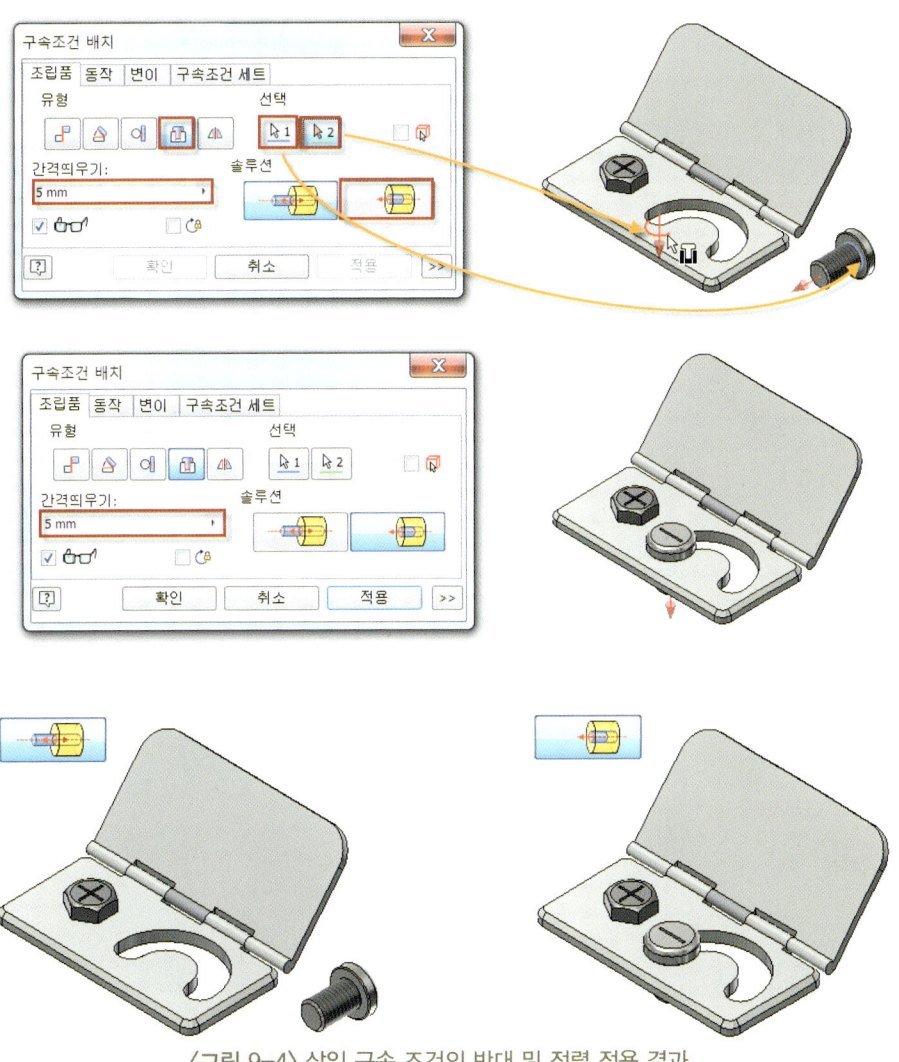

〈그림 9-4〉 삽입 구속 조건의 반대 및 정렬 적용 결과

대칭 구속 조건

이 구속 조건은 평면에 대해 두 구성 요소를 대칭으로 만드는데 사용됩니다. 이 구속 조건을 적용하려면 조립품 탭의 유형 영역에서 대칭 버튼을 선택합니다. 첫 번째 기하학적 효소를 선택하라는 메시지가 표시됩니다. 대칭 구속 조건을 적용 할 두 구성 요소에서 두 개의 요소를 선택해야 합니다. 엔티티는 모서리, 정점, 평면형 등일 수 있습니다. 첫 번째 구성 요소의 요소를 선택하고, 두 번째 기하학적 요소를 선택한 대칭 평면을 선택합니다. 두 구성 요소 모두 대칭 평면에 대해 대칭이 됩니다. 미리보기에서 구속 조건의 효과를 자세히 확인할 수 있습니다.

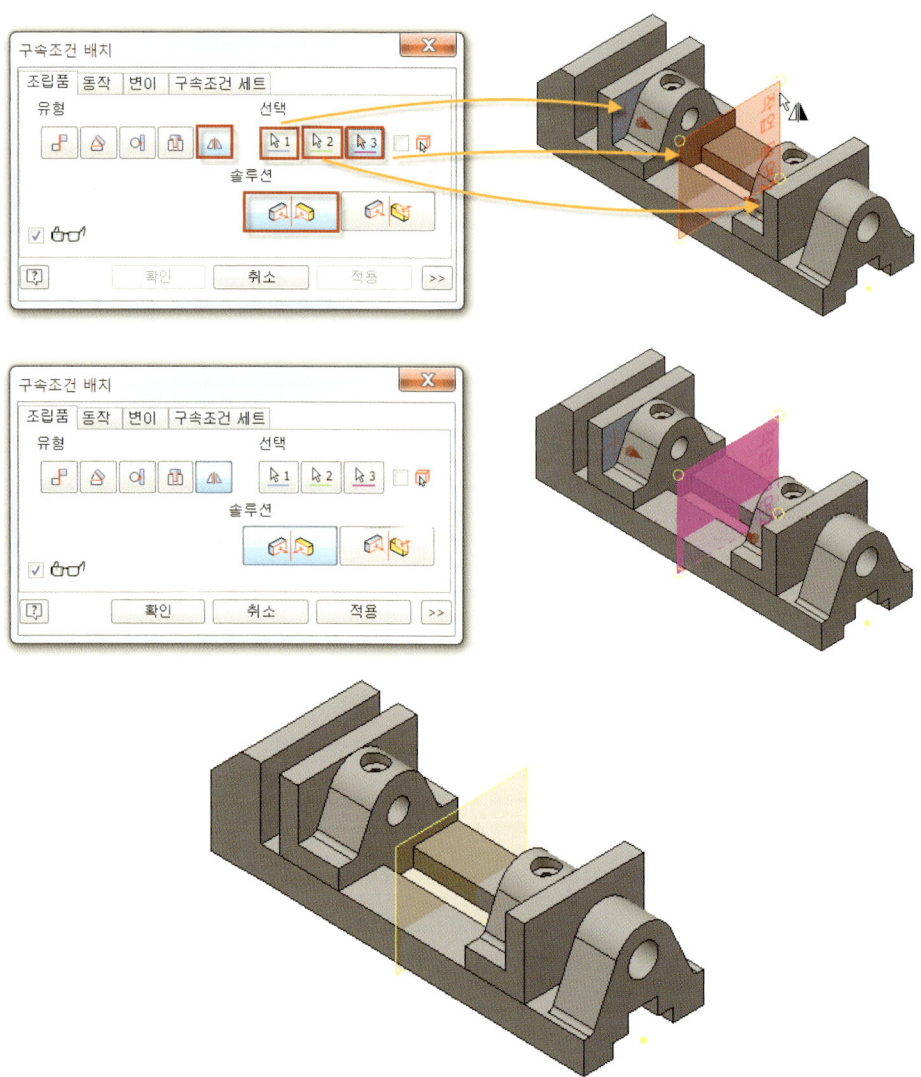

〈그림 9-5〉 대칭 구속 조건의 반대 적용 결과

동작 탭

동작 탭은 구속 조건 배치 대화 상자의 두 번째 탭입니다. 이 탭의 옵션은 두 구성 요소의 회전 및 이동 동작을 지정하는데 사용됩니다. 이 탭을 사용하여 적용할 수 있는 구속 조건이 유형 영역에 표시됩니다. 이 영역에서 선택한 구속 조건에 따라 이 영역의 옵션이 변경됩니다.

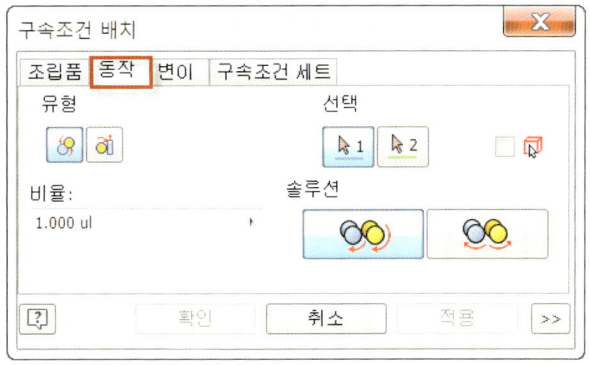

▌회전 구속

회전 구속 조건은 동작 탭의 유형 영역에서 회전 버튼을 선택하면 됩니다. 이 구속 조건은 지정된 비율로 다른 구성 요소와 관련하여 구성 요소 중 하나를 회전하는데 사용됩니다. 구성 요소는 지정된 중심 축을 중심으로 회전합니다. 이 구속 조건을 적용하려면 동작 탭의 유형 영역에서 회전 버튼을 선택합니다. 구속할 첫 번째 구성 요소의 중심 축을 선택하고, 두 번째 구성 요소의 중심 축을 선택합니다. 적용을 클릭하여 구속 조건을 계속 배치하거나 확인을 클릭하여 구속 조건을 작성하고 대화 상자를 닫습니다.

• **비율**

비율 입력란은 첫 번째 구성 요소의 완전한 1회 회전을 기준으로 두 번째 구성 요소가 회전하는 비율을 지정하는데 사용됩니다. 예를 들어, 이 입력란에 2를 입력하고 첫 번째 구성 요소를 1회전 돌리면 두 번째 구성 요소가 2번 회전하는 것입니다. 마찬가지로 10을 입력하고 첫 번째 구성 요소를 1회전 돌리면 두 번째 구성 요소가 10배 회전합니다.

• **솔루션 영역**

솔루션 영역의 옵션은 구성 요소의 회전 방향을 지정하는데 사용됩니다. 회전 구속 조건을 선택할 때 표시되는 이 영역의 버튼은 앞으로 및 뒤로입니다.

• **앞으로**

이 버튼을 선택하면 결합 구성 요소가 같은 방향으로 회전할 수 있습니다.

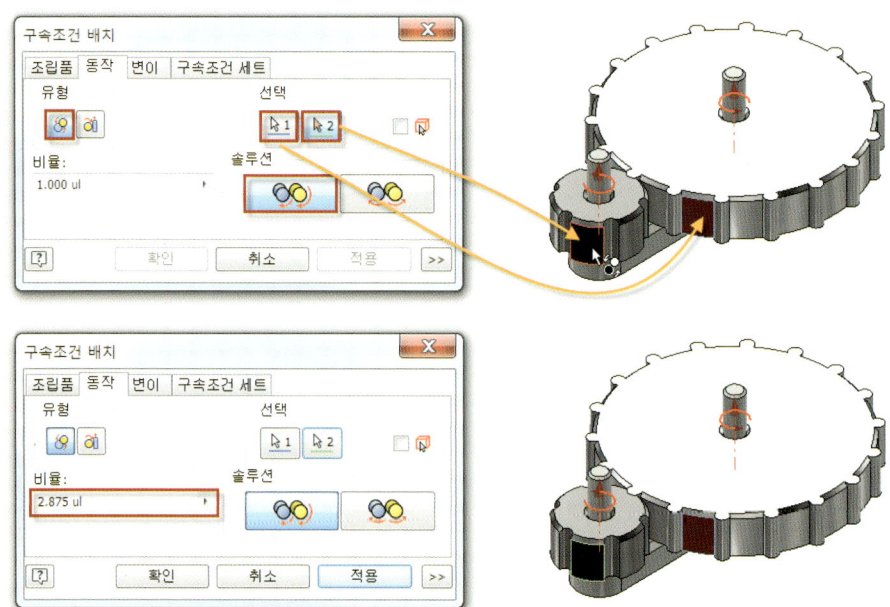

• 뒤로

이 버튼을 선택하면 결합 구성 요소가 반대 방향으로 회전할 수 있습니다.

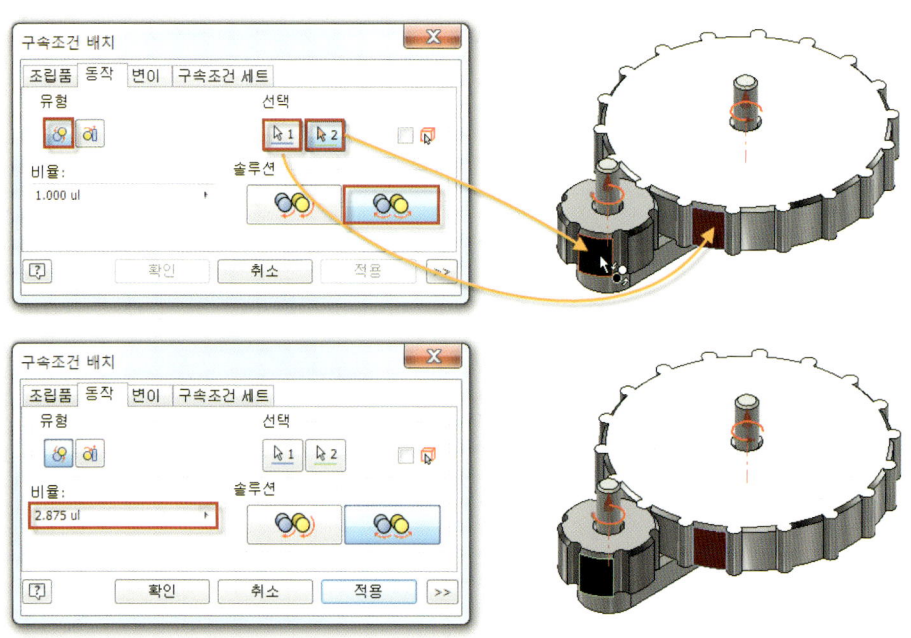

비율은 자동으로 2.875ul (ul은 단위 없음을 의미합니다.)으로 설정됩니다. 원하는 값을 입력 할 수 있지만 이 경우 선택한 기하학적 형상을 기준으로 2.875ul을 그대로 둡니다. 톱니 바퀴의 선택 순서를 반대로 선택했다면 그 비율은 현재 값의 역수인 1/2.875=0.3479가 될 것입니다. 확인 버튼을 클릭하여 회전 구속 조건을 완료합니다.

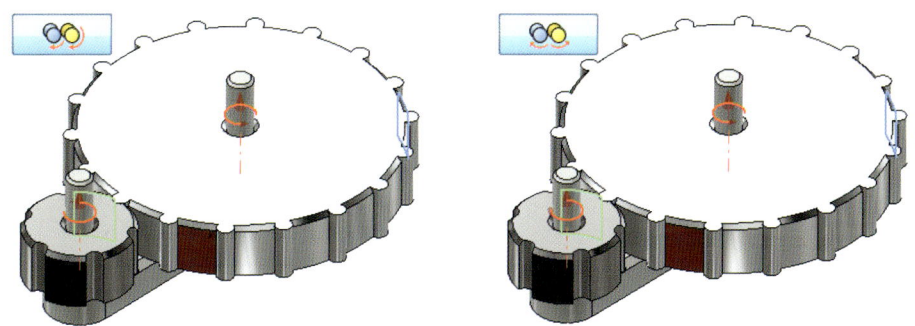

〈그림 9-6〉 회전 구속 조건 앞으로 및 뒤로 적용 결과

Note

회전 구속 조건을 적용한 후 결과를 보려면 첫 번째 구성 요소를 드래그하여 이동해야 합니다. 구속 조건 배치 대화 상자의 동작 탭에 있는 구속 조건은 제한되지 않은 자유도 (D.O.F)에서만 작동합니다. 이러한 구속 조건은 다른 구속 조건을 간섭하지 않습니다.

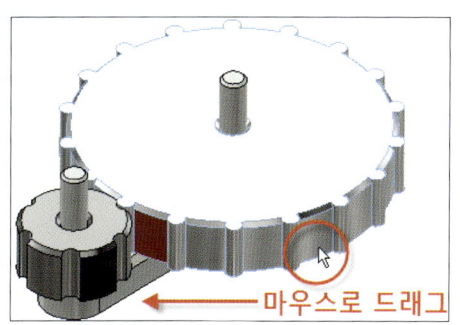

← 마우스로 드래그

- **회전/ 변환 구속 조건**

    회전/ 변환 구속은 동작 탭의 유형 영역에서 회전/ 변환 버튼을 선택합니다. 이 구속 조건은 두 번째 구성 요소의 변환과 관련하여 첫 번째 구성 요소를 회전하는 데 사용됩니다. 이 구속 조건을 적용하려면 동작 탭의 유형 영역에서 회전/ 변환 버튼을 선택합니다. 첫 번째 기하학적 구성 요소에서 원통형 면이나 모서리를 선택하여 거리를 지정합니다. 두 번째 기하학적 구성 요소에서 선형 면을 선택합니다. 적용을 클릭하여 구속 조건을 계속 입력하거나 확인을 클릭하여 구속 조건을 작성하고 대화 상자를 닫습니다.

- **거리**

    거리 편집 상자는 첫 번째 구성 요소의 한 회전을 기준으로 두 번째 구성 요소가 이동할 거리를 지정하는 데 사용됩니다. 예를 들어, 이 입력란에 2를 입력하면 두 번째 구성 요소는 첫 번째 구성 요소를 한 번 완전하게 돌릴 때 2mm의 거리만큼 이동하는 것을 의미합니다.

- **솔루션 영역**

  솔루션 영역의 버튼은 첫 번째 구성 요소가 정 회전 할 때마다 두 번째 구성 요소가 앞으로 또는 뒤로 이동할지 여부를 지정하는데 사용됩니다. 구성 요소를 앞으로 이동하려면 앞으로 단추를 선택하고 반대 방향으로 구성 요소를 이동하려면 뒤로 버튼을 선택합니다.

  - **앞으로**

     이 버튼을 선택하면 첫 번째 구성 요소의 회전 방향으로 두 번째 구성 요소가 앞으로 이동할 수 있습니다.

    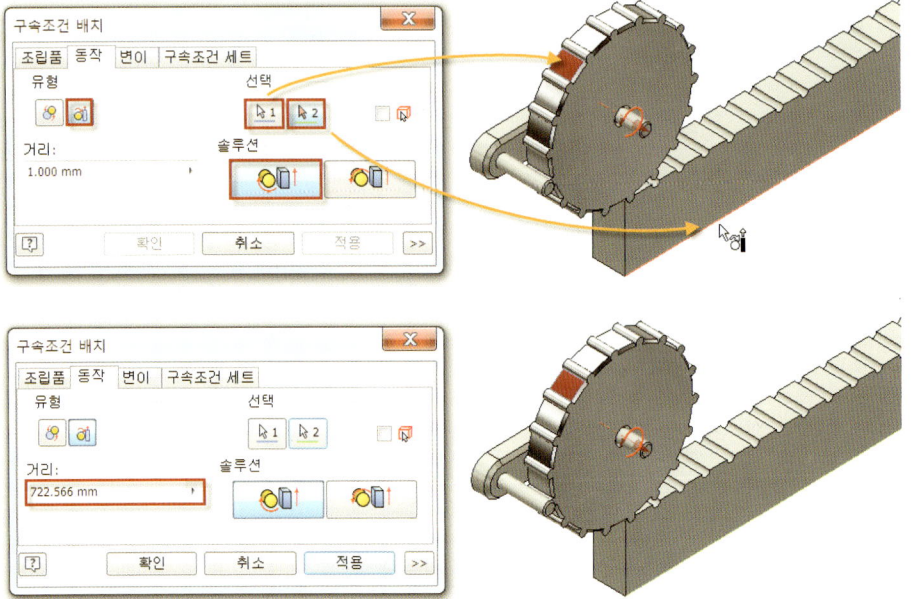

  - **뒤로**

    이 버튼을 선택하면 첫 번째 구성 요소의 회전 방향으로 두 번째 구성 요소가 뒤로 이동할 수 있습니다.

    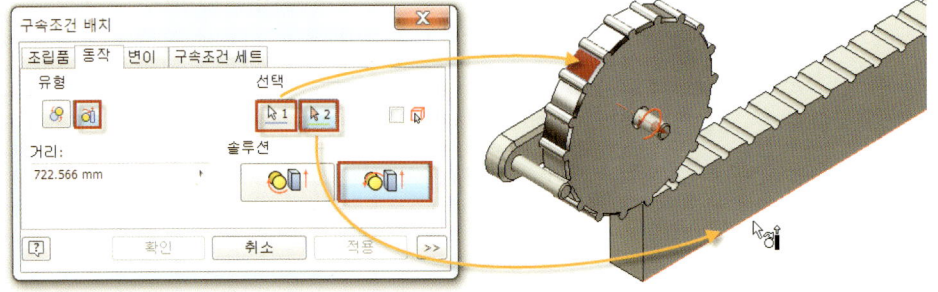

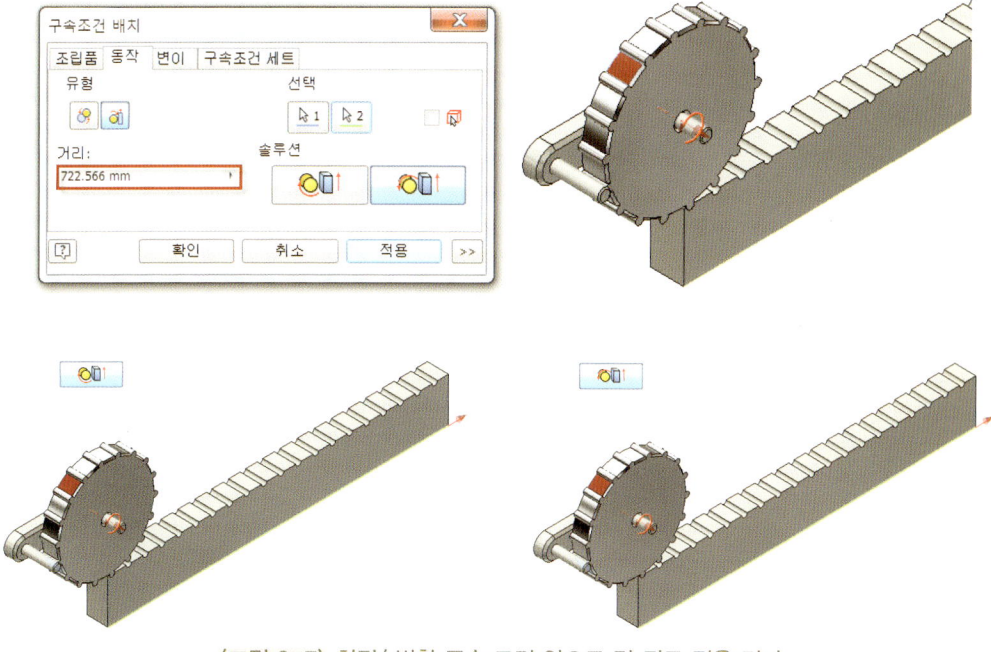

〈그림 9-7〉 회전/ 변환 구속 조건 앞으로 및 뒤로 적용 결과

변이 탭

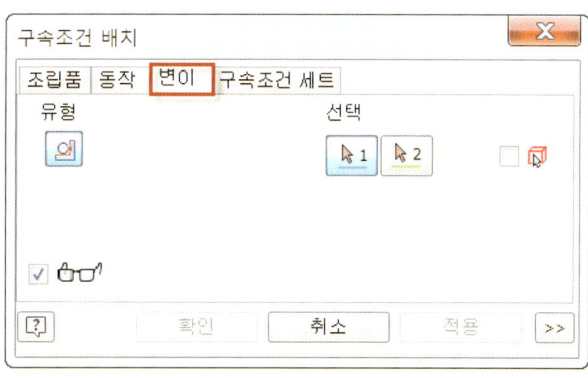

변이 탭은 구속 조건 대화 상자의 세 번째 탭입니다. 변이 구속 조건을 사용하면 별도의 부품에서 경로를 따라 덜 구속된 구성 요소를 이동시킬 수 있습니다. 변이 구속 조건을 만들려면 먼저 덜 구속 된 구성 요소에서 이동할 면을 선택합니다. 그런 다음 완전히 구속 된 또는 고정된 파트에서 전이면 또는 모서리를 선택합니다. 변이 구속 조건은 변이 탭의 유형 영역에서 전이 버튼을 선택하면 전이 구 속 조건이 호출됩니다. 이 구속 조건은 원통형 구성 요소의 선택한 면이 원통형 구성 요소를 밀었을 때 선택한 다른 면과 계속 접촉할 수 있게 해줍니다. 아래 예제는 이 변이 구속 조건을 적용할 캠 및 팔로워 조립품입니다.

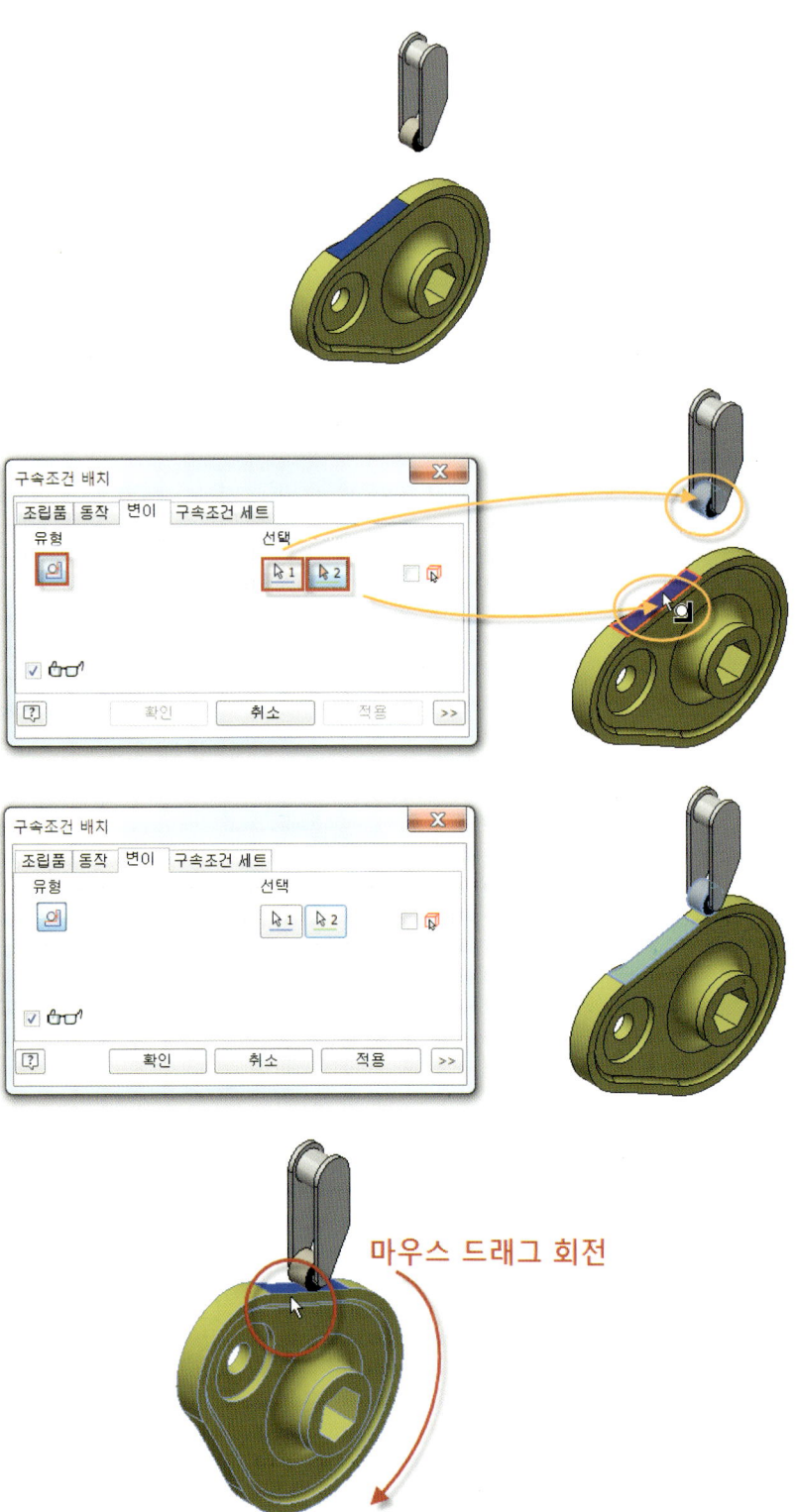

〈그림 9-8〉 변이 구속 적용 결과

구속 조건 세트 탭

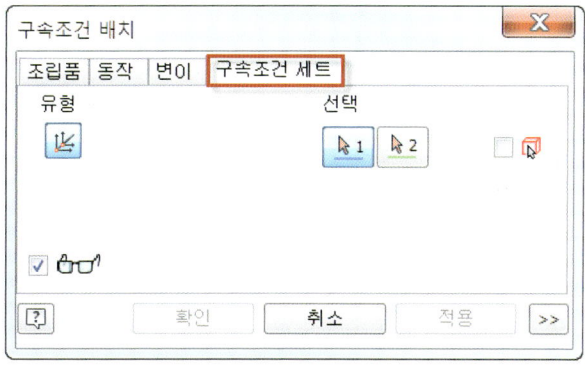

구속 조건 세트 탭은 구속 조건 배치 대화 상자의 네 번째 탭입니다. 이 탭에서 사용할 수 있는 구속 조건은 다음과 같습니다.

UCS에 대해 UCS 구속

이 구속 조건은 두 개의 UCS를 함께 구속하는데 사용됩니다. 이 구속 유형을 사용하여 특정 지점에서 X, Y 및 Z 축을 찾고 서로 다른 부분의 두 UCS를 함께 구속할 수 있습니다. 이 구속 조건을 사용하려면 UCS에 대해 UCS 구속 도구를 사용하여 부품 모델링 환경에서 구속할 부품에 UCS를 작성해야 합니다. UCS 축, 점 및 평면을 기준으로 구성 요소를 신속하게 결합할 수 있습니다.

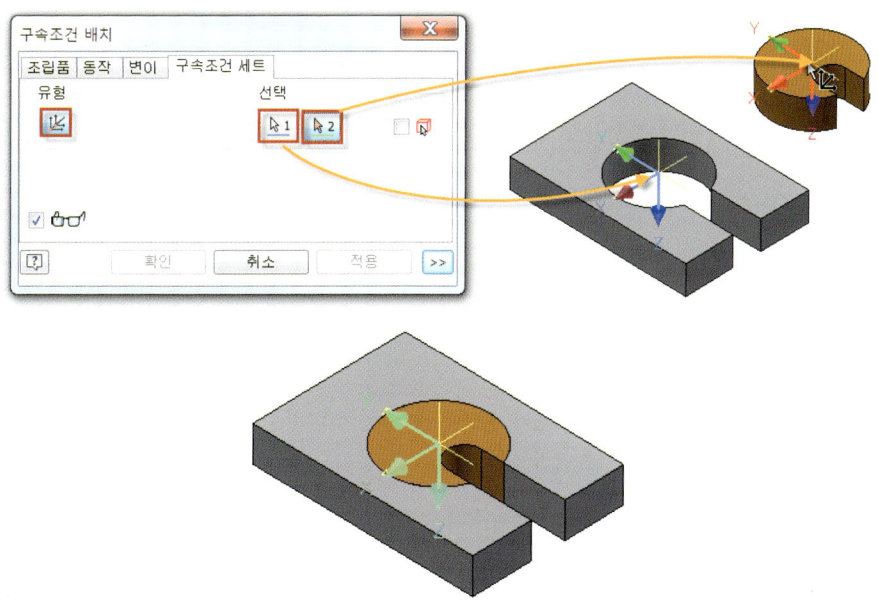

〈그림 9-9〉 구속 조건 세트 구속 적용 결과

Autodesk Inventor & Inventor Professional 2019의 구속을 위해 제한 한계치 지정 값 설정

 Autodesk Inventor에서 구성 요소를 제한하기 위해 제한 한계치 (최대 및 최소)를 지정할 수 있습니다. 한계를 지정하면 변환하거나 회전할 수 있는 구성 요소의 이동에 허용되는 범위를 정의할 수 있습니다. 확장된 구속 조건 대화 상자의 옵션을 사용하여 이러한 제한 한계치 값을 지정할 수 있습니다. 구속 조건 배치 대화 상자를 확장하려면 이 대화 상자의 오른쪽 아래 모서리에 있는 자세히 >> 단추를 선택합니다.

- **이름**
 이 편집 상자는 구속 조건의 고유한 이름을 지정하는데 사용됩니다. 이 편집 상자를 비워 두면 구속 조건에 기본 이름이 할당됩니다.
- **정지 위치로 간격 띄우기 사용**
 간격 띄우기 값을 지정한 한계가 있는 구속 조건을 정지 위치로 사용하려면 이 확인란을 선택합니다. 이 확인란을 선택하면 간격 띄우기 값이 구속 조건의 최대 한계를 지정하는데 사용됩니다.
- **최대**
 구속 조건 이동의 최대 제한 값을 지정하려면 이 확인란을 선택합니다. 이 확인란을 선택하면 이 옵션 아래의 편집 상자가 활성화됩니다. 이 편집 상자에 구속 조건 이동의 최대 한계 값을 입력할 수 있습니다. 이 편집 상자를 비활성화하려면 최대 확인란의 선택을 취소합니다.
- **최소**
 구속 조건 이동의 최소 제한 값을 지정하려면 이 확인란을 선택합니다. 이 확인란을 선택하면 최소 편집 상자가 활성화됩니다. 이 편집 상자에 구속 조건 이동의 최소 한계 값을 입력할 수 있습니다. 이 편집 상자를 비활성화하려면 최소 확인란의 선택을 취소합니다. 지정된 한계가 있는 구속 조건은 검색기 막대의 왼쪽에 있는 +/-기호와 함께 고유한 지정된 이름으로 표시됩니다. 구성 요소를 끌어 지정된 최대 및 최소 한계 값의 영향을 확인해 봅니다. 구성 요소를 마우스로 선택한 후 드래그할 때는 구성 요소의 이동 또는 회전이 이 지정된 제한 내에서 제한됩니다.

chapter 09 일반 조립품 모델링

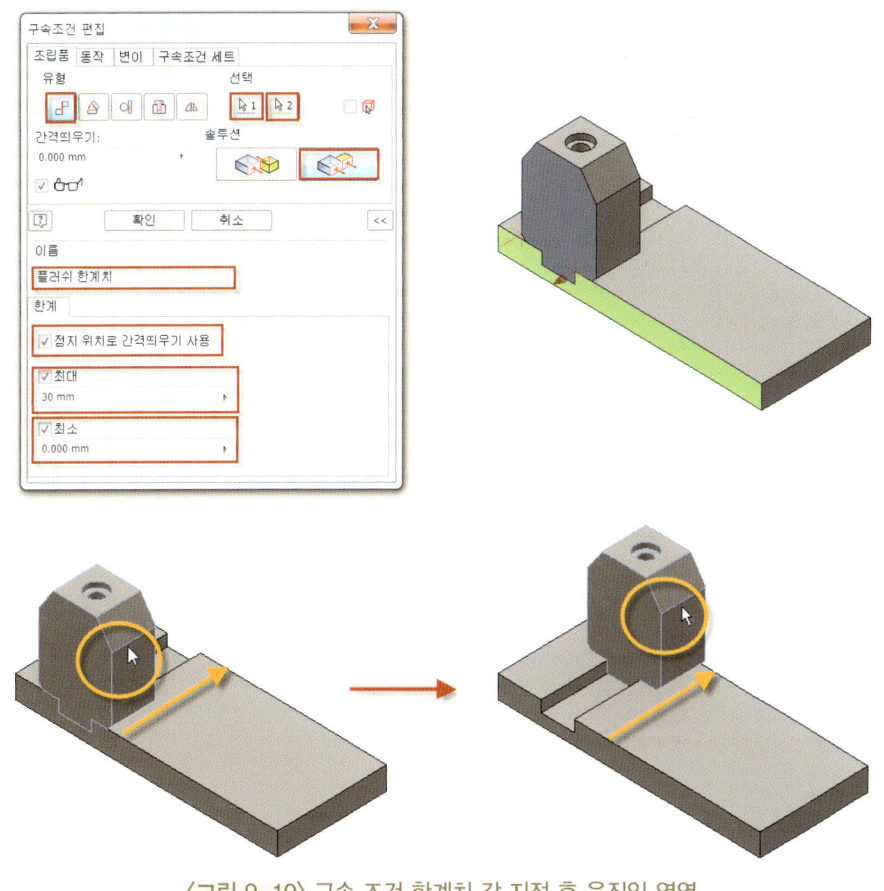

〈그림 9-10〉 구속 조건 한계치 값 지정 후 움직임 영역

Note

❏ 관계 음성 알림

조립품에 조립 관계 구속 조건을 부여하게 되면 Autodesk Inventor & Inventor Professional 2019에서는 미리 보기 옵션의 시간에 따라 미리 보기를 할 때나 구속 조건을 부여할 때에 소리를 냅니다. 도구 탭/ 옵션 패널/ 응용 프로그램 옵션을 클릭 한 다음 조립품 탭/ 관계 음성 알림 확인란의 선택을 통해 적용 및 취소를 할 수 있습니다.

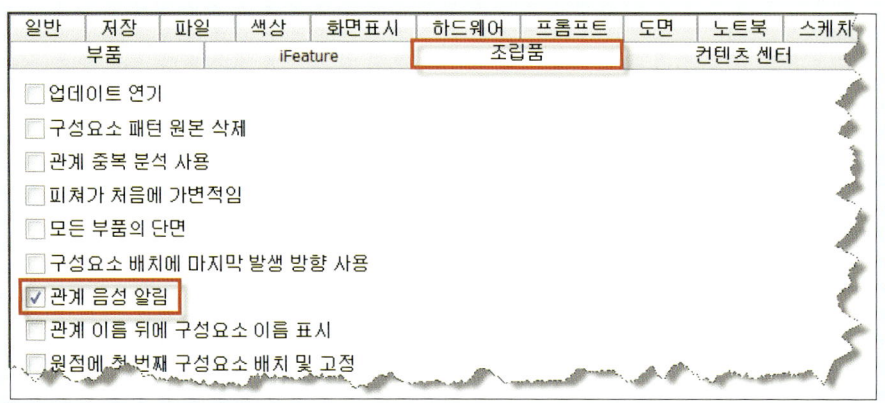

Tip

기본 사운드 파일을 원하는 사운드 파일로 바꾸면 사운드를 변경할 수 있습니다.
사운드 파일은 Connect.wav이며 C:\Program Files\Autodesk\Inventor 2019\Bin 에서 찾을 수 있습니다.

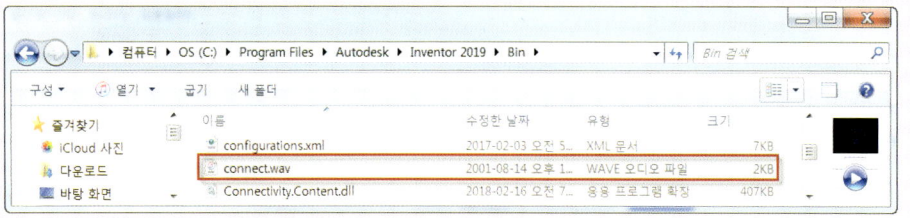

05 구속 조건 드라이브 관계

설계 의도를 확인하기 위해서 시작 위치와 끝 위치를 통해 관계를 유도하여 동작 구동에 대해 시뮬레이트하는 것이 매우 좋습니다. 일반적으로 메이트와 플러쉬 구속 조건의 간격 띄우기 값이나 각도 구속 조건의 각도 값을 선택하여 조립품 내에서 구성 요소를 구동시킬 수 있습니다. 이를 수행하려면 원하는 구속 조건을 마우스 오른쪽 버튼으로 클릭하고 드라이브를 선택하면 됩니다.

chapter 09 일반 조립품 모델링

1. SJS_Picture 9-11.iam 파일을 열어 구속 조건 드라이브를 실행해 봅니다.

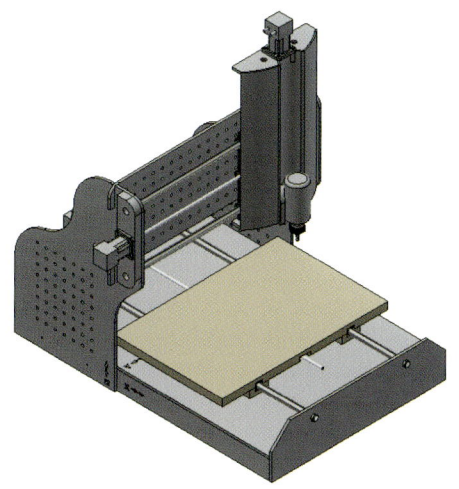

〈그림 9-11〉 구속 조건 드라이브 연습용 조립품 파일

2. 검색기 막대에서 SJS_Picture 9-31:1의 조립품 노드를 확장하면 Z 축 구동 +/- 구속 조건이 보일 겁니다. 이 구속 조건을 마우스 오른쪽 버튼으로 클릭하고 드라이브를 선택하면 드라이브 대화 상자가 나타나 시작 위치와 끝 위치 사이의 단계를 지정하여 구속 조건을 변경할 수 있습니다.

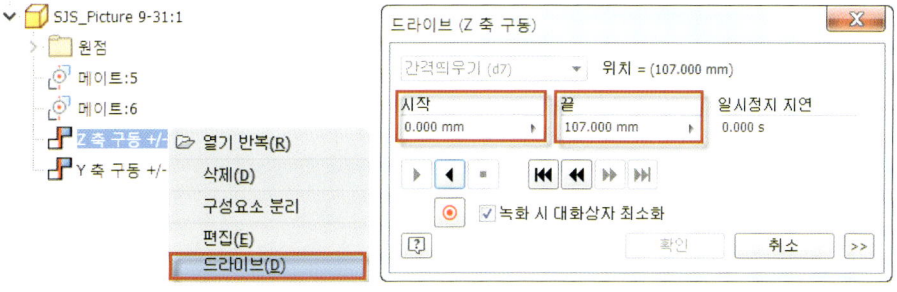

3. 구속 조건이 구동되면, 구동된 구성 요소에 구속된 구성 요소는 특정 공유 구속 조건에 따라 이동합니다. 동작은 앞으로 또는 뒤로 설정하거나, 언제든지 멈추거나, 심지어 녹화를 할 수도 있습니다.

(이동을 활성화하기 전에 ⊙ 녹화 버튼을 클릭하여 녹화를 할 수 있습니다.)

영향을 받는 구성 요소 중 하나라도 고정된 구성 요소에 구속되거나 이동이 기존 구속 조건을 위반하면 드라이브 구속 조건이 실패합니다. 자세히 >> 버튼을 클릭하여 대화 상자를 확장하면 드라이브 구속 조건에 대해 추가할 수 있는 제어 부분이 나타납니다.

X축과 Y축에 대해서도 드라이브를 할 수 있습니다.

06 조립 도구를 이용한 부품간의 조립

리본 메뉴/ 조립 탭/ 관계 패널〉조립

　　Autodesk Inventor & Inventor Professional 2019에서는 조립 도구를 사용하여 부품을 구속할 수 있습니다. 이 도구를 사용하여 적용할 수 있는 구속 조건 유형은 선택한 형상 또는 형상의 유형에 따라 달라집니다. 이 도구를 사용하여 구속 조건을 정의하려면 관계 패널에서 조립 도구를 선택합니다.

아래와 같이 미니 도구 모음이 표시됩니다.

먼저 삽입-반대 구속 조건을 선택한 다음 구속할 첫 번째 형상을 선택을 위해 참조하여 움직일 수 있는 부품 형상의 모서리를 선택합니다. 즉, 고정되지 않은 부품의 형상을 선택하면 선택한 구성 요소가 반투명해 져서 마우스 커서에 부착됩니다. 커서를 고정 부품의 일치 형상 쪽으로 이동하면 선택한 구성 요소가 고정 구성 요소로 스냅 됩니다. 또한 구속할 보조 형상을 선택을 위해 고정된 요소의 구멍 형상의 모서리를 선택합니다. 삽입 구속 조건은 두 요소 모두에 대해 정의됩니다.

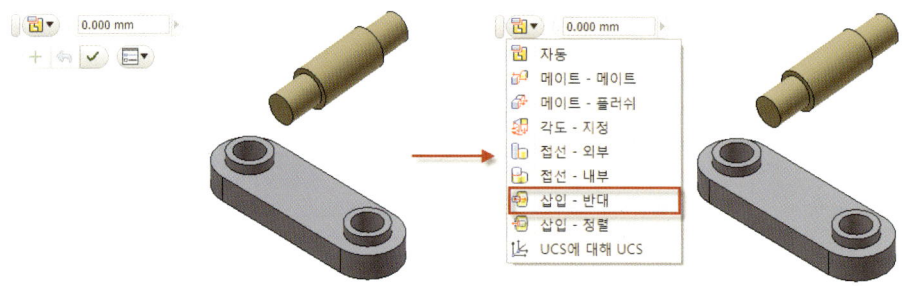

chapter 09 일반 조립품 모델링

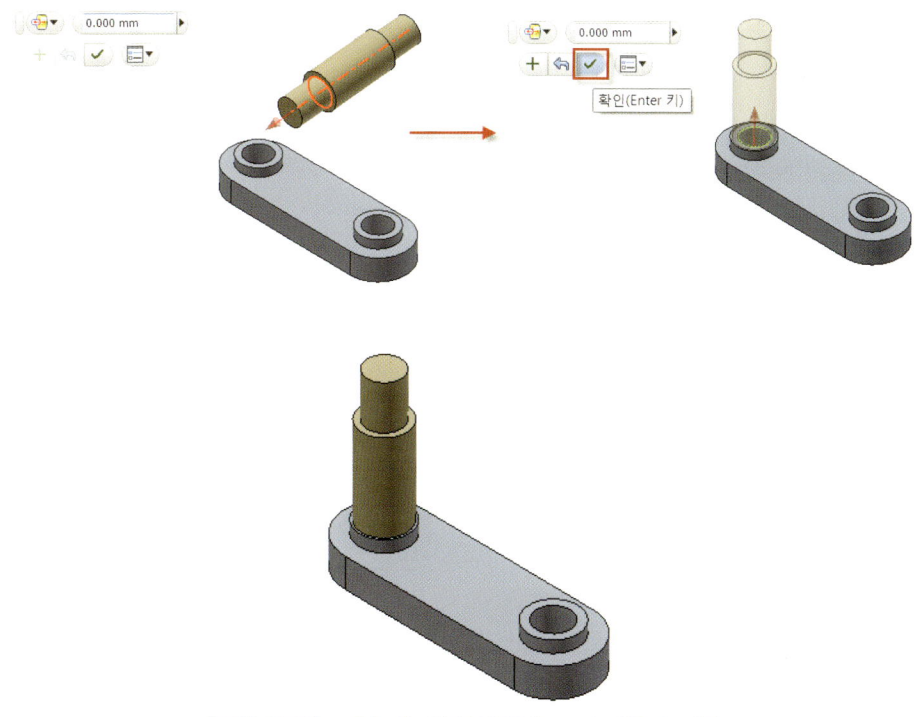

〈그림 9-12〉 조립 기능의 삽입 구속 조건 적용 후 결과

미니 도구 모음에서 사용할 수 있는 드롭-다운 목록에서 구속 조건의 유형을 변경할 수 있습니다. 미니 도구 모음을 사용하여 간격 띄우기 값, 각도 값 및 솔루션을 지정할 수 있습니다.

Note

한 번에 하나의 구성 요소를 다른 구성 요소에 구속하려면 조립 도구를 사용해야 합니다. 조립할 부품에 상충되는 구속 조건이 있는 경우 그림 9-35와 같이 관계 관리 대화 상자가 표시됩니다. 충돌이 있는 경우 이 대화 상자에는 충돌을 해결하기 위한 구속 조건을 억제하거나 삭제하도록 제안하는 옵션이 표시됩니다.

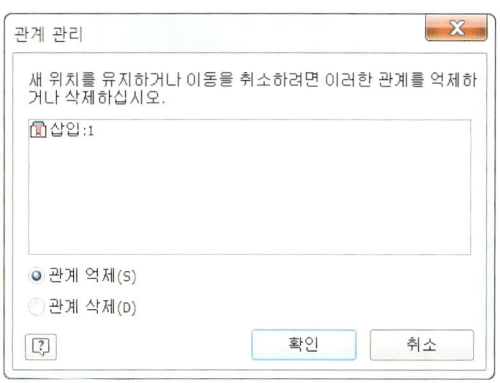

조립품에 구속 조건 적용을 위해 Alt + 드래그를 사용

Autodesk Inventor & Inventor Professional 2019에서는 구속 조건 배치 대화 상자를 호출하지 않고도 조립품 구속 조건을 적용할 수 있습니다. 이 작업은 ALT 키를 누른 다음 구성 요소를 드래그하여 수행됩니다. 다음 단계에서는 **Alt + 드래그** 방법을 사용하여 조립품 구속 조건을 적용하는 절차입니다.

- **Alt 키**를 누른 상태에서 필요한 구성 요소를 조립해야 하는 구성 요소 쪽으로 끕니다. 메이트 구속 조건의 기호가 커서 아래에 표시됩니다. **Alt + 드래그** 방법을 사용하면 기본적으로 메이트 구속 조건이 적용되기 때문입니다.
- **Alt 키**에서 손을 놓고, 마우스 왼쪽 버튼은 놓지 않아야 합니다. 마우스 왼쪽 버튼을 놓으면 구속 조건을 적용할 수 없습니다. 스페이스 바를 눌러 메이트 위치를 플러시 위치로 변경할 수 도 있습니다. 첫 번째 구성 요소를 두 번째 구성 요소로 선택하려는 구성 요소로 끌어온 다음 마우스 왼쪽 버튼을 놓습니다. 조립 구속 조건이 적용됩니다.
  - M 또는 1은 메이트 구속 조건으로 변경됩니다.
  - A 또는 2가 각도 구속 조건으로 변경됩니다.
  - T 또는 3은 접선 구속 조건으로 변경됩니다.
  - I 또는 4가 삽입 구속 조건을 변경합니다.
  - R 또는 5가 회전 동작 구속 조건으로 변경됩니다.
  - S 또는 6이 동작 슬라이드 구속 조건으로 변경됩니다.
  - X 또는 8에서 변이 구속 조건으로 변경됩니다.

07 조립품에서 접합 구속 조건 적용

리본 메뉴/ 조립 탭/ 관계 패널/ 접합

Autodesk Inventor & Inventor Professional 2019에서는 조인트 도구를 사용하여 구성 요소간에 조인트를 생성할 수 있습니다. 조인트는 두 가지 구성 요소 사이의 이동을 허용하는 특수 유형의 구속 조건입니다. 솔리드 본체에 여러 유형의 접합 조건을 적용할 수 있습니다. 이 접합부는 연결된 구성 요소 또는 조립품 사이의 동작을 허용합니다. 조인트를 적용하려면 조립 탭의 관계 패널에서 접합 도구를 선택합니다. 접합 배치 대화 상자가 표시됩니다. 이 대화 상자에는 접합 및 한계 탭이 있습니다.

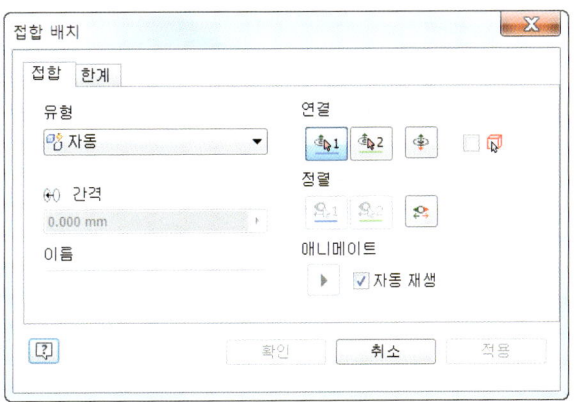

▌접합 탭

이 탭은 기본적으로 접합 배치 대화 상자에서 활성화됩니다. 유형 드롭-다운 목록의 옵션을 사용하여 다른 유형의 접합 조건을 적용할 수 있습니다. 유형 드롭-다운 목록의 옵션은 다음에 설명됩니다.

자동

이 옵션은 기본적으로 선택됩니다. 결과적으로 접합 조건은 선택된 요소의 유형에 따라 적용됩니다. 예를 들어 두 구성 요소의 원통형 면을 선택하면 원통형 접합으로 변환되어 구성 요소 사이에 적용됩니다.

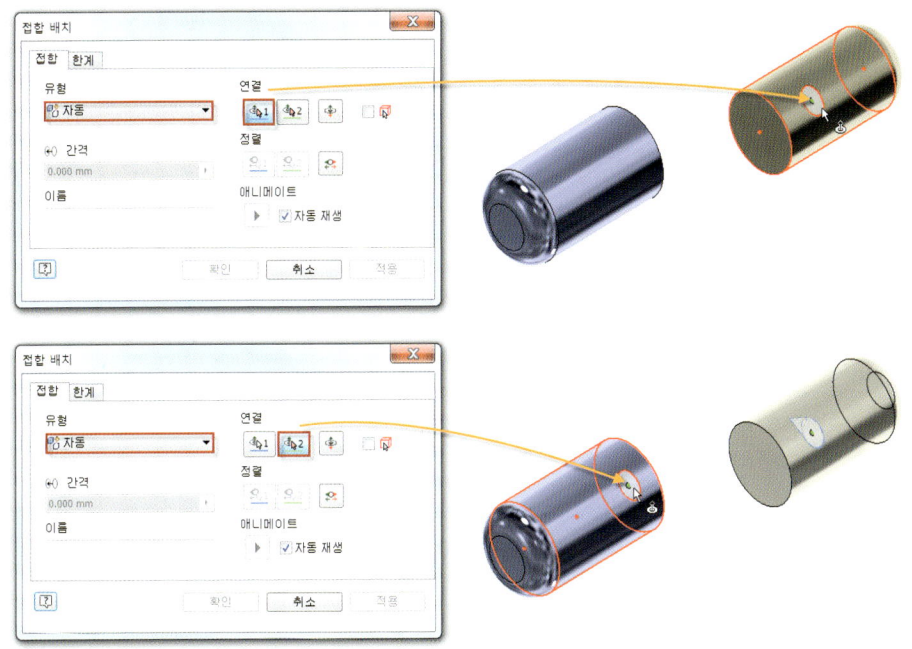

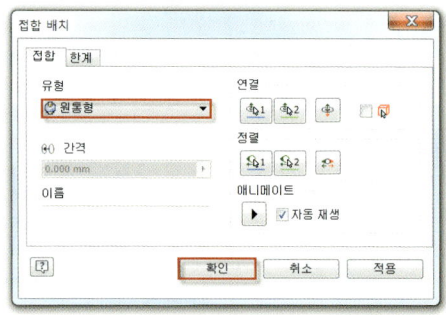
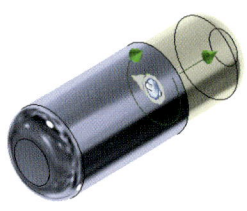

〈그림 9-13〉 자동에서 원통형 접합 조건으로 변환되어 체결되는 결과

- **연결**

이 영역의 옵션은 연결할 요소를 선택하는데 사용됩니다.

- 1 (첫 번째 원점)

  이 버튼은 기본적으로 활성화되어 있으며 첫 번째 구성 요소의 엔터티를 선택하는 데 사용됩니다. 선택한 엔티티는 첫 번째 구성 요소의 끝점, 중간 점 또는 중심점이 될 수 있습니다.

- 2 (두 번째 원점)

  이 버튼은 첫 번째 구성 요소의 요소를 선택한 후 활성화되며 두 번째 구성 요소의 요소를 선택하는데 사용됩니다. 선택한 요소는 두 번째 구성 요소의 끝점, 중간 점 또는 중심점이 될 수 있습니다.

- 구성 요소 반전

  이 버튼은 선택한 구성 요소의 접촉 방향을 변경하는데 사용됩니다.

- 먼저 부품 선택

  연결 부분의 오른쪽에 있는 먼저 부품 선택 확인란이 제공됩니다. 이 확인란은 많은 수의 구성 요소가 있는 조립품에 사용되며 복잡성으로 인해 구성 요소 중 하나의 축, 면 또는 점을 선택하기 어렵습니다. 이 확인란을 선택하면 먼저 구성 요소를 선택하고 해당 구성 요소의 요소를 선택하여 연결합니다.

- **간격**

이 편집 상자는 연결된 두 구성 요소 간의 간격 띄우기 거리를 지정하는데 사용됩니다.

- **정렬**

이 영역의 옵션은 어셈블리 정렬을 지정하는 데 사용됩니다. 이 영역의 첫 번째 정렬 및 두 번째 정렬 버튼은 각각 첫 번째 및 두 번째 구성 요소의 면 또는 축의 방향을 지정하는 데 사용됩니다. 반전 정렬 버튼은 정렬 방향을 반전하는 데 사용됩니다.

• 이름

이 텍스트 상자는 접합부의 이름을 입력하거나 기존 이름을 편집하는데 사용됩니다.

• 애니메이트

이 버튼은 조립품의 구성 요소 메커니즘을 애니메이션으로 만드는데 사용됩니다. 애니메이션 영역에서 조립품의 접합 유형을 변경하고 자동 재생 확인란의 선택을 취소하면 접합 동작의 미리 보기가 그래픽 창에 표시되지 않습니다. 그러나 이 확인란을 선택하면 변경된 접합 동작의 미리 보기가 표시됩니다.

강체

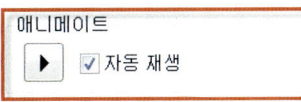

접합 탭의 유형 드롭-다운 목록에서 강체 옵션을 선택하여 강체 접합을 생성할 수 있습니다. 이 접합은 구성 요소의 모든 자유도를 제거합니다. 강체 접합은 두 부분을 고정식으로 고정하는데 사용됩니다. 선택한 부품 사이의 모든 자유도(D.O.F)가 제거되고 단일 구성 요소로 작업하기 시작합니다. 용접 접합은 강체 연결의 대표적인 예입니다.

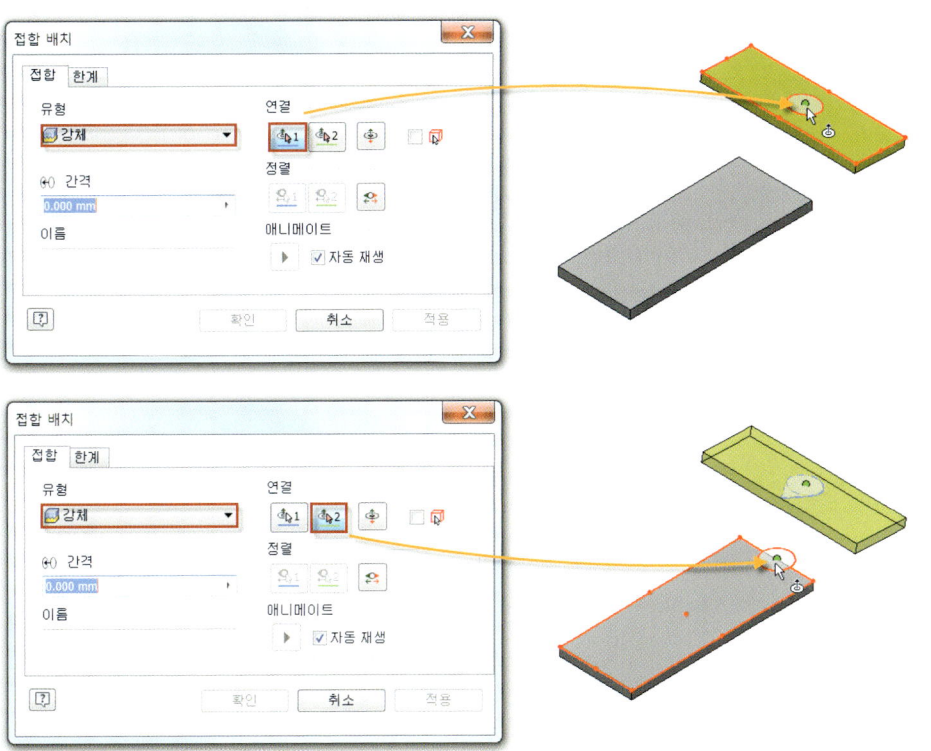

〈그림 9-14〉 강체 접합 조건으로 체결되는 결과

회전

접합 탭의 유형 드롭-다운 목록에서 회전 옵션을 선택하여 회전 접합을 만들 수 있습니다. 회전 접합은 한 구성 요소가 다른 구성 요소와 관련하여 공통 축을 중심으로 회전하도록 두 구성 요소 사이의 접합을 작성하는데 사용됩니다.

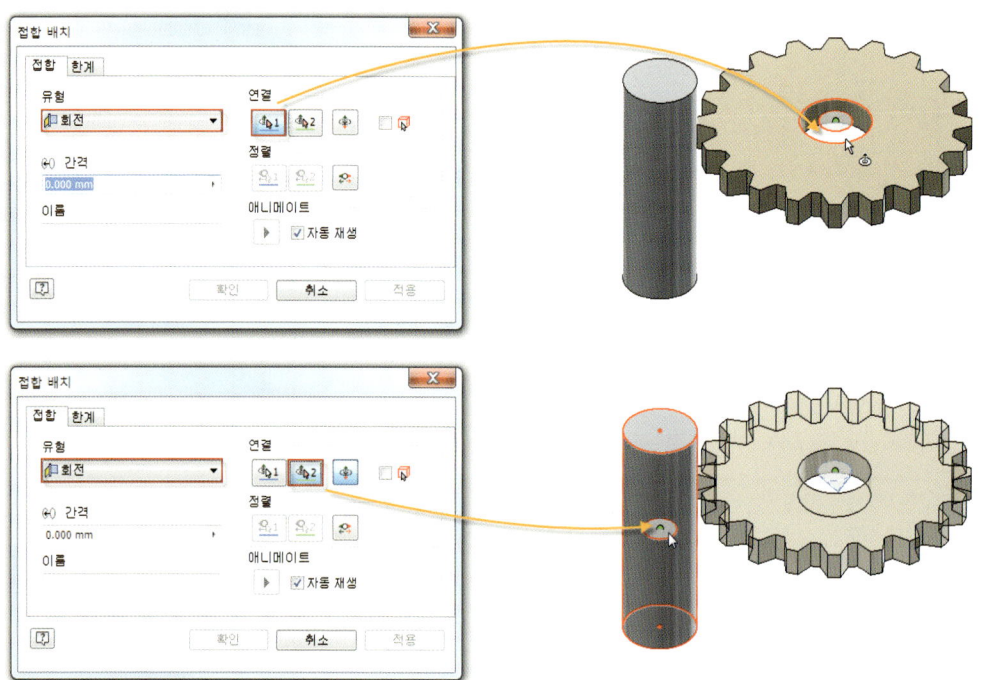

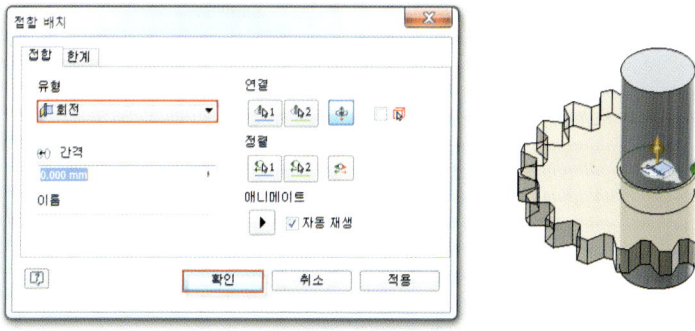

〈그림 9-15〉 회전 접합 조건으로 체결되는 결과

슬라이더

접합 탭의 유형 드롭-다운 목록에서 슬라이더 옵션을 선택하여 슬라이더 접합을 만들 수 있습니다. 슬라이더 접합을 사용하면 지정된 경로를 따라 구성 요소를 이동할 수 있습니다. 구성 요소가 결합되어 한 방향으로 만 변환됩니다. 슬라이더 접합에서 변환 자유도 (D.O.F)는 하나만 지정할 수 있습니다. 슬라이더 접합은 선형 방향으로 동작을 시뮬레이션 하는데 사용됩니다.

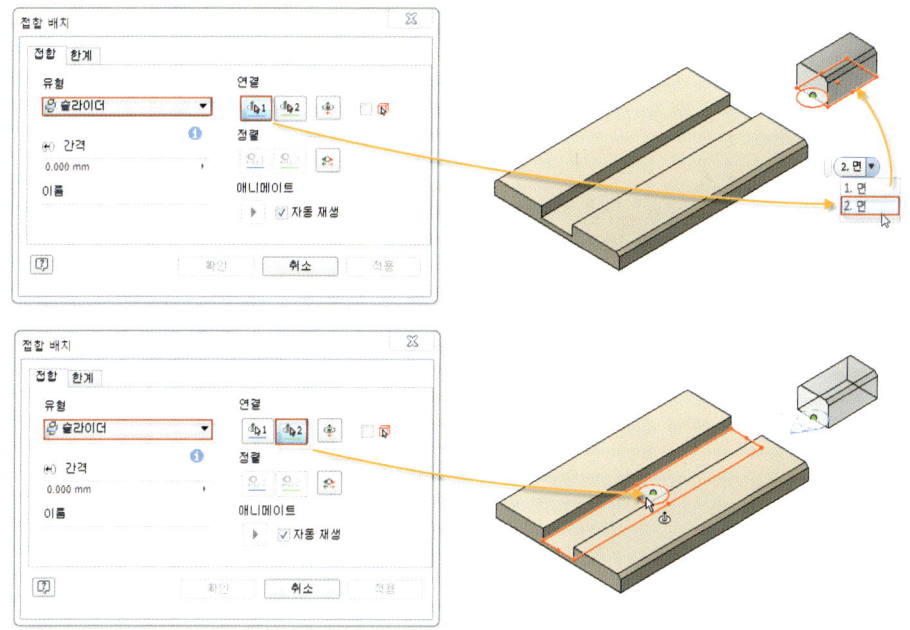

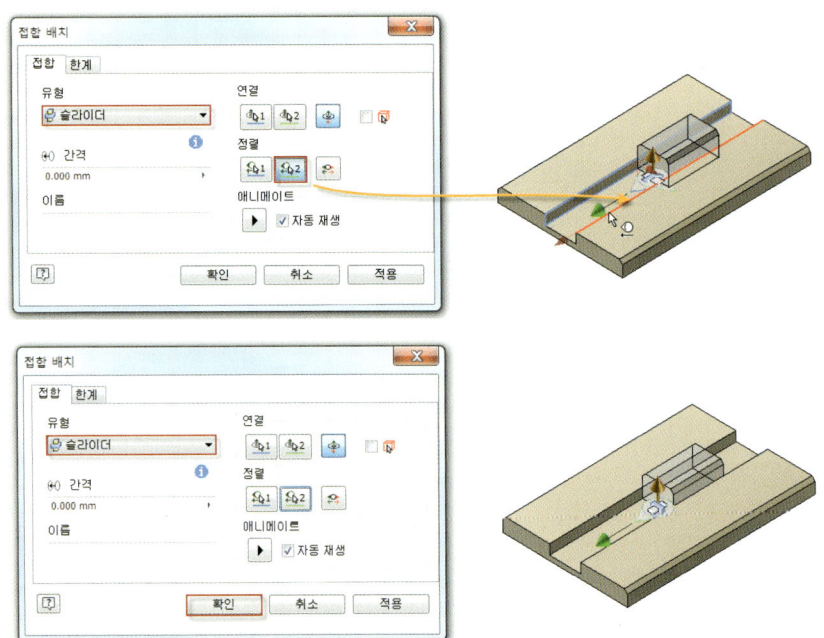

〈그림 9-16〉 슬라이더 접합 조건으로 체결되는 결과

원통형

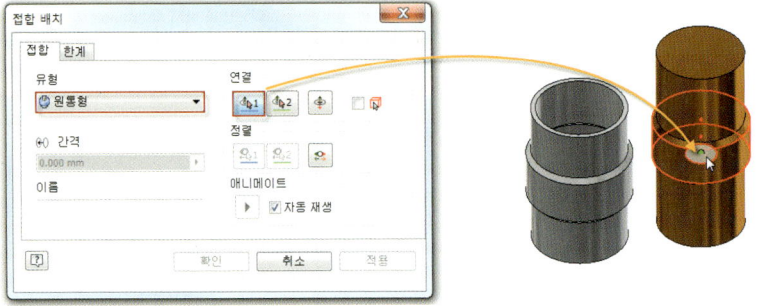

접합 탭의 유형 드롭-다운 목록에서 원통형 옵션을 선택하여 원통형 조인트를 작성할 수 있습니다. 원통형 접합을 사용하면 선형 방향으로 부품을 밀거나 다른 구성 요소의 축을 중심으로 회전할 수 있습니다. 원통형 접합에서 하나의 평행 이동 자유도 및 하나의 회전 자유도를 지정할 수 있습니다. 원통형 접합을 사용하여 다른 원통에 있는 원통형 모션을 시뮬레이션 할 수 있습니다.

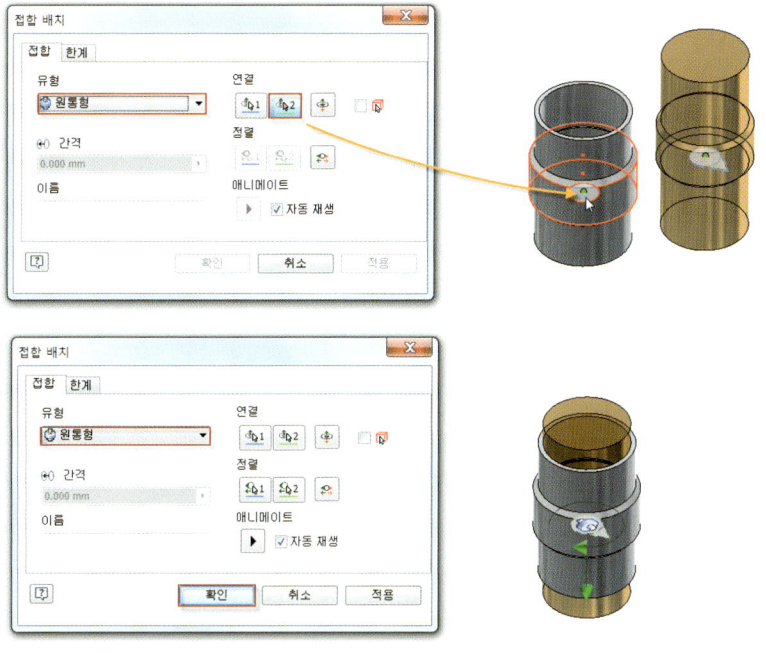

〈그림 9-17〉 원통형 접합 조건으로 체결되는 결과

평면형

접합 탭의 유형 드롭-다운 목록에서 평면 옵션을 선택하여 평면형 접합을 생성할 수 있습니다. 평면형 접합은 두 구성 요소의 평면을 연결하는데 사용됩니다. 구성 요소는 2개의 평행 이동 및 1개의 회전 자유도로 평면에서 슬라이드 또는 회전할 수 있습니다.

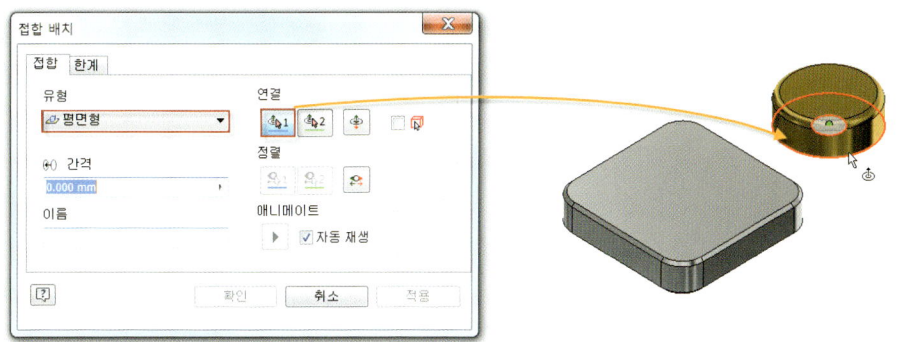

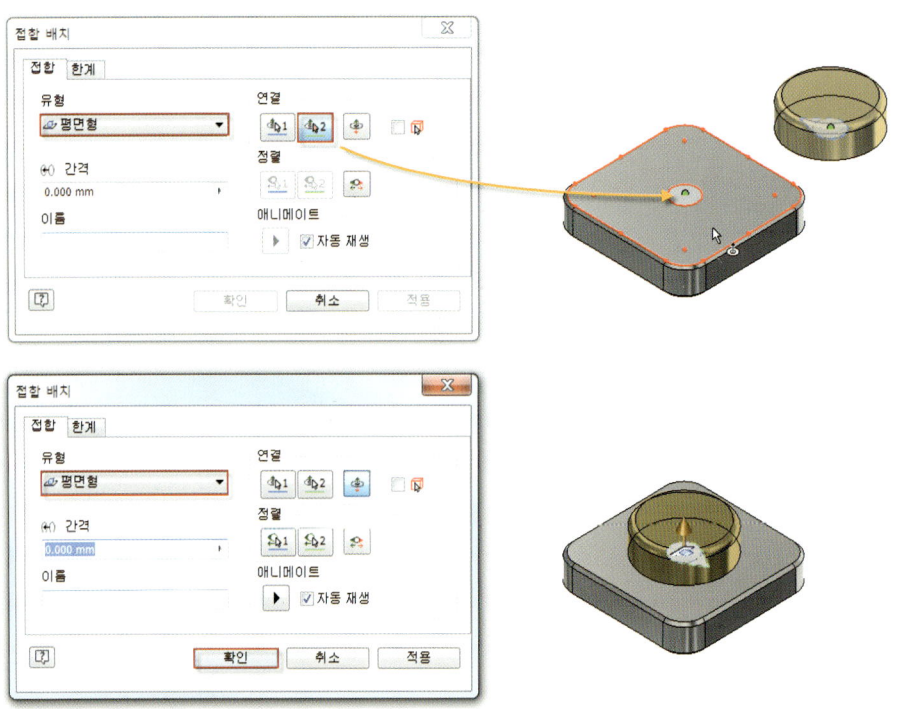

〈그림 9-18〉 평면형 접합 조건으로 체결되는 결과

볼

 접합 탭의 유형 드롭-다운 목록에서 볼 접합 옵션을 선택하여 볼 접합을 생성할 수 있습니다. 볼 접합은 두 구성 요소가 서로 접촉하고 동시에 가동 구성 요소가 임의의 방향으로 자유롭게 회전할 수 있도록 두 구성 요소 사이의 접합을 만드는데 사용됩니다. 두 구성 요소 사이에 볼 접합을 만들려면 각 구성 요소에서 한 점을 지정해야 합니다. 이렇게 만들어진 관절은 3개의 정의되지 않은 회전 자유도 (D.O.F)를 생성하고 공통점에서 다른 3개의 자유도 (D.O.F)를 제한합니다.

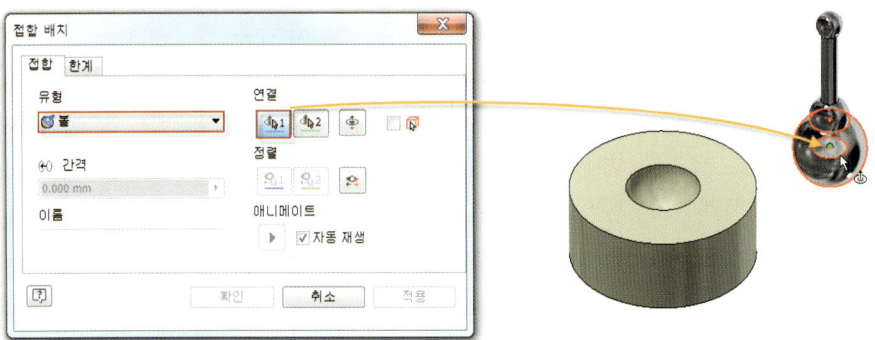

chapter 09 일반 조립품 모델링

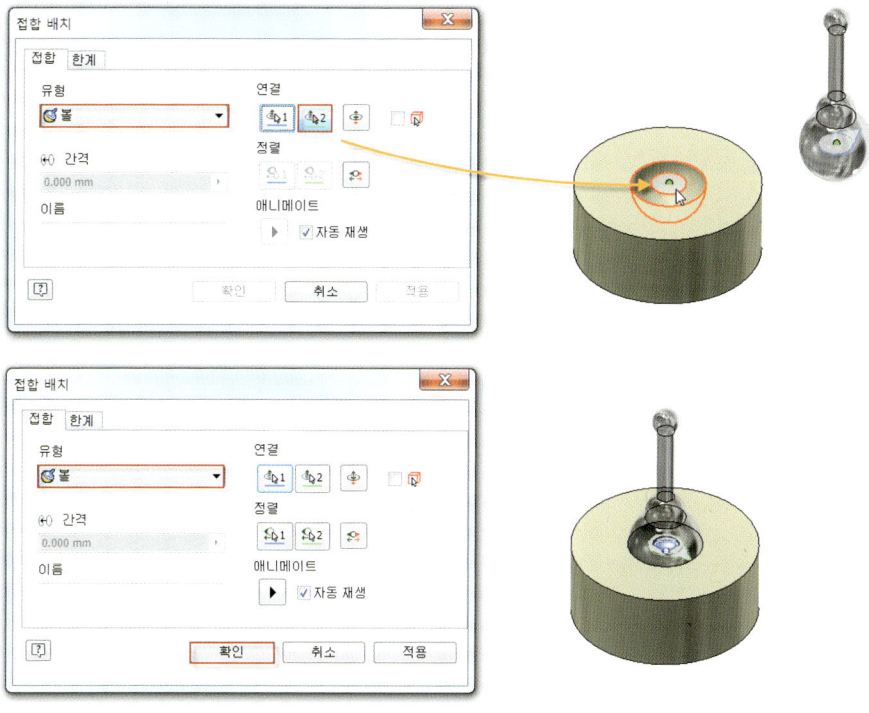

〈그림 9-19〉 볼 접합 조건으로 체결되는 결과

한계 탭

이 탭의 옵션은 두 개의 결합된 구성 요소의 회전 및 이동 동작을 지정하는데 사용됩니다.

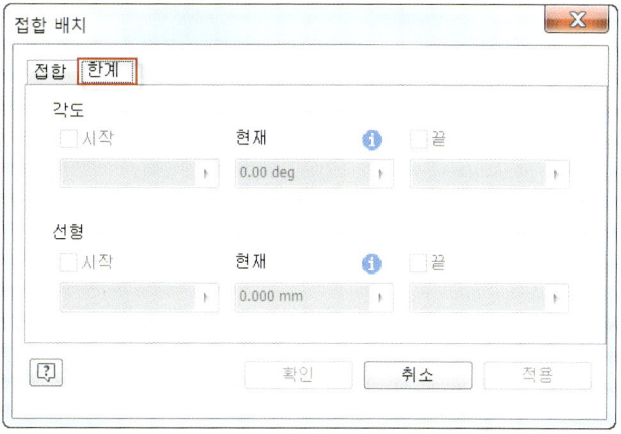

- **각도**

각도 영역의 옵션을 사용하여 회전 동작의 시작, 현재 및 끝 위치 값을 지정할 수 있습니다. 각도 영역의 편집 상자는 해당 확인란을 선택하면 활성화됩니다.

- **선형**

  선형 영역의 옵션을 사용하여 이동의 시작, 현재 및 끝 값을 지정할 수 있습니다. 선형 영역의 편집 상자는 해당 확인란을 선택하면 활성화됩니다.

08 관계를 표시하고 숨기기

Autodesk Inventor & Inventor Professional 2019에서는 Show, Hide All 및 Show Sick 도구를 사용하여 조립품
관계를 표시하거나 숨길 수 있습니다.

 표시

리본 메뉴/ 조립 탭/ 관계 패널/ 표시

표시 도구를 사용하여 조립품의 관계를 표시할 수 있습니다. 관계를 표시하려면 조립 탭의 관계패널에서 표시 도구를 선택합니다. 그런 다음 구성 요소를 선택합니다. 그러면 관계가 표시됩니다.

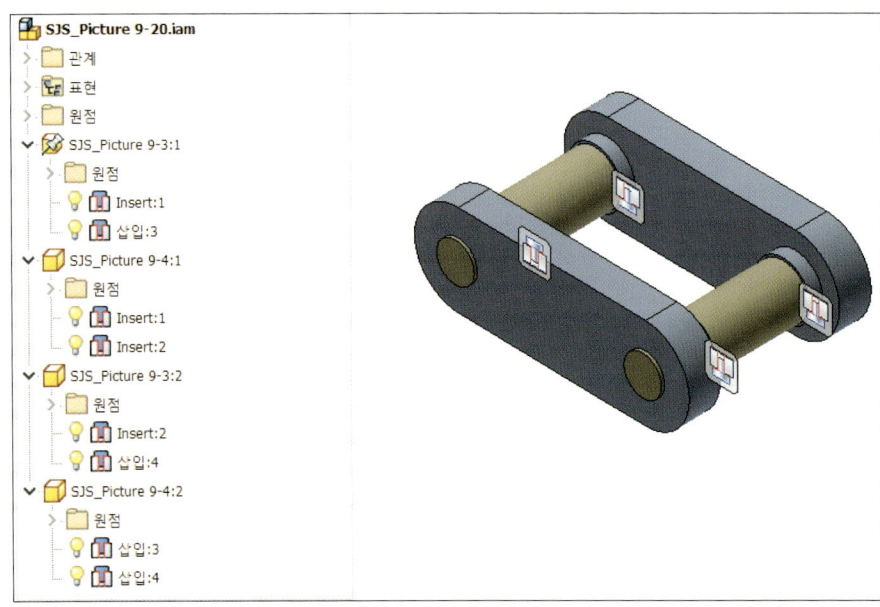

관계 표시

리본 메뉴/ 조립 탭/ 관계 패널/ 모두 숨기기

이 도구는 조립품에서 모든 관계를 숨기는데 사용됩니다. 관계를 숨기려면 조립 탭의 관계 패널에서 모두 숨기기 도구를 선택합니다. 보이는 모든 관계가 숨겨집니다.

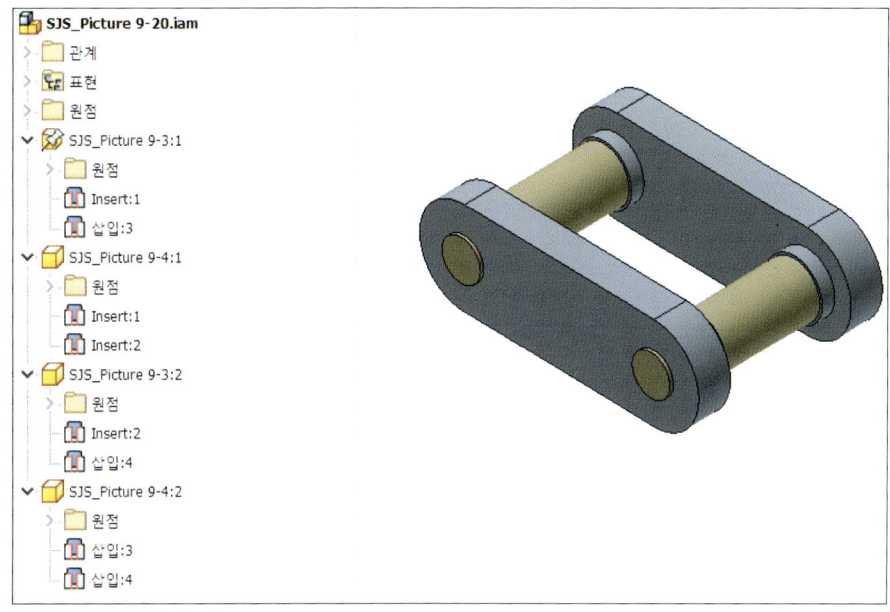

위반 상태 표시

리본 메뉴/ 조립 탭/ 관계 패널/ 위반 상태 표시

이 도구는 조립품에서 미해결 관계나 잘못된 관계를 표시하는데 사용됩니다. 해결되지 않은 관계를 표시하려면 조립 탭의 관계 패널에서 위반 상태 표시 도구를 선택합니다. 위반된 관계가 표시됩니다. 관계를 해결하려면 표시된 오류 기호를 두 번 클릭합니다. 디자인 닥터 대화 상자가 표시됩니다. 이 대화 상자에서 설정을 지정하여 관계를 해결할 수 있습니다.

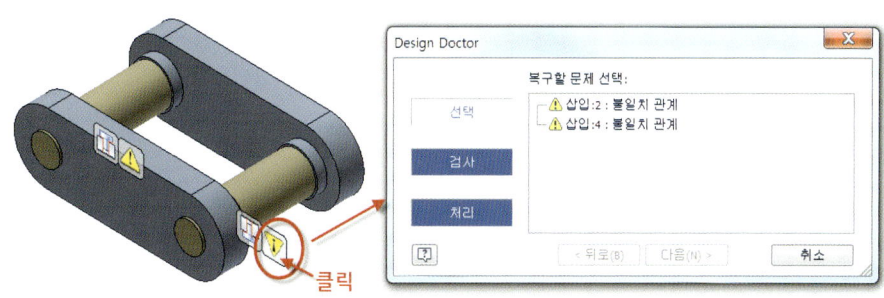

585

Note

위반 상태 표시 도구는 조립품의 모든 관계가 해결된 경우에는 활성화되지 않습니다.

09 자유 이동 (개별 구성 요소 이동하기)

리본 메뉴/ 조립 탭/ 위치 패널/ 자유 이동

Autodesk Inventor & Inventor Professional 2019를 사용하면 조립품 파일의 다른 구성 요소의 위치를 방해하지 않고 개별 구성 요소를 이동시킬 수 있습니다. 이 작업은 자유 이동 도구를 사용하여 수행됩니다. 마우스 커서를 구성 요소 가까이로 이동하면 구성 요소가 강조 표시됩니다. 구성 요소를 선택한 다음 원하는 위치로 끕니다. 구성 요소는 조립품 파일의 다른 구성 요소를 방해하지 않고 재배치됩니다.

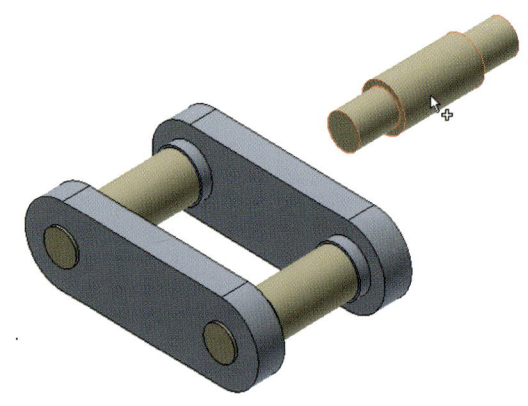

10 자유 회전 (3D 공간에서의 개별 구성 요소 회전)

리본 메뉴/ 조립 탭/ 위치 패널/ 자유 회전

다른 구성 요소의 방향을 변경하지 않고 현재 조립품 파일의 개별 구성 요소를 회전할 수도 있습니다. 이 작업은 자유 회전 도구를 사용하여 수행됩니다. 회전하려는 구성 요소를 선택합니다. 고정된 구성 요소는 끌 수 없습니다. 회전할 대상이 아닌 구성 요소를 선택하면 마우스에 압정 표시가 모델 주위에 표시됩니다. 회전할 수 있는 대상이면 커서가 회전 모드 커서로 변경됩니다. 동일한 도구를 사용하여 다른 개별 구성 요소도 함께 회전 할 수 있습니다. 구성 요소 회전을 마친 후 마우스 오른쪽 버튼을 클릭하고 표시된 마킹 메뉴에서 완료를 선택합니다. 마찬가지로 3D 공간에서 회전할 개별 구성 요소를 선택할 수 있습니다.

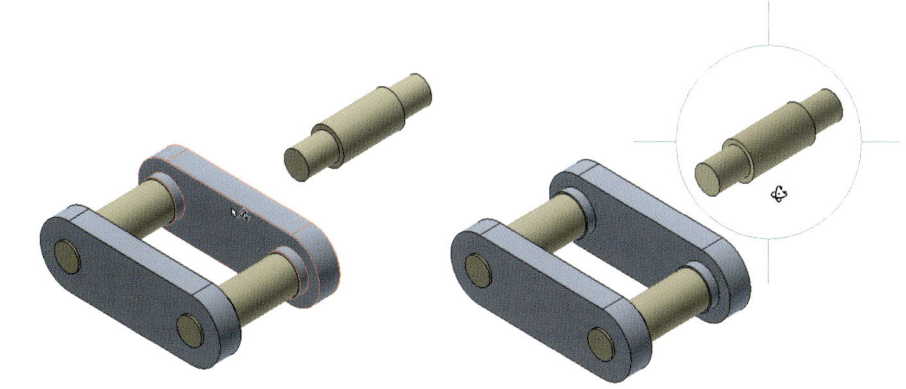

11 자유도

리본 메뉴/ 뷰 탭/ 가시성 패널/ 자유도

초기 조립품 파일 내의 각 구성 요소에는 6개의 자유도가 있습니다. 자유도 (D.O.F)는 양 방향이며 원점 X, Y, Z 축을 따라 세 개의 축 자유도 (D.O.F)와 같은 축을 중심으로 완전한 회전 자유도로 구성됩니다. 구성 요소간에 조립 관계를 만들어 자유롭게 움직이거나 적어도 이동이 허용되는 방식을 제어하지 못하도록 합니다. 구성 요소간의 조립 관계를 만드는 방법을 쉽게 이해할 수 있도록 자유도 (Degrees Of Freedom) 버튼을 클릭하여 보기 탭에서 자유도 (D.O.F)를 볼 수 있습니다. 구성 요소에 구속 조건이 적용되면 자유도 (D.O.F) 삼각형은 나머지 자유도 (D.O.F)만 표시되도록 변경됩니다. 구성 요소가 완전히 구속되면 트라이어드가 사라집니다.

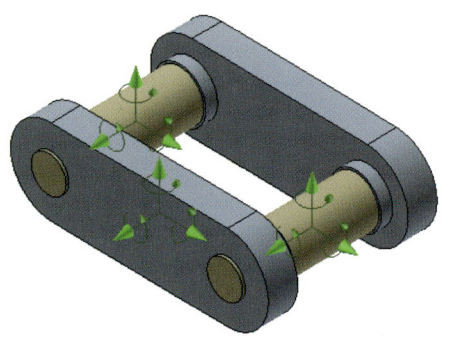

12 접촉 분석 활성화

리본 메뉴/ 검사 탭/ 간섭 패널/ 접촉 분석 활성화

　　조립품 내에서 구성 요소를 구동하는 또 다른 방법으로는 접촉 분석 옵션이 있습니다. 이 옵션을 사용하면 여러 구성 요소를 구동하는 데 최소한의 구속 조건만 필요합니다. 접촉 분석이 작동하려면 구성 요소가 서로 구속될 필요가 없습니다. 접촉 분석은 부품이 실제로 서로 상호 작용하는 것과 거의 같은 방식으로 작동합니다. 접촉 분석이 적용되지 않으면 움직이는 부품을 서로 통과시켜 간섭이 발생할 수 있습니다. 접촉 분석을 적용하면 서로 다른 부품이 접촉할 때 부품이 정지합니다. 이에 대한 간단한 예가 아래와 같은 슬라이드 암입니다. 왼쪽에서, 팔 영역이 실제로 있을 수 있는 지점을 지나 연장되어 슬라이드 정지가 슬라이드 슬롯을 통과하도록 할 수 있습니다. 오른쪽의 부품이 접촉 세트에 추가되고 접촉 분석을 활성화하여 슬라이드 정지가 슬롯을 통과하지 못하게 합니다.

1 SJS_Picture 9-21.iam 파일을 열어 접촉 분석을 활성화해 봅니다.

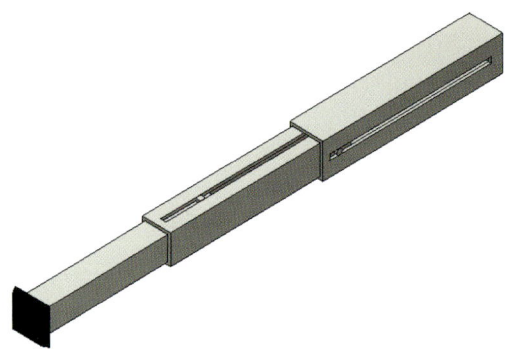

2 아래와 같이 검색기 막대에서 조립품 SJS_Picture 9-21.iam 을 구성하고 있는 부품 파일 3개를 선택하고 마우스 오른쪽 버튼을 클릭하여 접촉 세트를 선택합니다.

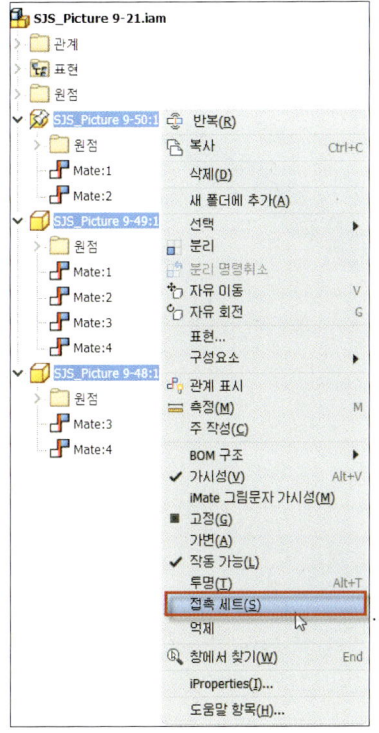
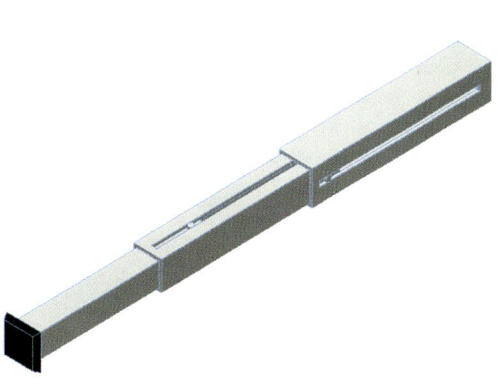

3 그러면 검색기 막대에서 선택한 3개의 부품 파일의 아이콘이 아래와 같이 변경됩니다.

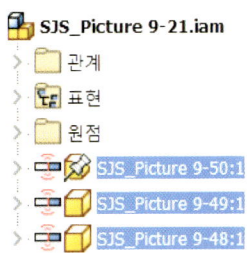

4 리본 메뉴/ 검사 탭/ 간섭 패널/ 접촉 분석 활성화를 선택합니다.

5 검정색 캡이 있는 부품을 아래와 같이 드래그 해보면 슬라이드 암들이 확장되면서 접촉 점에서 어떻게 되는지 확인해 볼 수 있습니다.

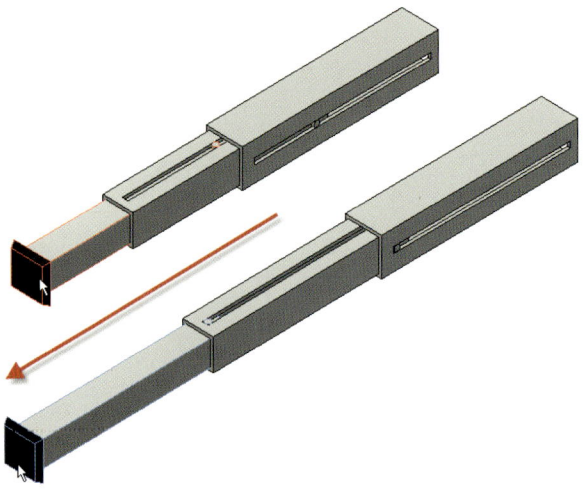

Note

❑ 충돌 감지에 접촉 분석을 사용

간섭하는 부품 (예: 구멍의 맞춤 핀)이 있고 충돌 감지 옵션이 선택된 경우 이 간섭을 감지 했으므로 드라이브 구속 명령이 즉시 중지됩니다. 부품의 충돌을 시험해야 하는 경우 접촉 분석을 사용합니다.

중복 관계 및 구속 조건 오류

부품간의 과도한 구속 관계는 과도하게 구속된 구성 요소가 있을 때 중복되는 것으로 간주됩니다. 중복 관계는 조립품의 올바른 작동을 방해하고 관계 오류 및 성능 문제를 일으킬 수 있습니다.
　두 개의 토글은 과도한 구속 조건을 풀어주는 역할을 합니다. 도구 탭/ 응용 프로그램 옵션/ 조립품 탭에서 선택하여 찾을 수 있습니다.
　관계 중복 분석을 활성화하면 Autodesk Inventor가 조립 구속 조건에 대한 보조 분석을 수행하고 중복 구속 조건이 존재할 경우 알림을 수행할 수 있습니다. Autodesk Inventor & Inventor Professional 2019에서 관계 중복 분석을 활성화하면 특정 구속 조건이 실패할 경우 영향을 받는 모든 구속 조건 및 구성 요소를 식별할 수 있습니다. 분석을 수행한 후에는 손상된 구속 조건(또는 손상되지 않은 구속조건)을 사용하는 구성 요소를 분리하고 개별 구성 요소에 대한 처리 방법을 선택할 수 있습니다. 분석에는 별도의 프로세스가 필요하므로 이 두 확인란이 활성화되어 있으면 성능에 영향을 줄 수 있습니다. 따라서 문제가 있는 경우에만 분석을 활성화하는 것이 좋습니다.

◆ 공동 관계로 작업

접합 도구를 사용하면 한 개의 접합 관계를 통해 한 쌍의 구성 요소 간의 작업 관계를 정의할 수 있습니다. 이 작업은 구성 요소의 면과 가장자리에 있는 접합 지점을 쌍으로 연결하여 수행합니다. 여러 유형의 접합을 조립품에 사용할 수 있으므로 사용할 접합 유형과 시기를 알려면 각 접합의 역할에 대해 숙지해야 합니다. 접합 도구를 사용하면 구속 조건 도구를 사용하여 동일한 결과를 얻을 수 있지만, 접합 도구를 사용하면 조립 관계가 줄어들어 나중에 훨씬 더 쉽게 관리할 수 있습니다. 또한 접합 및 구속 조건 도구를 함께 사용하여 적합한 설계의 조합 관계를 완전히 정의할 수 있습니다.

◆ 접합 선택 입력

모든 접합 유형은 두 개의 원점 선택과 두 개의 정렬 선택을 정의하여 작성됩니다. 정렬 선택은 원본 세트 선택에 따라 자동으로 작성됩니다. 그러나 추론된 선택은 특정 접합에 대한 올바른 해결책이 아니므로 잘못된 미리 보기가 발생합니다. 이 경우 정렬 선택 버튼을 다시 클릭하여 모서리나 면을 다시 선택하여 정렬 할 수 있습니다.

→ Note

□ 구속 조건 또는 접합 중에서 어느 것을 사용해야 할까?

구속 조건 및 접합 도구는 동일한 작업을 수행하는 두 가지 방법을 제공하기 때문에 조립품 관계를 만들려면 어떤 것을 사용해야 하는지 궁금해 할 수 있습니다. 답은 두 가지 도구에 대한 경험과 지식에 따라 달라질 수 있습니다. 구속 조건 도구에 익숙하다면 조립품 관계를 가장 잘 생성하는 방법에 가장 적합하다는 것을 알 수 있습니다. 이 경우에는 접합 도구를 사용하는 경우는 많이 없습니다. 반대로, 구속 도구가 직관적이지 않은 경우 접합 도구를 선호할 수 있습니다. 이러한 도구 중 하나 또는 둘 다를 위한 기본 설정은 사용자가 만드는 설계 유형에 따라 달라질 수 있습니다. 예를 들어, 대부분 정적 구성 요소가 있는 프레임 구조 또는 용접 구조물을 작성하는 경우 메이트 및 플러시 구속 조건이 아닌 리지드 접합 작성을 통해 조립할 수 있습니다. 물론 가장 적합한 관계 유형을 선택하여 여러 가지 구속 조건과 접합을 사용할 수도 있습니다.

◆ 하위 조립품의 이해

부품 간의 조립 관계를 배치하여 해당 부품을 배치하고 유지하여 조립품을 작성합니다. 소규모의 조립품을 작업할 때 종종 모든 부품을 한 수준에서 조립할 수 있습니다. 그러나 더 큰 조립품을 사용하여 작업하려면 조직 및 성능을 위해 여러 수준의 조립품을 사용해야 합니다. 낮은 수준의 조립품은 하위 조립품이라고 말을 합니다. 일반적인 산업 장비 베이스에 달린 캐스터 휠 조립품을 보면 단순한 구성 요소처럼 보일지 모르지만, 많은 작은 부품들로 구성되어 있습니다. 조립품에서 이 캐스터를 여러 번 사용해야 하는 경우 모든 작은 부품을 조립품에 반복해서 두지는 않습니다. 대신 하위 조립품으로 패키지하고 하위 조립품의 여러 객체들을 최상위 조립품에 배치를 합니다.

아래 그림은 하위 조립품으로 배치될 캐스터 휠 조립품입니다. 설계 및 제작하는 대부분의 작업은 일반적으로 일종의 하위 조립품으로 이루어집니다. 제조 과정에서 공통 부품의 하위 조립품을 만들어 조립품의 조립 과정을 더 쉽게 만들 수 있습니다. 같은 방식으로 디자인하는 것이 합리적입니다.

> Note

❏ 조립품의 사용 시기 알기

부품을 조립품으로 작성해야 하는 경우가 종종 있지만 (올바른 BOM을 갖거나 올바른 동작을 제공하기 위해) 항상 최선의 선택은 아닙니다. 예를 들어, 조립품에서 캐스터를 회전할 필요가 없다면 캐스터를 단일 부품으로 모델링 하거나 조립품을 단일 부품으로 파생하는 것이 좋습니다. 이렇게하면 모델의 오버 헤드가 줄어들고 설계 전체에서 추적할 부품 수를 줄일 수 있습니다.

13 유연성

디자인 내에서 동일한 하위 조립품의 여러 개의 객체가 사용되는 경우 각 객체를 유연하게 만들 수 있으므로 하위 조립품의 제한되지 않은 구성 요소를 최상위 조립품에서 해결할 수 있습니다. 아래 그림의 캐스터 조립품은 실제와 같이 독립적으로 선회하고 위치를 지정할 수 있도록 유연하게 만들어졌습니다.

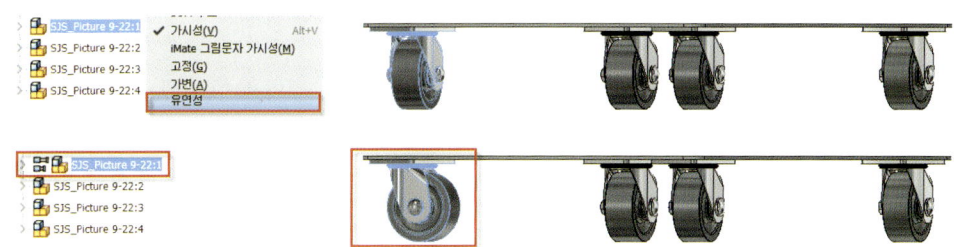

하위 조립품 객체는 검색기 막대에서 객체를 선택한 다음 마우스 오른쪽 버튼으로 클릭하고 유연성을 선택하여 유연하게 만드는 것입니다. 유연한 하위 조립품은 검색기 막대의 객체 이름 옆에 아이콘과 함께 표시되므로 어떤 객체가 유연한지 쉽게 판단할 수 있습니다. 유연한 조리 품은 유연한 하위 조립품에 중첩될 수 있으며 원래 조립품이 변경될 때마다 업데이트됩니다. 유연한 조립품의 일반적인 용도 중 하나는 최상위 조립품의 여러 위치에서 사용할 때 길이가 다른 유압 실린더를 만드는 것입니다. 조립품의 각 객체가 유연해질 때 각 실린더는 최상위 조립품 내에서 그에 따라 이동할 수 있습니다.

14 가변

교차 부품 가변은 Autodesk Inventor & Inventor Professional 2019의 강력한 기능으로 사용자가 원하는 대로 켜거나 끌 수 있습니다. 가변으로 만든 부품의 스케치 또는 피쳐가 다른 부품에서 찾은 스케치 또는 피쳐를 기반으로 업데이트를 할 수 있게 하는 옵션입니다. 가변은 올바르게 사용될 때 강력한 도구이지만 대형 조립품에서 무차별적으로 사용되거나 가변 부품이 관련된 부품 없이 다른 조립품에서 사용되는 경우 성능 문제가 발생할 수 있습니다. 그러나 간단한 방법으로 두 상황을 모두 수정할 수 있습니다. 활성 가변 부품은 대형 조립품에서 성능 문제를 일으킬 수 있으므로 사용 후 가변성을 꺼야 합니다. 관련된 부품을 편집하는 경우 관련된 부품의 가변성을 켜야 하며 조립품을 업데이트하여 관련된 부품의 변경 사항을 반영해야 합니다. 이 작업이 완료되면 해당 가변성을 다시 해제하면 됩니다.

다른 디자인으로 이어져 공유 부분을 편집 할 수 없게 됩니다.

Note

❏ 가변성 추적

가변성을 사용하지 않을 때는 끄는 것이 좋습니다. 그러나 Inventor에는 어떤 부품이 가변성이 있는지 알려주는 좋은 방법이 없습니다. 한 가지 방법은 검색기 막대에 있는 노드의 이름을 변경하여 어떤 부분이 가변성 부품인지 알 수 있도록 하는 것입니다. 이를 수행하는 간단한 방법은 검색기 막대의 노드 이름에 -A를 추가하는 것입니다. 이제 가변 가능한 부분이 어디인지 알 수 있습니다.

가변 부품을 다른 설계에 사용하려면 다른 부품 번호로 파일을 저장하고 새 부품에서 가변성을 제거해야 합니다. 그렇지 않으면 가변 관계가 다른 디자인으로 이어져 공유 부분을 편집 할 수 없게 됩니다.

• **가변성 생성**

아래의 내용은 두 부품 사이에 가변 관계를 생성하고 이러한 부품이 어떻게 서로 연결되어 있는지 보여 주는 예입니다.

1 SJS_Picture 9-24.iam파일을 선택한 다음 열기를 합니다.

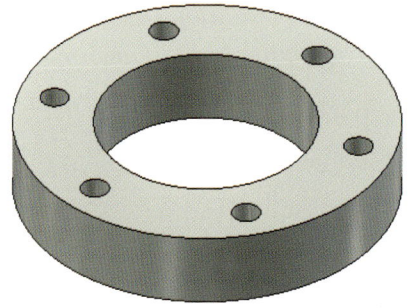

2 조립 탭에서 생성 버튼을 클릭하거나 검색기 막대 또는 그래픽 영역에서 마우스 오른쪽 버튼을 클릭하고 구성 요소 생성을 선택합니다.

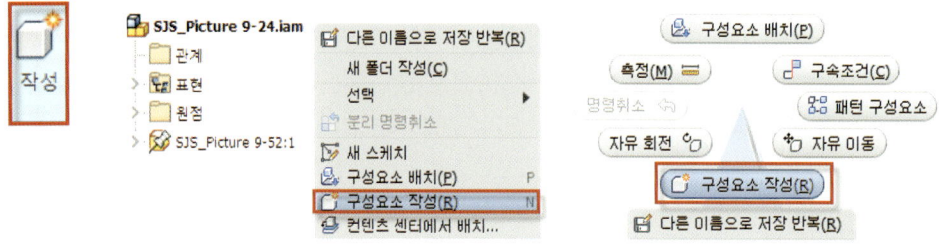

3 새 부품 파일 패킹의 이름을 지정합니다. 여기서는 SJS_Adaptive_Part.ipt로 이름을 부여하고, 새 파일 위치의 경우 Chapter_09_일반 조립품 모델링 폴더로 이동하여 스케치 평면을 선택한

면 또는 평면에 고정이 선택되어 있는지 확인한 다음 확인 버튼을 클릭합니다.

4 새 부품 스케치를 위한 아래와 같이 SJS_Picture 9-52.ipt파일의 윗면을 선택합니다. 응용 프로그램 옵션 스케치 설정에 따라 Inventor에서 스케치 1을 직접 작성하거나 수동으로 스케치 1을 작성해야 할 수 있습니다. 스케치가 작성되지 않은 경우 2D 스케치 시작 버튼을 사용하여 SJS_Picture 9-52.ipt 파일의 윗면을 다시 선택합니다.

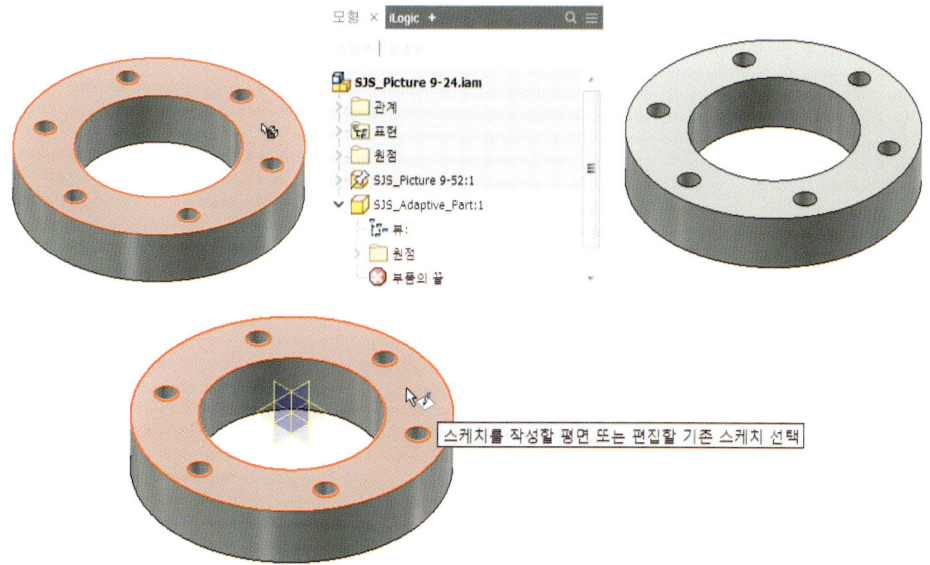

5 스케치 탭/ 형상 투영을 클릭하고 기존 부품의 윗면을 선택합니다. 형상이 스케치에 투영됩니다. 부품 및 스케치가 가변성이 있음을 나타내기 위해 가변형 글리프가 검색기 막대의 부품 노드에 추가되었습니다. 또한 스케치 아래에 중첩 된 참조1 노드가 있습니다. 이 노드는 그림 8.40과 같이 두 부분을 연결하는 정보를 포함합니다.

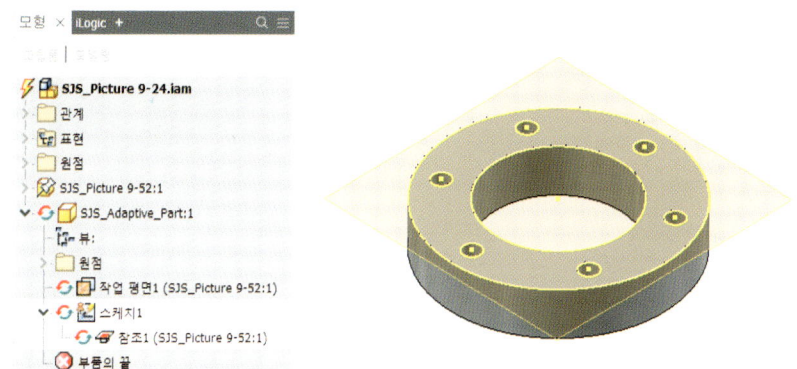

가변형 글리프는 가변성이 켜지면 표시됩니다. 검색기 막대에서 노드를 마우스 오른쪽 버튼으로 클릭하여 가변성을 켜고 끌 수 있습니다. 부품을 편집하는 동안 피쳐를 토글하거나 가변성을 스케치 할 수 있지만 부품의 가변성을 토글하려면 조립품 레벨로 돌아가야 합니다. 또한 형상을 투영할 때 가변형 루프 생성을 비활성화 할 수 있습니다. 그렇게 하려면 도구 탭을 선택하고 응용 프로그램 옵션을 클릭 한 다음 조립품 탭을 선택한 다음 크로스 파트 기하학 투영 옵션의 선택을 취소하면 됩니다.

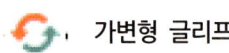 **가변형 글리프**

6 그래픽 영역에서 마우스 오른쪽 버튼을 클릭한 다음 2D 스케치 마침을 클릭합니다.

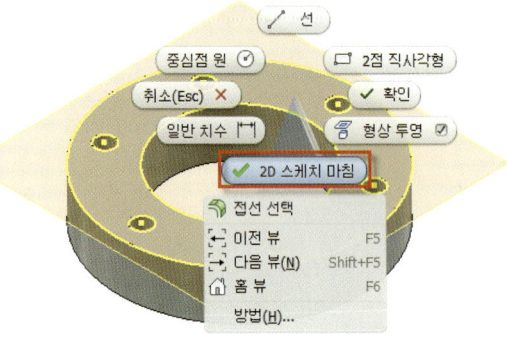

7 SJS_Adaptive_Part 부품을 2mm 두께로 돌출시키고 복귀 버튼을 클릭하여 조립품으로 돌아간 다음 저장을 클릭합니다.

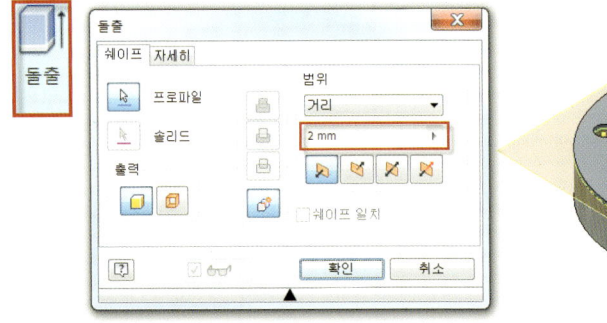
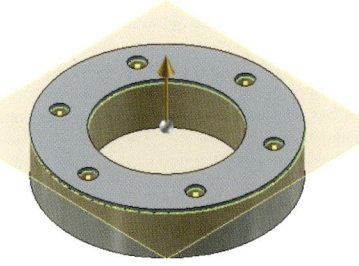

chapter 09 일반 조립품 모델링

8 가변성이 작동하는 방법을 보려면 SJS_Picture 9-52.ipt 구성 요소를 두 번 클릭하여 편집할 수 있도록 해당 부분을 활성화합니다. 그래픽 영역에서 부품을 두 번 클릭하거나 모델 검색기 막대에서 부품 이름 옆에 있는 아이콘을 두 번 클릭하여 편집할 부품을 활성화할 수 있습니다. 모델 검색기 막대에서 돌출 1을 마우스 오른쪽 버튼으로 클릭하고 스케치 편집을 선택합니다. 전체 지름을 130mm에서 200mm로 변경하고 확인 버튼을 클릭합니다.

9 SJS_Picture 9-52 부품 구성 요소의 구멍 패턴의 전체 지름과 직경이 변경되었지만 해당 SJS_Adaptive_Part 부품은 변경되지 않은 것을 알 수 있습니다.

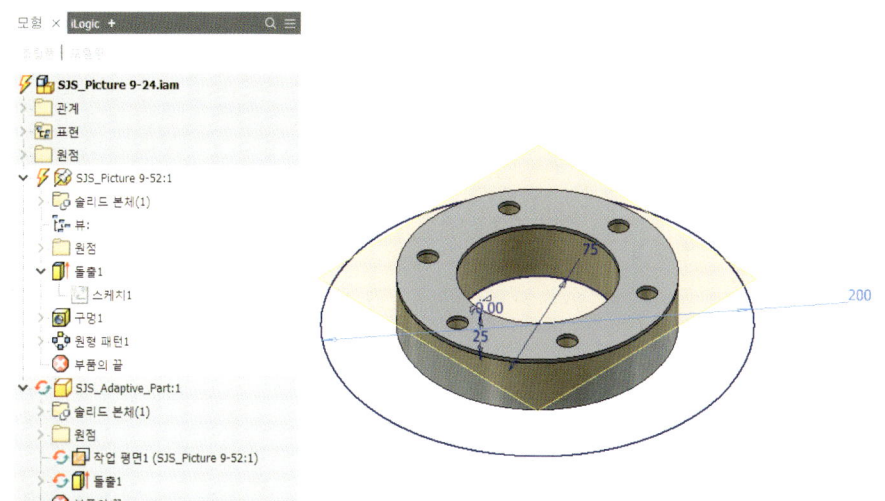

597

10 복귀 명령어를 클릭하여 두 번째 수준 조립품 설계 상태로 다시 한 번 이동합니다. 두 부품이 모두 하위 조립품 레벨에서 활성화되어 있으므로 SJS_Adaptive_Part 부품이 SJS_Picture 9-52 구성 요소와 일치하도록 업데이트됩니다.

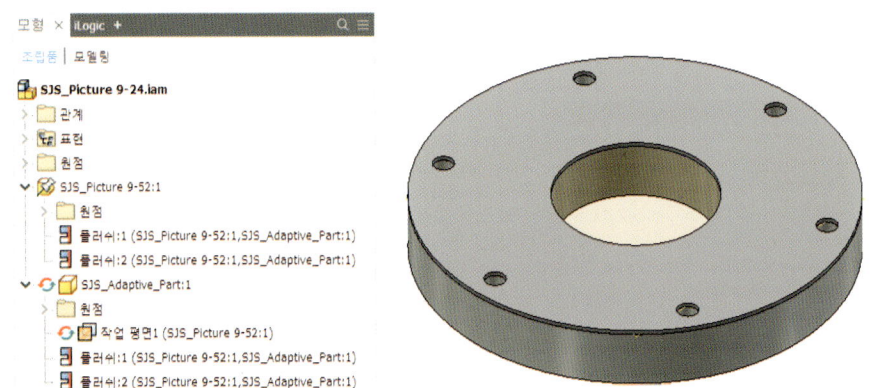

15 패턴

리본 메뉴/ 조립 탭/ 패턴 패널/ 패턴

 하나 이상의 구성 요소를 복제하여 그 결과로 생성되는 발생을 원형 또는 직사각형 패턴으로 배열하는 기능입니다. 피쳐 패턴을 선택하여 피쳐의 번호와 간격을 구성 요소 패턴에 연관시켜서 패턴을 할 수도 있습니다.

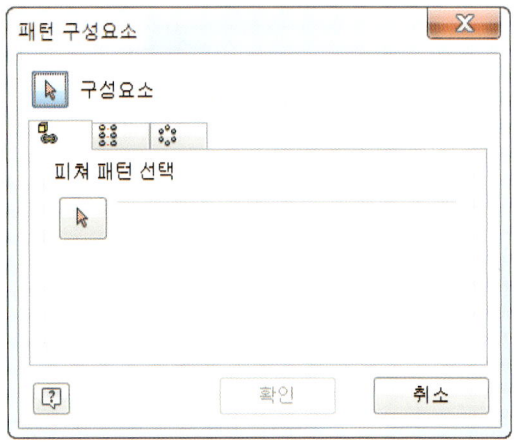

- **구성요소**

 패턴에 포함시킬 구성요소를 하나 이상 선택합니다. 조립품 구성요소의 기존 패턴을 선택 집합에 포함시킬 수 있습니다.

chapter 09 일반 조립품 모델링

• **연관 탭**

조립품 패턴을 연관시킬 피쳐 패턴을 선택합니다. 피쳐 패턴의 이름이 피쳐 패턴 선택 상자에 표시됩니다. 구성요소는 피쳐 패턴의 배치 및 간격에 상대적으로 패턴이 만들어집니다. 피쳐 패턴을 변경하면 조립품 패턴의 구성요소 수 및 간격이 자동으로 업데이트됩니다. 패턴을 만든 구성요소에 연관된 관계들은 조립품 패턴에 복제되어 적용됩니다.

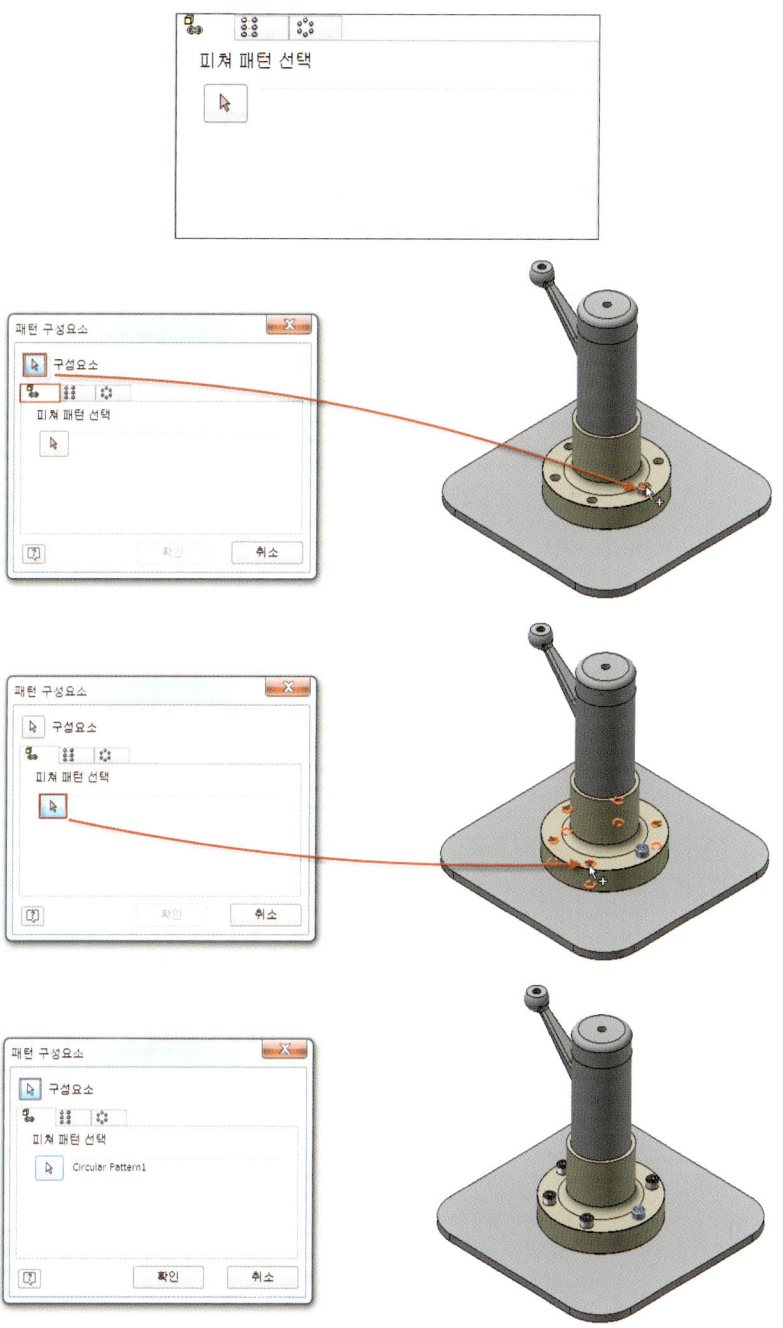

직사각형 탭

수와 간격을 지정하거나 부품에서 패턴화된 피쳐를 일치시켜 선택한 구성요소를 열과 행에 정렬합니다.

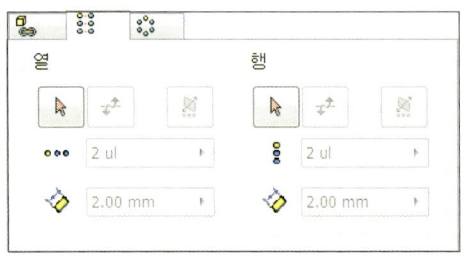

- **열 및 행 배치**
  - **방향** 선택한 모서리 또는 축에 의해 정의된 방향으로 선택한 구성요소를 정렬합니다. 구성요소를 배치하여 패턴을 만든 피쳐를 일치시킬 때 선택한 패턴은 간격 및 개수를 설정합니다.
  - **반전** 열 또는 행의 방향을 반전합니다.
  - **개수** 열 또는 행의 발생 수를 지정합니다. 기본값은 2입니다. 0보다 커야 합니다.
  - **간격** 발생 사이의 간격을 지정합니다. 기본값은 2입니다. 음수 값을 입력하여 반대 방향으로 패턴을 작성할 수 있습니다.

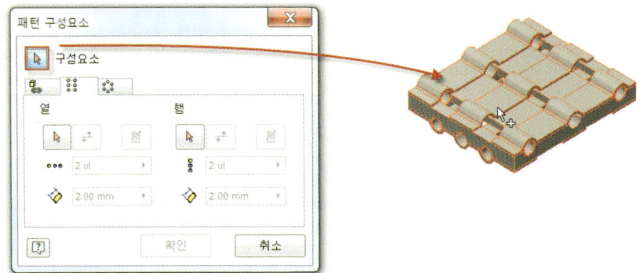

600

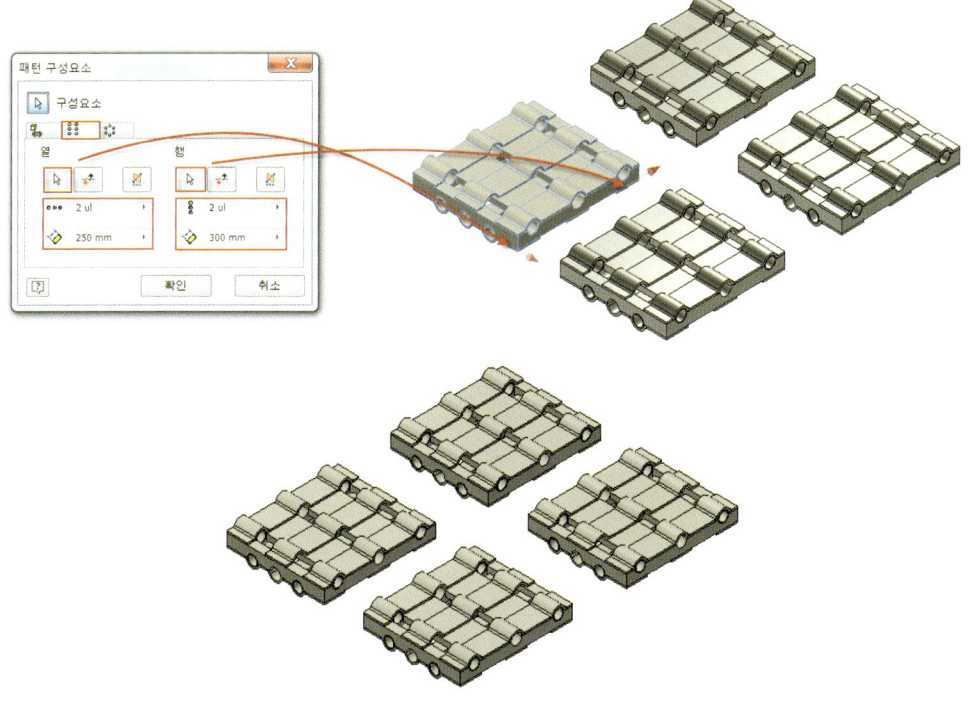

원형 탭

 특정한 개수 및 각도 간격으로 또는 부품에서 패턴을 만든 피쳐를 일치시켜 선택한 구성요소를 원 또는 호 패턴으로 정렬합니다.

- **원형 배치**
  - **회전축** 반복되는 발생의 축(각도의 피벗 점)을 지정합니다. 해당 축은 패턴이 만들어지는 구성요소와 서로 다른 평면에 있을 수 있습니다.
  - **반전** 패턴의 방향을 반전시킵니다.
  - **개수** 호 또는 원의 발생 수를 지정합니다. 기본값은 4입니다. 0보다 커야 합니다.
  - **각도** 발생 사이의 각도 간격을 지정합니다. 기본값은 90도입니다. 음수 값을 입력하여 반대 방향으로 패턴을 작성할 수 있습니다.

16 미러

리본 메뉴/ 조립 탭/ 패턴 패널/ 미러

전체 조립품이나 구성요소의 하위 세트를 미러시킬 수 있습니다.

- **구성 요소 선택**

  그래픽 창이나 조립품 검색기 막대에서 대칭을 할 구성요소를 선택합니다.

  - 선택한 구성요소가 구성요소 미러: 상태 대화상자 검색기에 나열됩니다.
  - 구성요소 미러링: 상태 대화상자에서 미러 평면을 클릭한 다음 적절한 평면형 YZ, XZ XY 설정을 선택합니다.

  미러 관계를 선택해서 기존 구성요소 간의 구속조건 및 접합을 미러한 구성요소에 적용합니다. 구속조건 및 접합이 미러가 된 구성요소에 적용되는 것을 방지하려면 선택을 취소합니다. 새 구성요소 고정을 선택하여 미러한 새 구성요소를 자동으로 고정합니다.

  대화상자의 맨 위에 있는 상태 버튼을 사용하여 선택한 모든 구성요소의 상태를 변경합니다. 개별 구성요소의 상태 아이콘을 클릭하여 구성요소 상태를 변경합니다.

- **상태**

  - 미러

    미러된 구성요소를 작성하여 새 파일에 저장합니다.

  - 재사용

    현재 조립품 파일이나 새 조립품 파일에서 구성요소 복제를 추가합니다.

  - 제외

    미러 작업에서 부분 조립품 또는 부품을 제외합니다.

- **자세히 버튼**

  원하는 경우에는 표준 컨텐츠 및 팩토리 부품 재사용 확인란의 선택을 취소하여 라이브러리 구성요소의 미러 상태를 사용할 수 있게 합니다. 기본적으로 라이브러리 부품은 미러 조립품 파일에 재사용됩니다. 구성요소 미리 보기에서 확인란을 선택하여 그래픽 창에 표시되는 미리 보기를 사용자화합니다.

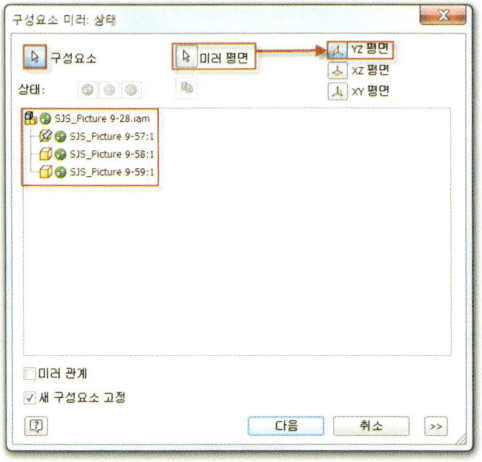

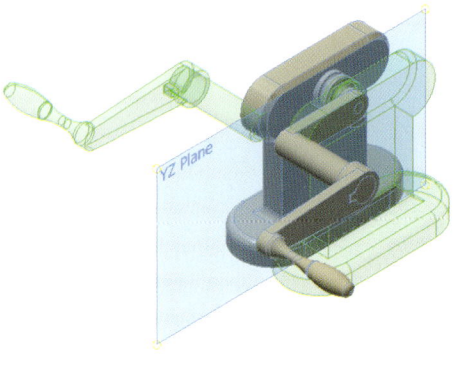

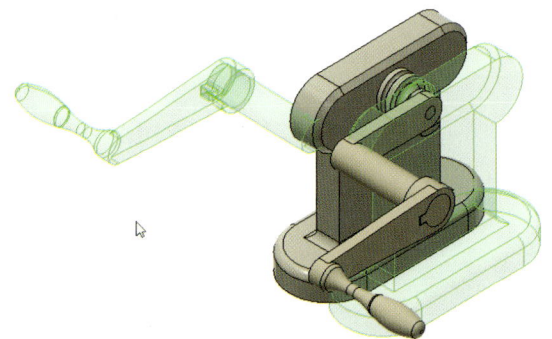

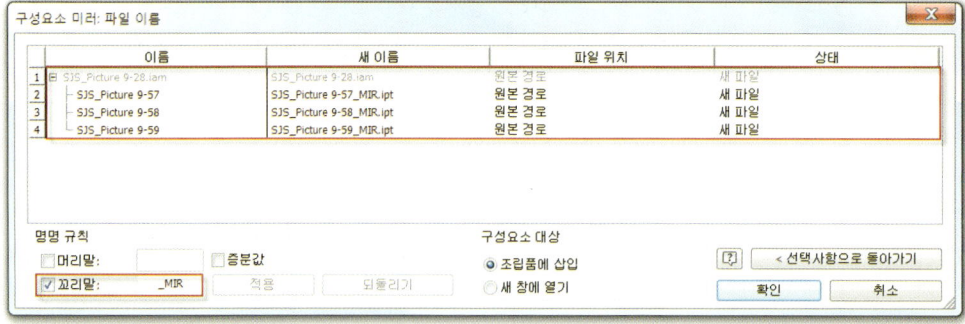

chapter 09 일반 조립품 모델링

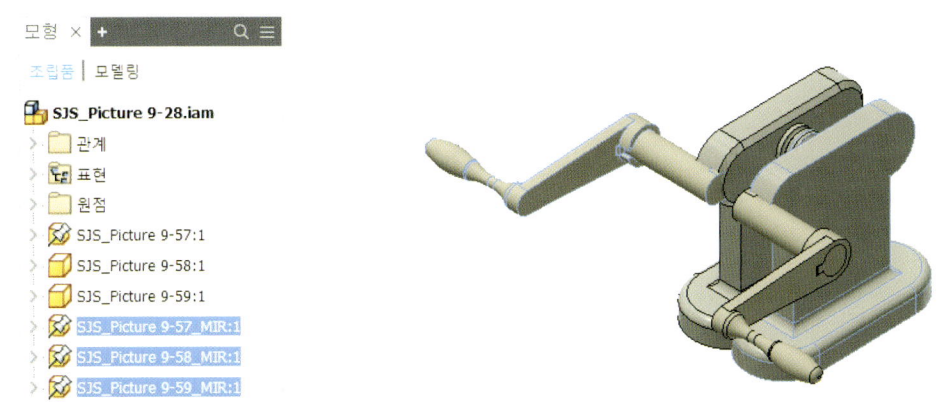

- 조립품에 삽입을 클릭하여 현재 또는 새 조립품 파일에 구성요소를 배치합니다.
- 조립품 편집 상태는 변경하지 않고 새 창에서 열기를 클릭하여 새 조립품 파일을 엽니다.

Note

미러를 한 구성요소의 다중 복제는 미러 복사의 의미를 갖기 때문에 파일 이름 대화상자에 한 번만 표시됩니다.

17 복사

리본 메뉴/ 조립 탭/ 패턴 패널/ 복사

 복사 명령은 선택한 조립품 구성요소의 사본이나 새 복제를 작성합니다. 편집하고 있는 전체 조립품이나 구성요소의 하위 세트를 복사할 수 있습니다. 또한 이 도구를 사용하여 구성요소를 제외하고 구성요소 복사: 파일 이름 대화상자를 사용하여 복사된 구성요소의 파일 이름을 생성할 수 있습니다.

관계, 패턴, 표현 및 유동적 상태를 포함하여 원본 조립품의 속성이 다시 작성됩니다. 가변성 상태는 다시 작성되지 않습니다.

- **구성 요소 선택**

 그래픽 창이나 조립품 검색기 막대에서 대칭을 할 구성요소를 선택합니다.

- 선택한 구성요소가 구성요소 미러: 상태 대화상자 검색기에 나열됩니다.
- 구성요소 미러링: 상태 대화상자에서 미러 평면을 클릭한 다음 적절한 평면형 YZ, XZ XY 설정을

선택합니다.

복사 관계를 선택하여 기존 구성요소 간에 구속조건 및 접합을 복사한 구성요소로 적용합니다. 구속조건 및 접합이 복사된 구성요소에 적용되는 것을 방지하려면 선택을 취소합니다.

새 구성요소 고정을 선택하여 복사한 새 구성요소를 자동으로 고정합니다.

대화상자의 맨 위에 있는 상태 버튼을 사용하여 선택한 모든 구성요소의 상태를 변경합니다. 개별 구성요소의 상태 아이콘을 클릭하여 구성요소 상태를 변경합니다.

- **상태**

- **복사**

구성요소의 사본을 작성합니다. 복사된 각 구성요소는 원본 파일과 연관되지 않은 새로운 파일에 저장됩니다.

- **재사용**

현재 조립품 파일이나 새 조립품 파일에서 복제를 작성합니다.

- **제외**

복사 작업에서 부분 조립품이나 부품을 제외합니다

- **자세히 버튼**

원하는 경우에는 표준 컨텐츠 및 팩토리 부품 재사용 확인란의 선택을 취소하여 라이브러리 구성요소 및 iPart를 복사할 수 있도록 합니다.

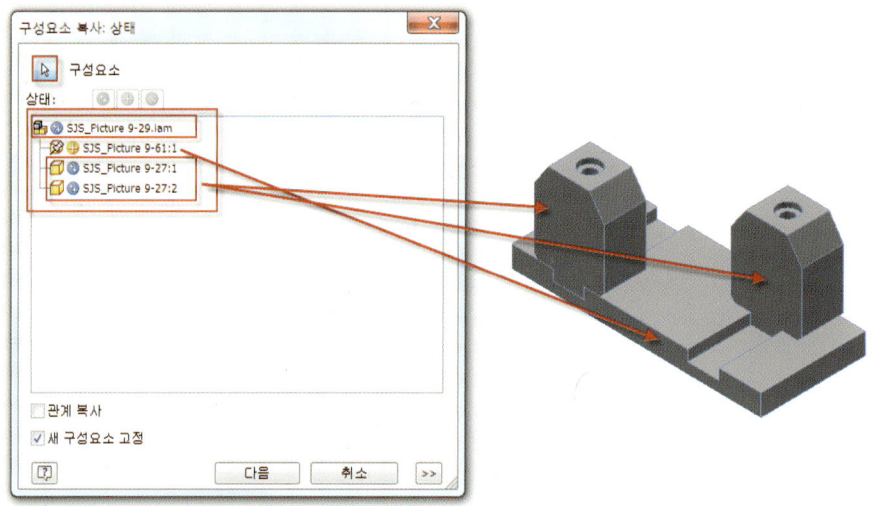

chapter 09 일반 조립품 모델링

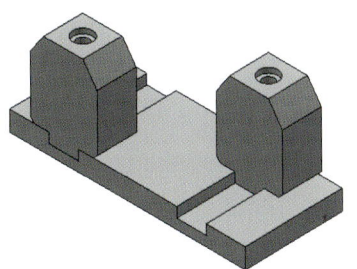

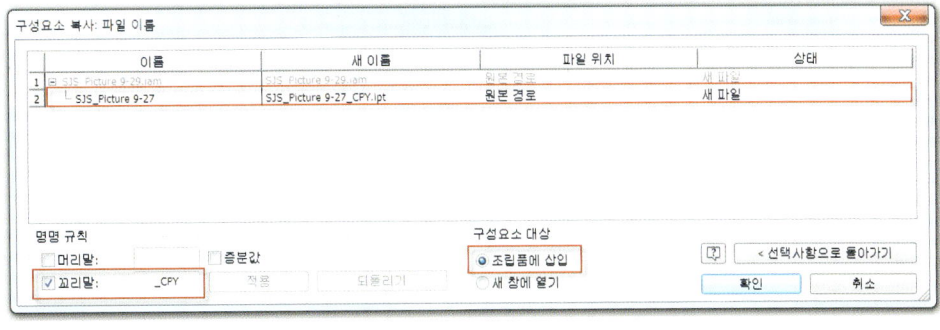

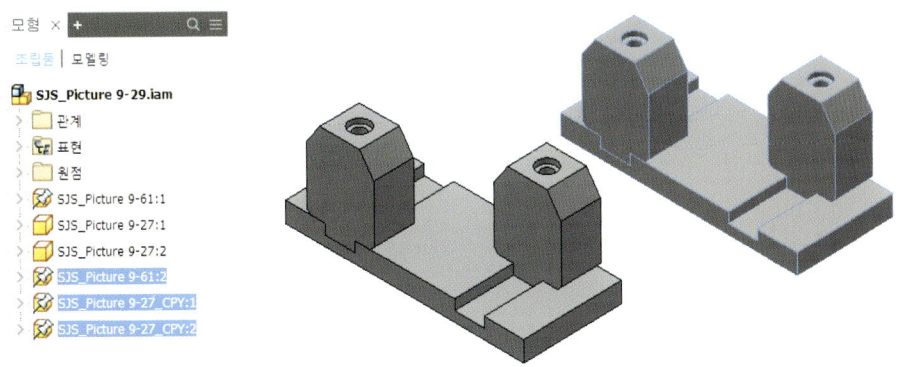

18 BOM 관리

Autodesk Inventor에서 BOM (Bill of Materials)은 모든 조립품 내에 존재하는 내부 실시간 데이터베이스라고 할 수 있습니다. 실시간이란 부품이 조립품에 추가되면 BOM에 자동으로 추가되고 계산된다는 것을 의미합니다. 2D 도면의 부품 리스트 테이블에 표시된 부품 리스트를 BOM으로 언급하는 것은 우리에게 매우 익숙 할 수도 있지만, Autodesk Inventor에서는 이러한 테이블을 부품 리스트라고 합니다. 부품 리스트는 조립품 BOM에서 직접 가져오는 것입니다. BOM은 부품 레벨과 조립품 레벨의 두 가지 레벨에서 제어됩니다. 두 레벨은 BOM의 생성 방법, 구성 요소의 표현 방법 및 궁극적으로 도면 환경에서 부품 리스트가 생성되는 방법에 대해서 특정한 것을 고려하는 것이라고 할 수 있습니다.

부품 레벨 BOM 제어

리본 메뉴/ 도구 탭/ 옵션 패널/ 문서 설정

부품 환경에서 설계자는 일부 부품의 BOM 구조를 정의할 수 있습니다. 이 레벨에서 구조는 일반, 분리 불가 부품, 구매품, 가상 부품 또는 참조로 정의 할 수 있습니다.

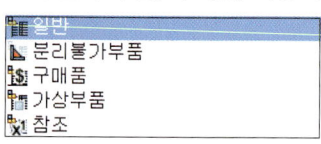

부품 레벨에서 기본 설정을 결정하면 부품이 사용되는 모든 조립품에 대해 전체 BOM 내에서 구성 요소가 식별되는 방법을 제어할 수 있습니다. 부품 레벨에서 구조를 설정하면 부품 설정에 따라 조립품 BOM 표시를 제어할 수 있습니다. 부품 레벨의 모든 구조 설정을 재정의하고 조립품 레벨에서 참조로 변경할 수 있습니다. 부품 레벨에서 또 다른 중요한 구조 설정은 기본 수량 속성입니다. 이 설정은 부품이 BOM에 나열되는 방법을 제어합니다. 기본 수량이 각각으로 설정된 경우 부품은 개수로 집계되는 것입니다. 이것은 대부분의 표준 부품에 대한 기본 값입니다. 기본 수량은 주어진 모델링의 매개 변수 값을 반영하도록 설정할 수도 있습니다. 이는 대개 길이 매개 변수로 설정되어 기준 수량 특성이 조합에 사용된 부품의 총 길이와 일치합니다. 컨텐츠 센터 및 프레임 생성기에서 가져온 부품의 기본 수량 속성은 기본적으로 길이 매개 변수를 가져오도록 설정되어 있습니다.

기본 수량 속성은 리본 메뉴/ 도구 탭/ 옵션 패널/ 문서 설정을 선택하고 BOM 탭을 선택하여 설정합니다.

조립품 레벨 BOM 제어

리본 메뉴/ 조립 탭/ 관리 패널/ BOM

BOM 제어는 조립품 수준에서 가속화됩니다.

 BOM 도구를 클릭하여 BOM (Bill of Materials) 대화 상자에 접근할 수 있습니다. 도면 환경에서 배치된 뷰를 선택하고 마우스 오른쪽 버튼으로 클릭하고 BOM을 선택하면 표시되는 BOM 편집기 대화 상자에 접근할 수 있습니다. BOM (Bill of Materials) 대화 상자에서는 iProperties, BOM 특성 및 BOM 구조를 편집할 수 있습니다. 구성 요소의 수량을 무시합니다. 부품 리스트 생성을 위한 일관된 항목 순서를 정렬하고 작성합니다.

chapter 09 일반 조립품 모델링

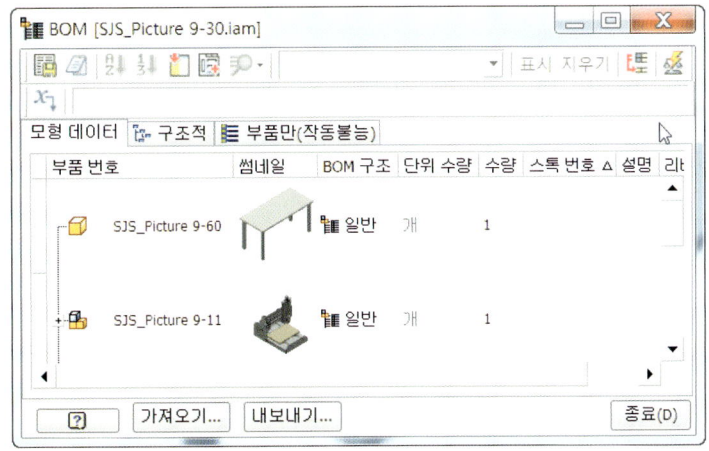

BOM 내보내기는 간단한 프로세스이며 대화 상자 상단에 아이콘이 있어 MDB, dBase 또는 다양한 Excel 형식과 같은 형식으로 구조적 또는 부품 전용 뷰에서 BOM 데이터를 내보낼 수 있습니다. Engineer 's Notebook 아이콘을 사용하면 데이터베이스 정보를 메모로 내보낼 수 있습니다.

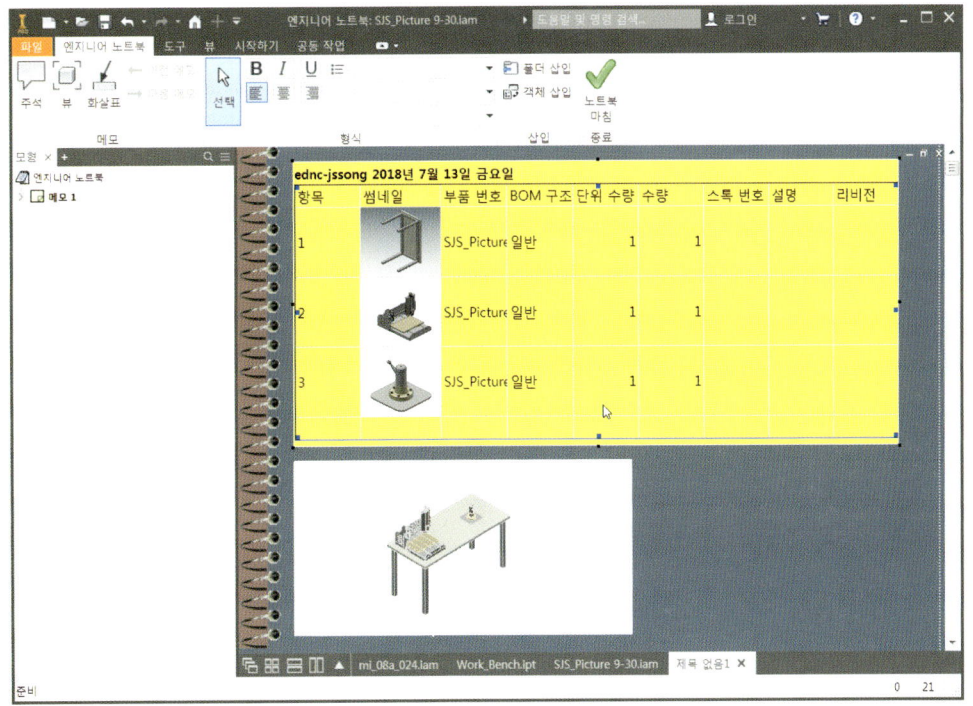

열 추가 및 제거

BOM 대화 상자의 3 개의 탭 중 하나에서 모델에 열을 추가 할 수 있습니다. 열 선택 아이콘을 클릭하면 그림과 같이 원하는 열을 원하는 위치로 끌 수 있는 대화 상자 목록이 표시됩니다. 원하는 열을 제거하려면 제거할 열을 다시 대화 상자 목록으로 끌어 놓습니다.

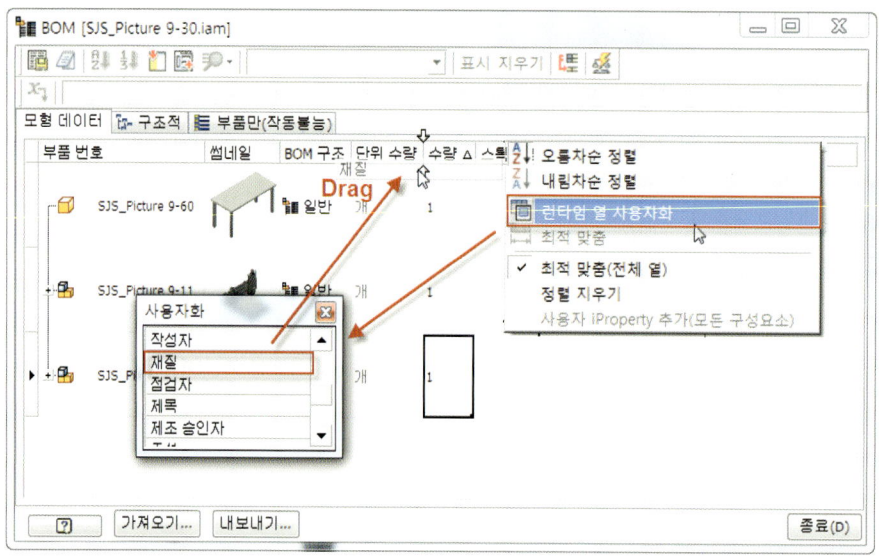

BOM 에서 사용자 iProperty 열을 추가

BOM 에서 사용자 iProperty 열을 추가할 수 있습니다. 사용자 iProperty 열 추가 대화 상자 드롭-다운 목록에는 조립품 내에 포함된 사용 가능한 모든 사용자 iProperties의 결합된 목록이 표시됩니다. 원하는 사용자 iProperty가 구성 요소 목록 내에 없으면 목록 상자에 표시된 〈iProperty 열 추가 클릭〉 옵션을 선택하여 수동으로 추가할 수 있습니다. 조립품 파일에 수동으로 iProperty를 추가할 때 데이터 형식을 올바른 형식으로 설정해야 합니다. 수동으로 추가된 iProperties는 조립품 파일에 저장됩니다.

BOM 구조 지정

구성 요소에 BOM 구조를 지정할 때 다섯 가지 지정 중에서 선택할 수 있습니다. 조립품 파일에는 BOM 내에서 일반 부품, 분리 불가 부품, 구매품, 가상 부품 및 참조 부품 중 하나를 지정할 수 있습니다. 그런 다음 지정된 내용이 파일에 저장되는 것입니다. 즉, 부품 중 하나가 조립품에서 구매 품으로 표시되면 그 부품은 구매품으로 지정되는 것입니다.

- **일반**
  이것은 대부분의 구성 요소에 대한 기본 구조입니다. 어셈블리 BOM의 배치 및 참여는 상위 어셈블리에서 결정합니다. 이전 예에서는 단일 파트가 아닌 어셈블리 파일을 만들었습니다. 결과적으로이 어셈블리 파일이 최상위 어셈블리 BOM에서 어떻게 작동하는지 특성을 결정하게됩니다. 일반 BOM 구조에서는 이 어셈블리의 번호가 매겨져 최상위 어셈블리의 수량 계산에 포함됩니다.

- **분리 불가 부품**

이것은 일반적으로 손상 없이 분리할 수 없는 조립품입니다. 분리할 수 없는 조립품에는 용접 구조물, 접착 구조물 및 리벳이 있는 조립품 등이 포함됩니다. 부품 전용 부품 리스트에서 이 조립품은 단일 부품으로 처리됩니다. 또 다른 예는 모터와 같은 구매 품입니다.

- **구매 품**

이것은 일반적으로 사내에서 제조되지 않은 부품 또는 조립품에 대한 것입니다. 구입한 구성 요소의 예로는 모터, 브레이크 캘리퍼, 프로그래밍 가능한 컨트롤러, 힌지 등이 있습니다. 구매 품 구성 요소는 부품인지 또는 하위 조립품인지에 관계없이 단일 BOM 항목으로 간주됩니다. 구매 품에 포함된 모든 하위 부품들은 조립품의 BOM 및 수량 계산에서 제외됩니다.

- **가상 부품**

가상 부품 구성 요소를 사용하여 설계 프로세스를 간소화하는 것이 좋습니다. 가상 부품 구성 요소는 설계 내에 존재하지만 BOM에는 표현되는 항목으로 표시되지 않습니다. 가상 부품 구성 요소의 일반적인 용도는 설계의 용이성을 위해 그룹화된 부품의 하위 집합체라고 보시면 됩니다. 하위 조립품을 가상 구성 요소로 설정하면 파트를 BOM에 개별적으로 나열할 수 있습니다. 가상 구성 요소의 다른 예는 하드웨어 집합을 포함할 수 있습니다. 가상 조립품은 일반적으로 한 번에 하나씩 기계에 조립되는 부품 모음이라고 할 수 있습니다. 그러나 설계 상에서 조립품 제약 조건의 전체 수를 줄이려면 엔지니어는 가상 조립품 내에서 다양한 구성 요소를 미리 조립할 수 있습니다. 그런 다음 이 조립품을 여러 부분 대신 하나의 구성 요소로 제한할 수 있습니다.

- **참조**

구성 요소 또는 최상위 조립품에 대한 상세 및 참조를 추가할 때 참조로 구성 요소를 표시합니다. 참조 부품은 내부 BOM 구조와 상관없이 수량, 질량 또는 체적 계산에서 제외됩니다. 따라서 부품 리스트에 포함되지 않습니다. 디자인 의도 및 위치를 표시하기 위해 전체 조립품 내에만 배치됩니다.

구성 요소 파일에 이러한 5 가지 BOM 구조에 대한 지정을 사용하는 것 외에도 외부 구성 파일로 존재하지 않는 기하학적 형상이 없는 가상 구성 요소를 작성할 수 있습니다. 가상 구성 요소는 실제 구성 요소와 유사하지만 실제 모델을 만들 필요가 없는 조임쇠, 조립품 키트, 페인트, 그리스, 접착제, 도금 또는 기타 항목과 같은 대량 항목을 나타내기 위해 주로 사용되는 전체 속성 집합을 가질 수 있습니다. 가상 구성요소는 이전의 BOM 구조 유형 중 하나로 지정될 수 있으며 사용자 정의 속성, 설명 및 다른 구성요소와 마찬가지로 BOM 데이터의 다른 측면을 포함할 수 있습니다. 가상 구성요소는 모델 검색기 막대에서 실제 부품인 것처럼 표시됩니다.

==가상 구성요소는 내부 구성요소 작성 대화 상자의 기본 BOM 구조 드롭-다운 옆에 있는 가상 구성요소(V) 확인란을 선택하여 만들 수 있습니다.==

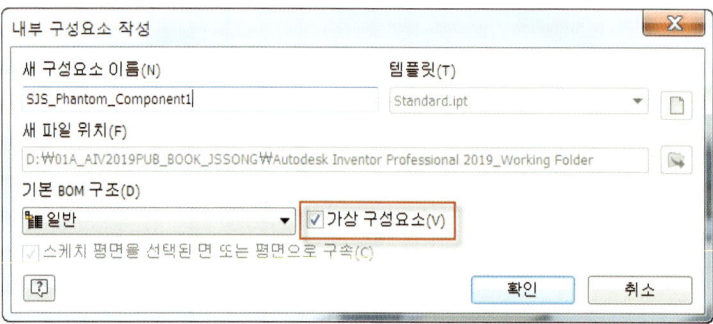

Tip

❏ 템플릿의 가상 구성 요소

대부분의 조립품에서 동일한 가상 구성 요소를 사용하는 경우 빈 조립품에 해당 가상 구성 요소를 작성하고 BOM 편집기를 사용하여 해당 BOM 특성을 채운 다음 해당 조립품을 템플릿 파일로 저장할 수 있습니다. 새 조립품을 만들면 가상 구성 요소가 이미 나타납니다. 필요하지 않은 항목은 간단히 삭제할 수 있습니다.

BOM 뷰 탭

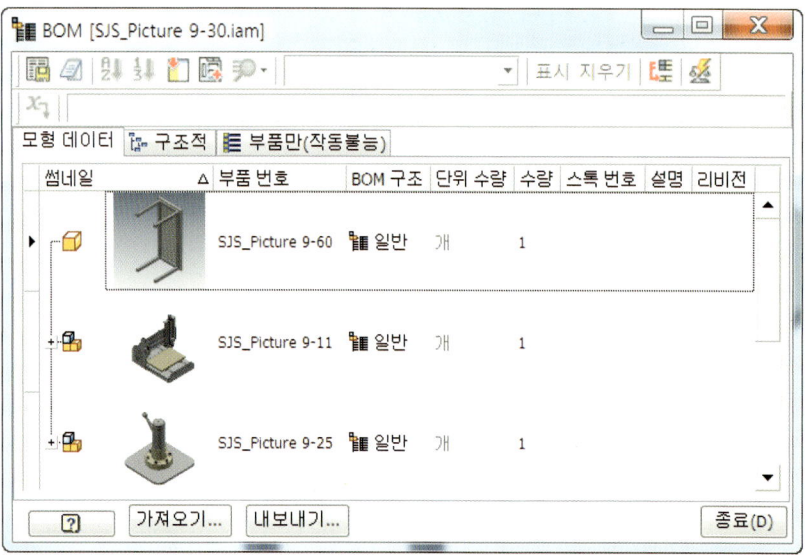

BOM 대화 상자의 각 탭은 다른 BOM 뷰를 나타냅니다. 모든 탭은 해당 열 머리글을 클릭하여 BOM의 행 정렬을 오름차순 또는 내림차순으로 허용합니다. 구성 요소의 아이콘을 클릭하고 드래그하여 행을 재정렬 할 수도 있습니다.

모형 데이터 탭이 활성화되어 있으면 모델 검색기 막대에 있는 것처럼 구성 요소가 나열됩니다. 다른 BOM 뷰 탭과 독립적으로 모델 데이터 탭을 채우기 위해 기둥을 추가하거나 제거할 수 있습니다. 이 탭에서 모든 구성 요소는 BOM 구조 지정과 상관없이 BOM에 나열됩니다. 품목 번호는 모델형 데이터 탭에 지정되지 않습니다. 모형 데이터를 내보낼 수 없거나 부품 목록으로 배치 할 수 없습니다. 대신에 이 탭은 일반적으로 BOM 구성 및 BOM 구조 지정 지정에 사용됩니다.

아래는 모형 데이터 탭의 BOM을 보여줍니다. 목록에 항목 번호가 없고 참조 및 가상 부품 구성 요소를 포함하여 모든 구성 요소 구조 유형이 표시됩니다.

모형 데이터 탭 외에도 구조적 탭 및 부품만(작동 불능) 탭이 있습니다. 부품만(작동 불능) 탭은 기본적으로 비활성화되어 있습니다. 이를 활성화하려면 탭을 마우스 오른쪽 버튼으로 클릭하고 BOM View 사용을 선택합니다. 또는 BOM (Bill Of Materials) 대화 상자의 맨 위에 있는 보기 옵션 버튼을 클릭합니다.

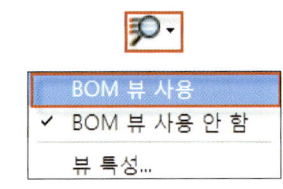

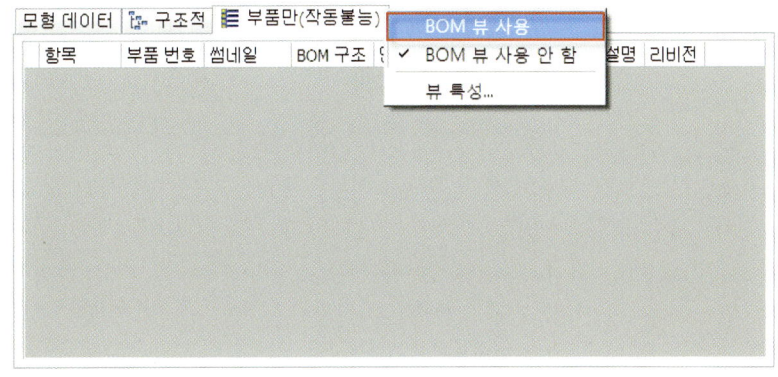

구조 탭은 하위 조립품 및 하위 조립품의 부품을 포함하여 조립품의 모든 구성 요소를 표시할 수 있습니다. 구조 보기에서 추가 아이콘이 도구 모음에서 활성화되어 항목별로 정렬하고 조립품 BOM 내의 항목 번호를 다시 매길 수 있습니다. BOM 항목 번호의 순서는 조립품 파일에 저장됩니다. 뷰 옵션 아이콘을 사용하면 BOM 뷰를 활성화 또는 비활성화하고 드롭-다운에서 뷰 특성을 설정할 수 있습니다.

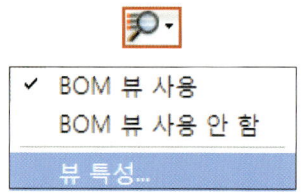

구조적 특성 보기를 수정하려면 뷰 특성을 선택합니다. 결과로 나타나는 구조적 특성 대화 상자에는 단계, 최소 자릿수 및 조립품 부분에 대한 구분 기호 값을 정의하는 두 개의 드롭-다운 목록이 있습니다. 단계가 첫 번째 단계로 설정된 경우 하위 구성 요소가 포함된 구성 요소 없이 나열됩니다.

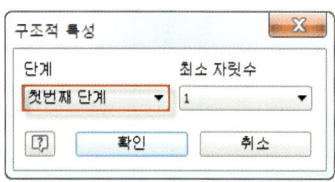 

모든 레벨로 설정하면 각 부분이 하위 조립품 아래에 들여 쓰기 방식으로 나열됩니다.

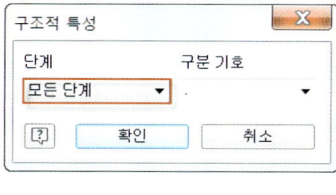
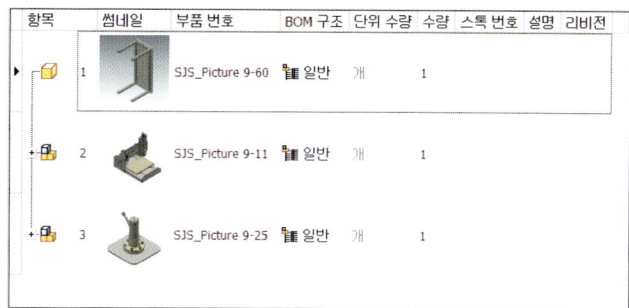

부품 만 탭에는 평면 목록의 모든 구성 요소가 나열됩니다. 이 BOM 뷰에서 표준으로 지정된 하위 조립품항목으로 나열되지 않지만 모든 하위 구성 요소가 표시됩니다.

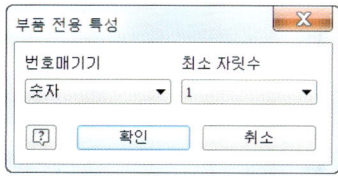

- **동일한 부품 번호의 두 부품 추가**

때때로 두 개의 개별 부품 파일을 조립품에 추가해야 하지만 동일한 부품 번호로 나열해야 할 수도 있습니다. 예를 들어, 프레임 생성기를 사용하는 경우 각 부품은 프로파일과 길이가 동일할지라도 별도의 부품으로 작성됩니다. 이것은 필요에 따라 각 부품을 개별적으로 수정할 수 있도록 수행해야 합니다. 그러나 설계가 완료된 후에 부품이 동일하게 유지되면 BOM 편집기를 사용하여 부품 파일의 이름이 다르더라도 동일한 부품 번호를 사용하도록 각각의 동일한 부품 파일을 설정할 수 있습니다. 이것은 BOM이 부품을 단일 항목으로 계산하도록 허용하기 때문입니다.

19 조립품 재사용 및 구성

자주 사용되는 조립품은 다른 설계에서 사용되거나 최상위 조립품의 여러 위치에서 사용됩니다. 설계에서 조립품을 재사용하고 구성하기 위한 세 가지 기본적인 작업 흐름은 다음과 같습니다.

- 설계 복사
- 설계 뷰, 위치 표현 및 상세 수준 표현 사용
- iAssemblies (테이블 기반 조립품)

설계 복사

이전 설계를 복사하여 원본을 기반으로 비슷한 다른 설계를 만들어야 하는 경우가 종종 있습니다. Autodesk Inventor 로 이 작업을 수행하는 과정에서 새로운 설계에 수정될 부분의 사본을 작성하는 동시에 변경 사항이 발생하지 않는 부분을 재사용하면서 모든 항목을 정상적인 파일 링크 관계로 유지합니다. 이를 효과적으로 수행하려면 복사할 조립품 내에서 구성 요소 복사 도구를 사용해야 합니다.

이 과정을 시작하려면 먼저 검색기 막대 트리에서 최상위 조립품을 선택한 다음 패턴 패널에서 복사 버튼을 클릭합니다. 그러면 최상위 조립품과 구성 요소를 나열하는 구성 요소 복사 대화 상자가 나타납니다. 각 구성 요소 옆에 있는 상태 단추를 사용하여 복사, 재사용 또는 복사 작업에서 제외할 구성 요소를 설정합니다.

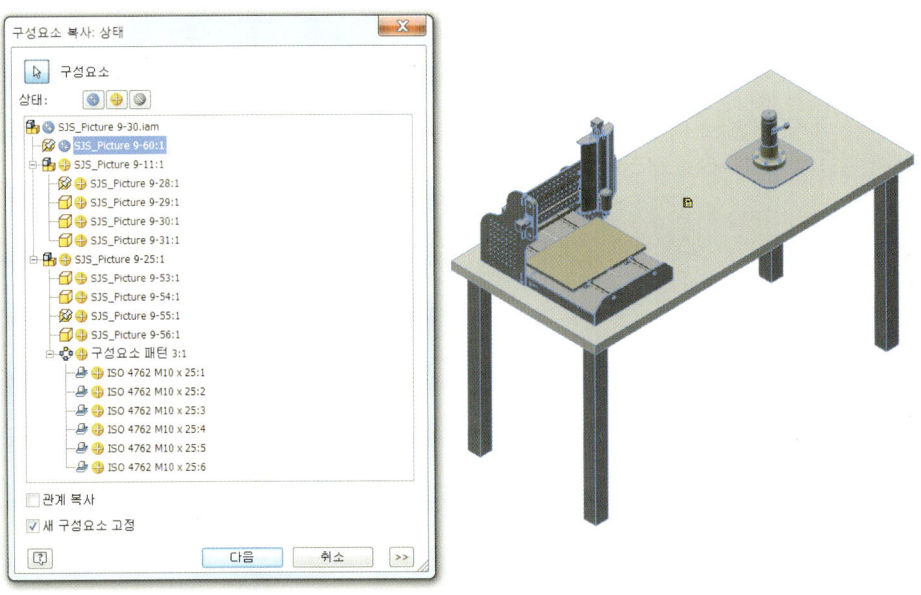

위 그림에서 SJS_Picture 9-60이라는 구성 요소만 새 조립품 맞게 다시 설계를 해야 합니다. 최상위 조립품을 제외한 다른 구성 요소는 재사용하도록 설정되어 있습니다. 각 부품의 복사 상태가 설정되면 다음 버튼을 클릭하여 구성 요소 복사: 파일 이름 대화 상자로 이동합니다.

구성 요소 복사: 파일 이름 대화 상자에서 대상 파일을 새 창에서 열기로 설정하여 별도의 새 조립품 파일을 만듭니다. 접두어 및/ 또는 접미어 라디오 버튼을 사용하여 기존 파일 이름을 수정하거나 필요에 따라 새 이름을 입력할 수 있습니다. 기본적으로 파일 위치는 원본 경로로 설정됩니다. 즉, 새 파일이 기존 경로 바로 옆에 놓입니다. 그렇지 않은 경우 각 파일 위치 셀을 마우스 오른쪽 단추로 클릭하고 사용자 경로 또는 작업 영역을 선택할 수 있습니다. 파일 위치 경로가 프로젝트 검색 경로 외부에 설정되지 않도록 주의해야 합니다. 파일 이름과 경로가 설정되면 확인 버튼을 클릭합니다.

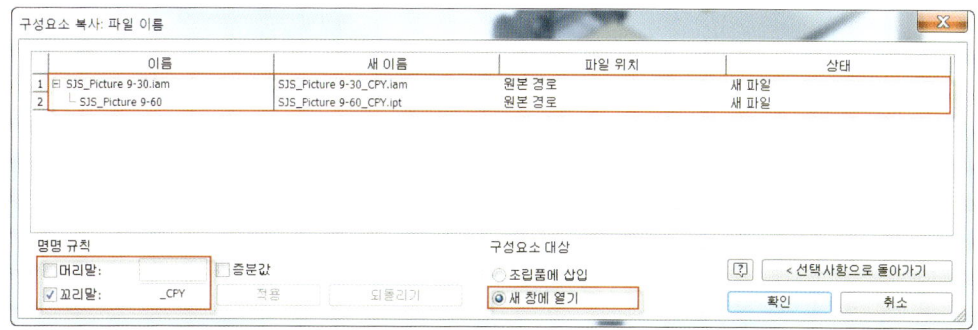

설계 뷰 표현 사용

Autodesk Inventor & Inventor Professional 2019는 조립품 파일 내에 세 가지 기본 유형의 표현을 작성하고 저장할 수 있는 기능을 제공합니다. 표현을 사용하면 모델의 다양한 설계 뷰, 위치 및 상세 수준을 설정하여 조립품을 관리할 수 있습니다. 이들 각각은 사용자 정의 표현에 의해 생성할 수 있으며, 각각은 마스터 표현을 가집니다. 사용자 정의 표현은 필요에 따라 이름을 변경하고 삭제할 수 있지만 마스터 표현은 변경과 삭제를 할 수 없습니다. 표현을 사용하면 대형 조립품 설계에서 생산성이 향상되고 성능이 향상됩니다. 조립품 표현을 만들면 열기 대화 상자의 옵션 버튼을 클릭하여 해당 표현 상태의 조합으로 해당 조립품 파일을 열 수 있습니다. 스크롤하고 아이콘을 클릭하는 대신 파일 이름을 입력하여 파일을 열거나 배치할 수는 있지만 대화 상자에서 파일을 명시적으로 스크롤하고 선택하지 않으면 옵션 버튼에 접근을 할 수 없습니다.

뷰 표현

설계 뷰 및 뷰 참조라고도 하는 뷰 표현은 조립품 표시를 구성하고 나중에 사용할 수 있도록 해당 표시를 저장하는 데 사용됩니다. 뷰 표현은 다음 설정들을 제어할 수 있습니다.
- 구성 요소, 스케치 피쳐 및 작업 피쳐의 가시성 상태
- 조립품 레벨에서 적용된 구성 요소 색상 및 스타일
- 구성 요소의 활성화/ 비활성화 상태화면
- 확대/ 축소 및 확대를 의미하는 "카메라보기"

- 검색기 막대의 트리 상태

결과적으로 설계 뷰 표현은 조립품 파일의 일부에 대한 "스냅 샷 뷰"에서 사용할 수 있습니다. 각 설계 뷰 표현은 조립품 파일 내에 저장되며 개별 부품 또는 하위 조립품에는 영향을 미치지 않습니다. 설계 뷰 표현은 비교적 간단하게 작성하고 사용할 수 있습니다. 설계 뷰 표현을 만들려면 다음과 같은 일반적인 단계를 따라 진행하면 됩니다.

1 열기 도구를 클릭한 다음 SJS_Picture 9-28_A.iam 파일을 선택하고 열기를 합니다.

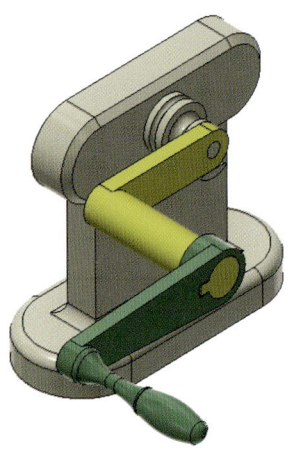

2 현재 그래픽 창에 원하는 뷰가 표시될 때까지 뷰 큐브를 사용하여 3D 모델을 줌하고 회전하거나 해서 뷰 방향을 전환합니다.

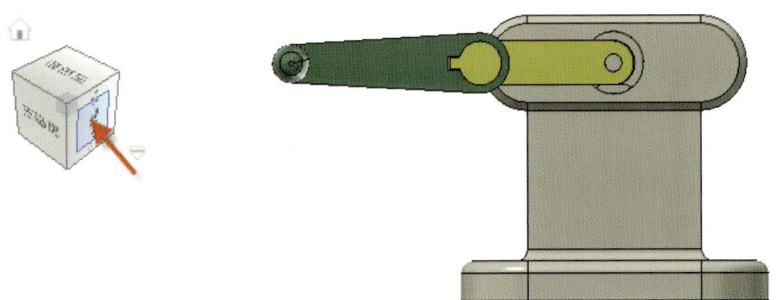

3 표현 폴더를 확장하고 뷰: 기본값을 마우스 오른쪽 버튼으로 클릭하여 새로 만들기를 선택합니다.

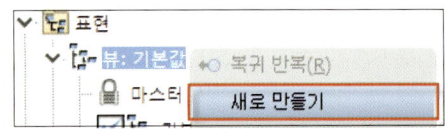

4 이름을 정면뷰로 변경합니다.

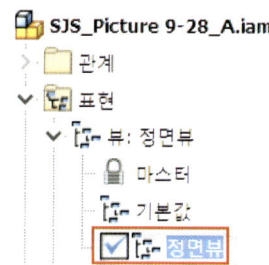

5 그리고 아래와 같이 SJS_Picture 9-58.ipt 파일을 선택하고 마우스 오른쪽 버튼을 클릭하여 투명을 선택합니다. 이러한 변경은 이 뷰 표현 내에서만 발생합니다.

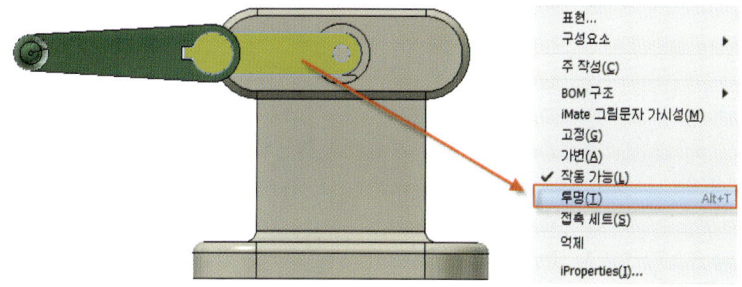

6 새 뷰 표현을 작성한 후 저장을 클릭합니다.

위치 표현

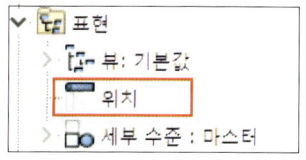

간단히 위치라고 하는 위치 표현은 다양한 구성으로 구성 요소를 설정하고 저장하는데 사용할 수 있으며, 조립품의 동작을 시험하고 분석하기 위해 사용됩니다. 위치 표현은 조립품 구속 조건, 조립품 패턴 또는 구성 요소 속성을 재정의하여 작동합니다. 새 위치 표현을 만들려면 검색기 막대의 표현 머리글을 확장하고 위치라는 글자를 마우스 오른쪽 버튼으로 클릭한 다음 새로 만들기를 선택합니다. 모형 검색기 막대에서 변경할 구성 요소, 패턴 또는 구속 조건 중에서 마우스 오른쪽 버튼으로 클릭하여 상황에 맞는 메뉴에서 재정의를 선택합니다. 마우스 오른쪽 버튼으로 클릭한 요소의 유형에 따라 개체 재정의 대화 상자에 관계, 패턴 또는 구성 요소 탭이 열립니다. 새 표현의 이름을 기본 이름에서 좀 더 의미가 있는 이름으로 바꿀 수 있습니다. 그러나 마스터 표현의 이름은 바꿀 수 없습니다.

위치에 대한 정의를 실습하기 위해서 일반적인 단계는 아래와 같습니다.

1 열기 버튼을 클릭하고 SJS_Picture 9-11_PosRep.iam 파일을 선택한 다음 열기를 합니다.

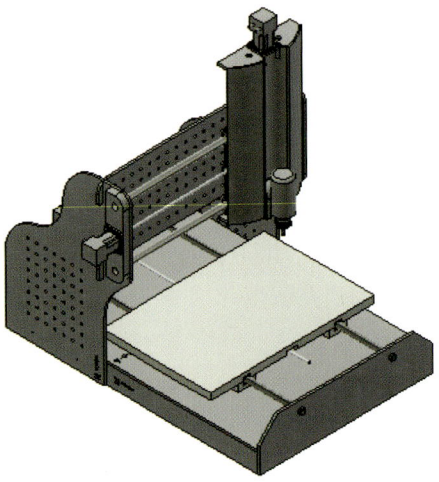

2 검색기 막대에서 위치를 선택하고 마우스 오른쪽 버튼을 클릭한 다음 새로 만들기를 선택합니다. 그러면 위치1이 생성되어 활성화 됩니다.

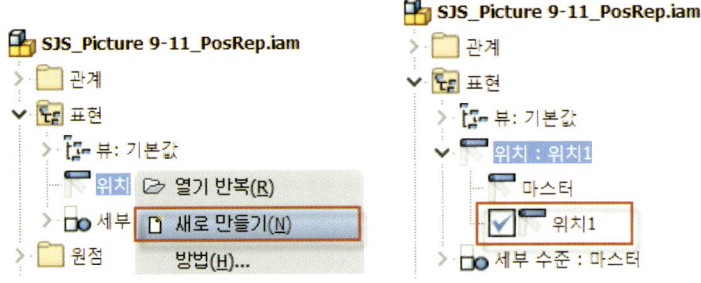

3 아래와 같이 SJS_Picture 9-29_PosRep:1을 확장한 다음 X축 구동 +/- 구속을 선택한 다음 마우스 오른쪽 버튼을 클릭하여 재지정을 클릭합니다. 그러면 객체 재지정 대화 상자가 나타납니다.

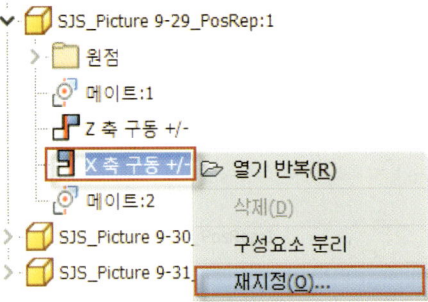

chapter 09 일반 조립품 모델링

4 객체 재지정 대화 상자에서 아래와 같이 값을 체크한 다음 -150 mm를 -50 mm로 수정한 다음 확인 버튼을 클릭합니다.

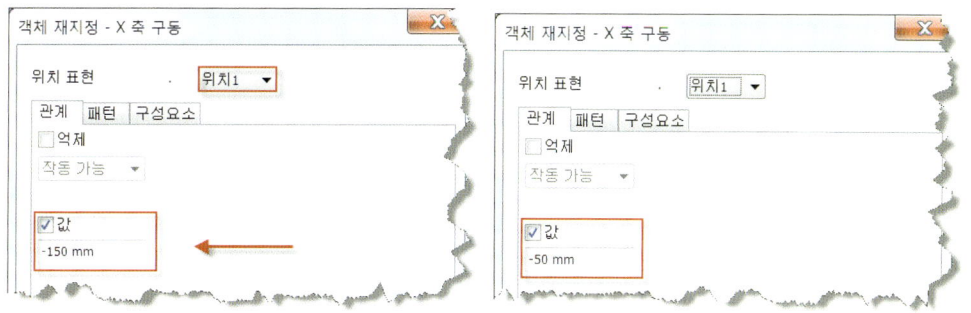

5 그러면 아래와 같이 구속 조건이 바뀌면서 그래픽 창의 모델링의 위치가 바뀌게 됩니다.

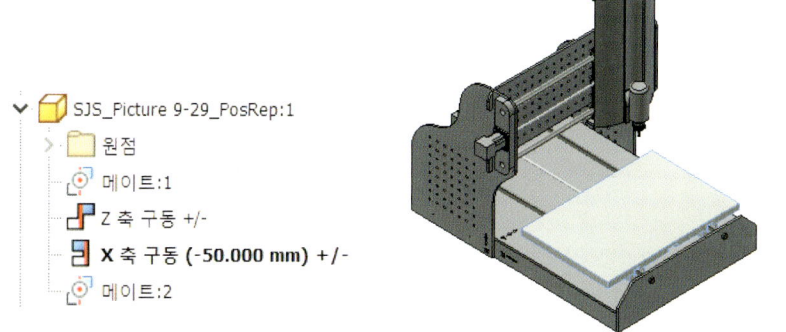

6 저장 버튼을 클릭하면 아래와 같이 대화 상자가 나타나는데 확인 버튼을 클릭하여 현재 위치1을 저장합니다.

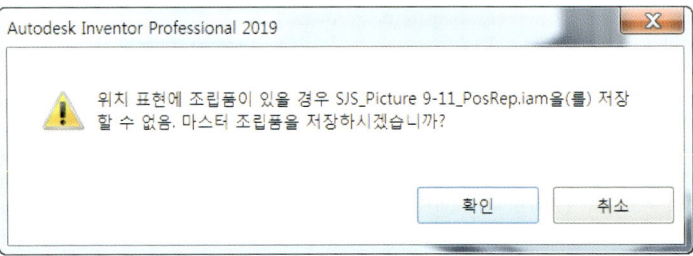

7 검색기 막대의 위치를 확인해 보면 마스터와 위치1이 보일 것입니다. 마스터 위치는 X축 구동 거리가 -150 mm일 때이고, 위치1은 거리가 -50mm일 때 입니다.

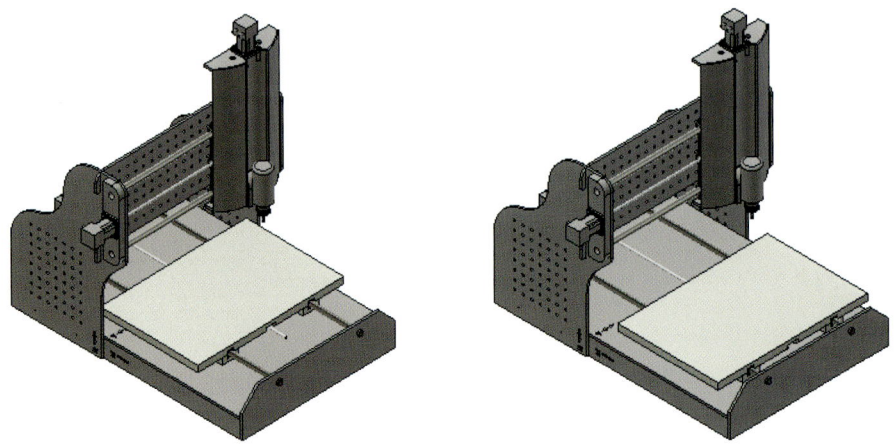

8 검색기 막대의 위치1의 이름을 X축 -50 mm 로 변경합니다.

9 이 작업은 추후에 도면 작업에서 오버레이 뷰에서 활용할 수 있습니다.

세부 수준 표현

　세부 수준 표현 LOD (Level of Detail)를 올바르게 사용하면 대형 조립품을 로드하고 탐색하는데 속도가 향상되고 필요한 메모리가 줄어 듭니다. 대형 조립품을 작업 할 때 설계 작업 상에서의 특정 부분에 필요하지 않은 구성 요소를 억제한 다음 해당 억제 상태를 세부 수준 표현으로 저장할 수 있습니다. 예를 들어 대형 장비를 설계하는 경우 프레임을 제외한 모든 요소가 억제된 상태인 세부 수준 표현으로 장비 조립품을 열 수 있으므로 메모리에 로드되는 부품 수를 크게 줄일 수 있는 것입니다.

억제 vs 가시성

Autodesk Inventor & Inventor Professional 2019에서 구성 요소를 보이지 않게 만드는 것은 조립품의 오버 헤드를 줄일 수 있다는 것이 가장 일반적인 오해입니다. 구성 요소의 가시성이 꺼져도 여전히 메모리에 로드됩니다. 메모리에서 로드하지 않으려면 세부 수준 표현을 활용해야 합니다. 대형 조립품을 사용하는 경우 모든 구성 요소를 억제된 것으로 기본 세부 수준 표현을 설정할 수 있습니다. 이전에 정의된 세부 수준 표현을 선택하여 조립품을 열면 더 빨리 열 수 있고, 이런 상태에서 억제되지 않은 부품만 선택하여 작업할 수 있습니다. 이 방법은 전체 조립품을 연 다음 구성 요소를 억제하는 것보다 적은 RAM을 사용한다는 사실을 알아야 합니다.

LOD 표현의 또 다른 일반적인 예는 편의를 위해 내부 구성 요소에서 작업하는 동안 외부 구성 요소를 억제하는 것입니다. LOD를 생성하기 위한 구성 요소를 억제하는 표준 방법 외에도 대용량 LOD 표현을 사용하여 대형 다중 부품 조립품을 해당 조립품에서 파생된 단일 부품으로 교환할 수 있습니다. 뷰 및 위치 표현에 마스터 표현이 있는 것처럼 LOD도 마찬가지입니다. 그러나 세 가지 추가 기본 LOD 표현이 더 있습니다.

모든 구성 요소가 억제됨, 모든 부품이 억제됨 및 모든 컨텐츠 센터가 억제됨이 바로 이 세가지 표현입니다. 이러한 이미 존재하는 시스템 정의 LOD는 제거하거나 수정할 수 없습니다.

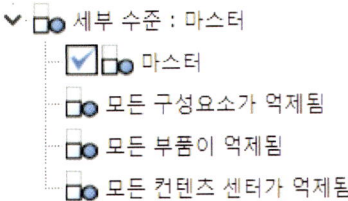

- **모든 구성 요소가 억제됨**
  조립품 내의 모든 항목을 억제하므로 필요한 경우 신속하게 조립품을 열고 구성 요소를 억제 해제 할 수 있습니다.
- **모든 부품 억제됨**
  조립품의 모든 레벨에서 모든 부품을 억제합니다. 그러나 하위 조립품이 로드되므로 모든 부품 파일을 로드하지 않고도 조립품 구조를 검토 할 수 있습니다.
- **모든 콘텐츠 센터가 억제됨**
  IPJ (프로젝트) 파일에 지정된 컨텐츠 센터 파일 경로에 저장된 조립품의 모든 구성 요소를 억제합니다.

세부 수준 표현에 대해 실습하기 위한 일반적인 단계는 아래와 같습니다.

1 열기 버튼을 클릭하고 SJS_Picture 9-30_LOD.iam파일을 선택한 다음 열기를 합니다.

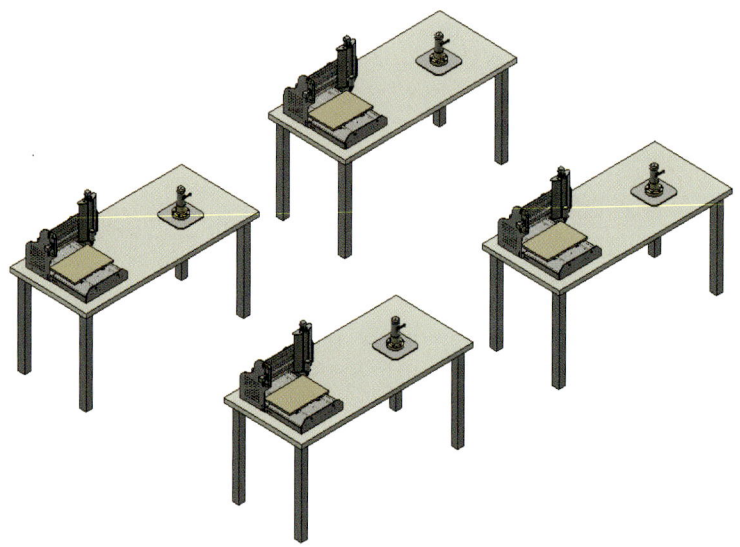

2 검색기 막대에서 아래와 같이 표현 폴더를 확장한 다음 세부 수준: 마스터를 선택하고 마우스 오른쪽 버튼을 클릭하여 새 세부 수준을 클릭합니다.

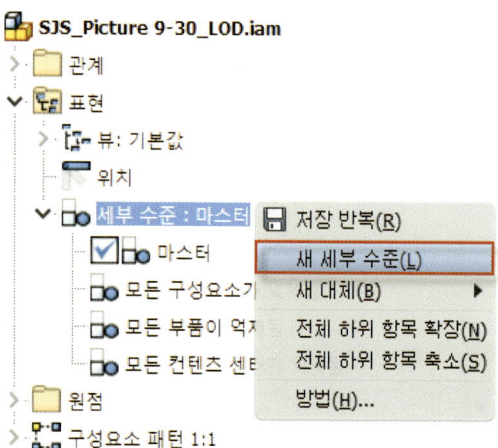

3 아래와 같이 세부 수준1이 생성됩니다.

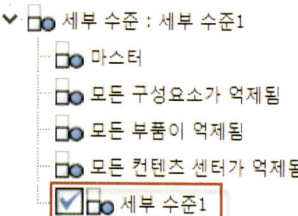

4 이름을 아래와 같이 변경합니다.

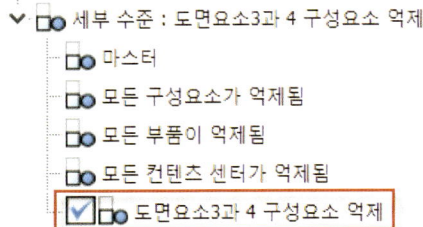

5 그리고 나서 아래와 같이 패턴 요소 두 개를 선택하고 마우스 오른쪽 버튼을 클릭한 다음 억제를 선택합니다.

Chapter 10

용접 조립품 모델링

01 용접 구조물 설계

이 장에서는 부품, 조립품 및 도면을 잘 이해해야 합니다. 용접 구조물 설계의 다양한 측면을 탐구합니다. 용접 작업 흐름 및 설계 방법론부터 시작하여 용접 구조물 설계, 용접 비드, 가공 형상 및 용접 기호를 살펴보고 용접 구조물 설계를 문서화하는 방법을 살펴볼 것입니다. 도중에 몇 가지 팁과 트릭을 배우게 될 것입니다. 용접 구조물은 조립품 환경에서 조립품의 하위 조립품 유형으로 사용할 수 있습니다.

이 장에서는
- 적절한 용접 설계 방법을 선택하여 사용해야 합니다.
- 용접 준비 및 가공 피쳐 생성 및 편집
- 표면, 모깎기 및 그루브와 같은 여러 종류의 용접 비드 생성 및 편집
- 도면의 문서 용접 단계
- 용접된 조립품, 도면 및 프리젠테이션에서 일관된 BOM의 생성 및 유지

용접 조립품의 이해

용접 구조물 조립품은 구성 요소가 다른 구성 요소와 용접되는 조립품입니다. 이 조립품을 용접이라고도 합니다. Autodesk Inventor Professional 2019에서는 용접 환경이라는 용접 구조물을 생성하기 위한 전용 환경을 제공합니다. 이 환경은 일반 조립품 환경과 유사하며 구성 요소를 조립하고 구성 요소를 조립할 수 있는 도구를 제공합니다. 이 환경에서는 구성 요소를 용접하기 위한 초기 준비 작업을 수행할 수도 있습니다. 초기 준비 작업에는 조립품 환경에서 사용할 수 있는 도구를 사용하여 자르기 피쳐를 작성하는 작업이 포함됩니다. 다양한 유형의 도면 템플릿과 유사하게 Autodesk Inventor Professional 2019에서는 다양한 용접 구조물 템플릿을 제공하고 있습니다. 용접 조립품 환경을 시작하려면 새 파일 만들기 대화 상자에서 용접 구조물 조립품 템플릿을 두 번 클릭합니다.

용접 구조물 설계 방법론 탐구

- **조립된 상태**
  용접 준비, 비드 또는 가공 피쳐가 없는 조립품 뷰
- **용접된 상태**
  용접 준비 및 용접 비드가 있지만 가공 기능이 없는 조립품 뷰
- **기계 가공된 상태**
  용접이 완료된 후 가공 형상으로 최종 용접된 조립품의 뷰. 이 뷰에는 용접 비드를 관통하거나 절단할 수 있는 기능이 포함되어 있습니다.

이 모든 것은 용접 구조물 설계의 다양한 단계를 나타냅니다. 용접 구조물 설계가 완료되면 도면의 용접 구조물 설계의 다양한 단계를 문서화하는 것이 많은 도움이 될 것입니다. 문서, 간섭 분석, 질량 특성 및 기타 설계 기준의 필요성에 따라 용접 구조물 설계 방법을 다음 네 가지 넓은 범주로 그룹화 할 수 있습니다.
- 부품 파일 및 부품 피쳐
- 용접 구조물 조립 및 파생 부품 생성
- 용접 구조물 조립품
- 다중 본체 부품 파일

02 Autodesk Inventor Professional 2019의 주요 용접 유형

Autodesk Inventor Professional 2019에서는 표면 용접, 모깎기 용접 및 그루브 용접이라는 세 가지 주요 용접 유형을 생성할 수 있습니다. 이 외에도 용접 구조물을 만드는 데 사용할 수 있는 몇 가지 다른 유형의 용접이 있습니다. 여기서는 다음 세 가지 주요 유형의 용접에 대해 설명을 할 것입니다.

 표면 용접

표면 용접은 가장자리에 추가된 인조 용접입니다. 이러한 유형의 용접은 실제 용접이 아니므로 용접 비드가 모델에 추가되지 않습니다. 표면 용접을 만들려면 용접이 필요한 모서리를 선택하기만 하면 됩니다.

Note

표면 용접을 추가해도 조립품의 물리적 특성이 수정되지는 않습니다. 이는 표면 용접을 추가해도 실제로 모델에 물리적으로 재료가 추가되지 않기 때문입니다. 다만, 용접의 느낌만을 주는 규칙만 추가하는 것입니다.

아래 <그림 10-1>은 실린더가 브래킷과 조립된 조립품의 일부입니다. 이 두 구성 요소 간에는 물리적 결합이 없으므로 함께 유지할 수 없습니다. 따라서 이 두 구성 요소를 함께 용접해야 합니다. <그림 10-2>는 표면 용접을 한 후의 동일한 조립품을 보여줍니다. 표면 용접 기호는 조립품에도 표시됩니다.

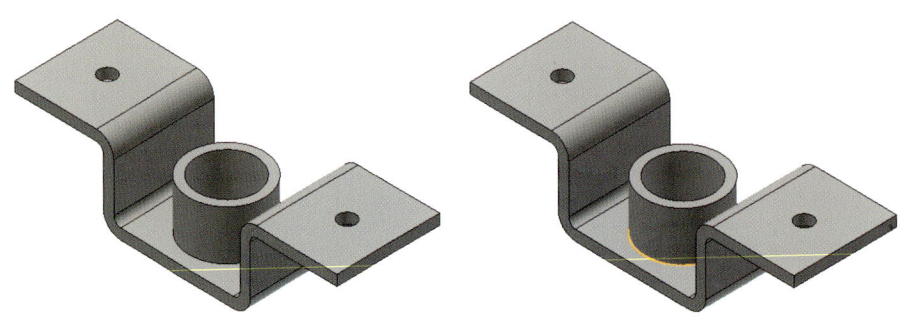

〈그림 10-1〉 표면 용접 전 조립 상태 〈그림 10-2〉 표면 용접 생성 후 조립 상태

모깎기 용접

모깎기 용접은 실제 용접이며 어셈블리의 솔리드 피쳐로 표시됩니다. 모깎기 용접을 추가하면 용접 비드를 나타내는 솔리드 피쳐가 조립품에 추가됩니다. 또한 조립품의 물리적 속성이 수정됩니다. 모깎기 용접을 작성하려면 두 개의 곡면이 필요합니다. 〈그림 10-3〉은 브래킷과 원통에 모깎기 용접을 추가한 후의 조립품을 보여줍니다. 〈그림 10-4〉는 모깎기 용접을 한 맞대기 접합을 보여줍니다.

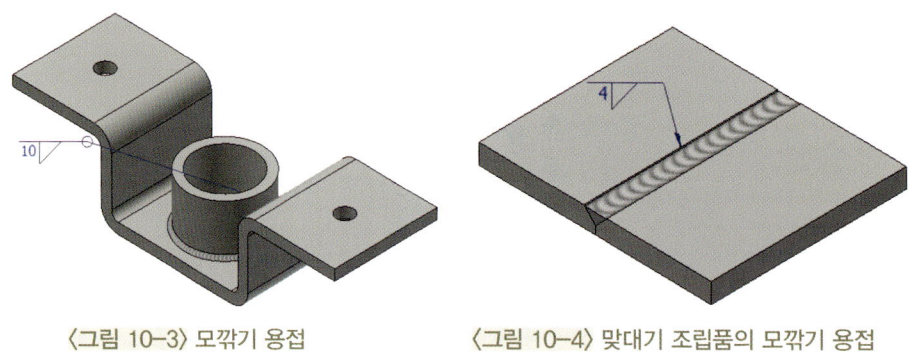

〈그림 10-3〉 모깎기 용접 〈그림 10-4〉 맞대기 조립품의 모깎기 용접

그루브 용접

그루브 용접은 서로 일정한 간격을 두고 배치되거나 그 사이에 약간의 홈이 있는 부분을 용접하는 데 사용됩니다. 이는 실제 용접이라고도 하며 조립품에서 솔리드 피쳐로 표시됩니다. 〈그림 10-5〉는 브래킷과 실린더에 홈 용접을 추가한 후 조립품의 부분 3/4 단면도를 보여줍니다. 이 경우, 실린더는 브래킷으로부터 약간 간격 띄우기가 되어 조립됩니다. 이 그림에서 알 수 있듯이 그루브 용접 비드가 이 간격 띄우기 공간에 채워집니다. 〈그림 10-6〉은 그루브 용접부가 있는 맞대기 접합부를 보여줍니다. 이 도면으로부터 명백한 바와 같이, 그루브 용접 비드가 채워지는 판의 2개의 맞대어지는 면 사이에 약간의 간격 띄우기가 되어 유지됩니다.

chapter 10 용접 조립품 모델링

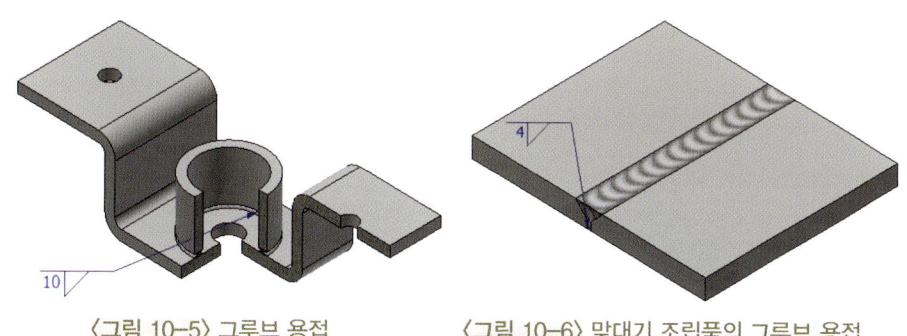

〈그림 10-5〉 그루브 용접   〈그림 10-6〉 맞대기 조립품의 그루브 용접

그루브 용접은 여러 종류의 용접 준비로 분류됩니다. 아래 그림은 일반적으로 사용되는 용접 준비를 보여줍니다. 왼쪽 열의 위에서 아래로, Square Groove, Bevel Groove 및 U-Groove 유형을 볼 수 있습니다. 오른쪽 열에는 위에서 아래로 Double Bevel Groove, V-Groove 및 Double-U Groove 유형이 표시됩니다. 이러한 준비 작업은 용접 업계에서 약간 다른 이름으로 언급 될 수 있지만, 대부분의 그루브 용접은 단순한 모따기만 있으면 됩니다.

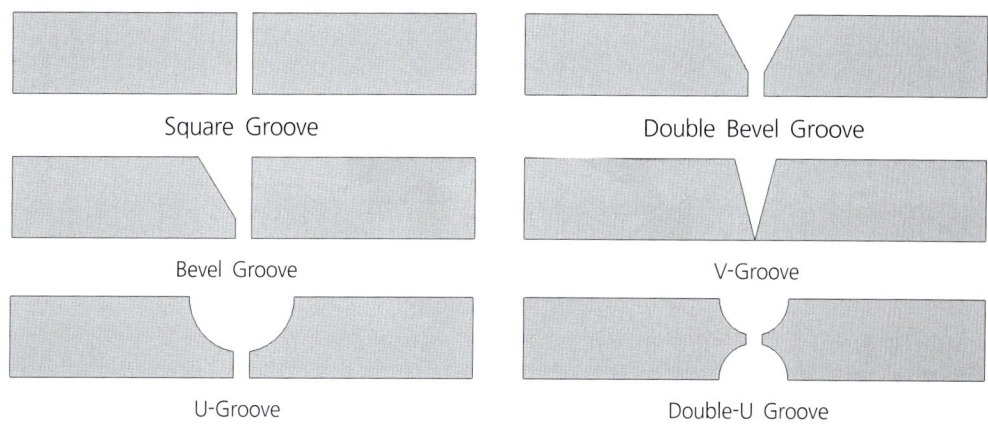

용접 준비의 대안은 스케치를 사용하여 준비 및 기계 가공 모양을 작성한 다음 해당 스케치를 사용하여 절단하여 부품 파일에 형상 모양을 (밀어 내기, 회전 및 스윕) 작성하는 것입니다. 그러나 제조 공정을 보여주는 용접 준비 기능을 사용하는 것이 좋습니다. 이러한 기능의 장점은 설계자, 용접 제작자 또는 제조 지시 생성 프로그램이 이러한 기능을 한 곳, 즉 준비 폴더에서 쉽게 찾을 수 있다는 것입니다.

 **조립품에 용접 추가하기**

용접 조립품을 만드는 과정은 구성 요소 조립, 용접 구성 요소 준비 및 용접 생성의 세 단계로 완료

됩니다. 이 세 단계는 아래와 같습니다.

▎용접 구조물 조립품에서 구성 요소 조립

앞서 언급했듯이 용접 구조물 환경에서 용접 구조물 조립품을 만들 수 있습니다. 또는 조립품 모델링 환경에서 구성 요소를 조립한 다음 용접 구조물 환경으로 전환하여 용접 구조물을 구성 요소에 추가 할 수 있습니다. 조립품 모델링 환경에서 용접 구조물 환경으로 전환하면 다시 전환 할 수 없습니다.

▎용접 구조물을 위한 조립품 준비

용접 구조물 조립품에 구성 요소를 조립한 후에는 용접 비드를 추가하기 위해 구성 요소에서 재료를 제거하여 용접을 준비해야 합니다. 절단 피쳐, 구멍, 모깎기 및 모따기를 작성하여 재료를 제거 할 수 있습니다. 예를 들어 맞대기 접합을 만들려면 용접 비드가 추가될 두 모서리 사이에 모따기를 해야 합니다. 구성 요소가 작성되는 동안 모따기가 이미 생성된 경우 이 단계는 필요하지 않습니다. 조립품 피쳐와 마찬가지고 이렇게 생성한 피쳐는 조립품에 제한되며 개별 부품 파일에는 적용되지 않습니다.

용접 구조물을 준비하려면 용접 탭/ 프로세스 패널/ 준비 도구를 선택합니다. 또는 검색기 막대에서 준비 노드를 두 번 클릭합니다. 다양한 재료 제거 도구(준비 및 기계 가공)가 리본의 용접 탭에서 활성화됩니다. 그런 다음 용접 탭의 준비 및 가공 패널에서 필요한 준비 도구를 사용한 다음 복귀 패널에서 복귀 도구를 선택하여 용접 환경으로 돌아갑니다.

리본 메뉴/ 용접 탭/ 프로세스 패널/ 준비

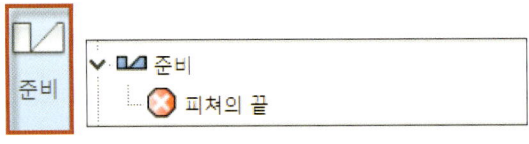

> **Note**
>
> 용접 구조물을 준비하는 동안 돌출 및 회전 도구는 차집합 옵션만 제공합니다.

▎용접 추가

용접 구조물을 만드는 마지막 단계는 용접을 추가하는 것입니다. 이렇게 하려면 용접 탭/ 프로세스 패널/ 용접 도구를 선택합니다. 또는 검색기 막대에서 용접 노드를 두 번 클릭합니다. 여러 용접 도구가 용접 탭의 용접 패널에서 활성화됩니다. 그래픽 창에서 마우스 오른쪽 버튼을 클릭하여 표시되는 마킹 메뉴에서 용접 도구를 사용할 수도 있습니다. 용접을 추가하는 동안 필렛 기호를 추가하거나 기호 도구를 사용하여 나중에 필렛 기호를 추가 할 수 있습니다.

chapter 10 용접 조립품 모델링

리본 메뉴/ 용접 탭/ 프로세스 패널/ 용접

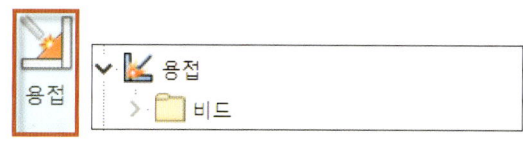

04 모깎기 용접 생성하기

모깎기 용접의 기본 개념은 두 세트의 면을 결합하는 것입니다. 〈그림 10-8〉은 매개 변수를 사용하여 용접 비드 정의를 제어할 수 있는 것을 도식화 한 것입니다. 이를 레그 길이 측정이라고 합니다. 비드 생성에 사용되는 두 개의 레그 길이를 입력하고 목 측정을 지정할 수 있습니다. 목 측정은 모깎기 용접의 루트에서 면의 중심까지의 거리입니다. 목 측정 길이를 입력하면 Inventor는 용접 비드의 나머지 크기를 계산합니다. 간격 띄우기 값은 용접을 오목 또는 볼록으로 선언 한 경우에만 관련성이 있습니다. 구성 요소간에 모깎기 용접을 만들려면 용접 탭/ 용접 패널/ 모깎기 도구를 선택합니다. 그러면 아래와 같이 모깎기 용접 대화 상자가 표시됩니다.

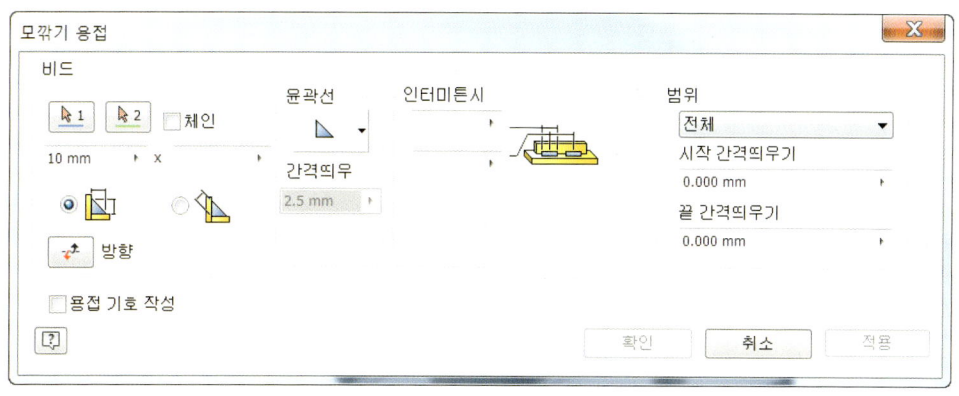

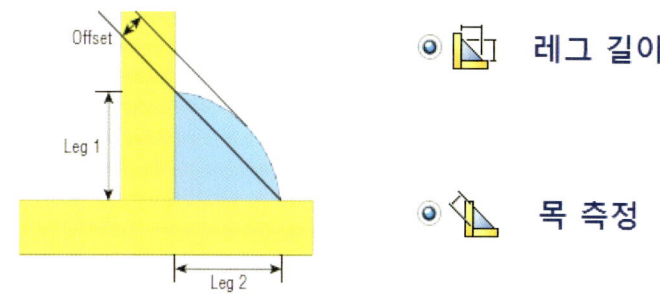

아래와 같이 모 깎기 용접의 상단 모양은 평면, 볼록 또는 오목일 수 있습니다. 평면의 경우 간격 띄우기는 0.0입니다. 간격 띄우기를 기준으로 오목 또는 볼록 면에 대해 Inventor는 필요한 범프 또는

633

함몰 모양을 계산합니다.

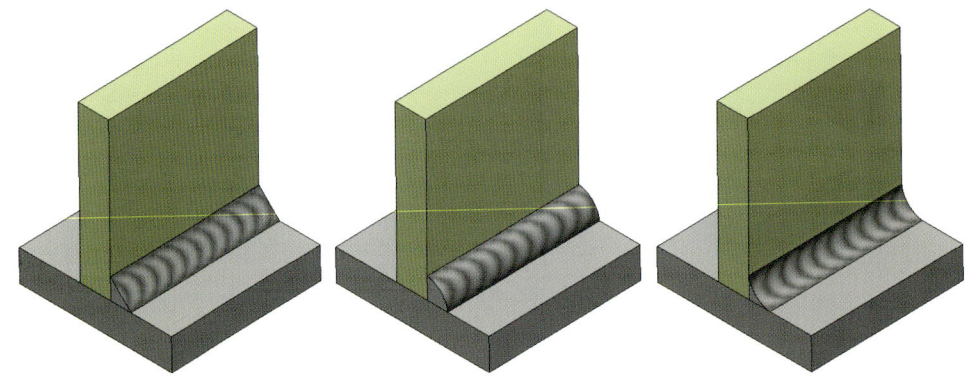

〈그림 10-7〉 모깎기 용접의 평면, 볼록, 오목 형태

다음은 모깎기 용접 대화 상자에 대한 설명입니다.

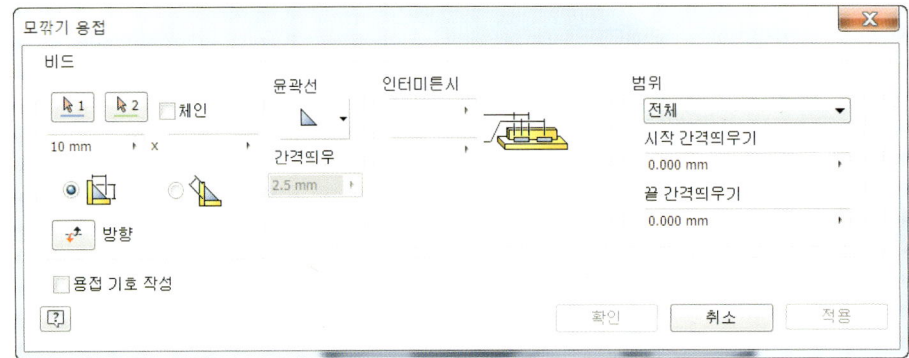

▌비드 영역

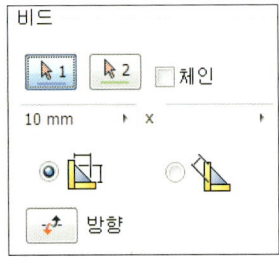

    모깎기 용접을 작성하려면 함께 용접할 두 개의 면을 선택해야 합니다. 이것이 모깎기 용접 대화 상자에서 비드 영역의 1 버튼이 자동으로 선택되는 이유입니다. 또한 용접할 면을 선택하라는 메시지가 표시됩니다. 용접할 첫 번째 면을 선택한 후 2 버튼을 선택합니다. 용접할 두 번째 면을 선택하라는 메시지가 다시 나타납니다. 두 번째 면을 선택합니다. 두 번째 면이 강조 표시되고 모깎기 용접의 미리 보기가 나타납니다. 체인 확인란을 선택하면 선택한 면에 접한 모든 면도 선택되는 것입니다.

    이 영역에서 해당 라디오 버튼을 선택하여 다리 길이 또는 목 측정 치수와 관련하여 용접 치수를 지정할 수 있습니다. 용접 다리 길이 또는 목 측정 치수의 값은 1 및 2 버튼 아래의 편집 상자에 입력할 수 있습니다. 이 영역에는 두 개의 라디오 버튼이 있습니다. 다리 길이 측정 및 목구멍 측정. 다리 길이 측정 라디오 버튼을 선택하면 모깎기 용접의 다리 1 및 다리 2 매개 변수를 각각의 편집 상자에 지정해야 합니다. 목 측정 라디오 버튼을 선택하면 목 측정 입력란에 목 측정 값을 지정해야 합니다. 또한 방향 버튼을 클릭하여 용접 방향을 바꿀 수 있습니다.

▍윤곽선 영역

이 영역의 옵션은 용접 비드의 윤곽 형태를 지정하는데 사용됩니다. 기본적으로 평면 버튼이 선택됩니다. 다른 버튼을 사용하려면 이 영역의 평면 버튼 오른쪽에 있는 아래쪽 화살표를 클릭합니다. 그러면 플라이 아웃이 표시됩니다. 볼록 또는 오목 버튼을 선택하여 용접 비드에 필요한 윤곽을 지정합니다. 이 영역의 간격 띄우기 편집 상자에 볼록 또는 오목 곡면의 간격 띄우기 값을 지정할 수 있습니다. 아래 그림은 평면과 볼록 윤곽선에 대한 것입니다.

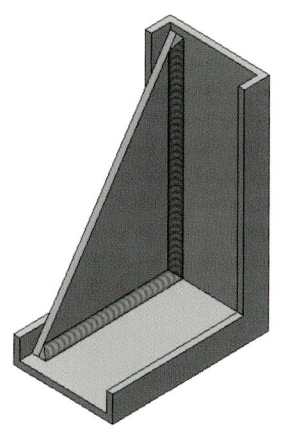 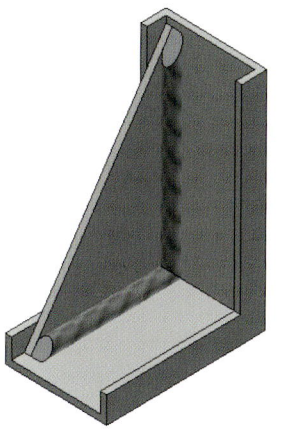

▍인터미튼시

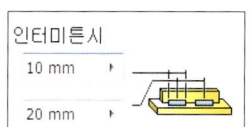
이 영역의 옵션은 인터미튼시 모깎기 용접을 생성하는데 사용됩니다. 길이 및 피치 편집 상자에서 인터미튼시 모깎기 길이와 피치를 각각 지정할 수 있습니다.

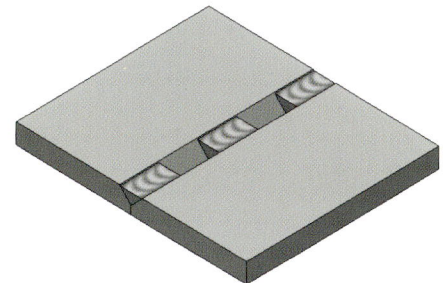

범위 영역

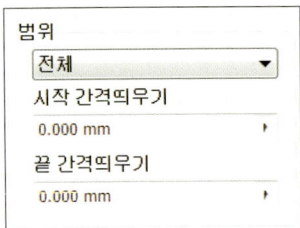

이 영역의 옵션은 모깎기 용접의 범위를 지정하는데 사용됩니다. 전체 옵션은 선택된 면 전체에 모깎기 용접을 생성하는데 사용됩니다. 모깎기 용접의 시작 및 끝 간격 띄우기를 지정할 수도 있습니다. 시작-끝 옵션은 인터미튼시 용접의 범위를 정의하는데 사용됩니다. 작업 평면을 작성하여 "시작" 및 "끝" 면을 지정할 수 있습니다. 시작 길이 옵션은 선택한 면에서 시작하여 지정된 길이로 끝나는 용접을 작성하는데 사용됩니다.

시작 간격 띄우기/ 끝 간격 띄우기

범위 시작 영역의 드롭-다운 목록에서 전체 옵션을 선택한 경우에만 시작 간격 띄우기 및 끝 간격 띄우기 편집 상자를 사용할 수 있습니다. 이 편집 상자는 아래 그림과 같이 모깎기 용접을 생성할 구성 요소의 시작/ 끝 모서리에서 용접의 거리 값을 지정하는데 사용됩니다. 범위 영역의 드롭-다운 목록에서 시작/ 끝 옵션을 선택하면 시작 및 끝 버튼을 사용할 수 있습니다. 모깎기의 시작과 끝의 면이나 평면을 선택할 수 있습니다. 드롭-다운 목록에서 시작 길이 옵션을 선택하면 시작 간격 띄우기 및 길이 편집 상자를 사용할 수 있습니다. 이 편집 상자에서 모깎기 용접의 시작 간격 띄우기 및 길이를 지정할 수 있습니다.

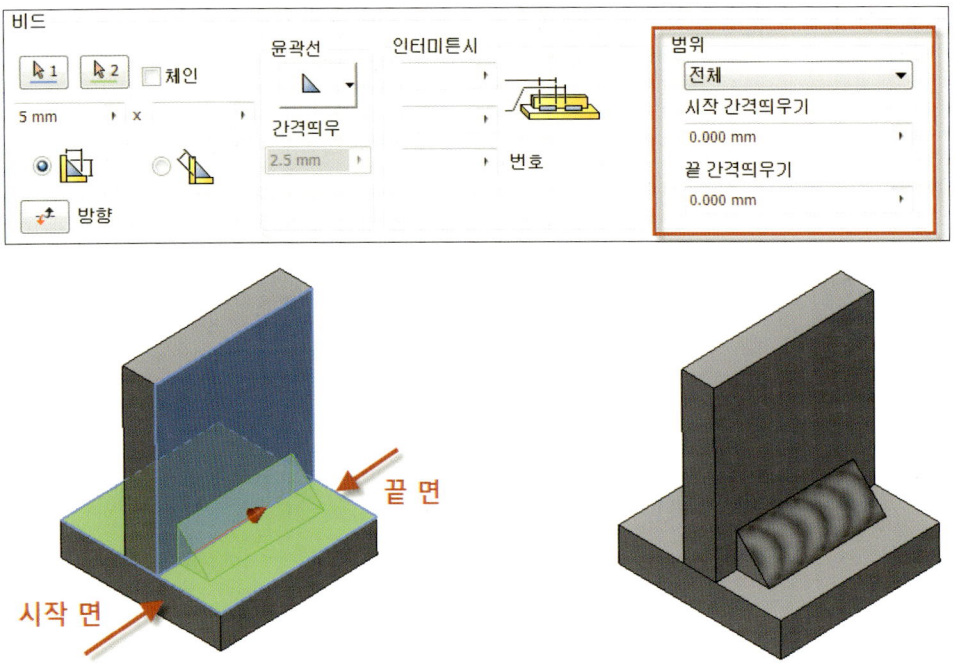

▍용접 기호 작성

이 확인란을 선택하면 모깎기 용접 대화 상자가 확장되고 용접 기호를 추가하는 옵션이 나타납니다.

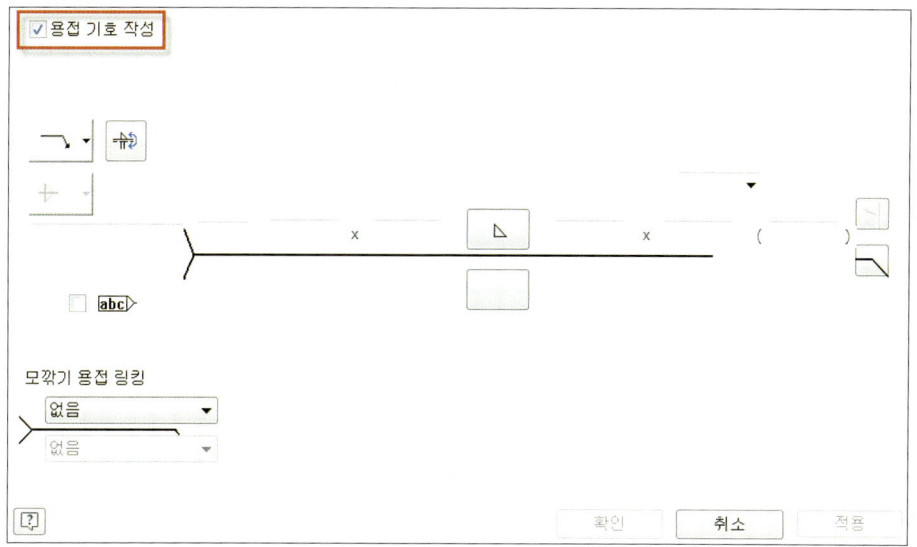

▍모깎기 용접 및 갭

틈을 메우기 위해 모깎 용접을 사용하여 접촉하지 않아도 두 부분 사이에 용접을 배치할 수 있습니다. 목표가 간격을 채우는 것이면 그루브 용접을 사용하는 것입니다. 그림 10.16은 실린더가 통과하는 구멍 간격을 보여줍니다. 간격을 연결하기 위해 모깎기 용접을 사용할 수 있지만 간격을 채우지는 않습니다. 두 개의 구성 요소가 일부 위치에서 틈으로 분리되고 다른 위치에서 만지더라도 모깎기 용접이 작동합니다. 이러한 모깎기 용접을 만들려면 아래 그림처럼 두 면을 클릭합니다. Inventor는 간격을 추정하여 모깎기 용접 비드를 생성합니다. 구성 요소의 두 면 사이의 간격을 채우려면 홈 용접을 사용해야 합니다.

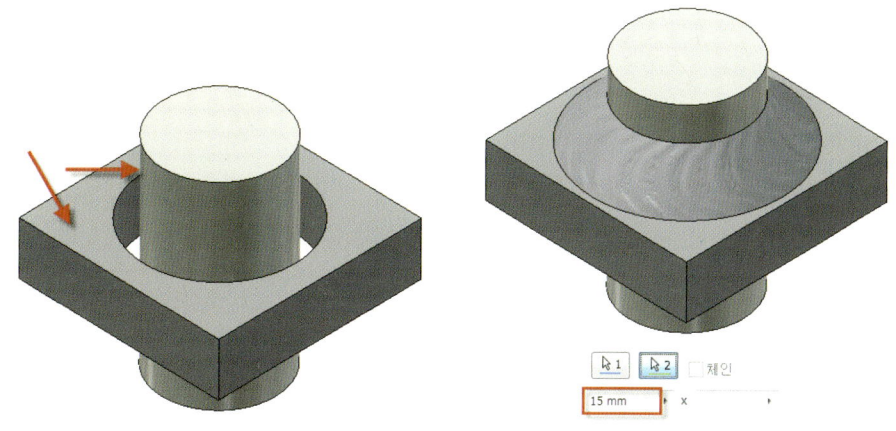

아래 그림은 갭으로 분리된 두 개의 구성 요소의 다른 변형을 보여줍니다. 여기서 솔루션은 용접 크기와 사용 가능한 페이스의 양에 따라 달라집니다. 왼쪽에는 모서리에 10mm 용접이 부족합니다. 오른쪽에서 18mm 용접은 튜브의 평평한 모서리를 지나가며 선택에 따라 생성되지 않습니다. 필요에 따라 용접이 조정됩니다. 용접 크기가 너무 작아서 틈새를 메울 수 없거나 선택한 면에 비해 너무 큰 경우 용접이 만들어지지 않습니다.

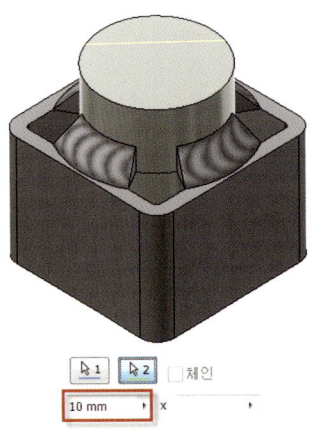 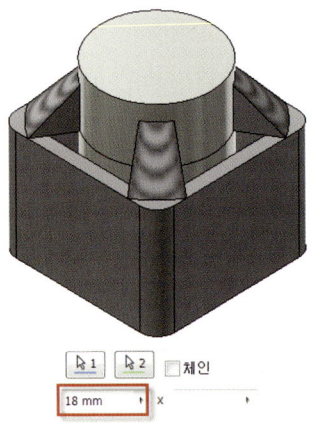

인터미튼시 모깎기 용접 생성

인터미튼시 모깎기 용접은 기본적으로 한 세트의 모서리를 따라 용접 비드의 패턴을 생성합니다. 사용하는 표준에 따라 인터미튼시 모깎기 용접을 지정할 수 있는 세 가지 방법이 있습니다. 표준을 변경하려면 도구 탭을 선택하고 문서 설정 버튼을 클릭합니다. 여기에서 표준 탭의 기본 표준 설정을 볼 수 있습니다.

리본 메뉴/ 도구 탭/ 옵션 패널/ 문서 설정/ 표준 탭

- **ANSI 표준**: 비드 길이와 비드 중심 간의 거리를 지정합니다.
- **ISO, BSI, DIN 및 GB 표준**: 비드 길이, 비드 사이의 간격 및 비드 수를 지정합니다.
- **JIS 표준**: 비드 길이, 비드 중심 사이의 거리 및 비드 수를 지정합니다.

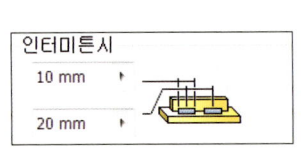 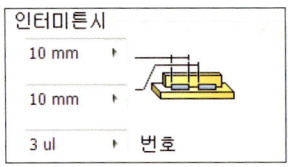 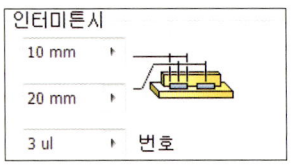

ANSI 표준   ISO, BSI, DIN 및 GB 표준   JIS 표준

05 그루브 용접 만들기

리본 메뉴/ 용접 탭/ 용접 패널/ 그루브

그루브 용접은 기본적으로 두 세트의 면 사이의 틈을 채우기 위해 사용됩니다. 이러한 간격이 채워지면 홈 용접부 위에 모깎기 용접을 할 수 있습니다. 모깎기 용접과 마찬가지로 그루브 용접에는 두 세트의 면이 필요합니다.

다음은 그루브 용접 대화 상자에 대한 설명입니다.

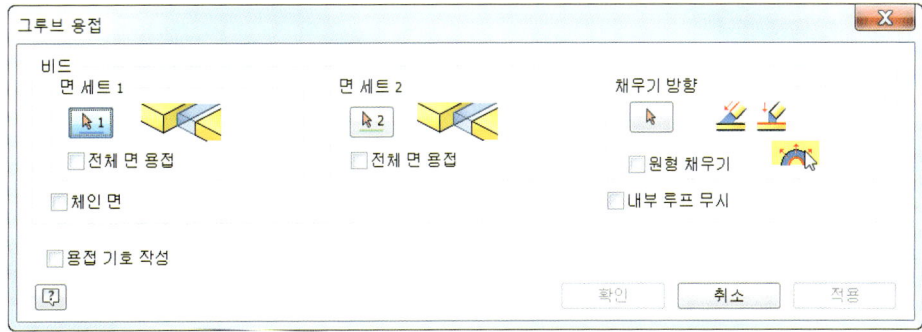

▌비드 영역

이 영역의 옵션은 홈 용접할 면을 지정하는데 사용됩니다. 그루브 용접의 방향을 지정할 수도 있습니다.

◆ 면 세트1

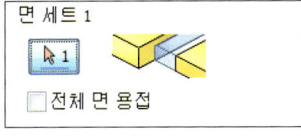
이 영역의 옵션은 홈 용접을 적용할 첫 번째 면을 선택하는데 사용됩니다. 그루브 용접 대화 상자를 호출하면 면 세트 1 영역의 1 버튼이 선택되고 용접할 면을 선택하라는 메시지가 나타납니다. 면 세트 1로 선택된 면이 파란색으로 바뀝니다. 전체면 용접 확인란을 선택하여 용접 비드를 전체 면에 추가 할 수도 있습니다.

◆ 면 세트 2

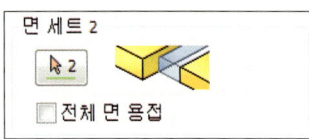

이 영역의 옵션은 홈 용접을 적용할 두 번째 면을 선택하는데 사용됩니다. 면 세트 2로 선택된 면이 강조 표시됩니다. 전체면 용접 확인란을 선택하여 용접 비드를 전체 면에 추가 할 수도 있습니다.

◆ 채우기 방향 영역

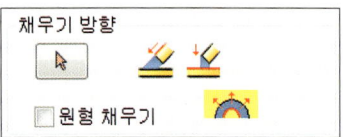

전체 면 용접을 하지 않을 경우 그루브 용접의 방향을 지정해야 합니다. 선형 모서리, 원통형 면 또는 평면형 면을 사용하거나 두 개의 정점을 사용하여 방향을 지정할 수 있습니다.

◆ 내부 루프 무시

내부 루프를 무시하여 그루브 용접을 생성하려면 이 확인란을 선택합니다.

전체면 용접 옵션을 선택하면 Autodesk Inventor Professional 2019는 전체면을 사용하여 용접을 생성합니다. 이 옵션을 선택하지 않으면 면의 일부분만 용접 생성에 사용됩니다. Autodesk Inventor Professional 2019는 작은 면 세트를 큰 면 세트로 투영하여 면의 특정 부분을 계산합니다. (두면 세트가 동일한 크기 인 경우 Inventor가 그 중 하나를 선택하여 투영합니다.)

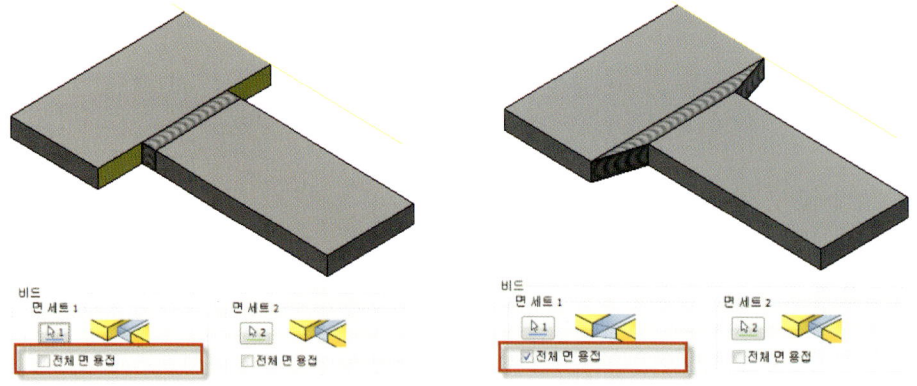

내부 루프 무시 옵션은 용접 비드를 생성하기 위해 내부 루프를 무시할지에 대해 고려해야 하는지를 제어하는 것입니다. 선택하면 "솔리드" 그루브 용접 비드가 됩니다. 내부 루프 무시 옵션이 선택되지 않으면 그 결과는 "중공" 그루브 용접 비드입니다.

chapter 10 용접 조립품 모델링

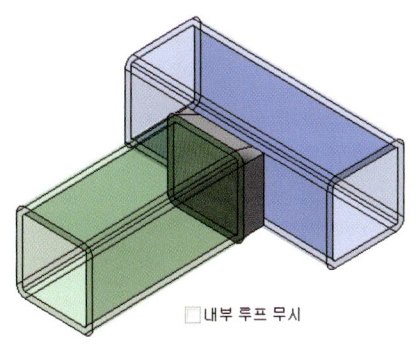
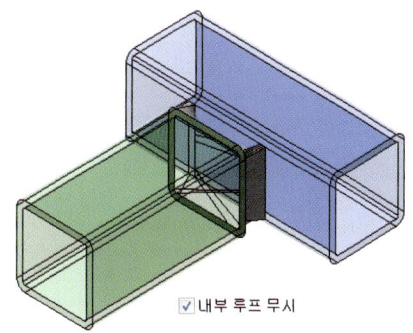

채우기 방향은 한 세트의 면을 다른 면으로 투영하여 그루브 용접 비드를 생성하는데 사용됩니다. 아래 그림은 채우기 방향 선택에 따른 용접 비드 모양의 차이입니다.

◆ 원형 채우기

원형 채우기 옵션을 사용하여 곡선 주위로 용접 비드를 투영할 수 있습니다. 원형 채우기 옵션을 사용할 때 채우기 방향 옵션을 사용할 수 없습니다.

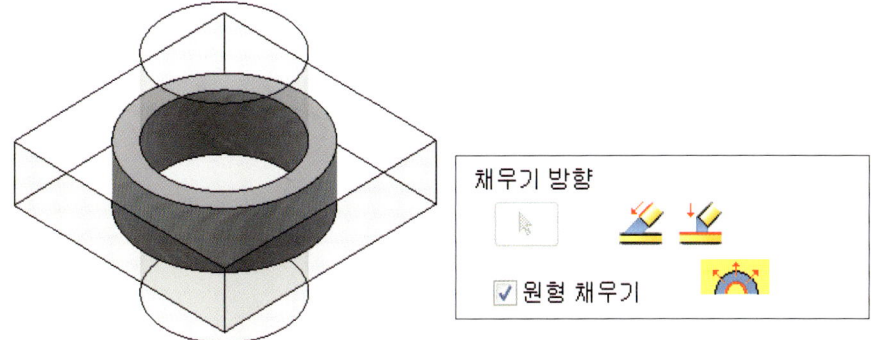

641

06 표면 용접 생성하기

리본 메뉴/ 용접 탭/ 용접 패널/ 표면

표면 용접 기능은 **용접 탭/ 용접 패널/ 표면** 용접 도구를 클릭하여 사용할 수 있습니다. 표면 용접 기능을 사용하는 경우 모델의 모서리를 선택하기만 하면 됩니다. 이러한 모서리는 부품 구성 요소나 기타 용접 비드에 속할 수 있습니다.

다음은 표면용접 대화 상자에 대한 설명입니다.

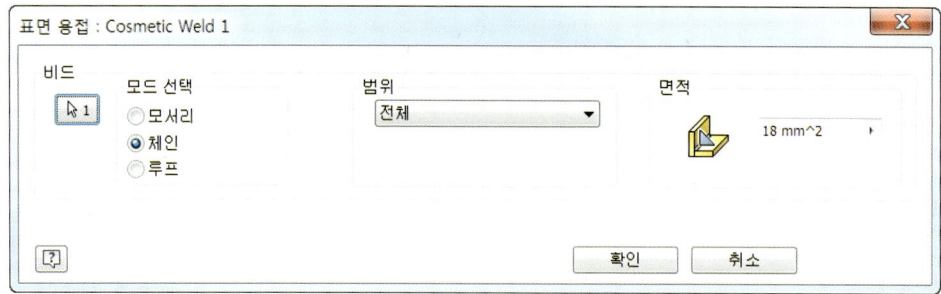

▌비드 영역

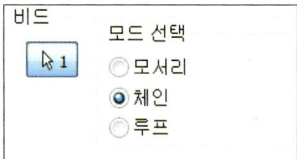

표면 용접 대화 상자를 호출하면 1 버튼이 선택되고 용접의 모서리나 루프를 선택하라는 메시지가 나타납니다. 1 단추의 오른쪽에 있는 선택 모드 영역의 옵션을 사용하여 선택 모드를 설정할 수 있습니다. 선택한 가장자리가 파란색으로 바뀝니다.

▌범위 영역

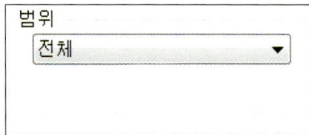

이 영역의 옵션은 지정된 범위까지 표면 용접을 작성하는데 사용됩니다. 기본적으로 이 영역에서는 전체 옵션이 선택됩니다. 결과적으로 용접은 선택된 모서리의 전체 길이에 걸쳐서 생성됩니다. 이 영역의 드롭-다운 목록에서 시작/끝 옵션을 선택하여 용접 범위를 지정할 수도 있습니다. 작업 평면을 작성하여 "시작" 및 "끝" 면을 지정할 수 있습니다.

▌면적

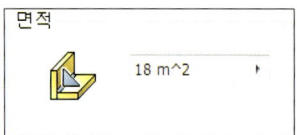

이 영역의 편집 상자는 모깎기 용접의 단면적을 지정하는데 사용됩니다. 이 값을 늘리더라도 모델의 모깎기 용접 표시가 변경되지 않습니다. 이것은 이 값이 용접 후 모델의 물리적 특성을 계산하기 위해서만 사용되기 때문입니다.

> **Note**
>
> 모든 용접은 검색기 막대의 용접 노드 아래의 비드 폴더에 나열됩니다.

기호

리본 메뉴/ 용접 탭/ 용접 패널/ 기호

용접 작성 시 용접 기호 작성을 하지 않아도 기호 도구를 사용하여 용접 비드에 용접 기호를 추가할 수도 있습니다. 이렇게 하려면 **용접 탭/ 용접 패널/ 기호** 도구를 선택합니다. 용접 기호 대화 상자가 표시됩니다. 이제 모델에서 용접 비드를 선택합니다. 선택한 비드에 용접 기호가 부착되어 표시됩니다. 그런 다음 용접 기호 대화 상자에서 사용 가능한 각각의 편집 상자에 용접 특성을 지정합니다. 속성을 지정한 후 확인 버튼을 선택합니다. 지정된 특성과 함께 용접 기호가 용접 비드에 표시됩니다.

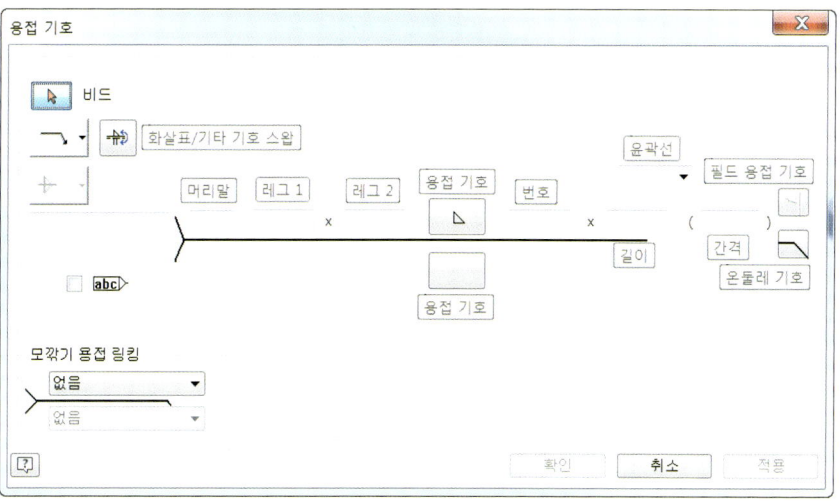

07 비드 보고서

리본 메뉴/ 용접 탭/ 용접 패널/ 비드 보고서

　　　　Autodesk Inventor Professional 2019에서는 비드 보고서를 생성할 수 있습니다. 이 보고서는 Excel 스프레드 시트의 형태로 제공되며 용접 ID, 유형, 길이, 질량, 면적 및 부피와 같은 다양한 특성에 대한 정보를 제공합니다. 비드 보고서를 생성하려면 **용접 탭/ 용접 패널/ 비드 보고서** 도구를 선택합니다. 용접 비드 보고서 대화 상자가 표시됩니다. 이제 이 대화 상자에서 다음 버튼을 선택합니다. 보고서 위치 대화 상자가 표시될 것입니다. 이 대화 상자에서 파일 이름과 파일 위치를 지정합니다. 그런 다음 저장 버튼을 선택합니다. 비드 보고서가 지정된 위치에서 Excel 형식으로 생성될 것입니다.

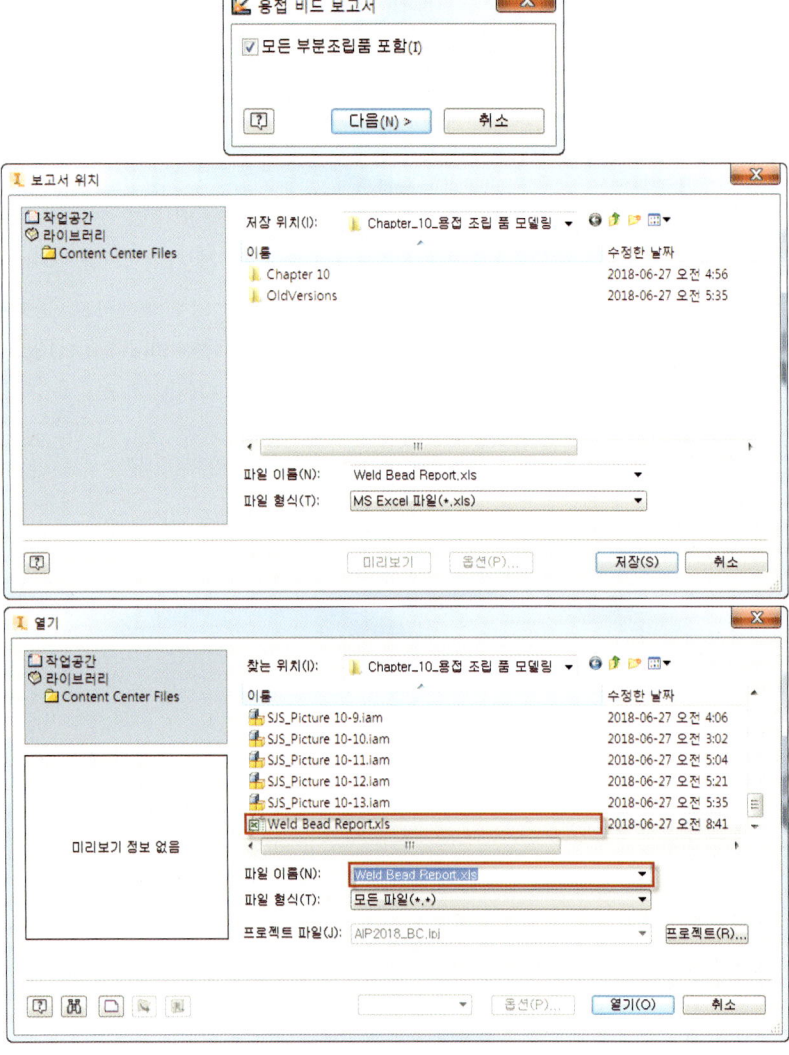

chapter 10 용접 조립품 모델링

08 용접 계산기

용접 환경에는 몇 가지 용접 계산기도 있습니다. (설계 가속기 추가 기능이 로드된 경우에만 해당됩니다.) 용접 계산기는 용접 조인트의 설계에 도움을 줍니다. 다양한 용접 유형으로 일반적인 용접을 확인할 수 있습니다. 이 계산기를 사용하여 정적 용접 하중을 확인하고 정적 및 피로 하중에 대한 맞대기 및 모깎기 용접 조인트를 확인할 수 있습니다.

09 기계 가공 작업 수행

리본 메뉴/ 용접 탭/ 프로세스 패널/ 기계 가공

일단 준비와 용접을 만들면 기계 피쳐를 생성할 수 있습니다. 가공에 사용할 수 있는 기능은 준비 환경의 기능과 유사합니다. 작업 평면에서 용접 비드가 생성된 후에 수행됩니다. 별도의 환경에서 가공 작업을 제공하는 주된 이점 중 하나는 도면에서 기계 가공 상태로 도면화 할 수 있다는 것입니다. 구멍 및 돌출의 자르기(차집합)은 일반적인 용접 후 가공 형상입니다.

다음의 예제를 열어서 기계 가공 작업을 연습해 봅니다.

1 SJS_Picture 10-17.iam 파일 선택한 후 열기를 합니다.

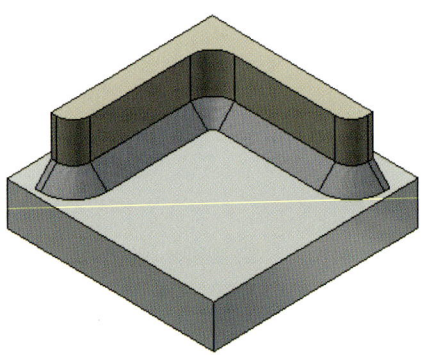

2 리본 메뉴/ 용접 탭/ 프로세스 패널/ 기계 가공 도구를 클릭합니다.

3 리본 메뉴/ 용접 탭/ 준비 및 기계 가공 패널/ 구멍 도구를 클릭합니다.

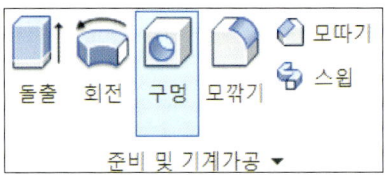

4 아래와 같이 Frame 부품의 상단 면을 클릭하여 구멍의 위치를 지정합니다.

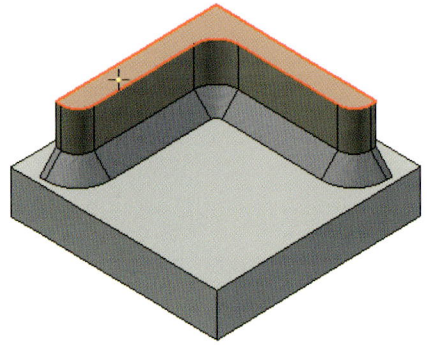

chapter 10 용접 조립품 모델링

5 아래와 같이 구멍의 위치와 지름을 입력합니다.

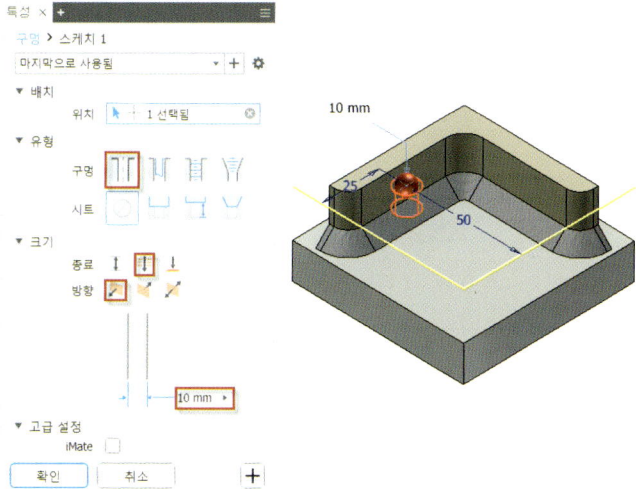

6 + 버튼을 클릭한 다음 다른 구멍 작업을 동일한 면 상에서 다음과 같이 진행합니다.

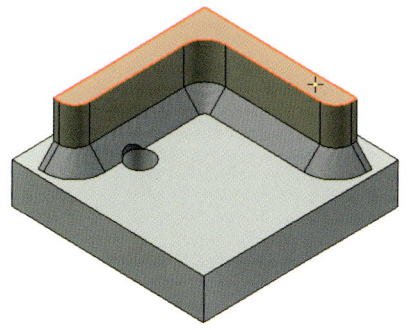

7 아래와 같이 구멍의 위치와 지름을 입력합니다.

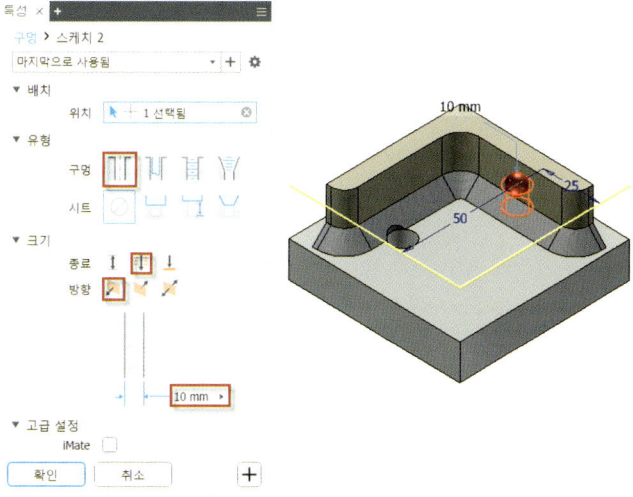

8 확인 버튼을 클릭하여 구멍 가공 작업을 마칩니다.

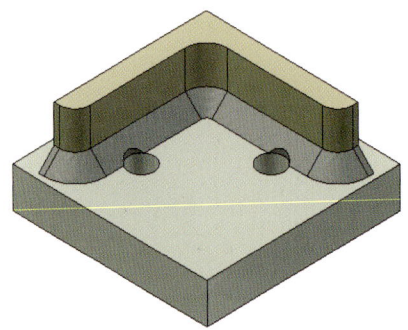

10 모델링 준비 및 기계 가공

박스형 컨테이너용 용접 조립품을 만들고 용접 비드를 추가하려고 한다고 가정해 봅니다. 용접 비드를 추가하기 전에 조립품에 용접 비드를 배치할 공간을 만들기 위한 용접 준비가 필요합니다. 재질을 가공하거나 제거하기 위해 다양한 준비 기능으로 모델링을 할 수 있습니다. 준비 및 기계 가공 작업은 조립품 피쳐에서만 수행되므로 이러한 피쳐는 부품 레벨이 아닌 조립품에만 존재합니다.

다음은 가장 일반적인 준비 및 기계 가공 기능입니다.
- 돌출
- 회전
- 구멍
- 모깎기
- 모따기
- 스윕

면 이동

용접 특성 및 조합 탐색

다음 섹션에서는 용접 특성 설정, 용접 복제, 필렛 및 그루브 용접 비드를 결합하여 원하는 용접 비드 모양을 생성하고 분할 기법을 사용하여 용접 구조물의 추가 측면에 대해 설명합니다.

용접 특성

열려있는 조립품에서 모든 용접 비드의 가시성을 끄려면 뷰 탭/ 객체 가시성/ 용접 도구를 선택하여 해제합니다. 또한 모델 검색기 막대에서 용접 폴더를 확장하고 비드 폴더를 선택한 다음 마우스 오른쪽 버튼을 클릭합니다. 그런 다음 가시성을 선택 해제하여 특정 조립품 또는 하위 조립품의 용접 비드를 해제 할 수 있습니다.

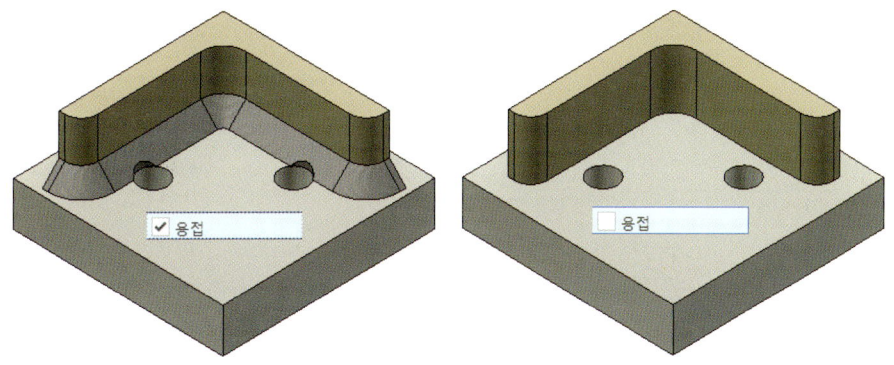

모델 검색기 막대에서 개별 용접 비드 피쳐를 억제할 수 있습니다. 억제 피쳐는 부품 피쳐 억제와 유사합니다.

조립품을 용접 구조물로 변환

리본 메뉴/ 환경 탭/ 변환 패널/ 용접물로 변환

조립품을 용접 구조물로 처음 변환하는 동안 용접 재료를 선택하거나 사실 이후에 용접 재료를 변경할 수 있습니다. SJS_Picture 10-18.iam 파일을 열어서 용접물로 변환을 해봅니다.

용접된 알루미늄-6061은 용접 구조물로 변환 대화 상자의 용접 비드 재질 드롭 다운 리스트의 기본 재료입니다. 사실 이후에 변경하려면 검색기 막대에서 용접 노드를 마우스 오른쪽 버튼으로 클릭하고 iProperties를 선택할 수 있습니다. 그런 다음 iProperties 대화 상자의 용접 비드 탭을 선택합니다.

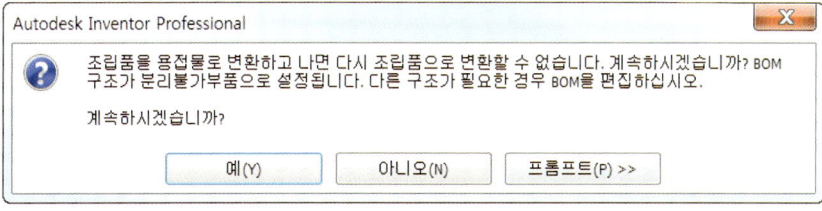

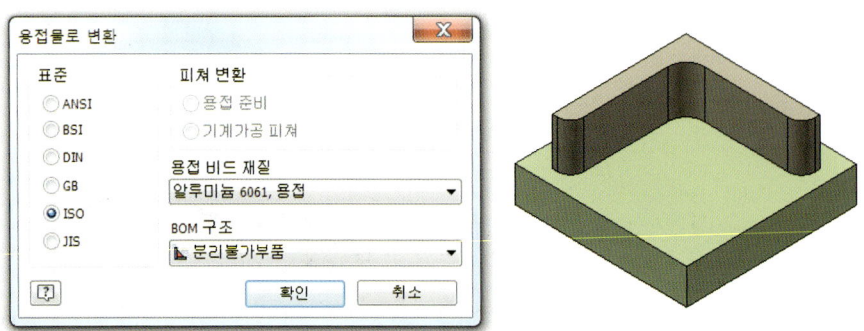

기존 용접 구조물에서 용접 특성을 사용하여 용접 색상 스타일을 변경할 수 있습니다. 모델 검색기 막대에서 용접 노드를 마우스 오른쪽 버튼으로 클릭하고 iProperties를 선택한 다음 용접 비드 탭을 선택하고 용접 비드 모양 또는 필렛 모양을 선택합니다. 용접 비드 모양을 사용하여 용접 비드에 다른 색상 스타일을 지정할 수 있습니다.

용접 비드 특성 보고서 및 질량 특성 이해하기

정확한 용접봉 사용법, 제작 시간 및 용접 비드의 무게를 평가하기 위해 용접 특성 보고서 도구를 조립품에서 사용할 수 있습니다. 이는 비용 산정에 도움이 될 수 있습니다. 이 도구를 사용하면 조립품의 개별 용접 비드의 질량, 부피, 길이, 유형 및 이름을 정리할 수 있습니다. <mark>용접 탭/ 용접 패널/ 비드 보고서</mark> 도구를 선택한 후 사용할 수 있는 옵션을 통해 현재 조립품 및 모든 하위 용접 조립품에 대해서 데이터를 검색 할 수 있습니다. 이 정보는 아래와 같이 표준 Microsoft Excel 스프레드 시트로 내보내집니다.

ID	유형	길이	UoM	질량	UoM	면적	UoM	체적	UoM
그루브 용접 2	그루브	해당 없음		0.055	kg	7.26E+03	mm^2	2.03E+04	mm^3

용접 작업 흐름에서 세 가지 하위 조립품이 포함된 핵심 패키징 단위에 대한 용접 비드 보고서를 생성 할 수 있습니다. 용접 비드의 전체 길이를 계산하려면 Excel의 합 기능을 사용하여 전체 길이를

합산 할 수 있습니다. 홈 용접의 길이 및 면적 값은 보고되지 않습니다. 기본 "저장 위치"는 상위 조립품의 경로지만 위치는 변경할 수 있습니다. 용접 특성은 최대 추정치입니다. 많은 요소가 용접 비드의 무게를 바꿀 수 있습니다. 부품의 무게가 중요한 경우, 용접 후 기준을 충족하도록 부품을 가공하는 것이 좋습니다. 표면 용접 대화 상자에 입력 된 단면에 표면 용접 비드의 길이가 곱해지며, 질량 특성에서 볼륨을 계산할 때 선택적으로 고려됩니다. iProperties 대화 상자의 물리적 탭에서 표면 용접 포함 옵션을 선택하면 이 볼륨이 계산에 포함됩니다. 질량은 선택된 용접 재료에 의해 결정됩니다. 이 옵션은 가벼운 표현이 필요한 동시에 용접이 질량 특성에 참여해야 하는 경우에 매우 유용하게 사용할 수 있습니다.

AUTODESK
INVENTOR
PROFESSIONAL
2019 Master Book

초판 1쇄 인쇄 2018년 10월 2일
초판 1쇄 발행 2018년 10월 7일

저　자　송정식
발행인　유미정
발행처　도서출판 청담북스
주　소　(우)10909 경기도 파주시 하우3길 100-15(야당동)
전　화　(031) 943-0424
팩　스　(031) 600-0424
등　록　제406-2009-000086호
정　가　32,000원
ISBN　978-89-94636-93-1　93550

※이 책은 저작권법에 따라 보호를 받는 저작물이므로 무단 전재나 복제를 금지하며,
　이 책 내용의 전부 또는 일부를 이용하려면 반드시 저작권자나 발행인의 서면동의를 받아야 합니다.

※잘못된 책은 구입하신 서점에서 바꾸어드립니다.

AUTODESK
INVENTOR PROFESSIONAL 2019
Master Book